本书承中南财经政法大学法学院资助出版

中·西·法·律·传·统

（第九卷）

主　　编　陈景良　郑祝君
执行主编　李　栋

ZHONGXI FALÜ CHUANTONG

北京大学出版社
PEKING UNIVERSITY PRESS

图书在版编目（CIP）数据

中西法律传统. 第9卷/陈景良，郑祝君主编. —北京：北京大学出版社，2014.6

ISBN 978-7-301-24362-6

Ⅰ. ①中… Ⅱ. ①陈… ②郑… Ⅲ. ①法律-思想史-对比研究-中国、西方国家 Ⅳ. ①D909.2 ②D909.5

中国版本图书馆CIP数据核字（2014）第125799号

书　　　名：中西法律传统（第九卷）
著作责任者：陈景良　郑祝君　主编
执 行 主 编：李　栋
责 任 编 辑：毕苗苗
标 准 书 号：ISBN 978-7-301-24362-6/D·3596
出 版 发 行：北京大学出版社
地　　　址：北京市海淀区成府路205号　100871
网　　　址：http://www.pup.cn
新 浪 微 博：@北京大学出版社
电 子 信 箱：law@pup.pku.edu.cn
电　　　话：邮购部 62752015　发行部 62750672　编辑部 62752027
　　　　　　出版部 62754962
印　刷　者：三河市博文印刷有限公司
经　销　者：新华书店
　　　　　　730毫米×980毫米　16开本　27.5印张　465千字
　　　　　　2014年6月第1版　2014年6月第1次印刷
定　　　价：56.00元

目　录

读书与评论

“法律史视野下的社会变迁”主题论文

赌城法踪：华洋共处之地法制文明的演变

何志辉*

一、澳门法的历史存在与分期

马克思曾就历史科学作出论断：“我们仅仅知道一门唯一的科学，即历史科学。历史可以从两方面来考察，可以把它划分为自然史和人类史。”[1] 这里所指的历史科学是就世界与社会的认识途径而言的。作为认识对象的人类史的法，亦是一种历史科学意义上的存在。有人类的地方必有人类行为，因行为而需规范所衍化的规则，以及由规则制定与执行所形成的秩序，即构成人类社会赖以维系的制度基础。法在各类规则体系中最具规范意义和强制效力，相对而言也最能保障人类文明在特定时间和空间的繁衍生息。

借此理据审视澳门历史，它正是马克思历史科学意义所指涉的人类史的微观部分。澳门历来是中国领土不可分割的一部分，原属广东省香山县管辖的一个海滨小渔村。在1553年葡萄牙人进入澳门之前已有悠久的历史。[2] 随着葡人东来与中外贸易的发展，这一在早期世界贸易体系中似乎难有作为的弹丸之地，一跃而成广州对外贸易的外港和东西方国家进行国

---

* 作者系澳门科技大学法学院助理教授，西南政法大学法学研究所与中国人民大学法律文化研究中心研究员，主要研究法制史、澳门法和思想史。

〔1〕〔德〕马克思、〔德〕恩格斯：《德意志意识形态》，人民出版社2003年版，第10页。

〔2〕黄启臣：《澳门通史》，广东教育出版社1999年版，第22页。

际贸易的中转港，以其特殊的地理位置而逐渐为世人所瞩目。[3] 迭经四个多世纪的演变，作为历史存在的澳门法，既是澳门治理形态的依凭，也是澳门社会秩序的基础。回顾澳门治理形态与社会秩序变迁下的法制文明，便是本文致力探讨的主题。[4]

澳门法作为历史科学意义上的存在，这一点在法理逻辑上毋庸置疑。依据法理学关于法的生成原理，有人类行为的地方即有社会规范，有社会规范的地方即有内在秩序，内在秩序既是呼吁法的因素，也是见证法的存在。以此检视澳门法的发生史，正是明清时期澳门华洋共处与分治局面的形成，酿就了中华法系与葡式西方法律文明杂糅一体的早期澳门法；而鸦片战争以来澳葡实行殖民管治和推行葡式法制的做法，则使之逐渐转向形式上葡式化的近代澳门法；在双轨立法体制确立之后，澳门法才逐步走出葡式化的樊篱，开始顺应本地实际的社会需求；至中葡建交和澳门问题谈判以来，这种沾染着近代殖民气息的澳门法，便开始卷入声势浩大的“三大问题本地化”运动（法律本地化、中文官方化和公务员本地化），以此推进和实现它的现代化。正如历史法学派主张法是民族精神的体现之所言[5]，作为华洋共处长达四百多年的历史产物，澳门法在最深层意义上凝聚着不同民族栖息于此的文化精神。

但作为澳门法范畴的澳门法制史，是否也能视为历史的存在，以及有否探究的必要，则仍需要先行辨正。实际上，迄今或许仍有人提出疑问：真的存在“澳门（的）”法制史吗？这种困惑来自于对澳门之主体性的存疑，即认为澳门在中国历史上既属“王土”，则普天之下的王法所及，使这里不可能生出别样的法律秩序；在葡萄牙历史上既属“属地/殖民地”，则因宗主国法制的海外延伸，也使这里不可能再有其他的法律秩序。另外，也仍有人存在这类困惑，即认为迈入“一国两制”的当代澳门早已与中国传统法和葡式殖民法断绝关系，因而探究已成陈迹的澳门法制史，只有知性的价值而无研究的必要。显然，如果不将其也视为历史的存在，意

---

〔3〕 费成康：《澳门：葡萄牙人逐步占领的历史回顾》，上海社会科学院出版社2004年版，第7页。

〔4〕 关于澳门治理格局与社会秩序的变迁，参见何志辉：《治理与秩序：全球化进程中的澳门法（1553—1999）》，社会科学文献出版社2013年版。

〔5〕 关于历史法学派及其主张的法是民族精神之产物，参见〔德〕萨维尼：《论立法与法学的当代使命》，许章润译，中国法制出版社2001版。对此作出的系统评价及延伸分析，参见谢鸿飞：《法律与历史——体系化法史学与法律历史社会学》，北京大学出版社2012年版。

味着“澳门法制史”根本不具有主体性，进而意味着对它的探究也变成无本之木。

然而，历史上的澳门从来就没有缺少“法”的踪影，历史上的澳门法从来就是澳门历史与文化的有机组成部分。即使历史存在的“澳门法”从来没有像今天这样发展为真正属于“澳门”地区独有的一套规则体系和秩序架构，而是始终杂糅着不同民族对于规则体系和秩序架构的不同理解，区别仅在不同时期它们所占的比重、所起的作用和所具有的意义有所不同，但作为凝聚着深厚的文化精神的历史存在，它的客观性和真实性毋庸置疑，绝不是后世人们的主观虚构。迄今为止，中外学界关于历史上的澳门法研究，也都从不同层面验证了它的历史性、客观性和真实性。上述两类（实际还不止）认识既无视法作为历史产物和历史存在的事实，也割裂法的现代性与传统有着似断实连的关系，从而既不可能对澳门历史及其中作为澳门法之源流的澳门法制史有所认识，同样也不可能真正深入了解正在鲜活生长的当代澳门法及其未来的基本走向。本文的使命之一即在于澄清类似的质疑和减少类似的误解。

理解这一前提之后，便是如何分析作为历史存在之澳门法制的演进状态。这个问题涉及学理层面上的历史分期问题。历史分期是对历史的连续性和断裂性的主观认定，虽然这种连续或断裂都是客观的历史存在，但由于人们所秉持的历史感不同，所处的观测点有异，所具的判断力不一，历史分期往往见仁见智。在澳门史尤其是参照政治发展而对法律发展所作的历史分期上，已有足够的例证可资证明分歧的程度。有的将其简单分为两阶段，即以 1974 年葡萄牙“四·二五革命”为界而进行分期；有的将其分为三阶段，即混合管辖权时期（1557—1849 年）、殖民时期（1822—1974 年）与葡萄牙管辖的中国领土时期（1974 年以来）；有的将其分为四阶段，即租地时期（1553—1849 年）、殖民时期（1849—1976 年）、管治时期（1976—1987 年）和过渡时期（1987—1999 年）。相对而言，以下两种观点具有重要参考价值：一种是从法制阶段角度将其分为四阶段[6]，即封建法制阶段（1553—1845 年）、殖民法制阶段（1845—1976 年）、双重法制阶段（1976—1987 年）与过渡法制阶段（1987—1999 年）；另一种是

〔6〕 刘高龙、赵国强主编：《澳门法律新论》（上卷），社会科学文献出版社 2011 年版，第 3—12 页。

将其细化为六个阶段[7]，分别是中葡早期交往时期（1513—1583 年）、议事会时期（1583—1783 年）、议事会衰落时期（1783—1849 年）、殖民管治时期（1849—1976 年）、葡管中国领土辖地区自治时期（1976—1988 年）和过渡时期（1988—1999 年）。

综观上述关于澳门历史分期的观点，共同之处是都以中葡两国与澳门发展的关系为主要参数，使澳门法的历史演进打下鲜明的政治烙印。这些划分固然各有相对合理的成分，作为政治发展史的伴生物，澳门法在整体上与前者保持基本的协调性，但由于任何时代和任何地方的“法”自身的演变总会有着相对的独立性和滞后性，尤其是当“法”由制度逐渐发展成文化状态时，这种独立性和滞后性更显突出，以致单纯套用通常所见的中国史分期固然失之偏颇，套用上述政治学与法学领域研究者的任一分期也不过是削足适履。由是观之，对澳门法进行历史分期，参照澳门政治发展史的变迁是必要的，但不是唯一的；更重要的是寻找和辨析不同阶段二元乃至多元法律文明在此变迁中的位置。

鉴于法在社会与生活诸领域的历史演进中的相对独立性，从澳门法早期格局形成之始至回归祖国前夕的法律多元结构入手，依据不同时期这些成分在澳门社会内部的比重和互动关系，探究它们在澳门社会与生活中的运作与影响，或许有助于重新理解作为历史存在的澳门法制史。据此，大致可作如下四阶段的历史分期：

一是中华法系主导下的早期澳门法（1553—1845 年）。该阶段是明清政府对澳门享有完全的主权，尽管此时中国并未产生类似西欧文艺复兴以来近代国际法意义上的“主权”观念或意识，但明清政府通过各种立法、司法和其他治理手段，对澳门行使包括行政、军事、商贸、海关诸领域在内的管理权，从而在规则体系与秩序架构的层面，体现中华法系的主导性。但这种状态并非铁板一块，居澳葡人最初谋求社区内部自治的心愿因缘际会得以实现，后来则在葡萄牙王室对华政策的敦促和支持下得寸进尺，借助东西方一时难以打破的文化区隔状态，不断动摇中华法系在澳门社会生活中的主导地位。直至鸦片战争爆发后，澳葡政府利用清政府面对欧美列强懦弱无能而无暇多顾澳门之际，试图将事先于葡国《宪法》中的向西方世界单方宣布澳门为其“海外殖民地”的主张转化为既成事实，于

---

〔7〕 吴志良：《生存之道——论澳门政治制度与政治发展》，澳门成人教育学会出版社 1998 年版，第 12—16 页。

是有趁火打劫、软硬兼施的谈判要求。但清政府并未让其彻底如愿，使葡萄牙政府不得不再度调整对华外交政策，并开始对澳门采取进一步的殖民主义管治行动。

二是澳葡殖民管治下的近代澳门法（1846—1976年）。该阶段是葡萄牙调整对华外交政策后逐步推行全面葡萄牙化的殖民主义管治时期，具有标志性意义的起点是1846年澳门总督亚马留上任。在谋求类似于中英、中美、中法不平等条约而终告失败后，葡国王室一面向西方世界单方宣布澳门为“自由港”，一面派出在葡国被奉为“独臂将军”的亚马留出任澳门总督，从此开始对澳门进行强硬的殖民主义管治，早期澳门法之中华法系的主导地位随之受到前所有未有的挑衅和颠覆。自1849年亚马留遇刺后，中葡交涉逐渐卷入欧美列强联袂而置中国于半殖民地半封建社会之境的历史洪流。期间，葡方围绕澳门主权问题处心积虑谋求谈判而不得，直至1887年借助英法等国的幕后力量得以“如愿”谋得一纸《中葡和好通商条约》。葡方对澳门地位条款所涉“永驻管理”及“属澳之地”等问题罔顾实义，在加紧侵夺澳门地界和不断扩展殖民管治范围的同时，将葡萄牙本土追随欧陆国家的法典法体系全面延伸适用于澳门。即使这套体系与澳门华人社会对规则与秩序的实际要求几乎格格不入，仍无法扭转葡式法在澳门的全面殖民化趋势，直至因1974年葡萄牙政变与推行非殖民化运动后制订1976年《澳门组织章程》时才转向下一发展阶段。

三是双轨立法体制下的现代澳门法（1976—1987年）。该阶段源于1976年，因葡国新《宪法》规定“葡萄牙管理下的澳门地区，依适合其特殊情况的章程进行管理”，同年2月17日葡萄牙总统以第1/76号法律颁布由当时的葡萄牙革命委员会制订的《澳门组织章程》，赋予新成立的澳门立法会以本地立法自主权。在与澳门总督通过颁行法令分享对澳门社会生活诸领域的立法权后，立法会顺应澳门本地实际需求进行立法，使长期以来纯粹由葡国延伸适用的殖民法制全面掌控澳门社会生活的局面得到很大程度的改观。在此期间，中葡建交与澳门问题谈判的顺利展开，“一国两制”方针的构想及其付诸实践的努力，都使人们意识到澳门法必须逐步摆脱近代葡萄牙法律体系的全面掌控，转向真正顺应澳门本地实际需求的现代形态。正是在此阶段，真正适合澳门本地实际需求的一系列重要法律陆续出台，尤其是关于社会经济、对外贸易和劳工等方面的本地立法，对澳门社会与经济发展起到了极大的推进作用。

四是过渡期与本地化的当代澳门法（1987—1999年）。该阶段以1987

年4月17日中葡两国在北京正式签署《中葡联合声明》为标志，使葡萄牙人在澳门长达一百多年的殖民管治转入历史性的过渡期。中葡双方在此期间协力合作，作为“三化”任务之一的法律本地化由此展开。澳门法的本地化不仅是对殖民管治时期近代葡式法的全面改造，也是对这种近代性质法律体系的现代化。期间，不仅于1990年依据葡国新《宪法》对《澳门组织章程》予以修订颁行，于1991年颁行《澳门司法组织纲要法》，更重要的是1993年《澳门特别行政区基本法》的颁行，标志着澳门法进入以之为据建设特别行政区自治型法制的准备期。随着五大法典和其他法律、法规紧锣密鼓地实现本地化，澳门法不仅基本消退了近代澳门法的殖民色彩，还在力所能及的限度内全面实现转型，成为当代澳门法中占据重要地位的有机组成部分。

二、中华法系主导下的早期澳门法（1553—1845年）

中华法系主导下的早期澳门法，在澳门史上的延续时间最为长久，其基质与结构也相对最为稳定。随着明清以来中国政府与葡萄牙对澳门进行治理的政治角力和法律适用，澳门社会也逐渐形成一种非常特殊而特色鲜明的华洋共处的社会结构[8]，中国政府对澳门长期进行的主导治理和澳门葡人内部实行的有限自治，构成了澳门自开埠允准葡萄牙人居留至鸦片战争前后的共处分治状态，其时澳门社会的法制文明所呈现的便是主次分明而特色鲜明的法律多元格局。[9]

根据历史文献记载，澳门开埠及允准葡人入居之前，中葡之间已在东南沿海有过初步的接触。1513年（正德八年），葡国商人欧维治自马六甲来华贸易。1517—1521年，葡人安特拉德、皮莱资使华通商未遂。1521—1522年，沿海官兵相继与流窜闽浙一带的葡人及倭寇发生屯门之战与西草湾之战。1529年，广东巡抚林富上奏主张解除广东海禁，使中外之间的商贸往来在东南沿海重新获得合法性。1535年，香山县辖下前山都指挥黄庆纳贿，将广州市舶司舶口由电白移至澳门，让葡人混迹于往来各路商贸人士之间。1553年，葡萄牙远征日本舰队司令官索萨贿赂广东海道副使汪

---

〔8〕 关于“华洋共处”及其衍生的“共处分治”概念，参见吴志良：《澳门政制》，中国友谊出版公司1996年版，第23页。又见前引吴志良：《生存之道——论澳门政治制度与政治发展》，第9页。

〔9〕 关于法律多元的一般理论，参见〔日〕千叶正士：《法律多元——从日本法律文化迈向一般理论》，范愉等译，中国政法大学出版社1997年版。

柏，获允在澳门搭棚暂住和自由贸易，不经意之间即开启了澳门从此华洋共处的长轴画卷。1557 年，葡人大举入居澳门而“筑室建城，雄踞海畔若一国”，则使居澳葡人内部开始萌生族群自治的意图。此后近三百年之因缘际会，澳门社会终于形成了中国政府主导治理和澳门葡人有限自治的特殊治理形态。

以全球史之大视野观之，葡人逐浪东来有中世纪以来西欧传教士和殖民主义者鼓吹殖民的国际法观念支撑。葡使来华求通商欲打破中国朝贡制度，涉及明代内敛性的海外贸易政策与法制，而中葡东南沿海冲突事涉倭寇，与当时海禁政策和法制息息相关。至于澳门最终得以开埠，则与明代地方海防、吏治与商贸问题亦有深刻而复杂的历史关联。[10] 申言之，澳门开埠使中华法系内敛的农耕文化开始接纳开放的海洋文化，预示着中华法系的封闭性在外力作用下终于有了第一道无法愈合的裂缝。

葡人入居澳门至明帝国崩溃之前，明政府对澳门全权行使主权。[11] 这表现在以下几点：（1）在行政管理方面，包括设香山县与海道副使机构，设提调、备倭、巡缉行署等专门机构等举措；（2）在军事管理方面，包括设军营、将海防同知移驻雍陌以就近弹压，尤其是建关闸使“民人不得擅出，夷人不得擅入”；（3）在土地管理方面，每年定期向澳葡征收地租银，立法禁止葡人擅自兴作（尤其是修筑防御工事）；（4）在海关管理方面，设市舶提举司负责海外商贸管理，安排市舶司官员与香山官员共同管理海上贸易，对来澳贸易的各国商船征收进口关税和出口关税，并采取防范措施遏制各国商船偷税、漏税；（5）在商贸管理方面，设置相应的商贸管理机构管理澳门进出口贸易，针对澳葡特殊情况开展关闸贸易和广州贸易，严厉打击澳葡与内地的走私贸易活动。此外，明政府对澳葡还有特别的立法和司法制度。在特别立法方面，一是香山知县蔡善继的《治澳十则》（1608 年），二是海道副使俞安性与两广总督张鸣冈的《海道禁约》五款（1614 年），主张对澳人加强防范。申明约束的五款禁例，分别是禁畜养倭奴、禁略买人口、禁兵船骗饷、禁接买私货、禁擅自兴作。至于对澳门特别适用的司法制度，亦可分别从香山知县与其他机构的司法职能和明政府

---

〔10〕 何志辉：《明末葡人居留澳门之历史反思》，载《澳门科技大学学报》2008 年第 2 期。

〔11〕 何志辉：《明代澳门的特别立法与司法》，载《岳麓法学评论》（第七卷），湖南大学出版社 2012 年版。

对澳门讼案的管辖权进行探究。[12]

据此可见，这一阶段有否“澳门法”的问题已经很明确。其一，虽然在此阶段并没有现代法治意义的澳门法，但澳门地区存在对华洋民众、社会生活、经济生活与政治秩序的法律规制，故必然存在混沌状态的“澳门法”。其二，明政府对澳门的全权治理，不仅依据因时而异的政策，更有具有规范性、可执行性、强制性的法律法规，故事实上确实存在混沌状态的“澳门法”。其三，明政府治理澳门，不仅有全国性法律在澳门的特殊适用，更有特别针对澳门情况的立法和司法，故“澳门法”不同于中华法系在内地其他地区的法。循此思路，我们需要仔细审视明政府治理澳门的政策和法律——它们构成了所谓“澳门法”——的形态、内容和渊源，借此才能辨识它们深深浸染着的中华法系的诸多特质。

明朝末年，澳葡内部的有限自治也日趋明朗，这在某种意义上正是中华法系对葡式法律的包容的体现。我们先来了解澳葡的有限自治机构——议事会（Senado）的形成与发展。议事会的成立有复杂的国际背景，葡萄牙在1580年被西班牙王室兼并，万里之外的澳门葡人失去故国之后，唯有通过形成自治组织机构来维系自身的生存和发展。此前澳门葡人的所作所为也逐渐引起明朝朝野一些人士的警觉和不满，遂有1582年两广总督陈瑞召见葡人，幸得耶稣会士利玛窦、罗明坚等人从中斡旋，最终以卑辞厚礼化解了这场危机。1583年，澳门葡人终于正式组建了作为澳葡内部自治机构的议事会。1586年，葡印总督梅内塞斯写信赐名澳门为“中国圣名之城”（Cidade do Nome de Deus na China），被升格为拥有和埃武拉同等自由、荣誉和显著地位的城市。随着议事会的逐步发展，澳葡自治机构也开始受到葡萄牙及被兼并后的西葡联合王国力量的制度性干预，一股力量是始于1580年的王室法官制度，另一股力量是从早期“加比丹末”（巡航舰队司令）演化而成的总督制度。议事会、王室法官、澳门总督这三股力量并未拧成一股绳，终明之世，虽在整体上以议事会居于主导，但王室法官，尤其是总督争权的影响有增无减，这尤其表现在三者围绕澳门葡人内部民刑事案件的司法管辖，形成一种畸形和特殊的多元司法格局，直至1783年《王室制诰》颁行之后才有较为重大的转型。

我们究竟应怎样看待此阶段澳门葡人有限自治的状况？略而言之，有

---

〔12〕 参见刘景莲：《明清澳门涉外案件司法审判制度研究（1553—1848）》，广东人民出版社2007年版；另可参见何志辉：《明清澳门的司法变迁》，澳门学者同盟出版2009年版。

如下几点值得展开分析：其一，澳葡议事会的成立有欧洲中世纪以来葡式法律文化的因素。最初澳葡尝试自治是在隐瞒中国官府的情况下进行的，在缴纳地租与当时的两广总督陈瑞默许后改为公开进行，对中华法系的封闭性和自足性构成了挑战（挑衅）。其二，澳葡顺应时势，尤其是在葡国被并入西班牙时期，以“双重效忠”的策略软化或化解了这种挑战（挑衅）的烈度，通过获取朝廷的认同而谋求生存。其三，朝廷与地方以中华法系的博大，对这种挑战（挑衅）并未予以足够重视，反而各有所图，接受并迁就澳葡的内部自治。其四，明政府与地方最终形成“建城设官”治澳模式，不能仅仅认为是中华法系对异域文化逐渐渗透的无奈接受（或迁就），更应视为中华法系对以葡式法律为代表的西式文化的积极包容，并在这种包容过程中蕴藏同化“化外人”以使“远人归顺”的心机。

清前期治理澳门的状况，仍呈现出中华法系主导的延续性。这主要表现在治理澳门的力度加强：（1）在行政管理体制方面，包括将澳门“改归县属”，由香山县掌管，定期征收地租银，适时监督管理澳葡，形成委派官员的巡视制度，设香山县丞和澳门同知，推行保甲制度等。（2）在军事管理体制方面，包括设军把守加强防范，在前山寨改设副将，增设左右营都司等。（3）在贸易管理体制方面，包括禁海之颁行及废止，准允澳门与内地的陆路贸易，加强关闸贸易的管理，对澳葡商船进行限额管理等。（4）在海关管理体制方面，包括设粤海关及下属澳门关部行台，开放广州港口为对外贸易口岸，终止粤澳陆路贸易，强化外商船货征税管理制度，增设海关稽查口等。

澳门的特别立法和司法，亦呈现出这种主导性。在特别立法方面，主要有如下几份文本值得重视：一是首任澳门同知印光任拟订的《管理澳夷章程》（1744 年），因上年发生华洋命案引发交涉，遂制订七项条例以加强对澳门葡人的约束。二是接任澳门同知张汝霖等拟订的《澳夷善后事宜条议》（1749 年），因上年发生华洋命案引发交涉，最终出台专事管理澳门葡人的十二款法令。三是两广总督李侍尧拟订的《防范外夷规条》（1759 年），因该年发生英商洪任辉控粤海关监督案引发交涉，其中规定外商在粤交易完毕须回澳门等内容。至于清前期对澳门讼案的司法治理体制，以及“乾隆九年定例”的出台及其在华洋命案交涉中的适用，亦各有其复杂的历史背景值得深究。[13]

在此期间，澳葡内部自治权限也不断扩展，终至于开始形成对中华法系主导地位的挑衅。一方面，澳葡议事会经历着盛极而衰的历程，转折点则是1783年《王室制诰》的颁行，使澳葡机构内部权力消长发生急剧的变化，总督领导下的澳葡政府也不断加强对清政府治理措施的对抗。例如，1784年澳门葡人遵照国王指示设立海关，与中国“关部”对抗。1822年葡萄牙颁布公告，把澳门纳入君主立宪政制之内。继中英《南京条约》、中美《望厦条约》、中法《黄埔条约》签署之后，葡萄牙也趁势调整对华外交政策，并试图迫使朝廷签订同样性质的不平等条约。1844年葡萄牙宣布成立“海外省澳门政府”，将原议事会降为市政厅。1845年葡女王宣布澳门为“自由港”，向其他国家开放贸易。另一方面，澳葡在扩展司法自治方面的举措也日趋强硬，从最初争取扩展司法管辖权的试探，以及澳葡政府在华洋交涉中的态度变化，再到谋求司法权的一再主张及其实质上篡夺司法权的行动，均可看出澳葡自治的不断扩展，实质是对中华法系的挑衅和威胁。[14]

总的来说，从清政府前期治理澳门力度看，体现了中华法系在清前期的盛极而衰，故有不断强化、臻于顶峰之势，中华法系的特质在特别立法中更为鲜明地呈现出来。但由于明清政府无法清醒地认识澳葡谋求自治的本质，更无法防御和抵抗澳葡通过寻求自治扩展势力的努力，从而客观上纵容了葡萄牙对澳门推行殖民化的进程，使异域法文化的基因得以植入，使自身的法律传统及文化基因有了突变的可能。从澳葡方面来看，澳葡自治的扩展方式得益于“双重效忠”策略，这种进行灵活处理谋求生存与发展的做法具有极大的历史启发性。但要指出的是，澳葡在鸦片战争前后拓展自治权限范围的根本目的，是在国际时势变动下顺应葡国殖民主义的用心，试图将澳门地位纳入殖民体系之中。而正是通过澳葡的自治化努力，客观上使得中华法系主导的“澳门法”开始发生变异，且因葡国法律基因的植入而埋下了鸦片战争以来迅速转向葡国殖民化的契因。

---

〔13〕 参见何志辉：《交涉、较量与嬗变：清前期澳门治理格局中的司法权》，载邓建鹏主编：《司法的理念与实践：清代法制新论》，中国人民大学出版社2013年版。

〔14〕 何志辉：《从殖民宪制到高度自治》，澳门理工学院一国两制研究中心出版社2009年版，第24—27页。

三、澳葡殖民管治下的近代澳门法（1846—1976 年）

明至清前期澳门华洋共处分治的格局，是以中方主导治理为基本特征。但随着鸦片战争后国际局势的变化，葡萄牙趁清政府面临乱局惊慌失措之际调整对华外交政策，并通过殖民宪制及指示亚马留政府强制推行殖民管治措施，再通过谈判方式与清政府签订《中葡和好通商条约》（1887）来确立葡萄牙“永驻管理”澳门的权力，使近代以来葡萄牙对澳门的殖民管治措施从事实状态转向法律状态。在此层面上可以说，1846—1887 年是葡萄牙为侵夺主权寻找法理根据与葡式法律的强硬推行的关键时期。澳门社会虽仍保持着华洋共处的社会结构，治理形态上却由往昔的分治状态转向了葡萄牙借助澳葡政府对澳门实行的殖民管治状态，法律秩序则呈现出葡国法制全面移植或延伸适用的大陆法系文化特征。

就历史表面因素而言，澳门被纳入殖民管治状态始于澳门总督亚马留（Amaral）任职期间（1846—1849），因其对中国政府治理权力的肆意破坏，华洋共处分治中的既有格局被全盘打破。[15] 1846 年，就任澳门总督的葡国海军上校亚马留遵照葡国王室指令而竭力推行殖民政策，上任伊始就规定所有驳船（客货两用的中国船）须注册登记，减少香山县官府的权力、扩大澳门检察官署管辖权（澳门唯一可审理中国人案件的法院）；随后还命令在澳华人进行户籍登记，擅自设立葡萄牙驻广州领事，彻底破坏中国海关的管辖权，最终在 1849 年 8 月被望厦村民沈志亮等青年义士刺杀。此事引发一场严重的中葡政治交涉，但结果仍以清政府的妥协而告终。此后，澳葡方面试图通过缔结条约的方式骗取对澳门的主权，并于 1862 年在法国公使协助下一度达成《中葡通商互换条约》的谈判。然因葡国使者操之过切的换约举措引致清政府官员疑虑，该《条约》之第 9 条骗取澳门主权的阴谋败露，此事遂在 1864 年以葡方使者悻悻而去、条约成为废纸而收尾。此后，葡方多次寻找机会试图重启缔约，但都未能成功。

在此期间，澳葡政府在葡萄牙对华外交政策强势化的背景下，强硬推行葡式法律的方式与手段。例如，1851 年以来澳门开始实行赌博专营；通过《政府公报》规定只许在指定区域开设“妓寨”以规范娼妓业；1853 年澳葡政府颁布法令规范劳工输出；等等。不仅如此，近代以来的葡国法

---

〔15〕 黎晓平、何志辉：《澳门法制史研究》，澳门 21 世纪科技研究中心出版社 2008 年版，第 151—173 页。

律体系也陆续延伸并覆盖到了澳门地区。一方面是葡国《宪法》的延伸，其中值得注意的是葡方一厢情愿地将澳门列入葡国“海外属地”，而清政府对此毫不知情。另一方面则是葡国五大法典的逐步延伸，如1854年葡萄牙把1852年刑法典适用于澳门，开始全面推进澳门法的葡国化；此后，1869年葡国民法典也适用于澳门，1881年葡国民事诉讼法典适用于澳门。至于葡式司法制度在澳门的推行，则晚至19世纪末期通过葡萄牙统一司法改革才实现，其标志则是1894年澳门设立“法区法院”，作为澳门地区处理民刑案件的第一审机构。〔16〕不过要指出的是，其时澳葡在澳门推行葡式法是缺乏法理根据的，故只能借助文化隔阂和语言障碍，单方强硬推行。至于澳葡政府强行推行的葡式法律体系，是欧洲大陆法系文化的弱小分支，是葡国充分继受法国法典法体系并适当融贯南欧社会文化的产物。

葡萄牙政府仍然需要从国际公法和法理层面确认其对澳门拥有的“主权”，以便真正兑现其在欧洲世界以宪法方式对澳门“属地”作出的权利宣示，进而为它们在远东世界推行葡式法律制度奠定政治合法性基础，故始终致力于寻求谈判的契机。19世纪80年代初期国际形势尤其是中法战争带来的影响，以及港英政府基于鸦片税厘并征之需求所带来的契机，澳葡政府获得了所谓千载难逢的谈判机会。1887年3月，在大清海关总税务司赫德的全盘操纵之下，清政府与葡萄牙代表在里斯本草拟《中葡会议草约》。以此为据而达成的54款《中葡和好通商条约》主要内容包括：中国仍然允许葡萄牙永驻管理澳门以及所属之地；葡萄牙得派公使驻北京，并在通商口岸设领事；葡萄牙取得领事裁判权；葡萄牙人可以享受中国已给或将给其他国家的通商特权，在通商口岸有居住、租买土地、建造房屋及设立教堂等权利。条约签订后遭到中国朝野的普遍反对，一致谴责出卖中国主权的赫德。这份条约中尤其值得注意的是第2条，即中国承认葡萄牙对澳门的占领和管理，而葡萄牙承诺未经中国同意不得转让澳门，葡人据此获得所谓“永驻管理”之权。这里需要辨识的问题是，不少西方的历史学家和政治人士，出于歪曲历史事实和政治偏见，或言“葡萄牙自始就拥有澳门主权”，或称“久占之地，即有主权”。国内也有一些人士认为，从公元1553年算起，葡萄牙殖民者即已“入侵和统治”，甚至有人认为中国政府将澳门列入“割地”让给葡萄牙。诸如此类错误或偏颇的观点，反映出对澳门历史缺乏深入的了解。《中葡和好通商条约》签订并于次年换约

---

〔16〕何志辉：《近代澳门司法：制度与实践》，中国民主法制出版社2012年版，第94—108页。

生效之后，中国政府对澳门行使主权的状态遭到了彻底的破坏。[17]

此后一段时期澳门治理问题的嬗变，主要围绕澳门地位条款、勘界谈判与葡式法律全面延伸适用而展开。由于条约对澳门地界仅有非常含糊的规定，澳葡得以趁势大肆侵吞中国地界以扩充澳门。“庚子事变”之后，清政府迫于国内外压力及“雪耻自强”意识的驱动，展开了一场旨在收回“治外法权”借以挽救统治危机的新政改革。[18] 在此期间（1902—1904年），澳葡政府与清政府也展开了一场修约谈判，随后更有1909—1911年在香港举办的关于澳门勘界的谈判。[19] 不过，这场谈判尚未结束，葡萄牙和清政府各自在1910年和1911年被新兴资产阶级革命力量所推翻，前者的君主立宪制和后者的封建帝制不复存在。但在随后的国际局势下，民国政府难以顾及澳门问题，葡萄牙则有乘虚而入的更大空间。

在此期间，葡式法律在澳门开始了更大规模的扩张，不仅五大法典陆续进入澳门并开始适用，其他形态的法律规范也纷纷在澳门延伸适用。不过，鉴于澳门毕竟是华人占绝对多数的独特地区，澳葡政府对中国传统法律不得不有适度的认可和接受。这方面的例证是葡萄牙特别颁行的《华人风俗习惯法典》，借此顺应澳门华人对民事法律的实际需求。1909年6月17日，葡萄牙海军暨海外事务部为澳门颁布了这部法典，用于规范澳门华人在婚姻继承方面的风俗习惯。例如，华人依照中国宗教或传统仪式缔结的婚姻，与葡萄牙法律所承认的天主教婚姻和民事婚姻具有完全同等的效力；丈夫可以纳妾；妻子犯有通奸罪时，丈夫只能通过司法程序要求解除婚姻；丈夫可以妻子婚后不育、严重虐待和中伤、麻风病、搬弄是非、小偷小摸或大发醋意等任何一个理由，向法院提出离异或分产；离婚时儿女归男方，财产分配亦对男方有利。总之，该法典以两广地区（特别是广东沿海）华人风俗习惯及传统法律规范为依据，对澳门华人的婚姻、继承和收养等问题作了较为详尽的规定。

总之，在此阶段葡国法律的大肆扩张，既是葡国自认侵夺澳门主权后推行殖民化的举措，也在客观上加剧了澳门的殖民地化。但葡国法律的大

---

〔17〕 参见何志辉：《〈中葡和好通商条约〉与澳门地位条款》，载《澳门研究》2009年总第54期。

〔18〕 关于“治外法权”问题及由此展开的清末新政，参见何志辉：《外来法与近代中国诉讼法制转型》，中国法制出版社2013年版。

〔19〕 这场谈判的葡方代表有日记详述其中细节，参见〔葡〕马楂度：《勘界大臣马楂度：葡中香港澳门勘界谈判日记（1909—1910）》，舒建平等译，澳门基金会出版社1999年版。

肆扩张，仅在形式上试图全面覆盖澳门社会，仅在形式上满足于澳门占极少数的澳葡的法律需要，如同游浮于澳门这潭水之上。然而，由于语言、文化存在隔阂，尤其是政治与民族情感上的隔离，澳门本地华人并不能真正接受这些外来的强硬塞入的欧式法律文化，仍以各种方式接受和适用中国传统法律文化。

1911—1949年间，葡萄牙对澳门进行的殖民管治日趋深化，澳门法继续葡萄牙化且达到了历史新阶段。中葡各自爆发资产阶级革命后，中国民间一度强烈呼吁收回澳门，但围绕勘界的澳门谈判问题未有下文。1913—1914年间，葡萄牙公使照会北洋政府，请划定澳门界址。北洋政府时期，澳门问题的交涉也曾有过，如1921年葡萄牙就澳门界址问题请美国在太平洋和平会议上提出公断，不过这一提请国际公断的企图归于破产。南京国民政府时期，双方围绕澳门问题也有过几次关注。1928年，中国政府通知葡萄牙政府，称《中葡和好通商条约》第4次期满作废。同年12月19日，中国外交部长王正廷与葡公使毕安祺签署《中葡友好通商条约》及6个附件，从1929年3月27日起生效，但澳门地位问题未被提及。[20] 抗战胜利后，中国民间再度呼吁收回澳门。1945年，中国驻布鲁塞尔使馆参赞在涉及"澳门问题"时宣称，必须按第二次世界大战后确立的主权原则重新确认葡在澳门的主权。但随着国共内战的全面爆发，此事再度搁浅。

在此阶段，葡国针对澳门进行殖民管治的宪制性法律陆续出台。例如1947年《葡萄牙政治宪法》及《殖民地宪章》等文件的颁布，实际是为葡萄牙法律在澳门的全盘适用奠定宪制基础。[21] 至于19世纪以来的葡国法典法和司法制度，进一步在澳门延伸适用，对于事涉华人且根深蒂固的中国传统法律则予以适度的保留。如1917年成立澳门华民诉讼所，同时设立一个上诉法院；华民诉讼所到1927年被废止。[22]。至于前述《澳门华人风俗习惯法典》，则延至1948年7月24日才被葡国政府第36987号法令废止

概言之，葡国资产阶级革命后，葡萄牙的法典法体系更趋详备，且逐步顺应20世纪欧洲大陆法系的发展潮流。近代化的葡式法延伸适用，对澳门法律传统进行了极大程度的改造。但澳门社会对葡式法律的认同并不强

〔20〕 前引吴志良：《生存之道——论澳门政治制度与政治发展》，第200—211页。

〔21〕 前引何志辉：《从殖民宪制到高度自治》，第65—70页。

〔22〕 前引何志辉：《近代澳门司法：制度与实践》，第149—155页。

烈，澳葡政府对葡式法律的执行也因此受限，且多流于形式和表面，是体现澳门作为“殖民地”而应“归属于葡国”的一种政治态度，故它更多地考虑对葡国政治的迁就和顺应，而非关注它们是否真正适用于澳门本地情形，更不可能真正关注它理应关注的绝大多数的澳门华人。故葡国法在澳门的延伸适用，长期形成与真正需要法律的华人之间的隔膜，进而与整个澳门社会的隔膜的状态。因此，虽然它在形式上不断趋于完备，但在功能上相对薄弱，这是比较法与法社会学研究的绝好题材。

1949—1976 年间，是葡萄牙海外殖民帝国的终结、澳门在世界范围“非殖民化”浪潮影响下通往地区自治以及由此带来的澳门法之全盘葡化时期。新中国成立之初，对澳门问题的态度受制于其时错综复杂的国际局势。1951 年，葡萄牙宣告终结殖民帝国，其海外殖民地一概改称“海外省”，澳门亦被其纳入“海外省”之列。建国初期的中葡关系则插曲连连，澳门先后发生过“开埠庆典风波”“关闸事件”及其他大大小冲突的严重交涉。随着新中国在世界舞台影响力的看涨，澳门应否纳入“非殖民化”之列的问题也终于引起国际社会的关注。至 1974 年葡萄牙发生“四·二五革命”（也称“鲜花革命”），葡国新政府实行“非殖民化政策”，宣布澳门不是葡萄牙的海外属地/殖民地，而是葡萄牙管理下的中国领土，从而正式在其宪制体系中承认了澳门是中国的领土，并向中华人民共和国表明态度，即承认“只有一个中国”，且于 1975 年 1 月宣布与台湾当局断交；颁布法律 7/74 号，开始了澳门归还中国的路程。1975 年底，澳葡当局也在澳门进行一系列行政改革，葡萄牙撤走了驻澳门的军队，解散了陆军司令部与海防司令部。为加强内部治安力量，另组织包括治安水警、水警稽查队等在内的治安部队。这些措施改善了澳门与内地，葡萄牙政府与中国政府的关系。

平心而论，葡萄牙殖民帝国的终结是世界历史发展的必然，也是葡国自身历史发展的必然，殖民帝国的终结必然深刻影响长期归附于殖民化进程的澳门法。对此，不妨从如下方面展开理解：首先，澳葡政府对葡国宪制性法律的延伸适用，是为确立对澳门殖民管治的合法性根据，但这种“合法性”来源并不明确（1887 年《中葡和好通商条约》对此没有明示），故这些葡国宪制性法律本身也不得不因时而动（如果早有明示澳门被“割让”，葡国绝不会在宪制性法律上煞费苦心和颇费周折）。其次，澳葡对葡国其他法律的延伸适用，仅在形式上不断趋于葡国化，这种趋同虽然节省立法成本，顺应澳葡内部对于法律的需求，但完全忽略澳门占绝对主导地位的华人社会生活及其对法律的实际需求，听任葡式法在澳门华人社会中的游离，使葡式法在澳门徒有其表。最后，澳督的有限立法，仅针对澳门实际情况而作，但由于澳督制度本身所限，这类立法缺乏系统性、根本性和长远性，甚至有时也缺乏合理性，对葡式法虽然起到了一定的补充或弥补作用，但在根本上不可能彻底契合澳门本地的实际需要，因而澳门法仍然仅仅是一种形式上的大陆法系文化缩影。因此，葡式法在澳门的历史宿命，是随着主权问题的解决，必然同时要进行法律改革。

四、双轨立法体制下的现代澳门法（1976—1987 年）

上述殖民管治状态延续到《澳门组织章程》（1976 年）颁行之后再次变化，因应其时的国际形势及葡萄牙国内民主化发展而使澳门打开通往地区自治之门，此后经由中葡建交与澳门主权问题谈判而形成的《中葡联合声明》（1987 年），明确了澳门回归中国之后成立特别行政区并全面实施“一国两制”方针，由此衍生出一场规模浩大的法律本地化运动，最终形成的便是以大陆法系法制秩序为基础的澳门特别行政区法律体系。

《澳门组织章程》确立了“双轨立法体制”内容，对澳门法发展的影响甚为巨大，其背景则是葡国革命后的“非殖民化”运动，是 1974 年葡萄牙国内“四・二五革命”后产生新型秩序的宪制性成果。该《章程》草案曾于 1975 年 8 月 16 日公布，以便澳门市民研究、讨论和参与。该《章程》由 1976 年 2 月 17 日颁布的第 1/17 号法律通过，并由第 53/79 号法律、第 13/90 号法律与第 23—A/96 号法律作出修订。该《章程》通过后，澳门本地的首届立法会也正式成立并投入运作，首任立法会主席是澳门史上声名显赫的土生葡人法律家宋玉生先生。1976 年 8 月 9 日，澳门立法会首次会议隆重举行。一方面，李安道总督强调取得本地区财政自主、维持与葡萄牙行政联系的重要性，并呼吁市民参与本地区的政治生活。另一方面，立法会临时主席何贤提出优先促进“和平共存”，改善社会条件，加速经济发展，呼吁澳门政府与立法会合作。

《澳门组织章程》作为回归前澳门法律体系中最基本和最高的法律，是澳门政治、行政、财政和立法组织的基本依据。该《章程》共 72 条，六章依次为“总则”“本身管理机关”“司法行政”“财政”“当地行政”和“补充及过渡规定”。其中，规定了澳门的地域范围与政治地位；葡萄牙总统对澳门的权限；澳门总督的政治地位、任免程序、行政级别、代表权限、行政权限与立法权限，行使立法权与行政权的形式，其政治、刑事与民事责任；立法会的组成、任期、运作与权限；总督与立法会之间立法权限的划分，两者之间的制衡机制；澳门的违宪审查制度。该《章程》还规定了澳门的司法、财政与公共行政制度。由于该法律的生效，澳门逐步成为一个拥有相对自治权限的特殊地区。

《澳门组织章程》建立的政治制度，将差不多所有权力集中于总督，立法会不过是半民主的协作机关；它所设立的“双轨立法体制”，更对澳门葡式法的本地化产生了深远意义的影响。从该《章程》本身的内容看，它所展示的是20世纪世界范围非殖民化的潮流所在，可谓非殖民化运动的法制化的体现。至于其内容方面，它对澳门赋予地区立法权，是对葡式法在澳门积弊丛生的“救疗”，是顺应澳门社会生活对于法律实际需求的必然，也酝酿了“一区两法/制”的政治可能性。这为后来“一国两制”的实施奠定了一定的历史基础。1999年12月20日，随着《澳门基本法》的正式生效，该《章程》才自行失效，退出了澳门的政治舞台。

中葡建交与澳门问题的谈判，为“一国两制”蓝图下的澳门法作出了良好的铺垫。中葡正式建交，可谓解决澳门问题的第一线曙光。1979年2月8日，中国政府与葡萄牙政府在法国巴黎签署了两国正式建立外交关系的《联合公报》，宣称：“两国政府将根据互相尊重主权和领土完整、互不干涉内政和平等互利的原则维持其外交关系。”并决定自当日起建立大使级外交关系，在3个月内互派大使。正式建立外交关系后，双方重申澳门是中国领土，目前由葡萄牙政府管理，澳门问题是历史遗留下来的问题，在适当的时期，中葡两国政府将通过友好协商来解决。

中葡建交在澳门法制发展史上有着重要意义，它为“一国两制”蓝图中的澳门法前景提供了政治基础。所谓“一国两制”，是对“一个国家，两种制度”的简称，即在统一的中华人民共和国的前提下，国家的主体大陆地区实行社会主义制度，同时允许香港、澳门和台湾保持原有的资本主义制度长期不变。“一国两制”的提法始于1979年元旦全国人民代表大会常务委员会发表的《告台湾同胞书》[23]。1981年9月30日，时任全国人民代表大会常务委员会委员长叶剑英就台湾问题发表声明，提出实现祖国和平统一的九条方针，明确表述“一国两制”的构想。1982年9月，邓小平在会见英国首相撒切尔夫人时，正式提出可用“一个国家，两种制度”的方案来解决历史遗留的香港问题。同年秋，正在起草的《中华人民共和

〔23〕《告台湾同胞书》，载《人民日报》1979年1月1日。

国宪法》草案增加第31条："国家在必要时得设立特别行政区。在特别行政区内实行的制度按照具体情况由全国人民代表大会以法律规定。"根据此规定，在1997年和1999年中国政府分别恢复对香港和澳门行使主权后，将设立特别行政区，实行与大陆地区不同的社会制度，50年不变。香港和澳门享有包括行政管理权、立法权、独立的司法权和终审权在内的高度自治权。

至于中葡围绕澳门问题的谈判，则在解决澳门主权问题的同时抛出了新制度的构想。从1986年开始，为解决历史遗留的澳门问题，中葡经历了四轮谈判。[24] 第一轮谈判为期近9个月，中方代表团团长是周南，团员有柯正平、邵天任等人；葡方代表团团长是梅迪纳，团员有贾斯柏尔等人。1986年6月30日至7月1日，首次会谈在北京钓鱼台国宾馆举行。双方除商定会谈的全部议程外，并就一些实质性问题交换意见。1986年9月9—10日，第二轮会谈在北京举行，中方正式向葡方提出中国政府对澳门问题的基本政策，即后来《中葡联合声明》附件一中所述的内容，并做了必要的解释。1986年10月21—22日，第三轮会谈在北京举行，继续就各种实质性问题进行深入讨论，并取得广泛的一致意见。双方代表团就澳门过渡期的安排，在讨论的基础上达成了一致，即后来《中葡联合声明》附件二中所列的内容。1987年3月18—23日，第四轮会谈在北京举行，集中讨论联合声明本身及两国政府互相交换的备忘录。

中葡建交为和平谈判解决澳门问题奠定了政治基础，这种正式的外交关系是历次中国政府无法实现的，因而唯有新中国政府才有实力和能力收回澳门主权。至于澳门回归的谈判，本质是澳门主权问题的归属认定。澳门主权问题关涉澳门法的根本路径和方向，确认澳门归属中国，使得澳门法成为新中国法域之中独具特色的成分。澳门回归是以"一国两制"蓝图为构想的，它确立了一种全新的宪政结构，即在一个主权国家内容许两种性质互不兼容的法律体系存在。这种兼容可视为中国固有文化传统的包容兼蓄精神在澳门法上的体现，也可视为新中国在和平解决历史遗留问题上顺应时势要求所表现的一种政治智慧。

需要指出的是，澳门长期以来的葡式法，势必在这种新政治格局下难以胜任澳门社会生活的实际需求，难以担负"一国两制"新形势下的时代

---

〔24〕 关于此次中葡谈判，周南回忆录透露了诸多细节。参见宗道一：《周南口述：遥想当年羽扇纶巾》，齐鲁书社2007年版。

重任，故它们迟早面临需要变革乃至彻底变革的问题，此即后来的“法律本地化”运动的根本任务。澳门在《澳门组织章程》授权下的地区自治立法，使澳门法由长期占绝对支配地位的葡式法开始转向适量的本地立法，这些本地立法的经验和缺陷，都成为后来法律本地化运动中的宝贵财富和经验。因此，“双轨立法体制”在新形势下必然对澳门法的新形态和新发展产生深刻而长远的影响。

五、过渡期与本地化的现代澳门法（1987—1999年）

《中葡联合声明》与《澳门基本法》的相继出台，为现代澳门法全面实践“一国两制”奠定了政策依据和法理根据。

1987年4月13日，《中葡联合声明》由中葡两国总理在北京共同签署。经中葡两国各自按法律程序完成审批手续后，于1988年1月15日由中葡两国政府在北京互换批准书开始生效，同时建立了中葡联合联络小组和中葡土地小组。《中葡联合声明》正文由7条组成，另有2个附件，即附件一《中华人民共和国政府对澳门的基本政策的具体说明》和附件二《关于过渡时期的安排》，以及双方准备交换的备忘录。正文第1条正式宣布：“澳门地区（包括澳门半岛、凼仔岛和路环岛）是中国的领土，中华人民共和国政府将于1999年12月20日对澳门恢复行使主权。”第2条和附件一全面阐明了中华人民共和国政府对澳门的基本方针政策。第3条则规定，在《中葡联合声明》生效之日起至1999年12月19日止的过渡期内，葡萄牙共和国政府负责澳门的行政管理，继续促进澳门的经济发展和保持其社会稳定。

1993年3月31日，澳门基本法起草委员会历时4年5个月完成的《澳门基本法》，由第八届全国人民代表大会第一次会议审议通过并正式颁布，于1999年12月20日生效实施。《澳门基本法》由序言、9章共145条组成，另有3个附件，规定了未来澳门特别行政区的地位及与中央政府的关系，确立其政治体制、经济制度、文化和社会事务方面的政策，规定了其在对外事务中的权限，明确了《澳门基本法》的解释与修改权限，确定了未来澳门特别行政区行政长官与立法会的产生办法和行政长官、主要官员、立法会议员、司法官员、行政会委员的任职资格，明确了行政、立法、司法与市政机关的职能与权限，列明了在澳门特别行政区实施的全国性法律。《澳门基本法》以《中华人民共和国宪法》第31条为依据，体现了“一国两制”“高度自治”和“澳人治澳”，保障澳门现行社会、经济制度不变，生活方式不变，现行法律基本不变的原则，在未来的澳门特别行政区具有最高的法律地位。

综合而论，《中葡联合声明》为澳门主权归属确立了“一国两制”的法理根据，使得澳门法从全盘葡式法开始过渡向真正本地化的法律体系。这份文件的伟大意义，对澳门法之发展而言，是奠定澳门法的全新的本地化发展方向。《澳门基本法》为回归后的澳门特别行政区法制构建了宏大的框架，使原有的葡式澳门法必须顺应《澳门基本法》的要求，即必须完成和实现法律本地化，以适应“一国两制”的根本需求。

随后展开的便是一场规模浩大的法律本地化运动。[25] 法律的本地化的基本要求可概括为 16 个字，即“法律过户，法律修订，法律翻译，法律清理”。依据《澳门基本法》的相关规定，澳门特别行政区成立后“法律基本不变”，亦即澳门原有的法律、法令、行政法规和其他规范性文件，除与《澳门基本法》相抵触或澳门特别行政区立法机关和其他有关机关依法作出修改以外，均予以保留。其时，澳门现行法律包括两部分，第一部分是从葡国引进到澳门的葡国法律，包括现行的刑法典、刑事诉讼法典、民法典、民事诉讼法典、商法典等；第二部分是澳门立法机构根据葡国《宪法》和《澳门组织章程》制定的法律和澳门总督制定的法令和法规。此外，还有一些照顾华人习俗的法律。在过渡期内，需将这些现存的法律清理、分类和修订，然后翻译为规范的中文，使其能反映澳门的特点，满足澳门社会的政治、经济、社会、文化各方面发展的需要。

法律的本地化的进展，以葡萄牙五大法典的本地化为核心任务。1988 年，澳门政府成立了法律翻译办公室，集中了中葡法律和语言方面的专家，进行清理、分类工作，并将重要的法律译为中文。此外，还开始培训中葡双语法律人才。与此同时，澳门大学设立法学院及设置葡语翻译课程，政府亦派遣学员到葡国进修法律。从 1990 年开始的适用于澳门法律的编列和系统化工作，已于 1995 年完成。此类法律共 30088 件，其中 1910—1994 年由葡国和本地立法机关制定的 28035 件，加上在 1870—1910 年制定的法律共 30088 件。在已整理和分析的 1700 件葡国制定的法律中进行筛选，其中适用于延伸至 1999 年后的有 255 件。率先实现本地化的是《澳门刑法典》，其次是第二年颁行的《澳门刑事诉讼法典》，它们分别于 1996 年 1 月 1 日和 1997 年 4 月 1 日生效；至于《澳门民法典》《澳门民事

---

〔25〕 参见华荔：《澳门法律本地化历程》，澳门基金会出版社 2000 年版。

诉讼法典》《澳门商法典》迟至1999年11月1日同一批颁行生效。司法的本地化任务则包括司法机构、司法人员的本地化，在此方面的进展同样可观[26]：一是现代型的法院体系得以建成，于1993年诞生了澳门高等法院，作为法区法院的上诉审机构，并在普通法院体系之外设置了特殊管辖的法院机构；二是司法人员的本地养成，尤其是培养中葡双语法律人士等积极措施取得了相当可观的进展。当然，司法领域的本地化并未彻底实现，时至今日仍有需要推进和改革的地方。1999年12月19日午夜，中国与葡萄牙在澳门文化中心花园馆隆重举行澳门政权交接仪式，这标志着澳门法从此全面迈入了“一国两制”的新时期。

以上简要介绍了澳门法制史之历史分期，大致可以透视四个多世纪以来澳门治理格局与法律秩序的面貌。但关于澳门法制史的研究其实不仅仅只是对历史的还原、描摹，它还应肩负另一种警示后人和启迪当下的学术使命。前者属于描述性的法史学工作，需要通过严密的考证和审慎的逻辑，对这一去不返的历史本原进行重构；后者属于阐释性的法史学工作，赋予人们足够的理解自由和想象空间，但这种理解和想象必须立足于客观存在的基础。[27] 由于所见的一切历史遗留物，都已是碎片化的东西，因此，任何时候的史学研究者，都只能做他所处时代力所能及的“还原”，而不能确保这种“还原”一定绝对真实可靠，有时还会因为新资料的发掘，导致既往定论的全盘推翻；由此所做的一切阐释，也因之变得风险重重，必须时刻面对和接受历史真实的检验。这是我们在研究一切法史问题时都应当注意的。

（文字编辑　李泠）

〔26〕 前引何志辉：《近代澳门司法：制度与实践》，第189—210页。

〔27〕 关于描述性和阐释性的法史学视角，参见胡旭晟：《解释性的法学史：以中国传统法律文化的研究为侧重点》，中国政法大学出版社2005年版。

论“祖宗家法”的唐宋嬗变及其传统国宪渊源属性

吴 欢*

近现代经典宪法定义“限制国家权力，保障公民权利”并不能概括人类有政治社会生活以来所有“国宪”或“宪法”现象。纵观人类政治史和法律史，任何民族的政治共同体都有“宪法”，宪法实为组织政治共同体的基本规则。若进一步对古典时代中西法律传统中的宪法现象加以抽绎，我们可以将宪法界定为政治共同体“安身立命”的根本依据，华夏文化政治共同体“安身立命”的根本依据就是传统中国的“国宪”。[1] 传统中国

---

* 作者系浙江大学光华法学院2012级博士研究生，杭州师范大学“法治中国化”研究中心兼职研究员。本文是教育部人文社科基地重大招标项目“唐宋社会变动与法律变化研究”（项目编号：08JJD820161）的阶段性成果。本文最初的版本曾以《浅谈“祖宗家法”的唐宋嬗变》为题提交2010年河南大学法学院举办的“法律史视野下的唐宋变革”学术研讨会，幸得与会师友指正。同时感谢中南财经政法大学陈景良教授、杭州师范大学范忠信教授对本文的悉心指导，感谢中南财经政法大学博士生阿依古丽和于熠对本文提出的商榷意见，唯文责自负。

〔1〕“经典宪法定义”的提法及其时空与文化局限性的早期探讨，参见刘茂林、仪喜峰：《宪法是组织共同体的规则》，载《法学评论》2007年第5期。对其进一步反思参见吴欢：《宪法：政治共同体“安身立命”的根本依据》，载《法治研究》2012年第12期。笔者认为，“安身立命”是一个中国文化传统和百姓生活中的常见词汇，但正是在这样一个普通的词汇里，蕴含着华夏文化政治共同体最重要的政治密码和最核心的宪法理念。作为宪法词汇的“安身”，就是维护政治共同体的稳定与延续；作为宪法词汇的“立命”，就是赋予政治共同体正当性与合法性。这里的“安”，指的是安顿、安排，也就是组织、构建；这里的“身”，指的就是华夏文化政治共同体，而且在实际政治法律生活中，主要是指国家政权；这里的“立”，指的是赋予、授予或曰解释、论证；这里的“命”，指的是政治共同体或曰政权实体组织和统治、传承和延续所必须具备的正当性与合法性。这两个方面的四点宪法诉求，是古今中外任何政治共同体都不能回避而必须进行回应的。同时，这些宪法诉求也与儒家传统政治哲学对“天命”和“王道”的追求存在着高度暗合。

国宪（以下简称“传统国宪”）是一个由基本理念、基本宪制及其规范构成的意义综合体，在华夏文化政治共同体的政治法律实践中有着丰富的渊源形式和特殊的实施保障机制。[2]

“祖宗家法”就是传统国宪的基本渊源形式之一。学界已有的关于“祖宗家法”的研究，主要集中在探讨某一具体时空条件下“祖宗家法”的意涵与实践，其中，尤以邓小南教授关于赵宋“祖宗之法”的研究为代表。[3] 但这些研究较少从华夏文化政治共同体治理秩序的整体演进和治理规则的宏观嬗替的角度出发，探讨“祖宗家法”在华夏治理秩序构建中的可能意义。[4] 换言之，这些研究更多地关注“祖宗家法”作为具体政治纲纪的作用，而忽视了其作为传统国宪渊源的属性。本文即试图在学界已有研究的基础上，对华夏治理秩序史上的“祖宗家法”做一初步的整体观察，并将视角聚焦于其在唐宋社会变革之际的功能嬗变，最后指出“祖宗家法”所具有的作为传统国宪渊源的属性与意义。

一、“祖宗家法”的历史源流

中华文明是一种守成文明，华夏文化政治共同体的先贤们理想的社会图景是存在于过去的某个时间的。无论是儒家视为黄金时代的夏商周三代，还是道家“乐在其中”的“小国寡民，老死不相往来”，本质上都是向后看的，都是试图恢复和恪守已有的美好政治传统和社会风俗。“孝文化”则是中华文化一个突出的特点，“孝”是中华民族的传统美德。这种

---

〔2〕 对传统中国国宪问题的系统研究，参见吴欢：《安身立命：传统中国国宪的形态与运行——宪法学视角的阐释》，中国政法大学出版社 2013 年版。笔者在该书中梳理和总结了传统中国国宪 6 个方面的基本理念和 8 个方面的基本宪制，以及构成这些宪制主干和支撑的 32 条传统国宪规范，还提炼出传统中国国宪 6 个方面的渊源形式和 6 个方面的实施保障，并以“异姓不王”为例对传统中国国宪的历史运行进行了动态考察，最后对传统国宪的宪法史意义进行了集中阐发。

〔3〕 参见邓小南：《祖宗之法——北宋前期政治述略》，三联书店 2006 年版。另见林瑜洁：《论“祖宗家法”对北宋公文运作的影响》，载《兰台世界》2012 年第 3 期；曹家齐：《赵宋当朝盛世说之造就及其影响——宋朝“祖宗家法”与“嘉祐之治”新论》，载《中国史研究》2007 年第 4 期；唐兆海：《试论北宋的“祖宗家法”》，载《汕头大学学报》1987 年第 1 期等。

〔4〕 “治理秩序”与“华夏治理秩序史”的提出与意义，参见姚中秋：《华夏治理秩序史》（第 1 卷）（上），海南出版社 2012 年版。笔者认为，华夏文化政治共同体既已传承延续数千年，其必有内在的社会秩序结构和社会治理方式，也就是“华夏治理秩序”和“华夏治理之道”。而传统国宪，就是华夏治理秩序之大端，华夏治理之道，就是华夏文化政治共同体“安身立命”之道。

“守成”与“孝道”观念体现在政治法律观念和制度上，就是对已经存在的“祖宗家法”的恪守和因袭，所谓“祖宗家法不可变”。[5]“祖宗家法”因此也成为华夏治理秩序史上不可不察的关键意象。“祖宗家法”及其类似的提法如“祖宗之法”“祖宗成规”“祖宗之制”等含义各有交叉，在中国历史上不同时代亦有不同的表述。[6]但在事实上，在中国法律传统中，“祖宗家法”从先秦时代起就广泛存在并不断丰富。

“祖宗家法”的萌芽，似乎可以追溯到华夏文明的童年时期，与华夏文明农业型特征有关。华夏文明是一种农耕文明，农耕文明的生存和发展特别倚重于日照、季风、降水、时令等自然条件以及水利工程的修建。农业生产经验丰富的“农师”成为原始人群中最初的权威之一，他们有关农业生产和生活的经验成为最早的“祖宗家法”。传说中的炎帝因“教民农作”被尊为“神农氏”，“治五气，艺五种，抚万民”则是黄帝轩辕氏的历史功绩；黄帝的夫人嫘祖也以教导人民养蚕织锦著称。这些华夏文明始祖所开创和传授的经验法则，就是最朴素的“祖宗家法”，也是华夏文化政治共同体最早的治道规则。范忠信教授因此指出，农耕文明的稳定性或农耕人民的安土重迁性格也深深地影响了中华法律传统，养成了中华法律传统“忌变法”“忌改作”的性格。[7]

夏商西周时期，“祖宗家法”开始与天命观念和祖先崇拜联系在一起。随着华夏文化政治共同体治理规模的不断扩大，治理秩序的不断生成，早期的“农师”形象开始成为共同体的治理者，如躬耕历山的帝舜和播种百谷的后稷。他们创造了共同体公共生活的基本规则与秩序，提出了关于治理权的来源与正当性、治理者的来源与正当性，治理权的行使规则、治理权冲突的化解规则等理论，并且通过自身的治理实践，证明这些理论能够为共同体的人民带来有规则、有秩序和有尊严的生活，因此他们受到了后世继承者的赞美和膜拜，也被尊为华夏文化政治共同体的千古圣王。[8]在这一时期，自然条件对于农业生产的种种限制，也逐渐被人格化为“天”

---

〔5〕有时这种恪守和因袭的极端表现，可以超越朝代和种族的界限。这就涉及到传统国宪的另一渊源形式“先王成宪”，笔者将另撰文探讨，此处不赘述。

〔6〕关于“祖宗家法”及其与相关提法之间的辨析、出现时代的考证，参见邓小南：《祖宗之法——北宋前期政治述略》，三联书店2006年版，第21页。本文为求行文简省，用“祖宗家法”概括类似概念和提法。

〔7〕参见范忠信：《中国法律传统的基本精神》，山东人民出版社2001年版，第33页。

〔8〕这些治道理论构成了传统国宪的基本理念，对此可以参见吴欢：《安身立命：传统中国国宪的形态与运行——宪法学视角的阐释》，中国政法大学出版社3013年版，第68页。

“天帝”“上帝”等形象，“天意”“天命”也成为政权存在合法性与正当性的来源。所谓“天命玄鸟，降而生商，宅殷土芒芒”〔9〕，“有命自天，命此文王，于周于京，缵女维莘”〔10〕，讲的就是商汤与周文王因为自身的德行而获得了上天的委任，担任人间的治理者。通过强调祖先的德行和上天的眷命，夏商西周统治者构建了一整套的以“天命”“天法”“天罚”的名义进行“革命”的“天命—革命”理论，用以论证通过非常手段获得国家权力的正当性、合法性，以及如何保持国家政权先进性的问题。〔11〕所有的这些理论和问题，无一关系到华夏文化政治共同体根本治理秩序，也无不与“祖宗”所立之法发生勾连。

春秋战国时期，随着社会政治文化的大动荡与大整合，“祖宗家法”的观念开始分化。一方面，“祖宗家法”被“祖述尧舜，宪章文武”的儒家所信奉和怀念。孔子云：“三年无改于父之道”〔12〕，“文武之道，未坠于地，在人”〔13〕，“礼之用，和为贵。先王之道斯为美”〔14〕，“吾道一以贯之”〔15〕。孟子云：“遵先王之法而过者，未之有也。”〔16〕说的就是华夏祖先开创的治理之道，也就是具有充分正当性与合法性的治理之道，也就是华夏文化政治共同体“安身立命”之道。另一方面，“祖宗家法”观念也受到主张“不法先王，不是礼义”的法家的冲击。法家耳闻目睹春秋战国时期的社会剧变，祖宗之法早已不堪敷用，纷纷著书立说，鼓吹社会变革。其中，最突出的表现就是春秋时期的成文法公布运动和战国时期的变法改革运动。这种冲击甚至一直延续到全面接受法家治国主张的秦朝。秦一统天下之初，李斯与群臣之间关于是否按照旧制分封诸王子的争论，以及秦始皇最后“置诸侯不便”的决策就是典型的例子。〔17〕“祖宗家法”的这两种命运，深刻地反映了春秋战国时期大分化、大改组、大变革的时代特征。

---

〔9〕《诗经·商颂·玄鸟》。

〔10〕《诗经·大雅·大明》。

〔11〕详细论述参见吴欢：《国制灵魂：先秦“天命—革命”观念及其法哲学意涵》，载浙江大学光华法学院法理学研究所举办的“走向世界的中国法哲学”国际学术研讨会《论文集》，第40—50页。

〔12〕《论语. 学而》。

〔13〕《论语·子张》。

〔14〕《论语·学而》。

〔15〕《论语·卫灵公》。

〔16〕《孟子·离娄上》。

〔17〕事见《史记·秦始皇本纪》。

两汉到魏晋南北朝时期是中国法律儒家化开始和深入发展的时期，这一时期的“祖宗家法”主要是在两种意义上使用。[18] 一种侧重于“祖宗”的价值取向，表现为庙堂阶层对于“尊祖敬宗”这一礼制核心原则的宣示和强调，即所谓“亲亲故尊祖，尊祖故敬宗，敬宗故收族，收族故宗庙严，宗庙严故重社稷，重社稷故爱百姓，爱百姓故刑罚中，刑罚中故庶民安，庶民安故财用足，财用足故百志成，百志成故礼俗刑，礼俗刑然后乐”[19]。这种意义上的“祖宗家法”，在当时被称作“汉家制度”“祖宗故事”“祖则”“宗轨”等。另一种则侧重于“家法”的技术操作，通常是指讲习传授经典章句之学的传统，尤其指儒生世代相传的一家之学术谱系。这种“章句之学”的传统体现在法律上，就是魏晋时期蔚为大观的“法律章句”著作。[20] 这两种意义上的“祖宗家法”虽然并未在彼时政治生活中发挥核心规则的作用，但都体现了儒家伦理型政治思想对政治法律实践的影响和渗透。

二、唐宋“祖宗家法”的聚焦考察

总的来说，李唐以前的“祖宗家法”，虽然起源较早，但是在内涵上存在着较大的不确定性，在提法上也不固定，在对实际政治的影响方面也较小。在李唐王朝时期，统治者开始对“祖宗成规”进行郑重其事的宣示和强调，庙堂之外的士大夫阶层也进行了修饬“家法”的努力。宋代的君臣上下更是创制和总结了独具特色的赵宋“祖宗家法”。

（一）李唐“祖宗家法”的存在样态

唐代统治者对于“祖宗成规”的强调，突出体现在涉及皇位继承等重大问题的制敕中，表现出对祖宗的敬畏。太宗在立晋王李治为皇太子的册文中说：“尔其思王业之艰难，遵圣人之炯戒，勤修六德，勉行三善……兢兢业业，无怠无荒，克念尔祖宗，以宁我宗社。可不慎欤！”[21] 肃宗在立成王李俶为皇太子的册文中几乎照搬太宗的说法：“尔其思王道之艰难，

---

〔18〕 参见邓小南：《祖宗之法——北宋前期政治述略》，三联书店2006年版，第21页。

〔19〕《礼记大传》。

〔20〕《晋书·刑法志》：“叔孙宣、郭令卿、马融、郑玄诸儒章句十有余家，家数十万言。凡断罪所当由用者，合二万六千二百七十二条，七百七十三万二千二百余言，言数益繁，览者益难。”

〔21〕《唐大诏令集》卷二八《皇太子·册文》。

遵圣人之炯戒……兢兢业业，庶保于大猷，然后无忝尔祖宗，克宁我邦国。往钦哉！丕傭景命，可不慎欤！”〔22〕 自代宗以后，唐代帝王的遗诏也是言必称祖宗。如代宗遗诏称：“朕以眇身，祗奉鸿业，不能光宣大训，嘉靖万邦，奉祖宗重熙之德，答公卿寅亮之勤，旰衣宵食，痛心疾首。”〔23〕德宗遗诏称：“朕承八圣之休德，荷上天之眷祐，嗣守丕训，不敢荒宁。……皇太子诵，……必能觐祖宗之耿光，绍邦家之大业。”〔24〕 邓小南教授指出，“在这类制诏中，皇家的‘治家’与‘治国’原则精神紧密地联系在一起……祖宗对于他们（后世帝王）来说，是祗奉和仰承的先烈，是超越常世、降灵垂鉴的神异力量；祖宗的遗范，祖宗的鸿业是感召他们效法弘扬的精神目标。”〔25〕 此论形象地指出了“祖宗”及其创制的“成规”对于唐代治理者集团治理活动的指导性地位。

与居庙堂之高的帝王将相对“祖宗成规”的强调相呼应，唐代的士大夫亦十分重视“正家之法”。隋唐以降，随着魏晋门阀制度的解体，庶族地主势力开始上升，传统的士大夫集团，即“士族”地位开始受到震动和威胁，“庶族”集团也开始谋求与政治经济实力相称的伦理道德优势。于是，象征着道德高标的“正家之法”渐渐成为一些士大夫家族借以自保抑或自矜的手段。“旧世家炫示其礼法门风，以期高自标帜；而后起家族亦需寻求整齐家风、延绵世祚的轨范。就在这种背景之下，‘家法’愈益受到重视。”〔26〕 大文豪欧阳修敏锐地观察到了这一点，他指出，“唐为国久，传世多，而诸臣亦各修其家法，务以门族相高。”〔27〕 但士大夫家族的“正家之法”并非纯粹的道德高标、沽名钓誉，而是有着极为现实的政治诉求。因为士大夫修饬家法的努力程度，不仅关系到家族的内部事务的妥当处理，也直接关系到士大夫的政治作为，乃至政治生命。以当时因家风礼法严谨而著称的京兆柳氏为例，其《家训》云：“夫门第高者，可畏不可恃。可畏者，立身行己，一事有坠先训，则罪大于他人。虽生可以苟取名位，死何以见祖先于地下？不可恃者，门高则自骄，族盛则人之所嫉。实艺懿行，人未必信；纤瑕微累，十手争指矣。所以承世胄者，修几不得不

〔22〕《唐大诏令集》卷二八《皇太子·册文》。
〔23〕《唐大诏令集》卷十一《帝王·遗诏上》。
〔24〕同上。
〔25〕邓小南：《祖宗之法——北宋前期政治述略》，三联书店 2006 年版，第 34 页。
〔26〕同上注，第 52 页。
〔27〕《新唐书》卷七一上《宰相世系表》。

恳，为学不得不坚。"[28] 这样的“家训”明显地透露出一种伦理上和政治上的忧患意识。“正是这种危机意识，使得中唐以后的士大夫之家羞耻门风、‘讲论家法’有了特殊的意义。"[29] 这也就是五代时期著名的四朝元老冯道所谓的“静思本末，庆及存亡，盖自国恩，尽从家法，承训诲之旨，关教化之源，在孝于家，在忠于国”。[30]

（二）赵宋“祖宗家法”的内容与实质

尽管李唐君臣上下对于“祖宗成规”和“正家之法”有着远胜于前代的强调与重视，也具有现实政治方面的考量与诉求，但是在赵宋王朝的政治家看来，李唐王朝无论是在“祖宗成规”还是“正家之法”方面都是做得不够的，都是有亏欠的。所以，在“以唐为鉴”的反思之后，赵宋君臣提出了“比隆汉唐”甚至是“超迈汉唐”的政治期待。在“祖宗家法”方面，宋人的确超越了唐人，辗转因革，形成了内容丰富而又收效甚为明显的赵宋“祖宗家法”。

根据邓小南教授的研究，赵宋的“祖宗之法”，开创于太祖、太宗时期，当时陆续奠定的政策基调和一系列做法，是宋初政治的中心内容。[31] 因为赵宋太祖、太宗是通过“陈桥兵变”而“黄袍加身”，由军阀变为君主，“变家为国"[32]，故其治理权和治理秩序一开始便面临正当性与合法性的拷问。加之太祖太宗权力交替之际“烛影斧声”的扑朔迷离[33]，更为后代子孙治理权的传承授受埋下了隐患。虽然在各种场合的官样文章中，他们照例宣称自己是“五运推移，上帝于焉眷命；三灵改卜，王者所以傭图"[34]，是受命于天的真龙天子，但是他们内心深处仍然担心“陈桥兵变”“肘腋生变”的重演。于是陆续通过“杯酒释兵权"[35]、改组禁军指挥系统、以朝官知军州事、改革政治中枢等举措，确立了“事为之防，

[28] 《旧唐书》卷一六五《柳公绰传》。
[29] 邓小南：《祖宗之法——北宋前期政治述略》，三联书店 2006 年版，第 55 页。
[30] 《旧五代史》卷一二六《冯道传》。
[31] 邓小南：《祖宗之法——北宋前期政治述略》，三联书店 2006 年版，第 15 页。
[32] 《宋大诏令集》卷一《帝统一・即位》。
[33] 有关这一段史事的考证与讨论，参见张荫麟：《宋太宗继统考实》，载《文史杂志》1941 年第 1 期；邓广铭：《宋太祖太宗授受问题辨析》，载邓广铭：《邓广铭治史丛稿》，北京大学出版社 2006 年版，第 475—502 页。
[34] 《宋大诏令集》卷一《太祖即位赦天下制》。
[35] 关于“杯酒释兵权”的考证与辨析，参见王育济：《论“杯酒释兵权”》，载《中国史研究》1996 年第 3 期。

曲为之制"[36]的重在防范"内患"的"防弊之政"，这就构成了赵宋"祖宗家法"的历史基调。真宗朝是赵宋"祖宗家法"形成过程中的过渡时期。真宗赵恒即位之初即强调"先朝庶政，尽有成规，务在遵行，不敢失坠"[37]。而且，由于真宗能够顺利即位，实赖吕端之力良多，所以他对吕端声称要"共守成规"。在与契丹缔结"澶渊之盟"，又安抚西夏之后，真宗通过"神道设教"，进一步神话了自己的形象，巩固了自己的地位。与此同时，赵宋王朝的政治体制也更加成熟，"此前君主与其侧近亲信群体结合相对紧密，个人治理的取向比较突出；此后则基本上完成了向君主官僚制度统治方式的转化"，"务行故事""与士大夫共治天下"的原则得以确立。[38]赵宋"祖宗家法"的正式提出是在仁宗朝。仁宗时期君臣上下把开国以来太祖、太宗乃至真宗所施行的法度及其精神加以总结概括，将其明确称之为"祖宗典故""祖宗之法"，并且奉为治国理事之圭臬。

在此背景下，宋代"祖宗家法"得到了突出的强调，赵宋君臣上下在不同场合对"祖宗家法"的具体内容也做出过不同的表述。元祐五年，范祖禹上疏称："本朝太祖皇帝以来，家道正而人伦明，历世皆有圣后内德之助。自三代以来，未有如本朝家法也。"[39]仁宗时辅臣丁度说："臣事陛下二十年，每奉德音，未始不本于忧勤。此盖祖宗家法尔。"苏辙曾经说："祖宗别更有家法：殊不杀人，大辟则案条，疑狱则奏上，有司不若唐之州县得专杀人也。"[40]但这些多失之过空泛或者过琐屑。有宋一代，对"祖宗家法"表述最详的，当属元佑年间时任宰相吕大防。吕大防向哲宗"推广祖宗家法以进"，称："祖宗家法甚多。自三代以后，惟本朝百三十年中外无事，盖由祖宗所立家法最善。"至于"祖宗家法"的具体内容，吕大防总结如下："自古人主事母后，朝见有时，……祖宗以来，事母后皆朝夕见，此事亲之法也。前代大长公主用臣妾之礼，本朝必先致恭，……此事长之法也。前代宫闱多不肃，宫人或与廷臣相见，……本朝宫禁严密，内外整肃，此治内之法也。前代外戚多预政事，常致败乱，本朝母后之族皆不预事，此待外戚之法也。前代宫室皆尚华侈，本朝宫殿只用赤白，此尚俭之法也。前代人君虽在宫禁，出舆入辇；祖宗皆步自内庭，出

[36] （宋）李焘：《续资治通鉴长编》卷十七，开宝九年十月乙卯条。
[37] （宋）李焘：《续资治通鉴长编》卷四十一，至道三年四月乙未条。
[38] 参见邓小南：《祖宗之法——北宋前期政治述略》，三联书店 2006 年版，第 340 页。
[39] （宋）李焘：《续资治通鉴长编》卷四百五十一，元祐五年十一月条。
[40] （宋）李焘：《续资治通鉴长编》卷四百五十一，元祐八年正月丁亥条。

御后殿，……此勤身之法也。前代人主在禁中，冠服苟简；祖宗以来，宴居必以礼，……此尚礼之法也。前代多深于用刑，大者诛戮，小者远窜；唯本朝用法最轻，臣下有罪，止于罢黜，此宽仁之法也。至于虚己纳谏，不好畋猎，不尚玩好，不用玉器，饮食不贵异味，御厨止用羊肉，此皆祖宗家法所以致太平者。"〔41〕但吕大防这番总结仍受到当时政敌的批评。宋朝以后，历代亦有总结赵宋"祖宗家法"的。如顾炎武《日知录》中"宋朝家法"条中说："宋世典常不立，政事丛脞，一代之制，殊不足言。然其过于前人者数事，如入君宫中自行三年之丧，一也；外言不入于捆，二也；未及未命即立族子为皇嗣，三也；不杀大臣及言事官，四也。此皆汉唐之所不及，故得继世享国至三百余年。若其职官军旅食货之制，冗杂无纪，俊之为国者并当取以为戒。"〔42〕顾氏的总结由于身在局外，反而较吕大防更能抓住要害。

邓小南教授认为，对于"祖宗家法"，宋人通常作宽泛的理解。赵宋的"家法"，内外包容，巨细无遗，既涉及帝王的"家事"，也关系到范围广泛的"国事"，实际上就是自"祖宗"以来累世相承的正家治国方略与规则。"〔43〕笔者认为，此论的确抓住了宋代"祖宗家法"纷繁复杂的表象背后深层次的共性，揭示了赵宋"祖宗家法"的要害之处。赵宋"祖宗家法"尽管在不同时期、不同政治人物有着不同的表述，但究其要害或曰精神实质，仍在前述"事为之防，曲为之制"八个字。赵宋建国是延续唐、五代以来武人篡政的风气而为之的，太祖、太宗为避免成为"五代"之后的"第六代"，从政治、军事、财政、经济等诸多方面创法立制，其总原则就是"以防弊之政，为立国之法"，史称"国朝立法，以洗晚唐五季之恶习，历变多而虑患之法"。〔44〕真宗、仁宗之际，契丹、西夏之外患虽在，但相对"肘腋之祸"却是远忧。继任之君无不谨遵先皇旧制，严密防范来自文臣、武将、女后、宗室和宦司的威胁。"祖宗家法"就在赵宋历代君臣上下齐心协力的共同努力下得以不断发展的。"事为之防，曲为之制"作为赵宋"祖宗家法"的精神实质，贯彻在两个方面：一方面从理论上总结历史上君权旁落的教训，高度强调中央集权的作用；另一方面创法立

〔41〕（宋）李焘：《续资治通鉴长编》卷四百五十一，元祐八年正月丁亥条。
〔42〕（明）顾炎武：《日知录》卷十五，宋朝家法条。
〔43〕参见邓小南：《祖宗之法——北宋前期政治述略》序引，三联书店2006年版，第9页。
〔44〕《宋会要辑稿》，《帝系·守法》十一。

制，把中央集权的精神贯彻到政治、经济、军事、文化、司法等各个方面，成为万世不易的“祖宗家法”。作为“祖宗家法”的精髓，“事为之防，曲为之制”特别强调维护中央集权的治理秩序，特别强调保持对于意外事变的警惕心态，特别强调防微杜渐、防患未然，特别强调以制度的因袭保持政权的稳定。有宋一代，未发生如隋唐五代那样的女主专政、宦官干政、藩镇割据的情形，大抵与此有关。当然，在这一思想指导之下，赵宋政治也出现了朋党之争、守内虚外、强干弱枝等弊端，但这些弊端却已经是传统的政治法律哲学所不能解决的。

三、“祖宗家法”的唐宋嬗变

通过前面的梳理，大致可以窥见唐宋之际，中国法律传统中的“祖宗家法”经历了某种程度的嬗变，即赵宋王朝对于“祖宗家法”的理解和运用，实现了由“正家之法”到“治国之政”的重大转变。而发生嬗变的原因，就在于唐宋之际的政治、经济、文化等社会条件以及政治人物的主观思想认识均发生了变化。

（一）“祖宗家法”唐宋嬗变的表现

“祖宗家法”的唐宋嬗变，我们大致可以归纳为以下几个方面：

其一，从家国关系上看，唐代的“祖宗家法”存在“正家之法”的缺位，而宋代的“祖宗家法”实现了从“正家之法”到“治国之政”的升华与结合。唐代士大夫阶层基于自保或者自衿而特别强调“正家之法”的情形已经在前文有所交代，但属支流，无关宏旨。李唐统治者对于“祖宗成规”虽然常怀敬畏之心，但“正家之法”在统治者的思想世界里是存在缺位的，所以引致了后世对其“本始不正”的批评。赵宋的“祖宗之法”，首先侧重于对国家各种要害权力的分割与防范，根本目的在于维护中央集权，防止来自藩镇、女主、宦官、朋党等方面的威胁，这就表明，赵宋的“祖宗家法”首先是在治国理政的层面上被理解和运用的。与此同时，防范女主、宗室、宦官等势力的威胁，从“家国一体”的意义上来理解，就是君主在处理皇族家庭成员内部的种种关系，通过“正家”的方式来实现“治国”的目的。宋真宗在表彰“敦睦宗族，不陨家声”的李宗谔时就说：“朕今保祖宗基业，亦犹卿之治家也。”[45] 因此，赵宋的“祖宗家法”实

---

〔45〕（宋）司马光：《涑水记闻》卷六。

现了“正家之法”与“治国之政”的结合，适应了传统中国“家国一体”的政治结构模式。

其二，从内容上看，唐代的“祖宗家法”内容不确定、不系统，而宋代的“祖宗家法”则经过历朝君臣的不断完善和补充，形成蔚为大观的体系。根据学者已有的研究，唐代所称“祖宗家法”，多数时候类似于两汉尊祖敬宗之制，是指开国皇帝创制的有关祖宗祭祀等具体事项的具体制度。[46] 如贞观九年，群臣讨论高祖太庙仪制时，“中书侍郎岑文本议曰：‘……臣等参详，请依晋宋故事，立亲庙六，其祖宗之制式遵旧典。’制从之”[47]。而且尽管李唐统治者在即位诏书或者遗诏等重大场合屡屡提及“祖制”或“祖宗之法”，但多属于政治宣示，而不涉及具体内容。赵宋的“祖宗家法”如前所述，在朝臣和君主的观念中，都有一些有形的、具体的制度性的载体，如吕大防总结的事亲、事长、治内、待外戚、尚俭、勤身、赏礼、宽仁等八法。赵宋自仁宗起，还专门修纂《训鉴》《宝训》《圣政》等，以便整理有关“祖宗家法”的制度惯例。

其三，从实效上看，唐代的“祖宗家法”远不及宋代“祖宗家法”对国家政治生活影响深刻。如前所述，因为李唐所谓“祖宗成规”仅仅是在官样文章中进行空泛的宣示，没有揭示其具体内容，即使存在如《帝范》《贞观政要》等文本，也未能如赵宋累朝相因、垂范久远。这就导致李唐“祖宗家法”在政治生活中发挥的作用不甚明显。相反，因为赵宋“祖宗家法”蕴含着“事为之防，曲为之制”的精神内涵，贯穿了政治、经济、军事、文化等各方面的政事，而且有较为明确的外延与界定，所以赵宋“祖宗家法”影响有宋一代政治生活极为深远。[48]

（二）“祖宗家法”唐宋嬗变的原因

唐宋“祖宗家法”产生前述嬗变或曰差异的原因，可以从以下方面进行考察：

首先，也是最明显的原因，在于赵宋统治集团对于晚唐和五代的史事进行了深刻的反省。赵宋“祖宗家法”的形成，是从对李唐史事的反思开

---

〔46〕 邓小南：《祖宗之法——北宋前期政治述略》，三联书店 2006 年版，第 37 页。

〔47〕 （唐）杜佑：《通典》卷四十七《吉礼·天子宗庙》。

〔48〕 此外，李唐“祖宗家法”与赵宋“祖宗家法”在形成方式、精神实质、士大夫的参与构建程度等方面也有一定的差异。这些或前文已经有所提及，或下文将深入剖析，自不赘述。

始的。李唐由兴转衰，表面上看，是因为藩镇割据、女主干政、宦官专权、朋党之争等，但是宋人欧阳修却将批评矛头直指李唐的“天下之本”“朝廷之本”“人君之本”，即“唐自穆宗以来八世，而为宦官所立者七君。然则唐之衰亡，岂方镇之患！盖朝廷，天下之本也；人君者，朝廷之本也；始即位者，人君之本也。其本始不正，欲以正天下，其可得乎！”[49]范祖禹揭示了何谓“本始不正”：“昔三代之君莫不修身齐家以正天下，而唐之人主起兵而诛其亲者，谓之‘定内难’；逼父而夺其位者，谓之‘受内禅’。此闺门无法不足以正天下，乱之大者也。”[50] 批判了李唐的“本始不正”之后，宋人也反思了自“安史之乱”以来，历经五代十国治乱交替的政治教训，逐渐确立了“欲武臣尽读书”[51] 和“宰相须用读书人”[52] 的政治导向，提出和形成了本朝以“事为之防，曲为之制”为精神实质的“祖宗家法”。

其次，也是更为深刻的原因，在于自晚唐五代以至两宋，地主阶级内部士庶的界限被打破，庶族地主出身的文臣集团成为左右宋王朝政治局势的主导力量。唐代“士庶之分”“华夷之辨”造成的政治分野，在五代十国的乱世遭遇了强烈的涤荡与冲击。宋初政局初定百废待兴时期，一方面统治人群中的民族色彩不断淡化，另一方面在丧乱之际不受重视的文臣也开始受到统治阶层的重视。这些饱读儒家诗书、注重修饬“家法”的文臣登上赵宋政治舞台之后，展现出了治国理政的丰富才干。同时因为他们易于控制，不似武臣威胁巨大，被统治者愈发的加以倚重，形成了“崇文抑武”的格局。文臣们更加抓住这样的有利格局，不仅使自身的政治地位得以保存和不断提高，更加使得文臣群体所信奉和坚持的政治理念慢慢渗透到赵宋的政治话语之中，成为赵宋“祖宗家法”有机组成部分。

最后，主要原因在于深受“内省而广大”的宋文化影响的士大夫集团积极入世，参与政治生活，构建“祖宗家法”的权力话语。陈景良教授指出，“在儒、释、道三家合流的基础上成熟起来、以理学建构为标志的宋文化，不仅将纲常伦理确立为万事万物之所当然和所以然，亦即‘天理’，而且高度强调人们对‘天理’的自觉意识。”因此，宋文化具有“广大而

---

〔49〕《新唐书·僖宗皇帝纪》。

〔50〕（宋）范祖禹：《唐鉴》。

〔51〕《宋史》卷一《太祖本纪》，建隆三年二月太祖语侍臣：“朕欲武臣尽读书以通治道，何如?”

〔52〕（宋）李焘：《续资治通鉴长编》卷七，乾德四年五月乙亥条。

内省”的特质。[53] 秉承这一特质的宋代士大夫群体，不仅有着对于“天人关系”的执著探索，还有着疑经非圣、断以己意、敢于创新、鄙薄雷同的独立思考精神。因此有宋一代，士大夫群体积极入世，参与政治活动，表现出慷慨激昂的政治气概，形成了赵宋王朝“与士大夫共治天下”的历史局面。在此背景下，赵宋“祖宗家法”的形成与确立，解说与诠释，坚守与虚置，无一不深刻地打上了士大夫群体的烙印。前述范祖禹对李唐史事的反省，吕大防对“祖宗家法”的总结，以至对于《宝训》《圣政》的编纂，以及一些关键政治场合宋朝士大夫那种据“祖宗家法”力争的舍我其谁的气概，都是宋代士大夫群体在宋代“祖宗家法”问题上发挥的特殊作用。

此外，唐宋“祖宗家法”嬗变的原因，无疑还与统治集团的个人素质、当时的内外政治局势等因素有关，限于篇幅不再赘述。但通过前述有限的分析，我们还是可以直观地看到，唐宋两朝之间“祖宗家法”在家国关系、具体内容以及实际作用等方面存在着某种嬗变，其原因则在于由唐至宋社会阶级关系、文化品格以及统治集团的思想认识都发生了变化。唐宋“祖宗家法”的嬗变，实际上是唐宋政治、社会结构和士大夫文化心理变化的一个缩影和折射。这一转变也从一个侧面反映了唐宋之际政治权力结构的重大转型，一定程度上佐证了由日本学者内藤湖南提出的在中国学界存在广泛影响的“唐宋变革”论。[54]

四、作为传统国宪渊源的“祖宗家法”

如前所述，“孝文化”是中华文化一个突出的特点。早在夏商周时期，“不孝”就被认为是十分重大的罪恶，所谓“元恶大憝，矧为不孝不

〔53〕 参见范忠信、陈景良主编：《中国法制史》，北京大学出版社 2007 年版，第 327 页。

〔54〕 1910 年，日本学者内藤湖南在《历史与地理》上发表了《概括的唐宋时代观》，首次提出“唐宋变革”。主要观点有：中国的中世起自五胡十六国，至唐中叶为止，唐末五代是中国由中世向近世的过渡时期，唐和宋有显著差异，唐代是中世的结束，宋代是近世的开始。此后，“唐宋变革”论在日本、美国和中国学术界都产生了广泛的影响，中国史学界尤其是近十余年来，召开了一系列的学术会议，出现了丰硕的学术研究成果，对这一理论承或进行发展、补充、继者证伪、立异、存疑。参见王秦：《十年来“唐宋变革”研究述评》，载《长江师范学院学报》2010 年第 4 期；李华瑞：《20 世纪中日“唐宋变革”观研究述评》，载《史学理论研究》2003 年第 4 期。法律史学界近年来也逐渐关注这一理论热点，以陈景良教授为代表的研究群体，从法律史学的视野对“唐宋变革”论进行检讨，为法律史研究引入了新的理论资源。

友”。[55] 孝则是传统的美德，所谓“百善孝为先”。历代君主从来都标榜自己是黎民百姓的道德楷模，“内圣外王”是他们的终极理想，“为民做父母行政”是他们的自我定位，“圣贤教化愚民”是他们的施政手段。所以对于“孝道”这个至大至美的道德口号，总是喊得最响的。同时，无论出于道德自觉还是政治需要，他们也必须践行一定的“孝道”，遵守一定的“孝道”的要求，从而构成对专制皇权的某种制约，反映出当时政治结构某些方面的特征。其典型体现，就是对“祖宗家法”的尊崇与恪守。这是因为，“孝”在古代中国，很大意义上就是“顺”，就是顺从、服从、遵守父母长辈的教导。父母平时的教导固然必须遵守，临终前的遗言更是至重至要、不得违背。相对于普通百姓父母的临终遗嘱，帝王之家的“祖宗家法”更多的是本朝创业君主的“政治遗嘱”，“祖宗家法”就存在于这些“政治遗嘱”之中。

（一）“祖宗家法”的典型载体

中国传统政治家和法律人很注重整理贤明帝王的“政治遗嘱”，赵宋以外，以成文形式存留下来的典型“祖宗家法”就有《洪范九畴》《帝范》《贞观政要》《皇明祖训》《皇明宝训》《清太祖圣训》等。[56]

《洪范九畴》是《尚书·洪范》提出的治理国家必须遵循的九条根本大法，反映了夏商周时代的基本政治方略和根本法律原则。周武王灭殷后向殷商遗老箕子征询治国方略，箕子告诉武王，天帝有“洪范九畴”，曾以“河图洛书”方式赐予大禹，是人间社会“彝伦”的最高根据，也是君王获得天命的标志和依据。“洪范”内容有九：“初一曰五行，次二曰敬用五事，次三曰农用八政，次四曰协用五纪，次五曰建用皇极，次六曰乂用三德，次七曰明用稽疑，次八曰念用庶征，次九曰向用五福、威用六极。”[57] 这九章大法，是夏商周时代的根本政治大法，是国家的纲纪、禁忌和追求之所在，是中国早期政治国家的基本构成章法。

---

〔55〕《尚书·康诰》。

〔56〕不成文之“祖宗家法”更不可胜数，如《尚书》“五子之歌”所谓“皇祖有训”“训有之”“蔡仲之命”，所谓“文王遗训”，《史记》“吕太后本纪”所谓“高帝刑白马盟曰：非刘氏而王，天下共击之。今王吕氏，非约也”，《汉书》“窦婴传”所谓“天下者，高祖天下。父子相传，汉之约也”。其他还有“祖宗之制”“祖宗之法”“祖宗成式”等提法散见于历代史籍。限于篇幅主旨，此处仅讨论典型的成文载体。

〔57〕《尚书·洪范》。

《帝范》是唐太宗李世民为太子李承乾亲传亲撰的为君之道，包括君体、建亲、求贤、审官、纳谏、去馋、诫盈、崇俭、赏罚、务农、阅武、崇文等十二章，书成于贞观二十二年（公元648年）。书前序言中，李世民称："自轩昊以降，迄至周隋，以经天纬地之君，纂业承基之主，兴亡治乱，其道焕焉。所以披镜前踪，博览史籍，聚其要言，以为近诫云耳。"[58] 在将此书赐予子女时他也再三叮嘱云："饬躬阐政之道，皆在其中，朕一旦不讳，更无所言。"可见此书是李世民自己对"贞观盛世"治理之道的全面总结，也是留给后世子孙的政治遗嘱。

《贞观政要》是唐人吴兢记录唐太宗政绩和与大臣魏征等议论古今政治得失的政论集，成书于开元、天宝之际。《贞观政要》虽记载史实，但不按时间顺序组织全书，而是从总结唐太宗治国施政经验，告诫后世皇子的意图出发，分君臣问答、奏疏、方略等材料，按照为君之道、任贤纳谏、君臣鉴戒、教诫太子、道德伦理、正身修德、崇尚儒术、固本宽刑、征伐安边、善始慎终等十个专题归类排列，使这部著作既有史实的成分，又有很强的政论色彩；既是唐太宗贞观之治的历史记录，又蕴含着丰富的治国安民的政治观点和成功的施政经验，是中国古代优良治理之道的集大成者。

《皇明祖训》是明太祖朱元璋亲自主持编撰的治道总结文献，是朱元璋为巩固朱明皇权而告诫其后世子孙的。全书分持守、严祭祀、谨出入、慎国政、礼仪、法律、内令、内官、职制、兵卫、营缮、供用等十三章，成书于洪武六年（1373年）。外有《祖训首章》，分述禁用酷刑、禁立丞相、对犯法宗亲的处置及对四夷诸国的方针，实为朱元璋一生政治经验的总结，并对明朝内外政局政事作出安排。序言中，朱元璋称："盖自平武昌以来，即议定著律令，损益更改，不计遍数。经今十年，始得成就。颁而行之，民渐知禁。至于开导后人，复为《祖训》一编，立为家法。……凡我子孙，钦承朕命，无作聪明，乱我已成之法，一字不可改易。非但不负朕垂法之意，而天地、祖宗亦将孚佑于无穷矣！呜呼，其敬戒之哉！"[59] 可见其权威。

《皇明宝训》是明代累朝官修正史，主要辑录明代历朝皇帝言论和政事，作为"遗之子孙"、"历代宝之，用为大训"的家法。明朝先后共修有

---

〔58〕《帝范·序》。

〔59〕《皇明祖训·序》。

十三朝宝训：《明太祖宝训》15 卷，《明太宗宝训》5 卷，《明仁宗宝训》2 卷，《明宣宗宝训》5 卷，《明英宗宝训》3 卷，《明宪宗宝训》3 卷，《明孝宗宝训》3 卷，《明武宗宝训》2 卷，《明世宗宝训》9 卷，《明穆宗宝训》2 卷，《明神宗宝训》12 卷，《明光宗宝训》1 卷，《明熹宗宝训》4 卷。到万历年间，太祖至穆宗《宝训》仅残存四十卷。由于明代皇帝良莠不齐，仅有太祖、成祖百战创业，勤政不倦，后世子孙多骄奢淫逸，毫无建树，故这些《宝训》中，真正堪称“祖宗家法”的，仅有《明太祖宝训》和《明太宗宝训》。

《清太祖圣训》编修于清康熙年间，含敬天、圣孝、神武、智略、宽仁、论治道、训诸王、训群臣、经国、任大臣、用人、求直言、兴文治、崇教化、勤修省、节俭、慎刑、恤下、辑人心、通下情、明法令、鉴古、赏功、昭功、昭信、戒缅乐、谨嗜好等章，内容主要是对清太祖努尔哈赤建国理政经验和成就的总结，也包含对一般民众的道德训诫。

从这些典型载体中，可以将传统政治法律文化中“祖宗家法”的主要内容归纳为三个方面：一是关于君主德行的劝诫，如宽仁、正身修德、敬用五事等，在中国古代人治传统中，这是实现善治的根本前提；二是关于宗室事务的安排，如训诸王、严祭祀、教诫太子、建亲等，在传统“家天下”政治体制中，这既是帝王家事，更是国家大事；三是关于君王治国理政的基本原则，如君道、治道、用人纳谏、崇文等，这些更当然地构成传统国宪的主要内容。[60]

（二）“祖宗家法”的国宪意涵

基于前文对唐宋“祖宗家法”的聚焦考察和对唐宋以外“祖宗家法”典型载体的介绍，从主要内容和根本功能上看，“祖宗家法”的要害在于，它不仅仅是单纯的政治纲条和道德劝诫，同时也是前代君主的“政治遗嘱”或曰“政治遗产”。

申言之，“祖宗家法”主要是历代开国君主们对前代政治兴亡成败的经验教训的总结，本朝治国思想的宣示和重申，对为建国而进行的政治军事斗争经验的总结，对王朝建立过程中和建国之初乃至今后相当长一段时

---

〔60〕 对这些“祖宗家法”文本的更深入的解读，参见李兵：《明代祖宗家法中的皇权制约机制——考察中国古代“宪”法的一个特殊视角》，中南财经政法大学 2010 年硕士学位论文，第 9—12 页。

间内政治共同体中所形成并呈现的政治权力结构的确认。开国君主们通过一定的仪式与程序将这种“政治遗嘱”向继承者和政权中的其他政治势力做出宣告。这种宣告有时甚至伴随诅咒发誓，从而获得一定的公信力和执行力。经过这种宣告，安抚了政权中的其他政治势力，承认他们在政权中的地位，不致使其发生变乱；同时也是对继承人进行最后的政治训导，将他即位以后的政治作为限制在一定的框架之内，不致偏离常轨。而后继之君基于意识形态和现实政治的考量，一般也对“祖宗家法”表示着敬畏与遵循，并且因时而异，加以损益和变通，从而使得中国古代的政治法律思想和实践呈现出某种稳定性和继承性的特征。正因为“祖宗家法”代表着开国皇帝对创业之初的国家政权结构态势和特殊利益集团既得利益的确认，所以建树平庸的嗣位之君一般会加以严格遵照执行。历史上偶尔有力图振作的后世君主不满既得利益集团干预、左右甚至控制国家政权，想要改弦更张，重新划分“权力蛋糕”，如果不是本身具有强大作为又得到朝廷中实力派的支持，这种“改革”，往往是无功而返的，有时甚至会给自己的君主地位带来威胁。[61]

由此，可以对作为传统国宪渊源的“祖宗家法”的意涵做如下总结：“祖宗家法”并不是单纯的政治纲条和道德劝诫，而是历代开国君主对本朝治国思想的宣誓，对为建国进行的政治军事斗争经验和教训的总结，对王朝建立过程中和建立之初已经形成的并且今后相当一段时间内仍要继续存在的国家政治权力结构的确认，并且通过一定的仪式被赋予了神性的色彩。[62] 在这种意义上，“祖宗家法”中蕴涵的传统国宪规范，突出的特点就是稳定性和历史性。因为维持了政治秩序的稳定，所以最终有利于整个民族对自由的追求和对自身的解放，即所谓为华夏文化政治共同体提供“安身立命”的根本依据。

（文字编辑　李泠）

---

〔61〕 例如，清末维新变法就是光绪皇帝在维新派的支持下，想改变满清立国以来的国家权力结构，结果功败垂成、祸及己身的例子。而满清所谓国家权力结构，也是满族统治者千余年来形成的，其八旗制度、满汉分治，也都是自金国时期就有萌芽的“祖宗家法”。

〔62〕 如刘邦与功臣武将集团“刑白马而誓”，相约“非刘姓不王，非功臣不侯”，违者“天下共击之”。这就是有汉一代的“祖宗家法”，在汉代政治生活中切实发挥了政治根本法的作用。详细论述参见吴欢：《传统法智慧与“异姓不王”政治悖论的破解》，载湖北省法律文化研究会2011年年会《论文集》，第179—191页。

家国冲突视野下的竹简秦汉律与唐律

——汉唐律中家国角色的演变

宋　磊*

一、家国分合：法律文化的一个视角

陈顾远先生认为："中国向之视为罪大恶极者，不出两类。其一，关于叛逆之犯罪行为，此为维持家天下之地位，不得不严也；其二，关于反伦之犯罪行为，此为有助君纲之树立，不得不重也。"[1] 中国古代严惩叛逆和反伦两类犯罪行为，严惩叛逆是为了君权而直接惩罚犯罪行为，严惩反伦等犯罪行为则是通过维护家长权来保障君权。张中秋先生认为："国与家乃是传统中国法律大厦的两块奠基石，所以触犯不得、动摇不得。"进而提出了中国古代法律的双本位说，即中国古代法律是国家本位和家族本位共存，国家本位优于家族本位。[2]

中国古代社会是家国一体、家国同构的，因而中国古代法律也必然深深地打上家族主义的烙印。张晋藩先生认为中国古代法律的一个重要的特征就是"家族本位、伦理法治"。[3]《论语·学而》记载："其为人也孝悌而好犯上者，鲜矣。不好犯上而好作乱者，未之有也。"《孝经·广扬名》记载："君子之事亲孝，故忠可移于君；事兄悌，故顺可移于长；居家理，

---

* 作者系首都师范大学历史学院硕士生。

〔1〕 陈顾远：《中国法制史》，商务印书馆 1934 年版，第 296 页。

〔2〕 张中秋：《中西法律文化比较研究》，法律出版社 2009 年版，第 51、46—47 页。

〔3〕 张晋藩：《中国法律的传统与近代转型》，法律出版社 2009 年版，第 141 页。

故治可移于官。”《荀子·议兵》记载：“臣之于君也，下之于上也，若子之事父，弟之事兄。”对家长权和孝极力地维护，即要求人们移孝作忠，以孝事君。《新语·至德》记载：“老者息于堂，丁壮者耕耘于田；在朝者忠于君，在家者孝于亲。”把“在朝忠君，在家孝亲”视为一种至德的境界。唐律更是赋予忠孝一种自然主义的色彩，把二者紧密地联系在一起，《唐律疏议·名例》“十恶”条“疏议”载：“然王者居辰极之至尊，奉上天之宝命，同二仪之覆载，作兆庶之父母。为子为臣，惟忠惟孝。”由此可见中国古代法律中的家国二本位之间在根本上是一致的。

传统家、国本位之间在根本上是一致的，但是二者之间也存在着冲突，甚至这种冲突有时是激烈的。西周建立了一套完备的宗法制度，宗法血缘关系与国家政治紧密结合，家国一体，亲贵合一，周王在政治上是天下的共主，在血缘上是姬姓大宗，从而形成典型的宗法国家。《礼记·大传》记载：“别子为祖，继别为宗，继祢者为小宗。有百世不迁之宗，有五世则迁之宗。”在法律上就表现为家、国本位，即亲亲与尊尊的高度一致与紧密结合。这种家国高度一致的体制在春秋战国时期开始瓦解。王夫之在《读通鉴论·叙论四》中称春秋战国时期为“古今之一大变革之会”。家、国分离甚至尖锐对立也是这一时期的重大变化之一。徐扬杰先生认为：“战国中叶以后，宗族制度已经彻底崩溃。”[4] 赵世超先生认为：“在现实生活中，父权已从往昔独尊的宝座上跌落，开始了自己的下坡路。”[5] 先秦思想家们也指出了这一时期家国之间的尖锐矛盾。《荀子·致士》记载：“君者，国之隆也；父者，家之隆。隆一而治，二而乱。”《韩非子·五蠹》记载：“楚之有直躬，其父窃羊而谒之吏，令尹曰：‘杀之，’以为直于君而曲于父，报而罪之。以是观之，夫君之直臣，父之暴子也。”君主的直臣就是父亲的暴子，家国之间的冲突可见一斑。武树臣先生认为：“在春秋战国的特殊历史背景下，‘家族本位’与‘国家本位’曾处于整体对立、水火不容的状态。”[6] 不只是春秋战国时期，自宗法制崩溃以后，家国之间的冲突就一直存在，这种冲突贯穿于以后中国传统法文化的始终，一直延续到今天。家国之间的冲突也是中国法律文化的重要内容。

中国古代法律中的家、国两个本位就是矛盾着的双方，二者在根本上

---

〔4〕 徐扬杰：《中国家族制度史》，人民出版社1992年版，第153页。
〔5〕 赵世超：《战国时期家长制家庭公社的衰落和演变》，载《史学月刊》1983年第4期。
〔6〕 武树臣：《中国法律文化大写意》，北京大学出版社2011年版，第233页。

是一致的，但是也存在着冲突，甚至有时这种冲突是相当尖锐的，以至达到水火不容的境地。因而家与国之间的分分合合是分析中国法律文化的一条重要的线索。

二、家国矛盾：竹简秦汉律中的家国观

瞿同祖先生认为："秦、汉之法律为法家所拟订，纯本于法家精神。"〔7〕秦和西汉初年的法律是法家思想主导下的产物，是法家思想的直接体现。然而出土的竹简秦汉律中却有大量的关于家族主义的法令，主要表现为给予家父一定的法律特权和严惩子女的不孝行为。《史记·太史公自序》载，司马谈在《论六家要旨》中说"法家不别亲疏，不别贵贱，一断于法，则亲亲尊尊之恩绝矣"。《商君书·去强》记载："（国）有孝有弟……必削至亡。"《商君书·靳令》认为，"孝弟（悌）"会使国家"必贫至削"。法家基于国家主义的立场认为孝弟（悌）会使国家"必贫至削"，许多学者据此认为法家是反对孝弟（悌）的，进而认为竹简秦汉律中有关家族主义的法令都是儒家思想影响下的产物。

法史研究运用的是分析综合方法，这种研究方法本身就具有重要的缺陷，如果运用不当肯定会产生致命的错误。《商君书》中确实有认为孝弟（悌）会使国家削亡的言论，然而据此得出法家反孝的结论真的科学吗？其实法家经典著作中也有肯定孝弟（悌）的言论。《商君书·画策》记载："所谓义者，为人臣忠，为人子孝，少长有礼，男女有别；非其义也，饿不苟食，死不苟生。此乃法之常也。"《韩非子·忠孝》记载："臣之所闻曰：'臣事君，子事父，妻事夫。三者顺则天下治，三者逆则天下乱，此天下之常道也，明王贤臣而弗易也。'"法家也有尊卑等级思想，甚至把这种尊卑等级看成是"常法"和"天下之常道"。总不能为了证明法家反孝就只关注《商君书》中反孝的言论，而对法家经典著作中肯定忠孝的言论全然不顾。

杨振红先生认为："儒家主张礼治，法家主张法治。虽然儒法两家的政治理想与达成理想的方法不同，但都旨在建立一个贵贱、尊卑、亲疏、长幼有序的等级社会。"〔8〕那么就会有这样一个疑问：既然法家认为孝弟

---

〔7〕瞿同祖：《中国法律与中国社会》，中华书局2003年版，第357—358页。

〔8〕杨振红：《从出土秦汉律看中国古代的"礼""法"观念及其法律体现——中国古代法律之儒家化说商兑》，载《中国史研究》2010年第4期。

（悌）会使国家削亡，又为什么肯定孝弟（悌）的作用，把孝和忠结合在一起来谈呢？其实这可以从家国矛盾的角度来分析，从哲学意义上讲，矛盾是指双方相互对立又相互依存的属性，在家国关系的研究中，一提起矛盾往往都只关注双方对立的一面，而却忽视了双方依存的一面。称其家国观为矛盾的，是指这时的家国关系中二者的对立是主流，而不是二者之间毫无依存之处。同样，法家家国观的矛盾之处也可以就此进行分析。

接下来，先从《商君书》中《去强》和《靳令》两篇的反孝的言论说起。《商君书·去强》记载："（国）有孝有弟……上无使战，必削至亡。"《商君书·靳令》认为，"孝弟……上无使农战，必贫至削"。引文中的着重号为写作时加入，是为了强调"上无使战"和"上无使农战"这两句在文中的地位。对于这两句话，高亨先生作如下翻译："（国家有孝）君上就没法使人民战争，国家必削，以至于亡。""（国家有孝）国君就没法使人们从事农战，国家必穷以至于削弱。"[9] 也就是说法家反对孝时是因为孝使人们都不去农战，从而使国家削亡。在一般情况下，法家并不反对孝，甚至认为孝是维护社会稳定的重要力量。然而，法家是极端的国家主义学派，强调国家的利益高于一切，一旦孝会危害国家利益，法家也会毫不犹豫地排斥孝，以实现国家利益的最大化。张晋藩先生认为，"占统治地位的自然经济结构"是家族本位伦理法的经济成因。[10] 法家极力构建的也是一种自然经济模式，如果从经济基础对法律的决定作用角度而言，法家也不可能完全排斥家族伦理。刘向《战国策序》记载当时的形势是"力功争强，胜者为右"，只有农战才能富国强兵，才能生力，从而才能使国家在残酷的兼并战争中取得胜利。因而富国强兵是法家的最高价值观，法家排斥一切有碍于农战的行为，当孝有碍于农战时自然要屈从于富国强兵这一价值观之下。法家对于孝弟（悌）思想的矛盾之处不妨从这里得到解释。

竹简秦汉律中的家国观也正是这种思想的直接体现。《睡虎地秦墓竹简·法律答问》记载："子告父母，臣妾告主，非公室告，勿听。"对于这条法令，整理小组做如下翻译："子控告父母，奴婢控告主人，非公室告，不予受理。"[11] 许多学者认为这是儒家思想影响下的产物，并且表明亲亲

〔9〕 高亨：《商君书注译》，中华书局 1974 年版，第 46、107 页。
〔10〕 张晋藩：《中国法律的传统与近代转型》，法律出版社 2009 年版，第 156 页。
〔11〕 睡虎地秦墓竹简整理小组：《睡虎地秦墓竹简》，文物出版社 1978 年版，第 196 页。

相隐的制度在秦律中即已存在。其实理解这条法令的关键是要解析其中的“非公室告”一词的含义。《法律答问》对非公室告和公室告做如下的解释：“可（何）谓‘非公室告’？主擅杀、刑、髡其子、臣妾，是谓‘非公室告’，勿听。而行告，告者罪。”“贼杀伤、盗它人为‘公室’。”〔12〕也就是说秦律对子女诉权的限制只限于“非公室告”，当父母对家内子女和奴婢造成侵害时，家内子女和奴婢的诉权被剥夺，而“公室告”，即父母在家外的犯罪活动则允许子女告发。《史记·商君列传》记载：“令民为什伍，而相牧司连坐。不告奸者腰斩，告奸者与斩敌首同赏，匿奸者与降敌同罚。”可见这则法令与法家奖励告奸的精神并不违反。秦律对子女诉权的限制、对家长权的维护仅限于家族内部，一旦家长的犯罪行为超出家内，对国家法制造成破坏，秦律会剥夺家长权而维护法制的不容侵犯。

《张家山汉墓竹简》中并无“公室告”“非公室告”等法令。张家山汉简《二年律令·告律》记载：“子告父母，妇告威公，奴婢告主、主父母妻子，勿听而弃告者市。”整理小组注释：威，婆母；《广雅·释亲》记载：“姑谓之威”。〔13〕王贵元先生认为：“威为丈夫的母亲，姑为丈夫的父亲，……‘姑’当据汉简改为‘公’。”〔14〕此说甚是。这则法令规定儿子告发父母，媳妇告发公婆，奴婢告发主人及其父母妻子都不受理，并且对告者处以弃市之刑。单就这则法令而言，似乎未作限制性规定，在任何情况下卑幼都不可以告发尊长。如果这么理解，汉律的立法精神就与秦律存在很大的不同，事实是这样吗？《汉书·刑法志》记载：“三章之法不足以御奸，于是相国萧何捃摭秦法，取其宜于时者，作律九章。”萧何是在“捃摭秦法”的基础上作律九章，汉律与秦律在根本上应当是一致的。《二年律令》的制定时间，即其中的“二年”问题有很大的争议，但取其最晚者即吕后二年也是西汉初期，在这么短的时间内，法律的精神应当不至于发生根本的变化，汉承秦律应当不成问题。高敏先生通过研究张家山汉简《奏谳书》认为，汉初法律全部继承秦律。〔15〕《奏谳书》是当时具体案例的汇编，这就从法律实践的角度证明了汉承秦律。《二年律令·贼律》记

〔12〕睡虎地秦墓竹简整理小组：《睡虎地秦墓竹简》，文物出版社1978年版，第195页。

〔13〕张家山二四七号汉墓竹简整理小组：《张家山汉墓竹简（二四七号墓）》（释文修订本），文物出版社2006年版，第27页。

〔14〕王贵元：《张家山汉简与〈说文解字〉合证》，载《古汉语研究》2004年第2期。

〔15〕高敏：《汉初法律系全部继承秦律说——读张家山汉简〈奏谳书〉札记之一》，载《秦汉史论丛》（第6辑），江西教育出版社1994年版，第167—176页。

载："以城邑亭障反，降诸侯，及守城亭障，诸侯人来攻盗，不坚守而弃去之若降之，及谋反者，皆要（腰）斩，其父母、妻子、同产，无少长皆弃市，其坐谋反者，能偏（徧）捕，若先告吏，皆除坐者罪。"[16]《二年律令·盗律》记载："劫人、谋劫人求钱财，虽未得若未劫，皆磔之；罪其妻子，以为城旦舂。其妻子当坐者偏（徧）捕，若告吏，吏捕得之，皆除坐者罪。"[17]《盗律》和《贼律》都规定妻子可以通过告发家父的罪行免除刑罚，可见与秦律的立法精神是一致的。《二年律令》是当时律令的摘抄本，只是当时律令的一部分，所以当时的法令或司法实践中也应该会有类似"公室告"与"非公室告"的区分，并要求妻子进行"公室告"。

正如武树臣先生所言："在春秋战国的特殊历史背景下，'家族本位'与'国家本位'曾处于整体对立、水火不容的状态。"[18] 法家是极端的国家主义学派，当家与国发生冲突的时候，会毫不犹豫地排斥家而实现国家利益的最大化。但是法家和秦汉律并不完全排斥孝，反而维护家长在家内的地位，用法律来保障家长权。只是因为在家国矛盾之处，法家极力屈家伸国，以致造成法家反孝的假象。因为竹简秦汉律中家国的矛盾之处处于主导地位，故此称竹简秦汉律中的家国观为家国矛盾观。

三、家国和谐：唐律中的家国观

称唐律中的家国观为家国和谐是因为唐律力求使家与国和谐共处于律中，这种和谐共处主要包括两个方面，下面将分而论之。

第一，总体上标榜家国之间的和谐相处，在家国一致之处给予"亲亲"和"尊尊"一并的保护。《唐律疏议·名例》"十恶"条"疏议"记载："然王者居宸极之至尊，奉上天之宝命，同二仪之覆载，作兆庶之父母。为子为臣，惟忠惟孝。"即把忠孝结合在一起来谈，赋予二者一种自然主义色彩，认为忠孝是与宇宙秩序与天命相契合的。《唐律疏议·名例》："五刑之中，十恶尤切，亏损名教，毁裂冠冕，特标榜首，以为明诫，其数甚恶者，事类有十，故称十恶。""十恶"中的谋反、谋大逆、谋叛、大不敬是对国的侵害，"十恶"中的恶逆、不孝、内乱是对家的侵害。

---

〔16〕 张家山二四七号汉墓竹简整理小组：《张家山汉墓竹简（二四七号墓）》（释文修订本），文物出版社2006年版，第7页。

〔17〕 同上注，第18页。

〔18〕 武树臣：《中国法律文化大写意》，北京大学出版社2011年版，第233页。

由此可见，唐律对“亲亲”和“尊尊”都极力维护，对侵害二者的犯罪行为一律重处，不赦不宥。《唐律疏议·名例》前言说：“刑罚不可驰于国，笞捶不得废于家。”国家的刑罚就是家长的笞捶，二者在根本上是一致的。对别籍异财、供养有阙、冒哀求仕、诈称直系尊长死、父母及夫丧匿不举哀、居丧嫁娶、作乐、生子等侵犯家长权的行为一律惩处，体现唐律对“亲亲”的维护。

第二，在家国之间发生冲突的时候，寻求一个最佳的结合点来协调二者之间的关系。对于家国之间的冲突，法家采取了隆法重君的态度，在家国之间矛盾之时极力屈家伸国。《朱子语类》卷一百三十四“历代”二记载：“黄仁卿问：‘自秦始皇变法之后，后世人君均不能易之，何也?’曰：‘秦之法，尽是尊君抑臣之事，所以后世不肯变。只此一事，后世如何肯变。’”即秦汉律把对国的维护发展到了极致，因而唐律协调家国之间的关系主要表现为“尊尊”为“亲亲”做适当的让步，国为家做适当的牺牲。《唐律疏议·名例》记载：“诸犯死罪非十恶，而祖父母、父母老疾应侍，家无期亲成丁者，上请。犯流罪者，权留养亲，谓非会赦犹流者。”唐律采用了北魏时期发展起来的存留养亲制度，对符合条件的罪犯先不去执行刑罚，而放免其回家赡养父母。《唐律疏议·斗讼律》规定：诸告祖父母、父母者，绞。疏议曰：“父为子天，有隐无犯。如有违失，理须谏诤，起敬起孝，无令陷罪。若有忘情弃礼而故告者，绞。”《唐律疏议·名例》记载：“诸同居，若大功以上亲及外祖父母、外孙，若孙之妇、夫之兄弟及兄弟妻，有罪相为隐；部曲、奴婢为主隐，皆勿论。及漏露其事及擿语消息亦不坐。其小功以下相隐，减凡人三等。”即把亲亲相隐的原则纳入律中。存留养亲和亲亲相隐都是为了维护家族内部的和谐而暂时放纵罪犯，是国对家的一种让步。然而这种让步绝不是没有任何底线的。《唐律疏议·名例》进一步规定：“若犯谋叛以上者，不用此律。”《唐律疏议·斗讼律》亦载：“谓谋反、大逆及谋叛以上，皆为不臣，故子孙告亦无罪。”谋叛以上的行为是对皇权的根本性侵害，对于这些行为不得容隐，体现了在根本上尊尊高于亲亲的原则。

综上所述，“亲亲”和“尊尊”二者相互协调，和谐共处于唐律当中。唐律在根本上以维护皇权和专制统治为任务，但其中并非没有善制。在唐律中，一般情况下国会对家进行一定的让步，以维护家族内部的和谐，使老有所养，体现了一种人道的关怀。元人柳贯《唐律疏议·序》记载：“然则律虽定于唐，而所以通极乎人情法理之变者，其可画唐而遽止哉。

……非常无古，非变无今。然而必择乎唐者，以唐之揆道得其中，乘之则过，除之则不及，过与不及，其失均矣。”柳赞认为唐律“揆道得其中”，即对律内各种要素的处理恰到好处，成为后世立法的重要参照。那么可以说唐律对家国关系的处理也恰到好处，确实实现了家国和谐共处于律中的目标，故此唐律中的家国观可以称之为家国和谐。

四、家国协调：法律儒家化的一种视角

瞿同祖先生认为：“秦、汉之法律为法家所拟订，纯本于法家精神。”“汉律虽为法家系统，为儒家所不喜，但自汉武标榜儒术以后，法家逐渐失势，而儒家抬头，此辈于是重整旗鼓，想将儒家的精华成为国家制度，使儒家主张借政治、法律的力量永垂不朽。”从而提出了法律儒家化的命题。[19] 以往对法家思想的认识就是《史记·太史公自序》中司马谈《论六家要旨》中的记载：“法家不别亲疏，不别贵贱，一断于法，则亲亲尊尊之恩绝矣。”可是出土秦汉律中有大量的关于家族主义的法令，极大冲击了我们对秦汉律的认识。闫晓君先生据此认为竹简秦汉律与唐律所体现的立法精神是高度一致的。[20] 杨振红先生认为，重视血缘，以父家长为核心是中国数千年来形成的民族传统，商鞅等法家不可能彻底摒弃，只能加以改造，从出土秦汉律来看，这种改造是有限的。商鞅等开创的法律中，本就蕴含着被后世视为儒家思想范畴的家族主义。进而对法律儒家化学说提出了否定性的看法。[21]

不可否认的是，竹简秦汉律与唐律中有关家族主义的法制确实有相通与一致之处，但是二者之间的差异大于共识，这种差异集中表现在二者对家国法律地位的不同处理上。竹简秦汉律中确立的是家国矛盾观，在国家利益与家长权力发生矛盾之处极力屈家伸国，家国之间的矛盾之处大于一致之处。而唐律中的家国观是和谐的，二者之间的一致之处大于矛盾之处，家与国和谐共处于唐律中。武树臣先生认为：“在春秋战国的特殊历史背景下，‘家族本位’与‘国家本位’曾处于整体对立、水火不容的状态。”[22] 家与国之间从尖锐对立、水火不容到相互融合、和谐共处，汉唐

〔19〕 瞿同祖：《中国法律与中国社会》，中华书局2003年版，第357—358页。

〔20〕 闫晓君：《竹简秦汉律与唐律》，载《学术月刊》2005年第9期。

〔21〕 杨振红：《从出土秦汉律看中国古代的“礼”“法”观念及其法律体现——中国古代之法律儒家化说商兑》，载《中国史研究》2010年第4期。

〔22〕 武树臣：《中国法律文化大写意》，北京大学出版社2011年版，第233页。

律中的家族主义法制怎么会没有发生剧变呢？法律儒家化问题不妨从这里进行解析。

乔伟先生认为唐律的一个重要的特点就是“以礼为主，礼法并用”。[23]《四库全书总目提要》记载：“论者谓唐律一准乎礼，以为出入得古今之平。”《唐律疏议·名例》记载：“德礼为政教之本，刑罚为政教之用。”唐律完全把儒家纲常礼教作为法律的指导思想，把儒家思想与法律制度完美地结合在了一起，是中华法系的集大成者。礼的精神就是“亲亲”和“尊尊”，《礼记·中庸》记载：“亲亲之杀，尊贤之等，礼所生也。”《礼记·大传》记载：“其不可得变革者，则有矣。亲亲也，尊尊也，长长也，男女有别，此其不可得与民变革者也。”西周是标准的宗法制社会，家国一体，亲贵合一，“亲亲”与“尊尊”也高度一致，和谐的共处于“礼”中。然而，春秋战国时期礼崩乐坏，西周建立的典型的宗法体制土崩瓦解，家国之间出现了不可调和的矛盾，处于尖锐对立的状态。也就是说，唐律要做到“一准乎礼”，就必须在家国之间存在很大冲突的情况下，尽可能地协调二者之间的关系，使“亲亲”与“尊尊”和谐共处于律中，以顺应礼的要求。由于家国之间关系的剧变，唐律无法也不愿重建周礼，只能尽最大可能去模拟周礼，以达到“一准乎礼”的要求。

对于“一准乎礼”，祝总斌先生给予了很恰当的解释：“意即完美地体现了儒家精神，成为典范。”[24] 而礼的精神包括“亲亲”与“尊尊”，二者必须共处于律中才能称之为“一准乎礼”。竹简秦汉律中的家国观是家国矛盾的，极力屈家伸国，其缺失亲亲这一环，难以符合礼的要求。瞿同祖先生认为：“所谓法律儒家化表面上为明刑弼教，骨子里则为以礼入法，怎样将礼的精神和内容窜入法家所拟订的法律里的问题。”[25] 也就是说，法律儒家化的过程实际上就是以礼入法的过程。竹简秦汉律是法家思想主导下的产物，法律儒家化就是用礼的精神改造竹简秦汉律使之符合礼的精神。徐道邻先生认为：“法既以礼为主，则法之所以为法，必折衷于礼。”[26] 即要以礼入法就要求法为礼进行折衷。而竹简秦汉律是家国矛盾的，要使竹简秦汉律符合礼的要求就必须协调其中的家国关系。竹简秦汉

〔23〕 乔伟：《唐律研究》，山东人民出版社1985年版，第45页。

〔24〕 祝总斌：《晋律的儒家化》，载《中国史研究》1985年第2期，第112页；后收入祝总斌：《材不材斋文集——祝总斌学术研究论文集》（上编），三秦出版社2006年版，第382页。

〔25〕 瞿同祖：《中国法律与中国社会》，中华书局2003年版，第356页。

〔26〕 徐道邻：《唐律通论》，中华书局1947年版，第29页。

律是极力屈家伸国的，协调其中的家国关系主要就表现为国对家进行让步。那么可以说法律儒家化的过程的一个重要的表现就是国对家逐步进行让步，相互协调，最终共处于律中的过程。

亲亲相隐作为一种思想最早可以上溯至孔子。《论语·子路章》记载："叶公语孔子曰：'吾党有直躬者，其父攘羊而子证之。'孔子曰：'吾党之直者异于是，夫为子隐，子为父隐，直在其中矣。'"孔子认为子女要为父亲所隐的是父亲在家外偷羊的犯罪行为，这完全不同于秦律中的"非公室告"。宋大琦博士对亲亲相隐本质的认识很正确："亲属容隐制度是国家权力向家庭关系的一种让步、一种容忍，……亲属容隐制度处理的不是亲属之间诉讼关系，而是个人与国家之间的关系，相隐这种犯罪行为本身也没有直接被害人，更谈不上以自己的亲属为对方当事人，被损害的是国家的司法权。"[27] 亲亲相隐的本质就是国对家的一种让步，亲属容隐制度在汉宣帝时期最终确定。《汉书·宣帝纪》载汉宣帝地节四年颁布的诏令曰："父子之亲，夫妇之道，天性也。虽有祸患，犹蒙死而存之。诚爱结于心，仁厚之至也，岂能违之哉！自今子首匿父母，妻匿夫，孙匿大父母，皆勿坐。其父母匿子，夫匿妻，大父母匿孙，罪殊死，皆上廷尉以闻。"师古注曰："凡首匿者，言为谋首而藏匿罪人也。"

《晋书·刑法志》记载：《晋律》"峻礼教之防，准五服以制罪"。五服指服丧期间的五种丧服——斩衰、齐衰、大功、小功、缌麻。亲者服重，疏者服轻，依次递减。准五服以制罪是指亲属相犯时，依据服等所表示的亲疏关系定罪量刑，实行同罪异罚。《仪礼·丧服》记载了守丧和丧服制度，可以说丧服制度是儒家思想的重要体现。《晋书·礼志》记载："至于丧服，世之要用。"可见丧服制度入律是儒家思想影响下的产物，是法律儒家化的重要内容。《唐明律合编》序中记载："三礼丧服之学盛于唐初，故《唐律》一准乎礼而得古今之平。"认为《唐律》能够"一准乎礼"的一个重要原因就是三礼丧服在唐初的兴盛。竹简秦汉律中也有祖父母、父母和子女之间，夫妻之间同罪异罚的法令，但这仅限于狭小的家庭内部，而宗族则被法律排除在外，因为法家鼓励小家庭以便于农战。而准五服以制罪则把根据亲疏关系同罪异罚的原则推向整个宗族。"亲属相犯的家族主义法的范围则由家庭向宗族扩展……标志着封建国家与宗族的关

〔27〕 宋大琦：《亲属容隐制度非出秦律说》，载《内蒙古大学学报》2005 年第 6 期。

系由对抗逐步转向联合。”[28] 可见二者有着实质性的不同。

《御览》六百四十六引臧荣绪《晋书》：“诏曰：‘恢自陷刑网，罪当大辟，但以其父年老而有一子，以为恻然，可悯之。’”[29] 这被视为存留养亲的最早事例，从目前史料来看，存留养亲最早作为一种制度入律是在北魏时期。《魏书·刑罚志》载《法例律》：“诸犯死罪，若祖父母、父母年七十已上，无成人子孙，旁无期亲者，具状上请。流者鞭笞，留养其亲，终则从流。不在原赦之例。”存留养亲是为了使老有所养，也为了全孝子之心，虽说存留养亲并不会放纵罪犯，但却使罪犯暂时免于法律的制裁，体现了宁屈法律也不屈道德的精神。通过屈法来全家族内部的伦理道德，这无疑是国对家的一种让步。

《公羊传》定公四年记载：“事君犹事父也。亏君之义，复父之仇，臣不为也。”这句话指明了忠与孝在复仇问题上的矛盾之处。《礼记·曲礼》记载：“父之仇，弗与共戴天；兄弟之仇，不反兵；交游之仇，不同国。”《大戴礼记·曾子制言上》记载：“父母之仇，不与同生；兄弟之仇，不与聚国；朋友之仇，不与聚乡；族人之仇，不与聚邻。”儒家经典要求为自己的亲人复仇，尤其是父母之仇更是不共戴天。法家是反对复仇的，明令“为私斗者，各以轻重被刑”，以达到“勇于公战，怯于私斗”的效果。[30] 西汉中期以后，儒家思想逐渐贯彻到法律和社会中，于是复仇之风开始盛行起来。关于是否允许复仇一直争论不休，但是孝子复仇多受法律宽宥。孝子们“只知复仇，不知县官”是对国法的挑战，体现了家国的冲突，而为孝子屈法则体现了国对家的退让。

汉唐间国对家让步的案例和法令还很多，以上只举其要者而论之。由此看来，汉唐间国对家进行了很大的让步。唐律集其大成，把汉唐间确立的亲亲相隐、准五服以制罪、存留养亲、禁止与仇人私和等行为纳入律中，汉唐间家国的法律地位发生了剧变。《唐明律合编·序》：“论历代之律，以汉九章为宗，而唐集其成。”“讲求斯道者，莫不以唐律为最善。”唐律集历代处理家国关系法令之大成，在处理家国关系上为最善。苏亦工先生认为：“唐律所据以为准的‘礼’是唐礼，亦即秦汉以来繁衍变异了

---

〔28〕 丁凌华：《中国丧服制度史》，上海人民出版社 2000 年版，第 213—214 页。

〔29〕 转引自瞿同祖：《中国法律与中国社会》，中华书局 2003 年版，第 69 页。

〔30〕 《史记·商君列传》。

的礼。"[31] 宗法制解体以后，家国浑然一体的制度也自然解体了，这就决定了唐代要恢复周礼已经不可能。唐律只是在根本上确定尊尊主导地位的情况下，协调家国之间的关系，使二者共处于律中，从而在形式上符合了周礼的要求，是对周礼的一种模拟。那么可以说汉唐间的这个国本位对家本位进行让步的过程就是法律儒家化的重要表现形式。

五、家家国国：无法破解的家国矛盾

史广全先生认为："从汉到唐则可以看做缺乏道德营养的法律不断吸收道德成分的过程；而从宋到清末，则可以看做圆熟的法律仍然继续吸收道德的成分进来，则造成法律体系之中道德成分的畸形膨胀，不再是唐代的'得古今之平'的形态了。"[32] 其中的道德当然包括家族内部的伦理道德。法家思想主导下的秦汉律过度地用国家权力压榨家族内部的伦理道德，造成"亲亲尊尊之恩绝矣"的局面。而宋代以后的法律对家族伦理道德过度的维护，逐渐形成"吃人"的封建礼教，中国古代的法律也开始走向僵死。唐以前的法律没有找到一个家与国之间最佳的结合点，而唐以后的法律偏离了这个最佳的结合点，如何找到一个家与国之间的最佳的结合点一直是困扰中国古代法制的一个重要的问题。

新中国成立后，把法律中的家族伦理视为封建思想的流毒被一并废除了。而随着时间的发展，国家权力对家族伦理过度挤占的弊端也日益凸显起来。最为典型的就是亲属相隐理念的缺失。《刑法》第305条规定的伪证罪，第310条规定的窝藏、包庇罪等都没有把亲属相隐排除在外，通过这几条罪名可以株连犯人的亲属。范忠信先生认为："这样的立法，是强求所有的人都立即成为'国家利益至上'、'爱国家胜于爱亲属'的'圣贤'。这种'圣贤定位'实际上就是'国家至上定位'。……对传统伦理的摧毁或者对大众亲情习惯的悖逆也达到了相当高的水平。"[33]

孔子早就说过大义灭亲并不是"直"的表现，亲亲相隐才是"直"的表现。在世界上没有什么比父母的恩情更大，如果肯执意陷父母于牢狱之中，这样的人恐怕也难称圣贤。由于封建礼教带来的痛楚，在法制近代化

---

〔31〕 苏亦工：《唐律"一准乎礼"辨正》，载《政法论坛》2006年第3期。

〔32〕 史广全：《礼法融合与中国传统法律文化的历史演进》，法律出版社2006年版，第13页。

〔33〕 范忠信：《"期待之可能性"与我国刑事法的"法治圣贤定位"》，载《广东社会科学》2012年第2期。

的过程中往往把法律与道德尖锐对立起来，其实这是对道德与法律关系的误解。“坚持刑法的道德性不仅是对刑法正当性的诠释，也是对于权力的限制和对权利的保护。”[34] 失去道德支撑的法律难免会变成僵硬的强权条文，使刑罚失去合理性，使人们难以产生对刑法的亲近感和认同感，而家庭内部的伦理道德是道德的重要内容。奖励告奸与反对庇护亲属有利于打击犯罪，容隐亲属维护了家内伦理却可能会放纵罪犯，家与国之间仍然存在着直接的对立与冲突。对于这种对立和冲突，世界上绝大多数国家都在刑法中确立了“亲属相隐”的制度，牺牲一定的司法权来保全家内的道德。如《日本刑法典》《韩国刑法典》《德国刑法典》《法国刑法典》《意大利刑法典》都规定隐匿和庇护有罪的亲属不构成犯罪。

新中国建立以来，出于严厉打击犯罪的需要，我国刑法极力排斥亲属容隐，家庭内部的道德已经被国家利益至上的法律摧毁到了一定水平。故此，我国现代法制建设的一个重要的内容也是国法为家族伦理腾出空间，使国家利益与家族伦理和谐共处于法律之中。《刑事诉讼法》第 48 条规定：“凡是知道案件情况的人，都有作证的义务。”亲属在法律上也有证明犯罪嫌疑人有罪的义务，而新修订的《刑事诉讼法》则取消亲属作证的义务，可以说这是兼顾国家法律与家族伦理的开始，如何协调家国之间的关系、寻找一个家国间的最佳结合点仍然是现代法制建设中的重要问题。

（文字编辑　潘萍）

---

〔34〕 高巍：《论刑法的道德性》，载《贵州社会科学》2007 年第 3 期。

中国法律史叙事中的“监狱”

王忠灿*

中国古代的“狱”和现代意义上的监狱有本质的不同，前者是侦查、司法机关为羁押未决犯而设置的机构，而后者是羁押判决自由刑罪犯的执行机关。但是在目前中国监狱史的研究中常常使用广义的监狱概念，将古代的“狱”和近代以来的监狱混为一谈，把未决犯的司法审判制度和对已决犯的执行制度等量齐观，以便古今能够“对接”，这实际上造成研究缺乏针对性和概念认识上的混乱。[1] 基于此，本文将系统梳理中国古代的从“狱”到“监狱”的语词变化，详细论述清末民初古代监狱向近代监狱的转型过程，将概念放回历史场域中，厘清监狱概念的内涵变化和古今差异，试图纠正学界研究之偏差。

一、从案件到场所：中国古代“狱”词语含义的扩展

先秦之时，狱是指罪名相争的案件。《周礼·大司徒》载：“而有狱讼者。”注：“争罪曰狱。”《诗·召南》载：“谁谓女无家，何以速我狱？”毛传：“狱，讼也。”《周礼》载：“以两剂禁民狱。”郑玄注：“狱，谓相告以罪名者。”《周易》有“亨，利用狱”，《孟子》中有“讼狱者，不之尧之子而之舜”，《尚书》中有“庶狱庶慎，惟有司之牧夫是训用违；庶狱

* 作者系许昌学院教师，中南财经政法大学博士研究生，研究方向为宋代法律史、中国古代司法制度史。

〔1〕 比如有学者将秦汉的城旦舂、隶臣妾等徒刑和中国古代的慎刑、恤刑等司法指导原则以及录囚、审限等司法制度都作为古代监狱管理制度就值得商榷。事实上，录囚更接近现代刑事诉讼法意义上的复审或者复核，审限就是审结刑事案件的时限，这和徒刑执行制度有本质的不同，也不能说明古代监狱管理的特点。

庶慎，文王罔敢知于兹”。《论语》载：“片言可以折狱者，其由也与?”《国语·周语》载：“夫君臣无狱。”《易·贲》载：“君子以明庶政，无敢折狱。”《春秋左传》载：“小大之狱，虽不能察，必以情。”

从汉代开始，狱和圉通用，用来指拘禁罪犯的场所。上古时期，表示拘押禁系的是“圉”[2]：甲骨文中有“幸”字，通常认为是刑具的象形；还有“執”字，像一人手戴刑具之形，而象征监狱的，外面的象征囹圄，囚车或监狱，则像被枷锁住的人，合起来象征将戴枷锁的犯人关在牢里。到汉代，“狱”“圉”“囹圄”相通，都是拘押犯人之意。《说文·幸部》载：“圉，囹圄，所以拘罪人。从，从囗。”《说文·囗部》则云：“囹，狱也。”“圄，守之也。”《玉篇·囗部》亦云：“囹，囹圄，狱也。……圄，囚禁也。”《释名·释宫室》载：“狱，确也，实确人之情伪也。又谓之牢，言所在坚牢。又谓之圜土，土筑，表墙形，形圜也。又谓之囹圄，囹，领也；圄，御也。领录囚徒禁御之也。”蔡邕《独断》载：“四代狱之别名，唐，虞曰士官，《史记》曰皋陶为理，《尚书》曰皋陶作士。夏曰均台，周曰囹圄，汉曰狱”。于是“狱”与“圉”合流，指称同一事物。

汉代以后，“狱”既指刑事案件，又指犯罪羁押场所。前者如狱讼、折狱、断狱、鞫狱，后者如廷尉狱、大理寺狱、御史台狱、府州县狱等。由春秋时期专指刑事案件到汉代以后的兼指刑事案件和犯罪羁押场所，狱的含义扩展表现出犯罪案件、犯罪人和羁押的紧密关联，它通常意味着犯罪必然被羁押于特定的场所，而这个特定的场所是为调查案件、审讯犯罪人而设置的。这种含义的扩展能够表现中国古代“狱”的特征。

二、从拘禁待刑到刑罚执行：近代监狱的功能变化

中国古代的“监狱”源于《大明律》的律注。据沈家本先生考证，“《明律》捕亡门：狱囚脱监及反狱在逃。纂注：由门而逃曰脱监，踰墙而逃曰越狱。按：古者狱无监名，称狱为监，盖自《明律》始，今则通称为

---

〔2〕 甲胃卜辞中的狱或狱字相同者，人体含捕执到手铐或出蜷于槛圈之中，都象征着强制性的拘束人身自由 的设施。参见齐文心：《殷代的奴隶监狱和奴隶暴动》，载《中国史研究》1979年第1期；薛梅卿：《我国监狱及狱制探源》，载《法学研究》1995年第4期。

监矣”。[3] 到清代，羁押囚犯之场所通称为监狱。《大清律例·刑律·断狱》规定，“凡内外大小用刑衙门设有监狱，除监禁重犯外，其余干连并一应轻重人犯，即令地保保候审理”，“各处监狱，俱分建内外两处，强盗并斩、绞重犯，俱禁内监；军流以下，俱禁外监。另置一室，以禁女犯”，且有“监狱外垣周堆棘刺”之描述[4]，汉代以来指称羁押场所的“狱”已固定为“监狱”，所以监狱是中国法律史上已有的词汇，这一概念和近代意义的监狱有本质不同。

近代监狱的设立是为执行限制、剥夺人类自由的刑罚，所以无自由则无监狱。中国古代的“狱”“监狱”和近代意义的监狱虽形式颇为类似，但本质绝不相同。董康说：“监狱为执行自由刑之地。昔之监狱，并非用以执行自由刑，不过将捕逮之人縶系之，防其逃遁而已。举凡监狱中所应有之监督机关与执行机关等，殆绝无焉，故其名虽曰监狱，实与无监狱等”。[5] 明清监狱如何转变为近代监狱？监狱的内涵如何发生本质的变化？这必须从清末民初的狱制改良中寻找答案，下面我们就简要叙述中国监狱的近代化进程。

（一）拘禁待刑：传统中国监狱的主要功能

概括来说，中国古代的监狱主要有以下几个特点：第一，依附于某一政府机关，主要目的是为了控制犯罪人和审讯；第二，羁押犯罪人期限不确定，原因在于审讯、申送有期限而最终处罚结果的期限不确定；第三，从入狱到接受最终确定的刑罚之间的羁押期间不属于刑罚范围；第四，羁押期间要根据罪行轻重配戴相应的刑具；第五，入狱的人已被主管当局认定为是有罪的；第六，监狱通常按照犯罪人的身份分类羁押；第七，被视为罪恶之地，也是冤气充塞之地。

---

[3] 沈氏也指出“监狱”连用最早出现在《汉书·王尊传》，“曰：‘署守属监狱’，师古曰：‘署为守属，令监狱主囚也’”。是监者监察之义，而狱之名监，即原于此。沈家本：《历代刑法考》，中华书局 1985 年版，第 1165—1170 页。李甲孚也认为：就中国法制史观点言监狱，自西汉（公元前 206 年至公元 8 年）起即以狱命名。历经魏晋南北朝，以迄隋唐宋元皆然。迄至明代始有“监”名，取监察之义，意在强调狱制重于警备、防守。清以后监狱全名乃通称于世。李甲孚：《中国监狱法制史》，台湾商务印书馆 1984 年版，第 4 页。

[4] 《大清律例》卷五十六刑律之断狱，田涛、郑秦点校，法律出版社 1999 年版，第 562、545 页。

[5] 董康：《调查日本裁判监狱报告书》，何勤华、魏琼主编：《董康法学文集》，中国政法大学出版社 2005 年版，第 652 页。

到清代狱制改革之前，中国古代的监狱都有这些特点，我们看赵舒翘的《提牢备考》就会有清楚的认识：“各处监狱，俱分建内外两处。强盗并斩绞重犯俱禁内监，军流以下，俱禁外监，再另置一室，以禁女犯。(谨按)：此条系雍正七年九卿议定，刑部南北两监，各四屋，北监另置女监一所。[6] 按照罪刑轻重分为内外监，内监关押重犯、外监关押军流以下罪行较轻的犯罪人，女犯单独关押。这些罪犯是不是已决犯？他们在监狱之内羁押是不是服刑？答案显然是否定的。一般来说，死刑和军流徒都不是在监狱内执行，这些囚犯被关押显然实在等待最终的判决结果。死刑要待秋审，疑狱尚需详谳，羁押在监狱不是刑罚惩罚，而是等待最终判决的执行。在监斩绞人犯，“如有强横不法及赌博等事，杖一百，仍严加锁锢，俟秋审，分别定拟”[7]。为什么按照死、军、流、徒的刑罚种类来区分呢，因为他们的判决在地方衙门的审判中已经被拟定，从被捕系入狱开始，他们就已经是犯罪人。“获犯到案，并解审发回之时，州县官当堂细加搜检有无夹带金刃等物，方许进监。”而在押人犯既包括审讯完成的未决犯，也包括已经审结尚未最终定论的未决犯，“刑部在监现审人犯，除未结各案及监禁待质官常各犯，均不准亲属探视外，其已结各案，许令犯人祖父母、父母、伯叔、兄弟、妻妾子孙，一月两次入视，其随从入视之使役人等不越两名”[8]。徒犯以上妇女犯奸收禁，官犯公私罪，军民轻罪，老幼废疾，散禁。[9] 由此可知，在清代前期监狱羁押的囚犯是按照刑罚轻重分别关押，妇女单独关押，羁押中矜老恤幼，官员在羁押中享有特权。

（二）自由刑的执行：近代监狱的主要功能

20世纪初，大清王朝的监狱成为帝国法制黑暗、刑罚残酷的主要标志。西方国家视之为野蛮落后，“州县监狱之外又有羁所，狭隘污秽，凌虐多端，时疫传染多致庾毙，仁人不忍睹见，等之于地狱，外人尤为痛诋叱之以番蛮”[10]。朝野上下痛心疾首，励志变革狱制，学习东邻日本不遗余力，近代监狱制度遂入中国。监狱的近代化变革主要表现在新式监狱的

---

〔6〕（清）赵舒翘：《提牢备考》卷二条例考，上海古籍出版社1997年版，第26页。

〔7〕同上注，第27页。

〔8〕同上注，第57页。

〔9〕同上注，第32页。

〔10〕（清）伍廷芳、沈家本：《修律大臣外务部右侍郎伍刑部左侍郎沈奏核议恤刑狱各条指》，载《东方杂志》第2卷第6期，第92页。

设立和监狱法令的颁行。我们按时间顺序分别述之。

1. 新式监狱的设立

狱制改良运动是从清代士大夫中的有识之士大声疾呼开始的。1901 年时任两江总督刘坤一、湖广总督张之洞联名“江楚会奏”，倡议以西学改良刑狱。[11] 1902 年山西巡抚赵尔巽奏请各省通设罪犯习艺所，将军、流、徒等罪犯收所习艺。直隶总督袁世凯率先向近邻日本学习狱制，1903—1904 年两次派凌福彭赴日考察监狱，仿照日式监狱建造天津罪犯习艺所。用来收“军、流以下人犯”学习技艺，目的是使犯罪人改过自新，重新融入社会。[12] 罪犯习艺所不是近代监狱，只是承担了近代监狱的部分职能。

1905 年 3 月，刑部请求学习日本，改良狱制；9 月通饬各省，修改监狱，中国建造新式监狱正式启动。袁世凯仿日本狱制在天津建立直隶模范监狱，《天津监狱习艺所办法》规定：监狱分为两种，一拘禁监凡军、徒、流罪犯非常赦所不原者及犯事受罪已定监禁年限者一例收入；二惩儆监，凡地痞、恶丐及无业游民或年轻子弟不尊父兄教训者由地方官及巡警局送监收禁一例收入。[13]

1907 年湖北省设模范监狱，“一切体制，仿照日本东京及巢鸭两处监狱规模”，设内监监禁已定罪人犯，外监监禁未定罪人犯。[14] 同年，广东南海县监狱已改造为专门关押已决犯的监狱[15]；1908 年兴建的奉天模范监狱也只羁押已决犯。不过确如时人所说，各省、州、县监狱并无统一的管理，建置、规章各不相同且有自相矛盾[16]，这就要求国家制定统一的监

---

〔11〕 1901 年两江总督刘坤一、湖广总督张之洞联名呈上系列奏折，其中有关于改革刑狱的九点意见，主要依据外国成例。“外国人来华者往往亲入之监狱，旁观州县之问案，疾首蹙额讥为贱视人类”。光绪二十七年六月初四《遵旨筹议变法谨拟整顿中法十二条折》，载赵德馨主编：《张之洞全集》（第 4 册），武汉出版社 2008 年版，第 14—25 页。

〔12〕 （清）沈家本：《与戴尚书论监狱书》，《寄簃文存》卷五；《前修律大臣大理院正卿沈奏请实行改良监狱折》，载《东方杂志》1907 年第 4 卷第 7 期。

〔13〕 载《东方杂志》1906 年第 3 卷第 2 期，第 69 页。之前，袁世凯派员对日本详细考察，先设置了习艺所。“批据禀日本监狱之制有未决已决民事惩治，军狱民狱区分六等。惟已决民事惩治三监宜急仿办。拟将军、流、徒三项人犯专归已决监，学习工艺。余如追偿欠债、词讼命盗案牵连人证应候押。追押訊暨窃贼土棍从严惩办，各犯拨入民事监，其南北巡警局营务处天河府属罚充苦力人犯概入惩治监，以上三监，房屋即在西门外拓地建置，现在开办伊始，先建监房一区可容囚犯五百人，将来再行扩充。”《直督袁批天津道等会议采择日本狱制分别缓急办法禀》，载《东方杂志》1904 年第 1 卷第 1 期，第 44 页。

〔14〕 载《东方杂志》1907 年第 4 卷第 10 期，第 482 页。

〔15〕 《广东南海县改良监狱试办简章》，载《东方杂志》1907 年第 4 卷第 5 期，第 222 页。

〔16〕 《监狱改良两大纲》，载《东方杂志》1906 年第 3 卷第 8 期，第 171 页。

狱法规范监狱的管理。

2. 近代监狱概念的移入和变化

学界通常认为近代“监狱”的概念是由日本引入中国。日本古代的监狱和中国古代的监狱性质类似，其近代“监狱”产生于明治维新时期的狱制改良。[17] 1871年，日本模仿英国在亚洲的殖民地监狱管理模式兴建新式监狱：“明治四年刑部省改为司法省，颁布新律，定刑徒之制，各地方设立徒场为监狱，囚徒之所课以工业分其佣钱为二，一为衣食药料之资，一为期满释放后营生之资。又招聘儒教佛教有道之士以为之师，劝其迁善改过……其特派大臣山原重哉氏至香港新加坡各处调查英领地方监狱制度。明治五年，定监狱则及监狱图式颁行全国……其大别有四：一曰未决监，二曰已决监，三曰民事监，四曰惩治监。被人告发预审者为未决监，审实定罪示期监禁者为已决监，债务词讼则归民事监，游惰无赖则归惩治监。管理之法各不相同。”[18] 日本这种监所合一的“大监狱”体系就是近代英国法中的“监狱”(prison)。

英文“prison”包括两层含义，既指监狱又可指拘留所。其中监狱是“合法当局用作安全看守或拘押刑事犯或别的违反法律的人，常指用作关押重罪犯或重刑犯的机构，不同于改造所、地方监狱或拘留所”。[19] 1877年英国制定的《监狱法》(Prison Act)将拘禁人们的场所视为一个整体，包括监狱、拘留所、改造所，统一由监狱法调整。日本狱制改革和日本监

〔17〕 日本古代监狱源自中国，沈家本在《历代刑法考·狱考》中有意列出日本的古代狱制，《南史·扶桑传》：“扶桑国法有南、北狱，若有犯轻罪者入南狱，重罪入北狱，有赦则放南狱不放北狱。”明治维新前，日本面临的情况和清廷极为相似：“德川氏时，美人以兵刦盟立约，将钤印，美使巴尔兰士告之曰：约中所载寓居日本商民归我领事管辖，此为领事裁判权，两国皆有不便。然东方刑律太重，非西人所能堪。今日不能不尔。愿自今发奋自强，修明法律，后日改定此约，美当为各国倡。是为日本狱制改革之缘起。”《天津府凌守福彭调查日本监狱习艺所详细情形呈直隶总督袁禀》，载《东方杂志》1906年第3卷第2期，第64页。

〔18〕《天津府凌守福彭调查日本监狱习艺所详细情形呈直隶总督袁禀》，载《东方杂志》1906年第3卷第2期，第64页。袁世凯派员对日本详细考察，先设置了习艺所。“批据禀日本监狱之制有未决已决民事惩治，军狱民狱区分六等。惟已决民事惩治三监宜急仿办。拟将军、流、徒三项人犯专归已决监，学习工艺。余如追偿欠债、词讼命盗案牵连人证应候押。追押訊暨窃贼土棍从严惩办，各犯拨入民事监，其南北巡警局营务处天河府属罚充苦力人犯概入惩治监，以上三监，房屋即在西门外拓地建置，现在开办伊始，先建监房一区可容囚犯五百人，将来再行扩充。”《直督袁批天津道等会议采择日本狱制分别缓急办法禀》，载《东方杂志》1904年第1卷第1期，第44页。

〔19〕 王同亿主编译：《英汉辞海》，国防工业出版社1990年版，第4158页。

狱法（1908 年）都承袭了这个特点。

日本的监狱学承自德国，日本学者小河滋次郎移植、借鉴、转化了德国法学家苦罗尼的《监狱学》，在日、中两国讲授监狱学课程。德国采用“法制监狱”（也称狭义监狱）概念，其国内监狱法名为《刑罚执行法》，明确规定监狱是自由刑的执行机关，而羁押未决犯的看守所则附设于司法机关。德国的监狱概念和管理模式和英国有明显不同，日本监狱改良过程中面临着这种矛盾，清末学习日本进行狱制改良，同样面临着这两种监狱管理模式的选择。

清末狱制改革之前，囚犯并无已决未决之分，1906 年刑部改为法部，专任司法，大理寺改为大理院专司审判，大理院设看守所，关押待判的犯罪嫌疑人。光绪三十一年（1905 年），清政府创办京师法律学堂，并附设监狱专修科，聘请日本小河滋次郎主讲监狱学。1908 年，清廷委托小河氏起草《监狱律草案》，两年后完成，但未及颁行而清王朝覆亡。1910 的《大清监狱律草案》规定监狱的种类和职能，区分“实质的”监狱和“法制的”监狱。《大清监狱律草案》第 1 条规定，监狱分为三种，“徒刑监，拘禁处徒刑者；拘留场，拘禁处拘留刑者；留置所，拘禁刑事被告人”。以犯罪之人置之执行刑罚之地，是实质的监狱，留置所乃“拘留判决未定者之处所”，包括未决监、感化场、民事监等，因其犯罪未决，都不得称为监，属于“法制的”监狱。[20]

《大清监狱律草案》虽未施行，但其体例、内容为中华民国的监狱规则所继承。1913 年《中华民国监狱规则》第 2 条规定，监狱为监禁被处徒刑及拘役者之所。同年，司法部先后颁布的《旧监狱改良办法》《划一监狱看守所名称办法令》规定清末以来设立的罪犯习艺所和旧监狱改为监狱，将已定罪之人犯与刑事被告人划分区域严行离隔。看守所附设于审判厅、审检所名为“某某厅看守所”或“某某审检所看守所”[21]。1928 年 7 月和 10 月，南京国民政府先后颁布《看守所暂行规则》《监狱规则》，将看守所和监狱分离的模式固定下来，《看守所暂行规则》规定，“高等以下法院为羁押刑事被告人，设立看守所”，“在不得已时，被判处徒刑及拘役者，得暂禁于看守所”。[22] 1946 年颁布、次年施行的《监狱行刑法》和

---

〔20〕 薛梅卿：《中国监狱史》，群众出版社 1986 年版，第 204 页。

〔21〕 余绍宋编：《改订司法例规》（上册），司法部 1922 年版，第 184 页。

〔22〕 薛梅卿：《中国监狱史》，群众出版社 1986 年版，第 266 页。

《看守所条例》使之法制化。

而在中国，自民国成立之后，狱制从照搬日本转而向德国学习。[23] 根据德国《刑罚执行法》的规定，1946 年的《中华民国监狱规则》和 1994 年的《中华人民共和国监狱法》皆采用这种划分方法。如按照王志强提出的法律史叙事中的双向功能主义，中国古代监狱实际上对应的是现代意义上的看守所。正如沈家本所说：“汉之罚作，唐之居作尚有周官之遗意，石晋而后，配役之例盛行，监狱之制寖废。虽有监狱不过供待质待决之用。”[24]

三、从皋陶造狱到狴犴传说：中国古代监狱的起源和变异

（一）皋陶造“狱”非“监狱”

中国古代很早就有“皋陶造狱”的传说。皋陶，一作咎繇，偃姓。他是黄帝之子少昊之后，我国古代东夷族的首领，尧帝时的最高司法官，与尧、舜、禹合称“上古四圣”。传说他最大的功绩就是制造监狱，由于其开创之功，后世将其作为狱神代代相传。事实上，皋陶时代的“狱”并不是后世羁押犯人的场所“监狱”，而是指犯罪案件。

《尚书·舜典》记载：“帝曰：皋陶，汝作士，五刑有服。”《尚书·大传》记载：“士，理官也。”《正义》曰：“士即《周礼》司寇之属。”舜帝任命皋陶为理官，作刑是为了惩罚异族的侵扰所造成的混乱，即“蛮夷猾夏”的“寇贼奸宄”行为；既包括外部的寇贼侵扰，也包括内部的奸宄为乱。对外的部落战争结束之后，士的主要任务是治理氏族内部的狱讼。《尚书·大传》记载：“秋伯之乐，注曰：秋伯、秋官、士也，咎陶掌之。”郑元云：“士，察也，主察狱讼之事。”郑康成注曰：“理治狱官也。”《左传》曰：“叔鱼摄理是谓狱官，为理官也。”《管子·法法》记载：“皋陶为李。”尹知章注：“古治狱之官也。”据以上可知尧舜时代之皋陶，为士；士，理官也。此处的狱仍是指以罪名相告的刑事案件。

西汉的皋陶造狱之说并不可信，其注解反映的多是西汉狱的情形。

---

〔23〕 这个转折和民国初年任司法总长的王宠惠、许世英有很大的关联，二人是向欧洲大陆法系学习的最初推动者和实行者。参见〔荷〕冯客：《近代中国的犯罪、惩罚和监狱（1895—1949）》，江苏人民出版社 2008 年版，第 67 页。

〔24〕 （清）沈家本：《前修律大臣大理院正卿沈奏请实行改良监狱折》，载《东方杂志》1907 年第 4 卷第 7 号，第 354 页。

“狱”一词本身的含义扩展前面已经交代，汉代学者似乎在以古证今，通过对古代事件的扩张解释来论证汉代狱制的合理性。史游《急就章》云“皋陶造狱法律存”[25]，《广韵》三烛云“狱，皋陶所造”，《郑异义驳》云“狱者，埆也。囚证于埆核之处，《周礼》之圜土。然则狱者，核实道理之名。皋陶造狱谓此也。既囚证未定，狱事未决，系之于圜土，因谓圜土亦谓狱”。《广韵》彭氏注云：“皋陶造狱，其制为圜，象斗，墙曰圜墙，扉曰圜扉，名曰圜土。”[26] 汉人把皋陶造狱和西周的圜土联系起来，认为皋陶所造狱就是西周的圜土，同时认为拘禁囚犯的圜土和汉代拘禁囚犯的京师二十六狱并无不同。且说狱是因“囚证未定，狱事未决”需要“核实道理”，这实际上是汉代监狱的功能。由此可见，皋陶造狱可能并不是历史真实，而是汉人的虚构或传说。

（二）圜土和囹圄：周代的训诫和惩罚

中国最初的社会是由氏族部落组成的，一向是内外有别，对外则是大刑用甲兵，通过部落战争解决利益纠纷。对内则是要以教育感化为先，希望能够通过惩戒改造违反部族规范的成员，使之重回到氏族群体中来。监狱应是在酋邦向国家的过渡时期产生，国家可以依据法律对个人之间、社会团体之间的争执加以干预，阻止国家之外的其他武力的使用。[27] 在中国的禹、启时期，正是酋邦向国家转型的过渡时期，氏族贵族逐渐完成对武力的独占和合法使用，以法律来惩罚罪行，处罚依照典章化的程序由国家执行。[28] 中国古代最早的监狱应是在酋邦向国家过渡时期——夏朝建立前后产生。《竹书纪年》载：“夏帝芬三十六年作圜土”；应劭《风俗通》云：“三王始有狱。夏曰夏台，言不害人，若游观之台；殷曰羑里，言不害人，若于闾里；周曰囹圄，囹令，圄举也，言令人幽闭思愆，改恶为

〔25〕《四库全书总目提要》说：“所谓章书者，正因游作是书，以所变草法之，后人以其出于急就章，遂名章草者。”

〔26〕（清）沈家本：《历代刑法考·狱考》，中华书局 1985 年版，第 1157 页。

〔27〕酋邦是由分层的社会和占据中心位置但对社会物资并无控制权的酋长组成，其特征是联系地域经济、社会和宗教等各种活动的一个中心存在。而国家是一种以合法的武力为基础更强大的社会和更复杂的组织。参见张光直：《中国青铜时代》，生活·读书·新知三联书店 1999 年版，第 91—93 页。

〔28〕The Cultural Evolution of Civilizations, *Annual Review of Ecology and Systematics*, 3 (1972), pp. 403—404. 转引自张光直：《中国青铜时代》，生活·读书·新知三联书店 1999 年版，第 93 页。

善，原因之也。”三代之狱是感化教育的场所，不是苦人、辱人的审讯、羁押机关。监狱的产生本质是酋邦向国家过渡过程中氏族贵族独占武力，对氏族内部成员实施惩戒权的集中表现。沈家本考察三代狱制后也认为：“可以见古人设狱之宗旨，非以苦人、辱人，将以感化人也。”[29] 我们可以推测，夏朝是在此背景下制造夏台，囚系违反法律的贵族，力图改造其思想和行为。

夏商周三代制度相因，然代有损益，到西周出现两种性质不同的监狱，“圜土之制，周仿于夏。《周礼》云：以圜土收教罢民，是专为罢民而设。囹圄为通常之狱，当分别言之”[30]。一种叫做圜土，是教化改造已决犯罪人的，一种叫做囹圄，拘系未决犯罪人的羁押场所，是秦汉监狱的源头。

我们先来看圜土。《周官·大司寇》云：“以圜土聚教罢民，凡害人者寘之圜土，而施职事焉，以明刑耻之。”又司圜云：“上罪三年而舍，中罪二年而舍，下罪一年而舍。”郑注：“圜土，狱城也。课以作劳，期以年岁。”由此可见，圜土功能主要是通过劳作来教育、感化、惩戒犯罪人，目的是小惩大戒，使之改过。圜土设有专门的狱官管理被收系者，“司圜掌收教罢民。凡害人者，弗使冠饰，而加明刑焉，任之以事而收教之”。其中，“罢民”是指“恶人不从化，为百姓所苦而未入五刑者”，“弗使冠饰”是以黑巾蒙首，加明刑是书其罪恶于大方版，著其背。“任之以事”即从事劳役，不齿于人，为社会舆论所轻贱，不亏体即不受肉刑，保全肢体，不亏财，不处罚金，而以劳役、耻辱教育犯罪人。如果能改正，则“舍”，“其不能改而出圜土者，杀”。[31] 这种类型的拘禁显然不是执行刑罚，主要目的在于教化改造，若改造不成功，尚有更严厉的刑罚。所以，西周的圜土既不是犯罪人的拘禁待刑场所，也不是自由刑的执行机关，而是对轻罪犯罪人的教育改造场所，体现西周统治者对犯罪人“先教后诛”的刑罚原则。

“囹圄”是拘押犯罪人待五刑处罚之场所。《礼记·月令》记载：“仲春三月，命有司省囹圄。”注云：“囹圄，所以禁守系者，若今之别狱矣”；

---

[29] （清）沈家本：《监狱访问录序》，载《历代刑法考》附录，中华书局1985年版，第2237页。

[30] （清）沈家本：《历代刑法考》，中华书局1985年版，第1162页。

[31] 《周礼注疏》卷三十六《秋官·司圜》，北京大学出版社1999年版，第957页。

《释文》记载："图圄，今之狱。"疏："图，牢也；圄，止也。"所以止出入，皆罪人所舍也。图圄的主要功能是禁系犯罪人，目的是让其接受刑罚处罚。西周"设官分职，以为民极"，有大、小司寇掌刑典，以士师掌刑罚，乡士、遂士、县士、方士、讶士、朝士听狱讼，"凡士之治有期日"，设立一套完整的折狱听讼的程序，在狱讼未决之前，禁系于图圄，由掌囚管理。"掌囚掌守盗贼。凡囚者，上罪梏拲而桎，中罪桎梏，下罪梏。王之同族拲，有爵者桎，以待弊罪。及刑杀，告刑于王，奉而适朝士加明梏，以适市而刑杀之。凡有爵者，与王之同族，奉而适甸师氏，以待刑杀。"[32]

综上，图圄和周秦之后的监狱性质完全相同，而《圣主得贤臣颂》中"昔者周公躬吐捉之劳，故有圄空之隆"[33] 一语更加强了这一论断。

夏商之狱，因史料不足征，面目不清。从周代的圜土和图圄两种来看，在三代之际就已经出现感化教育型和司法附属型两种不同类型的监狱，汉代虽去古未远，但其狱制已失圜土之意，只余司法附属型的一类监狱了。沈家本认为，三代"设狱原非以害人，其'幽闭思愆''改恶为善'以感化为宗旨，尤与近世新学说相合，可以见名理自在天壤，今人所矜为创获者，古人早已言之"。[34] 这还是秉持了儒家士大夫一贯直追三代的理想，对上古多有溢美之词，恐怕与事实多有不合。至于他认为圜土"实为自由刑之权舆"的判断[35]，更像是为托古改制而论，作为熟知中国刑制、媒介中西法律的一代冰人，沈公不可能不知道圜土和近代监狱的本质差异，只是为改良狱制，不得不然耳。

（三）神秘化和恐怖性：汉至唐监狱的发展

汉儒以阴阳五行解释儒家经典，将"狱"与天上的星相对应起来，狱的功能被强化，同时狱也被神秘化。

《史记·天官书》云："北斗七星，所谓'旋、玑、玉衡以齐七政'。在斗魁中，贵人之牢。"《集解》孟康曰："传曰：天理四星在斗魁中，贵人牢名曰天理。"《索隐》记载："天理，理贵人牢。"宋均曰："以理牢狱

〔32〕《周礼注疏》卷三十六《秋官·掌囚》，北京大学出版社 1999 年版，第 959 页。

〔33〕（清）沈家本：《历代刑法考·狱考》，中华书局 1985 年版，第 1162 页。

〔34〕同上注，第 1160 页。

〔35〕（清）沈家本：《前修律大臣大理院正卿沈奏请实行改良监狱折》，载《东方杂志》1907 年第 4 卷第 7 号，第 354 页。

也。”《正义》记载：“占：明，及其中有星，此贵人下狱。”[36]

“有句圜十五星，属杓，曰贱人之牢，其牢中星实则囚多，虚则开出。《正义》：‘贯索九星在七公前，一曰连索，主法律，禁暴强，故为贱人牢。牢口一星为门，欲其开也。占：星悉见则狱事繁，不见则刑务减，动摇则斧钺用，中虚则改元，口开则有赦，人主忧，若闭口，及星入牢中，有自系死者’。”[37]

在《史记》的记载中，有三个显而易见的特点：第一，将牢分为贵人之牢和贱人之牢[38]，不同等级身份的人分类羁押以不同的星座为根据；第二，将星座拟制为牢狱，星座实虚决定系囚多少，这是中国古代典型的形象比拟的思维；第三，星相变化预兆刑狱和政事的变化，而观测星相、占卜星变的知识为皇家垄断，这势必将刑狱神秘化，将断罪处刑和释囚的权力垄断到最高统治集团手中。

汉代狱制经过改造，和天象组成密切的对应关系，狱逐步由上古的教化主义演化至汉代的神秘主义。在实际运行中，狱成为司法机关的附属物，“尉氏乃讨奸之官，故别有狱”[39]。汉代的狱已具有封闭、神秘的色彩，连高级贵族都无法预测下狱的后果。周勃、周亚夫父子的下狱经历即是典型的事例。《汉书·周勃传》记载：“其后有人上书告勃欲反，下廷尉，逮捕劾治之。勃恐，不知置辞，吏稍侵辱之，勃以千金与狱吏，狱吏乃书牍背示之。勃既出，曰：吾尝将百万军，然安知狱吏之贵也？”其子周亚夫以同样的罪名下廷尉狱。“廷尉责问曰：君侯欲反何？亚夫曰：臣所买器乃葬器也，何谓反乎？吏曰：君纵不欲反地上，即欲反地下耳。吏侵之益急，不食五日，呕血而死。”[40] 监狱的残酷性和秦代监狱毫无二致，其恐怖性彰显无疑。汉代设狱数量是中国历史上最多的，京师有中都官狱二十六所，其设置具有很大的随意性，大部分情况下都是最高统治者为方便审讯或者惩罚犯罪人而设立。我们看一下当时的具体情况：

汉代设中都官狱二十六所，沈家本考证出其十九：郡邸狱（治天下郡

[36] （南朝宋）裴骃：《史记集解》，中华书局2012年版，第426页。

[37] 同上注，第427页。

[38] “牢”本义是指关养牲畜的栏圈，在秦汉之后被引申为狱，在汉代牢和狱含义相同。详细的论证参见宋杰：《汉代牢狱的管理制度》，载《秦汉研究》（第5辑）；李娟：《〈汉书〉司法语义场研究》，四川大学2006年博士学位论文。

[39] （清）沈家本：《历代刑法考》，中华书局1985年版，第1164页。

[40] （汉）班固：《汉书》卷四十，张陈王周传第十，中华书局2000年版，第1590、1594页。

国上计者，属大鸿胪）、暴室狱（羁押后宫皇后贵人、属掖庭）[41]、上林狱、左右都司空狱（诏狱）、居室狱（属少府）、永巷（掖庭）狱、共工狱（属少府）、若庐狱（主治将相大臣，属少府）、寺互、都船狱（属中尉）、内官狱（属宗正）、别火狱（属典客）、太子家令狱（属太子太傅）、未央厩狱（属太仆、光禄勋）、北军狱、东、西市狱（属京兆尹、左冯翊）。郡县亦皆有狱。[42] 到了后汉，光武帝废除了二十六所中都官狱，京师只留廷尉狱、洛阳狱。《续汉书·百官志》载："孝武帝以下置中都官狱二十六所，各令长名，世祖中兴皆省，唯廷尉及洛阳有诏狱。世祖省并官寺，狱存二所，而时无废事，因由天下初平，亦政治清明之效"。这个监狱体系为后世所仿效。唐代"凡京都大理寺、京兆河南府、长安万年、河南洛阳县咸置狱，其余台省寺监卫皆不置狱"，"州县皆有狱，而京兆河南狱治京师，其诸司有罪及金吾捕者又有大理狱。诸狱之长官五日一虑囚，夏置浆饮，月一沐之。疾病给医药，重者释械，其家一人入侍，职事散官三品以上者妇女子孙二人入侍。岁以正月遣使巡覆，所至阅狱囚杻校粮饷，治不如法者"。[43]

隋唐增设御史台狱，审讯皇帝指令重大犯罪案件，是为诏狱。御史台，汉名御史府，后汉曰宪台，时以尚书为中台，谒者为外台，谓之三台。魏、晋、宋、齐曰兰台，梁、陈、后魏、北齐、隋皆曰御史台，唐朝因之。秦汉御史是监察官员，没有司法职责。魏晋南北朝开始发生变化，御史受命参与"诏狱"，并设置羁押诏狱人犯的狱。西晋时曾在御史台设置黄沙狱及黄沙治书侍御史，"掌诏狱及廷尉不当者皆治之。后并河南，遂省黄沙治书侍御史"[44]。北魏正始元年，世宗诏令御史中尉崔亮纠元详、茹皓等人的罪状，茹皓等人"夜即收禁南台"[45]；北齐天保十年元世哲之弟元黄头被"付御史狱，毕义云饿杀之"[46]，并出现所谓"风闻奏事"。隋代的御史台也是专门的监察、弹劾机构，不是司法机关，但在隋炀帝时

---

〔41〕（清）沈家本：《历代刑法考》，中华书局 1985 年版，第 1165 页。

〔42〕同上注，第 1165—1170 页。

〔43〕（唐）李林甫：《唐六典》刑部卷第六，中华书局 1992 年版，第 188 页。

〔44〕（唐）房玄龄：《晋书》卷二四《职官志》，中华书局 1974 年版，第 738 页。

〔45〕（北齐）魏收：《魏书》卷二一上《献文六王·北海王详传》，中华书局 1974 年版，第 562 页。

〔46〕（唐）李延寿：《北史》卷一九《献文六王·彭城王勰传》，中华书局 1974 年版，第 709 页。

期，御史台受皇帝特旨委托，审理官员犯罪案件，是谓“诏狱”[47]。唐代继承并发展了这一制度。贞观二十二年御史台置狱，“台中无狱，须留问，寄系于大理寺。至贞观二十二年二月，李乾佑为大夫，别置台狱，由是大夫而下，已各自禁人。至开元十四年，崔隐甫为大夫，引故事奏掘去之。以后，恐罪人于大理寺隔街来往，致有漏泄狱情，遂于台中诸院寄禁，至今不改”。[48]

（四）狱犴传说：明清时代的监狱

狱既被认为是罪恶之地且不可避免，惩罚罪恶的手段便日益惨苦，由汉至清，狱的形象就是向着神秘、恐怖、残酷发展，明代出现的狴犴传说即是其集中反映。

狴犴，又名宪章，形似虎，是龙生九子之七。它平生好讼，却又有威力，狱门上部那虎头形的装饰便是其遗像。[49] 狴犴除了威风凛凛装饰在狱门上外，还匐伏在官衙的大堂两侧。每当衙门长官坐堂，行政长官衔牌和肃静回避牌的上端，便有它的形象，它虎视眈眈，环视察看，维护公堂的威严肃穆。现在保存完好的古代衙门，监狱门头都雕有狱犴的头像。比如山西省洪洞县狱的死囚牢牢门顶上就绘有狴犴的形象，青面獠牙，狰狞可怖，像凶猛的老虎一般张开大口，状似吃人，俗称“虎头牢”。

中国古代监狱之所以会给人们阴森、恐怖的印象，主要有以下几个原因：(1) 狱和罪恶相连。被捕下狱的人都是被认定犯罪的人，当然不排除有很多冤案，但无论是从法官还是普通百姓的角度来看，下狱者是有罪的，断无可疑。(2) 狱和刑讯相连。中国自秦汉以来施行合法的刑讯，审讯囚犯受到不同形式的刑讯必不可少。从秦汉到明清，刑讯的工具越来越复杂，手段越来越残酷，平常百姓对监狱畏之如虎。(3) 狱和刑罚相连。在审讯之后，就是漫长的等待刑罚处罚的过程，从监狱放出不意味着自由，而通常意味着更为严厉的处罚，比如徒、流和死刑。(4) 狱和死亡相连。监狱既关押犯罪人，用刑残酷，衣食供应恶劣，疾疫多发，入狱者罕

[47] 如裴蕴在炀帝时为御史大夫，“蕴善候伺人主微意，若欲罪者，则曲法顺情，锻成其罪；所欲宥者，则附从轻典，因而释之”。（唐）魏征：《隋书》卷六七，裴蕴传，中华书局2000年版，第1059页。

[48] （唐）李林甫：《唐会要》卷六〇，《御史台上·御史台》。

[49] （明）杨慎：《升庵全集·龙生九子》，云“俗传龙生九子，不成龙，各有所好……四曰狴犴，形似虎，有威力”。

不受损，酷虐致死，患病而死极易发生。故监狱被视为冤气挤塞、死亡之地。这在方苞的《狱中杂记》和赵舒翘的《提牢备考》中均有记载。

也正是因为中国古代监狱到清末已发展到穷途末路，为文明世界所不容，以沈家本、伍廷芳为代表的修律派才大声疾呼狱制改良。他们认为，汉代以来的狱和清代的监狱殊失古意，清末的监狱急需改良。“夫监狱不能无而酷虐不可有。宜令各省设法筹款，将臬司府厅州县各衙门内监外监大加修改，地面务要宽敞，房屋务须整洁，优加口食及冬夏调理，各费禁卒凌虐随时严惩，至羁所一项所以管押窃贼地痞及案情干涉甚重而供情未确、罪名未定、保人未到者。定例虽无明文，而各省州县无处无之。盖此等案犯，若取保则什九潜逃，交差则勒虐更甚，其势不能不设羁所。又复私设班馆等项拘押干连人证及轻罪人犯，其酷虐与牢狱如出一辙。”[50]

从“狱”到“监狱”的历史发展过程中，我们可以清楚看到古今监狱概念之差异，古代监狱附属于司法机关，连接着侦查、审讯、判决诸程序，是中国古代司法传统中的特殊器物，从监狱概念的变化，能够透视出中国法律和司法传统的发展变迁。

（文字编辑　王理力）

---

〔50〕（清）伍廷芳、沈家本：《修律大臣外务部右侍郎伍刑部左侍郎沈奏核议恤刑狱各条指》，载《东方杂志》1905年第2卷第6期。

中国法律传统

元代律学探析

——以王元亮“纂例”图表为中心

张田田*

元代律学承袭前代，又在特有社会、法制状况中探索，逐步更新方法、拓展内容。围绕法典解读，唐代“律疏”的“释文”、宋代“刑统”的《刑统赋解》等作品产生，反映注音释义方法的进展；同样延续注释律学一脉，《吏学指南》则着重探求作为“律书要旨”的字义，从方法到结论亦不乏律学意义。此外，以唐律的整理刊刻为契机，王元亮的“纂例”对前代法典条文规定作解析，对理论原则作提炼。上述各类作品均具有实用取向，或追根溯源、参古酌今，或撮要常识、留心吏事，其中，“纂例”既提供方法借鉴，又示范图表实例，其思路或可启发明清律学研究及律典编纂。本文尝试从“纂例”这部作品切入，对其理论思想作初步考察，以展现元代律学的特色与成就。

一、王元亮生平及其作“纂例”的始末

元人王元亮，史书无传，资料较少。王元亮“字长卿，以明法选吏台部，由中书省左曹掾，为断事官经历、光禄寺主事，尝钩校征理麴材欠缗，为钞三千定而畸语闻有旨登之赏典，时论推其清干”，泰定二年（1325 年）“进奉训大夫江西等处行中书省检校官，品在第五”。泰定四年

* 作者系吉林大学法学院博士研究生。

(1327 年)，柳贯“以文学系官江右”，为王氏家族作墓表，因而略叙其事。[1] 王元亮、柳贯交游，契机或为编修唐律；王元亮对唐律刊刻的贡献亦于诸版本唐律的序、跋等介绍中得见，流传最广的一篇序言即属柳贯所作。柳贯序中叙述其作儒学提举时有心取唐律善本校勘复刻，其提议先获师公[2]首肯、又得王元亮响应，后者“以家藏善本及释文、纂例二书来相其役”，乃使得唐律最终“踰月绪成”的全过程。[3] 元代此次所刊唐律，不但运用于江西湖东道，还传播至其他地区，如山南江北道。[4]

王元亮提供唐律善本功不可没[5]，其围绕唐律的研究即“释文”“纂例”亦可称道。“释文”“纂例”似乎不存在单行本，其从内容到传播均依附于唐律；而对唐律的关注以清代尤甚，虽然当时某些唐律的重刻版本仅着意存录唐律原文，而不保留“纂例”[6]，但总体上，对密切关联于古

---

〔1〕 参见（元）柳贯:《太康王氏扶城墓表》，载（元）柳贯:《柳贯诗文集》（第 11 卷），柳遵杰点校，浙江古籍出版社 2004 年版，第 260—261 页。

〔2〕 师姓官员，参考柳贯文集，可能“名克恭，字敬之”，泰定时为江西湖东道肃政廉访使。参见（元）柳贯:《师氏先茔碑铭（并序）》，载（元）柳贯:《柳贯诗文集》（第 10 卷），柳遵杰点校，浙江古籍出版社 2004 年版，第 216—218 页。

〔3〕 参见（元）柳贯:《唐律疏议序》，转引自（唐）长孙无忌等:《唐律疏议》，刘俊文点校，中华书局 1983 年版，第 663—664 页。此序亦收入《元文类》。参见（元）柳贯:《唐律疏议序》，载（元）苏天爵编:《元文类》（第 36 卷），吉林人民出版社 1998 年版，第 658 页。

〔4〕 关于《唐律疏议》的刊本，杨廷福指出，“日本藏有元山南江北道刊本的影写本，附有张从革《唐律疏议·释文纂例》……东方文化学院东京研究所藏独山莫有芝的古抄写本。”参见杨廷福:《〈唐律疏议〉制作年代考》，载杨廷福:《唐律研究》，上海古籍出版社 2012 年版，第 13—14 页（原发表于《文史》复刊号，1978 年）。“独山莫友芝的古抄写本”中即见张从革的《唐律疏议释文纂例序》，原书笔者未曾亲见，所据为京都大学人文研究所（前身即东方文化学院东京研究所）东方学数字图书馆提供的全书摄影，http://kanji.zinbun.kyoto-u.ac.jp/db-machine/toho/html/B011menu.html，2012 年 5 月 18 日访问。该版本唐律所载序言，依次为柳贯《唐律疏议序》、王元亮《唐律纂例序》、刘有庆《唐律纂例序》、张从革《唐律疏议释文纂例序》《唐律释文序》、胡居敬《唐律序》。关于张从革序（以下简称张序），钞本中“革”写作上“艹”中“口”下“十”，既似“革”又似“草”，而其人事迹不详，遍查《元史》《全元文》不着，是以此序为孤证且作者名讳亦存疑。张序中称“山南江北道肃政廉访司特取江西儒学唐律疏议释文纂例……仆居学佐，识见平凡，涉猎肤浅，恭承宪幕雅命，校勘字样有无差讹，今校勘得差错脱漏字样凡三百七十八字，悉为厘正”。

〔5〕 “出善本以赞其成者，检校王君长卿也。”参见励廷仪为清代的唐律刊本所作之序，转引自（唐）长孙无忌等:《唐律疏议》，刘俊文点校，中华书局 1983 年版，第 665—666 页。点校者“录自日本文化二年官版本”。

〔6〕 清代整理、刊刻的唐律，据笔者所见，如四库全书所录唐律，以及“滂喜斋本系统”“文化本系统”的诸版本均是存“律疏”正文（“释义”亦多为存录）而略“纂例”部分的；而属于“至正本系统”的嘉庆年间顾广圻校、孙星衍刊的岱南阁丛书本以及据岱南阁丛书本排印的丛书集成初编本，则以收录王元亮“纂例”为特色。参见（唐）长孙无忌等:《唐律疏议》，载王云五主编:《丛书集成初编》，商务印书馆 1939 年版。

本唐律的“释文”“纂例”，清代目录学家以及律学家围绕着唐律各版本的发现、评价和对照校勘以及整理与重新刊刻，展开一定探讨。[7] 就“释文”而言，早在元刻本唐律中即专有一序介绍其情况，称“释文”原为此山贳治子所作。后世学者读此序，研唐律，作推断：“此山贳治子……必在王元亮以前，故元亮于第一卷下自署重编也，柳待制序言王君长卿以释文、纂例二书来，即指重编释文，而不复追述元撰者耳。”[8] 清代考察其作者、时代以及体例、内容，形成初步观点，即唐律元刻本所附“释文”可能是王元亮在参考此山贳治子所作的“释文”基础上进行的“重编”，而“重编”可能影响原有“释文”的准确性、完整性。此外，唐律宋、元版本的对照又促成新认识：原有“释文”针对的是《宋刑统》，其内容与唐律不符之处并非阑入。[9]

就“纂例”而言，王元亮自作一序阐述其对唐律价值的认识及其研读、诠释唐律、为唐律“纂例”的行动与探究古法，以资实用的意图。刘有庆作《唐律纂例序》，亦对王元亮的这一作品加以赞赏：“汴梁人王长卿精刑名之学，以唐律析为横图，用太史公诸表式经纬错综成文，五刑三千如指诸掌，其用心亦仁哉。”[10] 对“纂例”的作者归属，清代考察相对无争议；对其利用则不仅限于唐律，还延伸至宋、元时规定，亦有从其内容中的避讳字样推断其所据版本应为宋代的。[11] 值得一提的是，王元亮的这

[7] 如清代唐律刊本中属“至正本系统”的版本所载顾广圻“右至正辛卯崇化余志安刻本”之跋，孙星衍之“重刻故唐律疏议序”，又如潘祖荫于《滂喜斋藏书记》中据属“滂喜斋本系统”的唐律而辨驳孙星衍、顾广圻观点的议论，再如附于四部丛刊本中的张元济为唐律所作之跋等，都可视为从校勘角度对“释文”“纂例”的考释与引证。对清代的唐律刊刻，沈家本亦有关注，撰《唐律释文考》等文。

[8] 参见顾广圻为校雠唐律所作的跋，转引自（唐）长孙无忌等：《唐律疏议》，刘俊文点校，中华书局 1983 年版，第 671—672 页。

[9] 顾广圻认为，“释文”中“有应别自为条而连他条者，有应属一条而分数条者，有标其字而佚其释者，有释尚在而遗标字者，有前后互换其处者，有释所据本不同而抵牾者：则未知王元亮重编而如此与？抑余志安刻之乃如此与？”其作跋所据为唐律的元刻本，未及“滂喜斋本系统”校勘者更有宋版唐律可参考，即是张元济所称“顾氏未见宋刻，跋语稍误，潘氏先已指明”。转引自（唐）长孙无忌等：《唐律疏议》，刘俊文点校，中华书局 1983 年版，第 665—678 页。

[10] 刘有庆此序成于柳贯之“序”前，泰定二年作序时任江西等处儒学提举，似为柳贯前任。推断此序又应作于王元亮自序之后。参见（元）刘有庆：《唐律纂例序》，转引自（唐）长孙无忌等：《唐律疏议》，《钦定四库全书》（第 672 册），台湾商务印书馆 1986 年版，第 3—5 页。

[11] 参见（清）刘承干：《宋重详定刑统校勘记》，转引自（宋）窦仪等：《重详订刑统》，民国嘉业堂刻本。

部作品，在记载和使用中，名称不一：称“纂例”，因其内容附于唐律篇章之后；又称“唐律疏议五刑图”，则是后来者以该作品中最先出现的“子表”表头代称“纂例”全部内容[12]；而今人点校唐律，又将其定名为《唐律疏议纂例图表》。[13] 本文倾向于以“王元亮‘纂例’图表”为其全称，简称王元亮“纂例”、“纂例”图表等。

概言之，从元至清的史料中可整理出两方面信息，一是王元亮在唐律的保存与传播上发挥作用，二是署名为王元亮的“释文”“纂例”，虽附于唐律，实际有受宋代规定、学术影响的痕迹。现代辞典、专著中关于王元亮的介绍，基本与清代通说一致，认为其著述虽非完全本于唐律，但仍有重要参考价值。[14]

至此，从史学角度，王元亮的生平及其作品的基本状况，已较为清楚了。然而，围绕王元亮的律学研究，法史学界的深度挖掘并不多见[15]，对“纂例”图表的理论分析缺失。这又从侧面反映出对宋元律学领域诸多问题的研究尚待推进，而追根溯源，明清律学的丰硕成果中牵涉到的很多方法、观点在宋元已现端倪。笔者是以撰本文以尝试补阙。

二、王元亮“纂例”对唐、宋法典的分析

考察王元亮的“纂例”，首先应明确的是，在题目中标明“纂例”的作品，不独王元亮“纂例”一部，而“纂例”方法所分析的对象，也不仅

---

〔12〕“五刑图说”是“名例”篇的第一个表，也是“纂例”图表的起始内容，详见后文分析。

〔13〕参见曹漫之主编：《唐律疏议译注》，吉林人民出版社 1989 年版。其他使用《唐律疏议纂例图表》的作品，如刘晓林：《“〈唐律疏议·户婚〉无死刑”辨正》，载《甘肃社会科学》2007 年第 6 期；刘晓林：《〈唐律疏议·贼盗〉死刑律文考述》，吉林大学 2008 年硕士学位论文等。

〔14〕《法学大辞典》“王元亮”条称：元人，号长卿，籍贯、生卒年不详。曾任江西等处行中书省检校官。现有所著《唐律释文》《唐律纂例五刑图》两书存世。参见邹瑜、顾明总主编：《法学大辞典》，中国政法大学出版社 1991 年版，第 131 页。《世界法学名人词典》所列词条解释也相似，参见唐荣智主编：《世界法学名人词典》，立信会计出版社 2002 年版，第 238 页。

〔15〕有关中古法制状况、法律文化的探索中，偶有利用王元亮作品的，其研究成果涉及多方面：在法律规则、司法制度的考察等方面，如姚大力、郭晓航：《金泰和律徒刑附加决杖考——附论元初的刑政》，载《复旦学报》（社会科学版）1999 年第 4 期；刘晓林：《“〈唐律疏议·户婚〉无死刑”辨正》，载《甘肃社会科学》2007 年 06 期；刘晓林：《〈唐律疏议·贼盗〉死刑律文考述》，吉林大学 2008 年硕士学位论文等。在法学教育、律学成就的评价等方面，如俞荣根：《唐律学的起源、演进与趋势》，载《中西法律传统》（第 4 卷）；谢晖：《中国古典法律解释的三种样式——官方的、民间的和司法的》，载《甘肃政法学院学报》2006 年第 1 期等。

限于律法。那么何谓“纂例”？搜集此类作品并加以比较，笔者认为，“纂例”可以看做一种为学术研究目的而作的一种特殊文类，其中集成了特定内容与固定方法：本质上是对既成经典或其他著述的分析，而分析思路上又不同于纯粹的注释。早期“纂例”类作品针对的是经典，正如元人虞集在《杜诗纂例序》中指出，“杜预因左氏之传，陆淳因啖赵之说，皆纂为例以著之，是或求经之一道也”。

“纂例”后于所释经典，是解经的一种方法，此后又扩展至其他作品。虞集在序中评介申屠公为针杜甫诗篇所作的“纂例”作品，对我们触类旁通，理解“纂例”之意义大有裨益。虞集认为，解读诗词的“纂例”，写作起因是：

> 诗人作诗之初，因其事而发于言，固未尝自必曰我为比、我为兴若赋也，成章之后亦无出于三义之外者。故学者不得不以例而求之，此亦例之所由纂，所谓谱者事也。

“以例求之”的“例”，是研究对象所体现出来的个例、案例，在此处，是具体诗作、词句；“赋、比、兴”即是诗文中的方法、规律，而“纂”，即是从字句中找“例”、分类、寻规律。虞集认为此种治学之举值得推广：“善读书者，能如申屠公之于杜诗，即文忠公之于汉书也，愿学者推此说以为凡读古书之法焉。”[16] 因此，典型的“纂例”可解经、可解诗，当然也可解律。[17] 王元亮“纂例”的对象，就是唐律。其纂写的特定目的是系统梳理唐律规范，采取列表形式，使唐律内容“易知易解”，“所以依仿前人规模，横画竖界，旁通曲引，错综纹理，交互全式疏议类此纂集成文举目可知，若指诸掌，名曰‘唐律纂例’……虽观律议而编，是皆明于天之道而察于民之故者也。”[18] 其基本特征是“以唐律析为横

---

〔16〕 参见（元）虞集：《杜诗纂例序》，载（元）苏天爵编：《元文类》（第35卷），吉林人民出版社1998年版，第646页。

〔17〕 另有一种看法是“盖今所传‘纂例’者，即‘集注’之异名也”，参见（清）何焯：《义门读书记》（第35卷），崔高维点校，中华书局1987年版。仅指出“纂例”与“集注”的内容同属于对经典解读的研究，则未及虞集能抓住“纂例”方法与作品的精髓。当然，其他“纂例”类作品，如陆淳的《春秋啖赵集传纂例》并未采取表格形式，唐律“纂例”有其自身特点。

〔18〕 王元亮“纂例”的依仿对象，或如序中所称“冠州张伯川先生编撰律文抹子其名题虽异亦未敢自擅”。参见（元）王元亮：《唐律纂例序》，转引自（唐）长孙无忌等：《唐律疏议》，京都大学人文科学研究所藏钞本翻拍。

图，用太史公诸表式经纬错综成文”[19]。

其次，需要说明的是，王元亮“纂例”虽在作者自序及旁人介绍中，均称其为分析唐律之作，但“纂例”内容中实际掺杂有唐以后的法律规范，部分内容与宋初所编纂的“刑统”尤为近似。刘承干校勘“刑统”时即称：

> “纂例”出元人王元亮，其例说本限唐律，而卷首五刑例图兼及宋金元三朝，今钞本“刑统”于流、徒、杖、笞施行法篇中残蚀过甚，犹赖此图补入，又书中避“敬”字作“恭”，避“期”字作“周”，与刑统本合，与唐律本异，是则此二书（笔者按：即“释文”与“纂例”）者以之改附“刑统”乃尤属允当耳。[20] 王式通为《宋刑统》作序，亦本此说。[21]

不可否认，这类说法有一定道理，因若纯为唐律而作“纂例”，则解析“五刑”时不必附带陈说宋、金、元制度，但仅据此及避讳字样而断言“纂例”为王元亮为宋代“刑统”而作，尚且言之过早。应该说，“五刑图说”诸表兼及唐、宋、金、元，定是王元亮有意为之的，而所纂之例即法律条文表述上偶与“刑统”相合之事，则可以其他思路解释。[22] 况且，宋初纂修“刑统”，体例上虽有变动，整体内容一仍唐律。本文为不遗漏律学线索，在分析时姑且将唐代“律疏”与宋代“刑统”一并作为“纂例”图表的比照。王元亮“纂例”实际为“表格集”，因其依据法典篇章结构作内容单元划分，因此，其中包含着以“名例”篇“纂例”为首、从“卫禁”篇“纂例”一直到“断狱”篇“纂例”在内的十二“子集”，即每篇“纂例”之内，是多个“子表”；“子表”之中，则填写的是相关条

---

〔19〕 参见（元）刘有庆：《唐律纂例序》，转引自（唐）长孙无忌等：《唐律疏议》，载《钦定四库全书》（第672册），台湾商务印书馆1986年版，第3—5页。

〔20〕 参见（清）刘承干：《宋重详定刑统校勘记》，转引自（宋）窦仪等：《重详订刑统》，民国嘉业堂刻本。

〔21〕 中华民国时期北洋政府国务院法制局所刊《宋刑统》王式通序称“元王元亮《唐律纂五刑图》，列刑统五刑决杖配役之法，与唐制不同”，“《唐律释文》所附释文，本为刑统所作，非为唐律注释，中多律文及疏议未见之语，以刑统校之，悉在所载令、敕诸文之中，并非无故阑入，其间有与疏议不同者，亦刑统所改。可见王元亮两书非纯为唐律而作，但由于刑统包含了全部唐律及其疏议，因此这两部书仍不失为研究唐律的重要参考资料。”转引自邹瑜、顾明总主编：《法学大辞典》，中国政法大学出版社1991年版，第131页。

〔22〕 或为王元亮所有的唐律资料便是如此，即在流传中可能保留唐以后的避讳习惯。

文规范内容。[23]

“纂例”以“律疏”为整体分析单元，以条文规定为具体研究对象。就“纂例”首篇，即“名例”篇“纂例”而言，其中的表格与其余篇章中的表格的区别较大。具体而言，该篇“纂例”的列表方式较为特殊：并非一概据律而逐条列表，而往往是合数条相关规定为一表，这不但是“名例”篇规定的总体指导性区别于其他篇章规定的具体适用性的直接表现，也显示出列表思路与宋代“刑统”将唐律五百余条分门别类而归纳为二百余门的编纂手法的近似。此外，该篇“纂例”中的“五刑图说”系列表格，还特别地罗列了唐以外宋、金、元的刑制。因此，我们将“名例”篇中表格与其余各篇中的表格分开来探讨。

（一）“名例”篇“纂例”

1.“五刑图说”系列表格

“名例”篇“纂例”第一列应是“名例”篇章内各表的通用列[24]，第二列中所标示的“五刑图说”是下列四表的通用列：第一个子表即“名例”篇表1的第一行内填“刑异五等”，第二行注明“唐”。“名例”表2第二行标注“大元”，下分两栏，右栏第一行为“枉法”，左栏第一行为“不枉法”的列表。“名例”表3、表4共用同一首行，以下分为两栏，“名例”表3的第二行为“宋”，“名例”表4的第二行为“金”。这四个表都属于“五刑图说”，内容基本上都是笞、杖、徒、流、死依次排列，一类刑种或特定刑罚占一格，构成由轻至重的“刑罚列”。为适应每个表格的具体内容，即唐五刑制、元五刑制、宋五刑制、金五刑制的实际规定，每个表的具体“刑罚列”不同。唐代“刑异五等”表中，“刑罚列”占据笞、杖、徒、流、死五格，其具体内容，以笞为例，笞一十到笞五十横向依次填写，占五格，其后又加一格，为“备注”性内容，说明“自一十至五十为五等，每十为一等，加减准此”和解释“笞者耻也”等笞刑源流，均为唐律条文中内容。除“刑罚列”中的“笞”格，笞刑一行共有上

〔23〕本文所依据的“纂例”，为丛书集成版唐律各篇所附“纂例”表，并参考曹漫之主编《唐律疏议译注》整理而得的附录《唐律疏议纂例图表》。参见曹漫之主编：《唐律疏议译注》，吉林人民出版社1989年版，第1031—1168页；（唐）长孙无忌等：《唐律疏议》，载王云五主编：《丛书集成初编》，商务印书馆1939年版。表格于单篇中排序编号，如称“名例”篇表1、“断狱”篇表1等，以下均同。

〔24〕上部标“名例”，下部标“奉训大夫江西等处行中书省检校官王元亮撰”。

述六格，构成唐“刑异五等”表中的“笞”行，其他行格式亦准此。宋、金“五刑图说”表与此相似。[25] 元代刑图又有所不同。[26]

2. “名例”篇“纂例”诸表

“名例”前四个表概举唐、宋、金、元四朝刑制，“名例”篇表5的首列内标“以下皆唐律”。“名例”篇共有三十余个表，表格内容与唐、宋相关规定的对应状况，参见附表。

一方面，“纂例”图表内容上对唐律规定的依照性非常明显，列表次序与条文编号也大体一致；另一方面，题名上“纂例”表格名称与“刑统”的条文标题也时有相似[27]，但列表内容不及“刑统”在唐律基础上所补充的“敕”等内容。[28] 与唐、宋法典条目相比，“名例”篇诸表标题有命名更合理、概括性较强的，如“刑异五等”“六赃定罪”“七杀科刑”“例分八字”等。

“纂例”图表不是“律疏”或“刑统”的一味重复，尤其是“名例”篇诸表，表中文字简要，重点突出，编排上亦有特色：一是涉及多个有具体刑罚的条文规定时，将其中涉及的所有刑种、刑期合并列为同一通用列，这样只需将罪状情节作相应填写即可[29]，这也是分则“纂例”的框架表式。二是对条文的规定内容施加形式上的分解或结构上的调整，有时较唐律原文简略，这一般体现在对原有“义疏”内容的利用场合；有时较名例规定详明，或是在原文仅列举罪名的情况下，联系分则规定补充相关

〔25〕 宋代表格中的“刑罚列”为“笞刑五、杖刑五、徒刑五、流刑三、死刑二”五列，内容除刑罚等级外，还有“赎铜……”“决臀杖……”等，金的“刑罚列”为“笞刑五、杖刑五、徒刑七、流刑三、死刑二”五列。

〔26〕 该表虽有笞、杖刑种的七个“等差”，但就其内容来看，仍属于适用范围较为狭窄的具体规定，与唐代“刑异五等”表所列“通例”有别。其“刑罚列”中，“笞”占两格，为“笞四十七下”和“笞五十七下”，“杖”占五格，从“杖六十七下”到“杖一百七下”，重于杖刑的“徒”“流”等，表中未出现，这是因为该表关注的仅为“枉法”与“不枉法”两类罪行的处置。“枉法”罪的情节依次对应着“笞四十七下”“笞五十七下”“杖七十七下”“杖八十七下”“杖一百七下”；“杖六十七下”“杖九十七下”两刑并无对应情节。“不枉法”罪则于“刑罚列”中的七等刑罚都有相关情节对应。元代“刑异五等”表的“备注”类内容出现在尾行。

〔27〕 如“名例”篇表23“老幼及妇人犯罪—笃疾废”，对应的律文为唐律总第30条，而该条规定实际并未涉及犯妇。值得一提的是，表18、表19、表23等标题，实际与《宋刑统》条目一致。所依据的《宋刑统》门类标题、编号及规定内容，参见（宋）窦仪等：《宋刑统》，薛梅卿点校，法律出版社1999年版。“门”于整部“刑统”中排序编号，即“总第……门”，以下同。

〔28〕 以此足可论断，王元亮“纂例”整体上仍依唐律而作，称其为“唐律纂例”并无不妥。

〔29〕 如附表所列“名例”篇表5、表6、表7、表11、表12。

信息[30]，或是如名例未备、使用时要联系其他法律形式或其他典章制度的，因其为特定犯罪的处罚所不可或缺，“纂例”中也将其整理并编排进来。[31] 三是将多条内容在同一表式加以整合。[32] 此外，不知何故，“纂例”实际遗漏了“名例”篇的部分规定。[33]

总之，“名例”篇“纂例”表式灵活，不囿于法典体例，内容上适应“名例”篇规定的总则性质，并有选择地将法典中此篇未载的内容整理入表格或增添新表格。对“名例”的完善，是王元亮“纂例”的一处闪光点。

（二）其余十一篇“纂例”

“名例”篇外，其余各篇“纂例”在列表上以刑罚为中心，突出定罪量刑内容，以具体之“罪”为列，以特定之“刑”为行。各篇中的表格仍然分为概要性内容与规定性内容，前者相当于“表头”、标题，后者基于唐律的具体规定，在表格中，后者要依据前者作对应性填写。但与“名例”篇“纂例”诸表形式多样的情形不同，分析从“卫禁”到“断狱”这十一篇中法律条文的分则诸表格式一致，即标题行是律条提要[34]，各表的通用列是刑罚序列，条文具体规定在该条标题下对应特定刑罚填写。[35]

---

[30] 如附表所列“名例”篇表11、表12。

[31] 如附表所列“名例”篇表9、表10。

[32] 如附表所列“名例”篇表14、表15。

[33] 这与分则各篇“纂例”对唐律进行逐条归纳的风格不同。就缺省内容，王元亮未作原因说明，唐律各版本中的相关序言介绍中也未提及。不似刻意忽略，疑或为王元亮“纂例”时疏漏，或为“纂例”图表中原有，流传中缺失。具体遗漏情况是，“名例”篇“纂例”末一表对应的是唐律总第39条，意即从唐律总第40条到第57条未收入“纂例”列表。具体而言，唐律总第51条至第57条这7条涉及法律范畴界定的“称……”类释名性质规定未“纂例”（除“例分八字”表依据总第53条关于“以”“准”的规定）；总第49条“本条别有制”和总第50条“断罪无正条”涉及法律适用的原则指引性条文未“纂例”；总第40条至第44条关于共犯形态认定、处罚的规定未“纂例”（除“例分八字”表依据总第43条关于“皆”的规定）；总第46条关于数罪的规定未“纂例”，总第45条至第47条关于特殊主体、关系的处理方式的规定也未“纂例”。所依据的《唐律疏议》条文标题、编号及规定内容，参见（唐）长孙无忌等：《唐律疏议》，刘俊文点校，中华书局1983年版。条文于整部律中排序编号，即“总第……条”，以下同。

[34] 内容与唐律后来版本中加上去的“条标”基本一致或为条目的简化，偶尔出现与《宋刑统》条目更近似的情况。

[35] 这一基本方法能够处理层次分明、内容单一的条文规定，然而，如果一个条文内容较多、结构复杂，往往要在同一律条标题下，分为多栏，使每栏代表一类情况，再相应填写，以防止其中所含有的针对多个处罚对象而分别量刑等复杂内容在分解原文并依刑罚轻重排列的填表过程中产生歧义或被篡改。

应该说，采取上述方式列表，一定程度上条文规定的原本表述顺序被打乱了。但条文中有关犯罪的行为方式、危害后果、主观恶性、侵害者与被侵害者的特殊关系等影响量刑的规定内容大都纳入表格，并未遗漏。“纂例”列表保持法典规范内容精炼、简明的特征，保留条文规定的主体内容，并且使得形式整齐划一，便于查阅。我们以“断狱”篇“纂例”为例，它分为6个“子表”，该篇的34个条文（《宋刑统》中作17门）被囊括在这6个表中。

表1 “断狱”篇“纂例”与唐、宋《断狱律》规定

“纂例”			“律疏”编号	“刑统”编号
编号	列	行		
1	笞三十至杖六十、杖一百、徒一年至徒二年、流二千五百里、加役流、绞、斩	囚应禁而不禁	469	197
		与囚金刃解脱	470	198
		死罪囚雇倩人杀	471	199
2	笞四十至流三千里、加役流、绞	主守导令囚翻异	472	200
		囚给衣粮医药	473	201
		议请减不合考讯	474	202
		囚引人为徒侣	475	
		讯囚察辞理	476	
3	笞三十、笞五十、杖六十、杖八十、杖一百、徒一年至徒二年、徒三年、流两千里、流三千里、加役流、斩	拷囚不过三度	477	
		拷囚限满不首	478	
		鞫狱停囚待问	479	
		依告状鞫狱	480	
		囚徒伴稽送并论	481	
		决罚不如法	482	203
		监临以杖捶人	483	204
		断罪引律令	484	205
4	笞二十至徒二年、流二千里、流三千里	断罪应言上不言上	485	
		制敕断罪	486	
		官司出入人罪	487	206
		赦前断罪不当	488	
		闻知恩赦故犯	489	207
		狱结正取服辩	490	
		缘坐没官放之	491	208
		徒留送配稽留	492	

（续表）

"纂例"			"律疏"编号	"刑统"编号
编号	列	行		
5	笞一十至徒一年、徒二年、流二千里、流二千五百里、加役流、绞	输备赎没人物	493	
		妇人怀孕犯死罪	494	209
		拷决孕妇	495	
		立春后不决死刑	496	210
		死囚覆奏报决	497	
6	笞三十至徒二年、流三千里	断罪决配收赎	498	211
		断罪应绞而斩	499	
		领囚徒役不役	500	
		纵囚死罪逃亡	501	212
		疑罪	502	213

观察标题行，可以看出各表中的条文数量不一，譬如"断狱"篇表1仅列出3条，而表3中却有8条。原因是每个表格的容量相似，而具体条文的结构、所包含的信息量不同。[36] 观察通用列，能够发现"断狱"篇中规定着从笞十到斩，包括加役流在内的所有刑罚；诸表的列中既有刑罚幅度拉开的，也有衔接紧密的，后一种情况往往意味着该表涉及"加等"规则，如"断狱"篇表5所列唐律493条，论罪方法是笞、杖"计日"而加，从笞十到杖百十等。应该说，这种不强求形式规整、内容均衡的灵活性列表，实际反映的是"纂例"列表对唐律分则篇章固有体例的依照，实质是对分则定罪量刑内容的关注。

总之，针对唐律"名例"篇，"纂例"列表注重发掘其规律性，对原有条文规定的编排顺序有所突破；而针对其他各篇，"纂例"列表更关注定罪量刑内容，倾向于选择使列表形式服从规定内容的方法，对原文意虽有剪裁，但基本照录原篇章中的条文次序，仅对条文内部层次进行重新编排。其共同特点是形式上通过特定的方法、标准，使填充表格的定罪量刑内容遵循并显现出等次和规律；内容上对律、注以及"义疏"的拣选都遵从制表需要，即突出核心内容、强调情节与刑罚的对应性。

〔36〕 例如唐律总第469条，在表中"囚应禁而不禁"标题行下又分成两栏，才能容纳该条的全部信息，使其中的"……亦如之""……加一等"等简略形式得以完整呈现。

三、王元亮“纂例”与元代法制的关联

一方面，作为一部元代完成的作品，王元亮“纂例”属于元代的律学研究，这似乎与从中国古代律学中数量最多的注释、解析当朝所通行之法的作品中体现出来的较为普遍的实用取向是不尽一致的。另一方面，虽然分析对象为唐律，但分析方法上，“纂例”列表又显现出元代法制对学理分析的影响痕迹。

就理论性而言，这部处在元代而着眼于唐律的“纂例”，既是前代经验的继承与总结，又是元代法律思想的反映。关于前者，“纂例”中可见列表者对各种律学理论的借鉴[37]；后者则更值得关注，“太史公诸表式”未必是王元亮“纂例”的直接灵感来源，而《元典章》约在 1322 年颁行，王元亮作“纂例”也似在此前后，线索直指《元典章》。[38]《元典章》中同样包含多个图表，其所列之表既起到目录、索引功能，列表对象又是实际具备法律效力的规定，可以说是基于实践的法律图表。其中“刑部”各卷规定的列表情况如下。

表 2 《元典章·刑部》诸图表

编号	标题	位置（刑部第……卷）
1	五刑之制	1
2	狱具之制	1
3	诸恶	3
4	诸杀一（过失杀｜劫杀｜谋杀｜故杀｜戏杀｜误杀｜斗杀｜杀死亲属｜奴婢杀主）	4
5	诸杀一（杀死奴婢佃户｜因奸杀夫｜因奸杀定婚夫｜杀死奸夫奸妇｜杀死贼人｜冬月脱人衣服冻死）	4
6	验尸法式一仰面	5*
7	验尸法式一合面	

---

〔37〕 例如，“例分八字”之表，“八字”即是沿宋以后所关注的“律中有八字”“律母”的思路而开展的释义探索，很可能受到《刑统赋》启发、借鉴《刑统赋解》、《吏学指南》等观点。“刑异五等”也是《刑统赋》的提法。

〔38〕 至迟刘有庆作序的泰定二年（1325），“纂例”图表已成。但王元亮何时开始编写“纂例”，何时草成，尚缺乏明确线索。他或直接受《元典章》之图表启发，或间接吸收当时重要的律学方法，两种可能性都是存在的。

（续表）

编号	标题	位置（刑部第……卷）
8	诸殴	6
9	诸奸	7
10	诸赃一	8
11	诸赃二	9
12	诸盗一（大德元定—强盗｜切盗）	11
13	诸盗一（延祐新定—强盗｜偷财物贼｜豁车子剜房子的贼｜偷盗驼马的贼｜偷驴骡贼｜偷猪羊贼）	
14	诸盗一（旧贼）	
15	诸盗一（放火发冢）	
16	捕盗	13*
17	诈伪	14
18	诉讼	15
19	杂犯一	16
20	阑遗	18
21	诸禁	19

备注：表格命名上以采用首行信息为主，首行为各罪的，参考门类名称，同一门类下有多表的，以表格首行信息区分，即门类后加括号，括号内注明该表所涉各罪，各罪间以竖线（｜）分隔。加＊号的，为表格未出现在该卷之首的，未加＊的，表均出现在卷首。

《元典章·刑部》之表与王元亮所作“纂例”中的图表相似之处在于，表格都以简洁形式分析层次复杂、信息量大的内容；一般以“罪”为首行，以“刑”为首列，有序整理定罪量刑内容[39]；各表中既有罗列各罪，条分缕析的，又有展现通例，提纲挈领的，体现理论性。而《元典章》之

〔39〕 本文据元刊本影印本探究《元典章》表式。《元典章·刑部》除表1、表2、表6、表7外，另17个表均为“罪—刑”框架，而这也是《唐律疏议纂例图表》的主要表式。且各版本《元典章·刑部》中的诸表多由轻至重罗列“断例”为表格通用列，相当于“纂例”的“刑罚列”。以《元典章·刑部卷四》“诸杀一”等图为例，影印元刊本中，即是“诸杀”之各罪为行、处理方式为列，参见《大元圣政国朝典章》，中国广播电视出版社1998年版，第1557—1560页；又见《大元圣政国朝典章六十卷新集至治条例不分卷》，载《续修四库全书》（第787册），上海古籍出版社2002年版，第419页。日本学者校定的《元典章·刑部》亦如之。参见《元典章·刑部》（第1册），〔日〕田中谦二、〔日〕岩村忍校定，京都大学人文科学研究所元典章本研究班1964年版，第107—110页。但新近点校的《元典章》在排版时变换了表格样式。参见《元典章》，陈高华等点校，中华书局、天津古籍出版社2011年版，第1427—1429页。

表的实用性更体现在，表格多出现于各卷、各门类中的规定条文之前，是以兼作目录索引。

由此可见，法律领域中“表式”在元代的兴起，是索引技术由拈条文中数字或首句的“标签”式内容提要[40]到“以事统类”乃至“以表析之”的发展，实际体现立法活动中对复杂内容的归类整理过程，即是与特定法制状况相关。[41] 具体而言，从修律的角度，元代未曾完成修律的任务，也就难以比拟唐、宋、明、清的立法水平[42]，但在细节上，元代在法律编纂上也是尽可能地采取汇集不同形式法律依据并列表索引等措施，来弥补条文系统性不足等问题，使法律汇编尽可能地容易检索，为法律的查找和适用提供方便。是以不但立法经验在程度上仍不断积累，也为律学研究提供素材、拓展思路。

总之，在元代，“纂例”所使用的列表方法体现王元亮吸取当时经验而解读前代法典的新型尝试，并随着唐律的刊刻，被各地官员学习研讨。应当说，上述列表分析方法及其所成的特定式样、内容的法律图表，正是当时法律生活中立法、律学状况的折射，它们共同构成从唐宋到明清的律典编纂过渡期中不可或缺的一环。

四、王元亮“纂例”的律学特色与成就

在王元亮“纂例”中，律条规定被分解安置在表格中，而编排这些内容的“表式”即表格式样，则是具体读律、解律的思路、法则的综合，其中蕴含着列表者的律学思想。应当说，这部“纂例”的写作目的，与注释律学乃是异曲同工的，但其方法则称得上是独辟蹊径。

首先，王元亮“纂例”列表以对条文规定作归纳整合为主、对理论原则作概括提炼为辅，体现探求法律规定共性与规律的律学思想。这部“纂

---

〔40〕 以唐“律疏”、宋“刑统”条文标题为典型，然而，传世《唐律疏议》与《宋刑统》版本中的条标（或可称为“律目”）为何人、何时所拟，有何效力等等问题，仍未厘清，值得探讨。

〔41〕 正如仁井田陞所指出的，元代始终未能编纂并颁行一部相当于唐律的综合性统一法典，而仅有以《元典章》等为代表的一些“格例类聚乃至处分断例集”，内容、形式所限，它们“在条文上作了整理、精炼，但仍以条目作为其重点”，与这一立法状况相应的是司法中“不得不援引唐朝和金朝的律令，以弥补法律之不足”。参见〔日〕仁井田陞：《中国法制史》，牟发松译，上海古籍出版社 2011 年版，第 50 页。

〔42〕 例如，律典应当具备完备的章节体例与严密的条文规定模式，当然，上述指标对律典而言属于充分不必要条件。

例”从形式上打破条文框架，将研究范围扩展至各篇乃至整部律，从而促进一些重要理论的总结，为律学研究提供宝贵经验。在这一方面，“名例”篇“纂例”特色尤为显著。除“十恶”各表外，其他列表无论在“律疏”还是“刑统”中均无直接规定，而“十恶”各表中所罗列的内容因其取自“名例”之外篇目中的直接规定，因而较之《名例律》中的概要更详明。这9个表又可分为三类：一类包括“六赃”各表、“七杀”表和“十恶”各表，其内容是唐律原有条文规则的归纳与集合，其方法是将散见在分则中的相关规定整理并排列；二是“八例”列表，其内容似与具体罪名无涉，但其理论为把握唐律精髓所需；三是“五服”图表，介绍的是处理亲属相犯类犯罪时必须具备的知识，是读律、用律应当参阅的对象。三类当中，后两类可以看作必备的背景知识，放在首篇，亦较为合理。

以理论价值显著的“名例”篇“例分八字”表为例，表中“以”“准”释义主要依据唐律总第53条，仅所举之例稍有不同。“皆、各、其、及、即、若”后六字释义则侧重学理探讨[43]，并非唐律规定的重述。此表联系典型条文规定，关注不同“字例”的区分[44]，唤起读律者对“八例”的重视，促进对“八例”的整体理解和具体把握，律学价值显著；不但能使“八例”理论与“字例”的所在条文结合起来，而且，“例分八字”列表置于“名例”篇，能够为全律作普遍指引。因此，又便于用法者把握，具有实践指导意味。

列表不但可以提炼“整部律”的“通例”，还有助于呈现分则中“类罪”的形态、特征。[45] 譬如“斗讼”篇“纂例”的头两个表，内容就是对“斗殴”类罪的专门提炼，而非对诸条的罪刑解析。“斗讼”篇表1首行为“殴例”，是对“斗殴”诸条出现的有关犯罪手段及工具、犯罪后果、处理方式的各类范畴做简要说明[46]，这有助于对“斗殴”诸条的总体把

---

〔43〕 释义疑有脱漏，如“及”的释义，应是“谓如彼此俱罪之赃及犯禁之物”，又如“皆”的释义，所举之例难解。但联系语境，则大多可解。参见曹漫之主编：《唐律疏议译注》，吉林人民出版社1989年版，第1047页。

〔44〕 如对“及”称“连”，强调该字连属上下文、前后义的作用，相应地，对“其”则称“反”，强调该字对语气、文意的转折作用。

〔45〕 笔者认为，“类罪”即某一类外观表征相似、内在性质相同的处罚规定的集合，古人对某些“类罪”的认识和概括已经比较深入了，命名、认定等观点都相对固定，如“斗殴”类罪、“据赃论罪”类罪等，也就是常列为图表或合并讨论的“诸‘殴’”“六‘赃’”（或“诸‘赃’”，从《元典章》）、“七‘杀’”（或“诸‘杀’”，从《元典章》）等。

〔46〕 具体为“他物伤、眇目、刃伤、折支、故殴、后下手、兵刃、堕胎、平复、保辜”十个词语。

握和具体认定。例如，表中收入“保辜”，而唐律中的“保辜”条文因其规定的是非刑罚处理方式，本非“纂例”选择分析的对象，“保辜”在“殴例”表中的列出，使这一“斗殴”诸罪中的重要规定不被遗漏。“斗讼”篇表2首行为“斗殴总条”，此表虽然形式上，仍以具体的刑罚为通用列，即从笞四十到徒二年、徒三年、绞、斩共14种，但其内容上则是将多条规定中有关犯罪手段及工具、犯罪后果的各种量刑情节对应填入，使法律表述中的“加”“减”“若”“及”等量刑逻辑、文义联系具体化，使法律后果一目了然。[47]

其次，王元亮“纂例”列表以定罪量刑内容为重心，对具体情节的量刑区别予以关注，体现律学研究着眼于司法适用的意图。一则，通过这部“纂例”，易于查找条文规定的“最低刑”与“最高刑”，这是从诸表外观上取得的“第一印象”。分则篇章表格的通用列是根据表格所包含的律条中所规定的刑罚种类来确定的。进一步说，表中每一“律条”最下一格中的内容，是该条文所规定的最严重情节，可以视为是该条的“罪止”；而相应“子表”最下一行中的内容，是该表中几个条文内处刑最重的情况，是这几条中的最严重情节，多为流三千里、加役流、绞、斩等刑；同理，“刑罚列”的最上一格代表“起刑点”，一个“子表”的“刑罚列”从哪一级刑罚列起，是由其所包含的“律条”内容所决定的；“子表”当中，“律条”之下，最上一格内容及其在“刑罚列”中的对应位置，即是该“罪”处刑最轻的情节及最低刑罚。是以，只要简单对比属于同一篇章的多个“子表”的外观，如每个“刑罚列”的第一格和最后一格，即可迅速把握有关最轻、最重处罚，尤其是是否有判处死罪情节的信息。[48]

二则，通过“纂例”列表，便于列举条文规定中的多个犯罪情节，显示影响量刑的因素，即其列表有利于显示单条之中刑罚的浮动趋势，有利于发掘各篇之内条文的关联规律，这是“纂例”的基本功能。从表格中不难看出，“律疏”中简单条文少见。[49] 而“纂例”列表清晰解析复杂规定

---

〔47〕 详见唐律总第302条至第306条。

〔48〕 以上文“断狱”篇“纂例”为例，结合表格可顺利查出斩刑的“刑罚列”只有“断狱”篇表3，即是说，该篇最重刑罚出现在该表中，具体而言，其依据是唐律总483条规定的“即用刃者，各从斗杀伤法”，同理，该篇最轻刑罚规定在唐律总第493条，清晰明了。

〔49〕 刑罚单一、确定的条文，可看作是简单条文，结合“纂例”图表观察，就是条目下规定内容仅占一格、罪状均对应同一处罚的。相应地，复杂规定一般来说就是情节占据多格、对应多个刑罚的。也应注意到，在王元亮的“纂例”中，与刑罚无涉的情节往往容易被忽略。

的优势在两类规定上体现得最明显，一是遵循一定“加等”规则的，如“计赃论罪”类条文，在唐律中往往表述得较为简洁，例如唐律总第282条的“诸窃盗，不得财笞五十；一尺杖六十，一疋加一等；五疋徒一年，五疋加一等，五十疋加役流”规定，而在列表中则显示为对应刑罚列从笞五十到加役流的一整列内容，除最低刑、最高刑外，每一特定刑罚的起算点也被标示出来，如“一匹”对应“杖七十”等。二是采取某种简略称谓指代整套计刑规则的，如“以盗论”“准盗论”“……亦如之”等不直接体现特定刑罚的唐律规定，在“纂例”列表中，则一般会依照上述简称、索引所提供的线索作量刑规则的查找与具体刑罚的折算，以补完表格。[50]“纂例”列表不但能分格显示同条规定的不同量刑情节，保证有一“罪”必有一“刑”，展现“罪状—法定刑”之间的关系，而且有利于对不同条文规定作横向比较，便于比较鉴别。尤其在以血缘亲疏、位置远近等系统排列的指标为基础所制定的相似规定中，“纂例”列表对相似情节的不同法律评价，或同等处罚所针对的多种情节等，都有很好的展现。我们尝试还原“斗讼”篇表格内“詈夫期亲尊长”中的部分内容。

表3 “詈夫期亲尊长”表格内容节录

刑罚	“纂例”列出情节			
	妻殴夫家卑属	妾殴夫家卑属	尊长殴卑幼之妇	尊长殴卑幼之妾
笞五十				殴伤
杖六十			殴伤	他物殴伤
杖七十	他物殴伤	殴伤	他物殴伤	
杖八十		他物殴伤		
杖九十				殴折一指者
杖一百	殴折一指者		殴折一指者	
徒一年		殴折一指者		刃伤
徒一年半	刃伤		刃伤	
徒二年		刃伤		

表中内容在唐律总第334条中表述为：“妻……殴伤卑属，与夫殴同；死者，绞。殴杀夫之兄弟子，流三千里；故杀者，绞。妾犯者，各从凡斗法。若尊长殴伤卑幼之妇，减凡人一等；妾，又减一等；死者，绞。”相

〔50〕 以上文“断狱”篇表3为例，其中唐律总483条规定本为“即用刃者，各从斗杀伤法”，但列表时直接将这一“刃杀人”情节对应斩刑填入。

比之下，条文规定言简意赅，而“纂例”列表胜在直观。

综上所述，“纂例”在王元亮的律学研究中堪称一项主要成就；对于中国古代传统律学读律、释律乃至纂律的经验而言也构成一个重要环节。王元亮的唐律研究之作包括两类，即“释文”和“纂例”两种文体。“释文”以解释对象——唐律文本为中心，体现的是古代律学的一端，也是发端早、沿革长、成果多注释律学一端，尤其体现宋元时期的以浅显易懂为目标，以注音释义为方法的注释风格。而“纂例”则有“纂”的编排、创作色彩，通过“纂”，唐律的“个例”得到归类、“通例”得到强调，条文中的规律性如唐律各篇、各罪之间的脉络等得以显现，同时“纂例”图表本身就成为一种“例”，即解析法律文本层次及其定罪量刑实质的方法范例。

毋庸讳言，元代以“纂例”为代表的法律图表，因其处于立法思想的发展、准备阶段和学术理论的探索、完善阶段，是以从式样到思路都有一定的粗糙性：表格形式上的“罪—刑”基本框架，虽然有整齐划一、方便直观等优势，但不利于表现法律规定中的免罪事由、“不入罪”情节以及非刑罚处罚方式等内容；其线性排列和机械分解风格，使得图表仍为条文规定的附庸、未显示出独立而深刻的理论性。然而其影响仍波及后世，为律学研究提供灵感，为立法活动准备素材。

王元亮“纂例”对后世立法、律学的影响，体现在以下几个方面。首先，在“纂例”等成果基础上，明清律学的图表类著作水准更高，表格的准确性、归纳性都有所提高，作品的理论色彩更浓厚。据介绍，清代此类著作以成书于乾隆五年沈辛田的《名法指掌》为首，此后又涌现万维翰的《律例图说》和《三定律例图说辨伪》、鲁廷礼的《律例掌珍》、夏敬一的《大清律目附例示掌》、曾恒德《律表》、邵绳清（又名邵春涛）《读法图存》等。[51] 显然，在使繁杂条文、复杂规定“如指诸掌”“易读易懂”上，图表类律学著作可谓优势独具。

其次，“纂例”图表作为对法律内容的编排探索，对于法典的编撰也

〔51〕 参见李仪：《重修名法指掌》，载张晋藩主编：《清代律学名著选介》，中国政法大学出版社2009年版，第302页。

有所启发。虽然从立法上看，将具体规定全部析为表格决非明智之举[52]，但元代在法律领域内对列表解析规定、提取信息等的尝试却不无裨益。即是说，取法律规定的难点、关键之处而列表分析之，则或收化繁为简之效。元代法律图表中的精华，如“五刑图”“例分八字”等，明清律典均加以吸收[53]；提炼规定、原则制成图表并置于首篇，成为明清立法的惯常手法。

综上所述，王元亮作“纂例”，对前代法典条分缕析，意在为司法实践提供参考，而这部图表式律学作品，其思路反映元代律学研究与立法活动的相互渗透，其将法律规定图表化的探索，为明清的律学研究方法和立法制表成果提供了借鉴。

附表　“名例”篇“纂例”与唐、宋《名例律》规定[54]

“纂例”		“律疏”		“刑统”	
编号	标题	编号	标题	编号	标题
1	刑异五等（唐）	1	笞刑五		
		2	杖刑五		
		3	徒刑五		
		4	流刑三		
		5	死刑二		
2	刑异五等（大元）				

〔52〕 元代的法典表格化成果仍不完善、不精确，这既有律学水平不足的原因，也部分出自列表形式本身的局限。简言之，就是表格不能容纳全部法律文本，缺乏适当方式表达“罪—刑”以外的“备注”性信息。图表形式对法律规定的解析度、还原度是有限的，只有能高效展现法律规定、法律原则或背景信息的表格，才能最终在律典中取得一席之地。这也可视为“纂例”作品为立法实践提供的反面经验。

〔53〕 “例分八字之义”在明律中不是自始便有，其内容曾以“西江月”形式作为口诀而非图表置于律典中。但清代律典卷首保留“例分八字之义”图表，是毫无疑问的。《大清律例》卷一最末载“例分八字之义”图，《大清律例》卷二中诸图分为“六赃图”“纳赎诸例图”“过失杀伤收赎图”“徒限内老疾收赎图”“诬轻为重收赎图”“五刑图”“狱具图”“丧服图”八组，包括多个“子表”。从名称及内容来看，与元、明时的联系是很明显的。参见（清）徐本等奉敕纂、（清）刘统勋等续纂：《大清律例》，载《钦定四库全书》（第672册），台湾商务印书馆1986年版，第417—429页。

〔54〕 在此篇“纂例”表格题目的拟定上，笔者所用方法列表与《唐律疏议译注》有别：后者综合考虑各表中的标题性信息与表格内容长度，将“名例”篇“纂例”整理为15个表；而本文欲最大限度显示表格内部信息与唐律规定条文的对应关系，以展现列表思路，因此整理出“名例”篇表格31个，得到“纂例”诸表与唐律“名例”规定的三十余组对应关系（具体整理原则与文中表二对《元典章》中图表的处理相似）。

（续表）

"纂例"		"律疏"		"刑统"	
编号	标题	编号	标题	编号	标题
3	刑异五等（宋）			1	五刑
4	刑异五等（金）				
5	六赃　定罪（强盗｜盗窃｜枉法）其他篇章其他篇章				
6	六赃　定罪（不枉法｜受所监临财物坐赃论）其他篇章其他篇章				
7	七杀　科刑其他篇章其他篇章				
8	八辟丽邦法	7	八议	3	八议
9	五服之制年月之图				
10	五服之制年月之图三殇图				
11	十恶（谋反｜大逆｜谋叛｜恶逆｜不道）	6	十恶	2	十恶
12	十恶（大不恭｜不孝｜不睦｜不义｜内乱）	6	十恶	2	
13	例分八字	53	称反坐之罪等	43	共犯罪本罪别
		23	杂条		
14	称定刑之律（议章、请章、减章、赎章、累减、官荫）	8	八议者（议章）	4	请减赎
		3	八议		
		9	皇太子妃（请章）		
		10	七品以上之官（减章）		
		11	应议请减（赎章）		
		14	人兼有议请减		
		15	以理去官		
15	称定刑之律（官当徒｜官当流、除名、免官、免所居官、叙复）	17	官当	6	以官当徒除名免官免所居官
		18	除名		
		19	免官		
		20	免所居官		
		21	除免官当叙法		

（续表）

"纂例"		"律疏"		"刑统"	
编号	标题	编号	标题	编号	标题
16	诬告—比徒	23	除免比徒	7	诬告比徒及出入罪比徒
17	三流—俱役	24	犯流应配	8	犯流徒罪犯死罪及流徒罪祖父母父母老疾家无兼丁留侍
18	流人遇恩逃亡—会赦	25	流配人在道会赦		
19	犯流罪父母老疾	26	犯死罪应侍家无期亲成丁		
20	犯徒应役—家无兼丁	27	犯徒应役家无兼丁		
21	工乐杂户犯罪—加杖留住	28	工乐杂户及妇人犯流决杖		
22	犯罪已发已配更为罪—累流徒役	29	犯罪已发已配更为罪	9	犯罪已发已配更为罪
23	老幼及妇人犯罪—笃疾废	30	老幼及疾有犯	10	老幼疾及妇人犯罪
24	计赃为罪—没官还主	32	彼此俱罪之赃	11	赃物没官及征还官主并勿征平赃
25	正赃—征赃不征	33	以赃入罪		
26	平赃—准犯处物价估	34	平赃及平功庸		
27	赦后百日不首—复罪如初	35	略和诱人等赦后故蔽匿	12	会赦不首故蔽匿及不改正征收
28	会赦改正—征收	36	会赦应改正征收		
29	自首—犯罪已发未发	37	犯罪未发自首	13	犯罪已发未发自首于财主首露
30	事发已未囚而共亡—轻重等首	38	犯罪共亡捕首		
31	强盗财悔过—还主	39	盗诈取人财物首露		

备注："纂例"各表原无标题、编号。本表为统计需要而编号，并加以标题；《唐律疏议》、《宋刑统》中的对应规定载于"名例"之外其他篇章的，不列出具体条文编号。

（文字编辑　舒砚）

东汉宦官犯罪的司法程序

师彬彬*

学界虽已关注两汉司法制度并取得了丰硕成果[1]，但学者的研究多未与社会群体相结合。目前尚未出现专门探讨东汉宦官犯罪的司法程序的论著，因此这一问题仍有待加强。宦官犯罪的司法程序比较复杂，一般包括告劾、逮捕和审判三个阶段。本文拟在梳理史料与总结已有研究成果的基础上，通过考察东汉宦官犯罪的司法程序以揭示司法机制运行的复杂性、政府对特权阶层的法律优待与皇帝对司法权控制的强化，不当之处请方家指正。

---

* 作者系南开大学历史学院 2012 级博士研究生。

〔1〕 参见徐世虹主编：《中国法制通史》第 2 卷《战国秦汉》第 18 章《两汉时期的诉讼程序》，法律出版社 1999 年版，第 576—619 页；李益强：《汉魏晋南北朝司法审判制度初考——兼论士族政治对法制的影响》，载叶孝信、郭建主编：《中国法律史研究》，学林出版社 2003 年版，第 209—219 页；高恒：《汉代诉讼制度论考》，社会科学文献出版社 2008 年版，第 408—468 页；胡仁智：《两汉郡县官吏司法权研究》，法律出版社 2008 年版，第 108—147 页；程政举：《汉代诉讼制度研究》，法律出版社 2010 年版，第 208—221 页；李均明：《简牍所反映的汉代诉讼关系》，广西师范大学出版社 2011 年版，第 51—79 页；闫晓君：《秦汉时期的诉讼审判制度》，法律出版社 2012 年版，第 77—91 页；〔韩〕李守德：《秦汉时期治狱过程》，载《中国史研究》2002 年第 21 辑；万竹青：《汉代儒家化的诉讼制度初探》，载《广西社会科学》2003 年第 5 期；胡仁智：《汉律中的司法官吏渎职罪考评》，载《甘肃政法学院学报》2007 年第 3 期；辛宇鹤、来宝彦、杨飞：《浅析汉代法官责任制度及其特点》，载《法制与社会》2006 年第 11 期；程政举：《汉代上请制度及其建立的理性基础》，载《河南财经政法大学学报》2012 年第 1 期；程政举：《汉代诉讼程序考》，载《法学评论》2013 年第 2 期。

一、告劾

告劾，即当事人依法向司法机关揭发自己或他人罪行而引起诉讼的行为[2]，是汉代司法程序的开端。汉律规定了官吏的告劾责任[3]，如张家山汉简《二年律令·具律》曰："治狱者，各以其告劾治之。敢放讯杜雅，求其他罪，及人毋告劾而擅覆治之，皆以鞫狱故不直论。"汉代不经告劾而擅自逮捕罪犯属于犯罪行为，如《史记》卷118《淮南衡山列传》载西汉文帝时期，淮南王刘长的一条罪状是"擅罪人，罪人无告劾，系治城旦舂以上十四人"。东汉宦官犯罪的告劾以官吏劾奏为主，宦官自告者极少。

自告指罪犯主动向司法机关投案的行为。汉代罪犯自告后一般可以减轻刑罚[4]，如张家山汉简《二年律令·告律》曰："告不审及先自告，各减其罪一等。"另如章帝章和元年（84年）九月壬子诏曰："吏民犯罪未发觉，诏书到自告者，半入赎……"[5] 东汉宦官因罪自告者仅见一例，即《后汉书》卷78《孙程传》李贤注引《东观记》载安帝延光四年（125年），"诏书录功臣，令（中黄门王）康疏名，康诈疏（中黄门苗）光入章台门。……诏书封光东阿侯，食邑四千户，未受符策，光心不自安，诣黄门令自告。……诏书勿问。"

劾奏包括劾、举劾、举奏或奏，"即检举官吏罪行，提请审判机关案验判决"[6]。汉律规定了官吏的劾奏责任，如张家山汉简《二年律令·具律》曰："劾人不审，为失；其轻罪也而故以重罪劾之，为不直。"另如《敦煌悬泉汉简释粹》载："囚律：劾人不审为失，以其赎半论之。"[7]《汉书》卷23《刑法志》颜师古注亦曰："见知人犯法不举告为故纵，而所监临部主有罪并连坐也。"东汉劾奏宦官犯罪的官吏，在中央以太尉与司隶校尉为主，大将军、车骑将军、司徒、司空、侍中、尚书令、尚书、

---

〔2〕沈家本认为："'告'、'劾'是二事，告属下，劾属上。……凡此言劾者，并为上对下之词，而告者乃下对上之词，二字正相对也。"参见（清）沈家本：《历代刑法考》（第3册），中华书局1985年版，第1371页。

〔3〕参见胡仁智：《两汉郡县官吏司法权研究》，法律出版社2008年版，第154—167页；辛宇鹤、来宝彦、杨飞：《浅析汉代法官责任制度及其特点》，载《法制与社会》2006年第11期。

〔4〕参见程政举：《〈二年律令〉所反映的汉代告诉制度》，载《华东政法大学学报》2007年第3期。

〔5〕（南朝）范晔：《后汉书》卷3《章帝纪》，中华书局1965年版，第158页。

〔6〕高恒：《汉简牍中所见举、劾、案验文书辑释》，社会科学文献出版社2008年版，第302页。

〔7〕胡平生、张德芳编撰：《敦煌悬泉汉简释粹》，上海古籍出版社2001年版，第17页。

左中郎将、太尉部掾和黄门令[8]亦可参与；在地方，以刺史与督邮为主。宦官犯罪的揭发以一名官吏劾奏为主，有时几位官员联合举奏。东汉官吏劾奏宦官大多为惩治犯罪，亦有官员经权臣授意劾奏而沦为政治斗争的工具，难免存在诬奏。

东汉官员劾奏宦官犯罪始于明帝时期，《后汉书》卷46《郭躬传》载："有兄弟共杀人者，而罪未有所归。帝以兄不训弟，故报兄重而减弟死。中常侍孙章宣诏，误言两报重，尚书奏章矫制，罪当腰斩。"

安帝时期，官员劾奏犯罪宦官者较多。如《后汉书》卷57《杜根传》载延光三年（124年），"中常侍樊丰、帝乳母王圣共谮皇太子，废为济阴王。（尚书郎成）翊世连上书讼之"。另如延光四年（125年），"（车骑将军阎）显忌大将军耿宝位尊权重，威行前朝，乃风有司奏宝及其党与中常侍樊丰、虎贲中郎将谢恽、恽弟侍中笃、笃弟大将军长史宓、侍中周广、阿母野王君王圣、圣女永、永婿黄门侍郎樊严等，更相阿党，互作威福，探刺禁省，更为唱和，皆大不道"。[9] 再如《后汉书》卷78《孙程传》李贤注引《东观汉记》载延光四年，"有司奏（中黄门王）康、（苗）光欺诈主上，诏书勿问"。

顺帝时期，官员劾奏宦官犯罪者甚多。例如，"永建元年，（虞诩）代陈禅为司隶校尉。数月间奏太傅冯石、太尉刘熹、中常侍程璜、陈秉、孟生、李闰等"。[10] 另如《后汉书》卷58《虞诩传》载永建元年（126年），"时中常侍张防特用权势，每请托受取，（司隶校尉虞）诩辄案之，而屡寝不报。诩不胜其愤，乃自系廷尉，奏言曰：'……今者张防复弄威柄，国家之祸将重至矣……'"。再如，"永建元年，（中黄门孙）程与张贤、孟叔、马国等为司隶校尉虞诩讼罪"。[11]

桓帝时期，宦官因罪遭官吏劾奏者极多。如《后汉书》卷78《曹腾传》载："（桓帝）时蜀郡太守因计吏赂遗于（中常侍曹）腾，益州刺史种皓于斜谷关搜得其书，上奏太守，并以劾腾，请下廷尉案罪。"另如延

---

〔8〕宋杰先生认为："东汉时期，宦官势力在政治舞台上举足轻重，其担任高级职务犯有罪过者，通常也是由司隶校尉来向朝廷劾奏"，"东汉后期宦官擅政，黄门令的权力明显扩大，统领禁内宦者，有权举奏和缉拿其中不法之徒"，参见宋杰：《东汉的洛阳狱》，载《历史研究》2007年第6期。

〔9〕（南朝）范晔：《后汉书》卷10下《安思阎皇后纪》，中华书局1965年版，第437页。

〔10〕（南朝）范晔：《后汉书》卷58《虞诩传》，中华书局1965年版，第1870页。

〔11〕（南朝）范晔：《后汉书》卷78《孙程传》，中华书局1965年版，第2517页。

熹二年（159年）十二月，“（兖州刺史第五）种即奏（济阴太守单）匡，并以劾（中常侍）单超”。[12] 再如《后汉纪》卷22《桓帝纪下》载，延熹八年（165年）正月，“（太尉杨）秉奏（中常侍侯）览等佞谄便僻，窃国权柄，召树奸党，贼害忠良，请免官理罪”。又如延熹八年正月，“司隶校尉韩演因奏（中常侍左）悺罪恶，及其兄太仆南乡侯称请托州郡，聚敛为奸，宾客放纵，侵犯吏民”。[13]《后汉书》卷67《张俭传》亦载，延熹八年，“时中常侍侯览家在防东，残暴百姓，所为不轨。（督邮张）俭举劾览及其母罪恶，请诛之”。

灵帝前期，许多官吏劾奏犯罪的宦官。如建宁元年（168年），“时中常侍管霸颇有才略，专制省内。（大将军窦）武先白诛霸及中常侍苏康等”。[14]《后汉书》卷69《窦武传》亦载，建宁元年八月，“（大将军窦）武乃奏免黄门令魏彪，以所亲小黄门山冰代之。使冰奏素狡猾尤无状者长乐尚书郑飒，送北寺狱。……（窦武）令冰与（尚书令）尹勋、侍御史祝瑨杂考飒，辞连及（中常侍）曹节、王甫。勋、冰即奏收节等，使（侍中）刘瑜内奏”。再如，“建宁二年，（中常侍侯览）丧母还家，大起茔冢，督邮张俭因劾奏览贪侈奢纵，前后请夺人宅三百八十一所，田百一十八顷。起立第宅十有六区，皆有高楼池苑，堂阁相望，饰以绮画丹漆之属，制度重深，僭类宫省。又豫作寿冢，石椁双阙，高庑百尺，破人居室，发掘坟墓。虏夺良人，妻略妇子，及诸罪衅，请诛之。……熹平元年，有司奉奏（长乐太仆侯）览专权骄奢”。[15]

灵帝后期，官员劾奏宦官犯罪者亦极多。如光和元年（178年），“时太尉张颢、司徒樊陵、大鸿胪郭防、太仆曹陵、大司农冯方并与宦竖相姻私，公行货赂，（尚书令羊陟）并奏罢黜之”。[16] 另如《后汉书》卷77《阳球传》载，光和二年（179年），“（司隶校尉阳球）奏收（中常侍王）甫及中常侍淳于登、袁赦、封、中黄门刘毅、小黄门庞训、朱禹、齐盛等，及子弟为守令者，奸猾纵恣，罪合灭族”。再如中平元年（184年）六月，“（左中郎将皇甫）嵩讨张角，路由邺，见中常侍赵忠舍宅逾制，乃

[12]（南朝）范晔：《后汉书》卷41《第五种传》，中华书局1965年版，第1404页。
[13]（南朝）范晔：《后汉书》卷78《单超传》，中华书局1965年版，第2522页。
[14]（南朝）范晔：《后汉书》卷69《窦武传》，中华书局1965年版，第2242页。
[15]（南朝）范晔：《后汉书》卷78《侯览传》，中华书局1965年版，第2523—2524页。
[16]（南朝）范晔：《后汉书》卷67《羊陟传》，中华书局1965年版，第2209页。

奏没入之”。[17]《后汉书》卷66《王允传》亦载，中平元年十二月，“（豫州刺史王允）于贼中得中常侍张让宾客书疏，与黄巾交通，允具发其奸，以状闻”。又如中平六年（189年）五月，“（大将军何）进与三公及弟车骑将军苗等奏：‘孝仁皇后使故中常侍夏恽、永乐太仆封谞等交通州郡，辜较在所珍宝货赂，悉入西省……’”。[18]

灵帝时期，亦有宦官被诬奏犯罪。如《后汉书》卷55《千乘贞王伉传》载熹平元年（172年），“（中常侍王甫）使尚书令廉忠诬奏（中常侍郑）飒等谋迎立（渤海王）悝，大逆不道”。

二、逮捕

逮捕指司法机关依法强制收押罪犯并在一定期限内剥夺人身自由的一项措施，是司法程序的重要一环。如《汉书》卷1下《高帝纪下》颜师古注载：“逮捕，谓事相连及者皆捕之也。一曰，在道守禁，相属不绝，若今之传送囚耳。”另如《汉书补注》引刘攽曰：“予谓逮者其人存，直追取之，捕者其人亡，当讨捕也。故有或但言逮，或但言捕，知异物也。一云逮易辞，捕加力也。逮徒呼名招之，捕加束缚矣。”[19] 两汉时期，司法官吏往往逮捕罪犯以防止其逃跑、毁证、伪造证据或勾联串供。

由于罪犯身份与政治环境的不同，汉代逮捕罪犯的程序和方式呈现差异。[20] 东汉司法机关逮捕宦官涉及诣狱与诏捕两种形式，以诣狱为主。宦官大多因犯罪或连坐被捕，因政治斗争或被诬告而被捕者较少。东汉逮捕宦官的官员以司隶校尉、廷尉与黄门令为主，有时吏（如郡吏）亦参与。宦官因罪被捕后，大多下洛阳狱、廷尉狱及黄门北寺狱。[21]

桓帝时期，犯罪的宦官被捕者较多。如《后汉书》卷34《梁冀传》

---

〔17〕（南朝）范晔：《后汉书》卷71《皇甫嵩传》，中华书局1965年版，第2304页。

〔18〕（南朝）范晔：《后汉书》卷10下《孝仁董皇后纪》，中华书局1965年版，第447页。

〔19〕王先谦：《汉书补注》，中华书局1983年版，第53页。

〔20〕李均明先生认为：“（逮捕）与告劾常交叉进行，或先劾后捕，或先捕后劾。”参见李均明：《简牍所反映的汉代诉讼关系》，载李均明：《简牍法制论稿》，广西师范大学出版社2011年版，第59页。而程政举先生认为：“在拘捕的方面，对一般的犯罪案件，在犯罪事实已经查清后经批准方可执行拘捕，未经批准的，不得执行拘捕。……对于事实已经‘案验’，即事实已经查清的犯罪嫌疑人或被告人的拘捕，须经上级或皇帝批准后方可执行。”参见程政举：《汉代拘捕制度考》，载《河南省政法管理干部学院学报》2007年第1期。

〔21〕参见宋杰：《汉代的廷尉狱》，载《史学月刊》2008年第1期；宋杰：《东汉的洛阳狱》，载《历史研究》2007年第6期；宋杰：《东汉的黄门北寺狱》，载《首都师范大学学报》（社会科学版）2007年第2期。

载延熹二年（159 年）八月，“（大将军梁）冀心疑（中常侍单）超等，乃使中黄门张恽入省宿，以防其变。（黄门令）具瑗敕吏收恽，以辄从外入，欲图不轨”。另如延熹九年（166 年）十一月，“时小黄门晋阳赵津贪横放恣，为一县巨患，（郡吏王）允讨捕杀之”。[22] 桓帝时期，宦官因家属犯罪而被捕者亦较多。如《后汉书》卷 66《陈蕃传》载，延熹二年十二月，“（州从事朱震）奏济阴太守单匡臧罪，并连匡兄中常侍车骑将军超。桓帝收匡下廷尉，以谴超，超诣狱谢”。另如延熹八年（165 年）正月，“（司隶校尉韩）演又奏（中常侍具）瑗兄沛相恭臧罪，征诣廷尉。瑗诣狱谢，上还东武侯印绶”。[23]

灵帝时期，宦官因罪被捕者极多。如建宁元年（168 年）八月，“（大将军窦武）使（黄门令山）冰奏素狡猾尤无状者长乐尚书郑飒，送北寺狱。”[24] 另如《后汉书》卷 55《千乘贞王伉传》载：“而中常侍郑飒、中黄门董腾并任侠通剽轻，数与（勃海王）悝交通。（中常侍）王甫司察，以为有奸，密告司隶校尉段颎。熹平元年，遂收飒送北寺狱。”再如光和二年（179 年）四月，“（司隶校尉阳球）奏收（中常侍王）甫及中常侍淳于登、袁赦、封、中黄门刘毅、小黄门庞训、朱禹、齐盛等，及子弟为守令者，奸猾纵恣，罪合灭族。太尉段颎谄附佞幸，宜并诛戮。于是悉收甫、颎等送洛阳狱”[25]。《后汉书》卷 69《何进传》亦载中平六年（189 年）四月，上军校尉蹇硕犯谋反罪，“（大将军何）进乃使黄门令收硕，诛之”。

东汉时期，宦官犯罪而亲属被捕者较多。如《后汉书》卷 43《朱穆传》载，桓帝永兴元年（153 年）七月，“有宦者赵忠丧父，归葬安平，僭为玙璠、玉匣、偶人。（冀州刺史朱）穆闻之，下郡案验。吏畏其严明，遂发墓剖棺，陈尸出之，而收其亲属”。另如灵帝建宁二年（169 年），“（山阳郡督邮张）俭举劾中常侍侯览前后请夺民田三百余顷，第舍十六区，皆高楼四周，连阁洞殿，驰道周旋，类于宫省；……俭比上书，为览所遮截，卒不得上。……使吏卒收览母杀之，追擒览家属、宾客，死者百余人”。[26]

---

[22]（南朝）范晔：《后汉书》卷 66《王允传》，中华书局 1965 年版，第 2172 页。
[23]（南朝）范晔：《后汉书》卷 78《单超传》，中华书局 1965 年版，第 2522 页。
[24]（南朝）范晔：《后汉书》卷 69《窦武传》，中华书局 1965 年版，第 2243 页。
[25]（南朝）范晔：《后汉书》卷 77《阳球传》，中华书局 1965 年版，第 2499 页。
[26]（东晋）袁宏：《后汉纪》卷 22《桓帝纪下》，《两汉纪》（下册），中华书局 2002 年版，第 429—430 页。

灵帝时期，亦有宦官或因政治斗争或被诬告而被捕。如建宁元年（168年）九月，“（中常侍曹节）召尚书官属，胁以白刃，使作诏板。拜王甫为黄门令，持节至北寺狱收（尚书令）尹勋、（黄门令）山冰”。[27]《后汉书》卷10下《桓思窦皇后纪》亦载，建宁四年（171年），“中常侍曹节、王甫疾（黄门令董）萌附助太后，诬以谤讪永乐宫，萌坐，下狱死”。

三、审判

审判即司法机关依法对受理的案件进行审理和判决，东汉宦官犯罪的审判主要涉及案验、杂考、掠考与判决四个程序。汉律规定了官员的审判责任，如张家山汉简《二年律令·具律》载：“鞠（鞫）狱故纵、不直，及诊、报、辟故弗穷审者，死罪，斩左止（趾）为城旦，它各以其罪论之。”[28] 另如《汉书》卷17《景武昭宣元功臣表》颜师古注引晋灼曰：“《律说》出罪为故纵，入罪为故不直。”东汉审判犯罪宦官者大多取决于皇帝的直接安排，在中央以司隶校尉为主，尚书令、侍御史、黄门令、钩盾令、大匠令史和三府掾属亦可参与；在地方，以太守与刺史为主。由于皇权的干预，审判犯罪宦官的官员并不固定[29]，加剧了司法管辖权的不确定性与司法程序的不完备性。

案验指司法机关对案件进行调查取证、现场勘验与法医检验等工作[30]，是汉代审判程序的开端。东汉时期，司法官员案验宦官犯罪者极多。如《后汉书》卷55《清河孝王庆传》载，和帝时期，“（清河孝王庆）中傅卫䜣私为臧盗千余万，诏使案理之”。另如顺帝永建元年（126年），“时中常侍张防特用权势，每请托受取，（司隶校尉）虞诩辄案之”。[31] 再

---

〔27〕（南朝）范晔：《后汉书》卷69《窦武传》，中华书局1965年版，第2243页。

〔28〕张家山二四七号汉墓竹简整理小组编著：《张家山汉墓竹简［二四七号墓］》（释文修订本），文物出版社2006年版，第22页。

〔29〕宋杰先生认为：“依照汉朝制度，禁内宦官犯法者通常由黄门令审理”，参见宋杰：《东汉的黄门北寺狱》，载《首都师范大学学报》（社会科学版）2007年第2期；“东汉后期的高级宦官也有到洛阳诏狱、黄门北寺狱就审的，非有固定之规，均视形势和皇帝愿意而定”，参见宋杰：《汉代的廷尉狱》，载《史学月刊》2008年第1期。

〔30〕参见胡仁智：《两汉郡县官吏司法权研究》，法律出版社2008年版，第77页。李晓英先生认为：“案和验是两个，先有‘案’，后有‘验’，即案其事而验其实。‘案’是立案讯问，调查核实嫌疑人罪名能否成立；‘验’是进一步核实、查验嫌疑人的罪名和罪状，‘验’是析理疑狱的主要程序和方法。”参见李晓英：《汉代奏谳制度辨析》，载《河南大学学报》（社会科学版）2010年第3期。

〔31〕（南朝）范晔：《后汉书》卷58《虞诩传》，中华书局1965年版，第1870页。

如《后汉书》卷43《朱穆传》载桓帝永兴元年（153年）七月，“有宦者赵忠丧父，归葬安平，僭为玙璠、玉匣、偶人。（冀州刺史朱）穆闻之，下郡案验”。又如延熹九年（166年）十一月，“时小黄门赵津、南阳大猾张汜等，奉事中官，乘势犯法，二郡太守刘瓆、成瑨考案其罪”。[32]《后汉书》卷71《皇甫嵩传》亦载灵帝中平元年（184年），“灵帝以（张角弟子唐）周章下三公、司隶，使钩盾令周斌将三府掾属，案验宫省直卫及百姓有事角道者”。

杂考即由几名官员共同审理重大疑难案件，“杂谓以他官共治之也。”[33]东汉官员杂考宦官犯罪的案件仅见一例，《后汉书》卷69《窦武传》载灵帝建宁元年（168年）八月，“（大将军窦武）令（黄门令山）冰与（尚书令）尹勋、侍御史祝瑨杂考（长乐尚书郑）飒，辞连及（中常侍）曹节、王甫”。

搒掠又称掠考、掠笞、考、掠、刑讯，指司法机关使用刑具折磨罪犯或证人身体以取证的一种审讯方式。例如，“会（安帝延光）三年春，东巡岱宗，（中常侍）樊丰等因乘舆在外，竞修第宅，（太尉杨）震部掾高舒召大匠令史考校之，得丰等所诈下诏书”。[34]搒掠是审判程序的重要环节，汉律规定了搒掠的程序、刑具、部位及对象。例如，“范泉令牒述《汉律》云：‘死罪及除名，罪证明白，搒掠已至，而抵隐不服者处当列上’。”[35]另如《汉书》卷23《刑法志》载西汉景帝中元六年（前144年）制定了《箠令》：“笞者，箠长五尺，其本大一寸，其竹也，末薄半寸，皆平其节。当笞者笞臀。毋更人，毕一罪乃更人。”再如西汉武帝时期，杜周为廷尉，“会狱，吏因责如章告劾，不服，以掠笞定之。”[36]《后汉书》卷3《章帝纪》亦载，元和元年（84年）七月丁未诏曰：“律云‘掠者惟得榜、笞、立’。又《令丙》，箠长短有数。自往者大狱已来，掠考多酷，钻鑽之属，惨苦无极。”东汉时期，宦官因罪被搒掠致死者极多。如顺帝永和四年（139年）正月，“中常侍张逵等谋谮皇后父梁商欲作乱，推考，逵等伏诛

---

〔32〕（南朝）范晔：《后汉书》卷66《陈蕃传》，中华书局1965年版，第2163—2164页。

〔33〕（东汉）班固：《汉书》卷36《楚元王刘交传》，颜师古注，中华书局1962年版，第1927页。

〔34〕（南朝）范晔：《后汉书》卷54《杨震传》，中华书局1965年版，第1766页。

〔35〕（唐）姚思廉：《陈书》卷33《沈洙传》，中华书局1972年版，第439页。

〔36〕（西汉）司马迁：《史记》卷122《酷吏列传》，中华书局1959年版，第3153页。

也”。[37] 另如《后汉书》卷66《陈蕃传》载，桓帝延熹九年（166年）十一月，“时小黄门赵津、南阳大猾张汜等，奉事中官，乘势犯法，二郡太守刘瓆、成瑨考案其罪，虽经赦令，而并竟考杀之”。再如灵帝光和二年（179年）四月，“（司隶校尉阳）球自临考（中常侍王）甫等，五毒备极。……球使以土窒（永乐少府王）萌口，箠朴交至，父子悉死杖下”。[38]《后汉纪》卷24《灵帝纪中》亦载，中平元年（184年），“于是考诸与（张）角连反及宫省左右，死者数千人”。上述案例中，东汉拷掠犯罪宦官的官员有太守、司隶校尉与大匠令史。

判决即司法机关依法对审理结束的案件作出处理决定，东汉皇帝通过直接判决重大案件强化了对司法权的控制。东汉中期，皇帝判决宦官犯罪者极多。如《后汉书》卷78《孙程传》李贤注引《东观汉记》载，安帝延光四年（125年），“有司奏（中黄门王）康、（苗）光欺诈主上，诏书勿问”。另如，“（延光四年十一月）壬戌，诏司隶校尉：‘惟（故车骑将军）阎显、（故大长秋）江京近亲当伏辜诛，其余务崇宽贷。’”。[39]《后汉书》卷6《顺帝纪》亦载：“永建元年春正月甲寅，诏曰：‘……其与（故车骑将军）阎显、（故大长秋）江京等交通者，悉勿考。”东汉后期，皇帝直接判决宦官案件亦极多。如《后汉书》卷78《曹腾传》载：“（桓帝）时蜀郡太守因计吏赂遗于（中常侍曹）腾，益州刺史种皓于斜谷关搜得其书，上奏太守，并以劾腾，请下廷尉案罪。帝曰：‘书自外来，非腾之过。’遂寝皓奏。”另如延熹八年（165年）正月，“（太尉杨）秉奏（中常侍侯）览等佞谄便僻，窃国权柄，召树奸党，贼害忠良，请免官理罪。……上不得已，乃免览官，瑗削国事”[40]。《后汉书》卷78《单超传》亦载，延熹八年，“（司隶校尉韩演）奏（中常侍具）瑗兄沛相恭臧罪，征诣廷尉。瑗诣狱谢，上还东武侯印绶，诏贬为都乡侯”。又如灵帝中平元年（184年）十二月，“（豫州刺史王允）于贼中得中常侍张让宾客书疏，与黄巾交通，允具发其奸，以状闻。灵帝责怒让，让叩头陈谢，竟不能罪之”。[41]

---

〔37〕（西晋）司马彪：《续汉书·五行志六》，范晔：《后汉书》，中华书局1965年版，第3367页。

〔38〕（南朝）范晔：《后汉书》卷77《阳球传》，中华书局1965年版，第2499—2500页。

〔39〕（南朝）范晔：《后汉书》卷6《顺帝纪》，中华书局1965年版，第250页。

〔40〕（东晋）袁宏：《后汉纪》卷22《桓帝纪下》，《两汉纪》（下册），中华书局2002年版，第423页。

〔41〕（南朝）范晔：《后汉书》卷66《王允传》，中华书局1965年版，第2173页。

东汉平民犯罪后，一般司法机关可以直接依法逮捕和审判。有罪先请指一定范围内的官僚、贵族及其子孙犯罪后，普通司法机关不得擅自逮捕与审判而必须奏请皇帝裁决，一般可以减免刑罚。例如，"（光武帝建武三年七月）庚辰，诏曰：'吏不满六百石，下至墨绶长、相，有罪先请。'"。[42]东汉时期，宦官有罪先请而减免刑罚者较多。如《后汉书》卷 78《孙程传》李贤注引《东观汉记》载，安帝延光四年（125 年），"有司奏（中黄门王）康、（中黄门苗）光欺诈主上，诏书勿问"。另如，"（桓帝）时蜀郡太守因计吏赂遗于（中常侍曹）腾，益州刺史种皓于斜谷关搜得其书，上奏太守，并以劾腾，请下廷尉案罪。帝曰：'书自外来，非腾之过。'遂寝皓奏"[43]。《后汉纪》卷 27《献帝纪》亦载，灵帝中平元年（184 年），"黄巾贼别党起于豫州，（豫州刺史王）允击，大破之。于是贼中得中常侍张让书，允具以闻灵帝。帝深切责让，让辞谢，仅而得免"。一些宦官享有有罪先请的特权，不仅表明了东汉政府对特权阶层的法律优待，而且体现了皇帝对司法权控制的加强。

四、结语

综上所述，东汉宦官犯罪的司法程序比较复杂，一般包括告劾、逮捕和审判三个阶段。宦官犯罪的告劾以官吏劾奏为主，宦官因罪自告者仅见一例。东汉官吏劾奏宦官大多为惩治犯罪，亦有官员经权臣授意劾奏而沦为政治斗争的工具，难免存在诬奏。司法机关接到告劾受理案件后，大多逮捕宦官下洛阳狱、廷尉狱及黄门北寺狱。东汉宦官犯罪的审判主要涉及案验、杂考、掠考与判决四个程序，汉律规定了官员的审判责任。宦官犯罪的司法程序大多由司隶校尉、廷尉、黄门令和刺史负责，皇帝和其他官吏也可参与。东汉宦官犯罪的司法程序具有特殊性主要表现在司法程序的阶段、负责官吏与皇帝参与甚至直接判决的案件都较多及宦官享有有罪先请的特权三个方面，不仅反映了司法机制运行的复杂性，而且体现了皇权对司法权控制的强化与政府对特权阶层的优待。

（文字编辑　舒砚）

---

〔42〕（南朝）范晔：《后汉书》卷 1 上《光武帝纪上》，中华书局 1965 年版，第 35 页。
〔43〕（南朝）范晔：《后汉书》卷 78《曹腾传》，中华书局 1965 年版，第 2519 页。

“天下国”：传统中国国家结构模式理念的新解读（论纲）

蒋楠楠*

一、“天下国”国家结构模式的内涵

“天下国”理念是解读中国传统政治哲学的关键。它既是古代中国中央王朝对于政治共同体的一种认知或假设，也是古代中国国家政权组织模式框架的一定程度的设置。中国传统政治哲学认为，“天下”不仅仅是一个完整而连续的地理空间，也是一个以中央王朝所在区域为中心，向四方无限伸展的政治疆域。在中央王朝看来，“天下”是一个以华夏文明为本位的政治共同体，中央王朝与夷狄酋邦共同组成“天下国”。“天下国”也许不能称为“国”，在传统中国的国家政治体制中，“国”是中央王朝对其王室贵族、功臣给予的封地的称呼。本文使用的“天下国”这一概念超出了一般“国”的概念，这是对古代中国人心目中那个以天子和王畿为中枢，由华夏和夷狄共同组成的政治共同体的一个概括。不使用“天下国”这一概念，简直无法解读中国传统政治哲学。

虽然，“天下国”结构模式不同于现代意义上的“单一制”“复合制”的国家结构模式，但“天下国”国家结构模式包含着有关政治机构及权利关系设置的内容。“天下国”结构模式起源于商周时期的“王畿”与“外

* 作者系中南财经政法大学法律史专业2011级博士研究生。本文系作者承担的中南财经政法大学“研究生创新教育计划”课题“法律史视野下的中国社会变迁”（项目编号：2012B0504）的阶段性成果。

服"制度。诸服在中央王朝的统治之下，对中央王朝履行不同的政治、经济、文化义务。尽管自秦以后，郡县制成为历代国家结构模式的主流，但中央王朝在处理与夷狄酋邦的关系时，依然延续着商周外服制度的精神，在"天下国"内部实行有等差的行政管理。"天下国"国家结构模式以中央王朝所在地为中心，四散辐射拓展分为六个等级不同的行政区域，即：王畿、诸侯国区域、羁縻部族、藩属国区域、慕义酋邦和荒远酋邦。[1]

二、"天下国"与"家天下"：基于血缘关系而构建的政治秩序

中国传统的"家天下"观认为：天下是中央君主的家族产业，天下是帝王家族的私产，可以世代相传。"父传子，家天下"的观念强调的是一种基于血缘关系而建立起来的伦理政治。"天下国"理念与中国传统的"家天下"观念密切相关，"天下国"是中央王朝基于"家天下"观念而建立起来的政治共同体。"天子作民父母，以为天下王。"[2] 首先，在中央君主看来，天下是自己的家族产业，自己是天下子民的父母，天下万民都是家庭的组成人员。正如汉高祖刘邦对其父所言："始大人常以臣亡赖，不能治产业，不如仲力。今某之业所就孰与仲多?"[3] 在刘邦看来，"天下"既是战利品，也是自己的"产业"。其次，中央君主认为自己富有天下，对天下有绝对的统治权，是天下事务的管理者。如秦始皇在琅琊台石刻中写道："六合之内，皇帝之土。西涉流沙，南尽北户，东有东海，北过大夏。人迹所至，无不臣者。功盖五帝，泽及牛马，莫不受德，各安其宇。"[4]

"封建亲戚，以藩屏周。"早在西周时期，中央王朝就利用血缘关系来构建政治上的"家国一体"模式。"立国七十一，姬姓独居五十三人。"[5] 西周初年新封的七十一个诸侯国里就有五十三个王族后裔。在诸侯国内部，也要进一步按照血缘亲疏远近确立政治结构。"天子建国，诸侯立家，卿置侧室，大夫有贰宗，士有隶子弟，庶人工商，各有分亲，皆有等

---

〔1〕 蒋楠楠、范忠信：《"华夷共和天下国"：传统中国宏观国家结构及其"宪法"理念新诠》，载《法治研究》2011 年第 2 期。
〔2〕《尚书·周书·洪范》。
〔3〕《汉书·高帝纪》。
〔4〕《史记·秦始皇本纪》。
〔5〕《荀子·儒效》。

衰。”[6] 天子分封诸侯，诸侯在本诸侯国领域内分封家臣，是为“立家”，卿与大夫之下还可以继续层层分封。所谓“自王以下各有父兄子弟以补察其政。”就是说，自中央君主之下，各阶层都有亲属子弟规箴辅佐。在中央王朝看来，血缘越近的王侯贵族往往也越值得信赖。《国语》上说，“昭旧族，爱亲戚，明贤良，尊贵宠，赏功劳，侍耆老，礼宾旅，友故旧……诸姬之良，掌其中官。异姓之能，掌其远官。”[7] 因此，从地理位置上看，中央天子最亲信的王侯贵族，其封国往往离王畿越近；与中央君主的宗法血缘关系越疏远，其封国也往往离王畿越远。[8] 西周时期实行的世卿世禄制度深深体现着血缘性和宗法性，血缘关系的远近决定着诸侯国的政治地位和经济地位。

先秦以降，历代王朝都十分重视从统治阶层内部建立其血缘关系，通过“结盟”“和亲”“纳质”“赐姓”等方法来加强夷狄酋邦对中央王朝的人身依附性，以实现“天下国”政治结构上的“家国一体”。

“结盟”，即与夷狄酋邦约为兄弟。就是中央王朝与夷狄酋邦本没有血缘关系，但借由“歃血为盟”仪式，来表示彼此之间缔造了如同血亲一般的信赖关系。这种以拟制血亲的方式来进一步巩固加强中央王朝与夷狄酋邦之间的联系的方式为历代中央天子所常用。西汉时期，汉朝政府与匈奴约为兄弟，刑白马而盟曰：“自今以来，汉与匈奴合为一家，世世毋得相诈相攻。有窃盗者，相报，行其诛，偿其物；有寇，发兵相助。汉与匈奴敢先背约者，受天不祥。令其世世子孙尽如盟。”[9] 唐代“安史之乱”中，中央王朝征调回纥兵勤王，时任元帅的广平王李俶，亦即后来的唐代宗就与回纥太子约为兄弟，回纥太子谓广平王李俶为兄。[10] 又如“澶渊之盟”，北宋时期，中央王朝与辽国约为兄弟之国，辽圣宗年幼，称宋真宗为兄，后世仍以世以齿论。

“和亲”，即与夷狄酋邦结为亲家。汉人刘敬精确地说出了和亲制度的要害所在：“冒顿在，固为子婿；死，则外孙为单于。岂尝闻外孙敢与大父抗礼哉?”[11] 在中央王朝看来，和亲之目的在于创造血缘关系，结翁婿

[6] 《左传·桓公二年》。
[7] 《国语·晋语四》。
[8] 《左传·昭公七》。
[9] 《汉书·匈奴传下》。
[10] 《资治通鉴·卷二百二十·唐纪三十六·至德二年》。
[11] 《史记·刘敬叔孙通列传》。

之好，利用拟制的血缘尊卑关系约束夷狄酋邦对中央王朝保持忠诚。自汉以来，历代中央王朝就十分重视与周边夷狄少数民族联姻和亲。

"纳质"，即与夷狄酋邦约法守信。"四夷称臣，纳子为质"。所谓质子宿卫制度，是指为了保证夷狄酋邦对中央王朝的服从，夷狄酋邦将本国蕃王子弟、贵族亲属以侍卫天子的名义充质于中央王朝，以达成某种契约，确立和保证双方约定的权利和义务的制度。宿卫者，多为夷狄酋邦王储，中央政府根据充质者的"蕃望""功效"授予宿卫官职。这是中央王朝的一项安抚和牵制夷狄酋邦的政策。另一方面，"宿卫"之职在于保卫天子、宫掖的安全，非亲信不可任也。对夷狄酋邦而言，这是莫大的殊荣。汉班超通西域后，"五十余国悉纳质内属"〔12〕。

"赐姓"，即视夷狄酋邦为宗亲。先秦时代起始有赐姓制度。历代中央天子通过赐姓以叙功罚过。唐贞观时，有拓跋氏归唐，"太宗赐姓李，置静边等州以处之"〔13〕。唐末，又有拓跋氏讨黄巢有功，复赐李姓。〔14〕获赐者将编入皇室属籍，因此，对于夷狄少数民族而言，被赐以国姓是最高的精神奖励。

当然，通过"结盟""和亲""纳质""赐姓"等方法拟制的人身关系中，中央王朝与夷狄酋邦之间也是有长幼尊卑秩序之分的。兄弟之国有长幼之分，和亲双方亦有翁婿之别，这也是中国传统政治理念中，"亲亲""尊尊"原则的具体体现。

三、"天下国"国家结构模式的特点

从历史发展的横向脉络上看，历朝历代都致力于维持传统的"天下国"国家结构模式，对"天下"范围内不同区域进行有等差的治理。"天下国"理念是一种代代相袭的执政理念，它植根于中国传统的政治理念之中。不论中央君主是否口头承认和表述，这一理念都直接或间接地影响了中央君主的实际执政。而从历史发展的纵向脉络上看，并非所有的王朝都将"天下"划分有六等行政区域。并且，历代中央王朝的六等行政区域的划分依据具体国情的不同存在着不同程度的变动。如汉时的倭国本是中央王朝的藩属国，而及至隋时则为慕义酋邦。然而，这种国家结构模式有一

〔12〕《后汉书·西域传》。
〔13〕《宋史·夏国上》。
〔14〕同上。

个十分明显的特点，即以中央王朝为政治文化中心，其政治文化影响力由近到远推及四方。随着中央王朝的施政范围、华夏文明的教化范围由小变大，中央王朝的影响力和控制力也随着距离的增加而递减。囿于篇幅，笔者主要以较为典型的汉唐、明清史载为例证，从以下几个方面对“天下国”的国家结构模式的特点加以剖析：

(一）行政管理方面

在“天下国”的行政管理问题上，中央王朝对于距离不同的区域的行政管理力度是有差别的。距离王畿越近的区域，受到中央王朝的直接行政管理的程度越高，距离王畿越远的区域，受到中央王朝的直接行政管理的程度越低。这一结构模式早在商周时期已成雏形。商周时期，中央王朝通过实行外服制度实现了对“天下国”的行政管理。在商代外服制度中，中央王朝的公权力直接及于甸服、侯服、绥服。由于要服与荒服距离中央王朝较远，王化已慢，中央王朝对其行政管理力度要小得多，在这些地区，夷狄酋邦几乎是完全自治的，中央王朝并不直接对其进行行政管理。因而，以要服为界，“要服者贡，荒服者王”，要服对中央王朝承担进贡义务，荒服只需承担朝觐中央天子的义务。要服与荒服对中央王朝的积极义务是非常少的，只需与中央王朝保持一定的朝贡关系，形式上承认中央王朝的领导即可。

历代中央王朝对于王畿的行政管理都是直接且全方位的，自不待言。相较而言，历代封建诸侯国有相当大的行政自治权。汉初，封建诸侯国“有太傅辅王，内史治国民，中尉掌武职，丞相统众官，群卿大夫都官如汉朝”[15]。其内部建制俨然一个小朝廷。为了防止封建诸侯国势力过大，历代中央王朝都十分注意削藩以加强中央王朝对封建诸侯国的控制。汉景帝时，中央王朝取消了封建诸侯王对诸侯国的行政治理权和官吏任免权，并且缩减了诸侯国的行政编制。“令诸侯王不得复治国，天子为置吏，改丞相曰相，省御史大夫、廷尉、少府、宗正、博士官，大夫、谒者、郎诸官长丞皆损其员。”[16] 又如明代，起初，太祖皇帝实封的十余位藩王有着“食毛践土”的权力。“靖难之役”后，为了防止藩王坐大，中央王朝进一步削弱封建诸侯国的行政自治权，使得“有明诸藩，分封而不锡土，列爵

〔15〕《汉书·百官公卿表上》。
〔16〕同上。

而不临民，食禄而不治事……徒拥虚名，坐縻厚禄，贤才不克自见，知勇无所设施。防闲过峻，法制日增。出城省墓，请而后许，二王不得相见。藩禁严密，一至于此”〔17〕。

中央王朝对羁縻部族直接进行行政管理的事务较少。汉代，中央王朝在西域地区设置了都护府。都护者，乃总监护之意。汉代西域都护府统领大宛、乌孙、康居等内附夷狄酋邦，颁行朝廷号令，其职责为“抚慰诸藩，辑宁外寇”，凡“抚慰、征讨、叙功、罚过事宜”之事，皆其所统。根据《新唐书地理志》的记载，唐代的羁縻府州制度较为完善。其一，“贡赋版籍多不上户部”，即羁縻地区一般要按照规定向中央王朝缴纳赋税，但中央王朝不严格要求羁縻地区承担赋税徭役义务；其二，羁縻地区的首领一般由少数民族首领担任，都督一旦由中央王朝任命之后，皆得世袭；其三，羁縻地区内有些制度要“著于令式”，即羁縻地区内有关中央王朝与羁縻地区之间的关系的制度由中央王朝制定或备案。

对于藩属国地区，中央王朝一般不进行直接的行政管理。其一，藩属国内实行的各项法律政令、行政建制皆由其自行制定。除了向中央王朝定期与不定期的进贡之外，藩属国一般不承担赋税徭役义务。如清同治十一年，总理衙门在处理日本与朝鲜的交涉纠纷时声明：“朝鲜虽藩属，而内政外交听其自主，我朝向不预闻。”〔18〕但中央王朝也并非绝对不干涉藩属国的事务，如在其有内乱与外患的情况下，中央王朝有派兵进驻以维持社会秩序的职责。其二，从中央王朝对藩属国册封的名号来看，封号一般以中央王朝的地方军事和将军之职官为前置，并且藩属国对中央王朝送交的表文中也以“臣”自称，这些都表明了中央王朝与藩属国之间存在着行政隶属关系。此外，中央王朝授予藩属国首领的封号一般含有品、官、勋、爵，带有强烈的行政隶属意味。如唐宪宗元和七年，中央君主对新罗王金彦昇册封名号，其全称是：“开府仪同三司、检校太尉、持节、大都督鸡林州诸军事、兼持节宁海军使、上柱国、新罗国王。”〔19〕其三，中央王朝一般不干涉藩属国的立嗣传承事务，其新王登基后一般会自行向中央王朝请封，这也是藩属国借助中央王朝的威望，确定自己的合法地位，以期更好地进行内部统治的一种做法。

---

〔17〕《明史·列传八·诸王五》。

〔18〕《清史稿·属国一》。

〔19〕《旧唐书·新罗传》。

对于慕义酋邦与荒远酋邦，中央王朝不对其进行直接或间接的行政管理。

（二）经济贡赋方面

中央王朝主要通过赋役制度和朝贡制度实现对“天下国”的经济管理，地方的经济义务随着中央王朝影响力和控制力的增加而增加。王畿地区的赋税是中央王朝的主要经济来源。中央王朝对王畿地区一般采取按户计口收取赋税，设有专职部门掌管天下户口籍数。

前文已述，封建诸侯王对其封国有很高的行政自治权。诸侯国有相当大的经济自主权，但这种经济自主权逐渐受到中央王朝的削弱。以汉代为例，“高祖时诸侯皆赋。”〔20〕并且，“重臣之亲，或为列侯，皆令自置吏，得赋敛。”〔21〕可见汉朝初年，诸侯王可以自行在其封国内收取赋税，决定百姓缴纳赋税的多少。同时，封建诸侯国也是中央王朝的重要经济来源地区。汉代中央王朝规定有献费之制，献费，即为诸侯国王向中央王朝贡献的税赋。〔22〕除了定期入朝贡献之外，诸侯国还为中央王朝承担一定的徭役义务。汉惠帝时，亦曾“发诸侯王、列侯徒隶二万人城长安。”〔23〕

中央王朝对于羁縻地区采取怀柔政策，对羁縻地区的赋税要求很轻。汉代的基本做法是：“汉连出兵三岁，诛羌、灭两粤，番禺以西至蜀西者置初郡（即边郡）十七，且以其故俗治，无赋税。”〔24〕就是说，汉代对于新归附的夷狄少数民族地区一般不征收赋税。至于唐代，中央王朝对羁縻地区的赋税原则是：“诸边远诸州有夷獠杂类之所，应输课役者，随事斟量，不必同之华夏。”〔25〕如前文所述，羁縻地区“贡赋版籍多不上户部”，即羁縻府州地区也须向中央王朝缴纳赋税，但这种赋税义务很轻。

对于藩属国地区、慕义地区以及荒远地区，历代中央王朝都没有做出对这些地区征收赋税的规定。从一定意义上说，这些地区对中央王朝的朝贡行为有着履行经济义务的意味。需要指出的是，中央王朝对藩属国地区的经济要求不高，朝贡者，礼仪而已，以示归附。且中央王朝采取厚往薄

〔20〕《史记·五宗世家》。
〔21〕《汉书·高帝纪》。
〔22〕同上。
〔23〕《汉书·惠帝纪》。
〔24〕《汉书·食货志》。
〔25〕《唐令拾遗·赋役令》。

来政策，往往得不偿失。中央王朝不堪其弊，而多有限制朝贡之举措。前文所述汉宣帝诏，就是汉代限制藩属国朝贡次数的一项规定。

从理论上说，慕义酋邦和荒远酋邦也应当向中央王朝朝贡。清人龚自珍曾任礼部主客司主事，按照他的说法："我朝蕃服分二类……自朝鲜至琉球，贡有额有期，朝有期。西洋诸国，贡无定额，无定期。"[26] 这就是说相对于藩属国地区而言，慕义酋邦与荒远酋邦的朝贡没有数量和次数的限制。需要指出的是，中央王朝对于前来贡献的地区都采取厚往薄来的政策。如西汉对于西域各国使者："散财帛以赏赐，厚具以饶给之，以示汉富厚焉。"[27] 北宋朝廷对于来贡者也是"厚其委积而不计其贡输，假之荣名而不责以烦缛"[28]。

（三）司法自治方面

《左传》有云："（周成王）分唐叔以大路、密须之鼓、阙巩、沽洗，怀姓九宗，职官五正。命以《唐诰》而封于夏虚，启以夏政，疆以戎索。"[29] 据此可知，早在西周时期，中央王朝就十分尊重夷狄民族固有的政治制度和风俗习惯。在"天下国"国家结构模式中，中央王朝亦给予地方一定的司法自治权。地方司法自治权随着中央王朝的影响力和控制力的递减而增加。

王畿地区与封建诸侯国地区是华夏族聚居区域，皆施行中央王朝推行的律令。在处理王畿、封建诸侯国地区内发生的"涉夷"司法案件的管辖和法律适用问题上，中央王朝的态度十分包容。如《唐律疏议》记载有关"化外人相犯"的规定，即维护了中央王朝的司法主权，同时又尊重了化外民族的生活惯例。如双方均是同类化外民族，则适用其民族"本俗法"；双方来自不同化外民族，则适用唐朝法律，这一规定非常灵活地处理了在中央王朝发生的涉夷纠纷的法律适用问题。

羁縻地区的首领一般由该地区的民族部族首领担任，历代中央王朝一般都给予羁縻地区较高的司法自治权。但这种民族自治权也是有限的。以清代为例，清朝政府在羁縻地区针对不同的民族制定了不同的单行条例，

---

〔26〕（清）龚自珍：《龚自珍全集》，上海人民出版社1975年版，第118—119页。

〔27〕《史记·大宛列传》。

〔28〕《宋史·外国传一·夏国上》。

〔29〕《左传·定公四年》。

如对蒙古族的《理藩院则例》，对回族的《回疆则例》等。尽管这些单行条例是由该民族的习惯法整理而成，但清朝政府以国家名义将这些习惯法成文化，一定程度上也限制了该羁縻地区的民族自治权。

藩属国地区则一般自主制定施行于国内的法律。据《三国史记》载："高句丽公元 373 年始颁律令。新罗于公元 520 年"春正月，颁示律令，始制百官公服，朱紫之秩。"[30] 然而，从理论上说，藩属国地区的立法权来自于中央王朝的授予。如贞观三年，薛延陀部族正式接受唐朝政府的册封，成为唐朝的藩属。唐太宗封薛延陀首领夷男为真珠毗伽可汗，"夷男遣其弟统特勒来朝，太宗厚加抚接，赐以宝刀及宝鞭，谓曰：'汝所部有大罪者斩之，小罪者鞭之。'夷男甚喜。"[31] 同时，藩属国自主颁布的律令受中央王朝的影响极深。"高丽一代之制，大抵皆仿于唐。至于刑法，亦采《唐律》，参酌时宜而用之。"[32] 明朝时期，藩属越南的黎氏王朝的《鸿德刑律》也是在参酌隋唐律的基础上制定而成。

慕义酋邦因为仰慕华夏文明，在制定实行于本国的法律时，有的刻意模仿中央王朝的法律，如日本第一部成文法典《大宝律令》，即是以唐朝的《永徽律》为蓝本制定，与唐律一样，也是一部以刑法为主、诸法合体的法典。

（四）军事义务方面

"古者天子，守在四夷；天子卑，守在诸侯，诸侯守在四邻；诸侯卑，守在四境。慎其四境，结其四援；完其守备，以待不虞。"[33] 此记载说明了"天下国"国防安全部署的三层次。首先，天子修德以服四夷，四夷臣服于天子，这是"天下国"最为理想的政治秩序。其次，当中央王朝衰微之时，就需要以诸侯为藩屏。诸侯与"四邻"交好，以"四邻"为藩屏。再次，如果中央王朝与诸侯皆衰微，就应以"四境"为藩屏。诸侯设防于"四境"，并努力与"四援"地区结交。这样，通过"诸侯""四邻""四境"各行政区域的协作，完成"天下国"的防卫部署。由此看来，传统的"天下国"理念中，各行政区域对中央王朝的军事保卫义务也是有等差的，

---

〔30〕《三国史记·新罗本纪》。

〔31〕《旧唐书·北狄传下》。

〔32〕《高丽史·刑法志》。

〔33〕《左传·昭公二十二年》。

一般说来，与中央王朝距离较近的区域，军事保卫义务较重；与中央王朝较远的区域，其军事保卫义务较轻。

封建诸侯国本身就是中央王朝的藩屏，有着十分重要的军事意义。有明一代，"西北辽远，非亲子弟不足以镇抚而捍外患，其他则分王内地，以资夹辅焉"。〔34〕明太祖皇帝在初封藩王时，对藩王授以兵权，规定："凡王国有守镇兵，有护卫兵。其守镇兵有常选指挥掌之。其护卫兵从王调遣。如本国是险要之地，遇有警急，其守镇兵、护卫兵并从王调遣。"〔35〕明初，封建诸侯国的兵权很大，以至于有燕王朱棣的"靖难之役"。

羁縻部族可以有自己的军事力量，但其军事力量应当服从中央王朝的调遣。以唐朝为例，《唐六典》载，都护之职，在于"抚慰诸蕃，辑宁外寇，觇侯奸谲，征讨携离"。〔36〕可见，都护府的设置具有十分重要的军事意义。据《唐会要》记载："显庆四年正月，西蕃部落所置府州，各给印契，以为征发符信。"〔37〕都护府负责管理中央王朝征发军队的符信，掌控着羁縻地区的兵权。在具体实践中，唐朝的羁縻府州铁勒十三部就曾接受中央王朝的征调，贞观二十一年，唐太宗曾"发铁勒十三部及突厥骑十万讨龟兹"〔38〕。"安史之乱"中，回纥、南诏、大食、吐火罗、西域九国等都曾出兵"助国讨贼"。但中央王朝对于羁縻地区的军事力量并非有绝对征发权。中央王朝势力衰微之时，就难以对羁縻地区维持强有力的控制。以回纥为例，回纥本是初唐时期的羁縻部族。但在天宝时期，回纥基本脱离了唐王朝的控制。"安史之乱"中，回纥在接受中央王朝"助国讨贼"发兵增援请求的同时，也附加了许多条件，中央王朝也不得不与之约定："克城之日，土地、士庶归唐，金帛、子女皆归回纥。"〔39〕

中央王朝对于藩属国无强制征调军事力量的权利。除非藩属国主动请愿勤王或应唐朝请求增援的情况下，藩属国会派出军事力量服从中央王朝的指挥。

---

〔34〕《明史·列传四·诸王一》。
〔35〕《皇明祖训·兵卫篇》。
〔36〕《唐六典·都护》。
〔37〕《唐会要·安西都护府》。
〔38〕《新唐书·阿史那社尔传》。
〔39〕《资治通鉴·卷二百二十·唐纪三十六·至德二年》。

（五）文明开化方面

“天下国”是一个具有文化多样性的区域，包含着不同文化区域，同时存在着不同文化层次。在中央王朝看来，与中央王朝距离越近的区域文明程度越高，距离自己越远的地区，其文明开化的程度也越低。王畿与封建诸侯国地区是华夏族聚居区域，是华夏文明、礼乐政刑综合为治的中心，是为“华”。中央王朝对于华夏地区的统治有王畿与封建诸侯国的差别。羁縻部族、藩属国、慕义酋邦和荒远酋邦是华夏文明、礼乐政刑的延伸地区，是为“夷”。

王畿与封建诸侯国本身是华夏民族的聚居区，其文化发达程度自不待言。“声教讫于四海。”[40] 作为“天下国”的礼义文化中心，王畿与封建诸侯国有义务将华夏文明辐射、传播到四面八方。

相比之下，羁縻地区的文明开化程度较低。以匈奴为例，《史记》中传述匈奴之习俗：“壮者食肥美，老者食其馀。贵壮健，贱老弱”。“父死，妻其后母；兄弟死，皆取其妻妻之。”[41] 这些习俗皆因不合华夏文明而深为汉族士人所诟。然而，在民族融合与交流中，匈奴民族也受到华夏文明的影响，其生活习俗礼仪方面也不断发生变化。如《汉书》记载，匈奴“其送死，有棺椁金银衣裳，而无封树丧服；近幸臣妾从死者，多至数十百人”[42]。汉代的匈奴墓葬习俗本无“封树”和丧服，同时还实行着大规模的殉葬。而发展到南北朝时期，匈奴的墓葬习俗已经逐渐被华夏文明同化，根据《周书》的对匈奴丧礼的记载，“其丈夫衣服及死亡殡葬，与中夏略同”[43]。

华夏文明的传播，对藩属国与慕义酋邦也有着深远的影响。日本在平安时期编撰的国史——《六国史》便是以古汉语，混同少量古日本语而成。由高丽人金富轼编撰的朝鲜半岛的正史《三国史记》亦以汉文而就。中华文化对藩属国地区及慕义酋邦的影响可见一斑。唐玄宗有诏云：“新罗君子之国，颇知书记，有类中华。”[44] 高丽王王建亦自云：“惟我东方，

---

[40] 《尚书·禹贡》。

[41] 《史记·匈奴列传》。

[42] 《汉书·匈奴传》。

[43] 《周书·异域列传》。

[44] 《新唐书·新罗传》。

旧慕唐风，文物礼乐，悉遵其制。"[45]

四、结语

"天下国"不是一个现代意义上的民族国家的概念，从中国传统政治哲学的角度来看，中央王朝与夷狄酋邦的关系也并非是独立自主、平等互利的现代国际关系。"天下国"内部只存在华夷之辨。"天下国"由华夏民族与夷狄民族共同组成，以华夏文明教化施行的边界作为区分"华"与"夷"的标准线，承认华夷有别，反对以夷乱华。"裔不谋夏，夷不乱华"是"天下国"的理想政治秩序。诚然，中国传统的"天下国"国家结构模式无法直接适用于现代社会，然而，"天下国"理念所蕴含着的非殖民的、和平和友好的思想内核，对于我们如何恢复民族精神，树立大国形象以及如何参与国际政治经济事务等问题仍然有着十分重要的借鉴意义。

（文字编辑　曹涵彬）

---

〔45〕《全唐文》卷一〇〇〇，训要十首之四。

《清议报》时期改良派宪政思想述评

舒　砚*

一、问题的提出

中国对宪政的集体性追求，始于1894年甲午战败后对国家政制的反思，从那时起宪政作为救亡图存之"药方"开始被搬上历史舞台。[1] 虽然孙中山的共和立宪之路与改良派的君主立宪之路几乎同时开始[2]，但是就中国近代宪政探寻总体演进发展道路而言，大致经历了由君主立宪到共和立宪的转变，并最终在革命派手中建立了中华民国。辛亥革命的胜利，民国的建立，并没有使国人宪政梦想和强国愿望得以实现。国人在宪政理想与社会现实的巨大落差之间，开始了对中国传统文化的反思和批判，新文化运动得以发生。于是，本已风雨飘摇的国度不仅失去了政权的掌控，还失去了精神文化的凭藉。顷刻间，无政府主义、社会主义等各种思想随

---

* 作者系中南财经政法大学2013级法律史硕士研究生。本文是教育部哲学社会科学研究重大课题攻关项目《中华法制文明的传承与创新》（项目批准号10JZD0028）研究成果。本文在写作过程中得到导师李栋副教授的悉心指导，文中很多观点也是在和他的讨论过程中得到完善。另外，我国台湾地区"中央"研究院研究员朱浤源先生对拙文初稿的详细批阅也使我受益匪浅。在此对两位先生表示感谢，唯文责自负。因笔者水平有限，本文纰漏颇多，还需进一步修正提升，欢迎各位师长批评指正。

〔1〕 尽管自1807年英国传教士马礼逊起，外国传教士、传统士大夫以及少数知识精英就通过报刊、游记、译著等各种方式将西方有关宪政的知识输入中国，但是这些有关宪政的知识在鸦片战争前后以及洋务运动时期并未产生太大影响，只是在中国近代少数知识分子如王韬、郑观应等人那里产生了一定影响，没有形成举国上下"集体性"的追求。然而，甲午战败的惨痛结果，促使国人开始逐渐重视此问题。

〔2〕 孙中山的革命之路通常认为是自1895年兴中会成立开始，而改良派虽然在甲午之前已有一定的社会和思想基础，但大规模的维新运动也基本始自甲午战后。

着新文化运动，势力大涨，宪政之路渐行渐远。新中国建立后，社会主义革命取得了全面的胜利，西方政制文明被教条式地批判、否定。新中国成立后的30年，在“继续革命”口号下，无产阶级专政不断加强，最终酿成“文化大革命”的惨痛经历。党在十一届三中全会后，迅速“拨乱反正”，带领全国各族人民在以“经济建设为中心”的主导思想下，经过三十余年的改革开放，现已成为世界第二大经济实体。然而，我们必须看到，在经济领域高歌猛进的同时，我国政治体制发展存在明显的滞后。学者杨阳对此局面有如下分析：

政治组织再造表现出零散、分散和局部性的特征，在宏观层面上还处于内部简单调适阶段，主权在民的宪法原则还没有落实为一种可操作的制度构架。政治合法性基础因意识形态的消解，在很大程度上处于悬置状态，其危机的最终显露只是时间问题。因宏观和中观的政治参与渠道皆未开放，政治发展与参与需求扩大仍难以同步展开。意识形态的整合功能虽在不断消解，但政教一体化的秩序模式仍然没有触及，意识形态作为一种治理手段，仍与法律杂糅并用，并干扰着法治主义治理模式的确立。[3]

政治体制如何科学发展的迫切性问题在某种程度上被经济的持续增长、人们物质条件的普遍改善以及国际环境的相对好转所掩盖或缓解。

然而，上述问题并没有被党和国家所忽视，特别是在政治体制已经束缚经济社会发展的当下，党和国家政治体制改革的要求已非常迫切。党在十八大报告中明确提出要“积极稳妥推进政治体制改革，发展更加广泛、更加充分、更加健全的人民民主”[4]。这里，党和国家政治体制改革的基调很明确，就是要“积极稳妥”地进行改革。那么，如何才能“积极稳妥”地推进中国政治体制改革，就成为当下一个十分重要的“中国问题”。面对这一十分重要且迫切的“中国问题”，我们既不能简单地套用西方的理论与模式解决之，也不能完全听之任之，无所作为；而应该置身于中国社会实际，从中国近代“亘古未有”且仍在继续的社会转型中寻找历史和学理资源的经验与教训，开启改革之路。而中国近代宪政史上以康梁为首的改良派所主张的便是以“渐进、损益”的方式完成立宪道路、实现政治

---

〔3〕 杨阳、李筠：《现代化与近代以来中国政治发展的相关理论问题》，载《政法论坛》2007年第3期。

〔4〕 胡锦涛：《坚定不移沿着中国特色社会主义道路前进，为全面建成小康社会而奋斗——中国共产党第十八次全国代表大会报告》，2012年11月8日。

体制改革，而非使用“激进、暴力”实现政权的重建。在这一点上，改良派的主张与当下党和国家“积极稳妥”的政治体制改革主张具有暗合之处。本文力图以“戊戌变法”后初期改良派的宪政思想为研究对象，在全面评述其宪政思想的同时，剖析其最终既不被清廷所接受亦不被大多数国人所理解的原因，在此基础上分析其对当下可能产生的理论意义，以此回应当下政治体制改革的“中国问题”。

需要指出的是，为了突出此时期改良派所独具的历史时期特点，笔者以“《清议报》时期”作为本文改良派的限定词。此前，学者们常根据改良派在不同时期政治主张的差别，以戊戌变法、政闻社成立为分期，从而把改良派分为狭义上的维新派、保皇派、立宪派等阶段。[5] 这种简单的粗线条的界定虽然在一定程度上能反映改良派的阶段特征，但是不能反映改良派转变过程中的思想主张变化。在笔者看来，思想主张转变背后的原因才是推动其思想发展的动力。《清议报》时期正是由维新派向保皇派转变时期。[6] 戊戌变法使得清朝的政治暂时进入一个“黑暗”时期，大批维新志士被捕或革职，报馆、学会被取缔，改良派的领袖们也不得不流亡海外。由于此时革命派方兴未艾，各派力量分散，也没有统一的革命思想和宣传喉舌[7]，引领舆论和思想界潮流的仍是改良派，他们以《清议报》

---

〔5〕 戊戌变法之前常称为维新派，变法后至政闻社成立期间常被称为保皇派，政闻社成立后以君主立宪为主要目标，故而常被称为立宪派。通过名称之微妙转化也可以发现改良派活动的阶段性特征。但这种历史分期是站在马列主义历史唯物主义的立场上进行的评价，具有太强的意识形态色彩。而且随着近代史研究的深入，学界逐渐发现这种粗线条的、参杂浓厚意识形态色彩的修饰词并不能准确地反映各阶段改良派的组织、思想特征。参见陈旭麓：《中国近代史上的革命与改良》，载《历史研究》1980 年第 6 期。

〔6〕《清议报》馆址设在日本横滨，于 1898 年 12 月 23 日创刊，1901 年 12 月 21 日停刊，共计 100 册，发行人为华侨商人冯镜如，但实际主持人，前期和后期是梁启超，中期是麦孟华。

〔7〕 1905 年 8 月同盟会才在东京成立，联合了兴中会、华兴会、光复会等海外主要的革命团体，但联合后的同盟会组织松散，会内派系复杂。同时或稍后，国内也有大量的革命团体出现，但大多并不和同盟会有隶属关系。同盟会成立之前，革命团体并没有和改良派完全对立，两派也曾试图合作，他们最终分野约在 1903 年左右。分裂之前，革命派往往需要依附改良派的舆论阵地。例如，《清议报》的发行人冯镜如实为兴中会日本骨干成员，并多次设法使梁启超与孙中山联合，并在《清议报》上间载章太炎等人的文章。虽然陈少白 1900 在香港创立《中国日报》后革命派有了自己的报纸，但其影响远不及《清议报》。而革命派和改良派关于共和还是立宪的论战则是在《民报》和《新民丛报》，《中兴日报》和《南洋总汇新报》等报刊之间进行，他们都是在《清议报》之后创建的。参见杨天石、王学庄：《同盟会的分裂与光复会的重建》，载《近代史研究》1979 年第 1 期；刘福祥、赵矢元：《论梁启超戊戌后思想上的两次反覆》，载《学术月刊》1983 年第 10 期；彭剑：《清季宪政大辩论——〈中兴日报〉与〈南洋总汇新报〉论战研究·导论》，华中师范大学出版社 2011 年版。

为主要的思想舆论宣传阵地，继续探索宪政之道。

二、戊戌变法前改良派的宪政思想、实践及其政变后的反思

魏源的“师夷长技以制夷”开启了中国向西方学习的历程，先进的中国人对西方的学习，经历了器物、制度、文化三个阶段。这条学习路径既是外侮刺激的结果，也是中国文物制度自身发展的必然，中国人对自己文物制度的坚守，随着国家的衰败一步步消退。但是传统的力量依然很强大，帝国的运转仍是靠儒家的文化与制度在支撑，以至于每一次新事物的引进都必须在自己的文化中寻找根据。[8] 改良派也不例外，担起这一使命的是康有为的《新学伪经考》和《孔子改制考》两本著作。[9] 前者对古文经进行了彻底的否定和批判，主张今文经才是孔子的真经，古文经则是经刘歆窜改过的。它在学术上攻破了古文经学“述而不作”的旧说，在政治上打击了“恪守祖训”的顽固派，为改良运动做了舆论准备。后者把孔子说成是假托尧舜而改制的“素王”，后世遵行的一套尧舜文武的政教礼法，实为孔子制订。康在此书中吸收了《礼运》的小康大同说，附会公羊三世论，认为人类社会是循着“据乱世—升平世—太平世”的规律发展，最终达到“政府皆由民造”，实现天下为公的大同世界。以此为变法制造理论基础。

根据萧公权对康有为思想的研究，其变法思想和哲学基础在1890年代早期之前已经形成，其中有西方文化因素而几无宪政知识，康有为把西方的民权、议院、宪政附会成中国上古已有之事物，以公羊学为其变法依据。[10] 康氏之变法理论，与其说是“托古改制”以“古”的外形来进行“新”的变革，还不如说是“以古改制”。以此来看，康有为仍没有脱离以前儒者对“上古之世”的向往，只不过他的追述起点只是孔子而已。只是到了甲午之后，中国战败于日本，始把士大夫们从虚骄之气中拉回现实，康有为才开始“托洋改制”，连上《日本变政记》《俄大彼得变政记》等

---

〔8〕 这种现象在文化移植过程中常常会出现，严复称之为“非新无以为进，非旧无以为守”，只有当“旧物”成为承受新事物的载体时，外来的新事物才能在这个民族的文化生态条件下生根。转引自萧功秦：《危机中的变革——清末政治中的激进与保守》，广东人民出版社2011年版，第267页。

〔9〕 《新学伪经考》初刊于甲午之前，但其影响是在康有为成为维新领袖后大为迸发。参见杜语：《挑战千年变局——对近代中国领袖人物救国方略的考察与研究》，中国社会科学出版社2010年版，第133—146页。

〔10〕 萧公权：《康有为思想研究》，新星出版社2005年版，第29—91页。

系列宣扬变法求存之文章。但是这些洋玩意儿在康有为那里与公羊之学相比，仍是“西学为用”之“用”，“体用之间”的“用”。因此，无论是“托古改制”还是“托洋改制”，其意义偏重于思想上而非政治上，因为它虽没有打破封建政治思想基础，但是却“使儒家学说从一直是无可怀疑的信仰中心，变成了其基本特征是可疑的和有争论的一种思想体系”〔11〕。

在破除思想上的禁锢的同时，改良派还积极开展实践，大力进行开学堂、办报纸、立学会，为将来维新变法进行人才准备、宣传动员、组织建设。〔12〕特别是南学会的成立，影响非常大。〔13〕事实上，梁启超认为南学会“虽名为学会，实兼地方议会之规模”〔14〕。在时务学堂、南学会的影响下湖南掀起了全省的维新变法高潮，顽固派与改良派之矛盾也迅速上升，于是“新旧之哄，起于湘而波动于京师”〔15〕。而在清廷中央，改良派还推动光绪皇帝进行了著名的“百日维新”，在一百余天中连发了涉及经济、政治、军事、文教等方面的数百道变法的上谕。但是这些措施大多未及实施，变法便失败了。

总体来讲，改良派在开学堂、办报纸、立学会以及在湖南的维新运动都是有条不紊、逐步推进的，特别是在湖南的议会尝试，更是早于清末仿行立宪十余年。但是，一旦改良派有机会争取最高统治者光绪帝（实为名义上的）的支持后就过于急躁了，书生论政的意味颇浓。究其原因，一是光绪帝自身掌权心切，与改良派之救国心切互相撑涨；二是维新变法的主要领导分子自身缺乏政治经验；三是整个戊戌变法中没有富有政治经验的实力派参与，只是几个富有理想的中下层士人鼓噪。而在湖南，巡抚陈宝

---

〔11〕〔美〕费正清、〔美〕刘广京：《剑桥中国晚清史》（下卷），中国社会科学出版社1985年版，第287页。

〔12〕改良派先后创办了万木草堂、时务学堂，培养了大批维新骨干，如徐勤、欧榘甲、秦力山等。甲午之后，改良派的维新活动更加活跃，先后成立了北京强学会，创办了《中外纪闻》《时务报》《国闻报》《湘报》等宣传维新变法和世界局势的报纸。这些报纸开启了中国近代报刊舆论推动政治变革的先河。同时，改良派加强组织建设，于1895年8月成立强学会，它后来逐渐成为改革派和帝党相结合的政治团体。

〔13〕1898年春，南学会由谭嗣同、唐才常等发起，得到湖南巡抚陈宝箴等开明官吏的支持。南学会在长沙设总会，各府厅州县设分会，主要活动是讲演。其既与时务学堂相表里，又有《湘报》配合宣传，思想甚为活跃，影响也相当广泛，对促进湖南推行新政，转变社会风气，起了重要作用。

〔14〕〔美〕费正清、〔美〕刘广京：《剑桥中国晚清史》（下卷），中国社会科学出版社1985年版，第303页。

〔15〕董方奎：《梁启超与立宪政治》，华中师范大学出版社2011年版，第44页。

箴、代理按察使黄遵宪、学政江标及其继任者徐仁铸等地方实权者不仅支持而且亲自参与维新活动，这既有利于维新活动在适合世情的基础上合理操作，又可以牵制、防止改良派操之过急。

但是，改良派并没有认识到自身的这些局限，面对慈禧血腥的屠杀，政变后初期，他们的反思仍较多地诉诸情感和对客观原因的分析。他们对维新变法失败原因归纳如下："其一由西后与皇上积不相能久蓄废立之志也。其二由顽固大臣痛恨改革也。"[16] 具体来说有 14 点，这些原因归纳起来主要是：第一，光绪皇帝没有实权，众大臣"恃西后为护符，欺皇上之无权也"[17]。第二，"支那之大弊，莫甚于上下壅塞，上情不能下达"[18]。第三，变法措施严重损害了利益集团。一方面，裁汰冗员冗官、废科举，严重损害了大批帝国精英的利益。另一方面，开懋勤殿，超出了慈禧太后的政治预期。第四，中国国人国民性极其落后，只有少数开明士绅支持变法。[19]

在此认识的基础上，改良派认为必须使光绪帝拥有实权，既要有对清廷中枢的决定权，也要有对地方的统御权；要革除壅蔽，必须速开国会，设立议院，同时加强对国民性的改造。这些分析表明改良派在政治上成熟了很多，但是他们并没有发现自己理论的真正缺陷。他们虽主张兴民权、设议院、立宪法，但是他们并没有理解民权、议院、宪法的真正价值。他们把民权与君权作为对立物来看待的，认为国家之强盛在于君权与民权之合理互动，只有全民有权，才能使国家富强，他们认为"地者积人而成、国者积权而立，故全权之国强，缺权之国殃，无权之国亡。何谓全权，国人各行其固有之权"[20]。讲求民权是为了消除统治者与被统治者的隔膜，从而取得了共同意志和集体行动的力量。而实现民权的载体就是议院。因

〔16〕 梁启超：《戊戌政变记》，载《清议报》（第 1 册），中华书局 1991 年版，第 15 页。

〔17〕 同上注，第 19 页。

〔18〕 同上注，第 20 页。

〔19〕 按文中顺序依次为：其一，荣禄等谓保国会为大逆不道，御史弹劾维新派；其二，废八股导致万余举人相仇恨；其三，守旧党人屡行弹劾；其四，废八股守旧人士阴谋为敌；其五，皇上无权，各衙门不听其命；其六，疆臣仇视维新新臣；其七，污蔑皇帝改行西教；其八，裁汰冗员过多；其九，上下壅塞，上情不能下达；其十，皇帝誓死以殉社稷；十一，守旧大臣反对；十二，开懋勤殿，下密诏；十三，下密诏，信任袁世凯；十四，袁世凯背叛。文中虽列十四条，但意义多重复或近似。参见梁启超：《戊戌政变记》，载《清议报》（第 1 册），中华书局 1991 年版，第 17—23 页。

〔20〕 梁启超：《论中国积弊由于防弊》，载《饮冰室文集》，台湾中华书局 1978 年版，第 96—99 页。转引自董方奎：《梁启超与立宪政治》，华中师范大学出版社 2011 年，第 38—39 页。

此，议院在他们这里，已不再是一个“通上下之情”的舆情工具，而还有其内在价值追求的制度，它既是推动国家富强的手段，也是民权得以落实的一种制度。[21] 故而，宪政在他们这里主要是国家富强的工具，宪政具有了民族主义的底色。因此，只要目的可致富国强兵，手段如何是次要的，这就为他们日后转向主张保皇和开明专制埋下了伏笔。

三、《清议报》时期改良派的宪政思想

戊戌变法使改良派发生了内部分化，使得《清议报》时期改良派出现了成分复杂、主张多样、理论多变的特征[22]，变法也使改良派面对的环境更加复杂。他们遇到的改革并不是一个中国自我封闭式的改革，而是面对着列强的虎视眈眈，时刻面临着亡国亡种危险的改革，而且改革中存在较多的变量：一是满汉矛盾的凸显；二是光绪和慈禧的二元政治格局；三是改革派与守旧派之间的斗争；四是维新派与洋务派的分歧；五是央地关系的复杂性。这些国内问题交织，决定着改革的困难，但是最重要的还是要对外保证国家独立与主权，防止亡国灭种。

晚清国家意识和民族主义思潮就是在这种亡国灭种危机下兴起的，改良派也试图通过建立民族国家，使全体国民在民族主义精神的支持下抵御外侮。在《国家论卷一》中，改良派把国家定义为：“国家者即民人团体，在建立一定国土，而自行处理政务者也。”[23] 他们认为家族部落国家与近代国家之区别在于：“家族部落之国，由婚姻系谱之联系而成者也。今之国家，则成于民人之天性与其欲望也。”[24] 关于国家与宗教之关系，他们认为：“谚有之曰，宗教为母，然则国家为夫矣。”[25] 对于“民人”在国家中的作用，改良派认为：“今之文明诸邦，皆民人国家也。民人国家者，凡国中之民，合成一体，自断其理，自宣其意，自行其政之谓也。故民人之意志，即国家之精神。宪法为其体，官府议院为其四支五官，以成一活

[21] 王人博：《宪政文化与近代中国》，法律出版社 1997 年版，第 62 页。

[22] 参见李泽厚：《十九世纪改良派变法维新思想研究》，载《中国近代思想史论》，三联书店 2008 年版，第 75—89 页；董方奎：《梁启超与立宪政治》，华中师范大学出版社 2011 年版，第 350—354 页；余英时：《中国近代思想史上的激进与保守》，载何俊：《余英时学术思想文选》，上海古籍出版社 2010 年版，第 227—246 页；刘福祥、赵矢元：《论梁启超戊戌后思想上的两次反覆》，载《学术月刊》1983 年第 10 期。

[23] 梁启超：《国家论卷一》，载《清议报》（第 16 册），中华书局 1991 年版，第 1022 页。

[24] 同上注，第 947 页。

[25] 同上注，第 946 页。

动体之国家也。"[26]

改良派对国家的这种认识是非常准确的，它突出了国民在国家中的地位，认为国民意志是国家精神，宪法是国民意志的表现。面对中国特殊的社会结构，改良派认为，建立民族国家首先必须解决满汉问题、平满汉之界。同时这也是防止因革命而导致国家分裂的必要选择。在《论变法必自平满汉之界始》一文中，梁启超"凭优胜劣败之公理"，提出有生物以来一切的争斗都是"争种族而已"，认为通过种族融合可以使种族优化，"自汉以后，支那之所以渐进于文明，成为优种人者，则以诸种之相合也，惟其相合，故能并存"，"数种相合，而种之改良起焉，所合愈广，则其改良愈盛"，所以平满汉之界可以提高满族、汉族的人种质量，其"为汉人计乎，为满人计耳"。他还预测未来是竞智的时代，"故世界之进化愈盛，则恃力者愈弱，而恃智者愈强"，而"欲种战之胜，必自进种改良始"。他们认为中国种族的问题在于成为寄食阶层的八旗弟子的问题，平满汉之界的方法有四，即散籍贯、通婚姻、并官缺、广生计。他期望平满汉之界后，实现黄种人与白种人相竞争。[27] 因为当时很多革命团体都以煽动满汉之间的民族仇恨作为发动民众造反的重要手段，所以这一时期的民族国家理论更多的是为了避免引发民族矛盾、避免社会不必要的混乱，维护清帝国版图的完整，平息革命派散布的种族复仇论。但是，此时期改良派的民族国家理论并不系统，直到与革命派论战的时候，才真正确立反对种族革命、实行五族共和的理论。

正是基于对国民和种族的上述认识，改良派认为通过兴民权可以实现兴国的目的："国者何，积民而成也。国政者何，民自治其事也。爱国者何，民自爱其身也。故民权兴则国权立，民权灭则国权亡。为君相者而务压民之权，是之谓自弃其国。为民者而不务各申其权，是之谓自弃其身。故言爱国必自兴民权始。"[28] 他们认为国家为国民之公器，民权不兴，不仅政府有责任，民众也有责任："政府压制民权，政府之罪也。民不求自伸其权，亦民之罪也。西儒之言曰，侵犯人自由权利者为万恶之最。而自弃其自由权利者，恶亦如之。盖其损害天赋之人道一也。"[29] 改良派还认

〔26〕 梁启超：《国家论卷一》，载《清议报》（第15册），中华书局1991年版，第947—948页。
〔27〕 参见梁启超：《论变法必自平满汉之界始》，载《清议报》（第2册），中华书局1991年版，第70—71页。
〔28〕 梁启超：《爱国论三》，载《清议报》（第22册），中华书局1991年版，第1392页。
〔29〕 同上注，第1392—1393页。

识到："民权与民主二者，其训诂绝异"[30]，但是他们并未能清楚地辨析二者，而且，对于"民权"与"人权"，"国权"与"主权"等概念多有混淆不清之处。

改良派认为兴民权的关键是改造国民性、培养新国民，首要措施就是根除国民的奴隶思想。他们把奴隶分为两种，一种是形式上的奴隶，"形式之奴隶，其心未死，其愤未平，力之稍厚，犹可奋起而自拔"[31]；另一种是精神之奴隶，"心之所安，性之所习。方将实为秘传，赖为生计"[32]，这种奴隶即是没有外在的压迫和束缚也甘心依靠于人，受人驱使。在三种情况下容易使人产生奴隶性质：第一种是专制政体，他们引孟德斯鸠之观点："专制政体之国，其人民皆有奴隶之习性"[33]；第二种是长期听闻亡国之论，而心已死；第三种是执政者有奴隶之性。改良派认为而这三者中国都具备，故国人奴隶性极深，要破除之，首先必须要加大天赋人权之宣传，使国人自己争取独立；其次，从联合、教育、兴民权三个方面培养国人的爱国之心；再次，提倡国民责任与义务；最后，革除陋习，培养新民。[34] 改良派改造国民性、培育新国民的主张在《清议报》之后的《新民丛报》中得到了彻底的贯彻。

上述主张奠定了此时期改良派宪政思想的基本论调，即在民族主义精神下建构民族国家，通过改造国民性、培养新国民实现兴民权而兴国。而在具体国家政制设计方面，虽然改良派仍坚持君主立宪，但是对该制度的认识有了明显的提高，同时还提出了三权分立、实行政党政治、责任内阁等新的主张。

在《国家论卷一》中，改良派详细说明了国家之本体所在："陋隘私曲之辈，视国家如家族，以国家为君主之私有，今之公法，脱此范围。一也；待国土民人之一切义务，公法本体，无不备之。二也；知国家有意志及德义之性。三也；国家始与宗教别，且不为宗教所制。四也；民人参政之权，普及于全社会也。五也；一定国家主义，且期国力之合一完备，六也；置民选议院以参与国事，监督政务，七也；据一定成法，明示法规。

[30] 梁启超：《爱国论三》，载《清议报》（第22册），中华书局1991年版，第1394页。
[31] 麦孟华：《说奴隶》，载《清议报》（第69册），中华书局1991年版，第4363页。
[32] 同上注，第4363—4364页。
[33] 同上注，第4366页。
[34] 参见梁启超：《爱国论一》《爱国论二》《爱国论三》《商会议》《呵旁观者文》《少年中国说》《论今日中国存亡其责专在于国民》等文章，载《清议报》，中华书局1991年版。

八也；民人参与裁判之事（即陪审官）得自治之制。九也；凡此数者，实为当今国家之本体。所以与上古中古之邦国异撰也。"[35] 而这种国家之本体的确立始于十八世纪普鲁士、美国、法国之改革或革命运动，通过二者之比较，改良派认为："然彼改革党，亦时不免空漠狂妄之弊，故往往为历史党所抗拒。"[36] 同时，改良派还详细地比较了中国与西方国体的不同，认为中西相同之点，家族时代与酋长时代，封建时代与贵族政治。相异之点在于：其一，欧洲自罗马以后仍为列国，中国自两汉以后皆为一统。中国自古多为统一之国，欧洲为多国并列；中国宗教习俗相同，欧洲则宗教习俗各异；中国同姓不婚，互相融合等等。其二，欧洲有分国民阶级之风，而中国无之。"（欧洲）小数之贵族对于多数之平民，其惨待不以人理。故官民相争之局屡起，民气日昌，民智日开，遂能打破积弊，一跃而登于太平仁寿之域。"[37] 而中国长期受愚民政策压制，故民权难兴，两千年来没有多大进步。近世以来欧洲突飞猛进，我国每况愈下，中国人根本就不知道代议制之政体，民权不申，也不知道自己有民权。改良派对宪政制度之理解已经到达同时代最高之水准，虽然某些观点还不尽准确，但表明他们已经不再盲目崇拜西方的制度文明，开始注意其中的缺陷与弊端，并开始了中西方政制之比较。这种比较不再是中西体用之比较，更不是中西夏夷之论争，而是理性审慎地开始研究适宜于中国的宪政体制。

此时期的改良派对分权学说有了更深刻的见解，认为立宪君主政体为最佳，即"其政府以行国家统御之实务为本分，代表全国民，为国家之无上机关，据宪法实以发表国家之意思。由是观之，此种政体，亦含自然之理也"[38]。他们认为行政权与司法权可分可不分，分则无害；立法行政司法三权不能同等同格、无上下之序，不可同阶并列。

倡导政党政治是《清议报》时期改良派的主要亮点之一，最早的较为全面系统的介绍政党的论文出现在《清议报》时期的后期。在《政党说》中，改良派认为实行政党政治是必然的，"天下者，政党之天下也。国家者党派之国家也"，"不党则必废国防，毁国约，以天下为一家"。他们把政党定义为，"政党者，聚全国爱国之士，以参预一国之政，聚全国舍辩

---

〔35〕 梁启超：《国家论卷一》，载《清议报》（第15册），中华书局1991年版，第946—947页。
〔36〕 同上注，第946页。
〔37〕 梁启超：《论中国与欧洲国体异同》，载《清议报》（第26册），中华书局1991年版，第1668页。
〔38〕 梁启超：《国家论卷一》，载《清议报》（第31册），中华书局1991年版，第2032页。

之士，以议论一国之政者也”。改良派认为专制之国之朋党，以一人之是非为是非，“是非天下之至私者乎”，认为这是假公济私，“假公济私者辄曰，君子不党”。而立宪之国实现政党政治则看似为了私利，其实实现了维护公利之目的。改良派还把现代政党与古代的党朋相区别，认为古代的党朋以党魁之名为名，像牛党李党，皆为私党，不是政党。中国以前立党皆以一事、一时而起，事后则散，也不是政党。在他们看来，“以今日之中国而言党，一宜知立党之意，为一国非为一人；二宜知一党之成，为长久非为一时；三宜知入党之人，贵抉择不贵滥取”，作为政党“必有一党之政治法律”，“故党也者，地球至文明之事。故但供驱策之用者，可与共事而不可与其党。徒读死书而内有所不足者，可与共学而不可与共党。若兼收并蓄，美玉与瓦砾同陈，是谓之乌合之众则可，不得谓之政党也”，并雄心勃勃地说“要之不立党则已，既立党，则必以中国第一党自居，且必以地球上之第一党自居”[39]。

改良派对政党政治的运作有明确的说明，即“立宪之国则不然，人各有党，党各有宗旨，甚至互相攻击，互相排挤，是不可谓非天下之至私矣。然甲党怀私，则乙党攻之，乙党怀私，则甲党又攻之。则党与党之间，均无所容其私。君主有失，则党与党共攻之。大臣有失，则党与党又攻之。则自有党而君主与大臣均无所容其私。且也君主与大臣有失，某党阿谀之，则某党又攻之。某党有失，君主与大臣或纵容之，则某党又攻之。则互相监察，互相箴规。即率君臣上下全国之人而无所容其私。是非天下之至公者乎”，这样通过政党之间的竞争与监督，实现公共利益。[40]在《论非立大政党不足以救将亡之中国》中改良派还认为要使政党操控政府，“使政府欲妄杀一人而党人皆曰不可杀，则政府无权以杀之也”，达到“党人有权力以要求政府，要求不得或改造之，改造不得则虽流千人万人之血以购我一国之文明，非达我一党之目的不止”。“无党则国亡，随之无国则人亡，随之国亡人亡，较之一时党禁之利害，孰轻孰重？”同时还要求政府开放党禁，以保卫政府保卫国家。[41]

在《论内阁制及政党》一文中，改良派比较详细地介绍了内阁制和政

---

〔39〕 参见秦力山：《政党说》，载《清议报》（第78册），中华书局1991年版，第4907—4910页。

〔40〕 同上。

〔41〕 参见秦力山：《论非立大政党不足以救将亡之中国》，载《清议报》（第78册），中华书局1991年版，第4967—4974页。

党。第一部分介绍了内阁制的四种情况，第二部分则主要介绍了各国政党的情况，并明确说明了“立宪之要，在于使国民参与立法”，因此政党应该多样化，代表不同群体阶层的利益，“谓政党只有二派，是非立政党之格式，强使国民就之不可也”。“至如谓二大政党，乃谓政府党及民间党”，同时看到“然两党中亦非只一党可以组成之者，不能以之概律天下之政党也”，政党与内阁关系密切，“不能只有二大政党，必须郡党分树，乃足以完善内阁制度”。[42] 同时，改良派还对两院制有较为清晰的看法，认为上院多为保守党，下院多为进步党，“夫有保守而无进步，不足以立国，斯固然矣。然有进步而无保守，有时恃气急进，或亦误国家之大事”，“故现时各国，皆经许多之实验，皆以兼置两院为最善也。”并认识到国会有改正宪法、法律的权力，批准预算的权力，监督政府之权利。[43]

此外，改良派对于政党与政府、主权、国家的关系也有清楚的论述。他们已经看到“欧洲各国政党之关系于政府者，大率不外此一反对政府之党，一维持政府之党，二者而已”。对于政府与主权的关系，他们首先从侧面介绍了主权，即“所谓国家者，不过自我国人操其主权而已”，认为中国主权在外国人之手，而政党与主权的关系是指“政党之于主权亦视政党之势力何如耳”，政党掌握主权的多少反映了国家文明的程度，“今天下大势其主权尽在党人之掌握”。对于国家与政党之关系则比较模糊，没有明确说明，只是提到“夫所谓政党者奈何，自其外观之，可以要求民权，亦可以进退政府，而自其内视之，其纠察一党之举动者，亦所在皆是。夫政党，岂不曰欲强我国家乎哉”，同时对政党的流弊也有清醒的认识，即“因公以倒私容或有借公以图私者”，总结出是否有益于国家的关键在于“是在复我一国国民之自由权否?”最后仍是呼吁要学习国外的政党制度。[44]

政党制度理论的提出既是改良派理论的进步，也是时势发展的必然。甲午战争、戊戌变法之后，海外革命团体不断涌现，各团体之间的联系也不断加强，各团体联合形成政党亦是必然。《清议报》时期的改良派中很

---

〔42〕 参见《论内阁制及政党》（译自《太阳报》），载《清议报》（第95册），中华书局1991年版，第5924—5930页。

〔43〕 参见梁启超：《各国宪法异同论》，载《清议报》（第13册），中华书局1991年版，第807—808页。

〔44〕 参见秦力山：《论非立大政党不足以救将亡之中国》，载《清议报》（第78册），中华书局1991年版，第4967—4974页。

多人物与革命党人来往密切，为了划清界限，明确自己的宗旨，加强内部组织性，组织政党也势在必行。另外，通过政党来实现议会的功能，完善责任内阁制度，与改良派群体本位思想是一脉相承的。只不过这种群体以政党的面目出现政治架构上，即通过三权分立，各权力群体之间相互牵制，实现对权力的制约；议会内部，实行政党政治，让通过利益来区分开的社会群体之间互相争斗，形成权力制约。

虽然改良派对各种制度的设计非常完备，但是面对改革维新现实，他们仍较为保守，并没有理想主义地期盼实现社会大变革，而是寄希望于光绪皇帝通过开明专制逐步实现维新图强。作为君主立宪的配套措施或必要前提，开明专制的初步思想在《清议报》时期就被改良派所提出，但是系统的开明专制理论的形成标志是梁启超《开明专制论》在《新民丛报》上的发表。[45] 与革命派主张通过革命实现共和宪政相对，开明专制是改良派实现君主立宪的必要途径。开明专制思想的萌发是为了确保变法政令的有效实行，和避免改革出现社会的动荡。改良派最初是主张虚君立宪的，但是，改革的失败让他们意识到不能立即实现虚君立宪的目标，便退而求其次，主张光绪皇帝的开明专制主导实现立宪，其提出了许多理由。最重要的一点是，光绪帝有变法的决心和勇气，以天下百姓的权利为要胜于自己的性命，光绪帝不顾艰难险阻决意变法，对丧师辱国极其痛恨之："盖自归政十年隐忍踌躇盘桓待时，一恨于失安南，再恨于割辽台，三恨于割胶旅。与其余割土司割铁路轮船矿产商务兵权之种种，怀愤蒙耻，抱恨含怒□积沈详，深思熟权，不得已而后以身殉天下于此。"[46] 改良派在《兴民权》中把光绪说成是倡导民权的圣主，"圣主忧民之不自有其权而务导之，有君如此其国之休欤，其民之福欤"[47]，这可谓最有力的一张牌。除动之以情外，改良派还晓之以理，通过分析得出，保全中国非赖皇上不可，对《尊皇论一》中甲乙丙三人各自"望西后荣禄刚毅等他日或能变法则中国可保全也"，"望各省督抚有能变法之人或此辈入政府则中国可保全也"，

---

〔45〕 在1905—1907年改良派与革命派论战时期，为驳斥革命派的共和论，梁启超于1906年1月25日至3月25日在《新民丛报》的73、74、75、77四期上连载其《开明专制论》一文。梁启超在《开明专制论》开头的《著者识》中申明"本篇虽主张开明专制，然与立宪主义不相矛盾，读至终篇自可见其用意之所在"。

〔46〕 梁启超：《论皇上舍位忘身而变法》，载《清议报》（第2册），中华书局1991年版，第74页。

〔47〕 梁启超：《爱国论三》，载《清议报》（第22册），中华书局1991年版，第1395页。

"望民间有革命之军起效美法之国体以独立则中国可保全也"的观点加以驳斥，认为"保全中国惟有一策曰尊皇而已"，中国所遇到的变局是千年所未有，皇上也是千年难得之圣人，虽然被废，但是仍保有性命，这是难得的机会。[48] 改良派还在《国民公议》中首倡尊王，次曰保国，亦可见保皇在其心目中的地位。[49] 加之，此时康有为在海外拉起保皇大旗，因此此时期的改良派也被称为保皇派。[50]

在改良派看来，开明专制不仅仅是为了满足推行变法政令的需要，同时也是实现宪政的必经之途，中国不仅不能马上实现民主共和，就算是实现君主立宪也需要一个过渡，在梁启超看来，这个过渡的最好形式就是开明专制。他甚至认为凡是经过开明专制再逐步过渡到君主立宪制，才是严格意义上的君主立宪制。这样的君主立宪制才可以避免共和制所产生的内部冲突，明确把开明专制作为建立君主立宪制度的必备条件。这种观点可能看起来过于保守，却是对中国现状和世界局势有深刻认识的基础上做出的，在保国保种为第一要务的情况下，国家的团结与稳定永远是改革的首要问题。

四、《清议报》时期改良派宪政思想评价

改良派希望通过改造国民性、兴民权来实现兴国的目的，"新民"成为建设宪政所需要的社会文化基础，这是改良派宪政思想的底色。在宪政制度建构上，他们不仅坚持君主立宪，而且吸收了政党政治理念，希望通过开明专制逐步完成民族国家的构建而实现富强。民权、君宪、开明专制构成了改良派宪政思想的核心。此三点的提出看似是符合当时中国社会发展实际的，但是并没有解决中国问题，究其根本，是因为他们的理论具有较大的缺陷，没有洞见西方宪政的实质。

改良派极力倡导"民人"在国家中的作用，但是并没有真正理解"民"在西方国家宪政语境中的意义。他们辨民权与民主、民权与人权之不清，既有历史的局限性亦有本身立场的局限性。在中国古代的政治法律

---

〔48〕 参见梁启超：《尊皇论——论保全中国非赖皇上不可》，载《清议报》（第9册），中华书局1991年版，第511—514页。

〔49〕 麦孟华：《国民公议》，载《清议报》（第46册），中华书局1991年版，第2963—2970页。

〔50〕 保皇虽作为此时期改良派的共同口号，但是其成员对保皇的理解实则不同。参见董方奎：《梁启超与立宪政治》，华中师范大学出版社2011年版，第77—81页；刘福祥、赵矢元：《论梁启超戊戌后思想上的两次反覆》，载《学术月刊》1983年第10期。

思想文化中，并没有民权、民主、人权这些概念，却有丰富的民本思想资源。民本主义作为一种政治主张，同时也是伦理法的基本价值目标，它要求君主“爱民”“重民”“富民”“教民”，其目的是更好的“牧民”，其核心是为民做主而非由民做主。民本只是为君立法，而不是为民立法，但在现实世界中并没有比君主更高的统治者，于是在君之上设置了“天”，作为君主的监督者。民心的向背决定着天对君主的弃取，决定着君权是否具有合法性。因此，它与域外民主有着文化底蕴的惊人相似，有着内涵的交叉，所以很容易被误读为民主。[51] 那么他们是否对民主有真正的认识呢？梁启超曾言：“谓当以君主之法，行民权之意。若夫民主制度则期期以为不可。”[52] 在他们看来，民主是遥远的理想而现实可行的只能是有限度的民权（君主立宪），即“民权者，其国之君仍世袭其位；民主者，其国之君由民选立，以几年为期”。[53] 但是，没有现代意义上的民主也就不会有真正的公民权利，更不会有宪政，而人权则更是遥不可及。

在近代中国，民权一直是国家强盛的手段而不是目的。最初，改良派继承王韬、郑观应等早期维新派对议院的误读，并从孟子的民本主义、反专制主义中汲取营养，希望通过兴民权、设议院来革除“君民相隔、上下壅蔽”的局面而实现“君民合力”从而实现国家富强。因此民权与议院是合二为一的东西，民权不兴，议会则难开，开议会必须是以民权兴为前提，最后着眼点回到中国的国情开明智。但是因为其民权内涵本身的缺陷，无论是作为工具价值之立宪还是新民，都无法完成他们所赋予的富国强国之使命。而今天所谓的公民权利的核心是人权，而改良派之民权似乎更是一个公民行动能力，特别是指公民参政之能力。梁启超在《上陈宝箴书论湖南应办之事》中提出“今之策中国者，必曰兴民权”，“昔者欲抑民权，必以塞民智为第一义；今曰欲伸民权，必以广民智为第一义”。这种公民参政之能力之民权与古希腊之民权即民权的原生意义很接近了。但是这种古典宪政的民权并未有近代宪政价值中所蕴含的对人权与自由的保

〔51〕 俞荣根：《民权：从民本到民主的接转——兼论儒家法文化的现代化》，载《学习与探索》1999年第1期。

〔52〕 梁启超：《南海康先生传》，载《饮冰室合集·文集之六》，中华书局1989年版，第85页。转引自俞荣根：《民权：从民本到民主的接转——兼论儒家法文化的现代化》，载《学习与探索》1999年第1期。

〔53〕 何启、胡礼垣：《劝学篇·书后》，载《新政真诠·5编》，格致新报馆，第44页。转引自俞荣根：《民权：从民本到民主的接转——兼论儒家法文化的现代化》，载《学习与探索》1999年第1期。

护。在这里民权并不是指城邦公民作为独立的个体能拥有的权利，就个人和城邦的关系而言，民权只是表现在参与城邦的政治生活和参加城邦管理的资格。这种资格不是来自个体作为“自由自觉活动”的主体而拥有的权利，而是个人作为城邦的一份子，即作为一个“政治动物”由城邦分配给他的一种机会，或授予的资格。这种机会或资格是作为“政治动物”能够参与城邦生活的身份规定性。而古希腊“宪法”的最高价值就是保证共同体生活的和谐。[54] 不知梁启超在此之前是否懂得古希腊宪政与民权之意义，假使不懂得，那也许正说明了“宪政”价值之“普适性”，只不过中西之间是在很古朴的理念上相遇。

也正是这种“民权”观嫁接起了中西方“民本”“民主”概念之间的联系。俞荣根教授对三者有精当的概括：

民本思想体系中的“民”，是“子民”；民权思想体系中的“民”，是“国民”；民主思想体系中的“民”，是“公民”。“子民”社会唯君权，无民权。“子民”是一个群体，不是个体。其法文化以家族为本位。“国民”社会限君权、伸民权。“国民”也是群体，不是个体，其文化以国家为本位。“国民”的权利主要表现为国权，特别是政治权。“公民”社会废君权，兴人权。“公民”是一个个体单位，指一个个活生生的自然人。“公民权”重在个体权利，其法文化以个体权利为本位。[55] 虽然改良派没有实现对公民权利的追求，没有找到宪政真正的价值，但是“民权”是中国近代化过程中必不可少的环节，是近代化过程中“民主”的中国表达。正是由于“民权”对民主的误读，才使民主在中国能够落地，并随着对西方宪政认识的不断加强而不断茁壮成长。另外“民权”的提出实现了法文化从家族本位、向国家本位的转换，从而为中国民族国家的建构打下了文化基础。

改良派的宪政制度理论，以当时中国之国情为依据、以国外宪政发展历史为借鉴而提出，包括了君主立宪、三权分立、国家结构形式、议会制度、政党制度、责任内阁制等宪政理论。至此，改良派的宪政制度建构理论大体完成。但是因为这套君主立宪理论的基石——君主立宪（与民主立宪相对）被国人所抛弃，所以其他的制度也被一并抛弃。改良派的君主立

---

〔54〕 王人博：《宪政文化与近代中国》，法律出版社 1997 年版，第 76—81 页。

〔55〕 俞荣根：《民权：从民本到民主的接转——兼论儒家法文化的现代化》，载《学习与探索》1999 年第 1 期。

宪理论之所以“不合时宜”，并不在于它不合时代之发展，而在于它不能在具体的历史环境中应用于现实，致使本不必要的革命民主共和成为了现实的必要。戊戌变法之后，光绪帝被幽禁，时刻处于被废黜的危险，不可能成为立宪君主；慈禧，手中沾满了屠杀维新志士的鲜血且不愿放弃最高权力，亦不是名义上的君主，故而也不可能成为立宪君主。如果另立新君，必又是一场“革命”，何必多此一步？因此，无论改良派理论如何完善、对社会发展多有洞见，他们的理论只能是空头理论，无法应用于现实。对于改良派来说，这是一个棘手而无法解决的问题。当革命派的“驱除鞑虏、恢复中华、创立民国、平均地权”被提出之后，它就被逐渐抛弃了。

在民智日开、民权日盛、民主革命思潮兴盛的时代，开明专制自然和君宪理论一样，被视为历史前进的绊脚石。但是欲速则不达，在宪政改革领域亦是如此。孙中山为首的革命派急于变革中国现状，发动辛亥革命，可是为了弥补“失误”，又不得不发动“二次革命”直至之后的“国民大革命”。然而他们的理想与任务仍没有完成，中国继续滑向更深的深渊，整个民族在激进中无法回头，不然将以“保守”之名钉在反动的耻辱柱上。〔56〕因为政治变革是一场不能重新再来的政治游戏，我们无法重新设置改革的条件和环境，但是当我们今天重新审视和检讨这场变革时发现：开明专制或许是被历史证明的必要选择，更确切地说，稳步渐进是政治变革的必要选择。

改良派以“新民”作为建设宪政所需要的社会文化基础，以君主立宪、实行政党政治完成他们的宪政制度建构，希望通过开明专制逐步完成民族国家的构建而实现富强。在这一体系中，民权观是基础，君主立宪是手段，开明专制是途径，国家富强是目的，社会稳定是必要的前提。然而，正如前文所述，在这个体系中，个人作为单独的个体是没有位置的，宪政只具有救国的工具价值，而没有保障权利与自由的价值。整个体系以集体主义贯穿起来，涌入浩浩荡荡的民族主义浪潮之中。晚清以来，我们所面临的是生死存亡的环境，而不是和平的环境，为了求得国家独立与富强，对抗列强的侵略，我们必须调动起最大的政治力量，“中国近百年来的变化，一个最大的动力就是民族主义。一个政治力量是成功还是失败，

---

〔56〕 余英时：《中国近代思想史上的激进与保守》，载何俊编：《余英时学术思想文选》，上海古籍出版社2010年版，第236—249页。

就看它对民族情绪的利用到家不到家。如果能够得到民族主义的支持，某一种政治力量就会成功，相反的就会失败”。[57] 因此，一百多年来，中国一直为了民族的生存、为了民族自由而牺牲个人的自由。而从中国人的主观心理和文化传统来看，为了民族存亡而牺牲个人、小我也是天经地义的。天下为公、大同世界，永远是最高的情感关怀，哪里还会顾得上自己的自由呢？因此，改良派本欲实现民族国家富强，却用以自由为价值追求的宪政为手段，硬是把本属于西方不同价值范畴的东西——民族主义与自由主义同床共寝，结果最终使得个体自由这一西方宪政文化中心价值成分不得不消解于民族主义的洪流之中。[58] 宪政的价值层面因此而缺失。但是这种缺失从根本上是由于改良派自身理论基础薄弱造成的，他们无法理解自由的真正价值。从客观方面来讲，他们追求宪政的环境是生死存亡的环境，而不是和平的环境。因此，即使是后来最为倡导自由主义的胡适也不得不在民族主义前俯首，此为后话。

实际上，近代宪政核心的自由主义与国家富强既无因果关系也不互相冲突。把宪政与富强扯上关系，始自王韬、郑观应等对宪政的误读。而康为首的维新派继承了这种误读，并最终在严复那里发展成“富强为体，宪政为用”的文化范式。这种范式以另外的形式被革命派和“五四”人所继承。同样，自由主义与国家富强二者也并不必然冲突，甚至只有具备自由主义的精神才能有真正的集体主义，从而才会有国家作为一个集体的强大。改良派在地方上的维新活动，虽没有精深的理论做基础，却在渐进中取得了不少的成就，但是终因书生意气而使维新之路断送于戊戌政变之中。事实上他们也没有政治能力把握住清末社会激荡翻腾的时代潮流，在历史洪流的冲击下，不得不顺流而下。[59] 宪政制度在中国始终无法找到一个合适的机会来实现。[60] 无论是改良派还是其前后的其他政治派别，虽然他们都有着相同的人格理想和社会理想，都在不同程度上坚持集体主义和

〔57〕 余英时：《中国近代思想史上的激进与保守》，载何俊编：《余英时学术思想文选》，上海古籍出版社 2010 年版，第 236—249 页。

〔58〕 王人博：《宪政文化与近代中国》，法律出版社 1997 年版，第 152—153 页。

〔59〕 董方奎：《梁启超与立宪政治》，华中师范大学出版社 2011 年版，第 353 页。

〔60〕 没有合适的机会，现在看来或许可以在统治者身上找到很多主观的原因。然而历史的无可奈何也在于此，改良派有改革的动力和能力，却没有相应的改革权力，而统治阶级有改革的权力，却没有改革的动力和能力。如何在激进与保守之间寻求平衡，使统治阶级保持改革的动力是很难的，对于老大的中国更是如此。

民族主义[61]，但是面对落后的半殖民地国家，他们为了民族的复兴，不得不选择宪政——靠激发民族热情和强化民族意识来获得动力并作为民族救亡手段之宪政，这又强化了民族文化。他们无意中步入到中国宪政的两难境地——越是追求宪政越是远离宪政的精神。[62] 理想与现实之间一次次拉开的巨大差距不断地刺激着国人向更高的目标努力，直到共产主义为止。最终，渐进主义的君宪之道只能是被抛弃的结局。

五、余论：再谈宪政在中国是什么

宪政之于中国一直都没有西方宪政所蕴含的那种价值追求——保护个人的自由，在中国先进知识分子那里，宪政首先体现的是一种制度，一种上通下达、革除壅塞的制度。此外，它是能够达至太平之世的政治制度。宪政不是为了“限政”也不是为了保护个人的权利与自由，宪政一词更多的是“变法”的近代代名词，因为所法之物为西方宪政，只是我们自己移情了许多新的含义到它上面。宪政的中国之道，不是保护人权和自由之道，而是国家富强之道。然而，半殖民地之国要走向富强，便不得不唤起民族主义、强化集体主义、增强中央权力，如此之宪政便与宪政之内核愈发矛盾了。这就是中国宪政的“两难”。梁启超作为中国宪政探索者的典型代表，这种矛盾在其身上体现得更加明显。从《古议院考》到《新民说》到《开明专制论》，再到《宪法之三大精神》，反映了其对中国宪政之路的孜孜追寻。

无论如何，作为中国人，无法将个人利益置于国家利益之上，特别是在民族危亡之际，不论是梁启超时代还是今天，我们无论是从伦理上还是从心理上都不敢否认民族富强为第一要务，而个人的权利与自由，如果和民族富强有矛盾，那就应当暂时舍弃。但是强调保护个人权利与自由的宪政和民族富强真的矛盾吗？严复认为西方的强大蕴藏在西方的宪政及其文化之中，因此实现宪政有利于实现富强，宪政对于中国仍然只具有工具价值，这种观点把中国对西方宪政文化的移入的范式规约成了“中体西用”。今天，中国已经不再面临那么严重的民族危亡，国家也正在迈向富强，保障人权也已经写进宪法，应该说今天我们再提宪政不应该有那么多“顾虑”，而且宪政在中国也比梁启超时代更加必要。

---

〔61〕 转引自王人博：《宪政文化与近代中国》，法律出版社 1997 年版，“引言”，第 6 页。
〔62〕 同上注。

然而，问题在于，要在根本上确定保护人权与自由的制度，必须改革现有的政治制度，实行政治制度改革。从这个意义上，宪政之“变法”意义再次凸显，对于政治稳定的顾虑再度产生。但是不改革、不实行宪政，政权的合法性就会不断丧失。这也许就是今天宪政改革的两难。但是今天的“两难”没有百年前的“两难”在理论上那么不可解，今天的“两难”更多的是技术性问题，更确切地说是妥当处理内部利益格局变动的问题。

如果说百年前大多数中国人还是天子的臣民奴隶，没有权利意识，对宪政无所喜爱，搞宪政没有必要；那么今天，人权、自由等观念深入人心，还发生专制权力对个人权利肆无忌惮的侵犯，那么宪政就应该实现了。只能是政权去适应民心，而不是民心受制于政权。至于中国的宪政该选择何种形式实现，是“三权分立”，“五权共和”，还是委员会制度等，是理性建构，更是一种亲身实践才能实现的东西。如果“体用”之分的中国哲学还被适用，宪政在中国，那就是以保护人权与自由为体，以具体制度建设为用，旧瓶装新酒耳！

（文字编辑　曹涵彬）

1907年的中国宪政考察团

柴松霞*

1840年鸦片战争以后，西方资本主义国家用坚船利炮打开了中国的大门，中国社会被动卷入了近代化的进程。面对内忧外患的严峻形势，清政府为挽救自己的统治地位，下诏变法修律，进行改革，改变了以往倨傲的姿态，主动派考察团出洋，决定实施预备立宪，从而推动了中国法律近代化的进程。大体上讲，晚清时期法律的发展，不仅仅是移植新法、开启民智、会通中西的法制变革的过程，更是整个中华法律文明带着传统的文化烙印，与世界接轨并获得新生的历程。

就晚清变革来讲，影响力最为深远的当属清政府自己推行的“预备立宪”运动，因为这是对“祖宗之法”的根本动摇，是对传统专制体制的否定。而为实施“预备立宪”，清政府两次派考察团出洋考察，在法律近代化进程中就显得至关重要。五大臣出洋拉开了预备立宪的序幕；三大臣出洋又推动着立宪运动向纵深发展。长期以来，学术界对这段历史的研究总是以辛亥革命为主线，而对清朝政府的新政活动和立宪运动只是作为革命的背景来记叙，甚至把当权者推行的立宪活动作为革命派和立宪派的对立面来批判，这是颠倒本末的。

一、宪政考察团简介

对于五大臣出洋的研究，学界取得了颇为丰硕的成果，而且从20世纪

---

* 作者系华东政法大学博士后研究人员，天津财经大学法学院讲师，研究方向为法律史学。本文是天津财经大学科研发展基金项目的成果之一，也是天津市哲学社会科学研究规划项目“法律移植与文化强国：近代中日出洋考察宪政之比较研究”（项目编号：TJFX12-009）的部分成果。

80 年代开始就有中外学者持续关注，而对于 1907 年清政府派出的宪政考察团，学界却鲜有提及。目前，能从中国知网搜到的专论仅有罗华庆《清末第二次出洋考政与“预备立宪”对日本的模仿》[1] 一文，该文除了探讨清末“预备立宪”对日本宪政模式的模仿、借鉴，还对比了中国 1907 年出洋与日本伊藤博文出访欧洲考察宪政的情况。罗建文的硕士论文《论清末出洋考察宪政》[2] 对于第二次出洋考察有所涉猎，拙著《出洋考察与清末立宪》有一章专门讨论了 1907 年的中国宪政考察团是如何推动“预备立宪”走向深入的。甚至对于考察宪政大臣达寿、李家驹、于式枚、汪大燮等这些人物的研究也不够，不仅少有文章提到[3]，即使提到他们，也会忽略他们出洋考察这一重要的历史活动。

而 1907 年清政府再次派出大臣出洋考察宪政，是清末“预备立宪”运动的深化，使清廷最终确立了对德日政体尤其是日本宪政模式的模仿。与此相关的结果则是诞生了三个产物：一是成立了“宪政编查馆”，二是筹建了资政院和各省谘议局，三是颁行了《钦定宪法大纲》和《宪法重大信条十九条》，并且这三大新生事物的出台，考察大臣或直接参与其中，或是“献计献策”，清廷参考他们提供的信息制定。所以，有必要对 1907 年的中国宪政考察团给予重视和研究。

要明确 1907 年的宪政考察团，首先要和 1905 年的政治考察团有所区分。所谓“出洋考察”，是指清廷于 1905 年和 1907 年两次派出以政府高级官员为首的政治考察团和宪政考察团，赴欧美和日本等西方国家所进行的考察活动。“政治考察团”与“宪政考察团”中的“政治”与“宪政”两词，虽然仅一字之差，它们却是既相联系又相区别的两个名词。“政治”的内涵和外延都很广。大凡涉及国家议会、立法审判、各级行政、自治制度等属于政治的范畴，而“宪政”的内涵和外延都要小一些。在外语中，

---

〔1〕 罗华庆：《清末第二次出洋考政与“预备立宪”对日本的模仿》，载《江汉论坛》1992 年第 1 期。

〔2〕 罗建文：《论清末出洋考察宪政》，湘潭大学 2006 年硕士学位论文，第 7—11 页。

〔3〕 对于达寿和汪大燮几乎还没有论文专门就他们的宪政思想进行研究，有个别论著在谈到清末立宪的问题时会几笔带过。关于李家驹有一篇论文，即拙文《论李家驹的宪政观》（见《中国法学》2011 年英文版第 1 卷）；对于式枚的研究，有 4 篇论文发表，即庄吉发的《于式枚与德国宪政考察》（见台湾“中央”研究院编《近代中国历史人物论文集》，1993 年版）、曾凡亮的《晚清贺县籍名臣于式枚生平研究》（见《贺州学院学报》2008 年第 1 期）、许超的《于式枚对清末立宪的态度》（见《传承》2010 年第 9 期）和拙文《论于式枚的宪政观》（见韩国《国际中国学研究》2009 年第 12 辑）。

以英语为例，“politics；constitutionalism”二者也是不尽相同的。二者的关系是“宪政”是“政治”的一部分。“宪政”是不能涵盖“政治”的所有释义。在特定的条件下，可能指同一事件。但海外学者在涉及这 历史概念时，比如日本学者孙任以都把1905年的政治考察团称为宪政考察团[4]；再以梅恩伯格的《中国立宪政府的出现（1905—1908）：慈禧太后认可的概念》[5] 一书为例，也通常统一称之为“宪政考察团（Constitutional Mission）”。

在清末文件中，清政府对二者的用法是加以区别开来使用的。1905年，在派出政治考察大臣五人后，在1907年，又派出宪政考察大臣三人前赴英国、德国、日本专门考察和研究宪法。这可资佐证“政治”和“宪政”二词是不能混同的，也是不能乱用的。当然，也许当时的清政府对于“政治”和“宪政”之间的区别，不可能有很深的认识，但它的确是作了区别使用的。

“政治考察团”，即史学界所称的“五大臣出洋”；“宪政考察团”，即第二次出洋专门负责考察宪政的大臣，也是所谓的“三大臣出洋”，其中，于式枚出访德国，达寿出访日本，汪大燮考察英国。由于对日本宪政的重视，达寿回国后，又由驻日使臣李家驹接替他考察日本。与第一个考察团成员相比，第二次出洋的人员都是对宪政有较深认识的大臣。由于清廷1906年已宣布“预备立宪”，所以达寿等人在第二次出洋考察前，对宪政已有不同程度的接触，而负责考察英国的汪大燮，1905年曾任驻英公使并随同载泽考察过英国。而以前因配合政治考察团出洋所设立的政治考察馆此时也改为宪政编查馆。

清廷确立“预备立宪”的基本国策以后，为了进一步的实施步骤，于1907年9月派出第二批大臣，专赴日、德、英三国续行考察。时任直隶总督的袁世凯于1907年7月17日上奏朝廷，认为“近数十年来，环球各国无不颁布宪法”，“前者载泽等奉使出洋，原为考求一切政治，本非专意宪

---

〔4〕〔日〕孙任以都：《1905年—1906年的中国宪政考察使团》，E-Tu Zen Sun，The Chinese Constitutional Mission of 1905—1906，*The Journal of Modern History*，Vol. 24，No. 3，1952.

〔5〕 Norbert Meienberger，*The Emergence of Constitutional Government in China*：1905—1908，*The Concept Sanctioned by the Empress Dowager Tz' U-Hsi*，Bern：Peter Lang，1980.

法，且往返仅八个月，当无暇洞见源流”[6]。而各国政体，以德日两国为近似，最于中国相宜，所以为未雨绸缪，“请简明达治体之大臣，分赴德日两国，会同出使大臣，专就宪法一门，详细调查，博访通人，详征故事。何者为入手之始，何者为收效之时”[7]。但求发明真理，不必预定回国之期，使能“悬鉴照形，立竿见影，以周时用”[8]。

清政府采纳了袁世凯的建议，光绪三十三年八月初二日（1907 年 9 月 9 日），命“学部右侍郎达寿，充出使日本国考察宪政大臣，邮传部右侍郎于式枚，充出使德国考察宪政大臣”[9]。同时，驻英公使汪大燮顺便考察英国。所以，“宪政考察团”主要是指达寿、汪大燮、于式枚等人。此时清廷已明令宣布“预备立宪”，因此，达寿、于式枚、汪大燮等人便是名副其实的“考察宪政大臣”。他们的德日之行，也专意于君主立宪国如何巩固其政权、如何整饬国内之秩序。两年以后，清廷再度派员出洋考察宪政，算是对第一次出洋的延续和深化。与第一个考察团成员相比，第二次出洋的人员都是对宪政有较深认识的大臣。

达寿能出洋考察宪政，除因跟皇室沾边外，还主要是因他的学识。[10]而汪大燮有丰富的留洋背景[11]，李家驹属于对宪政知识相当了解的人[12]。此次考察宪政大臣中，于式枚比较具有特殊性和典型性。他一向以“顽固”著称，就这么一个保守官僚走出国门考察宪政，即使回国后仍被学者称之为“守旧派”，但其回国后的建议是否具有某种合理性，还是值得讨

---

[6] 《直隶总督袁世凯奏请简大臣分赴德日两国考察宪法疏》，见沈桐生：《光绪政要》卷三十三，《近代中国史料丛刊》（第 35 辑），台湾文海出版社 1966 年影印，总第 2456 页。又见《直隶总督袁世凯请派大臣赴德日详考宪法并派王公近支赴英德学习政治兵备片》，《清末筹备立宪档案史料》，中华书局 1979 年版，第 202 页。

[7] 沈桐生：《光绪政要》卷三十三。

[8] 《直隶总督袁世凯请派大臣赴德日详考宪法并派王公近支赴英德学习政治兵备片》，《清末筹备立宪档案史料》，中华书局 1979 年版，第 202 页。

[9] 《大清德宗皇帝实录》，卷五七七。

[10] 达寿，字茀一，号挚夫，满洲正红旗人。进士出身，授庶吉士，翰林编修，侍讲，赞善国史馆协修，文渊阁校理；出洋时任学部右侍郎，回国后曾任资政院副总裁。

[11] 汪大燮（1860—1929），原名尧俞，字伯唐，一字伯棠，浙江钱塘（今杭州）人，祖籍安徽黟县。清光绪十五年（1889）中举。1902 年任留日学生监督，次年，任外务部左参议。1905 年任驻英公使。

[12] 李家驹在清末至中华民国初期参与了中国的宪法制定。清末他曾在日本从事宪政调查，回国后曾先后任资政院副总裁、总裁。进入中华民国后，李家驹在《中华民国约法》下成为参政院参政，并参与宪法起草。

论的。尤其是在考察德国期间，于式枚对普鲁士宪法、地方自治[13]等方面进行了详细介绍，并翻译了许多相关著作，不仅为当时的清廷立宪提供了极为有用的参考资料，也是时人和后人了解德国宪政的一个重要渠道。

二、宪政考察团的成果及建议

1907年11月，清廷第二次派员出洋考察，学部侍郎达寿考察日本，外务部侍郎汪大燮考察英国，邮传部侍郎于式枚考察德国。依照宪政编查馆所开的考察要目，他们这次考察的重点是宪法史、比较各国宪法、议院法、司法、行政和财政六大类内容。此次考察与“五大臣出洋”时的情况明显不同，五大臣出洋考察政治还属于新生事物，他们对宪政的认识还是较为懵懂的，王公大臣们是带着憧憬甚至是某种幻想走出国门的，他们所带随员多，历时长，考察范围广泛。而清末第二次出洋考察前，考察人员就已对宪政有不同程度的接触，有的对所要考察之国本来就熟悉，他们的政治素质普遍较高。而且，他们考察的内容也更为具体、明确，就是考察宪政，以备清廷在推行“预备立宪”过程中予以借鉴和采用。

在这三个考察大员中，达寿对清廷的影响最大。从1907年9月到1908年7月，他一直滞留在日本，在伊东巳代治的帮助下，得到了穗积八束、有贺长雄、太田峰三郎等著名学者的指导，回国后归纳整理了比较宪法、日本宪法史、议院法、涉及司法、行政、财政等六个方面的材料，凡五编十五册。[14] 这不仅对清末的君主立宪，而且对此后中国的立宪理论都产生了重要影响。期间经过数月的专门考察，他再次强烈感到中国应制定日本式的二元君主制宪法。出洋时达寿任学部右侍郎，在调查途中就任理藩部左侍郎并回国，当时担任驻日公使的李家驹便接替了他的考察任务。

达寿和李家驹在日本对行政机关、军事组织、教育机关等进行了考察，而其最重要的任务则要数参加日本的宪法学者讲授的有关宪政的课程。讲授该课程的是早稻田大学教授有贺长雄，他在清国留学生部也曾任教。作为早稻田大学的创始者，大隈重信不仅协助他们进行宪政调查，还在各个方面参与了清末的政治改革：第一，他对1906年先于宪政考察大臣来日的中国政治考察团提供了协助。第二，正如清国留学生部的创设那

---

〔13〕 具体可参见《考察宪政大臣于式枚奏考察普鲁士地方行政制度折》，台湾故宫博物院藏，编号652000003，卷二。

〔14〕《东华续录》，光绪朝二一八，七月甲午的奏折。

样，他在早稻田大学积极招收中国留学生。他们学成回国后，在当时清廷的“预备立宪”运动中发挥了重要的作用。第三，他向留学生以及因研修目的来日的清朝官员举行讲演，其内容经常被译成中文，并广为传播。[15]

1907 年 11 月，清廷第二次派人出洋时，达寿对日本的考察事项由日本的伊藤博文和伊东巳代治等“协同商酌”。达寿奉调回国后，日本明治政府又派出法学博士有贺长雄、清水澄等与接替达寿的考察宪政大臣李家驹“讨论官制各事，必研求原理之所存，以推见立法之本意”[16]。在日本朝野的多方帮助下，达寿和李家驹搜集了大量有关明治宪政的资料，后编成书籍，成为他们主张仿行日本式宪政的有力证据和清廷进行立宪的重要参考。如此一来，对于日后达、李二人强烈呼吁清廷应模仿日本的宪政模式，就不足为奇了。

达寿回国以后，将考察所得迅速编辑成文上交清廷，敦促清廷仿行日本的二元君主制政体。1908 年 8 月 7 日，他具折清廷，认为应当立即决断的是两件事：“一曰政体之急宜立宪也，一曰宪法之亟当钦定也。政体取于立宪，则国本固而皇室安。宪法由于钦定，则国体存而主权固，此皆有百利而无一害之事。”他具体分析说：“一曰政体之急宜立宪。谓君主、民主，是为国体；专制、立宪，是为政体。国体根于历史而固定，政体随乎时势而流动。有虑政体变更而致国体摇动者，大误也。二曰宪法之必当钦定。谓宪法制定形式，大略分钦定宪法、协定宪法、民定宪法三种。政治运行，亦相应分大权政治、议院政治、分权政治三种。大权政治以君主为权力中心，其机关虽分为三，而大权则统于君主。如日本，君主对于内阁，可自由进退大臣；对于议会，君主自为立法之主体，议会不过有参与之权；对于裁判，裁判权虽寄于裁判所，而大赦、特赦、减刑、复权之事，仍属天皇之自由。”[17] 达寿谓中国即应行大权政治，钦定宪法。达寿之奏，使清廷最后确定选择日本模式，以日本宪法为蓝本，出台《钦定宪法大纲》。

达寿把以君主为权力中心的政治体制称为“大权政治”。他指出：“宪法由钦定者，未有不取大权政治者也。”“而欲行大权之政治，必为钦定之

---

〔15〕〔日〕曾田三郎：《清末民初的政治改革和日本早稻田大学》，载《苏州科技学院学报》（社科版）2006 年第 1 期。

〔16〕《清末筹备立宪档案史料》（上册），中华书局 1979 年版，第 523 页。

〔17〕《考察宪政大臣达寿奏考察日本宪政情形折》，《清末筹备立宪档案史料》（上册），中华书局 1979 年版，第 32—33 页。

宪章。”[18] 达寿曾对君主立宪国做过一个形象的比喻。他说，“譬如一商人，起先就家室之内经营商业，久之家政与商业相混，于是家之存亡，一系于商之赢绌。后知其法之不善，乃别设公司于外。商人出公司则居于理事长之地位；入家室则居于家督之地位。家政商业，两不相关。”[19] 君主立宪国也就像这样的家族公司：“皇室者家室也，国家者公司也。君主对于皇室所处之事务，亦犹商人对于家室所处之事务，君主对于国家所处之事务，亦犹商人对于公司所处之事务。商人经营公司，可以居理事长之地位。君主创业垂统，也就是一国家之‘理事长’，自当握总揽之大权。皇室与国家两相分离，则皇室愈见安全，皇权亦可保万年无虞。”[20]

对于开国会的期限，达寿建议清廷“大集在廷诸臣，开御前会议，先就应行预备事件，按年计划，以备齐之年为开设国会之日。廷臣苟能担此责任，则国会可以预定，虽五六年不为速，十年二十年不为迟”[21]。对于制定宪法，他指出，中国当时的情形，最多制定钦定宪法，实行日本式的大权政治，一来可以迎合当时朝野的立宪要求，二来又能不损皇权。为了突出这一点，他又以《日本宪法》为例，就君主、臣民、政府、议会、军队五大端，尽力阐述了钦定宪法可以“固国本而安皇室”，“存国体而巩主权”。[22]

二次出洋考察大臣较为清楚地认识到英伦立宪模式与德日立宪模式的差异，并力主在中国实行德日立宪模式，尤其是要师法近邻日本的立宪模式。这种主张的实质是，君主以独断之权力而颁布宪法，君主为立宪权之主体，且为国家至高无上之主权者，议会从属于行政权，成为君主主权下的建言机关，而无强制政府实行之力。例如，汪大燮就提出：“君主之于国也，尊严若神。”“君主大权有三：大臣仰而代商，一也；勉励大臣，二也；警戒大臣，三也。”[23] 他在英国考察后，编纂了《宪政要目答问》《英国宪政要义》《英宪因革史》《政枢纲要》《枢密纪略》《曹部通考》《国会通典》《国会立法议事详规》《选举法志要》《英理财沿革制度史》

---

〔18〕《清末预备立宪档案史料》（上册），第 34 页。

〔19〕《考察宪政大臣达寿考察日本宪政情形折》，《清末筹备立宪档案史料》（上册），中华书局 1979 年版，第 32 页。

〔20〕同上注。

〔21〕《清末筹备立宪档案史料》（上册），中华书局 1979 年版，第 40 页。

〔22〕同上注，第 25—41 页。

〔23〕韦庆远、高放、刘文源：《清末宪政史》，中国人民大学出版社 2004 年版，第 239、234 页。

《法庭沿革史》《司法考略》《民政辑要》《治属政略》等 14 种著作。宣统二年（1910 年）六月，“汪大燮进考查英国宪政编辑各书”[24]；1914 年，任教育总长；1917 年 11 月 22 日，汪大燮代理国务总理，同孙宝琦、钱能训合称“三老”，他还编有《英国宪政丛书》《分类编辑不平等条约》等书。

于式枚在介绍考察德国的宪政情况时说：“故现行宪法之定义得从两关系推论，曰个人与国家关系，曰王统与代表关系。第一关系国家有直接之行为，政府司之；国民有间接之意思，议会代表之，而主权在国家，国家有权废个人之权利，然必据法律，而个人亦有不承认非法强迫之权。第二关系当决以三义：第一义，王有宪法所明定之权，宪法所不备载者一切归国会，比利时宪法是也；第二义，宪法者非君主所创造，非国民所创造，而创造于两者之集合体，今日德意志帝国宪法是也，而尤适普鲁士宪法之性质；第三义，国会有宪法所明定之权，宪法所不备载者，一切归国王，此则学说纷複要必征证普鲁士现行有效国法与宪法成典符合一致，不得背弛而已。”[25]

于式枚虽由柏林归来，却一反当时吁请加速立宪的风潮，呈递了一个《立宪不可躁进不必预定年限折》。说中国自周代以来便是“制度修明”的“立宪国”了，“宪法自在中国，不须求之外洋”[26]。目下的问题不是“法之不良”，而是“行之不善”。具体表现为，自立宪以来，“横议者自谓国民，聚众者辄云团体，数年之中，内治、外交、用人、行政皆有干预之想，动以立宪为词，纷驰电函，历抵枢部，上廑宸虑，屡动诏书，来日方长，坚冰可惧”[27]。

平心而论，在这一奏折中，除了牵强附会“殷人作誓”“汉代约法”就是欧美所云的“立宪”以外，于式枚所指出的种种流弊，未尝不是事实。政府希望用自我改良的方式来缓和社会矛盾、挽回离散的民心，但是立宪一兴，言论、报馆、结社开禁之后，立宪派、革命派所提出的要求越

---

〔24〕《清史稿·宣统皇帝本纪》。

〔25〕于式枚：《考察宪政大臣于式枚考察宪政奏折》，光绪三十四年九月初三，台湾故宫博物院藏，编号 652000001，卷一，第 89—90 页。

〔26〕《考察宪政大臣于式枚奏言立宪须先正名不须求之外国折》，《清末筹备立宪档案史料》（上册），中华书局 1979 年版，第 336 页。

〔27〕《出使德国考察宪政大臣于式枚奏立宪不可躁进不必预定年限折》，《清末筹备立宪档案史料》（上册），中华书局 1979 年版，第 306 页。

来越多、越来越急，政府无法满足，恰好能使社会矛盾更加激化。清廷如果再退，立宪派、革命派再进，长此下去，只怕这场政治改革将祸变成“法国之革命”。所以于式枚建言政府立宪可以缓行，对于那些“轻举妄动的”立宪派应该“随时劝导，遇事弹压，庶不致别滋事端”〔28〕。

于式枚认为，中国立宪改革可能造成的最大危险是：政府与国家的权威将因立宪条件下民众的干预而失落。“自辛丑始昌言变法，自丙午遂定议立宪，其初心本于望治之切，其流弊乃渐失权限之分。横议者自谓国民，聚众者辄云团体。数年之中，内治外交用人行政皆有干预之想。来日方长，坚冰可惧。”〔29〕于式枚的这种判断，还基于他对中国民智、知识能力和教育程度的认识以及由此产生的不信任。他认为：“教育未能普及即予国民以参政权，最为危险。”〔30〕用政治学的术语来说，在清廷的权威已经日益削弱的情况下，速行立宪容易导致政治参与的急剧膨胀，引发社会动荡与政治失控。

于式枚还特别提及德国皇帝接见中国钦使孙宝琦等人时告诫中国人的话：“宪政纷繁，须详细推求，且虑未必能合中国之用。选举法尤未易仿行。在中国因革损益，自有权衡，合者行之，不合者置之。”〔31〕其实，当时不止于氏看到这一点，在论及中国传统政教的作用时，亦有人指出：“我国家以专制之教行专制之政三千余年，教政相持，极为周密，其事非常识所能窥，若不统计全体如何，漫改其一二，以为文明之形象……此如一大机器厂，其诸机彼此相维，以成所制成之一物，若有不知此学之人，漫然改其一二，而又强迫以行，非停止即炸裂而已。”〔32〕这位作者显然已经朴素地认识到：中国文化与西方文化都是在各自不同的历史条件下发展起来的社会有机体。尤其值得注意的是，他同于式枚都强调，这种社会有机体内部各种政教因素相互依存的周密性，是用常人知识难以认识清楚的。因此，简单地、漫不经心地仿效一二种西方制度，将会导致如同停止机器运转甚或机器炸裂一样的严重后果。

正是基于立宪条件形成的缓慢性，考宪大臣认为，只有渐进才能使立

〔28〕《考察宪政大臣于式枚奏言立宪须先正名不须求之外国折》，《清末筹备立宪档案史料》（上册），中华书局1979年版，第337页。

〔29〕《于式枚奏立宪必先正名不须求之外国折》，《清末筹备立宪档案史料》（上册），第336页。

〔30〕同上注。

〔31〕同上注，第305页。

〔32〕《论日胜为宪政之兆》，载《东方杂志》第2年第6期。

宪成功。于式枚从普鲁士与日本立宪的成功经验来说明这个道理，他指出："查日本维新之初，最先整理行政与司法制度，其次整理地方行政制度，后八年乃设元老院及大审院。后十四年乃发布开设国会之敕谕……越二十年而后颁行宪法。盖准备如此其精详，而宪行如此其迟迴。"[33] 他认为："以为立宪即可实行，并不审东洋之近事，冥行燥进，尤有害于治安。"[34] 他批评立宪激进派对西方立宪的由来与实际不求甚解，"今之言事者，醉心西法，但知立宪为美名，以为惠而不费，又不劳而永逸者也，言之易而行之实难。此于西事或未深求，于近事固应目睹矣"[35]。

当然，于氏并不反对中国在适当的条件下实行立宪政治。他对立宪的基本方针，可以概括为"朝廷有一定之指归，齐万众之心志"[36]。朝廷"固不可因群言淆乱遂有急就之思，亦不可因民气喧嚣致有疑阻之意。但当预为筹备，循序渐进"[37]。他认为，设京师议院，举办地方自治，广兴教育和储备人才，均是实行立宪的先决条件。为使立宪取得实效，"凡与宪政相辅而行者，均当先事绸缪而不容迟缓也"。他认为，这种做法一方面将"不使泥于守旧者有变夏之疑"，另一方面又不会使"急于趋新者有蔑古之虑"[38]。

于式枚还将德日两国学者论释普鲁士宪法要语分别择出，译录缮单恭呈御览，以供清廷参考："博士阿恩特之说自千八百四十八年宪法，而普鲁士以次入立宪国之列矣。曩者王权无制自兹以降不能不受范于宪典，然宪法所未明载者，其权皆王有也。政治重要之设施权、利自由之赋与于王无所迫制，亦无能迫制之者，不过王与其权能之实行，分予其一部分而已，此宪法世所称为钦定宪法者也，其解散国会之权、紧急命令之权绝无界限，以法理推之国会协赞权，国民代议制保障尽撤而宪法全失效力，宜国民之不满意也。其后王果据此两条布钦定选举法，即今所行三级选举，解散议会新召议员，而召集复不如期，三级法至今不能改，而彼时所发布之法律，若裁判所构成法、刷印出版法、集会结社法、惩戒法皆至重要，

〔33〕《清朝续文献通考·宪政五》卷三九三，商务印书馆 1935 年版，第 11482 页。
〔34〕同上注，第 11482 页。
〔35〕同上注。
〔36〕同上注。
〔37〕同上注。
〔38〕同上注。

而皆未尝经协赞其明征矣。”[39]

李家驹不仅自身的法律素质过硬，而且也曾任驻日公使。所以，1908年3月，清廷“命考察宪政大臣达寿，回京供职，以出使日本国大臣李家驹，充考察宪政大臣，命外务部右丞胡惟德为出使日本国大臣”[40]。接替达寿考察宪政后，他编有《日本官制通释》《日本自治制通释》等书。在日本，有贺长雄为1908年1月来考察的宪政大臣进行讲学，后李家驹印刷成《官制篇》一书。在为达寿、李家驹等考宪大臣准备的讲义和《官制篇》中，有贺表达了对中国立宪政体下行政制度的看法。《官制篇》浅显易懂地叙述了立宪政体下中国的中央行政、地方行政及其相互关系，其内容是由李景稣和曾彝进两人对有贺在东京的论述进行的中文翻译。

李家驹在序文中写道：“凡博士所论，务取其通，不沾沾一国之制。又以我国广土众民，于列邦行政组织之成规，殆无一遵能袭用者，爰旁稽博考，拊以己意，而论断之，于中央与地方之关系，尤加详焉。”[41] 其中，李景稣是宪政考察大臣的随行人员之一，在中华民国成立后，他也是由袁世凯命令设置并由有贺等人参加的宪法研究会的成员之一。而曾彝进则同李景稣同是宪法研究会的成员，在《中华民国约法》颁布后，他同汪荣宝、李家驹一起成为了宪法起草委员会的成员。

有贺在文中提出了不能向他国谋求中国政治改革的范例，而应有自己独创的想法。对此，李家驹认为，最体现他观点的是有关中央和地方行政关系的记述。在当时的中国，有一种观点将日本视为中央集权国家的代表，而将美国视为地方分权国家的代表。[42] 对此，有贺认为中国不属于其中任何一方，而是存在着第三种形态。《官制篇》的“地方官制”体现了他的观点。《官制篇》一书分为上下两部，共三章，其下部的内容便是第三章的“地方官制”。[43] 在第三章的第二节“中央集权与地方分权之理论”中，有贺对“纯粹中央集权”和“纯粹地方分权”加以解说，他表示中国在进行行政制度改革时，这两种方法均不适合，唯一的方法便是在

---

〔39〕 于式枚：《考察宪政大臣于式枚考察宪政奏折》，光绪三十四年九月初三。台湾故宫博物院藏，编号652000001，卷一，第87—88页。

〔40〕《德宗景皇帝实录》卷五八七。

〔41〕 李景稣、曾彝进：《官制篇》，《近代中国史料丛刊》，台湾文海出版社1971年版。

〔42〕 故宫博物院明清档案部编：《清末筹备立宪档案史料》（上册），中华书局1979年版，第369页。

〔43〕 李景稣、曾彝进：《官制篇》，载《近代中国史料丛刊》，台湾文海出版社1971年版。

权衡两者利弊的基础上制定相关制度。[44]

有贺论述的主旨就在于：通过对分类的事务进行合理的分配，对中央和地方的权限予以调整。在近代国家的建设问题上既不偏向中央集权，也不偏向地方分权，而是根据行政事务的分配方法对中央和地方的权限进行调整[45]，这种观点对李家驹和宪政编查馆的官制改革方案产生了重大影响。

三、宪政考察团的思想升华

真正更加体系化也更加深刻的君主立宪主义，形成于第二次海外考察之时，这也成为当时的正统理论。达寿和于式枚，对此作出的贡献最大。有关其人其说，我国法史学界长期没有详加考究。

首先，关于国体论，在达寿回国复命的上奏文书中[46]，他基于当时的日本国权主义宪法学家穗积八束所创立的所谓“国体和政体”的区分理论，指出：“国体”指的是国家统治权，因根植于历史之中而不发生轻变，但存在君主国体和民主国体两种类别；而政体则可随着时势的变化而变化，其中亦有立宪和专制的区别。达寿以日本的情况为例，论述政体的转换和国体没有关系，即采行立宪的政体可以照样维持君主国体。他还介绍了从欧美宪法的发端到日本宪法的成立这一段历史，指出建立立宪制度乃是世界历史发展的趋势。

于式枚在介绍德国的情况时，也详细论述了国体问题：“普鲁士自布郎登堡以来，世相传遗，非比利时君主之例，故国权存于君主之化体，谓不以君主生殁，国权之绝续而内部所有权悉集于国王之本身化体，指其位本身，指其人与前国王也，非予也之说大致相同。然于名义无限制，而其实行也，在立法必经两院；在司法虽以王名宣告裁判，而王不得亲决，惟行政权据《宪法》第 45 条专属国王矣。然必须大臣、副署大臣由王任免，而宪法机关不可废，则免一人必任一人，而国王即位必宣誓遵守宪法誓词，亦限制也。若问王不践誓，则奈何曰誓词限制，非法律问题，而亦无裁判国王之法律。虽然臣民对于王不有尽忠之誓乎？誓可违也，夫岂国家

---

〔44〕 李景銶、曾彝进：《官制篇》，载《近代中国史料丛刊》，台湾文海出版社 1971 年版，第 649—650 页。

〔45〕 同上注。

〔46〕《考察宪政大臣达寿自日本归条陈宪政事宜》，《光绪政要》卷三四。另可参见〔日〕长井算巳：《清末の立宪改革と革命派》，载《历史研究》1955 年第 202 号。

之福也？”[47]

不仅如此，于式枚还论述了君主、议会与国体的关系。“博士格阿克马耶之说，德意志诸国之君主，岐体皆有限君主，政体而限制君主者，国会也，君主为统治权总揽者，集国家高权及其无限权于一身，然当其运用国家之机能，不得不待议会之协同，而议会所有者，特国家所明与之权利，故议会之权利，非由国民继受而生，生于宪法也。而君主之权利，尤非他机关所赋予，亦不由法律所取得，盖其地位则传袭，而宪法认定之，其权利为固有，而法律分明之也。”[48]

于式枚以德国为例，详细讨论了君主和国体之间的辩证、依存关系：“自18世纪间国家思想勃发，以国家为一共同团体，君主为最高机关，君主对于臣民不惟有权利，亦有义务，此思想为德意志诸大地方所公认，而普王室火亨蹉伦家尤以非常势力鼓吹之普王大腓立所谓予为国民第一供职役者，可验也，以国王为国权总揽者，可谓最适普王室之历史者矣，国家为国权主体，君主为统治权总揽者，其地位为国法特殊之地位，其人为国家中不受制御、不有臣民性质之唯一人，其权力从自己固有之权利而有之，从代表国家而行之，非若摄政及民主主义国家之君主受自他人者，比本此原则德意志诸国宪法若巴言宪法第二章第一条、萨克森第四条及其他诸国宪法，莫不公言集国权于君主，普宪法虽无明文亦此同意，特非无限制耳。”[49]

其次，是钦定宪法论[50]。达寿指出日本是大权政治，即君主位于权力的中心，行政、立法、司法三个机关分立，由君主进行统一。达寿从前述的国体维持论出发，论证了日本的钦定宪法在有关君主、臣民、政府、议会、军队五个方面上的优点：

第一，有关君主权方面：与欧洲各国皇帝相比，只有日本的天皇拥有由宪法明确记载的12项大权，中国应该加以参考。

第二，有关臣民的权利方面：在日本，臣民的自由权利限定在法律的框架之内，加之行政处分的强制权和下达戒严令的非常大权也都得到宪法

〔47〕 于式枚：《考察宪政大臣于式枚考察宪政奏折》，光绪三十四年九月初三，台湾故宫博物院藏，编号652000001，卷一，第91—92页。

〔48〕 同上注，第92页。

〔49〕 同上注，第93—94页。

〔50〕 具体可参见《考察宪政大臣达寿自日本归条陈宪政事宜》，《光绪政要》卷三四。另可参见〔日〕长井算巳：《清末の立宪改革と革命派》，载《历史研究》1955年第202号。

上的承认，为此臣民的所谓自由权利大多只是宪法上的装饰，或曰不过是安慰臣民期待的装饰品而已。

第三，有关政府方面：表面上国务大臣的权限很大，但君主神圣不可侵犯乃是宪法的原则，国务大臣不是对议会负责，因为天皇保有对其任免权，因此国务大臣实际上只是对天皇负责。当然，为了防止专制的弊端，对于违反宪法的行政命令，大臣拥有拒绝副署的权限，而没有大臣副署的行政命令则是无效的，这实际上类似于中国自古以来的封驳制或中书省的制度。

第四，有关议会方面：君主国体下的大权政治国家，与民主政体下的议会政治国家，其各自的议会制度是有所不同的，根据日本的宪法，国会除了行使"协赞立法权"和预算议决权以外，什么权力也没有。

第五，有关军队方面：军队的统帅权和国务大臣的行政权之间的调整是立宪国家的难题，但关于这一点，日本的明治宪法居然规定军队的统帅权属于天皇，这是"世界上无比之善例"，也是日本强大的原因之所在。[51]

于式枚进一步比较了德、日两国君主立宪方面存在的差异，并分析了原因："日本博士有贺长雄之说，普王室钦定宪法新召集议会修正之王权、民权两相角逐，一吝一求讨论对议，以王权制限民权伸张为唯一标准，而前者无制限之事，实后者无伸张之保证，是以普鲁士于立宪国家编制之基本，仅恃一纸宪法成文耳，成文所以重要也。然此数十条成文不能尽国政之规模、新奇之事情时，起有不得照旧条裁断者，势也，至是而所恃以决争议者，仍不外疏通解释宪法之条项以推断之耳，而政府利王权之辩护，议会就民权为注疏，于是争议不绝矣。我日本亦完全保续君主之权力，其以此权力制定宪法，与普鲁士及其他德意志国无以异也。开设国会之请，愿一时耸动上下，未始无促进之争也。"[52]

于式枚提醒清朝应该注意到："然日本于普鲁士于权力关系有一重大之差点不可不注目者，即普以钦定宪法议案付国会修正议决而后确定，而日本唯以钦定者公布之未尝经国会也，此两者之差点决非空论也，其于国

〔51〕 具体可参见《考察宪政大臣达寿考察日本宪政情形折》，《清末筹备立宪档案史料》（上册），中华书局 1979 年版。

〔52〕 于式枚：《考察宪政大臣于式枚考察宪政奏折》，光绪三十四年九月初三，台湾故宫博物院藏，编号 652000001，卷一，第 94—95 页。

法运用影响颇大，日本宪法解释权全属天皇，两院或政府与议会有异解时，则奏请裁决，无论何人不得争也，此类之例在德意志诸国殆所未见。"[53] 他还旁征博引地解释了原因："博士笕克彦之说，普国立法之变迁始，亦贵族与君主争权，君主胜马后，则君主、贵族、人民皆有权力，法美立宪之后，权概归人民，英自千六百八十八年以后，君主、贵族虽未尝无权，然其权乃人民与之，亦隐以人民为主也，此普国所以异于诸国。日本立宪非人民请求，由政府自发表之也。日本所以采普及德意志诸国宪法者，以英国宪法自然发达不可学，而法美与日本国情不同，惟普及德意志诸国皆酌内国情形制定宪法，适宜于日本故也。"[54] 如果说第一次考察团出洋，认识到必须实行立宪的好处；而第二次考察团出洋，则已经认识到清廷应该实施哪种形式的宪政了。

总之，考察宪政大臣对各个立宪国家的成败得失进行比较后认为：宪法"就形式为言，有三种之区别，即钦定宪法、协定宪法、民定宪法是也。钦定宪法出于君主亲裁，协定宪法由君民之共议，民定宪法则制定之权在下而遵行之义务在君"[55]。钦定宪法（如日本）以君主为权力之中心；协定宪法（如英国）以议会为权力之中心；民定宪法（如美法）则无权力之中心。因此，他们主张，中国制宪应取日本式的钦定程序，"于君上大权无妨援列记之法，详细规定"[56]。各国宪政所以会有诸多不同，他们认为是改革程度不同所致。一般讲，君主国未改革或改革没有成功的，都实行钦定宪法，如日本、俄国；虽经改革而又不彻底的，实行协定宪法，如英国、德国；已经改革并废除了君主制国家的，实行民定宪法，如美国、法国。

当然，达寿、于式枚等人都极力主张清政府应该"钦定"宪法。于式枚以德国的经验为例来说明："国王统治之说足智普鲁士宪法为君主国立宪制，非比利时共和制，非英吉利议院制也。虽其渊源不无所自然，比利时宪法明言主权出自国民，此岂适用于普耶博士司徒沙罗之说，宪法有实质有形式，实质者察建国之规模，张法制之纲维，因以定根本之组织，而

---

〔53〕 于式枚：《考察宪政大臣于式枚考察宪政奏折》，光绪三十四年九月初三，台湾故宫博物院藏，编号652000001，卷一，第95—96页。

〔54〕 同上注，第96—97页。

〔55〕 故宫博物院明清档案部编：《清末筹备立宪档案史料》（上册），中华书局1979年版，第33页。

〔56〕 同上注，第34—35页。

一其权能以摄百体，则一国之中有至尊之主宰焉，而实质问题即由此主宰机关之组织，若何而决之，此问题在普鲁士则首出之国王与国民之代表，其与国家最高支配权之关系是以而国王摄政而监国其承统也、亲政也、人格财产也及君权之废止，国会之开闭、停解，综括而论之，以究国家团体、国家属民相对之关系，其运用范围既已共在支配中矣，是即宪法之实质，其形式则成典也，国家权利、宪法权利自狭义言之一而已矣，为宪法成典之明文所揭内容所蕴足尽之也，普鲁士宪法于国家权利亦然，而于成典之实行更有他特别法律，国家权利无所不赅矣。"[57]

而 1871 年的《德意志帝国宪法》和 1889 年的《大日本帝国宪法》，正是确认主权在君的钦定宪法的典型。于式枚还说，钦定宪法无论对君主还是对国民，都是易于接受的。"王于议会许应咨询而不许有决定权，而民党又纯取比利时宪法主权渊源国民之义，不知比利时草定宪法之日，王位犹虚悬也。此何可行于普鲁士？如民党之议，王权扫地尽矣。及改选议员既集政府提出 15 条，示议会仅两条，未承认其余，则王以仁惠之意自改正之，公布之前，王自临谕国会曰，普鲁士国家必以国王统治之者，非予也上帝神圣其鉴之矣。虽然上帝命之矣，则予固将统治之自由之国王，统治自由之国民斯予所最愉快者也。"[58] 由于达寿、于式枚等人的建议，清政府强调"中国国体，自必用钦定宪法，此一定不易之理"[59]。

从上述的立宪论中可以看出，考察宪政大臣的出发点主要在于，延长和强化已经濒临危机的清王朝的绝对支配权这一政治意图和政治利益。但与载泽等的"卑见"相比，他们在理论层面有所精进，技术层面上也更加具体，因此成为当时统治阶层中立宪论的完成版。在考察大臣回国后不久的 1908 年的夏天，清王朝就制定并公布了《钦定宪法大纲》，而从该大纲的内容来看，达寿等人对明治宪法所进行解读和说明的立宪理论，对当时"自上而下的立宪运动"产生了重要的作用。

不仅如此，如前所述，达寿的立宪论对之后中国的宪法理论、政治理

---

〔57〕 于式枚：《考察宪政大臣于式枚考察宪政奏折》，光绪 34 年 9 月初三，台湾故宫博物院藏，编号 652000001，卷一，第 90—91 页。

〔58〕 同上注，第 88—89 页。

〔59〕 故宫博物院明清档案部编：《清末筹备立宪档案史料》（上册），中华书局 1979 年版，第 55 页。

论都产生了一定的影响。[60] 于式枚的建议，则代表了当时主张缓行派的想法，弹压立宪派只是手段之一，问题的关键，还在于清政府必须在立宪改革的进程中控制住日益变化的局面。他反反复复劝说清廷，要为立宪正名、不可预定期限等，其良苦用心正是基于此。

应该说，以于式枚为代表的缓行派对于立宪所需条件的认识，是具有一定思想深度的。他们看到，由于中国立宪的原动力不足，影响了立宪所需要的民智条件。他们不能想象，立宪可以在民智不足的情况下获得成功。他们反对激进派的观点，即民智可以而且只有通过宪政的建立才能得到提高，认为那是“倒因为果”。事实上，西方宪政制度所要求的民智条件具有远为广泛的内容，其中包括在契约性的人际关系中长期浸染下所形成的民主文化和价值共识。正因为激进派缺乏这种对立宪条件复杂性的认识，他们往往简单地认为只需普及教育，加上若干兴革措施，立宪的时机就自然水到渠成。

从理论上看，立宪缓行派提出的论证并非没有根据。于式枚特别以法国大革命为例来说明立宪对中国可能具有的危险。他指出：“法国则当屡世苛虐之后，民困已深。欲以立宪救亡，而不知适促其乱。”[61] 这是因为，危机的局势会使社会在如何解决危机的问题上，出现越来越尖锐的矛盾与冲突，立宪将使各种水火不相容的政治分歧表面化，这无疑是雪上加霜。他指出：“各国立宪，多由群下要求，求而不得则争，争而不已则乱。”“定于一则无非分之想，散于众则有竞进之心。其名至为公平，其势最为危险。行之而善，则为日本之维新。行之不善，则为法国之革命。”[62]

其实，当时就有人指出，中国士大夫是否在根本上具有立宪政体中担当议员的政治能力，是大可值得怀疑的。虽然中国的士绅是翘然秀于大众之上的知识阶层，但长期伏于专制政体之下，没有干预时政的机会和条件，除科举利禄之外，没有其他志向。他们所精通的只是词章训诂之学，对于民生之利弊、国势之强弱、优胜劣败不可逃之公例几乎一无所知，这种无政治阅历和训练的人，一旦付之以国家的重任，必然导致“偾蹶败事”的危险后果。由于士大夫没有宪政的阅历，往往容易“激于情感，一

---

〔60〕 例如，达寿所引进的“国体”的概念，后来毛泽东也对其进行了再定义，从而成为了今天中国宪法学的最重要的概念之一。

〔61〕《于式枚奏立宪必先正名不须求之外国折》，《清末筹备立宪档案史料》（上册），第336页。

〔62〕 同上注。

往而不知所返，则其所持政论必有偏宕，而不得其中。适以偾事者有之"[63]。而宪政之可贵在于"在下之人能接受其分与之政权而善用之"[64]。中国的一般士绅显然并没有这方面的经验。

大凡一种学说从外邦输入，"必经其国之有经验有学识者，熟察而同化之，使新理想与旧风俗有对病发药之效，而无格不入之忧，斯能应用之，而不至为害于社会"。"我国沉痼之疾，种之二千年……使立宪之知识不先输入于国民之脑中而深喻其利弊之所在，我恐政体变而国民之心理犹未能与之相应而俱变，未得利而害先见而未可知也"[65]。

于式枚所谓保守的思想和政治主张，与日本明治维新初期的"启蒙绝对主义"或"启蒙专制主义"十分近似。这里的启蒙专制主义，是指日本实行立宪之前的一个先行阶段。启蒙专制主义是日本学者信夫清三郎在《日本政治史》中用来表述明治维新初期的政治体制时所使用的概念。[66]它曾出现于普鲁士、俄罗斯等国家的政治舞台上，即通过开明的专制君主自上而下地对社会各阶层进行现代性的启蒙，在保障经济上自由的同时，根绝政治上的自由，主张高度的中央集权化，回避市民革命，并在旧体制范围内，逐步走上资本主义化的道路。普鲁士的弗里德里希二世，俄国的彼得大帝，均可视为这种主义的现代化模式的代表人物。这种主张并不排斥在他们认为条件成熟时实行宪政。

四、结语

如果说第一次出洋推动清廷作出了"预备立宪"的决策，被考察政治大臣"领着走"的话，那么第二次出洋，则进一步帮助清廷确立了"预备立宪"的模式，即日本明治宪政，清政府已经属于被考察宪政大臣"推着走"了。宪政考察团有过出洋的历练，他们回国后有力地影响了清末"预备立宪"的进程，推动了立宪运动的深入。不仅考察团成员自身的宪政思想得以升华，而且经他们建议或参与其中的《钦定宪法大纲》《宪法重大信条十九条》都得以问世，还一度成立了奕劻内阁和袁世凯内阁，各地谘议局和中央资政院也先后成立，清廷终于确定了"远法德国""近采日本"

〔63〕《时报》1907 年 1 月。
〔64〕同上注。
〔65〕《东方杂志》1906 年第 2 期。
〔66〕参见信夫清三郎：《日本政治史》（第二卷），周启乾译，上海译文出版社 1988 年版，第 67、102 页。

的宪政模式，这些都与宪政考察团的努力分不开。

宪法、国会、责任内阁是君主立宪的三个主要标志，在清廷二次派考察大臣出洋后，上述三者的实践程度，都比第一次出洋后有了较大的提高。但由于清廷的腐朽，政局的混乱，考察宪政大臣的主张得不到很好得践行。混乱不堪的政局又加剧了社会状况的恶化，加速了社会总危机的爆发，而普遍的社会危机又在很大程度上影响了整个“预备立宪”的进程，所以考察大臣的有些提议只能成为空想。瞿同祖曾说：“（法律）条文的规定是一回事，法律的实施又是一回事……社会现实与法律条文之间，往往存在着一定差距。”〔67〕的确如此，在考察大臣的建议、指导下，清廷固然制定了《钦定宪法大纲》和《重大宪法信条十九条》，却无法得到顺利实施，导致中国的宪政只能是种符号。

（文字编辑　曹涵彬）

〔67〕 瞿同祖：《中国法律与中国社会》，中华书局1981年版，第2页。

西方法律传统

宪政文明，路在何方

——西方主要国家立宪经验

程汉大*

在人类创造的一切文明成果中，宪政是最为重大和珍贵的。如今，宪政已被世界公认为是现代文明的突出标志。

宪政发源于西方，其源头是希腊罗马的古典城邦宪政。尽管因时代局限，古典宪政原始简陋（直接导源于原始民主遗风，作为载体的城邦是不成熟的国家形态），仅仅昙花一现，但毕竟是“世界上第一次立宪主义的试验”[1]，开创了人类宪政文明的先河。

随后是中世纪封建社会。在长达千年的历史中，未见像样的宪政实体，但宪政文脉并未湮没中断。古典宪政的文化因子仍以零散的形式传承下来，而且在日耳曼传统、封建主义、基督教和自治城市制度中孕生着新的宪政元素，在意大利的少数城市中还一度建立微型共和宪政。所以，中世纪的西方不是宪政的历史断层，更不是一个“黑暗时代”，而是宪政的碎片化发展时期。

17 世纪以后，政治条件（绝对主义下的有效国家）、经济条件（资本主义商品经济）、思想条件（文艺复兴——宗教改革——启蒙思想）全面成熟。在此背景下，历经千百年积淀而成的宪政力量喷薄而出，现代宪政

---

* 作者系山东师范大学法学院教授。本文是作者根据 2012 年秋在中南财经政法大学的讲座“西方主要国家宪政经验漫谈”的讲演稿整理而成。

〔1〕〔美〕斯科特·戈登：《控制国家——西方宪政的历史》，应奇等译，江苏人民出版社 2001 年版，第 116 页。

大厦纷纷拔地而起。英国捷足先登，美法接踵跟进，其他各国竞相效法，迅速汇成势不可挡的世界潮流。

在现代宪政进程中，英、美、法、德位居前列，影响深远。四个国家的立宪道路和宪政模式各具特色，交相辉映。对它们作一比较性考察，有助于总结宪政经验与教训，探寻立宪成功之道，为我国当下的宪政建设提供借鉴。

一、英国宪政生发之路：国家与社会的均势结构与良性互动

英国宪政之路的特点是：点滴累积，“生发”而成。具体体现是徐缓渐进，聚沙成塔，以经验理性为主，历程漫长。该特点形成的根本原因在于国家与社会的均势结构与良性互动。

“宪政之母，厥惟英国”[2]。作为现代宪政文明的开拓者，英国宪政的创建不是一个历史事件，而是一个历史过程，其开端可追溯到国家的建立，整个过程平缓而漫长，呈现出连续性、渐进性的鲜明特点，其中许多重大进步在悄无声息中启动、于不知不觉中完成，借用哈耶克的理论，英国宪政不是人们刻意设计和自觉构建的结果，而是“自生自发”（spontaneous）形成的。这种独特的“生发之路”不但使英国荣获“宪政考古博物馆”的美誉[3]，而且决定了英国至今仍以“无宪法”但有发达宪政的独特风采彪炳于世界之林。

大致说来，英国宪政生发之路分为两大阶段：第一个阶段是中世纪君主制母体中宪政传统的孕育生长，第二个阶段是在17世纪宪政革命和现代宪政制度的确立。整个过程犹如一个有机生命的孕生之旅，先是“十月怀胎”，后是“一朝分娩”。

（一）早期弱势国家下宪政传统的萌生（盎格鲁—撒克逊时代）

建国之初，原始民主遗风大量保存，宪政传统萌芽，其主要表现是王权有限：如选举国王古风犹在；国王即位须进行加冕宣誓，承诺社会责任（誓词实为社会契约）；国王与贤人会议共商国是；富于法治含量的习惯法（实为社会法）；民主的大众集会司法（亦即社会性司法）；地方自治。这

---

〔2〕 梁启超：《政治学学理言》，载陈书良编：《梁启超文集》，燕山出版社1997年版，第273页。

〔3〕 阎照祥：《英国政治制度史》，人民出版社1999年版，第2页。

些早期国家制度基本锁定了英国未来的政治走势，由此可见初始制度的重要性和路径依赖的深远影响力。

英国宪政传统较早萌芽的原因在于建国方式。潘恩说过："一切管理国家的权力必定有个开端。它不是授予的就是僭取的。"[4] "权源"的不同与建国方式直接相关。"授予的"原始权力多与自下而上、联多为一的和平聚合式建国方式相联系（如希腊罗马），"僭取的"的原始权力多与自上而下、灭多为一的部族征服式建国方式相联系（如东方国家）。"授予的"权力源于社会认可，通常需要持续保持社会认同来维持，国家权力自然发展缓慢且相对弱小；"僭取的"权力基于暴力夺取，通常需要继续依靠强力压服来维持，国家权力势必发展迅速且较为强大。宪政与专制的历史分野由此迈出了第一步。

英国的国家建立过程始于盎格鲁—撒克逊人对不列颠的入侵，入侵不是通过一次性大规模征服完成的，而是以分期分批的小分队移民方式实现的，类似于后来英国人向北美的殖民，故而首先出现了无数小王国，继而相互兼并形成较大的七王国，最后在共同反抗和驱逐丹麦人入侵者的过程中联合为统一的英格兰。其中，最后在外患压力下聚合为一的阶段至为关键，它使得建立之初的国家权力不至于过于强大，也使得原始民主遗风较多地保留下来，所以宪政传统萌芽成为可能。

（二）封建集权君主制下宪政传统的成长（11—15 世纪）

盎格鲁—撒克逊时代的弱势国家若长此以往，有可能出现政治分裂，宪政萌芽或许夭折。所幸的是，1066 年诺曼征服后英国王权加强，建立了封建集权君主制，但集权而非专权，均势结构成形。此后，虽然权力重心时有变动，但整体架构基本未变。在此结构下，国家与社会保持了某种若即若离的主体间性和适度张力，由此产生的良性互动为英国宪政传统的成长提供了强大的隐形动力。

一方面，由于王权的集权性，法治在封建法下得以悄然成长。封建法本属私法范畴，主要关涉领主与封臣的私人权益关系，其特点是领主和封臣相互为用，权利和义务互为条件。在英国，由于国王既是封建等级阶梯的最高领主，又是名副其实的一国之君，因而封建法同时兼具了私法和公法两种性能，在实践中发挥了限制王权的宪法作用（私法公法化或宪法

---

〔4〕〔美〕潘恩：《潘恩选集》，马清槐等译，商务印书馆 1982 年版，第 250 页。

化，这是英国封建法的独特经历，与同时期始终作为私法而存在的法国封建法截然不同，其中的缘由就在于两国王权强弱有别）。同样由于王权的集权性，英国得以保持了政治统一和社会秩序，并有能力在亨利二世时期自上而下地进行司法改革，促进全国法律的统一和普通法的形成，推动司法走上专业化与职业化的道路。

另一方面，由于王权的非专权性，国王无力把法律和司法改变为政治统治的御用工具，只能承认法律的自治性和司法的独立性（当然是相对的），致使法律以及司法的社会性本色得以保持，而没有完全“被国家化”（司法权先于国家而存在，本质上是一种社会权力。国家产生后才被国家“收编”，成为一种国家权力。在多数国家，司法权的国家化随着国家的产生即已完成，而且比较彻底。在英国，因早期国家虚弱，这一步迟至亨利二世司法改革才得以实现，而且国家化的程度也是极不彻底的，其社会权力的属性并没有完全丧失），由此导致司法审判权与政治统治权保持一定距离。即使在政治领域，国王也无权擅自征税和决策，只能与纳税人代表协商解决，由此产生了议会，政治协商成为制度性传统。

（三）都铎绝对君主制下宪政传统的维续（16世纪）

德国宪法学家康拉德·黑塞指出，作为一种国家政治体制的现代宪政，是以主权国家的形成与有效存在为发生前提的。[5] 弗里德里希同样认为：“直到一个有效的中央政府得以存在……一个牢固地确立的政府才可能被宪法化。”[6] 亨廷顿也说过：“必须先获得权力，然后才谈得上对它进行限制。”[7]

15世纪，当欧陆各国王权日趋强化之际，英国王权非专权性一面的负面效应开始显露出来，其具体表现就是国王政府的治理有效性不足，豪强贵族肆行无忌，家族战争此伏彼起，社会呈半无政府状态，最后酿成30年的“玫瑰战争”。然而，历史的吊诡在于，封建混战完成了贵族阶层的自相残杀，名门望族大多身死家灭，这为民族主权国家和有效政府的建立铺平了道路。在内战废墟上崛起的都铎王朝大力强化王权，建立了绝对君主

---

〔5〕〔德〕康拉德·黑塞：《联邦德国宪法纲要》，李辉译，商务印书馆2007年版，第8—15页。

〔6〕〔美〕弗里德里希：《现代宪政主义理论和实践的历史梗概》，http：//www. iolaw. org. cn/showNews. asp? id＝6093，2013年11月1日访问。

〔7〕王绍光：《民主四讲》，三联书店2008年版，第131页。

制。但是，面对已臻稳固的普通法与议会传统，都铎王权无奈而明智地选择了自我节制、适度扩权之策，走上了有限专制之路，国家与社会的均势结构未遭破坏。于是，代表国家的王权及特权司法和代表社会的普通法及议会在16世纪同兴共荣。结果，一方面是民族主权国家、有效政府建立起来，另一方面是宪政传统更趋巩固与成熟，两者结合为“国王在议会中”的混合主权结构。这意味着此时英国进入了宪政历史的十字路口：若往左转，现代宪政将呼之而出；若往右转，有效王权将继续强化而走向个人专制。

（四）光荣革命与现代宪政的建立（17世纪）

斯图亚特王朝没有都铎王朝那么明智与克制，力图步“朕即国家”“朕即法律”的法国后尘，实行君主专制，致使混合政体陷入困境。于是，代表社会诉求的议会革命党人和法律职业者携手合作，被迫发动宪政革命。经过半个世纪的非良性互动即零和博弈斗争的失败后，最终在光荣革命中通过威廉三世与议会的良性互动即正和博弈，建立起了现代宪政。这样，历经千百年的生发成长，英国宪政传统最终“化蛹为蝶”，破茧而出，世界上的第一个成熟的宪政政权呱呱坠地。从此，在英国，社会既可以有效地利用国家，又能安全地控制国家（权力）。

（五）结论：国家与社会的均势结构及其良性互动是英国宪政生发成长的内在动力

对于英国的这一正面经验，还可举出两个负面例证作为补强：一是东方各国在建国后不久普遍形成了“强国家—弱社会”的非均势结构，社会完全被国家所吞噬，并保持这种结构数千年而不变，所以中央集权、君主专制长盛不衰，长期不知宪政为何物；二是欧洲大陆各国在西罗马帝国灭亡后，王权孱弱，政府无效，国家四分五裂，社会淹没了国家，形成了“弱国家—强社会”的非均势结构，及至15世纪以后，伴随着民族主权国家的崛起，欧陆各国又从一个极端跳到另一极端，纷纷建立起了绝对主义王权，国家“反超”，完全压倒了社会，结果又滑入东方式的“强国家—弱社会”结构模式，所以在近代之前的欧陆也从未见宪政的踪影。正反两方面经验证明了一个共同的道理：能够产生良性互动效应的国家—社会均势结构是一种最有利于宪政发生成长的社会形态。

其实，准确地说，英国的均势结构应是“强国家—强社会”构成的

“双强”结构，因为相对于15世纪以前的欧陆各国，它是“强国家”，相对于东方国家和15世纪以后的欧陆国家，它又是“强社会”。“强国家”产生了控制权力的必要性，“强社会”则提供了控制权力的可能性。“必要”加“可能”，宪政生焉。这就是隐藏在英国宪政生发之路背后的历史密码。

当然，均势结构并不会自然而然地、直接地产生良性互动，因为互动毕竟是人的选择派生出来的一种效应。选择不同，效应亦不同。在均势结构的前提下，还必须再加上人的理性选择才能产生良性互动。譬如，在1215年反约翰叛乱中，贵族们的目的是反对国王专权独断，而非为了取王权而代之或分裂国家，就是说，他们是在承认国王应当享有必要权力的前提下，希望能有效防止国王权力的滥用，这一诉求本身就是理性的，所以他们能够在完胜之下理智地坐下来与走投无路的约翰国王谈判，并提出了建设性的谈判条件；另一方面，已成为孤家寡人的约翰国王也明智地做出了理性的让步，牺牲尊严，同意了贵族们的要求。可见，彪炳英国宪政史册的《大宪章》是由双方的理性选择共同缔造的。再如，在1689年“光荣革命”中，威廉与议会双方（包括议会内部各派之间）的选择也都是理性的（略），于是英国才有幸摘取了现代宪政第一国的桂冠。

不过话说回来，英国人之所以能在关键时刻做出理性选择，归根结底还是由均势结构所决定的。因为只有在此结构下，国家和社会才能形成共生共存的交互主体关系：既互为主体，又互为客体。它们都拥有主动选择的平等资格与空间，但又都无力单独拍板，强迫对方接受，因而必须承认和尊重对方的利益与诉求，这种关系的生存运动方式必然是协商谈判、反复权衡，不断地寻求最大公约数，结果每一次达成的共识方案一般都是合乎理性的最佳选择，从而形成迭演式正和博弈下的连续双赢，推动宪政文明持续生长。与之相反，在“一强一弱”的非均势结构下，是不存在交互主体关系的，只有主、客体间的主从关系。在此关系下，弱势的客体方是没有选择余地的，只能被动地服从强势主体方的摆布，而强势主体方因掌控生杀予夺大权，可以按照单方面利益最大化原则，把自己的任何选择无条件地强加于对方，所以它的选择多是片面的、不合理的，结果总是零和博弈，一方全赢、一方全输。在极端情况下，弱势客体方会拒绝服从，选择鱼死网破式的顽抗，结果则是负和博弈，两败俱伤，没有赢家。这两种可能无论出现哪一种，都会严重阻碍宪政的生发成长。

哈贝马斯曾强调指出，自由秩序的制度规则产生于主体间性。英国的宪政经验深化和丰富了这个结论，它证明，没有均势结构就没有主体间性。可见，国家与社会的关系结构问题，是宪政研究者无论如何都绕不过去的一个基础性命题——从本质上说，宪政就是一种社会能够有效利用和有效控制国家的政治体制，就是一种国家与社会的最佳结构形态。

二、美国宪政成功之道：经验理性与建构理性的有机结合

美国宪政之路的特点是：代价微小，顺利成功。从战争爆发到完成制宪再到第一届联邦政府成立，时间不过 15 年。1787 年《宪法》和据此建立的宪政制度沿用至今未做重大改动，并成为世界许多国家效法的模范，这本身就是对美国立宪奇迹般成功的最高礼赞。其顺利成功的根本原因在于经验理性与建构理性的有机结合。

经验理性和建构理性是近代以来流行于西方的两种不同哲学，许多人习惯上称它们为经验主义和理性主义。实际上，后一对概念不是很准确，因为经验理性和建构理性都属于理性主义，只是侧重点不同而已。

经验理性特别强调实践经验的价值，认为知识的增长、社会的进步、制度的起源与发展都源于“成功且存续下来的实践”。[8] 所以，经验理性认为，制度是不能人为设计与创制的，只能在尊重历史传统的基础上，顺其自然地进行点滴改良，故而经验理性主义者大多反对断裂式的全面革新。经验理性的优点是贴近现实，稳妥可行，缺点是易于保守。

建构理性特别强调先验知识的价值和演绎推理的作用，宣称经验只反映事物的表象，是不可靠的，人类所取得的一切重大成就都是“个人理性控制的结果”。[9] 因此，建构理性认为，人类通过深思熟虑可以预测和把握未来，通过精心设计可以建立良好的政治制度。建构理性的优点是可以充分发挥人的主观能动性，缺点是易于脱离实际，滑向乌托邦的歧途。

经验理性和建构理性各有短长，恰好互补，倘能有机结合，可以扬长补短，鱼和熊掌兼而得之。如此说来，“经验理性 + 建构理性”可以称之为第三种哲学。对于以上三种哲学的差异和优劣，培根曾用蚂蚁、蜘蛛和蜜蜂作为比喻，做过形象而深入浅出的阐释。他指出，蚂蚁只会采集和使用，蜘蛛只凭自己肚子里的材料吐丝织网，二者都有明显不足，都不值得

---

〔8〕〔英〕哈耶克：《自由秩序原理》（上册），邓正来译，三联书店 1997 年版，第 64 页。

〔9〕〔英〕哈耶克：《个人主义与经济秩序》，贾湛、文跃然等译，北京经济学院出版社 1989 年版，第 8—9 页。

学习；蜜蜂既能从百花丛中采集原料，又能将其加以消化改造酿成蜂蜜，所以培根对“蜜蜂哲学”赞赏有加，呼吁人们向蜜蜂学习。[10]

美国立宪走的就是“蜜蜂哲学”的道路，即经验理性与建构理性有机结合的道路，由此创造了一个历史奇迹。

（一）经验理性资源

1. 英国以及古代希腊罗马的宪政经验

美国的最初居民主要来自英国移民，他们把英国的宪政文化和某些具体制度随身带到了北美。还有古代希腊罗马的宪政经验。《联邦党人文集》中的那些政论文章出自三人之手，但所用笔名都是曾经挽救过罗马共和宪政的执政官普布利乌斯，这说明他们不但熟知罗马共和宪政，而且心向往之。

2. 自身在殖民地时期的实践经验

首先是制宪经验。原13个殖民地都有作为基本法的宪章，或曰公司宪章，或曰业主宪章，或曰公约宪章。不管名称是什么，都是成文宪法的原型。其中，两个公约宪章尤其值得关注，即普利茅斯殖民地的《五月花号公约》和从马萨诸塞殖民地中分化出来的康涅狄格殖民地的《基本法》，它们堪称是启蒙思想家宣扬的社会契约在历史上的真实例证。其次是政治经验，包括各殖民地的混合政体（总督、参事会与代表议会、法院）、分权合治、乡镇自治等各个方面的实践经验。

3. 独立初期的正负立宪经验

美国的独立是由各州分别完成的。宣布独立后，各州立即进行了立宪尝试，纷纷制定州宪法。各州宪法都贯彻了人民主权，即议会主权原则、分权原则、人权保障原则，是为正面的经验。1781年，各州联合进行了一次全国性立宪尝试，试图建立邦联制，是为负面的经验，因为邦联只是个“群龙无首”的松散联盟，不成其为一个有效国家。

（二）建构理性资源

在希腊、罗马古典政治法律思想的基础上，历经中世纪末和近代初期的三次思想解放运动，到18世纪晚期，西方政治思想已经相当丰满成熟。特别是启蒙运动，把历史上的一切优秀思想成果集为大成，提出了系统完

〔10〕〔英〕培根：《新工具》，许宝骙译，商务印书馆1986年版，第75页。

整的宪政理论。其中，洛克的自然权利说、社会契约说、人民主权说，孟德斯鸠的司法独立学说、三权分立学说等，为美国立宪提供了直接的理论指导。

（三）“有机结合”之表现

就建构理性而言，首先召开制宪会议，制定宪法，然后“照着食谱做布丁”，这一立宪路径本身就是建构理性的产物和体现。在此过程中，美国立宪先贤们经常以不同的方式表达过依靠理性设计可以创建一种自由制度的自觉意识与信心。制宪会议代表亚当斯早在革命爆发前给妻子的信中就流露出对古代的伟大“立法者”，即犹太人的摩西、斯巴达的来库古、雅典的梭伦等制度首创者的崇敬情怀，憧憬着自己也能有机会成为他们那样的“卓越人物”，所以当革命到来之际，他立即意识到“一个全新和伟大的场景已经出现”，决心为国家制度的建构一展身手。为此，他匆匆撰写了《关于政府形式的思考》，这本小册子成为各州立宪时的重要理论参照。1776 年，杰斐逊在《独立宣言》中更是自信满满地宣告：人民有权改变或废除旧的坏政府，建立新的好政府，并明确提出了构建新政府时必须遵循的根本原则。制宪期间，汉密尔顿更是以反问句式对建构政制给出了明确而肯定的回答：“时常有人指出，似乎有下面的重要问题留待我国人民用他们的行为和范例来求得解决：人类社会是否真正能够通过深思熟虑和自由选择来建立一个良好的政府，还是他们永远注定要靠机遇和强力来决定他们的政治组织。”〔11〕

凭借对建构理性的坚定信念，制宪会议代表们在罗马共和制经验的基础上，构建了一套双重分权的复合式共和制度；在希腊直接民主制和英国议会间接民主制的基础上，创立了融二者于一体的总统选举人团制度；在中央集权制和邦联制折中的基础上，创立了“群龙有首”的联邦制。所以，在各州讨论批准宪法的过程中，美国“宪法之父”麦迪逊自信地断言：“美国人民建立了地球上史无前例的政府组织。”〔12〕 正是根据美国建构宪政的成功案例，当代政治学家奥斯特罗姆斩钉截铁地断言：“人们能够通过理性的行为和榜样，并基于深思熟虑和自由选择，来建立并维持立

〔11〕〔美〕汉密尔顿、杰伊、麦迪逊：《联邦党人文集》，程逢如等译，商务印书馆 1995 年版，第 3 页。

〔12〕同上注，第 70 页。

宪政府体制。"[13]

然而，美国立宪先贤们的理性建构却不是凌空蹈虚的，而是脚踏实地的。他们始终重视经验，反对唯理主义，拒绝单凭逻辑构思就轻率地进行毫无把握的政治试验。制宪会议代表迪金森曾明确指出："经验必须是我们唯一的向导"，他以陪审制为例说道，这种审判方式的发现，"不是理性，而是经验"。[14] 汉密尔顿、麦迪逊、韦伯斯特等人都坚信经验是"智慧之源""安全的领航员"，是"人类判断力最少犯错的航标"[15]，坚守"凡是能找到经验时，总是应该遵循它的指导"[16]。例如，对洛克的"人民主权=议会主权"的论断，美国立宪先贤就没有迷信名家之言，勇敢地根据经验做了修正，吸收了洛克这个理论的前一半，而抛弃了后一半。

经验理性集中体现在立宪先贤们的求真务实精神上。制宪会议代表虽然个个饱读经典，博古通今，在制宪会议开幕前，许多人还专门从欧洲购买理论书籍，突击充电。例如，"宪法之父"麦迪逊在制宪会议前，花费了大量时间研究人类历史上所有的政治体制。但是，在制宪会议上，当涉及具体难题时，他们总是立足现实，讲究实效。所以，美国宪法中没有一句泛泛而论的说教，没有一句大而无当的废话，朴素无华，切实可行。

经验理性更突出地体现在立宪先贤们的正视冲突、善于妥协上。制宪会议对每一个重大宪法问题的解决，几乎都是妥协的结果，职是之故，美国宪法被人们称之为"妥协篓子"。而善于妥协又是以承认社会分歧与冲突的不可避免性为前提的。在这个问题上，制宪会议代表们普遍坚信，社会不是"一个同质性的版块"[17]，分歧与冲突是社会的本质，是永恒的现实。因此，建构新制度不能以消灭分歧与冲突为目的，而应尽力缓和它或为之提供缓和的途径，即使是新制度的建构过程本身也必须在承认分歧与冲突的基础上进行。所以，协商妥协、折冲樽俎便成为美国立宪方式的显

---

〔13〕〔美〕文森特·奥斯特罗姆：《复合共和制的政治理论》，毛寿龙译，上海三联书店1999年版，中文本序，第2页。

〔14〕〔美〕麦迪逊：《辩论：美国制宪会议记录》（下册），尹宣译，辽宁人民出版社2003年版，第514页。

〔15〕〔美〕苏珊·邓恩：《姊妹革命——美国革命与法国革命启示录》，杨小刚译，上海文艺出版社2003年版，第44页。

〔16〕〔美〕汉密尔顿、杰伊、麦迪逊：《联邦党人文集》，程逢如等译，商务印书馆1995年版，第369、314页。

〔17〕〔美〕苏珊·邓恩：《姊妹革命——美国革命与法国革命启示录》，杨小刚译，上海文艺出版社2003年版，第74页。

著特点。用苏珊·邓恩的话说，“美国的宪法诞生于冲突，而不是一致”，[18] 它代表了“对冲突的一次鼓励”，是“对不一致的一种赞同”。[19]

司法审查制度的创立堪称是美国经验理性与建构理性“两结合”立宪模式的缩影。该制度不是马歇尔法官“无心插柳”的偶然结果，它背后是有着成熟理论支撑的。在宪法的制定和批准过程中，美国立宪先贤们已经清晰地认识到并明确表达过，“人民”和“人民的代表”，“宪法”和“普通法律”是不同的，“人民绝不可能有意背离其自身利益，然其代表则有可能背叛之”。据此，他们推导出“人民”高于“人民的代表”，“由人民制定、政府不能更改的”宪法高于“由政府制定、政府能够更改的”普通法律的结论，据此，“违宪的立法自然不能使之生效”。[20] 正是在这样一种清晰成熟的建构理论的指引下，一个偶然判例的个别经验才有可能开创出一项永久性的宪法制度。

被誉为美国“宪法之父”的麦迪逊堪称是美国“两结合”立宪模式的人格化身。他是一位精通政治哲学的理论家，又是一位有着丰富政治经济生活阅历的实践家，人称“存在于先验与经验两个世界中”的“政治家与学者的最佳融合”。[21] 他既充分肯定“文人阶层是人类精神的栽培者、有用知识的制造者、生活艺术和幸福意义的导师”，又奉劝人们不要迷信经典与教条；既宣扬经验是“智慧的最后检验”，又尖锐地指出经验“只是在黑暗中设置了一盏灯塔，只能警告免蹈覆辙，而不能指出该走何路”。[22] 梅里尔·彼得森教授曾把麦迪逊和杰斐逊做过比较，说：“杰斐逊是较豪放的思想家，动辄陷入哲学性的论断，较少注意‘目前是’，较多注意‘应当是’。麦迪逊是更扎实的思想家，更富深究精神，更锲而不舍并且更为精明。他帮助他的朋友使其能双脚着地。”[23] 此话不无道理。

---

〔18〕 Bruce Miroff, *The Democratic Debate*, Boston: Houghton Mifflin Company, p. 6.

〔19〕 〔美〕苏珊·邓恩：《姊妹革命——美国革命与法国革命启示录》，杨小刚译，上海文艺出版社2003年版，第65页。

〔20〕 〔美〕汉密尔顿、杰伊、麦迪逊：《联邦党人文集》，程逢如等译，商务印书馆1995年版，第322、273、392页。

〔21〕 〔美〕苏珊·邓恩：《姊妹革命——美国革命与法国革命启示录》，杨小刚译，上海文艺出版社2003年版，第46页。

〔22〕 同上注，第47页。

〔23〕 Merrill Peterson, *James Madison, A Biography in His Own Words*. 转引自曹德谦：《麦迪逊与美国宪法》，载《美国研究》1987年第4期，第47页。

（四）结论

美国宪政的顺利成功告诉我们，经验理性与建构理性的有机结合是立宪成功之道。

三、法国宪政坎坷之途：理想与现实的悖论

法国宪政之路的主要特点是：跌宕起伏，历尽坎坷。从启动立宪到宪政确立，历时近百年，宪法制定了十几部，政体瞬息万变，两次共和，两个帝国，两个王朝，轮番上演。造成这一特点的根本原因在于理想与现实的悖论：在1875年以前，法国人不是基于历史与现实经验进行理性建构，而是误入了无视经验、超越现实的理想建构歧途。

（一）大革命的爆发与立宪进程的启动

1789年7月14日巴黎人民发动起义，一举攻占了象征法国专制政权的巴士底狱，大革命由此开始。不久，便废黜并处死了路易十六，波旁王朝被推翻。这些都为启动立宪进程排除了障碍，清扫了基地。

随后是君主立宪派的立宪尝试。公平地讲，立宪开局是良好的，既体现了宪政理想，又具有现实的可行性。但是，此时也显露出理想主义的苗头：革命者把"与旧传统彻底决裂、重建法兰西、实现民族的再生"奉为己任；幻想"泽被全球""解放全人类"，树立一个让世界学习的"榜样"。〔24〕迷信纸上宪法，以为制订了宪法就可万事大吉，所以宣誓"不制定出宪法决不解散"，"无宪法，毋宁死"的标语挂满大街小巷。但事实上，"在还未得到一部宪法之前，他们就已莫明其妙地对这种宪法的功能表现出了一种隐隐约约的不信任感"〔25〕，结果宪法如同废纸，一文不值。热衷直接民主，致使代议制权威树而不立。虽然召开了民选议会，但议会开会时大门洞开，旁听者有时多达万人之上，嘘声、呼喊声经常淹没会场。一旦对议会决策不满，马上诉诸"广场政治的山呼海啸"。〔26〕国民议会虚有其名，真正追求和实际实施的是理想化的直接民主制。

---

〔24〕〔美〕苏珊·邓恩：《姊妹革命——美国革命与法国革命启示录》，杨小刚译，上海文艺出版社2003年版，第16页。

〔25〕高毅：《法兰西风格：大革命的政治文化》，浙江人民出版社1991年版，第55页。

〔26〕朱学勤：《道德理想国的覆灭》，上海三联书店2005年版，第227页。

上述理想主义的苗头随着大革命的深入发展和国内外敌对势力反抗的加剧愈演愈烈，致使法国大革命的立宪诉求与政治现实渐行渐远，深陷不可解脱的悖论漩涡之中。

（二）雅各宾派专政：放纵理想，深陷悖论

1. 酷爱平等，忽略自由，价值位序颠倒

法国大革命一开始就打出了“自由、平等、博爱”的旗帜，但是，与英美两国革命侧重于自由价值相比，法国大革命对平等价值表现出一种异乎寻常的迷恋。早在革命初期的《人权宣言》就明确宣布：“人人生来是，而且始终是自由平等的。”其中的“始终是”意义非同寻常，它说明法国革命者不仅承认起点的平等，同时包括过程的平等和终点的平等，不仅准备实现政治法律上的平等，还要争取社会经济上的平等，用高毅概括的话说，就是不仅“生而平等”，而且“活而平等”“死而平等”。大革命期间的一首流行歌曲生动地反映了法国革命者对平等的片面理解：“把高个儿截短，把矮个儿拉长，大家个头一般高，人间天堂乐无疆。”[27] 那时的法国人“希望在自由之中享受平等，在不能如此的时候，也愿意在奴役中享用平等”。[28]

对平等的酷爱在经济领域集中体现在土地处理和统制经济政策上，尽管后者与战时需要有关，但追求平等是思想动因，如圣鞠斯特曾公开表示：“不应有贫富之分，富有是件不名誉的事。”[29] 实际上，人与人既是平等的又是不平等的，应当遵循先自由后平等原则，“相同之处平等对待”，“不同之处区别对待”。如果不加区别，人为地追求“一切人在一切方面的平等”，其直接后果必然造成更大的不平等，因为把地位不平等的人置于同等的位置上，这种“平等实际上是最大的不平等”[30]。后来，阿克顿总结了这一教训，指出：“法国大革命之所以对自由是灾难性的，其最深刻的根源在于它的平等理论。”[31] 托克维尔的总结更是入木三分：

---

〔27〕高毅：《法兰西风格：大革命的政治文化》，浙江人民出版社 1991 年版，第 101 页。

〔28〕〔法〕托克维尔：《论美国的民主》（下卷），董果良译，商务印书馆 1993 年版，第 624 页。

〔29〕〔法〕马迪厄：《法国革命史》（下卷），杨人楩译，商务印书馆 1963 年版，第 571 页。

〔30〕〔古罗马〕西塞罗：《论共和国 论法律》，王焕生译，中国政法大学出版社 1997 年版，第 48 页。

〔31〕Acton, *The History of Freedom and Other Essays*, Macmillan and Co., Limited, 1919, p. 88.

“谁在自由中寻求自由本身以外的其他东西，谁就只配受奴役。”[32]

2. 崇尚抽象的“人民主权”，摒弃分权制衡原则

雅各宾派上台后仅仅用了21天就制定出了一部新宪法，即1793年《宪法》。这部《宪法》摒弃了三权分立原则，规定一院制立法议会拥有国家最高权力，执行会议必须根据立法议会制定的法律和法令来行使权力，并对立法议会负责并报告工作。很显然，这部宪法的目的旨在建立一种以立法权为中心的集权体制。不久后，迫于对外战争和平定内乱的需要，国民公会宣布设立救国委员会，控制了绝大部分国家权力，集权体制开始建立。1794年4月，治安委员会的权力得到加强，成为救国委员会之外最重要的机构，主管镇压国内反革命。从此，以两委员会为核心的行政机关在人民主权的名义下拥有了不受制约的无限权力，法国进入了行政专权阶段。当时美国驻法大使亚当斯曾提醒法国革命者说，“任何权力集中在一个机构里，都是为专制开的处方”[33]，但后者未予重视，一直沿着自己的集权逻辑前行。

应当承认，在外敌压境、内乱不断的险恶环境下，最大限度地集中权力有其正当理由，但在危机过后，这种临时措施本应立即结束，而法国革命者非但没有适时调整，反而变本加厉，“原因在于大革命的一种致命信念，即既然所有的权力都已置于人民手中，一切用以防止权力滥用的保障措施也就不再必要了”[34]。就是说，其思想根源在于卢梭的人民主权绝对至上论。法国革命者没有认识到，卢梭所说的人民主权是一个抽象的存在，抽象的主权者是无法具体行使权力的，现实中只能由特定的人来行使主权，最终不可避免地落实在一个人或少数人的权力，倘若不加限制，极有可能走向专制暴政。这一潜在危险在一边高喊“我自己就是人民”[35]，一边滥用权力的罗伯斯庇尔身上得到了充分印证。据此，贡斯当在大革命后深刻地指出：“卢梭珍爱一切自由的理论，却为所有的暴政提供了借口”[36]；标榜人民权力不受任何限制的学说“是对所有类型的专制政治最

---

〔32〕〔法〕托克维尔：《旧制度与大革命》，冯棠译，商务印书馆1997年版，第203页。

〔33〕〔美〕苏珊·邓恩：《姊妹革命——美国革命与法国革命启示录》，杨小刚译，上海文艺出版社2003年版，第84页。

〔34〕〔英〕弗里德利希·冯·哈耶克：《自由秩序原理》，邓正来译，三联书店1997年版，第246—247页。

〔35〕朱学勤：《道德理想国的覆灭》，上海三联书店1994年版，第192页。

〔36〕〔法〕邦雅曼·贡斯当：《古代人的自由与现代人的自由》，阎克文、刘满贵译，上海世纪出版集团2005年版，第161页。

可怕的支持”[37]。

3. 追求不存在的“统一”与“一致”，残酷镇压异己

早在革命爆发前，西耶斯提出“统一而不可分割的法兰西”口号时，就已经显露出对“统一”“一致”概念的错误理解，他所说的“法兰西”实际上不包括贵族和僧侣，仅仅指第三等级。革命爆发后，出于对“统一”“一致”的向往，法国革命者把一切派系与党争都视为洪水猛兽。圣鞠斯特说：“党争是社会最可怕的毒素”；米拉波说：“任何事物与任何个人的拯救在于所有党派的灭绝”；丹东说：“党争不能在共和国内存在”。[38] 在此信念下，1791 年议会规定，任何民间社团都不得以任何形式作为一个政治实体而存在。

实际上，在任何现实社会中，“统一”“一致”总是相对的，分歧与冲突才是常态，才是社会的本质。追求“统一”与“一致”，纯属痴心妄想。正因如此，大革命期间始终派别林立，如保王派、君主立宪派、吉伦特派、雅各宾派，不一而足，还有与革命政府并肩而立的自治团体巴黎公社和大量的俱乐部。由于迷恋虚无的“统一”“一致”，派别之间不可避免地采取无情斗争。所以，大革命期间派斗党争既复杂又激烈。街头暴力冲突不断上演，议会也成为你攻我伐的“斗兽场”，议员之间粗话谩骂是家常便饭，大打出手也非罕见。每一派都宣称自己是代表人民的革命派，而把政敌斥之为反革命、叛国者、阴谋家，千方百计地予以肉体消灭。因此，一边是“统一”“一致”的口号响彻天空，一边是置异己派别于死地的血腥斗争，这构成了法国大革命的一道独特景观。1793 年 6 月，派系斗争升级为国家恐怖。雅各宾党人海登斯表示：“我宁愿让 2500 万法国人民死去 10 万次，也不让一个人毁灭统一而不可分割的共和国一次。”[39] 结果违反法制、滥杀无辜的现象达到难以想象的地步。整个大革命期间，共有 1.7 万人被送上断头台，另有 3.5—4.5 万人未经司法审判被处死。从 1794 年 6 月 10 日到 7 月 27 日“热月政变”，在短短的 48 天内，仅巴黎一地就处死了 1376 人，平均每周 196 人。据说，当时有一位议员曾用凄凉沉重的黑色幽默讥讽“一致”原则说，保全人们“皮肤”的唯一可行办法就是宣布

---

〔37〕〔法〕邦雅曼·贡斯当：《古代人的自由与现代人的自由》，阎克文、刘满贵译，上海世纪出版集团 2005 年版，第 60 页。

〔38〕〔美〕苏珊·邓恩：《姊妹革命——美国革命与法国革命启示录》，杨小刚译，上海文艺出版社 2003 年版，第 98 页。

〔39〕同上注，第 103 页。

生命的“统一”和头颅的“不可分割”。[40]

采用恐怖手段追求根本不存在的“统一”“一致”，本身就是与宪政精神背道而驰的，雅各宾派的这一激进措施给法国的宪政事业造成了无穷的危害。

4. 热衷于道德乌托邦，妄图改造人性、重塑文化与社会

雅各宾派秉承卢梭的道德理想主义，幻想通过革命建立“美德理想国”，“创造一种全新的人”。[41] 罗伯斯庇尔认为，革命不仅要打倒“富人”，而且打倒“邪恶者”，要以道德革命深化社会革命，实现道德重建。圣鞠斯特还以古代斯巴达为榜样，详细描绘了这个道德理想国的蓝图。[42]

为此，雅各宾派把整个社会变成一个大学校，通过报刊、文艺等形式，把道德教育贯穿于日常生活中。他们严禁上演有伤道德风化的戏曲，鼓励弘扬革命主旋律的文艺创作。沿用已久的公历被废除，改用共和历。利用革命象征物，如三色徽、自由树、小红帽，以及布鲁图斯、伏尔泰、卢梭等历史名人，营造革命崇拜氛围。更改人名地名蔚然成风，约有 3000 以上的市镇一夜易名，如凡尔赛改为“自由摇篮”。基督教堂被关闭，为填补赶走上帝后留下的空白，罗伯斯庇尔创造了一种新型的“最高主宰教”，设立崇拜“最高主宰”的节日。

雅各宾派建立道德理想国的企图，或许出于真诚善良的动机，但在实践上是行不通的。道德和文化上的千差万别本是人类的客观现实，是社会丰富性的表现之一。道德的型塑、文化的改造只能通过细雨润物和潜移默化的方式才有望实现。雅各宾派希望把自我道德律令外化为人民的普遍要求，纳入革命的进程，企图通过政治行政手段在一夜之间实现道德理想国，充分暴露了理想主义者对自身理性的“致命的自负”（哈耶克语）。作为一个国家政权，若一意孤行地追求不切实际的目标，除非借助暴力强制别无他途，因而必然与暴政同行。

事实正是如此。从一开始，罗伯斯庇尔等人就以革命道德的标杆自居，把自己的一切反对者都视为是“不道德者”，“不道德者”不仅有错而且有罪，必须予以“清洗”，结果政治与道德被混淆在一起，政见分歧被

---

〔40〕〔美〕苏珊·邓恩：《姊妹革命——美国革命与法国革命启示录》，杨小刚译，上海文艺出版社 2003 年版，第 100 页。

〔41〕朱学勤：《道德理想国的覆灭》，上海三联书店 1994 年版，第 248—249 页。

〔42〕同上注，第 245—246 页。

归结为道德之争。于是，“道德清洗”变成了美德名义下的政治迫害。雅各宾专政后期，更是不惜诉诸恐怖手段，以加强道德救赎的力度。道德与恐怖不可思议地连接在了一起，杀戮暴行获得了冠冕堂皇的名义，“道德嗜血，而且嗜之不愧”。[43]“人人手持心中的圣旗，满面红光走向罪恶”（伏尔泰语）。结果，道德理想越强烈，政治统治就越残暴。正是在这个意义上，荷尔德林说，“总是使一个国家变成人间地狱的东西，恰恰是人们试图将其变成天堂”[44]。哈耶克也说过：“通往地狱之路，常由善意铺设。”

（三）摇摆于理想与现实之间

大革命后的八十多年内，法国的立宪进程一直挣扎在理想与现实的悖论中，摇摆不定，跌宕起伏。

热月党人时期，特点是“打秋千”，热月政府既不想放弃宪政理想，又要满足稳定秩序的现实需要，“既要防止回到君主政体，又要防止回到恐怖统治，既要避免个人独裁，又要避免议会专制”，一方面制定宪法，实行分权，重建独立司法，另一方面不断采用反宪政手段，暴力镇压保王党和巴贝夫平等派，但始终困于山重水复，没有找到将理想与现实连接起来的途径，最后走投无路，理想屈服于现实，为了稳定和秩序的现实需要，“一个比大革命所推翻的政府更加专制的政府”——拿破仑帝国粉墨登场。随着宪政理想的破灭，法国人的宪政激情一落千丈。

随后相继上台的1814年波旁复辟王朝和1830年的“七月王朝”，一方面以虚有其名的《1814年宪章》和《1830年宪章》来满足法国人民的宪政理想，另一方面继续实行国王专制，如1824年即位的查理十世公开宣称：“宁可去锯树也不能按英王那种方式进行统治”，七月王朝的“平民化国王”菲利普最欣赏的一句话就是朝廷重臣基佐所说的“王位不是一把空椅子”。这说明，在该时期宪政理想一直被现实政治压在地下。

然而，宪政理想只能受挫折、被压抑，而不会销声匿迹。1848年，欧洲革命爆发，法国宪政高潮乘势再起，“七月王朝”被推翻，第二共和国建立。但法国人试图将美国的总统制和英国的议会制拼凑一起，结果脱离

〔43〕朱学勤：《道德理想国的覆灭》，上海三联书店1994年版，第288页。

〔44〕〔英〕弗里德里希·奥古斯特·哈耶克：《通往奴役之路》，王明毅、冯兴元等译，中国社会科学出版社1997年版，第29页。

实际，总统和议会有分权无制衡，导致二元对抗僵局，从而让马克思所说的一个“历史小丑”——路易·波拿巴有机可乘，通过骗取农民选票攫取了政权，重建帝制，宪政理想再一次葬送于政治稳定的现实需要。

（四）走出悖论：共和宪政确立

1871年，第二帝国在普法战争中垮台，又一次唤起了法国人民的宪政热情，在巴黎公社风暴一掠而过之后，法国人民汲取了历史教训，转而兼顾理想与现实，终于在1875年取得立宪成功。

首先，由当时的议会各派——三个君主派（正统派、奥尔良派、波拿巴派）、两个共和派（激进的和温和的）和一个小资产阶级民主派——共同参与决定国家政体形式，制定宪法。1875年1月30日，国民议会以353对352仅1票的多数通过了确认共和制宪法修正案。接着制定了5个单行法，《关于参议院组织的宪法性法律》《关于公共权力组织的宪法性质法律》《关于公共权力关系的宪法性质法律》《关于参议员选举的组织法律》和《关于众议员选举的组织法律》，这些法律合称为1875年《宪法》。这部《宪法》具有广泛代表性和实质合法性。其次，制宪过程是按照明确的宪政游戏规则，通过公开博弈即和平的政治斗争方式完成的，宪法具有形式合法性。最后也是本题所重点关注的，法国人的制宪理念改变了。此前的十几部宪法，都从理想出发，力求完美无缺，结果却总是脱离实际，短命而亡。“这部宪法不是旨在建立一种理想的美满的政治制度，只是为了适应当前需要，规定可行的实际办法。”[45] 台湾地区学者张金鉴说：“这部宪法是实际的，并非哲学的；是事实的，并非理论的……（所以）宪法文字本身似乎不很合乎逻辑，但是它合乎更大的历史逻辑。”[46] 所以，尽管1875年《宪法》七拼八凑、残缺不全，但却成为法国历史上最长寿的宪法，施行达65年之久。

法国的立宪过程给我们留下了无穷的思索。它告诉我们，理想既是不可实现的，又是可以实现的。如果说1789年至1871年法国接二连三的立宪失败是对前者的演绎，那么，1875年共和宪政的成功则是后者的见证。

萨托利曾对理想与现实的关系做过全面的理论分析。他指出，理想是

---

〔45〕〔法〕瑟诺博斯：《法国史》，沈炼之译，商务印书馆1972年版，第492页。

〔46〕张金鉴：《欧洲各国政府》，台湾三民书局1976年版，第150—151页。

“同存在的状态绝不相符”的，“理想抵抗或攻击现实”[47]，从这个意义上说，“理想注定只能作为理想”，“注定不会成功”。[48] 但随后萨托利又指出，肯定理想不能实现，只是说它不能“完全而充分地实现”，“不能原原本本地或在完全令人满意的程度上实现”，理想的“部分实现”是完全可能的，而且是必须的。[49] 就是说，理想与现实关系问题的症结不在于理想能否变为现实，而在于如何将其变为现实。

萨托利认为，要想成功地把理想变为现实，不能采取毕其功于一役的方式，用之全盘否定和替代现实，而应把理想视为是“可以逐渐实现的状态”，通过“转化原则”和“反馈原则”，分阶段、分批次地将其与现实逐步连接起来。他说：“理想在多大程度上变为现实，它就也必须在多大程度上变为监控性反馈机制。”[50] 就是说，理想的实现是一个循序渐进的过程，而不是瞬间发生的突变。如果把理想绝对化，妄图一夜之间完整变现，“就会造成极大的混乱”，以失败告终。1875 年以前的法国宪政进程之所以屡屡受挫，其主观因素就是因为在如何实现理想的环节上出现了失误，忽视了转化原则。

（五）结论

理想与现实之间不存在悖论的必然性。倘若人们能正确处理好理想与现实的关系，既仰望星空，又脚踏实地，悖论是不会发生的。只是由于人的失误（因无知、无能或“致命的自负”），才使得悖论在人类历史上频频上演。

四、德国宪政艰难之旅：桀骜难驯的权力

德国宪政之路的主要特点是：阻力重重，举步维艰。造成这一特点的根本原因是权力超强，桀骜难驯：早期德国长期分裂，政治经济落后。后来在民族国家的统一过程中，旧封建王朝有幸占据了主导地位，并发挥了显著作用，从而造就了一个庞大强悍的“权力巨人”。当 19 世纪初德国宪政历程姗姗启动时，面对的阻力特别强大，只能披荆斩棘艰难前行，直到

〔47〕〔意〕乔·萨托利：《民主新论》，冯克利、阎克文译，东方出版社 1993 年版，第 72 页。
〔48〕〔意〕乔·萨托利：《民主新论》，冯克利、阎克文译，东方出版社 1993 年版，第 73 页。
〔49〕同上注，第 72—73 页。
〔50〕同上注，第 76 页。

相继摧毁两个专制帝国之后才最终得以确立。

前美国总统小布什说过，人类文明的最大成就就是实现了“把权力关进笼子里”的梦想。这个笼子就是宪政，一部人类宪政史也就是一部把权力关进笼子里的历史。在英国，当权力还是一个“幼崽”的时候就被部分地关进笼子里，后来权力逐步成长壮大，笼子也一步步打造得更加坚实严密，所以权力从未获得不受限制为所欲为的机会，尽管出于本性使然，权力也曾多次尝试挣脱笼子的束缚，但均以失败告终，至光荣革命建立现代宪政之后，权力完全变成了笼中之物。德国的历史是另一种景象：权力成长得既早又快，笼子尚未开始打造，权力就已是个桀骜难驯的“猛兽”了，所以立宪进程特别艰难，几经失败，最后多亏了国际力量的帮助，才将它关进笼子。

“权力猛兽”是德国特殊的历史条件造成的。

（一）权力兴邦

公元843年，法兰克帝国一分为三，东法兰克王国奠定了后来德意志国家的雏形。962年，奥托一世被加冕为“罗马人的皇帝”，“神圣罗马帝国”登上历史舞台。然而，这个帝国从一开始就有名无实，“既非神圣，也非罗马，更非帝国”。境内长期四分五裂，邦国多达360个，这使得德国的经济发展明显落后于西欧各国。

后来的德国是由其中的一个邦国——普鲁士发展而来的。它原本是中欧北部霍亨索伦家族控制下的一块不起眼的勃兰登堡伯爵领。1618年，通过联姻取得了波兰的领地普鲁士，建立了普鲁士公国。

1648年的《威斯特法利亚和约》签订后，瑞典控制了易北河和奥德河的出海口，切断了普鲁士的对外通道，更加不利于经济发展。这一切使普鲁士大公弗里德里希·威廉认识到，只有建立强有力的国家政权，才能外御强邻、内勘暴乱，在德意志各邦中出人头地，跟上现代化的步伐。于是，他以好勇斗狠的容克子弟为骨干，组建了一支常备雇佣军，严格训练。然后以其为工具，大肆扩张，逼迫波兰放弃了对普鲁士的宗主权，夺取了波罗的海沿岸的瑞典领土。在国内，大力修筑道路、开凿运河，鼓励发展工商业，推动经济的发展。这样，在权力的主导和推动下，到17世纪80年代末，普鲁士作为一个独立国家在欧洲崭露头角。

弗里德里希·威廉的后继者继承了这一传统，军队规模继续扩大，战斗力进一步提升，并建立了高效率的官僚系统，对内更加专制，对外扩张更加疯狂，夺得了奥地利的西里西亚工业区，三次参与瓜分波兰。1701年，将公国升格为王国，开始跃居欧洲强国之列。与此同时，形成了以国家至上、权力本位、暴力崇拜、绝对服从（铁的纪律）为内涵、带有一定野蛮性的军国强权主义文化传统。这种文化传统反过来使国家权力"如虎添翼"，更加不可一世。法国政治家米拉波曾讥讽说："其他西方国家有一支军队，普鲁士军队有一个国家。"[51]

（二）权力立国

1806年，德意志被拿破仑占领，有名无实的"神圣罗马帝国"寿终正寝。

1812年拿破仑侵俄战争遭到惨败，德国解放战争开始，普鲁士的强权政府获得了一个"大显身手"的机会。它领导各个小邦，联合俄国，经过两年战争，解放了德意志全境。解放战争的胜利，进一步助长了普鲁士权力目空一切的骄横心态，形成了"民族代表舍我其谁"的主人意识。于是，不久之后，普鲁士王朝当仁不让地成为民族统一的领导者和完成者。

与此同时，为了迅速改变经济落后状态，赶超西欧先进国家，普鲁士政府领导启动了现代化进程。通过19世纪初的施泰因—哈登贝格改革，废除了农奴制，经济开始起飞。表面上此时也制定了宪法，露出一丝政治上迈向宪政的迹象，但由于改革自始至终操控在权力手中，制定宪法只是装装样子，给权力披上一件遮羞布而已。在强大无比的国家权力禁锢下，德国的宪政进程很难启动。

不过，宪政毕竟已成时代潮流，不可压制。1848年，德国宪政力量首次独立发力，试图通过召开法兰克福全德议会，制定宪法，完成民族统一与立宪政治双重使命。但是，此举刚一冒头，就被权力无情地打压了下去。面对议会送上的德意志王冠，普鲁士国王不屑一顾，说；"这那里是王冠，分明是奴隶戴的铁项圈。"最后，两项历史使命全部落空。

在1864—1871年，俾斯麦凭借"铁血"手段，通过3次王朝战争，统一了德意志，这又为权力捞了一大笔政治资本。在民族统一过程中，以议会为代表的宪政力量充分意识到暴力机器强化的巨大危险性，拼尽全力又一次向权力发难，否决了政府的军费预算，导致"宪法纠纷"。但骄横的权力面对喋喋不休的议会，不理不睬，照常扩军备战，听任"宪法纠

〔51〕 吴友法、邢来顺：《德国：从统一到分裂再到统一》，三秦出版社2005年版，第65页。

纷”自生自灭。果不其然，第二次王朝战争刚一结束，议会就主动拜倒在了权力的脚下，免除了俾斯麦政府违法增加军费的责任，“宪法纠纷”烟消云散。

完成民族统一后的普鲁士权力不再满足于王国身价，于1871年宣告成立德意志第二帝国，一举登上欧洲大陆的霸主地位。虽然第二帝国也有宪法和议会，但它实质上是“一个以议会形式粉饰门面，混杂着封建残余、同时已经受到资产阶级影响、按官僚制度组成、并以警察来保护的军事专制国家。”〔52〕

在经济领域，德国利用政权力量和后发优势，积极推动现代化进程，农工商业突飞猛进，国家实力迅速超越英法，成为仅次于美国的世界第二强国。经济现代化的突出政绩不仅加强了国家权力的物质基础，而且助长了权力的专横跋扈和狂妄野心。第二帝国的统治者不再满足于欧洲霸主的身份，进而觊觎世界霸主宝座，公开要求“阳光下的地盘”，这就与英法老牌殖民国家迎头相撞，第一次世界大战由此爆发。

（三）魏玛宪政短春

一战的惨败、第二帝国的倒台和突如其来的十一月革命，为德国立宪提供了千载难逢的大好机会。然而，正是因为机会来之突然，德国无暇对军国强权主义传统进行清算，致使匆忙建立起来的魏玛宪政漏洞百出，权力基座毫发未损。有学者说，倒下去的只是帝国大厦的上层建筑，深埋于地下的根基未及清理，连建造魏玛共和国的用料都是“从君主政体拆卸下来的材料”。〔53〕

首先，《魏玛宪法》赋予了总统以帝王式的权力。总统可以解散议会，可以决定人民公决干涉议会立法权，还可以借口存在突发事件危险，颁布紧急状态法，暂时停止宪法保证的基本权利。据统计，1930年总统颁布紧急状态法令5次，1931年44次，1932年达到66次。〔54〕其次，议员选举实行比例代表制，议会内党派林立，难以形成稳定的多数党，政府更迭频繁。从1918年到1928年，先后更换10届政府，每届政府的平均寿命只有1年。再次，旧军队、旧军官、旧官僚几乎全盘保留下来。他们如同潜入

〔52〕《马克思恩格斯选集》（第3卷），人民出版社1995年版，第315页。

〔53〕丁建弘：《德国通史》，上海科学院出版社2007年版，第296页。

〔54〕吴友法：《冒险 失败 崛起——二十世纪德意志史》，武汉大学出版社1992年版，第160页。

共和国机体内的“特洛伊木马”，深刻准备着重温军国强权旧梦，时机一到就会立即发难，摧毁魏玛宪政。

可见，魏玛宪政只是权力的暂时蛰伏期，建立伊始就危机四伏，所以勉强支撑了14年后就黯然退场了。

（四）权力脱缰

1929年的经济危机使魏玛宪政的低效无能暴露无遗，给希特勒法西斯的崛起提供了机会。接下来，是法西斯强权如同脱缰的野马横冲直闯、狂欢乱舞的十几年。（略）

值得后人深思的是，纳粹党的上台是利用魏玛宪政的漏洞，通过合法选举实现的。1919年时，纳粹党还是一个无足轻重的小党，但比例代表制为其发展提供了便利条件。纳粹党利用当时德国人对《凡尔赛和约》的不满和由此激起的民族主义情绪，以及日趋恶化的国内经济，攻击自由民主宪政，争取到了上层阶级的财政支持，又用虚构的“国家社会主义”诱人蓝图和慷慨许诺，骗得了下层阶级的信任，选举得票逐年上升，国会席位不断增加。到1933年，纳粹党得票总数增至1720万张，议席增加到288席，成为国会中的第一大党，获得组阁权。1933年1月30日，兴登堡按照“几乎完全合乎宪法”的方式任命希特勒为总理。1934年8月2日，兴登堡逝世，3个小时后希特勒宣布取消总统职位，将其与总理职位合并为一，称为元首，一切大权独揽。

（五）劫后重生

第二次世界大战后，德国一分为二，西方盟国在西德进行了比较彻底的民主化改造，包括“非纳粹化”“非军国主义化”“非集中化”“民主化”，简称“四化”。前两“化”是重点。在“非纳粹化”过程中，纽伦堡审判对高级纳粹战犯给予了惩罚，在西德共审理了366万起主犯、一般犯、轻犯、胁从者的纳粹案件。非纳粹化既是一场政治革命——它摧毁了纳粹产生和存在的社会基础，为德国建立宪政制度、走向现代文明清扫了地基；也是一场法律革命——它弘扬了“恶法非法”的自然法正义原则，创立了战争罪、反人类罪等新罪名，开创了对国家元首和主要领导人的国家行为追究其个人罪责、对纳粹小喽啰甚至随波逐流者追究其“平庸之恶”的先例（阿伦特语），否定了“国家主权至上论”“个人不承担国际法责任论”“执行者无罪论”，树立了个人负有“良心义务”的法律原则[55]，“两德统一”后，在亨里奇判例中，“良心义务”原则具体化为“一厘米主权论”[56]；还是一次文化革命——一次全民性的价值观教育、心灵洗礼、思想升华，借此分清了大是大非，确立了道德良知高于一切的价值取向和文化理念，明确了前进方向。

1949年，西德颁布《基本法》，建立了联邦共和宪政。1990年，“两德统一”后，西德的《基本法》稍作修改，施行于全德。

（六）结论

在一个权力超强的国度，立宪进程必然艰苦卓绝。但是，无论立宪道路多么艰难漫长，宪政必将获得最后胜利，因为这是人类政治文明发展的内在要求和必然趋势。

五、几点启示

回顾上述西方四国的宪政历程可以发现，英美以正面经验为主，法德则以负面教训居多。无论是正面经验抑或负面教训，都给我们以宝贵的启迪与教益。其中，以下几点启示是最为重要的：

第一，殊途同归。英美法德四国因为历史与国情不同，分别走了不同的宪政道路。但是，最终归一，都走向了宪政，这说明宪政是人类政治文明发展的大势所趋，也印证了西方的那句谚语：条条大路通罗马。

---

[55]【案例一】1944年，一个德国士兵回家探亲，私下向他的妻子说了一些对希特勒及其他纳粹党领导人不满的话。他的妻子把他的言论报告给了当地的纳粹党头目。结果，这位士兵遭到军事特别法庭的逮捕和审讯，被判处死刑，虽未被处死，但经过短期囚禁后又被送到了前线。纳粹政权倒台后，士兵的妻子于1949年在西德某法院受到追诉，理由是她剥夺了她丈夫的自由。这位妻子抗辩说，根据当时的有效法律——当时德国法律规定，所有不利于第三帝国统治的言论及任何损害德国军事防御的行为都是违法的——她丈夫说的那些话已构成犯罪。她告发自己的丈夫是使一个罪犯归案受审，因而是无罪的。法官依据道德至上、“恶法非法”原则，宣布说，“妻子向德国法院告发丈夫导致丈夫的自由被剥夺，虽然丈夫是被法院以违法的理由被宣判的，但是，这种法律是‘违背所有正常人的健全良知和正义观念’的”，所以，法庭仍然判决这位妻子有罪，给予了应有的惩罚。

[56]【案例二】1992年2月，统一后的柏林法庭受理了一个案子，被告是原东德的一名守护伯林墙的卫兵，叫亨里奇。两年前，他开枪射杀了企图翻墙逃往西德的一名青年。亨里奇辩称，自己是执行命令，根本没有选择的权利，罪不在己。法官指出：“东德的法律要你杀人，可是你明明知道这些逃亡的人是无辜的而杀他，就是有罪。作为卫兵，不执行上级命令是有罪的，但是打不准是无罪的。作为一个心智健全的人，此时此刻，你有把枪口抬高一厘米的主权，这是你应主动承担的良心义务。”亨里奇被判3年半徒刑。

第二，外异内同。英美法德四国的宪政模式各不相同，但宪政本质是相同的，那就是社会能够有效地“利用”和“控制”国家权力，以便充分实现和保障公民权利。因此，研究宪政无法绕开国家与社会的关系结构问题。在这个问题上，英德两国形成鲜明对照。英国兼顾了对国家的有效利用和有效控制，较早形成并保持了国家与社会的均势结构，所以立宪起步早，虽进程缓慢，但步步推进，直至成功。德国在很长时期内是“利用国家”有余，“控制国家”不足，国家超强，社会超弱，所以历尽千难万险，在埋葬了三个帝国之后，并借助国际社会的帮助才最终完成立宪大业。

第三，人的主观选择是决定宪政成败的最后的关键因素。尽管一切历史都是客观因素与主观因素综合作用的结果，而且客观因素对人的选择有着重大甚至根本影响，但这并不意味着客观因素决定了人的选择是唯一的，因为在任何特定的客观条件下，都存在着可供人们选择的多种可能，人的不同选择是决定不同历史结局的最后因素。在这个问题上，美法两国形成鲜明对照。抛开小背景（国情）不谈，几乎同时发生的美国和法国宪政革命之所以大相径庭，盖因两国立宪先贤们在不同立宪时段所做出的不同选择所使然。

（文字编辑　曹涵彬）

俄罗斯物权法传统及制度起源

王海军*

从法律史的起源看，物权法是随着私有财产的出现、国家的形成而产生的，它发端于罗马法中将财产权保护的诉讼形式分为对物之诉和对人之诉。在19世纪，近代大陆法系国家继承罗马法的基础上形成了物权法的基本特征和框架体系，并在各国的社会条件下形成了不同形态。从俄罗斯法律发展进程中看，18世纪沙俄时期的物权法已区分出占有权、所有权、他物权的概念和制度，还对占有作了合法占有和非法占有的区分，但如果沿着俄罗斯物权法发展的轨迹往前追溯，可以清楚地看到，其法律传统和制度起源还可以更早。俄罗斯独立后在物权法律制度方面逐渐改变了苏联时期计划经济时代的观念，随着1994年《俄罗斯新民法》的公布，俄罗斯物权法律的体系重新被加以定位和重建，在很大程度上是现代俄罗斯私法复兴的一个表象和佐证，其不仅要清除苏联时期民法公法化的各种弊端，也要回归传统和需求历史基础，所以对俄罗斯物权法传统和早期制度进行梳理和考察是非常有意义和必要的。

一、俄罗斯早期的"物"

近现代物权法将物分为动产和不动产，但是在人类社会的初期并不存在像现代这样的很大的意义，而且也没有现代物权法中对物权分类的详细。"《罗斯法典》和俄罗斯其他的古代文献对这个权利的表示没有提出一

* 作者系华东政法大学法律史研究中心、外国法与比较法研究院、科学研究院助理研究员，法学博士，从事俄罗斯法、外国法制史研究。

个统一的术语和名词，原因大概是这个权利的内容那时取决于什么人是权利主体，以及何种物品可以被列入财产权客体范围。"[1] 动产和不动产在法律上的差别及其专业术语在俄罗斯出现的较晚，"在普林斯科第一次出现了动产与不动产的划分，对不动产规定了特别的占有制度。第一，在共和政体中王公不占用土地，并且不能按照自己的意愿将土地赐给任何人；第二，存在大量的教会土地。出现了广泛的终身使用的土地财产，可以使用土地进行盈利，但是不能出卖或者是赠与"[2]。

（一）作为一般物品的动产

所谓动产，是指能够移动而不改变其性质和价值的有体物。这种物品在生活中非常常见，例如生活用品、生产工具等，在古代社会，奴隶也包含在其中。在古代罗斯社会，私人拥有的物品首先就表现为动产，因为这些动产物品能同其他人的物品和财产区分开，在原始游牧民族占有和使用的必要前提就是确定财产占有，因此在古代文献中通常物的名称就是"имение（旧称财产）"，那么这就可以同普通的物品（拿在手里的东西）区分开。"имение"这个词仅仅是代表着动产，俄罗斯编年史中就记载了许多这样的情况，例如伊戈尔希望从德列夫里安人那里获得更多的"имение"，俄罗斯人在伊戈尔时期从拜占庭帝国"获得很多'имение'"等。

"物"的称谓，虽然在古代西斯拉夫法律（在动产的意义上）中和俄罗斯人迁徙中就曾遇到过，但是在俄罗斯法律中它却出现很晚。俄罗斯人的远祖的所有财产都是由一些动产构成，他们通常用来表示财产的词语可以证实这点，例如"家畜"一词，在当时就是用来表示金钱或者是代表其他形成的财产，同样"粮食谷物"也是如此。编年史中的资料也可以证明，在初期人们的财产包括武器、衣服，装饰品、切良津、马匹和一些捕捉采集到的东西。《罗斯法典》中虽然没有将何种物品明确规定为动产，

[1] Белковец. Л. П, Белковец. В. В. История государства и права России. Курс лекций. Новосибирск. 2000. c15.《罗斯法典》，也称《罗斯真理》，是基辅罗斯国家的第一部法律汇编，包括《雅罗斯拉夫法典》《雅罗斯拉维奇法典》《1097年法典》和《摩诺马赫法规》四部法典，各个法典是根据时间顺序编纂，前后的规定和制度均有继承和发展，也是当时最为主要的法律规范。它是基辅罗斯时期最重要的法典，也是俄罗斯法律史上的重要法典。

[2] А. В. Шободоева. История отечественного государства и права: курс лекций и методические материалы. И. 2009. c71.

但是通过对于法条中关于损害各类物品的不法行为的规定，可以从侧面反映出当时罗斯社会是存在大量动产，并且均为私人占有的财产。所以法典多次提到了关于个人动产财产权。例如《雅罗斯拉夫法典》就确定了私人占有的物，“如果某人盗窃了他人的马匹、武器，或者服装”，“如果某人损坏了他人的枪矛、盾牌或者衣服”，“如果某人偷窃捕猎网内的鹰和鹞……”，“偷窃牧草和木柴”[3] 等，其中这些法条中规定的牲畜、生活用品、农业、牧业工具等受侵害的个人物品均为动产，除此之外，还有一种特别的动产，即奴隶。

这些动产的财产权利最开始时没有限制，在财产消灭之前都可以占有、使用或支配。“在法律保护所有的财产，包括动产和不动产，虽然在法律中找不到区分动产和不动产的具体规定，但是动产的状况和地位在《罗斯法典》中已经充分进行了分析。”[4] 同时古代罗斯也给予其完全的法律上保障，即对侵害这些动产财产的行为以犯罪的性质来定位，以此来保护这些财产。例如“如果谁未经允许而擅自骑别人的马，要支付三格里夫纳。”“如果某人盗窃了他人的马匹，或者武器，或者衣服，而且失主在自己的米尔境内找到了：有权取回自己的东西，盗窃者处罚三格里夫纳”[5] 等规定。

（二）土地作为最典型的不动产

相对于动产而言，不动产就是不能自行移动或以外力移动，否则就会改变其性质或毁损其价值的有体物。一般而言动产包括土地、房屋以及依附在土地上的其他物品。在游牧民族的习惯中完全没有不动产占有的可能，有的仅仅是他们定居和搬迁所占有的土地，因为这些土地在他们那里都是必要的，首先一部分土地权是为了建立真正的住宅——造房子，其余一部分土地是为了进行农业生产或其他经济生产。

土地是一类非常重要的不动产。从历史上看这个财产权形式的构成和

---

〔3〕 Н. Калачовь. Текст Русской Правды на основании четырехь списковь разныхь редакции. С-П. 1889. с. 5—20. 同时可参见王钺译：《〈罗斯法典〉译注》，兰州大学出版社1987年版。

〔4〕 А. В. Шободоева. История отечественного государства и права: курс лекций и методические материалы. И. 2009. с. 70.

〔5〕 Н. Калачовь. Текст Русской Правды на основании четырехь списковь разныхь редакции. С-П. 1889. с. 2.

发展，不能立即获得很明确的答案，但是可以充分肯定和确定的就是它与动产是有所区别的。土地财产权的发展在客观情况下是这样的，即起初确定耕作参与者的部分权利，同时，像草地和牧场都是村社或者是部落集体所有，森林和水资源起初属于国家，或者是村社和部落，后来土地财产的其他形式才成为了私有财产。

古代罗斯社会的土地占有制经历了一个过程。“6至8世纪时期东斯拉夫人的社会经济状况发生了剧变，最初表现为氏族制度的解体，形成农村公社，公社的森林、牧场、水源、荒地等为公有，耕地则为家庭分配使用。随着公社内部贫富分化，长老和部落酋长上升为富有贵族，他们利用职权获得更好的土地，不断兼并农民的土地。10世纪后，王公贵族们建立起自己的大庄园，形成了大公贵族的大土地占有制。大公还把大量的土地赐给教会，形成了教会大土地占有制。至此，基辅罗斯的封建土地所有制最终形成了。”[6] 在10至11世纪的基辅罗斯，最大的土地占有者是大公和封邑王公，他们的土地除了来自于掠夺之外，还大量占有无人的土地。王公不仅拥有乡村，还拥有城市。在《罗斯法典》中就提到了生活在这些庄园中的人：王公基温，霍洛普，王公的士兵。[7] 庄园主内部的关于土地和调整领地关系法律的契约，并不能从史料中获得完全的证据，仅仅可以证明他们的存在而已。同时还存在波雅尔[8]的领地，波雅尔的土地来源以剥夺公社社员的土地，抢夺并开垦荒地，同时还有从其大公或王公那里获得的一部分。他们属于封建主的财产并可以继承。这些土地原则上是由王公赏赐的，同时王公赋予这些土地的所有者豁免权，在他们的领地上可以独立审判，财政和行政活动。在11到12世纪由于出现了大量斯麦尔德[9]贫困化，逐渐地失去了土地和生产工具，成为了依附于封建主依附民的情况，封建土地所有制也随之发展。但是即使如此，成为债农的人还是拥有自己的一部分土地。到了12世纪之后基辅罗斯处于封建割据状态，逐渐出

[6] 张寿民：《俄罗斯法律发达史》，法律出版社2000年版，第17页。

[7] 王公基温是王公高级臣仆中的一个种类，这个词来自于古代冰岛语，原意与“слуга”即仆人、侍从相同。在11—13世纪的罗斯，基温是参与管理王公的封建经济并享有特权的仆役集团。霍洛普，即男性奴隶。

[8] “波雅尔（бояре）”是基辅罗斯封建主集团的总称，他们拥有一定的经济和法律地位，并且有一定的特权。对于波雅尔来说，他们是大公和王公对罗斯国家及各个地区统治不可缺少的组成人员。

[9] 斯麦尔德（смерды），来源于“смердеть”——“发臭味”一词，源自为氏族酋长陪葬的人，后来逐渐演变成农业生产者——农村居民，是基辅罗斯一个人数众多的社会阶层。

现了王公王室领地占有制和王公侍卫的土地占有制。

在王公和波雅尔地产发展的同时，教会的地产也逐渐发展起来了。“教会土地的占有是在国家赋予其什一税这样专门为教会利益而设立的税而产生的，但是在这个阶段教会的土地还不是很多。”[10] 而之后教会土地的主要来源是以王公赏赐或其他人赠送，“史料记载基辅佩彻拉修道院曾多次接受捐赠、赏赐土地，如1061—1062年，伊兹雅斯拉夫·雅罗斯拉维奇曾应修道院的请求，将一片土地连同一个较大的村落———别列斯托沃村交给它。雅罗波尔克曾将涅波里斯克、捷列夫斯克和卢奇斯乡以及基辅周围的土地交给了该修道院。”[11] 教会占有的土地除了靠王公和波雅尔的赏赐，也靠敲诈和欺骗。“教会会以建立教堂、修道院为名大肆占用公社土地，这种靠敲诈勒索夺得的土地为数并不小。有时教会和修道院还通过购买的方式获得土地。如《大诺夫哥罗德章程》上曾记载，在12世纪前半期，一块城郊草地被诺夫哥罗德一修道院——安东尼耶夫修道院从行政长官的孩子手中买去。”[12] 在11至12世纪，教会和修道院从王公和其他贵族手里得到赏赐和捐赠的大量土地，经营土地已经成为了教会经济生活的重要内容。教会和修道院土地所有制逐渐形成，教会因此成为了独立的经济组织。“统计修道院和教会土地占有量是不太可能的，但是教会在13世纪末已经将大部分土地财富集中在自己手里。”[13]

在《罗斯法典》时期，土地所有权已经受到了法律的保护，例如法典中提到惩罚破坏地界的情况即是如此。对于农民少量的私有土地，法律也保护这种土地所有权，惩罚侵害这种土地的行为。例如，在《摩诺马赫法规》中就规定：“如果主人残酷虐待债农，克扣工资，抢夺他的土地和财产，那么应全部归还，并支付60库纳罚金。”[14]

土地财产权在古代时期在所有民族都是存在限制的。在东方是国家完全限制和吞噬了个人权利的情景，而其中所有的个人权利最多最显著的就

---

〔10〕 А. В. Шободоева. История отечественного государства и права: курс лекций и методические материалы. И. 2009. с. 71.

〔11〕 М. Н. 齐霍米洛夫：《俄国早期反封建运动》，王松亭、姜挂石译，吉林大学出版社1992年版，第23页。

〔12〕 杨翠红、张晓华：《东正教对罗斯封建制度发展的促进作用》，载《西伯利亚研究》2009年第1期。

〔13〕 Ю. Л. Проценко. Древнирусское государство и право. Волгоград. 2000. с. 38.

〔14〕 Н. Калачовъ. Текст Русской Правды на основании четырехъ списковъ разныхъ редакции. С-П. 1889. с. 32.

是限制个人的不动产权利。但是在古代罗斯却是相反的情况，土地财产权的发展的一般进程在俄罗斯生活中一般是这样的，即“在蒙古人入侵之前土地财产权是完全自由并不受国家的限制；限制出现时已经是之后罗斯与蒙古人和立陶宛人的战争时期；但是，一些人认为限制财产权要更早一些，是在与瓦良格人的战争时期。还有些人回避历史资料中提到的外部事件，在内部事件和俄罗斯内部国家法律的基础上确定，从12世纪王公定居的后果是限制财产权的条件，当所有的土地变成了王公领地时，依附在王公领地上的人们减少了自己的权利。尽管观点有所区别，但所有的人都同意这点，即财产权的限制出现是在后来，而最初这个权利是完整的不受限制的”[15]。但是在理解土地财产权的限制与否的问题上，是需要更明确一些。在古代罗斯初期，虽然占有土地是完全和不受限制的，但是这只是占有，而且没有来自国家方面对该财产权的保障。要达到将土地成为固定财产的结果，占有者就要转向国家权力，从那里获得所需要的支配权。所以可以看出，不受限制的土地财产权只有占有权，实质是不受限制的占有权，受限制的不动产物权。

此外，值得注意的一点，当时的俄罗斯早期社会，住宅和房屋并非不动产。游牧民族的帐篷就是他们所谓的“房子”，当其没有固定在土地上的时候，仅仅是动产，但是当它固定在地表上时，就成为了土地的一部分，变成了不动产。但这种变化并不是很快，俄罗斯的法律到17世纪时还把房子看作是动产。这样的法律规定完全自然而然地从俄罗斯国家的经济情况中表现出来，当土地对其上居住的人们没有很大经济价值的情况下，土地或者是上面的附着物并不是很重要的财产，而只是可以使用的普通物质而已；相反，当土地对经济生产有重大价值的情况下，可以在经济流通中充当重要的流通物的时候，住宅就发生了质的变化。在研究城市中占有庭院的权利时，可以发现这种类型的物权的特殊性，现在发现，占据房屋在所有条件下都是拥有不动产物权的首要方式。《罗斯法典》中提到房屋财产的情况只有在继承规则中出现过，即对于父亲死后房产不做分割而留给最小的儿子。除此之外，法典对于保护房产作为不动产而免受侵害或者是权利保障之类的规定只字未提。

---

〔15〕 М. Ф. Владимирский-Буданов. Обзор истории русского права. М. 2005. с. 589—590.

二、占有和财产权

从历史方面来看，有关个人物权问题的实质，最初时期要完全确定是很困难的。“财产”的概念术语在古代法律中并不显著，那时它是以“贮藏”“永久”或其他这类术语的记述来表达，显现出来的是权利的持久性，而并不是权利的完整性，最开始时占有物品只是单纯的事实和拥有。

如前所述，对于不动产物权中的土地权在古代罗斯只是占有权，而且在古代罗斯通常不区分占有和财产。“罗马法中的‘possession（占有）’和‘dominium（所有权）’的概念都包含在俄罗斯术语中‘占有’一词中；占有是可以被认为是认定物权的统称术语；在财产法意义上西俄罗斯语言中尤其明了：‘占有的土地’就意味着土地财产权。这个术语开始被安排成为罗马法中占有的概念，当对所有权的认定时就出现了新的术语——‘财产’。”[16]

一个占有物只有从其他人或者社会那里获得承认，完全而不受限制的占有才能成为财产。这样，只有当没有对这个权利提出异议时，以往的占有才能变成真正的权利。毫无疑问，财产权不取决于占有的事实，从古代就被承认，这个认识对不动产物权使用有很大影响，但是反映在《罗斯法典》中却是与动产有关系，“如果发现别人占有自己的丢失物，不要取回它，也不要说：‘这是我的’；应该向占有者说：‘这些东西是哪里来的？一起去找那个人对质。’”[17]。占有可以是善意获得的东西，因为在找到非法获得物品占有者的情况下，占有人有权获得为此物支付相等的对价。从这里可以得知：(1) 财产所有人在丧失占有物时，并不会丧失对该物的权利，这可以很清楚的从《罗斯法典》中有关对质和盗窃的条款中看出。(2) 善意占有者的占有权与财产权相遇时会产生矛盾，并且会丧失物品。大概这对待动产是没有任何争议的，可是如果对待不动产，如土地，情况可能就不是很清晰了。实际上，占有和财产在表面上是没有区别的，不仅在最初的历史时期，就是在后来的发展过程中也是如此。但无论如何也不能认为，随便什么时候占有的意思可以掩盖住财产的概念。例如，在古代罗斯活动的习惯公式中，占有的概念吸收财产的概念迹象进入了对于土地

---

〔16〕 М. Ф. Владимирский-Буданов. Обзор истории русского права. М. 2005. с. 591.

〔17〕 Н. Калачовъ. Текст Русской Правды на основании четырехъ списковъ разныхъ редакции. С-П. 1889. с. 2.

上耕种者的界限标志的情形中："镰刀，犁和斧子去向哪里。" 但这仅仅只是物的事实范围和获得物的方式，而绝不是物权的本质。

在古代罗斯还存在抽象不动产财产权的概念，在第一个阶段确定在《罗斯法典》中关于地界和栅栏以及其他法律规定标志。这些标识代表着一种财产权的存在，《雅罗斯拉维奇法典》规定："如果某人拨除界桩耕种别人的土地，处以12格里夫纳的罚金。"[18] 《摩诺马赫法规》规定："如果破坏蜂场栅栏，或者耕犁他人地界，或者损坏院落篱笆：那么处以12格里夫纳的罚金。"[19] 其中法典规定的界沟、界桩、栅栏或者是院落的篱笆本质上就是不动产财产权的外在表现，一种抽象的权利。在自己的地界以内，财产权人并不用表现对什么东西的实际占有，此物品也处于该财产人的控制下，损害地界的情况下实际还没有侵占或控制，但是这已经具有了被禁止和犯罪的意思。法律、法规得出这种结论毫无疑问是古代罗斯的思维：占有者即使破坏标志，但并不能马上带走他人财物，而仅仅是因为要来临的情况并以此来推测占有者对财产权人物品的行为。

在15世纪法律已经完全清晰地区分了财产和法律上占有的概念，在普林斯科的审判文件中就提到了关于占有时效和终身的占有的决议，诺夫哥罗德的审判文件中有保护占有，且不取决财产权的问题的决议，即财产权人无权侵犯其他人占有的财产。可以提起有关袭击和侵害占有土地的诉讼，但这种案件区别于有关土地权力的诉讼，如果有侵犯土地占有过错的人是土地财产权人，那么他也要因损害占有而受到惩罚。

三、物权的主体和形式

在罗斯历史初期，国家的占有（统治权）和个人权利（所有权）在最初是没有分开的（意思是说，完全的统治国家的起源与个人是联系在一起的）。当时所谓的"土地"既是国家的领土，也是组成国家的各个群体中个人权利的对象。基辅城市公社（最初时期所有的波利安人混在其中）占有它周边的森林；所有这些都是它的领土，但是基辅城市公社占有的一切土地是和在"森林和大片的松林"里"英明和机灵扑捉野兽"的波良人猎

---

〔18〕 Н. Калачовь. Текст Русской Правды на основании четырехь списковь разныхь редакции. С-П. 1889. с. 4.

〔19〕 Н. Калачовь. Текст Русской Правды на основании четырехь списковь разныхь редакции. С-П. 1889. с. 14.

人共同拥有。这样的秩序为所有研究畜牧和捕猎习惯的学者所通晓：占有公认领土的部落，就要共同开发、垦种和使用这些土地。在罗斯社会的最开始时期土地习惯改变很小，原始人类为了互相保护而密集地生活在一起，耕种着周边的土地，那里他们寻找合适自己的土地，或者在那里规定村社和部落的权力，他们中的任何人都没有固定和大量的占有土地，但是他们的领袖和王公每年都能分给部落和聚集在一起家庭相适合的田地。但是这里值得注意的是，这些情况只是俄罗斯历史上的初期表现，况且从这其中也绝对不能得出罗斯历史初期个人财产权通常并不是十分明显的结论。

历史上，个人权利的国家性只表现在出现变化的情况中。在12世纪私人财产已经出现了很久的时候，国家权利的痕迹出现，即被私人遗留下的领土就失去了自己的私人占有权，《罗斯法典》就赋予王公拥有继承没有子嗣去世的人所有财产的权利。这样，关于基辅在1156年伊兹雅斯拉夫王公对到沃林投靠自己的波雅尔说："你们按照我的意思从基辅的土地上离开，抛弃了自己的村庄和生活。"这里很明显的就能发现，因需要投靠不同的王公而迁徙的波雅尔丧失的财产不仅是不动产，也包括一些动产。甚至在诺夫哥罗德公国，到较晚时期还保留着一些痕迹：（1）非诺夫哥罗德公民谁也不能在个人权利上占有诺夫哥罗德内的土地，禁止王公和他们的侍从得到诺夫哥罗德领地上的村庄。（2）谁也不能在没有诺夫哥罗德的邀请情况下在诺夫哥罗德的领土上重新获得土地。（3）具有诺夫哥罗德国籍所有人，如果迁徙到其他地区或公国内，就自然丧失自己在诺夫哥罗德的财产，甚至当为了波雅尔在领地转移的情况下保存权利而在王公彼此之间已经达成契约的情况下。但是国家的权利排斥所有个人权利的情况，仅仅是对远古时期。后来，其实仅仅只有一些占有——在狭义上的国家财产以国家所有的形式保留了下来。居民的繁殖和群落的产生，以及新的村社的建立应该在这些居民和国家之间分散直接的国家权利。公共形式的土地占有在俄罗斯的文献中都不能用明确的实例来证明，但在之后的历史阶段中（莫斯科公国时期）出现完全与第一个时期相近的文献证明，公共占有权应该是出现在罗斯社会的最初阶段。

在之后的历史阶段中，已经逐渐把土地权利分为部落的、个人的（也可以看作是家庭的）和东正教教会的。关于王公的个人占有从奥列格时期就已经有证据了，编年史就提到了奥列格村和其中特别的捕猎者们。《雅罗斯拉维奇法典》中保存了一些关于个人财产权的证明，提到王公财产的优势，例如关于界沟和界桩（这是私人财产在农村的标志），提到了关于王公的野蜂巢等，这些均为王公的私人财产。1158 年，安德烈王公在弗拉基米尔给基督教教会许多土地和带着贡赋的自由人以及周边的村庄。1150 年，拉斯季斯拉夫斯摩列斯给予教会村庄、土地和湖泊、城市。这些被赠送的财产无疑是国家组织的一部分，但是这似乎已经成为了王公的个人物品可以随意馈赠，统治王公获得的土地变成私人财产这种情况一直持续到 16 世纪末。

私人占有者的世袭领地权具有很大的历史意义，但由于资料的缺乏就不能完全在文献的帮助下来明确。但是，通过古代文献实际指向的参考资料，可以接近有关这个问题的正确认识。从国家对领土的最高权利可以看出，个人的土地权利不是没有限制和完全的。但是因为在那个时期的历史资料较为贫乏，保留下来的仅仅是从 12、13 世纪才开始的一些文件，当然这已经是个人财产已经固定了的时期，那时已经叫做“可继承的领地”，掌握在波雅尔手中。有关波雅尔占有土地的证明已经在《罗斯法典》中体现出来了，其中提到了波雅尔的遗嘱，然后在 12 世纪的编年史中有关于这个问题的连续不断地证明，而且在有些地区波雅尔和土地占有者的称呼、身份被看成是同样的。

但不能认为在那段时间土地完全的权利存在的同时，就不存在其他类型的与将来的地主庄园相适应的土地占有权，应当认为所有的亲兵都占有，有些是没有转变成地方波雅尔的亲兵，因为亲兵是流动的，在不断的跟随自己的王公从一个领地到另一个领地的情况下，他们的土地不能成为固定的财产。王公要供养他们，给予他们土地或者是食邑的权利，或者是一定土地的使用权。所以此类财产形式的占有对于亲兵获得的收入只是一定时间内的收益。

更加完全的私有财产形式就是教会财产。教会通过王公的赏赐、私人的捐助以及从私人那里购买、占有空地等方式将社会中大量财产纳入教会财产。王公贵族向教会的忏悔可以得到“精神慰藉”，就会将自己的庄园房屋捐献给教会，有些人甚至将土地以及之上的农民一起捐赠。“王公雅罗波尔克·伊兹雅斯拉维奇（11 世纪下半期）将‘自己的全部生命’，即全部不动产，或者至少是自己全部最好的地产，都‘进奉’给了佩切尔修道院，此外还奉献了 4 个乡（其中一个在基辅附近），当然是连同居住在那里的所有农民一起奉献的。该修道院还曾 2 次得到其他王公捐赠的‘带仆役’的村庄，每次 5 个村庄。另外，格列布·弗谢斯拉维奇生前馈赠和遗赠给这所修道院 700 格里夫纳白银和 100 格里夫纳黄金。”[20] 由于这些途径，教会的财产很快集中起来，“自从教会、修道院出现后，他们很快成为经济组织，具有雄厚的物质基础，其收入的来源是多方面的：(1) 王公、贵族和领主赏赐的土地、山川、河流、湖泊、森林、庄园、城邑，以及其他金银财产；(2) 征收什一税，即征收农民收入的十分之一的税；(3) 征收诉讼税，即向打官司的人征收上诉税；(4) 开放教堂，要收税；(5) 委任神职人员，要收税；(6) 参加礼拜，要交圣礼；(7) 道德行为不正，如乱搞男女关系，要交罚金；(8) 搞犯罪活动的人（淫乱者），要交罚款；(9) 偷盗者，要罚款；(10) 打架者，如婆婆打媳妇，或者小叔打嫂嫂，要罚款；(11) 教会、修道院从事各种商业，收入可观，还放高利贷”。“封建割据时期，修道院在罗斯有了飞速的发展，其数量已经达到 70 座。从 12 世纪起，由于各地王公们的慷慨捐赠，每个修道院已经有了雄厚的经济基础、大量可经营的土地和耕种这些土地的农民。”[21]

教会的不动产权利的特点是大而完全且不依附任何人，这其中有两个原因：第一，那个时期教会大量存在并且彼此之间争夺土地，使用治外法权，它的权利并不会由于王公的更替变得不稳定，因为教会有与世俗国家行政机构相类似且独立的一套行政机构。第二，教会当局按出身来看既有希腊人也有罗斯人，遵照拜占庭法律行事，随后出现的固定明确的私人财产的概念也是从拜占庭法中得来的。而对于其他类型的（除了教会财产）私人财产，“他们不动产占有都处在与国家紧密的关系之下，那些被驱逐或从土地上离开的王公和波雅尔，丧失了自己的财产，在社会中的村社劳动不仅是为了自己，也是为国家。国家权利、私人和集体之间的相互关系还没有确定，而这些关系的明确定位是在进入了莫斯科公国时期才出现”[22]。

四、结语

从俄罗斯古代时期的整个法律形态和有关物权法规则来看，有些内容是没有涉及或者不完全的，如在《罗斯法典》中几乎没有条文直接表述保

---

〔20〕〔苏〕尼·米·尼科利斯基：《俄国教会史》，丁士超等译，商务印书馆 2000 年版，第 36—37 页。

〔21〕乐峰主编：《俄国教会史》（上），社会科学文献出版社 2008 年版，第 77—78、87 页。

〔22〕М. Ф. Владимирский-Буданов. Обзор истории русского права. М. 2005. с. 599.

护土地财产权的确切规定，再如对于保护封建主土地财产，《罗斯法典》只是建立了在破坏草场和森林的界碑时的损害责任。此外，关于买卖在《罗斯法典》中也不明确，但从其他资料我们可以知道，土地可以赏赐、奖赏、买卖、赠与，但是在没有大量和充实的关于土地财产买卖的资料的情况下，不能对封建财产基本形式的法律内容进行更深入的分析研究。

可以肯定地说，俄罗斯在中世纪或者更早一些时候，已经开始具有物权法的制度框架，并逐渐成为俄罗斯物权法传统的渊源，这些早期已经存在的物权理念和规定，在很大程度上形成了近现代俄罗斯物权法发展和建设的传统基础和制度渊源。

（文字编辑　舒砚）

犹太律法探析

姚　健*

犹太法在整个世界法律历史的发展进程中具有重要地位，与犹太法紧密相连的犹太教是基督教的母体[1]，伊斯兰教的经典《古兰经》也是在犹太律法经典《塔木德》的影响下产生的。[2] 从事犹太法的研究具有重要的意义和价值。近来美国法学界对犹太法这一领域产生了浓厚的兴趣，有许多法学院开设了关于犹太法的专门的课程，有大量的研究犹太法的学术论文开始在期刊上发表，有许多法官也已经在司法意见中引用和讨论犹

* 作者系中南财经政法大学法学院2013级法学理论专业博士研究生。

〔1〕 耶稣本是具有犹太血统的犹太人，基督教在早期也不过是犹太教内部众多小教派中的一个。基督教的众多教义、仪式都直接来自犹太教，可以说“基督教是犹太本能运动的一个结果，是犹太人逻辑的一个推论”，参见〔德〕尼采：《反基督》，刘崎译，台湾志文出版社1975年版，第73页。莱辛以有力的理由证明了在头四个世纪里基督徒获得教诲和信仰的基础是犹太教的《旧约》，而不是后来被认为是基督教信仰唯一来源的《新约》诸书。参见〔德〕莱辛：《历史与启示——莱辛神学文选》，朱雁冰译，华夏出版社2006年版，第265页。

〔2〕 “《塔木德》，以它神秘的和隐藏的宗教智慧，对整个东方和异教世界产生了巨大的影响。比如，严格一神教的观念是犹太教贡献给世界的。那些以巴勒斯坦作为其诞生地的宗教从中借取了众多深刻的宗教思想。公元六世纪兴起的伊斯兰教，无论它的整体所表达的教义还是某一方面所主导的观念都可以在《塔木德》中找到其源头，它们之间的同一性是很容易识别的。”见 Michael L. Rodkinson tran, *The Babylonian Talmud. Book*10: *The History of Talmud*, 1918, at sacred-texts. com, p. 19. “从外在的标准来看，伊斯兰教同犹太教一样，坚持严格的一神教，坚持诸如割礼之类的重要仪式，坚持禁食的法规，坚持对圣城耶路撒冷的崇拜。在《古兰经》中包括了大量的犹太历史和典故。”见〔英〕塞西尔·罗斯：《简明犹太民族史》，黄福武、王丽丽译，山东大学出版社2004年版，第177页。

太法，其涉及广泛的主题。[3] 与之相比，国内法学界对犹太法的研究还相对比较欠缺。本文即希望在犹太法的研究方面做出初步的尝试。

本文试图对理解犹太律法非常重要的一些关键之点进行解释，力图使人在总体上对犹太律法产生较明确的了解。

一、犹太律法的含义

犹太律法亦称为“托拉”，是上帝在西奈山对摩西的启示，总的来说犹太律法（Torah）是书写的律法《摩西五经》和口传的律法《塔木德》的结合。“托拉”一词来自于希伯来语，本意是教诲、教导（teaching，direction）。[4] 上帝对摩西教诲的一部分，也就是在《圣经》的记载中所显明的那部分，是书写的托拉，即《摩西五经》。上帝对摩西教诲的另一部分没有书写下来，它以口头的方式一代传给下一代，“摩西传给众先知，众先知传给约书亚，约书亚传给长老会”[5]。口传托拉因着时代和历史环境的需要一直被解释着，并发展出许多新的规则。[6] 在一段对传授“托拉”的学者（Sages）迫害非常严酷的历史时期，为了避免口传“托拉”因此失传，学者们许可了将这些教诲以书写的形式保存。作为对口传“托拉”整理的结果，《密西那》（Mishnah）于公元 188 年被编纂。《密西那》的出现为当时研究律法提供了完备的教科书，它使整个律法的研究无论是

---

〔3〕 这些主题包括：帮助自杀、医疗过失、自我归罪、立法策略、司法审查理论、刑事判决、证明标准、大陪审团的选择、死刑的测度等，请参见 Chad Baruch and Karsten Lokken, Research of Jewish Law Issues: A Basic Guide and Bibliography for Students and Practitioners, *University of Detroit Mercy Law Review*, 77 U. Det. Mercy L. Rev. 303 (2000).

〔4〕 〔美〕亚伯拉罕·柯恩：《大众塔木德》，盖逊译，山东大学出版社 2006 年版，导论，第 2 页。《大众塔木德》这本书并非是通俗化的对《塔木德》变形的版本，它其实大部分都是对《塔木德》原文按照主题的一种重新选择与排列，引用它与引用《塔木德》原文具有同样的说明和引证的效力，之所以会产生这种误解是因为中文的翻译问题，我认为“Everyman' s Talmud”应该翻译为“每个人的塔木德”而不应翻译为“大众塔木德”，“Everyman' s Talmud”强调的是个人和律法与上帝直接的心灵交流。本文要较多地引用此书作为来自犹太律法上的根据，所以有必要做此说明。因为难免有人会问，你说犹太律法是这样规定的，那么你不引《塔木德》上的相关规定能令人信服吗？看一下《塔木德》原文就会发现《大众塔木德》这本书中的相关内容与《塔木德》的原文几乎是一致的，从另一个角度来说，引《大众塔木德》就是引《塔木德》，当然在《大众塔木德》所不及之处，本文也会适当地引用《塔木德》原文。

〔5〕 〔美〕亚伯拉罕·柯恩：《大众塔木德》，盖逊译，山东大学出版社 2006 年版，导论，第 5 页。

〔6〕 Steven H. Resnicoff, Jewish Law: Duties of the Intellect, *University of Saint Thomas Law Journal*, *Vol.* 1, *No.* 1 (*Fall.*, 2003), *p.* 388.

口传的还是书写的都迅速得到发展，律法的每句经文都得到了精心的阐释和讨论。[7] 对《密西那》的经文的解释和评注的一个积累，就被称为《革马拉》(Gemara)，它的意思是完成，因为它完成或者说实现了《密西那》。

《密西那》是简明扼要的对规则的陈述或讨论，它无法针对具体多变的情况和环境提供直接的行为上的指导，而《革马拉》就是对《密西那》在各种可能的情况下如何去正确理解的一个解释。于是，在很多情况下，一条《密西那》所确定的规则，就有着与它相关的许多条《革马拉》的阐释。没有《革马拉》，《密西那》是难以实现的，所以说《革马拉》完成了《密西那》，但并不是说《革马拉》就可以取代《密西那》，《密西那》对于相关问题简洁、确定的陈述能给人以清晰直白的印象，而这些是《革马拉》所欠缺的。《革马拉》详尽、丰富，但它对各种可能性的逻辑讨论和对众多先知和拉比（“Rabbi”，是指专门研究和讲授律法的学者）观点的引用，使得没有受过专门训练的人很难对此问题找到清楚的较确定的答案，对问题的更确切和全面的理解需要《密西那》和《革马拉》的结合。在当时，对犹太律法的研究有两个中心——巴勒斯坦和巴比伦。约在公元350年，巴勒斯坦学者将《密西那》正文与其评注合在一起，首次完成了《塔木德》(Talmud) 的编纂，《塔木德》就是《密西那》和《革马拉》的结合。在《塔木德》的正文里，针对每一个主题，先出现的是《密西那》，然后是大段详细的《革马拉》的解释。巴比伦《塔木德》大约在公元500年编纂完成，由于巴比伦条件优越，吸引了更多优秀的人才，对问题的讨论更深入、更透彻[8]，并且因为巴比伦的工作完成较晚，所以可以吸收前者的经验[9]，巴比伦《塔木德》比前者更完整、更明晰，它也就被认为是犹太律法的一个更权威的渊源，并被后来的整个犹太民族所认可。[10]

《塔木德》是拉比们关于对上帝启示给人的戒律应当如何恰当遵行的讨论的集合。对每一个主题，拉比们讨论其各种不同的可能性，最普遍的行文是“拉比某某说…，拉比某某说…”，有时候有权威的最终决定，有

---

〔7〕〔美〕亚伯拉罕·柯恩：《大众塔木德》，盖逊译，山东大学出版社 2006 年版，导论，第 21 页。

〔8〕同上注，第 23 页。

〔9〕Steven H. Resnicoff, Jewish Law: Duties of the Intellect, *University of Saint Thomas Law Journal*, Vol. 1, No. 1 (Fall., 2003), p. 389.

〔10〕Ibid., p. 387.

时候没有，有时候拉比们的观点会彼此相左，《塔木德》并不想针对每一个问题提供权威的决断，它是要启发学习者自己的思考，在对律法条文的各种可能含义的思考和判断中，律法也就融入了学习者的血液，进入到了他们的心灵深处。《塔木德》所展现的讨论是开放的、集体的自由思考，从中可以看到每个拉比的理由、观点、逻辑和智慧。[11] 作为局部，《塔木德》的每一场讨论都围绕着确定的主题，但作为整体，它的内容是广阔、庞杂、欠缺清晰的逻辑结构与体系的。

后来《塔木德》所涉及的那些杂乱无章的材料被分成了两个主要的范畴，分别被称为“哈拉卡”（Halachah）和“阿嘎达”（Haggada）。[12]“哈拉卡”包括了《密西那》以及《革马拉》中涉及正式裁判规则的部分，它涉及了大量裁判的理由、推理和依据，具有正式的裁判的效力，只有最具影响的权威才能解释或废除其中的内容。“阿嘎达”包含的是《密西那》和《塔木德》中并非作为严格的裁判规则的部分，它以文学的笔法讨论了这个民族的传说、故事、诗歌、寓言、道德原则等，既能引发人的想象又包含给人以心灵启迪的许多丰富主题，它力求通过一些智慧的启发人心的手段重新建立或强调传统的道德训诫。二者相比较，“哈拉卡”代表着严苛的律条权威，强调理论的绝对重要性；“阿嘎达”则是通过民间传说和人人皆知的道德格言阐明这些律条和理论。[13]“哈拉卡”和“阿嘎达”一同建构了《塔木德》。[14]

二、犹太律法的内容、目的

《圣经》中的记叙告诉我们[15]，人需要抑制，人的生活需要律法。上帝是给过人类机会的，在亚当到诺亚之间的那段时期，人类不受任何限制，也没有法律可依，但“人的心灵的种种图谋使得他从青年时代起就是邪恶的”，没有任何限制的人类沦入了近乎普遍的邪恶，大洪水就是对此

〔11〕 参见〔法〕埃马纽埃尔·李力维纳斯：《塔木德四讲》，关保艳译，商务印书馆 2002 年版，引言，第 4 页。

〔12〕 〔美〕亚伯拉罕·柯恩：《大众塔木德》，盖逊译，山东大学出版社 2006 年版，导论，第 24 页。

〔13〕 同上注，第 26 页。

〔14〕 同上。

〔15〕 尽管许多现代学者怀疑《圣经》的真实性和效力，但是本文要将《圣经》作为本文所欲说明的东西的一个权威性的依据，因为我力图像犹太人理解自己的宗教和律法那样去理解，因此必然要像他们看待《圣经》那样看待《圣经》。

的惩罚。上帝想将人类作为天真无邪的孩子一样使其生活在免受律法约束的环境中的实验最终以失败告终了。[16] 律法是必要的，是因为“无论是沉沦还是觉醒，人都需要抑制”。[17] 上帝于是通过先知，启示给人类以律法，指导人的生活。

从另一个方面来讲，“社会因人个性的差异而有巨大的差异性，要克服这种差异性所导致的矛盾冲突，获致社会的幸福就需要用人人必须遵守的道德和行为准则来规范人们的行为，以律法的单一性来统一人本性的多样性，而这个立法者必须德性和智性高度完善以使他所制定出来的规则人人信服，只有先知立法者能满足这点。因此只有服从先知律法，一个完善的政治社会才是可能的”。[18] 犹太律法就是先知摩西根据上帝的启示制定的。

律法是必要的，它提供善恶之知，即足以指导人和人的生活的知识。犹太律法不是一种空洞的教义，也不是关于某种知识的原理或体系，而是指引人的生活的各种准则，它涵盖了广阔的范围，如饮食、休息日、祈祷、祝福、理发、穿衣与他人的关系等。它是一套命令和戒律，力图在针对世俗生活的每一环境每一时刻，无论是人们精神的还是世俗的行动，提供规范和指引。[19]

依照有第二摩西之称的迈蒙尼德[20]的看法，犹太律法分为 14 类戒律，其依次为：

第 1 类戒律，阐述关于对律法的基本见解，它教导人们认识律法的智

---

〔16〕〔美〕施特劳斯：《耶路撒冷与雅典：一些初步的思考》，何子建译，载恩伯莱·寇普编：《信仰与政治神学：施特劳斯与沃格林通信集》，谢华育、张新樟等译，华东师范大学出版社 2007 年版，第 171、172 页。

〔17〕〔美〕施特劳斯：《耶路撒冷与雅典：一些初步的思考》，载恩伯莱·寇普编：《信仰与政治神学：施特劳斯与沃格林通信集》，谢华育、张新樟等译，华东师范大学出版社 2007 年版，第 171、172 页。

〔18〕〔美〕施特劳斯：《如何着手研究中世纪哲学》，周围译，载刘小枫主编：《经典与解释的张力》，上海三联书店 2003 年版，第 318 页。

〔19〕Mordecal Roshwald, The Perception of Law in Judaism, *Judaism*, Summer85 , Vol. 34 Issue 3, l985, p. 362.

〔20〕摩西·迈蒙尼德（1135—1204），是中世纪一位伟大的犹太律法学家，他的著作主要有《密西那托拉》和《迷途指津》，他将之前存在的所有犹太教律法都重新系统化、条理化地整理了一遍，以极富理性化的方式表达了犹太教传统教义的所有内涵，他对整个犹太教科学和中世纪哲学都产生了深远影响。他的贡献如此之大，以至于人们将他成为“第二摩西”。参见〔英〕塞西尔·罗斯：《简明犹太民族史》，黄福武、王丽丽译，山东大学出版社 2004 年版，第 212 页。

慧并专心于学习、遵行它。它还包括关于以上帝名义起誓、严禁不守誓约或违背誓约，危难时向上帝求救的戒律、忏悔与斋戒的戒律。[21]

第2类戒律，是关于禁止偶像崇拜的律法。它杜绝一切与异教的偶像崇拜有关的邪恶习俗，诸如占卜、观兆、用法术、行邪术等。律法中的许多内容之所以那样规定，很大程度上是为了避免犹太人陷入偶像崇拜而要与那些崇拜太阳、月亮、星星、树、石头的对象的异教徒的习俗和仪式相区别。[22]

第3类戒律，是用来调节社会交往中人与人之间关系的道德行为规范。[23]

第4类戒律，包括《论种子》中列举的除了混种有关的戒律外所有的戒律，也包括有关估价和捐赠之物，债务以及奴隶的戒律。这类戒律的目的在于教导我们要同情弱者和残废人，要通过各种方式救济穷人、寡妇、孤儿。[24]

第5类戒律，是关于损害与赔偿的，其目的在于惩治不义，防止各种伤害发生。[25]

第6类戒律，是关于处罚的，诸如对窃贼、强盗或作伪证者处罚的律例，其目的是施行公正的审判和惩罚。

第7类戒律，是关于财产的，涉及人们的利益往来，如借贷、租赁、寄存、买卖、财产继承之类的事情，这类戒律的目的是保证人们之间所发生的交易公平进行。[26]

第8类戒律，是关于安息日和各种节日的，其目的是让人们的身体得以休息，培养人们之间的友谊。

第9类戒律，是关于应当遵从的宗教习俗的，如关于祈祷文和经卷的有关戒律。其目的是叫人在心中永记上帝，敬畏他。[27]

第10类戒律，与圣所以及其中的器皿和侍奉有关。它教导人敬畏圣殿的荣耀和庄严，信靠先知和律法。

---

〔21〕〔西〕摩西·迈蒙尼德：《迷途指津》，傅有德等译，山东大学出版社2004年版，第491页。
〔22〕同上注，第493—501页。
〔23〕同上注，第501页。
〔24〕同上注，第500页。
〔25〕同上注，第507页。
〔26〕同上注，第520页。
〔27〕同上注，第526页。

第11类戒律，是关于祭祀的，它教导人们正确地献祭，抛弃偶像崇拜者的习俗。

第12类戒律，是关于洁净和不洁净之物的，这类戒律的一般目的是叫人不要随便进入圣所，洁净之后方可进入，要将圣所视为神圣之地，在心中对其产生敬畏与崇拜。

第13类戒律，是关于食物禁忌及诸如此类的事情的，其目的是使人们身体健康，节制人们的欲望。

第14类戒律，是关于性禁忌的，割礼的律法即属此类，其目的是使家庭和睦，使人心灵纯洁。

迈蒙尼德之所以对诸类戒律都指出了它的目的，是因为他认为律法中的所有戒律与禁忌都出自上帝的智慧，且其目的明确，所以每一条戒律都不是无缘无故制定的，而是有所针对，虽然对一些戒律中的上帝智慧我们不能了解，那也只是我们智慧的局限。“耶和华的典章真实，全然公义”（《诗篇19：10》）。律法的根本目的在于促使人肉体和精神的完善。所有律法中的戒律都可理解为是在实现这两个目的。

人的肉体的完善，在最低的层次上是指人的身体的各方面的需要都能得到健康、协调、适宜的满足[28]；其次在于在人们中间消除暴力、不义和邪恶；然后在于个人都要尊重他人，不得侵害他人、随心所欲。由于个人所处的社会的完善是个人完善的前提条件，所以人的肉体完善的最高的层次就是人们共同的一种善的生活方式的达成。它需要人们养成高尚的品德，形成良好的社会风尚。律法不同的规定在这三个层次上促进人肉体的完善。比如第13—14类戒律是为了满足第一层次，第5、6、10类可理解为是消除不义和罪恶的，第3类戒律是实现第三个层次的。[29] 人的肉体完善是精神完善的基础。

人的精神的完善在于树立对上帝正确的信仰，接受真知，去除谬见，探索真理。律法的目的正在于人的理性能力的完善，纯洁关于事物的正确见解，指明关于上帝的单一性、永恒性和非物质性的真理。对上帝的这一正确信仰是获得灵魂完善的基础。偶像崇拜崇拜有形的、众多的、一时的物质对象，只会使人的心灵产生不适和混乱，它耗费了人的心力与精神，使人产生谬见，它还危害到了对上帝唯一性的信仰。因此偶像崇拜从根本

---

〔28〕 这可以解释那些关于饮食、住所、洁净等方面律法的目的了。

〔29〕 〔西〕摩西·迈蒙尼德：《迷途指津》，傅有德等译，山东大学出版社2004年版，第465页。

上有碍于人精神的完善，律法反对偶像崇拜，律法中的许多内容之所以是这样而不是那样就是为了与偶像崇拜者的习俗进行明显的区分，并反对它们。“偶像崇拜造成了极其严重的后果，必须竭尽全力将它连根拔除。大多数戒律的目的正是要消除谬见，将人们从他们在偶像崇拜时被迫承受的负重以及痛苦与磨难中解放出来。”〔30〕

总之，律法的目的在于对人的正确的行为提供指导，促使人自身不断地完善。它或者促使人修养美德，或者清除社会的不公与邪恶，或是为了教导真知灼见反对偶像崇拜，树立上帝唯一性等正确信仰。〔31〕

三、犹太律法与犹太教之关系

对犹太教下一个定义是困难的，但可以做一个合适的概观的描述：“犹太教是犹太民族生活与宗教真理的一种综合，它是通过《托拉》、犹太民族和圣地三者不可思议地紧密联系在一起结合而成的。”〔32〕对犹太教意识来说最主要最深切的地方就是上帝的律法。〔33〕律法与犹太教密不可分，顺服于律法是对上帝忠诚的基本考验，是过一种虔敬谦卑生活的基本的行为标准。〔34〕律法对犹太教来说具有非常核心的地位，以至于可以说犹太教就是律法宗教。〔35〕

按照《圣经》上的记叙，上帝与以色列人立约，上帝允诺使以色列民族繁盛、生养众多，不受外族侵扰，幸福和富足，享有荣耀和威严，上帝并不因他们的过错而轻易发怒，像用大洪水那样轻易地将他们灭绝，但所有这一切的前提是以色列人要遵守上帝通过摩西启示给他们的律法，上帝要求以色列人所做的是什么呢？“守我的律法、典章，遵行我的道”（《申命记 7：12—26》）。犹太教信仰即教导人们相信上帝的至高无上与唯一和他启示的律法。

---

〔30〕〔西〕摩西·迈蒙尼德：《迷途指津》，傅有德等译，山东大学出版社 2004 年版，第 563 页。

〔31〕同上注，第 490 页。

〔32〕〔美〕施特劳斯：《斯宾诺莎宗教批判英译文导言》，丁芸译，载贺照田主编：《西方现代性的曲折与展开》，吉林人民出版社 2002 年版，第 244 页。

〔33〕同上。

〔34〕正是对这种外在行动的强调使得犹太教与基督教不同，不像基督教强调或依赖某种观念上的信仰原则，犹太教强调的是这种信仰对人行为的影响，强调人的行动甚于哲思是犹太教的特色。〔美〕莫迪凯·开普兰：《犹太教：一种文明》，黄福武、张立改译，山东大学出版社 2002 年版，第 184 页。

〔35〕〔德〕尼采：《朝霞》，田立年译，华东师范大学出版社 2007 年版，第 102 页。

信奉犹太教要承认和遵行一些基本的神学上的原则，摩西·迈蒙尼德的概括得到了人们广泛的承认，这些原则有助于理解犹太教信仰的一些具体内涵。[36] 这些原则包括：(1) 相信上帝存在，上帝是完善、自足和永存的，他是所有其他生物和物种的创造者；(2) 相信上帝的不同于其他东西的统一性；(3) 上帝的非肉体性；(4) 上帝在逻辑上先于宇宙，并且上帝在绝对的无中创造万有；(5) 只可敬拜上帝，禁止崇拜像星星、月亮、天体等那样的偶像；(6) 存在着先知，上帝通过先知与人类交流；(7) 摩西过去是最伟大的先知，未来也没有比他更大的先知；(8) 全部"托拉"都是上帝传给摩西的；(9)"托拉"永远都不能被改变或替代，无论是整体还是部分；(10) 上帝知道人们所做的；(11) 弥赛亚将要到来，他是大卫和所罗门的后代；(12) 在弥赛亚时代死者将会复活。

为了便于理解可以这样说，律法就是犹太教的教义，犹太教的研究、教育、仪式等活动都遵循着律法，没有律法犹太教的存在是不可能想象的。任何人如果否认这些原则，那么他就不是在信仰犹太教，它就会被逐出作为宗教共同体的犹太社区。[37] 纵观这些犹太教的最基本的信条或原则，均可发现它们其实都是"托拉"的教导。迈蒙尼德也正是从"托拉"中分析、整理出这些原则的。[38]

四、先知与拉比对犹太律法的作用

(一) 先知对律法的作用

先知的概念是犹太教给世界的最伟大贡献之一[39]，它也是犹太教最富特色的内涵之一。先知即是传达神的启示，可预言的人。他是上帝借以将自身揭示给人类的中介。先知，即预言者或解说者，他预言未来、通告现在，可以预言、获知上帝的启示并将之传达给民众是他独有的能力。先知是具有完善的理智能力、完善的想象力和道德上完善的人。[40] "由谁来预

〔36〕 这些原则参见 Steven H. Resnicoff, Jewish Law: Duties of the Intellect, *University of Saint Thomas Law Journal*, Vol. 1, No. 1 (Fall., 2003), p. 390.

〔37〕 Steven H. Resnicoff, Jewish Law: Duties of the Intellect, *University of Saint Thomas Law Journal*, Vol. 1, No. 1 (Fall., 2003), p. 394.

〔38〕 Ibid., p. 390.

〔39〕 只需提及一点就足可以说明，整个基督教的基本前提就建立在相信耶稣就是基督（一位即将拯救世界的先知）的基础上。

〔40〕 〔西〕摩西·迈蒙尼德：《迷途指津》，傅有德等，山东大学出版社 2004 年版，第 341 页。

言，在何时预言都主要取决于上帝的意愿，但他只选取最完美与最智慧的人。”[41]

最伟大的先知摩西给犹太人带来了律法，摩西以后的先知担当劝说人们遵守摩西律法的职责，震慑那些藐视它的人，祝福那些遵从律法指引的人。[42] “先知预言惩罚或救恩，他告诉人们——什么事不会发生在人们身上，什么事听人们自使，什么事要惧怕和盼望。”[43] 总之，没有先知就没有犹太律法，“无条件的相信神律，是以相信先知的预言为前提的”[44]，“犹太人所理解的启示之特性在于律法，而非信仰，他们之考量启示首先关注的是一种律法所维系的社会秩序，这秩序不仅规制人的行为，而且把思想或意见也统摄在内。”[45] 先知因其完善的理智能力和想象力即成为这样的政治秩序或宗教共同体的立法者和王者，他不仅具有对自然世界中的事物的正确见解，还具有对神圣世界的正确知识，并将这种知识以民众可以理解的方式传达给他们，从而培育他们对神圣存在的恭敬与谦卑。先知能认识到何者对整体真正有益，他有足够的智慧对经验世界中的万物进行公正的安排，他是哲学家王者，也是神之启示的使者，他将是完善城邦的立法者与开创者。摩西即是第一个这样伟大的先知。[46]

摩西因其纯粹的理智能力的完善，他是独一无二的，摩西以前虽然有许多先知，如闪、哈伯、诺亚等，但只有他获得了宣布《律法书》的特权，只有他对以色列人说，“是上帝派我到你们中来的，是他让我带给人们某个消息，让他们做什么和不做什么”。这是自亚当以来空前绝后的伟大使命，他宣布的《律法书》也是唯一的，所有可能性中最好的，从来没

---

〔41〕〔西〕摩西·迈蒙尼德：《迷途指津》，傅有德等，山东大学出版社 2004 年版，第 333 页。

〔42〕同上注，第 348 页。

〔43〕〔荷〕斯宾诺莎：《神学政治论》，温锡增译，商务印书馆 1997 年版，第 188 页。对于斯宾诺莎我们必须记住，无论他对犹太教做了什么样的攻击和否定，他都是一位伟大的犹太思想家，对于犹太教和犹太问题有着深刻的洞察与思考。

〔44〕〔美〕施特劳斯、克罗波西主编：《政治哲学史》，李天然等译，河北人民出版社 1998 年版，第 257 页。

〔45〕〔美〕施特劳斯：《写作与迫害的艺术》，丁芸译，载贺照田主编：《西方现代性的曲折与展开》，吉林人民出版社 2002 年版，第 191 页。

〔46〕〔美〕施特劳斯、克罗波西主编：《政治哲学史》，李天然等译，河北人民出版社 1998 年版，第 256 页。Leo Strauss, *Philosophy and Law*, translated by Eve Adler, New York : State University of New York Press, 1995, p. 121.〔美〕格林：《现代犹太思想流变中的施特劳斯》，游斌译，载刘小枫主编：《施特劳斯与古典政治哲学》，上海三联书店 2002 年版，第 122 页。

有过也不会再有什么其他的律法书。[47] 摩西以后的先知维护了摩西律法，促使了以色列人对他的遵行。[48] 当以色列人背弃律法时，警告他们将遭受上帝施加的噩运与惩罚；当他们恭顺地遵行律法时，先知激励他们，预告他们将得到的报偿与救恩。没有摩西，就没有律法，没有众先知，就不会有在以后漫长的岁月中犹太人对律法的虔敬遵行。

先知以赛亚带来了律法要达到的完善理想——弥赛亚时代即将来临的预言，弥赛亚时代将是最善的社会秩序，它包含了与柏拉图《理想国》的一些相似之点：关注正义与公正，消除一切罪恶和苦难，它还包含了一些更优越之处。按苏格拉底的看法，在至善的社会秩序中，与最重要的事情有关的知识将一如既往为哲学家所独占，而哲学家只占人口中的极少数，然而在弥赛亚时代里，“认识耶和华的知识要充满遍地，好像水充满海洋一般”（《以赛亚书 11：9》），这种情况将由上帝亲自促成，弥赛亚时代将成为普遍和平的时代，万民都要登耶和华的山，奔雅各上帝的殿，“他们要将刀打成犁头，这国不举刀攻那国，他们也不再学习战争”（《以赛亚书 2：2—4》）。苏格拉底预期，最好的政权将使某一城邦生机勃勃，随着事态的发展，它将卷入与其他城邦的战争。苏格拉底期望最好的政权能够消除罪恶，但这并不包括战争。[49] 然而，战争毕竟会横流无辜者的鲜血，会使人性习惯于冷酷和残忍。弥赛亚时代优于柏拉图的理想国。在弥赛亚时代，犹太人将结束流散状态，犹太民族的一切苦难将宣告结束，这一美好的理想一直激励着犹太人，即使在生活中最残酷的时候，仍然坚守着自己的信仰，保持着对律法的遵行。

（二）拉比对犹太律法的作用

拉比对犹太律法的作用是：代替先知督促人们遵守律法，保持民族信

---

〔47〕〔西〕摩西·迈蒙尼德：《迷途指津》，傅有德等，山东大学出版社 2004 年版，第 347、348 页。

〔48〕先知经常向以色列人呼告：“你们要行公正，好怜悯，以敬畏的心与你的上帝同行”（《圣经：弥迦书》）。比如先知以利亚的例子，当以色列王亚哈统治时，行恶事，敬拜别神，离弃上帝，先知以利亚警告他的灾祸，当干旱等灾祸发生后，王寻找以利亚，以利亚借此施行神迹使众人信服，从此只敬拜耶和华为唯一的神。见〔美〕保罗·梅尔编译：《约瑟夫著作选》，王志勇译，北京大学出版社 2004 年版，第 140 页。

〔49〕〔美〕施特劳斯：《耶路撒冷与雅典：一些初步的思考》，载恩伯莱·寇普编：《信仰与政治神学：施特劳斯与沃格林通信集》，谢华育、张新樟等译，华东师范大学出版社 2007 年版，第 191 页。

仰的独立性，传授律法，正确解释律法促进人们遵行，保存律法典籍，维护口传律法的传统，主持律法裁判，发展法律赋予其活力。拉比（Rabbi）是指专门钻研或传授律法的人，他们有时也被称为学者、贤人（sages）。自巴比伦人攻破耶路撒冷，第一圣殿被毁后，先知时代就基本结束了，拉比时代取而代之。自第一圣殿陷落后，先知便丧失了预言的能力，此后拉比们代替了先知成为犹太教精神生活的核心，规定着犹太人宗教的生活方式。如果先知的权威来源于他传达着上帝的启示的话，那么拉比的权威就在于他们钻研和深悉上帝启示的律法，传承着律法的精神。拉比们接替了先知，承担了维护律法、督促犹太人“行公义，好怜悯，遵行上帝的道”的责任。在这新的时期，拉比们在许多种重要的方面对犹太律法的维护起着非常重要的作用。

拉比们维系着律法传统的延续，保护着古老的律法经典，编纂新的律法典籍。[50] 犹太律法有两个传统——口传的和书写的。上帝最先将口传的律法传给摩西，摩西传给亚伦，亚伦传给众先知，众先知传给大议会，大议会传给拉比们。拉比们口头传递着它们。当异教迫害犹太人，强迫犹太人改宗时，他们到处搜寻《摩西五经》进行销毁，正是拉比的各种努力使书写的“托拉”得以保全为后世所见。当异教统治者发现灭亡犹太教的最好方法是消灭拉比的时候，拉比们感到“口传托拉”也处于危急之中，如果不书写下来以成文的方式将它保留，它将有永远灭失的危险，于是拉比们才将口传“托拉”以书面的形式记录下来，在公元5世纪左右将其整理最终形成了《塔木德》。[51]

拉比还向民众传授律法，这使民众学习、正确的理解进而遵行律法成为可能。律法包含的智慧深不可测，它并非清楚明白足以使任何人都能明白它的意思和其背后的精神。大卫祈祷说：“宇宙之主啊，您愿我遵从您的训诫，那么我求您开我的眼，使我看出您律法中的奇妙”，“您若不开我

---

〔50〕 拉比们对于翻译律法也发挥了重要作用。西方世界最早的《圣经》译本就是由70位拉比将希伯来文翻译成希腊文的。这使得其他世界的人了解律法的智慧，使更多的人归附了犹太教，也促进了不同宗教文化圈的人的彼此了解，减少了敌视，从而保护了犹太人自己的生活方式。

〔51〕 Michael L. Rodkinson tran, *The Babylonian Talmud. Book10: The History of Talmud*, 1918, at sacred-texts. com, p. 11.〔英〕塞西尔·罗斯:《简明犹太民族史》，黄福武、王丽丽译，山东大学出版社2004年版，第153、154页。

的眼，我怎么能知道呢？因为虽然我双眼睁着，却一无所知”[52]。“托拉”中蕴含着神圣和智慧的奥秘。律法需要人用其一生的时间去学习，恰当的学习必须在有智慧的贤明的人的指引下才有可能，因此拉比在犹太社会有着尊崇的地位，拉比的智慧可以比得上国王的冠冕。在犹太人的国家还在的时候，各个城市以拥有更多博学的拉比而竞争；在大流散时期，每个犹太社区都千方百计地寻求拥有自己的拉比。拉比还帮助人们解决生活中为遵守律法所产生的许多疑难，没有拉比的指导和解疑，比较恰当的符合律法的要求过一种虔敬的生活是不可能的。

在拉比对律法的这一系列作用中，一个始终基本的方面是他们在解释律法，发展新的规则，赋予律法以活力的过程中所做出的卓越的工作。解释律法是可以的吗？摩西在启示给以色列人律法的时候不是说，“我给你们的律法，不可添加，不可删减”吗？然而这并不是在禁止人们为执行摩西律法进行具体的解释。摩西律法的许多内容都是原则性的规定，要在实际生活中执行它必须进行解释。比如摩西律法规定“你要守安息日”，但它并没有说明安息日开始和结束的具体的时间点，也没有说在我们生活中所经常做的众多事情中，哪些可以做，哪些不可以做。因此，符合律法的守安息日需要拉比作出具体的解释。是律法“允许拉比们在它的周围设立栅栏”的，这意指上帝授予拉比们保护律法稳定性的职责，它还是指设立“栅栏”的目的是为了保护“园中的玫瑰”（“托拉”），不能单单强调周围的“栅栏”（对律法解释和改变的限制）而忽略了它所意欲保护的“珍宝”（“托拉”）本身。只有依循人们所处时代的具体的需要、价值、环境对律法做出恰当的解释实现律法背后的精神（公义、仁慈），才是真正的保护了律法。如果不顾时代精神和情势的需要拘泥于律法字面的意思对其进行教条式的理解反而会从根本上损害律法。所以拉比们对律法的解释是必要的。[53]“托拉”被比作“不断涌出泉水的喷泉，流出的比吸收的多”，拉比的解释就是“不断涌出的新的泉水，它使托拉之泉永保生机”。[54] 律

〔52〕《诗篇 19：18》，《诗篇 115：5》。转引自〔美〕亚伯拉罕·海舍尔：《觅人的上帝：犹太教哲学》，郭鹏、吴正远译，山东大学出版社 2003 年版，第 253 页。

〔53〕“我们是通过拉比的阐释和智慧来把握圣经律法的，离开他们的解释，律法的条文常常晦涩难懂，因此犹太教是建立在最少量的启示和最大量的阐释、上帝的旨意和以色列的理解力基础上的”。〔美〕亚伯拉罕·海舍尔：《觅人的上帝：犹太教哲学》，郭鹏、吴正远译，山东大学出版社 2003 年版，第 261 页。

〔54〕〔美〕亚伯拉罕·海舍尔：《觅人的上帝：犹太教哲学》，郭鹏、吴正远译，山东大学出版社 2003 年版，第 285 页。

法是可以解释的，那么它应当如何解释呢？或者说拉比们是如何解释律法的呢？拉比们解释和创制律法要受两个原则的限制，一是形式上的，一是实质上的。形式上的原则是指要遵守多数拉比的决定，律法将根据多数贤哲的理解，时而做这种解释，时而做那种解释。[55] 实质性的原则是指对律法的解释必须在公义和善的范围内进行，律法的这种精神不能违背。这两个原则有时难免会发生冲突，这时实质性的原则优于形式的原则，多数人的意见的力量虽然强大，但它仍不能穿透权利的原则。个人的尊严与权利是至大的，对它的保护也是律法的公义与仁慈之所在。[56] 在具体的情况中拉比们要运用智慧和勇气合理的运用这两条原则，在文字上对特殊的一些律法的违反是允许的，如果这个违反的目的是为了保全律法本身，实现它的精神并遵从了多数原则的话。如果律法不允许任何变更，如果否认了对律法解释与创制的正当性的话，律法早就不存在了，以色列也早就不存在了。[57] 正是拉比们的智慧使得律法在漫长的历史时期能满足人们对规则和精神上指引的需要，使律法不断地保持着生机与活力。

对律法的解释、传授在犹太社会中从未出现过一个独一无二、无可争议的权威。拉比在历史上更多的不是作为单个的人而是作为一个群体发挥作用的。[58] 因此，对律法的解释从来都是一个开放、多元、观点纷呈、智慧层出不穷的过程，这无疑是一个优越之处。[59] 拉比们对律法的某一方面的相关问题的争论、反驳、辩疑、综合、确立，逐渐发展起来了一套全面丰富的有较强逻辑和结构性的律法科学，以至此后的犹太律法经常被称为“拉比法”。包括《塔木德》在内的众多律法典籍像《哈拉卡》《米德拉西》等直接就是拉比所修订的关于拉比们的观点和讨论的集合。

拉比们不仅是针对人们信仰疑惑的答疑者，而且是律法裁断者。拉比们对运用律法裁断案件提出建议或作为法官适用律法进行审判对维护律法

---

〔55〕〔美〕亚伯拉罕·海舍尔：《觅人的上帝：犹太教哲学》，郭鹏、吴正远译，山东大学出版社 2003 年版，第 286 页。David R. Dow, Constitutional Midrash: The Rabbis' solution to Professor Bickel's Problem, *Houston Law Review*, 29 Hous. L. Rev. (Fall 1992), p. 558.

〔56〕David R. Dow, Constitutional Midrash: The Rabbis' solution to Professor Bickel's Problem, *Houston Law Review*, 29 Hous. L. Rev. (Fall 1992), p. 572.

〔57〕〔美〕亚伯拉罕·海舍尔：《觅人的上帝：犹太教哲学》，郭鹏、吴正远译，山东大学出版社 2003 年版，第 286 页。

〔58〕也因此，我更多的时候称其为拉比们，而不是作为单数的“拉比”。

〔59〕思想和科学上的丰富和深刻都离不开对不同意见及其自我解释的尊重，用权力压制实现教义的唯一只会导致整体上的封闭、教条和乏味。

的权威与统一性也具有重要意义。如果在犹太社区中个人宗教生活的准则与司法裁判的依据不统一或它们分属两个系统像中世纪的教会法与世俗法那样必定会发生两个系统的抵触和对抗，从而根本上损害律法的至上权威与尊严。在拉比们智慧的努力下，在律法中发展出了一套专门可以用来作为刑事、民事、商事等方面司法裁判的规则，这后来就变成了“哈拉卡”。律法作为纠纷裁断依据渗透进了人们的生活，更能影响人的心灵。通过律法的适用，邪恶受到惩罚，公义得以伸张，佞妄受到抑制，纯洁的生活得以恢复。人们因律法所体现的智慧和实现的公义而更加热爱它。

拉比们作为犹太社区的领袖，对内解决争议，对外则作为代表维护社区独立的生活方式。犹太历史上有众多这样的例子，拉比们用个人的智慧、人格魅力和社会影响使得他们所臣服的国家的统治者收回了在该区域内迫害犹太人强迫其该宗的法令，并赋予了犹太社区的司法自治权。这些对犹太人可以相对独立地施行他们的律法具有重要意义。拉比们在其所处的时代和地方树立起了典范的人格，成为了人们可以学习和效法的榜样。他们在行动中始终表现出的仁爱、公义、恭顺、虔敬和献身于律法的卓越美德与高尚人格不断地激励着犹太人热爱律法，躬行仁义。

（文字编辑　舒砚）

中西法律比较

中西契约法的殊途：基于哲学、文化与法律的比较

韩　伟*

当代中国统一的《合同法》诞生，是由于改革开放的不断深入和扩大，原来的三部"合同法"的调整范围和部分规定已经不能适应。因此，更好地与国际衔接，促进对外经济贸易，成为新的《合同法》制定的主要目的。在具体规则上，该法充分借鉴和参照了《国际货物销售合同公约》《国际商事合同通则》等国际上通行的做法[1]，可以说，这部统一的《合同法》是对西方现代法律大规模移植的典范之一。但是很显然，这部看似十分先进的《合同法》并没有考虑中国传统契约规范的因素，也就是说，移植自西法的新《合同法》中，"中国"是缺位的。这就引出两个问题：传统中国有契约法吗？如果没有，那为何没能形成？如果有，那它以一种什么形态存在？传统契约之观念与实践又能为今日提供什么？

一般契约法（general contract law）在传统上被认为适用于调整有关提供货物、金钱、土地或者劳务的契约[2]，故契约法主要反映财产的流转关系，可以说，没有财产流转的社会现实，就没有契约法。在欧洲，"契约自由"于19世纪被写入法典，是《法国民法典》三大原则之一，足见其受重视的程度。事实上，西方有关契约的法律，在此之前已经存在，甚至

---

* 作者系陕西省社会科学院政治与法律研究所研究人员，法学博士。本文写作受益于叶秋华教授的悉心指导，并得到高仰光副教授、徐鹤涛的帮助，特致谢。

〔1〕 参见顾昂然：《立法札记》，法律出版社2006年版，第293—294页。

〔2〕 〔美〕艾伦·范斯沃思：《美国合同法》，王军译，中国政法大学出版社2004年版，第22页。

可一直追溯到古罗马时期。西方现代契约法的出现，一般认为源自早期英格兰法上允诺的强制执行，并由英格兰法院在中世纪重建，这种重建是通过建立对违反允诺进行司法救济的诉讼形式来实现的。[3] 数量可观的涉及违反允诺的诉讼被提交法院，隐含的一个社会背景是：中世纪的英国商业活动极为繁荣，民众极为频繁地使用契约。由此可以推出，契约法生成的两个社会因素是商业活动的兴盛和民间大量的契约实践，这种主要是商业活动中进行的契约实践，足以形成数量可观的民间契约规则，以及如违反允诺等情形的契约纠纷。这些规则、纠纷，经过国家司法机关的吸收、改造、重塑，最终导致契约法的生成。揆诸中国古代社会的实际，商业活动的繁盛，民间契约实践，至晚在唐代即已存在，到了两宋时期，这种民间实践更是到了相当精密的程度。在官方层面，中国古代，尤其是宋以后的基层司法机关也开始处理大量的民事契约纠纷，国家司法的因素也存在。问题是，契约法在西方经由英格兰早期"允诺的强制执行"发展到《法国民法典》《德国民法典》，以至美国《合同法重述》最终发展成熟，而在东方的中国，同样的社会经济条件，同样有司法解决实践，浸润着中国传统文化特色的契约法却未能生成。1911 年《大清民律草案》之契约部分，满篇皆是"契约自由""给付""意思表示"[4]，完全是德日契约法理论，其原因何在？

一、宗教哲学

在西方，奠定早期契约法基本原则重要背景之一是宗教精神，特别是基督教的思想。例如，基督教反对违背诺言，在西欧中世纪的教会法中，"违背诺言是罪，是对神的冒犯，或者根本上说是一种与神疏远的行为"[5]；而且，遵守诺言，"守信"自希腊时代以来就一直被认为是一种"德性"。亚里士多德认为信守诺言是有德性的。中世纪经院学派的哲学家托马斯·阿奎那对此解释说，诺言作为忠诚和诚实的事物而有约束力。食言如同撒谎。托马斯还进一步认为，所有的允诺根据自然法都是有约束力

---

〔3〕〔美〕艾伦·范斯沃思：《美国合同法》，王军译，中国政法大学出版社 2004 年版，第 11 页。

〔4〕杨立新主编：《中国百年民法典汇编》，中国法制出版社 2011 年版，第 106—110 页。

〔5〕西方早期契约法的一般原则与基督教传统密切相关，参见〔美〕哈罗德·伯尔曼：《契约法一般原则的宗教渊源：从历史的视角看》，郭锐译，载《清华法学》（第 6 辑），清华大学出版社 2005 年版。

的。它们类似于命令。一项允诺就像他为自己制定的法律。[6] 在古罗马，对契约效力的正当性的说明主要乞援于神明，而神意体现在形式之中。[7] 因此，可以说宗教构成了西方契约法的基本精神气质。

在西方的哲学中，特别是古希腊以来的西方古典哲学塑造了契约理论的基础。在西方哲学看来，契约法的效力之基，或者说法律可以强制执行允诺的原因大致有如下几类：一种理论可以追溯到功利主义者那里，在边沁看来，最为重要的就是满足和愉悦，而“愉悦”和“满足”又与选择相关，效用因允许人们自己做选择而最大化，法律强制实现合同以便最大可能满足人们的偏好。尊重合同当事人的选择就是因为他们揭示了这种偏好。另一种合同理论可以追溯到康德与黑格尔，认为选择事关重大，就是因为它们是自由和自治的表示。合同具有拘束力是因为，它是自由的必要结果。[8] 还有一种理论诉诸对“正义”的实现：“交换正义”遵循算术比例，通过从一方当事人拿走保持对等所必要的数量而给予另一方当事人，正义得以实现。[9] 因此，契约需要被强制执行，正是源于实现“交换正义”的需要。同时，合同法也与矫正正义有关，矫正正义的任务是矫正因私人交易中的不道德行为而导致的损害，矫正正义向后看，仅考虑特定交易中双方当事人过去行为的道德性质。这里共同隐含的是，由于法律对道德习惯的形成具有重要作用，故合同法应当建立在被共同接受的道德原则上。[10] 可见，西方古典哲学同样构成了契约法的重要基础。

经历了资产阶级革命，到了现代社会，“在道德和宗教领域，西方社会的变异起源于资本主义下个人主义的道德观和新教伦理下的个人行为，中国宋明以后也有资本主义的萌芽，却一直没有出现西方走向法治的个人主义、自由主义和新教伦理”。利己主义和功利主义仰仗于资本主义下的自由竞争和个人主义。11、12 世纪以后西欧各国手工业和商业的普遍恢复和发展，城市开始兴起。城市的形成意味着社会本位从人身依附关系走向个

〔6〕〔美〕詹姆斯·戈德雷：《现代合同理论的哲学起源》，张家勇译，法律出版社 2006 年版，第 13—14 页。

〔7〕徐涤宇：《原因理论研究》，中国政法大学出版社 2005 年版，第 288 页。

〔8〕〔加〕Peter Benson：《合同法理论》，易继明译，北京大学出版社 2004 年版，第 299 页。

〔9〕〔美〕詹姆斯·戈德雷：《现代合同理论的哲学起源》，张家勇译，法律出版社 2006 年版，第 16 页。

〔10〕〔美〕亨利·马瑟：《合同法与道德》，戴孟勇等译，中国政法大学出版社 2005 年版，第 62—78 页。

人的自由、自治和独立。[11] 而正是个人主义、自由主义塑造了西方早期契约法中完全的契约自由的基本精神，当然这样的自由被规范在一定的共同道德的基础之上。

而在中国，情况则大大不同。虽然自中古时代就开始有大量的契约实践，形成了一些契约使用中的惯例性规范，但是，除了极其个别的券契，绝大多数契约内容是世俗的，契约规范的基本原则及其价值取向，不涉及超验的宗教信仰因素，也甚少能进入哲学讨论。在唐五代时期的敦煌地区，尽管存在大量的寺院经济行为，如借贷、买卖等，它们主要是依靠一个个具体的契约文本来实现的，但是，契约的内容与精神完全是世俗的，极少涉及超验的信仰因素。在民间契约的规范中，对允诺的违反，即“悔约”行为，当事方多诉诸经济的赔偿、熟人网络的担保，或者是肉体的惩罚，不管怎样都是着眼于契约能够被实际地履行，或者受到的损害能够被合理的补偿，一般不会单独地诉诸对违约方“德性”的否定性评价，或是以宗教的某种信念促使契约实现。当然，仅仅从文字表面看，中国的某些契约中似乎也含有一些道德因素，例如敦煌寺院的借贷契约中，对利息的约定还是有所限制，有的在书面上甚至是无息的，这或许是出于宗教的某种伦理道德，但深入的研究却发现，表面上看似无息借贷的背后，都有宗教机构的支持，而且这些借贷大部分是有息的。宗教的这种社会角色在道义上是建立在谋求私利的基础上的。[12] 也就是说，在中国，单纯的伦理道德并未构成契约理论的价值基础，它们的使用及其内在规范都还是世俗化的。自汉唐以来的大量的契约使用的实践也表明：中国古代契约法体现的是民间社会的一种重视实用的实践逻辑，它是世俗的，也是具体的，而主要不是伦理观。事实上，在特定亲缘关系的伦理网中，契约反而失去了存在的空间，即使在今日，亲友间的借贷等典型的契约行为，为了体现关系之亲密，多拒绝使用书面契据。[13] 这样的实践理性，也成为契约法成文化的一个负面因素。上述这些因素，使得中国民间丰富的契约实践更多地表现为大量的文字或条文的重复，契约法所必需的一般精神或原则难以被发展出来。

---

〔11〕 徐爱国：《无害的偏见》，北京大学出版社 2011 年版，第 233 页。

〔12〕 〔法〕童丕：《敦煌的借贷》，余欣、陈建伟译，中华书局 2003 年版，第 128 页。

〔13〕 肖唐骠在江西乡村宗族研究的调查中，发现村民之间财物借用不必立字据，口说即可，全凭信誉担保，除非数额较大或不动产买卖。肖唐骠：《村治中的宗族》，上海书店出版社 2001 年版，第 223 页。

如果将目光从民间契约本身扩展开来，着眼于更为宏大的中国传统社会，我们不难发现，影响甚大的儒家思想中的伦理道德因素，也是与契约法的精神格格不入的，奉行“亲亲尊尊”的等级秩序的儒家思想，实质是使社会财富的分配均衡有序，使贫富、贵贱的差距不致太大，而孔、孟背后的真正目的还在于使社会财富平均分配与实现社会、皇权统治的长治久安。因此，它更类似于亚里士多德所谓的分配正义，是皇权体制下不同等级人之间的财富、地位的分配。因此儒家伦理的整合使得中国失去了制定成文契约法的机缘。[14] 窥诸历史现实，我们无法排除儒家伦理在中国契约实践中具体而微的影响，但就其主要方面来看，与其说儒家伦理内在构造了中国传统契约的道德精神，毋宁说是儒家伦理及其影响下的分配正义对“交换正义”的拒斥，使得中国传统成文契约法的形成失去了根基。

与此相关，中国传统思想中独特的公私观也在事实上影响着契约法的生成，在私人的、德行的层面，正统思想观念一直提倡的是“先公后私”，乃至是大公无私，“私”被放置在次要的地位，尽管有极个别思想家也曾提出“私”是人的本性，“有生之初，人各自私也，人各自利也。”（黄宗羲：《原君》），但是，其目的还是以个体之私反对君主之私，最终还是要回到“天下大公”的理想中去。在国家或社会的层面上，私的观念也受到抑制，“如果要谈有没有（社会）契约原理，因这个原理来自欧洲市民社会，问题的前提恐怕是诸如契约主体的个人是霍布斯式的以欲望为本质的个人。但在中国的近代，尽管有着性善、性恶的传统议论的积累，却看不到就契约的内容进行的这种议论”[15]。这些观念，与利己主义、个人主义等西方契约理论基础形成鲜明的反差。

二、国家社会

严格地讲，契约法属于私法领域，是在私人之间的民事交易中逐渐形成的一种法律制度，古典的契约理论是意志自由理论，与自由放任哲学紧密关联。这一理论将契约义务归结于当事双方的意志，故契约自由成为契约法的基本原则，当事方应该按照自己意愿订立契约的过程中被赋予最大可能的自由，法院或立法机构不应干涉。[16] 故契约法似乎有一种排斥国家

---

〔14〕 参见刘云生：《中国古代契约思想史》，法律出版社 2012 年版，第 18—26 页。

〔15〕 〔日〕沟口雄三：《中国的公与私》，三联书店 2011 年版，第 84 页。

〔16〕 Ewan Mckendrick, *Contract Law*, Palgrave Publishers Ltd., 2010, p. 3.

干预的倾向。同时，契约法又是随着一定程度的市场化而产生，统一市场的形成，可以说是统一的契约法生成的前提性条件。然而，无论是契约的合法守信的履行，还是统一的契约法的构建，事实上都离不开国家的积极介入，例如买卖契约中“瑕疵担保”的产生，正是源于古罗马市政当局市场管理的需要，某些规则来自于罗马最高官员为建立市场秩序而颁布的禁止商贩坑蒙拐骗的敕令。[17] 契约法律体系的建立，合法契约利益的保障，更离不开国家及其司法机构的有效参与。

当然，西方近代以来特有的市民社会及其自治，也为契约法的形成奠定了坚实的基础，例如跨区域的市场、商业化，行业组织、经济自由等都构成有利因素。一方面，市民社会的出现导致了个人主义的形成，个人获得了自主选择的权利，源自“意志决定论”的现代契约法自然有了社会之基；另一方面，远程贸易的发展，大量的非人情式交易出现，由此带来的信息不对称，信息不完全，就需要契约制度的发展。[18] 在契约理论中，承诺意味着要约束交易参与人未来的行动，在交易中分配不确定性造成的风险损失和促进信息交流，“合同法”的目的就是通过强制履行承诺帮助人们实现他们的私人目标。[19] 所以，自由主义、跨境贸易与契约法存在相互影响和促进的关系。同时，中世纪以来商人行会的出现，也直接影响了契约法的形成，行会制定商人法规则，并通过商人法庭的裁判保障这些规则的实效，一系列商事规则也孕育着现代契约法的因子。

以英国为例，可以更清楚地看到国家与社会在契约法形成中的作用。英国制定契约法或通过诉讼保障契约权利，是与保障人们自由选择的基本权利紧密关联的，它与社会的民主化、现代化进程同步进行。因此，要理解英国合同法中作为普通法的合同法，我们必须从个人自治在一个自由、民主、市场经济的社会中的重要性这一核心入手。它的核心思想在于自我统治，在于肯定追求自由选择的目标与人际关系具有一种内在的固有价值。私人缔结合同的能力在增强这一有价值的个人自治方面起到了极为重要的作用。通过订立合同，人们选择穿什么，住在哪里，从事什么事业，参与哪些兴趣爱好和活动，等等。通过缔结合同，我们能够决定生活的形

---

〔17〕〔德〕德特尔·梅迪库斯：《德国债法分论》，杜景林等译，法律出版社 2007 年版，第 36 页。

〔18〕〔美〕科斯、哈特等：《契约经济学》，李风圣等译，经济科学出版社 2003 年版，第 5 页。

〔19〕〔美〕考特、尤伦：《法和经济学》，费方域等译，上海三联书店 1991 年版，第 9 页。

态和质量。那么，我们就合理地认为，国家应当通过立法，在支持和促进合同制度（合同法的游戏规则）方面扮演一个正当的角色。合同法通过实现当事人的意思来保障合同自由。[20] 可见，正如“自由”具有相对性，在某种意义上，渗透着自由精神的契约权利，同样需要国家法律制度的保障，特别是在契约双方存在实质上的不平等的情况下。

尽管中西社会发展历程存在根本的差异，但如果从古代社会现实一般地看，中国并没有对契约及契约法形成存在根本障碍的地方，一定意义上，中国古代的契约史甚至还优于欧洲大陆的发展。这不能仅仅从儒法等正统思想中去看，[21] 在民间实践中，私权存在，私契秩序不仅存在，而且还有效地运转，担保、罚金、定金等一系列民间契约制度的存在，还有效地保障了契约履行的自我实现，但成文的契约法在传统中国却未能发展出来，其背后的原因又是什么？

社会结构的巨大差异，导致了中西契约法的歧途。一方面，宗族组织作为中国特有的社会基础，家族伦理型塑着社会伦理，在血缘家族关系中，亲情成为维系人们生活的纽带，人们形成了一种鄙视契约的心理[22]，家族关系极大地影响着个人在契约行动中的自由，现代契约法的基本精神难以立足。另一方面，唐宋以后虽然出现了大量的行会组织，但它们不仅难以承担起行业自治的职责，行会条例等以垄断手段抑制了自由竞争，限制了个人作为自由契约主体从事经济行为的能力[23]，进而继续逼仄了契约法的现实空间。

现代契约伦理的维度之一就是平等，而社会等级的存在，极大地影响着个体的缔约能力。近代社会就是一个“从身份到契约”的过程，身份没有获得解放，没能实现平等；现代契约的社会基础，特别体现在雇佣、租佃契约当中。但是，需要指出的是，即使在西方现代契约法的发展历程

〔20〕 陈明渝：《英国合同法的目的和方法》，载《北大法律评论》（第12卷第2辑），北京大学出版社2011年版，第682页。

〔21〕 仅仅从正统思想观念出发考察中国契约史，不免会得出偏颇的结论，而这似乎又成为证明中国契约制度落后性的“铁证”。例如有论者从儒家思想看，认为“大同”思想主张财产公有、否定私权，只重生产、反对交换，由此得出结论说，“大同”思想窒碍了中国古代契约法的发展。这显然是因其对于中国古代民间实践中的契约的频繁运用视而不见所造成的偏见。参见李仁玉、刘凯湘：《契约观念与秩序创新》，北京大学出版社1993年版，第134—136页。

〔22〕 强昌文：《契约伦理与权利》，山东人民出版社2007年版，第160页。

〔23〕 参见刘云生：《中国古代契约思想史》，法律出版社2012年版，第23页。

中，自由与平等也存在着内在的紧张关系，资本主义发展初期，将契约自由发展到极致，带来的就是实质上的不平等，这在理解西方“契约自由”这一基本原则时需要时刻加以注意的。而在中国古代，即使是现在看来最不平等的雇佣、租佃契约中，所谓的不平等也不过是现代人的后知后觉，如果放置回历史的情境，时人也未必认为是不平等的，即使到了20世纪50年代，对于没见过什么世面的庄稼汉子来说，“我没有钱雇他，我就得给他干”是最朴素的逻辑。〔24〕所以，尽管形式严格的等级身份制看起来与蕴含平等伦理的现代契约法构成根本矛盾，但从社会生活实际看，它虽然在一定程度上影响着契约的达成，但并未形成对民间灵活地使用各类契约的根本障碍。

民间社会也有一种反对国家干涉的倾向，民间契约中多有“官有政法，民从私契”类似的约定，在契约中实际起作用的不少惯例也直接反对国家法令的干涉。甚至有极端者，为逃避“官法”制约或税负，不立契约，《元典章》记载：“多有典卖田宅之家，为恐出纳税钱，买主，卖主通行捏合，不肯依例写契，止以借钱为名，却将房院质押。”〔25〕因此，民间契约的有效运作，原因主要不在于官方法律的保障，而是由于“契约的自己执行的性质”（self-enforcement），尽管这种“自己执行”远非完美，但由于契约中这种复杂制度安排的存在，商业中大量个人间交易的顺利完成并不依赖于司法系统或者非正式的社会控制，而更多的是依靠契约形式的发展以及契约中重要的实体性规范，它们直接构成了保障契约自己实施（self-enforcement）和自己履行（self-execution）的机制。〔26〕在此方面，契约担保制度起到了关键的作用。因此，尽管中国古代的民间社会拒绝契约法的官方化、成文化，但这并不代表当时不存在一定的契约秩序或者规范，这种契约秩序决定着民事契约的履行。构成这种民事契约“自发”履行的内在原因主要是一种习惯法的力量，“习惯法的力量集中体现为宗族、行会、村落之力量，这三种力量是契约效力的最终裁判者和执行者”〔27〕。将契约效力中习惯法的力量来源诉诸宗族、行会等社会力量，无疑是有一

---

〔24〕张伟：《〈暴风骤雨〉背后的真相》，载《信睿》2011年第6期。

〔25〕《元典章》，陈高华等点校，中华书局、天津古籍出版社2011年版，第695页。

〔26〕Rosser H. Brockman, *Commercial Contract Law in late Nineteenth-Century Taiwan*, edited by Jerome Alan Cohen, R. Randle Edwards, and Fu-mei Chang Chen, Essays on China' s Legal Tradition, Princeton University Press, 1980, p. 83.

〔27〕参见刘云生：《中国古代契约思想史》，法律出版社2012年版，第140页。

定道理的，仅仅从契约文本中看，中人、保人、见人等一系列角色的参与，正是基于建立在熟人社会人际网络之间形成的对个人人格的相互信任，因而契约中带有浓厚的人伦色彩。通过私人关系网络来缔结契约并使之获得担保的普遍做法意味着把具体的个人之间建立的伦理道德带入或溶进了追求功利的一般交易中去。[28] 尽管来自家族、村落之社会网络及伦理的力量不容忽视，但它们还不是契约效力来源的主要力量，从历代的各类契约实践看，至少还有两种力量决定着契约的实际运行：一是定金、违约罚等民间契约制度设计，使得立约各方在现实利益的比较、衡量中形成某种压力，从而实现契约的履行；二是福报等世俗化的信仰体系（而不仅仅是源自家族生活的儒家伦理观）影响着契约的实际运行。或者说，最终表现为诚信守诺的如约履行，并非是（或主要不是）儒家道德教化的结果，而是在各种现实利益的衡量中，在世俗信仰的潜在压力下，最终得以达成的。在这一背景下，官方性质的成文法，以及通过官府的救济手段，一般来说也没有实际的意义。

从官方的视角看，在古代中国，统治者视各种契约行为为“民事细故”，对待大多数民间契约纠纷采取“官不为理”的态度，民间有关契约的规范难以进入正式的法律领域。尽管自宋元以来就有大量的诉讼涉及契约，但是，契约要么是被看做证明产权的佐证，要么是仅仅作为一种“乡原体例”来对待，契约自身的履行，以及契约中所蕴含的规范，甚少进入司法官员的视野。

种种迹象可以看出，家族伦理、“官不为理”虽然客观地影响着民间契约的运行，但并未构成契约行为的根本障碍。但是，民间契约使用中的个别化、实用化倾向，官方对于契约规范的轻视，却极大地影响着规范“契约法”的形成。

三、立法观

尽管契约法主要地是一种私法，有着拒斥国家介入的倾向，但不可否认的是，国家的正式立法对现代契约法的形成影响甚巨，这里就涉及契约法的作用是什么这一问题。理论上，合同法建立在产生于许诺者实现自己意志的这样一种道德义务的基础上。法律制定者认为许诺基于道德可以强

---

〔28〕 王亚新：《对岸本美绪教授论文的解说》，载〔日〕滋贺秀三等：《明清时期的民事审判与民间契约》，法律出版社 1998 年版，第 378 页。

制执行。[29] 在英国，“每一项契约暗含着合意”，事实上，正如我们所看到的，契约就是这种“合意”的书面文字化。“契约”一词更倾向于被用来描述那类可以提起契约之诉的协议，这类诉讼是对于侵权或错误、及违约侵权的补偿。故在理论上，契约的功能在于，让那些未来或者是合法的，或者是侵权的或可执行的行为，产生侵权法上的效力以减少不执行或疏忽，类似于当代侵权法中承担责任的方式。[30]

美国的契约立法史为我们提供了另外一个视角。例如《美国统一商法典》（UCC），作为一部由学者和商事实务工作者起草的示范法，本身并不具有强制力，但在后来的发展中，却体现出巨大的作用。第一，UCC 推进了美国各州之间商事法律的一致性，促进州际贸易的发展；第二，作为补缺性规则（default rule），它在合同方面，为当事人提供了一个合理的、有效的法律框架，双方当事人就可以省略对于各种基础条款的讨论，仅就所关心的、不同于普通合同的部分进行重点讨论。[31] 由此可见，契约的立法，特别是在判例法传统的国家，在非官方的层面，市场参与主体以及法学家们的努力，主要在于统一适应于各种契约的基础性规则或条款，从而实现对大范围、跨区域贸易发展的需求；在官方的层面，则主要是通过诉讼来保障契约中当事方的权利。

而在要求法的体系化、逻辑化之大陆法系国家，契约的立法观又稍有不同。近代大陆法系合同法，以《法国民法典》中的合同制度为典型代表，它追求合同自由、抽象的平等的人格、个人责任等原则，其背后的基本精神是资本主义的经济自由主义，因此，合同或契约的立法主要是对经济自由、个人自主的法律保障，故“契约自由”成为其最为重要的原则之一。

亚里士多德讨论的“德性”。后期经验学家在围绕他所描述的三种“德性”建立他们的合同理论：信守诺言、交换正义和慷慨。食言的人是不可信的。这个失去的“德性”，就是亚里士多德称为交换正义。

托马斯·阿奎那解释说，诺言作为忠诚和诚实的事物而有约束力。他还解释了为什么应当信守诺言，描述了一个道德律，即规范守诺行为的

〔29〕〔加〕Peter Benson：《合同法理论》，易继明译，北京大学出版社 2004 年版，第 250—251 页。

〔30〕A. W. Brian Simpson, *A History of the Common Law of Contract*, Oxford University Press, 2005 reprinted, pp. 18—19.

〔31〕参见刘彤编著：《国际货物买卖法》，对外经贸大学出版社 2006 年版，第 1—2 页。

"自然法"，一项诺言就像他为自己制定的法律。[32] 同样，契约秩序，守信当事人的契约权益，也是大陆法系契约法的关注焦点。显然，在契约法中，最为关键的是如约履行，如果契约的履行中没有任何障碍，那么大量的义务及附随性义务也就完成了使命，不再有任何用处。但是，如果履行中背离了原来的安排，或者遇到了障碍，造成"给付义务违反"的任何情况，那契约规制就显得十分重要。如何解决这类问题，也就成为契约法的核心所在。[33] 因是之故，大陆法系契约法同样十分关注契约的履行及契约当事人合法权利的救济，只是表现形式是更为体系化、法典化的立法。

大陆法系的契约法形成，还与近代早期欧陆城市法与商人法的互动关系紧密相关，是近代商业城市政府的立法主动吸收商业习惯、惯例的结果。在一项对16世纪比利时安特卫普城市法的详尽研究中，论者指出，城市法大量采用或改造了商业实践中形成的习惯，为城市政府服务的法学家们，本着对商业契约的充分尊重修改了法律规范，这一新规范的创造过程包括重新定义、细化规则、补充规则，以及直接采纳现行的商业实践、惯例、习惯，并将其纳入到一个有效可行的、衡平的和妥适的规则体系。交易中的习惯，甚至是商人的惯例，就是法学家们构造精密规范体系的"原始材料"。[34] 这一过程，虽然并未直接生产出"契约法"，但无疑为现代契约法的形成，创造了积极且符合实际的基础条件。

中国古代未形成契约法，一方面是立法者更关注涉及统治利益的社会秩序，而非契约法律本身。间或有涉及契约的法律条文，也多另有目的，"诸公私以财物出举者，任依私契，官不为理。每月取利不得过六分，积日虽多，不得过一倍……"（《唐六典》卷六）。这一立法显然是关注过高的利息对国家经济秩序的破坏。"应典卖、倚当庄宅田土，并立合同契四本，一付钱主，一付业主，一纳商税院，一留本县"（《宋会要辑稿·食货》第六一），这里隐含的关注其实是应收契税，而契约法应关注的"允诺的执行"这些核心问题并不在考虑之列。当然更深层次的原因还在于，

---

〔32〕〔美〕詹姆斯·戈德雷：《现代合同理论的哲学起源》，张家勇译，法律出版社2006年版，第13—14页。

〔33〕参见〔德〕罗伯特·霍恩、海因·克茨、汉斯·G. 莱塞：《德国民商法导论》，楚建译，中国大百科全书出版社1996年版，第98页。

〔34〕Dave De Ruysscher, "From usages of Merchants to Default Rules: Practices of Trade, Ius Commune and Urban Law in Early Modern Antwerp," *The Journal of Legal History*, Vol. 33, No. 1, April 2012, p. 28.

在契约等涉及财产关系中不立法，也有以免“民有争心”的考虑：“先王议事以制，不为刑辟，惧民有争心也…… 民知有争端矣，将弃礼而征于书，锥刀之末，将尽争之。乱狱滋丰，贿赂并行”（《左传·昭公六年》）。这里虽然在文字上使用“刑辟”一词，但其内在的意思主要还是涉及财产权利的民事立法，因为民之“争心”所针对的主要还是货财。

另一方面，也是更为隐蔽的一面，契约方面的立法缺失，恐怕还在于中国古代立法者所奉行的“大道至简”的立法观念。立法的繁简之变，不仅发生在中国历史的现实中，也发生在思想的交锋中。中国古代的立法以晋代为界，发生了有繁至简的一个转变，这一转变缘于晋代律学的发达，是一种人为的有意整合。尽管“法深无善治”受到很多人的推崇，但也有不少人反对立法的简化，唐代赵冬曦就是有名的一位，他指出：“立法者贵乎下人尽知，则天下不敢犯耳，何必饰其文义，简其科条哉！夫科条省则天下人难知，下人难知则构陷机阱，要得无犯法之人哉！”（《唐会要》卷三十九）倡导法简的观念自不必说，即便是如赵冬曦这样的观念，其主张也不过是基于“严刑抑恶”、以利统治这样的目标，主要说的还是刑事法律，而契约这类“民事细故”，根本无需专门立法。而且，中国文化是一种经验的文化，经验的文化给立法者的智慧是，有些事情立法并非是明智的选择，故对某些社会法律关系采取一种“非不能也，实不为也”[35]的态度。

从民间社会的运行来看，作为私法或民间习惯法的契约法也没用存在的空间。例如在清代涉及土地的契约或民事秩序中：

> 官民双方基本上都缺乏“规范的成文化”设施、设备。当然，在民事关系上也存在着一般性的行动类型（惯例），但无论是民还是官，在习惯法书的编纂、裁判的援用和判例法的形成上都不具有足够的成文化和操作化，而是始终在社会中浮动着。围绕惯例从社会实际状况来看，惯例自身是否存在并不明确，而且在交界之处不但是特定权利归属问题，而且是这些权利本身存在与否就很不明了。[36]

由此可以看出，不仅作为正式立法者的官方缺乏对契约有关规范进行系统的成文化的动机，即便在民间社会，一种习惯法的体系化、成文化也

[35] 赵晓耕：《古今之平：唐律与当代刑法》，社会科学文献出版社 2012 年版，第 268 页。

[36] ［日］寺田浩明：《关于清代土地法秩序“惯例”的结构》，载刘俊文主编：《日本中青年学者论中国史》（宋元明清卷），上海古籍出版社 1995 年版。

毫无产生的可能或必要[37]。实践中，人们更愿意按照自己的愿望行动，在实践中尝试可行的规则，但却没有将这种规则固定下来的倾向，更不会以规范成文法的方式将其书面化，甚至“神圣化”。构成契约具体规则的立法精神、原则，更是为传统社会所欠缺，这一立法观直到清末变法，仍无大的改观。一直到辛亥革命后，经历资产阶级的启蒙运动，现代契约法所必需的自由、平等原则才逐渐为国人所接受，南京临时政府通过《临时约法》确立了人格自由平等及所有权神圣原则，通过《内务部通饬保护人民财产令》进一步明确了私有权神圣原则，这一变化对于打破传统的契约观念，建立以自由、平等人格为主体，以保护和促进私有财产制度发展为目的的近代契约制度，奠定了制度性的基础。[38]

四、诉讼制度

近代以来，契约法的发展与诉讼制度密不可分，正是因为此，寺田浩明对于中国契约史的研究，主要是放置在公权力以及其引导下的审判制度来考察，因为契约不仅是主体间相互自觉地基于合意形成的社会关系，它更是公权力通过审判制度来调整、规范这一关系，或保证过去的约定成为现实。[39] 因此，中西契约史的比较，离不开对诉讼制度的考察。

在英国，早期的契约法并没有系统的理论结构，它不是由定义、学说和原理组织起来的，而是由盖印契约和非密封允诺等令状形式，以及一系列在衡平法院中没有被明确表述的关于救济的理由组织起来的。英国早期对于非盖印契约提供了诉讼形式，允许起诉提供救济，实际上鼓励了丰富的民间契约规则的形成。这一来自于信守允诺的德性的理论，后来经富勒发展成为“期待利益”原则，这项合同法的基本原则认为：作为对违约进行的补偿，原告有权获得他被许诺的价值，而通过给予这种损害赔偿，法律旨在保护“期待利益”（expectation interest），也就是将原告置于被告如若履行了许诺他应该所处的位置。[40] 换言之，合同是能够直接或间接地由法律强制执行的允诺，合同法主要致力于实现由允诺之作成而产生的合理

---

〔37〕 从产权和交易成本的角度讲，契约及其规范的不稳定、不明晰，带来的就是产权的不明确，并引发交易成本的上升。这在当代经济秩序中当然是一个负面的后果。

〔38〕 参见李倩：《民国时期契约制度研究》，北京大学出版社2005年版，第64页。

〔39〕 〔日〕寺田浩明：《权利与冤抑：寺田浩明中国法史论集》，清华大学出版社2012年版，第134页。

〔40〕 参见〔加〕Peter Benson：《合同法理论》，易继明译，北京大学出版社2004年版，第2页。

预期[41]，而源于悠久的判例法传统，伴随英国普通法诞生的契约法，几乎完全依赖于司法裁判（judicial decision）。其背后的逻辑在于，通过司法诉讼，为契约关系中权利被损害的一方提供救济。英国契约法的产生可追溯至早期的“简约之诉”（action of assumpsit），尽管该诉的起源可以追溯到14世纪，直到16世纪它才获得作为对毁约的法律救济这一重要地位，直到17世纪，它才成为普通法上的一种经常性的契约之诉。在实质上，早期的契约法直到15世纪末期才发展起来，而简约之诉是在中世纪末期才大量地形成。[42] 简约之诉属于间接侵害之诉的一种，它是一种可用于请求损害赔偿的普通诉讼形式，通过它当事人可以使没有盖印的契约得以强制执行。按照古老的法律规定，契约是要式的，或者是要物的，形式上要求是盖印的书面文件，或者是保证书，或是特定的盖印契据。[43] 通过引入这种间接侵害之诉的方法，将没有盖印的契约履行中的不当行为，也纳入普通法的诉讼保护中来，从而保障了正当的契约法秩序。

令人讶异的是，在中国，公元7世纪的唐代已经有处理契约纠纷的记录，10世纪以后，特别是南宋时期，大量的涉及契券的财产纠纷被提交官府处理。虽然存在数量可观的涉及契约及其履行争议的诉讼，但官方的审判目的主要是通过调处纠纷达到一种社会和谐的，并不在于通过诉讼保证契约的履行，更不是要建立保证“允诺”实现的一般性规范。很多时候，案情被记录，本身的目的并不是要展示官吏对于“契约法”或契约习惯的熟练运用，而在很大程度上是为了彰显官吏崇高的个人“德性”和儒家思想中的“孝悌节义”之道，对于案件的处理，特别侧重于内省，所谓“内圣外王”，通过自身行动，使得争讼双方感佩，从而达到化解纠纷之目的。司法解决本身不具有任何财产权规范的意义。有一些讼案，判决直接涉及了契约或者“券”，但是判语阐释的角度仅仅是讼案某方当事人有诈欺不法行为，从而沿袭财产争讼刑事化处理的传统，最终诉诸对该方当事人的刑事审判。如《增智囊补》中记述的“券书改句”即是显例：

> 有富民张老者，妻生一女，无子，赘婿于家。久之，妾生子，名

---

〔41〕〔美〕A. L. 科宾：《科宾论合同》（一卷本），王卫国译，中国大百科全书出版社1997年版，第5—9页。

〔42〕A. W. Brian Simpson, *A History of the Common Law of Contract*, Oxford University Press, 2005 reprinted, p. 1.

〔43〕〔英〕梅特兰：《普通法的诉讼形式》，王云霞、马海峰、彭蕾译，商务印书馆2009年版，第123页。

一飞，育四岁而张老卒。……出券书曰："张一，非吾子也。家财尽与女婿，外人不得争夺。"婿乃据有张业不疑。后妾子壮，告官求分，婿以券呈，官遂置不问。他日，奉使者至，妾子复诉，婿仍前赴证。奉使者因更其句读曰："张一非，吾子也。家财尽与。女婿外人，不得争夺。"曰："尔妇翁明谓女婿外人，尔尚敢有其业耶？诡书'飞'作'非'者，虑子年幼，恐为尔所害耳。"于是断给妾子，人称快焉。[44]

上述财产继承讼争的解决，明显还是主要基于对遗嘱"券书"文本之语言、句读的分析，是一种事实的裁判，而不见有契约原则的提炼与应用，案件的处理虽然最后得到世人的认可，但该结论对于同类契约的裁判，显然不具有任何指导或借鉴的意义。当然，在对涉及契约的争讼案的处理中，有时也或多或少体现了一些"契约法"的原理，但仍稍嫌粗糙。明清以后，契约在衙门中的作用在增强，但更多是作为证明"产权"的书证，而由于伪契的大量出现，辨别契约真伪成为庭审的一个关键内容，在云南地方审判厅处理的一件强占农地案中，主审官员尤为强调关涉典契的真伪：

叶、王二姓争执此地，核验王慎斋典契、找契各一张，典契系道光二十年立、找契系咸丰八年立；叶兴兰典契、卖契各一张，典契系道光十五年立，卖契系光绪十八年立；叶顺兰典契二张，一系道光二十八年立，一系咸丰七年立。阅此三人道光年间契纸，墨迹均新，且王慎斋之找约上钤有伪印，叶顺兰之咸丰七年典契上、叶兴兰光绪十八年卖契上均捏编字号，种种疵点，皆不能视为确据。判令西界外及北墙沟外菜地均归姚遂生管业，王慎斋等不得觊觎妄争。[45]

显然，这里契约的真伪对于确定"管业"之权起到决定作用，但在审理中，契约仅仅作为证明客观真实的证据，契约所内含的规范及其履行并未得到任何关注。对淡新、巴县的清代诉讼档案的研究，同样发现契约在

---

〔44〕 陈重业主编：《折狱龟鉴补》，北京大学出版社 2006 年版，第 85 页。
〔45〕 汪庆祺编：《各省审判厅判牍》，北京大学出版社 2007 年版，第 81 页。

19世纪中国法庭中的地位是微妙的，一方面它被作为证明起诉真实的有形的证据，另一方面，契约本身的真实性又常常受到质疑，故主审官仅仅是通过查验契约确定最低标准的条件，多数情况下还是会对契约的真实性进行考察。即使作为证据，在不同的土地关系、不同的经济发展阶段，衙门对契约作为证据的依赖度大为不同。[46] 这些均说明，契约在传统诉讼中似乎主要是为了达到最终目标的一个工具而已，而且工具本身的可靠性经常受到质疑，契约蕴含的规范并不受到重视。换言之，契约在法庭中仅仅被作为一项事实，而不是视为一种规范。

尽管在形式上，官府保留了对民事契约纠纷的最终审判权，但若仔细考察这些涉及契约纠纷的案例，虽然最终也得以圆满解决，却多是借助于各种法外资源，解决的目的也不是保证契约规范的实现，而是出于更广泛的社会目的。或者说，作为统治者义务而实施的听讼，并非根据所谓客观存在的法律，或是基于这些法律所主张的权利而为了保证其规范内容得以实现的操作。听讼受理的就是这种相互指责对方“逾分”或推挤过头的争执，目的在于想方设法地调和双方，力图回到某种能够和平共存的境地。[47] 正如欧中坦的研究，契约当事人本希望用明确的契约术语、规范，在法庭上维护自己的利益，而传统法庭与其目的相反，是在判决过程中发现和引用关系维系条款。[48] 这时，明确的契约术语及规范自然不是重要的依据了。与西方相比，中国古代民事诉讼中更大的不同在于，被提交法庭的契约诉讼，商事契约只占很小的比例，在对清末台湾地区的一项研究中发现，商事契约纠纷比例仅有约0.2%，借贷契约的也不过3%，大量的契约纠纷是涉及土地权利与土地纳税[49]，这种诉讼倾向，导致最需要契约法律化的契约类型及其制度体系无法通过诉讼渗透进国法。当然，司法裁判

---

〔46〕〔美〕艾马克：《契约在19世纪中国法庭中的地位》，载曾小萍等编：《早期近代中国的契约与产权》，浙江大学出版社2012年版，第162—163页。

〔47〕〔日〕寺田浩明：《权利与冤抑》，清华大学出版社2012年版，第127页。

〔48〕〔美〕欧中坦：《消失的隐喻》，载曾小萍等编：《早期近代中国的契约与产权》，浙江大学出版社2012年版，第189页。

〔49〕D. Buxbaum, “Some Aspects of Civil Procedure and Practice at the Trail Level in Tanshui and Hsinchu from 1789 to 1895”, *J. Asian Studies*, Vol. 30 (1971), p. 271; Rosser H. Brockman, p. 89.

中的个案化倾向、道德化倾向，以及儒家礼法指导下的比附类推的思维[50]，也影响着传统契约规范的稳定化、形式理性化。在司法诉讼中，真正关注到契约履行及其规范的，直到清末变法以后的民国才出现，并开始进入民众的契约观念，例如在民国32年（1943年）北京的“药房承兑契约纠纷”案中，原告提出：

> 被告于渡过难关后竟欲毁约，云菘始悉被告乃存心欺骗，勾串之不忠诚行为，殊不知正式契约已然成立，证人证物俱皆完全，岂容一造任意反悔。为此提起确认之诉，以求法律之保障。[51]

原告提出确认契约有效之诉，自法律的层面关注到契约的履行，显然主要是西方现代契约法、契约观念引入的结果，而不是中国传统契约观念的自然生成。总体来看，中国古代涉及契约的民事诉讼中，关注更多的是事实问题，以及缠绕其间的伦理、道德问题，而不太关注建构契约规范的技术、体系等法律问题，这种旨在维持社会和谐秩序，推进儒家道德教化的司法裁判，根本无法承担起建立规范化的“契约法”这样的任务。

五、秩序抑或规范：中国契约传统再思

研究契约法发展的中西之别，当然不仅仅是为了回顾一段史实，也不是为了自作多情地认为“西方有的我们早就有”，在比较中发现中国传统契约实践的特色，还有着更重要的意义。在论述中国古代“民法”之争时，徐忠明指出，真正重要的问题是，我们应该着重分析和解释，中国古代的那些户婚、田宅、钱债等法律，有啥内容？有何特点？它们又是如何建构和维持中国古代社会的民事秩序的？也就是说，研究和解释这些问题的本身，而非在概念问题上进行“本质主义”的纠缠不息。[52] 对传统契

---

〔50〕 比附类推是传统司法重要的方法，比附是一种发现、论证罚则的手段，有很强的创造性。它以“事理相同”“情罪一致”作为相似性的基准，在立法无法取得突破的情况下，去发现论证法条与罚则。虽然比附类推主要应用在刑事法中用于论证罚则，但这种司法思维的本质属性却在于通过一种传统“类推”思想的司法运用，解决具体的、个案的问题，而不倾向于形成类似西方“判例法”的一般性判决规范，更不会形成概念、命题的体系化、逻辑化的理性法系统。新近的研究还发现“统类”的思想仍建立在“礼”的总纲之下。参见陈新宇：《从比附援引到罪刑法定》，北京大学出版社2007年版，第131页；黄春燕：《“类”概念：中国传统法比附援引的思想基础》，载《海南大学学报》2012年第2期。

〔51〕 “确认买卖契约案”，北京市档案馆，编号J065-009-03205。

〔52〕 徐忠明：《从西方民法视角看中国固有“民法”问题》，载何勤华主编：《外国法制史研究》，商务印书馆2011年版，第639页。

约的研究，也不应该仅仅限于在概念上或功能上将其比附于当代西方契约法体系，确实，勉强地使用“要物契约”、“诺成契约”等西方契约法术语分析中国契约法史，“除罗列概念来炫耀博学以外，几乎没有任何意义”[53]。探讨中西契约法的歧途，不仅仅是认识中国古代契约的实际状态，也不仅仅是了解为何未能产生成文契约法，更在于为中国的契约理论提供一种中国化的智识资源。正如有学者所指出的，我们在全盘移植“西法”时，更应看到中国古代契约所蕴含的历史能量与现实冲击波。在法律文化的意义上，作为一种与西方契约法相比较而存在的中国古代契约法，自然有其存在和发展的价值，这也是研究中国古代契约的意义所在。[54] 寺田浩明通过对比中西契约史的研究同样发现，虽然越是古代，公权力对于契约的保护在范围上越是狭窄，在内容上也就越贫乏，但仅就得到法律保护的契约而言，哪怕是很古老的年代里，其保护的方法及观念却意外地与当代西方的契约法息息相通。[55] 尽管中国传统的契约及其规范存在着这样那样的缺点，但却表现出于西方契约法史完全不同的另一种样态。因此，对于中国古代契约的探讨，更应采取这样一种基本的态度：即侧重关注这种契约实践的本身是什么，有何特点，其内在的逻辑又是什么。

不难看出，中西契约法的歧途，最终仅仅表现在是否最终实现了成文化、体系化。中国古代没有契约法的事实，并不意味着，中国古代没有某种契约运行的稳定状态，问题是我们应该如何概括和描述这一状态，并深入挖掘其内在的理路。“契约秩序”是一种富有启发力的思路，事实上，中国古代恰恰存在着稳定的契约秩序，情理的、现实的种种因素，在促进着“契约的自我履行”。不仅契约秩序很早就发展起来，而且在中古时代的法庭中就大量处理了各种与契约有关的诉讼，“宋代以来，与生产互助有关的大多数社会关系都是通过设立契约来完成的。与此相对照，在西方法制史中，法庭无条件地受理所有与契约有关的纠纷是到了 18 世纪、19 世纪才开始的事情”[56]。从某种意义上说，中国古代的契约秩序甚至存在相比于西方的“先进性”。然而，无论是岸本美绫，还是寺田浩明，从秩

---

〔53〕〔日〕寺田浩明：《权利与冤抑：寺田浩明中国法史论集》，清华大学出版社 2012 年版，第 129 页。

〔54〕参见刘云生：《中国古代契约思想史》，法律出版社 2012 年版，第 28 页。

〔55〕〔日〕寺田浩明：《权利与冤抑：寺田浩明中国法史论集》，清华大学出版社 2012 年版，第 129 页。

〔56〕同上注，第 113—114 页。

序的角度入手，实际上都是着眼于一种公权力影响下的社会经济秩序，体现一种自上而下的宏观视角，它对于认识中国契约史是有帮助的，但无疑还不够全面。

作为一种补充，“规范”是一个较为恰当的概括，它体现了从私人关系的视角看待契约，也更为符合“契约法”私法的属性。在法律与社会学的意义上，“规范”（norms）可以像法律规则一样指导人们的行为和社会交往，它主要源自于一个社会的主流观念与文化。[57] 韦伯也认为法律规范的两个来源之一就是共识，“某些共识、尤其是某些目的理性的协议之趋向定型化”[58]，这种共识构成了具有约束力的规范。而反观中国传统的契约使用实践，以及其内在的似有似无的某些“惯例”，或习惯，其实都可以用某种社会“规范”来涵盖。一方面，它来自于立约各方“共识”，有效地指导着契约关系中各方的行为，构成某种约束力；另一方面，它又可能是不断变迁的，随着社会的主流文化观念变动。因此，契约实践中的规范又缺乏“契约法”的牢固稳定性。

六、结论

安守廉作为一位中国法律史的“局外人”身份，以薄薄一本《窃书为雅罪》给西方人造成的“中国毫无知识产权传统”的印象久久挥之不去。而反观国内，部分学者从民法的角度对于中国契约史的研究，同样除了给人增添中国没有契约传统，中国不是一个“契约社会”这样的印象外，几乎再无其他益处。反倒是几位研究中国法律史的日本学者，以一种相对客观的立场，展现了中国契约传统的一些真实面相，这不能不引起我们深思。仍然需要反思的是，我们今天研究中国契约史，究竟应该持一种什么样的态度，是借论证中国契约之落后性来反证移植“西法”的正当，还是在法治资源本土化的论调下保持“人有我也有”的盲目自信？两种态度似乎都不太可取，实际上更应该做的，是在比较中西契约（法）史的基础上，更好地认识中国契约传统的独特性，挖掘契合中国文化、社会基础的契约理论。据此，本文意图得出如下结论：

---

〔57〕〔美〕约翰·N. 卓贝克：《规范与法律》，杨晓楠、涂永前译，北京大学出版社2012年版，第1页。

〔58〕〔德〕马克斯·韦伯：《法律社会学》，康乐、简惠美译，广西师范大学出版社2010年版，第153页。

如前文所述，中西契约法的歧途，主要是在成文契约法的意义上，其内在原因可归纳为“多端”——构建契约法的哲学、伦理，特别是宗教精神的缺乏，掌握公权力的官府机构的轻视，以及民众在契约使用中追求灵活化、实用化的倾向，都导致规范的成文契约法在传统中国无由形成。这里还有一个重要的因素，即作为主体的法律人的因素，或者说是在契约法的生成中缺乏法学家等法律的“担纲者”，“在形式上已有某种程度发展的‘法’，亦即作为有意识地下决定的准则的复合体，若无训练有素的法律通达者的决定性协作，即不可能成立，而且无论在何处皆不能存在”〔59〕。也就是说，哲学理念也好，立法司法也好，都是构成性因素，更重要的是缺乏将这些因素有机地融合，并加以系统化的法律创制“担纲者”，这也是为何中国古代存在种种契约法的因素，却最终未能形成契约法的根本原因。中国古代虽然没形成成文契约法，但不意味着中国没有契约传统，某种契约规范、秩序不仅是稳定存在的，而且有其独特的内在的理路〔60〕。或者说，中国成文的契约法没有生成，只是在公权力的意义上，契约的规范没能被有效地建构，但在民间社会，在私人交往中，尽管相对地缺少成体系的、成文的契约法规范，但在契约的实践中，前述的契约秩序，契约规范不仅是存在的，而且还得到了较为良好与稳定的运行。〔61〕

进一步说，比较研究中国古代契约史，还不仅仅是为了说明其与西方相比的不同，更是要弄清其秩序、规范的内在理路，以及其实践智慧。正如有学者指出的，“法是意见也暗指法是智慧。所谓智慧是指不拘教条的辨析和创新能力，智慧具有因时空而异的历史流变性，非知识所能逮。拉丁文 jurisprudentia 本意为法的智慧，关于它的学问称为法学，所有乌尔比安说‘法学是神人之事，公正非公正之艺术’。”〔62〕 中国传统契约中的实

〔59〕〔德〕马克斯·韦伯：《法律社会学》，康乐、简惠美译，广西师范大学出版社 2010 年版，第 181 页。

〔60〕契约传统的研究，同样有助于我们理解今天大量存在的《合同法》之外的契约行为，即不符合现行法律的契约，例如建于农村宅基地上房屋的买卖契约等，它们可能更体现传统中国的契约观。因主题所限，此不赘述。

〔61〕可惜，不少学者片面看待传统契约规范秩序的积极作用，仅以一种现代化的眼光指出其落后之处，认为“中国传统的民法思想与民法制度已经不能适应当时社会条件的变革，封闭、保守的中华法系民法无法适应中国近代快速发展的社会政治、经济、生活需要”。参见杨立新：《中国百年民法典汇编》，中国法制出版社 2011 年版，第 6 页。尽管这样的批评不无道理，但自两宋起，即已经出现成熟的商品经济，中国自生的契约规范并未对这一进程造成阻断，反而有效地保障了交易秩序和安全，这从实际效果反证了这一契约秩序的有效性。

〔62〕郑永流：《法是一种实践智慧》，法律出版社 2011 年版，第 136 页。

践智慧丰富多彩，一方面可以为今日中国契约法、财产法提供可资参考的理论资源，另一方面，也可以通过传统法律的创造性转化，最大程度地减少当代合同法实施的阻力[63]，提高法律实效。这里可以得出的初步的结论是：中国传统社会中契约的使用及契约规范遵循了一种非常实用化的“实践理性”[64]，一方面，它是面向实践的，它形成于实践，运用于实践，主要用以解决契约实践中的问题；另一方面，它又是“理性”的，当然，这种理性不同于韦伯所谓的“法律依据的明确可察、合理可喻、前后一致”，而是人们在千百次利用契约进行各种交易的过程中形成的经验的总结，它也许没有理性逻辑的严谨性、一致性，但符合民众日常交往的“实践逻辑”。表面看起来，“实践”与“理性”似乎无法统一，因为实践采取一种经验的、具体的，因而也被看做“非理性”的方式解决问题，而“理性”则意味着高度抽象、逻辑严密、前后一致，但在中国古代的契约使用中，“实践”与“理性”却实现了较好的结合，因此，“实践理性”作为构成中国古代契约使用的内在逻辑，既具有概念之间的张力，又存在内在的融合性。与英国法之“实践理性”稍不同的是，它既有订约程序性的一面，又包含在契约规范的实体性内容中，而且更多地体现在实体性内容中。中国传统社会的契约秩序的形成，主要是源于这一内涵了“实践理性”的契约规范。中国契约实践中的这一特征，或可以为当代合同法之修订与实施提供有益的镜鉴。

（文字编辑　王理力）

〔63〕 我国最高人民法院新颁布的有关买卖合同的司法解释中有关维护诚信、防止多重买卖的新规，已经受到“形式主义”法学研究的强大质疑，其实买卖中诚实信用原则一直是传统法守护的基本价值之一。参见程啸：《论动产多重买卖中的标的物所有权归属的确定标准》，载《清华法学》2012 年第 6 期。

〔64〕 在此，并非是在康德或拉兹的意义上简单套用“实践理性”，与英国普通法之实践理性也有区别，毋宁说，这一概念是布迪厄之“实践逻辑”“实践感”与韦伯之“理性法”在某种意义上的结合。

博弈、威权与商谈

——哈贝马斯公共领域理论视野下对中国商事立法史的部分考察

谢　晶*

伴随哈贝马斯《公共领域的结构转型》[1] 和《在事实与规范之间：关于法律和民主法治国的商谈理论》[2] 两部大作的问世及传播，“公共领域”这一概念及理论遂在哲学界、法学圈、社会学域均可谓“一石激起千层浪”，甚至也一度滥觞于西方汉学界对中国传统社会的研究。

不过，汉学界运用这一概念及理论的研究范式很快遭到了质疑与批评，并被斥为是简单套用西方经验以解读东方文明的企图。[3] 然而，质疑也好，批评也罢，这一范式的影响力之大已几乎成为无论中西学者探讨中

* 作者系清华大学法学院 2012 级博士研究生。本文写作过程中蒙高鸿钧教授及鲁楠师兄指点，特此致谢，但文责自负。

〔1〕 中文版参见〔德〕哈贝马斯：《公共领域的结构转型》，曹卫东译，台湾经济出版事业股份有限公司 2002 年版。

〔2〕 中文版参见〔德〕哈贝马斯：《在事实与规范之间：关于法律和民主法治国的商谈理论》，童世骏译，三联书店 2011 年版。其中对公共领域的探讨主要集中在（但并不局限于）本书第八章。

〔3〕 对这一范式的运用及对其的批评相关情况综述，可参见杨念群：《近代中国研究中的“市民社会”——方法及限度》，载邓正来主编：《国家与市民社会：中国视角》，上海人民出版社 2011 年版。

国传统社会诸论题时均难以绕过的话题[4]，这也侧面证明了这一范式仍然具有的生命力。毕竟，存在问题的是“简单套用”这一企图而非范式本身，也非此中体现的西方经验或西方视角本身。而且，实际上，如若在运用过程中能够真正做到避免“简单套用”，那么，包括“公共领域”在内的西方法学及其他社会科学理论视角将极大地助益于对包括法律史在内的中国传统社会诸论题的研究。[5]

本文即不揣浅薄，试图以哈贝马斯公共领域理论为视角，对中国商事法律立法史的部分问题做一避免“简单套用”的考察。

一、哈贝马斯公共领域理论及其作为本文分析框架之限度

“公共领域”是哈贝马斯理论体系中的重要概念，青年时代的他甚至直接以之为自己理论体系展开的切入点及学术生涯的起点，第一部著作即为《公共领域的结构转型》，随后又在其扛鼎之作《在事实与规范之间：关于法律和民主法治国的商谈理论》中对这一理论进行了一番全新的、更高层次的审视，本文的论述也将主要建立在后者之上。

综观哈贝马斯的整个理论体系，其有一个贯穿始终的核心问题——“现代性”问题，他的全部学术关怀也始终围绕其展开。所谓“现代性”问题，是西方社会在经历文艺复兴、宗教改革及启蒙运动之后，“科学代替了巫术、人性代替了神性、理性代替了信仰、市场经济代替了自然经济、民族国家代替了封建王国、民主法治代替了君主人治、多元文化代替了文化专制”，传统社会转向了现代社会，然而却由此接踵而来出现的一

---

〔4〕 比如即便是试图跳出这一被他自己批评的范式的黄宗智，在提出所谓“第三领域”概念时，实际也未能跳出窠臼，仅仅是在国家与社会的“二元”之间增加了一个与“二元”相交错互动的第三元，因此只是一种二元模式的变形，而非与之有本质差异的新创概念。黄氏对“第三领域”的详细论述，参见〔美〕黄宗智：《清代的法律、社会与文化：民法的表达与实践》，上海书店出版社 2007 年版。对黄氏这一概念的商榷意见可参见梁治平：《清代习惯法：社会与国家》，中国政法大学出版社 1996 年版，第 19—20 页。

〔5〕 关于西方理论及视角对中国法律史研究的启发意义及其已经取得成果的探讨与述评，可参见拙作：《法律史研究的“根须”、“茎叶”与“花果”——以近年明清合伙相关研究为例》，载里赞主编：《望江法学》（2011 年卷），法律出版社 2012 年版；《“新风”吹自 40 年前——评布迪、莫里斯〈中华帝国的法律〉》，载《朝阳法律评论》（第 4 辑），中国华侨出版社 2010 年版。其他学者的论述，可参见苏亦工：《另一重视角——近代以来英美对中国法律文化传统的研究》，载《环球法律评论》2003 年第 1 期；尤陈俊：《“新法律史”如何可能——美国的中国法律史研究新动向及其启示》，载《开放时代》2008 年第 6 期。

系列问题。[6] 在哈贝马斯看来，进入现代社会以后，西方政治哲学主要有两大传统——自由主义与共和主义，各种“现代性”问题的产生即与这两大主义有关。“前者强调主观权利，后者强调客观法；前者强调私人自主，后者强调公共自主；前者强调个人人权，后者强调人民主权；前者强调个人、社会与国家彼此分离，三分天下，后者强调个人、社会与国家相互融合，三位一体。这两种政治哲学要么从单个主体出发，无视主体间沟通和合作的可能性，要么从混沌的宏观主体出发，无视个体的差异性。自由主义过分强调竞争和博弈，与协商和共识擦肩而过；共和主义过分强调整体一致，扼杀个体的差异，忽略了个人人权。”[7] 但是，颇为吊诡的是，无论自由主义从单个的个人出发强调私人自主，还是共和主义从整体的集体出发强调公共自主，二者进路迥异却殊途同归，最终都未摆脱国家中心主义的命运。

由此，哈贝马斯提出了整合并超越这两大传统新的模式——基于交往理性的民主，也即在平等主体真诚互动的过程中实现公民的自我立法，以连通私人自主与公共自主，实现个人人权与人民主权之间的良性互动。在他看来，唯有如此，方能实现所立之法在“事实性”与“有效性”之间的结合。为了实现这些设想，公共领域理论出场了。所谓公共领域，哈贝马斯指出，这是一个关于内容、观点、也就是意见的交往网络，其不能被理解为建制、组织，也不是具有全能分化、角色分化、成员身份规则等的规范结构，更不是系统。在那里，交往之流被以一种特定方式加以过滤和综合，从而成为根据特定议题集束而成的公共意见或舆论。既不是日常交往的功能，也不是日常交往的内容，而是在交往行动中产生的社会空间。[8]

在具体的论述中，哈贝马斯首先对以自由主义理论为背景的经济学民主理论和以系统论为背景的社会控制理论以及这两种理论的早期形态——战后多元主义民主社会学——进行考察，试图指出这些理论在规范和现实两重意义上所遭遇的困境，从而以自己的商议性民主模式对它们进行修正并提出最终的解决方案。他指出，价值多元主义理论建立在自由主义市民

---

〔6〕 高鸿钧：《走向交往理性的政治哲学和法学理论（上）——哈贝马斯的民主法治思想及对中国的借鉴意义》，载《政法论坛》2008 年第 5 期。

〔7〕 高鸿钧：《通过民主和法治获得解放——读〈在事实与规范之间〉》，载《政法论坛》2007 年第 9 期。

〔8〕 〔德〕哈贝马斯：《在事实与规范之间：关于法律和民主法治国的商谈理论》，童世骏译，三联书店 2011 年版，第 444—445 页。

社会与政治国家二元对立格局基础之上，让市民社会中原子化的个人直接去面对高度结构化和组织化的政治国家。如此一旦社会权力分布不再平均化，政治决策就会不可避免地倾向于掌握优势社会权力的那部分人。因此，组织多元主义作为替代品出场了——用团体和有组织的利益来代替单个公民和他们的个人利益，它假定：所有集体行动者都有可能拥有对于他们有关的决策过程的大致平等的影响机会；决定团体和政党的政策的是组织的成员，而这些团体和政党又通过多重成员身份而被迫愿意达成妥协、糅合利益。这样，就能使竞争性民主制度在政治权力分配层面上构成一种社会权力平衡，使国家政策平等地考虑范围广泛的各种利益。〔9〕但是，这些假设被证伪了，于是，其理论被作了熊彼特意义上的修正——实质上把民主过程的作用归结为对相互竞争的领导群体的国民选举，也就是选择领袖，于是如此的“精英主义”陷入了“合法化匮乏”和“导控匮乏”的双重困境之中，一方面民主国蜕变为行政国，另一方面行政系统因失去了来自市民社会的广泛支持而难以应对已自成一体的大型利益集团。〔10〕这一双重困境使得战后多元主义到达了理论发展的十字路口，于是又出现了两种应对的理论。一种为试图解决合法化匮乏问题的经济学民主理论，它让合理决策的选民与政治精英进行交易——选民在投票时把一种或多或少开明的自我利益转译成对于政治体系所提出的要求，政治家因为想要获得或维护其职位而用特定政策的许诺来换取选票。〔11〕另一种为试图解决导控匮乏问题的系统理论，它抛弃个人行动主体和集体行动主体的平面，把社会看作是一个由自主子系统——各自封闭在自己的语义边界之内，把所有其他系统当作自己的环境——构成的网络。〔12〕然而，这两种理论又都陷入了自我颠覆的逻辑怪圈——致力于解决合法化匮乏的经济学民主理论陷入了“规范有效性悖论”，致力于解决导控匮乏的系统理论陷入了“事实有效性

〔9〕〔德〕哈贝马斯：《在事实与规范之间：关于法律和民主法治国的商谈理论》，童世骏译，三联书店2011年版，第412页。

〔10〕同上注，第412—414页。对于这些假设不能成立的原因及熊彼特意义的修正的介绍，可参见高鸿钧等：《商谈法哲学与民主法治国——〈在事实与规范之间〉阅读》，清华大学出版社2007年版，第222—225页。

〔11〕〔德〕哈贝马斯：《在事实与规范之间：关于法律和民主法治国的商谈理论》，童世骏译，三联书店2011年版，第414页。

〔12〕同上注，第415—416页。系统论的代表著作如〔德〕尼可拉斯·鲁曼：《社会中的法》，李君韬译，台湾五南图书出版股份有限公司2009年版。

悖论”。[13]

基于对这些先前理论的梳理以及对现实政治的经验反思，哈贝马斯将他的公共领域理论图景逐步展开——根植于合理化的生活世界的、通过其市民社会基础发挥交往结构作用的、有待激活的政治公共领域。他认为只有这样，才可能一方面满足民众的民主理想，一方面实现这个高度复杂现代社会的事实导控，也即达到规范性与事实性之间的弥合。

生活世界作为整体构成了交往行动网络，在行动协调方面，它的社会成分包括合法有序的人际关系的总和，也包括专门履行特定功能的集体、联合体和组织。这种功能性专门化行动系统中的有些，渐渐自成一体而独立于社会性整合的行动领域、也就是通过价值、规范和理解而整合的行动领域，并形成自己的代码，如经济系统中的货币、行政系统中的权力。但是，通过导控媒介的法律建制化，这些系统仍然根植于生活世界的社会成份之中。在其中，法律的语言被作为一种“转换器”，把生活世界交往从公共领域和私人领域中带出，并赋予这样的形式，通过这种形式这种信息也可以从自我导控的行动系统的角度加以接收——反之亦然。[14] 而所谓市民社会，哈贝马斯理论体系话语中的这一概念与之前黑格尔、马克思的概念均有所不同，这是一种“非政府的、非经济的联系和自愿联合，它使公共领域的交往结构扎根于生活世界的社会成份之中”。组成市民社会的是那些“或多或少自发地出现的社团、组织和运动”，它们对私人生活领域中形成共鸣的问题加以感受、选择、浓缩，并经过放大以后引入公共领域。旨在讨论并解决公众普遍关切之问题的商谈，需要在有组织公共领域的框架中加以建制化，而实现这种建制化的联合体便构成了市民社会的核心。[15] 这样的市民社会拥有一些基本特点：(1) 多样性。家庭、非正式团体和自愿性社团，它们的多样性和自主性允许各种各样的生活形式。(2) 公共性。各种文化建制和交往建制。(3) 私人性。每个个体自我发展和道德选择的领域。(4) 合法律性。为了把多样性、私人性和公共性至少

---

〔13〕 对于哈氏所描述的这两种理论所陷入的逻辑怪圈的细致解析，可参见高鸿钧等：《商谈法哲学与民主法治国——〈在事实与规范之间〉阅读》，清华大学出版社2007年版，第219—260页。

〔14〕 〔德〕哈贝马斯：《在事实与规范之间：关于法律和民主法治国的商谈理论》，童世骏译，三联书店2011年版，第438—439页。

〔15〕 同上注，第452—453页。

同国家、也越来越同经济划分开来所必需的一般法律和基本权利。[16] 至于所谓“公共领域”，哈贝马斯将其赋予了三重意象：（1）共振板。为那些必须由政治系统来解决——因为在别处得不到解决——的问题的共振板，带有一些非专用的、但具有全社会敏感性的传感器，一个预警系统。公共领域必须把问题压力放大，不仅察觉和辨认出问题，而且令人信服地、富有影响地使问题成为讨论议题，提供解决问题的建议，造成一定的声势，使得议会组织接过这些问题并加以处理。还必须用实效的问题化过程作为补充。公共领域靠自己来解决问题的能力有限，但这种能力必须用来监督政治系统之内对问题的进一步处理。（2）交往网络。扎根于生活世界的交往网络。（3）围墙内空间（或论坛、舞台、竞技场）。建立在市民社会基础上的围墙内空间。[17]

在如此概念及意蕴之下的市民社会与公共领域，前者的自主性保证了后者成为免于政治权力干涉的自主空间；前者的多样性使后者能够因议题和兴趣分化为多个层次和多个领域的公共论坛；前者的开放性使后者具有自我延展的特征，能够辐射到更为广阔的空间中去，容纳越来越多的社会成员；前者的自我指涉性，保证后者在理性和节制的边界内进行公共探讨，公共探讨又反过来丰富宪政的基本权利体系、加固法治国的政治建制。[18] 于是，当哈贝马斯在系统与生活世界之间加入了“市民社会”与“公共领域”这一对经过交往理性革新之后的概念之后，产生了一种可作出全新理解的现代大型复杂社会的民主政治——既非经济学民主理论构建的狭义“协商民主”，也非新法团主义的系统际协调，而是“以非建制化的公共领域为基轴、将系统导控的现实有效性和来自生活世界自身的社会团结的规范有效性衔接和贯通起来的全新的商议性民主模式”[19]。也即，能够产生真正弥合法律“事实性”与“有效性”的民主。

以上即是哈贝马斯公共领域理论的大致轮廓，毫无疑问，无论这一理论抑或被其所批评并借以发挥的理论，都产生于西方并主要针对现代西方

---

〔16〕〔德〕哈贝马斯：《在事实与规范之间：关于法律和民主法治国的商谈理论》，童世骏译，三联书店 2011 年版，第 454 页。

〔17〕同上注，第 444—446 页。对哈氏这一公共领域三重意象的细致解读可参见高鸿钧等：《商谈法哲学与民主法治国——〈在事实与规范之间〉阅读》，清华大学出版社 2007 年版，第 275—279 页。

〔18〕参见高鸿钧等：《商谈法哲学与民主法治国——〈在事实与规范之间〉阅读》，清华大学出版社 2007 年版，第 278—279 页。

〔19〕同上注，第 279 页。

世界的问题。那么，本文将这一理论用以阐释位于东方的中国商事立法史的合理性何在呢？笔者认为，首先，哈氏的公共领域理论及在其基础上生发的商议性民主模式，是在整合了其之前的西方两大政治哲学传统——自由主义与共和主义——基础之上而创发的新的理论和模式。中国在现代化转型过程中，尤其在被强行拽入经济全球化的进程之后，难免会借鉴西方经验——这种借鉴其实自晚清即始。既然要借鉴，自然须借鉴最新以及可能是最适合、最合理的。[20] 其次，借鉴参考并非是要简单照抄或生搬硬套，而是在一定限度以内适当地吸取养分、借用视角。本文的借鉴但不照搬体现在以下两个方面：第一，本文所要讨论的商业问题实则在哈贝马斯的理论中已被他作为经济系统的一部分而抽离出了市民社会及公共领域。这一抽离是因为哈氏的立脚点——高度复杂化的现代社会中，经济系统已经强大到足以独立运作并与政治系统相抗衡，但是，本文所主要着眼的中国传统及近代社会的经济、商业发展远未达到如此程度，因此可暂不将其抽离出市民社会及公共领域。第二，尽管强调自由博弈的自由主义与主张国家社会与个人融为一体、整体一致的共和主义均从未真正发生在中国，但这两种主义以及哈贝马斯理论中的某些实质性内容确曾在中国商业秩序或有关商事立法过程中不同程度地出现过可作类比的相似物。再次，这一理论并非简单的、带有明显主观意识形态的价值评判标准，而是一种建立在“商谈”的基础上的方法论，也即关于“好与不好”、采取何种制度，甚至关于是否借鉴哈氏这一理论本身，都可以依靠“商谈”而得出，因此对这一理论的借鉴从逻辑上就绝不会沦为“强加思想”。本文接下来的两部分即在此基础上，以哈贝马斯公共领域理论视角对中国商事立法史的部分内容进行审视。

二、威权或博弈：中国传统社会商业秩序

中国传统社会中，专制王朝尽管在理论上拥有对国家、民众的至高无上的权力（威权），但在实际面对民间商业活动时，却事实上很大程度放任了其自由地存续与发展（博弈），并未予以过多干涉。

---

〔20〕 对于哈贝马斯理论对中国当代社会的极大的借鉴价值及可能性的论述，可参见高鸿钧：《走向交往理性的政治哲学和法学理论（下）——哈贝马斯的民主法治思想及对中国的借鉴意义》，载《政法论坛》2008 年第 6 期；高鸿钧等：《商谈法哲学与民主法治国——〈在事实与规范之间〉阅读》，清华大学出版社 2007 年版，第 281—284 页。

这种“放任”态度的主要原因，是专制王朝对有关商业、经济的注意力仅主要在维持政府和皇室经济，民间商业能维持基本秩序、不至于混乱到危及统治即可。因此，传统社会历代王朝均不太重视有关民间商业活动、市场秩序方面的立法，其有关立法的焦点是赋税而非发展民间经济。以有清一代为例（晚晴修律之前），《大清律例》中有关商业、经济的条文主要集中在《户律》。其中，“仓库”卷规定了钱法以及有关税收、国家财产的内容，所谓“收米谷曰仓，收财帛曰库”[21]；“课程”卷规定有关课税的内容，“课者，税物之钱”，“程者，谓物有贵贱”，其中尤对“纳税大户”盐、茶等及舶商有详细规定[22]；“钱债”卷规定财货与借贷，“钱兼财货而言，贷钱与人曰债”[23]；而“市廛”一卷，寥寥五条律文、十四条例文，即是与民间商业活动、市场秩序有关的内容在《大清律例》中的主要体现。[24]

那么，在这个国家法律严重缺位的中国传统社会，其民间商业是如何形成秩序并存续发展的？以至发展到彭慕兰竟认为中国与欧洲近代经济“大分流”的主要原因是欧洲幸运地发现并占有了充足的矿产资源。[25] 究其原因，这是民间商业活动中简单自由博弈的结果。当然，这种“简单自由博弈”绝不同于哈贝马斯公共领域理论话语体系中的西方自由资本主义时期的博弈，甚至与西方前近代的商业博弈状况也迥然不同，因为这里既没有国家法或习惯法[26]对个人财产权利的明示的保护，也难说存在市民社会与国家的分立对峙。但是，这里的“简单自由博弈”已足够保证其自生自发秩序，并按照自己的方式一定程度地有声有色地发展。

---

〔21〕 马建石、杨育棠主编：《大清律例通考校注》，中国政法大学出版社 1992 年版，第 456—501 页。

〔22〕 同上注，第 502—521 页。

〔23〕 同上注，第 522—528 页。

〔24〕 清代有关商业、经济的立法状况介绍，可参见经君健：《清代关于民间经济的立法》，载《中国经济史研究》1994 年第 1 期。

〔25〕 〔美〕彭慕兰：《大分流：欧洲、中国及现代世界经济的发展》，史建云译，江苏人民出版社 2010 年版。尽管笔者认为彭氏的这一关于“大分流”原因的具体观点值得商榷，但他对中国传统社会经济、商业发展所达到水平的描述与估计还是大致得当的。

〔26〕 “习惯”或“习惯法”的概念舶来于西方，中国传统社会自发形成的种种商业惯例并非西方意义的“习惯”或“习惯法”。对此的辨析可参见〔法〕巩涛：《失礼的对话：清代的法律和习惯并未融汇成法律》，邓建鹏译，载《北大法律评论》（第 10 卷第 1 辑），北京大学出版社 2009 年版。

笔者曾在四川巴县档案中选取了66件晚清[27]有关商业合伙[28]的案件做考察，考察发现，此时此地不仅没有国家法对商业合伙秩序的直接规制，而且在合伙发生纠纷并被呈交县衙之后，66件案例中至少有27件[29]被直接拒绝受理，只有那些涉案金额巨大[30]或已引起凶殴、毙命[31]等涉及较为严重情节的案件才能得到受理。而拒绝受理的理由基本雷同——"此为细故"，于是责令例如同业行帮、街坊邻居、商会等一些社会群体或组织"查理了息"即可，"毋庸兴讼"。而即便那些被受理的案件，知县也常邀请这些社会群体或组织参与审理，甚至直接交由他们处理后回禀，自己仅是作一"照此办理"的批示，在这66件合伙案例中，仅有4件未见他们的直接参与，此外还有32件表明该案在提交县衙前已交他们处理过。[32] 而同业行帮、街坊邻居、商会这些社会群体或组织，基本均由一些与合伙当事人处于共同的地缘和业缘之中的商人组成，案件交由他们或邀

〔27〕 包括光绪二十九年（1903）至光绪三十四年（1908年）的46份及宣统时期（1909—1911年）的20份。选取时分别以"合伙""伙贸""股东"三者为关键词在四川省档案馆的网络系统中检索，按时间顺序从后往前调取了100份案件，但由于档案馆正在编目或原件残缺过多、无法辨识内容，笔者最终获见66份并以其为研究材料。传统商业秩序在晚清发展到最高峰——其后便随整个传统社会政治、经济等的崩溃与瓦解而退出历史的舞台，因此对这一时期有关情况的考察将可见传统商业秩序按照自己方式相对自由发展所达到的最晚近、最成熟的状况。此外，尽管晚晴自光绪二十九年（1903年）始，模仿西方制定了一系列近现代民商事法律法规，但是其中除《钦定大清商律》于当年奏准颁行，其他一系列诸如《大清商律草案》《改定大清商律草案》《大清民律草案》等都未及施行即因清政府的沦亡而宣告流产，而《钦定大清商律》也因条文疏简、与国情不符，在实际的实施过程中效果不佳。相应地，笔者在这一时期巴县的66例合伙案件中，也未发现一件运用这些法律法规解决的案例，因此这一时期巴县合伙秩序仍然属于传统的商业秩序。

〔28〕 我国当代民商事法律体系中的合伙制度全部移植自大陆法系国家，然而其实传统社会民间商业活动中早已有了自己的有关观念和秩序，并至晚到明清年间已在民间工商业活动中普遍存在并形成了较为稳定、成熟的秩序。直到民国年间，尽管政府已经颁布《中华民国民法》（1929年）、《中华民国公司条例》（1914年）、《中华民国公司法》（1929年）等新式法典，但传统合伙仍是工商业各部门中最普遍的企业形态。参见〔日〕土肥武雄：《合伙股东责任之研究》，李培皋、叶致中译，魏淑君点校，中国政法大学出版社2004年版，第6、13—19页。新中国成立前夕，全国约计130万工商业户中公司只有万余家，其余均为独资或合伙，且这万余家公司之中又有与合伙十分类似的无限公司1250家。参见方流芳：《个人合伙》，法律出版社1986年版，第5页。因此，对传统商业合伙秩序的考察，将能在很大程度上揭示整个传统社会商业秩序的状况。

〔29〕 并有21件由于档案不完整而无法得知初次受理情况。

〔30〕 如周元泰、同升福、李庆之合伙纠纷中，牵涉金额达数万两银。巴县档案号6-6-27803。

〔31〕 如李云峰、唐春亭等山货合伙中，李姓死亡，其他合伙人被告谋财害命。巴县档案号6-7-2695。

〔32〕 其中同业行帮参与31件，街坊邻居参与13件，商会参与5件。

请他们参与处理，实则是一定程度放任了商人的自由博弈，即便这样的做法可能违背《大清律例》的有关规定：民间词讼细事，“州县官务即亲加剖断，不得批令乡地处理完结，如有不经亲审批发结案者，该管上司即行查参照例议处”[33]。

但在如此国家立法与司法双重缺失、放任的状况下，晚晴巴县商业合伙秩序仅依靠商人自己的简单自由博弈，已发展得较为成熟、稳定。

以合伙出资模式而言，此时此地已容许并承认多种多样的资本形式，除货币外，还有各种实物[34]、生产资料[35]、人力[36]等；出资区分“正本”与“副本”；[37] 除了合伙人自身的出资，不少合伙还拥有借贷资本；[38] 除了合伙成立之初的出资，合伙成立之后还会发生由于亏损或需要扩大经营而追加出资。[39] 如此较为丰富的出资模式如何依靠简单自由博弈形成呢？这一问题的答案，须从合伙人选择合伙这一经营模式的原因谈起——他们选择合伙而非独资必有其深思熟虑的考量，即该商人认为，至少对其本人而言，选择合伙而非独贸将更有利。那么，所利者何呢？合伙的一大特征是合伙人共同出资，也即能分担单个商人的资本压力，解决资本不足的问题。商业贸易讲求规模经营以实现规模效应，即较充裕雄厚的资本将会有更大的回报预期。而单个的商人，由于种种原因，或是本身缺乏资本，或是一时间拿不出足够资本（比如还有其他投资），或是拥有生产资料、生产工具、招牌等却缺乏货币，而恰好又有他人拥有货币却缺乏这些。于是，自发的合作应运而生，于是，前述多样的出资模式也应运

---

〔33〕《大清律例》卷三十《刑律·诉讼·告状不受理》“条例”。

〔34〕如侯绍武、邓伟修等“德林福”药材合伙中，侯姓“以家具底货抵作股本”。巴县档案号 6-6-27855。

〔35〕如胡瑞图、曾宪章“德亿长”机房合伙中，胡姓出资 50 两银并机子 3 张。巴县档案号 6-6-27975。

〔36〕如李正兴、刘云程猪毛合伙中，李姓出资包括货币与人力。巴县档案号 6-7-2686。

〔37〕如张时成、娄夔臣等“兴成祥”绸缎合伙中，张姓出正本 2000 两，存副本 1500 两。巴县档案号 6-6-27983。据张正明的研究，这一情况也发生在清代晋商贸易之中，所谓“正本”是出资者的合约投资，而“副本”是出资者除正本外又存放商号的资本，只得利息不分红，但不能随意抽取。张正明：《清代商业资本的股份制》，载《山西师范学院学报》1989 年第 2 期。

〔38〕如孙跃廷、余玉山、余华廷“茂盛源”猪鬃洗房合伙中，三人各出资 100 两银，又在外借银 400 两，借贷资本已超过了合伙人自己的出资。巴县档案号 6-7-4138。

〔39〕如龚绍平、曾琢田、刘香山“德庆芳”扇子合伙约定“若本银不敷，三人同出”。巴县档案号 6-6-27908。程国栋、唐树青米铺合伙中，盈利后润未分配给合伙人而作为追加出资。巴县档案号 6-7-2622。

而生。

再以合伙内部各合伙人之间的损益分配及合伙对外债务承担方式而言，此处更集中地反映了中国传统社会商业秩序中商人自由博弈与一定程度存在的国家权力之间的关系。对于合伙人之间损益分配的具体方式，合伙均会提前约定，并均是按照所持股份或出资比例分配（未见一例不如此），所谓“按股均摊”。据民国17年（1928年）上海总商会的调查报告，“合伙所负债务，按股分担，为吾国商业通行之惯例”，该会在办理这类案件时“均主张根据惯例办理”，民国15年（1926年）大理院咨复司法部文内，也“采用共同分配损益之原则”，除非“有特别习惯，仍得依习惯办理”。[40] 从笔者所见清末民初各地民商事习惯调查的材料来看，情况也是大致如此按股均认。[41] 也即可以大致估计，全国范围内的商业合伙均基本采取按股均摊的惯例。如此惯例的形成也与前述出资模式惯例的形成原因类似，合伙的特征不仅有共同出资，还有损益共担，即能分散单个商人的商业风险，从而增强他们的投资信心和欲望。既然是为了分散亏损的风险，合伙人们便自然地选择了“按股均摊”的损益分配方式。并且，这一惯例不仅在合伙人之间奉行着，且在发生有关纠纷之后，笔者未见任何债权人、其他商人以及代表国家权力的知县曾对此提出过异议，即便是股份中存在只分享利润而不承担亏损赔偿责任的所谓“干股”[42]。民间自生自发形成的惯例得到了包括国家权力在内的极大程度的尊重（或至少是默认）。兹举一例，冷泽轩、邹回生、丁祚卿炭厂合伙中，冷、邹、丁三人及炭山主人各分得三股、两股、两股、三股，伙约议定利润按全部十股均分，亏损只按前七股均摊，纠纷发生后，知县判令合伙所欠外债按照约由

---

〔40〕严谔声编：《上海商事惯例》，载王志华编校：《中国商事习惯与商事立法理由书》，中国政法大学出版社2003年版，第575页。此虽为民国时期的报告，但这些“惯例”均至少延续自晚清。

〔41〕《热河民商事习惯调查报告——热河民事习惯答案》；《商河调查民事习惯清册》《单县调查民事习惯清册》《蒙阴县调查民事习惯问题》《淄川县调查民事习惯答案》，均载《山东省民事习惯答案》（五）；南满洲铁道株式会社：《调查东三省习惯报告册》《黑龙江省调查民事习惯答案汇纂册》。以上均藏于中国社会科学院法学研究所图书馆。

〔42〕传统社会各地“干股”的种类不尽相同，如清代晋商中的干股为“身股”（以人力出资获得的股份），参见张正明：《清代商业资本的股份制》；清末民初的奉天、吉林两省情况也相类似，参见南满洲铁道株式会社：《调查东三省习惯报告册》；而黑龙江省以劳力及信用出资者享有干股，参见南满洲铁道株式会社：《黑龙江省调查民事习惯答案汇纂册》，第1—7页。至于晚清巴县合伙秩序中的“干股”，就笔者所见，并非劳力或信用出资者享有，而是主要生产资料的提供者，巴县档案号6-6-38968、6-6-38996。

冷、邹、丁三人按股均担，干股享有者即炭山主人不须承担。[43]

这一合伙对外债务承担的方式与近现代企业制度及公司制度均有所差异。近现代合伙制度的债务承担方式为：合伙对外的债务先以其全部财产进行清偿，合伙财产不足以清偿的，各合伙人承担无限连带清偿责任，各合伙人由此而清偿的数额超过其按照约定或法定应当承担的数额时，有权向其他合伙人追偿。[44] 易言之，这一制度涉及三方面的问题——合伙财产的相对独立性、无限连带清偿责任、追偿权。与此同时，近现代的公司制度中，债务承担通常采有限责任：公司有独立的财产，享有法人财产权，以其全部财产对外承担债务清偿责任，股东以其认缴的出资额或认购的股份为限对公司承担责任。[45] 可以发现，此二制度的前者重在维护商业交易安全、保护交易相对人特别是善意第三人的信赖利益，而后者则重在保护股东的权益，不过，前者对于追偿权的规定也保护了合伙人自己的权益，后者关于登记、公示等的制度[46]及法定最低注册资本的限制[47]等也并未忽略交易安全以及交易相对人权利的问题，即保护的侧重点不同，但也不忘兼顾其他。

与合伙秩序的其他内容一样，中国传统社会国家法中从未如近现代企业法制这般对合伙债务承担问题有过相关规定，而只是容许或默认民间商业活动中简单博弈之后自生自发形成的惯例。显然，若从近现代企业制度的眼光评判，这一无法律规定的严格的登记、公示或最低注册资本限制等配套制度的“按股均摊”惯例不利于交易安全以及交易相对人权益的保护。但是，倘若果真如此“不安全”，档案中何以存在包括债权人在内的大量与合伙交易的相对人呢？如此之下，合伙秩序何以存续呢？笔者认为，这即是因为非“高度复杂的社会”[48] 依靠简单自由博弈即能在一定程度上实现的自我调适。首先，如上文所述，“按股分担”的合伙偿债方式已然是当时当地商人们人所共知的惯例，并能得到官府的默认，因此可以推论，当其他商人在与合伙交易时，均知道这一惯例并能预见到未来可能出现的情况。并且，虽无官方的关于登记、公示或最低注册资本限制等

---

〔43〕 巴县档案号 6-6-38996。

〔44〕 参见《中华人民共和国合伙企业法》第 32 条、39 条、40 条。

〔45〕 参见《中华人民共和国公司法》第 3 条。

〔46〕 参见《中华人民共和国公司法》第 6 条—7 条等。

〔47〕 参见《中华人民共和国公司法》第 23、77 条。

〔48〕 哈贝马斯语。他有关公共领域的理论即针对高度复杂的现代社会而提出。

的严格规定，但民间商业的自由博弈中形成了一些替代性惯例，如合伙契约的签订过程中基本均会有一定数量的各种身份的“中人”的参与并在契约中署名，这一过程即在一定程度上是一种变相的公示，向合伙外部公示其成立之初的资本类型及数额、各合伙人所占股份数目及比例、损益分配方式等内容。[49] 如此，便能一定程度保证合伙交易相对人预见自己所从事的交易行为的风险状况，并在作出决策时算入这些风险成本，同时一定程度降低合伙人（债务人）利用这一惯例进行恶意逃债甚至行骗的可能性，从而一定程度维持了合伙秩序的稳定性。其次，县衙有时也能起到了一定作用。如李铭山、杨纯一、景绍春“美利祥”山货铺合伙中，合伙欠下债务无力偿还，李姓逃匿，若严格依据债务“按股分担”的惯例，则会损害债权人的利益，显失公平。遇到这样的情况，知县判令李姓之母代为偿还（一股的一半）。[50] 又如孙少阳、陈文斋、陈荣升等“天寿堂”戒烟药室合伙中，陈文斋逃匿，知县认为陈荣升助其逃匿并知其下落，且又“同系伙友”，于是判令陈荣升代其还债，“不得籍伙账诿延”。[51] 此处也展示了国家权力（“威权”）与民间商业简单自由“博弈”之间的部分互动。

综上所述，晚清巴县的商业合伙秩序中，已形成的多样的资本形式及出资方式一定程度拓展了商业融资的手段并有利于商业资本的积累以及贸易的扩大，而其损益分配模式也按照自己的方式发展得较为稳定。但是，如若将其与西方自由资本主义阶段以后发展出的更加复杂、成熟的企业制度相比，其尚显简陋，尚处在较初步的发展阶段。也因此，其能在国家法律严重缺位的状况之下，仅依靠简单自由博弈即能一定程度保证其秩序的相对稳定。不过，倘若面对的是哈贝马斯所谓“高度复杂的现代社会”之时，这样的状况恐怕就难以再继续相对稳定地维持下去，因为这一秩序毕竟存在不稳定的因素，所谓“相对稳定”只是“相对”而言，晚清巴县商业合伙秩序中大量存在的包括本文所依据的66件案例在内的纠纷即证明了

〔49〕 笔者所见的全部19份合伙契约中有18份有中人署名，仅有一份未见中人署名的是为存档而抄录的，并非契约的原件，因此原件上是否有署名不得而知。巴县档案号6-7-2830。巴县之外，清代中叶的陕西及清末民初的上海商业合伙秩序中也有中人现象，参见罗冬阳：《清中叶陕西工商业的合伙经营》，载《东北师大学报》（哲学社会科学版）2003年第1期；严谔声编：《上海商事惯例》，载王志华编校：《中国商事习惯与商事立法理由书》，中国政法大学出版社2003年版。对中人现象的研究可参见李祝环：《中国传统民事契约中的中人现象》，载《法学研究》1997年第6期。

〔50〕 巴县档案号6-7-2823。

〔51〕 巴县档案号6-7-2830。

这种“不稳定”。英国学者马德斌在研究中国传统法律与商业问题时有一重要论断与笔者的这一结论颇为符合：短期而言，正式与非正式的体制在解决商业或民事纠纷时规模效益方面的差异，在交换和贸易量都很有限的情形之下似乎影响不大；但就长期而言，这种差异将潜在地对工商业组织、货币与财政体系等产生影响，从而导致中西方间经济运行与发展模式的显著差异。[52] 但马氏得出这一结论时似并未有充分的实证材料与细致论证作为支撑，而本文的研究或正可弥补这一缺憾。光绪二十九年（1903年），巴县霍姓知县曾颇为无奈地发出疑问：“渝城商贾辐辏，贸迁有无，四方之货萃于一城，以数计之奚止千万，何以市面毫无起色，倒闭者多呈控追债之案不一而足？”[53] 对于这一疑问，其答案或许正在于此。[54]

三、威权或商谈：中国近现代商事立法

轧过数千年的传统社会，当历史的车轮行至二十世纪初，传统合伙秩序无论其是非得失，均如同传统社会的整个政治、经济、法律秩序的命运，在摧枯拉朽的瓦解崩溃洪流中几乎一夜之间即退出了舞台。取而代之的，是舶来于西方的近现代企业制度。

早在光绪二十四年（1898 年）和光绪二十九年（1903 年），清政府即颁布《振兴工艺给奖章程》及《奖励公司章程》，可谓开启了中国近代商事立法的先河。光绪三十年（1904 年），商部尚书载振奉旨与侍郎伍廷芳商议制定《钦定大清商律》，但考虑到商律门类繁多、短期无法完成，故先制定《商人通例》和《公司律》以便商人有所遵循。这也成为了整个中国法律近代化进程中的开篇之作，第一部“现代意义上的法典”。光绪三十四年（1908 年），修订法律馆聘请日本人志田钾太郎帮同考订，于次年

---

〔52〕〔英〕马德斌：《传统中国的法律与商业：对“大分流”的制度性透视》，载刘秋根、〔英〕马德斌主编：《中国工商业、金融史的传统与变迁——十至二十世纪中国工商业、金融史国际学术研讨会论文集》，河北大学出版社 2009 年版。

〔53〕巴县档案号 6-6-27803。

〔54〕方流芳也有类似观点，并论述得颇为精彩：“最终决定国际商业竞争胜负的力量，不是参与者个体的能力，而是参与者背后那些抑制或者激发他发挥能力的制度。清政府的外贸管制体制几乎就是自残肢体：过度管制、自我封闭和吏治腐败从各个方面不断削弱中国商人的竞争实力。一种制度使商人丧失创造能力和进取冲动，它同时也就注定了整个国家的劣势。但是，曾经困扰一个国家的制度性弊端并不会随着时间推移而自行消失，或许正是因为漫不经心地对待历史，上一个世纪的、甚至更为久远的弊端至今仍然使我们一筹莫展。”方流芳：《公司词义考：解读语词的制度信息——“公司”一词在中英早期交往中的用法和所指》，载《中外法学》2000 年第 3 期。

编订《大清商律草案》，宣统二年（1910年）又由农工商部修订《大清商律》。到了民国年间，民国3年（1914年）公布实施《商人通例》与《公司条例》，次年完成《破产法草案》，又次年完成《公司法草案》，民国11年至14年（1922—1925年）陆续编成《票据法》五次草案。到民国18年（1929年），中央政治会议决议编订民商统一法典，将一些本属商法的内容并入了民法，而其他不能合并的内容则分别制定单行法。[55] 这些单行法主要包括：民国18年（1929年）公布，民国20年（1931年）施行的《公司法》《海商法》，民国18年（1929年）公布并实施的《票据法》，民国18年（1929年）公布，民国26年（1937年）修正公布的《保险法》，民国24年（1925年）公布并施行的《破产法》等。[56]

民国学者杨幼炯认为，清末所修订的法典"大都重模仿而少创造……故对我国立法前途，无多少贡献"，而"以党建国""以三民主义为最高原则"的民国时期立法，"法典之编成以适应社会环境为第一要义"，力求在观察社会环境的基础上以"决定人民对于法律的需要"，其既与传统法律思想迥异，也与欧美法律观念有别。[57] 然而，情况果真如杨氏所言么？恐怕未必。清末时节，清政府在内忧外患的交困之下仓促立法，短期即"横空出世"大量法典，确实难以做到在充分调研、论证的基础上立法，而是大多直接模仿或言照抄国外。可是，民国时期的立法状况又有多少改进呢？恐怕至少从所制订的法典的状况来看，少有改进，尽管立法者们基本均会在立法原则上或多或少地提到参考本国原有习惯。[58] 即便当时已进行了清末民初的两次席卷全国的大规模民商事习惯调查，可在实际立法过程中，调查所获得的近千册的资料并未能得到充分使用。[59] 如对于本文前一部分所述及的传统合伙"按股分摊"的损益分配方式，就一直未能得到法典的认同和吸纳，并在实践中一直对抗着法律的规定，甚至成为了那一时

---

〔55〕 以上立法史介绍参见王志华编校：《中国商事习惯与商事立法理由书》，中国政法大学出版社2003年版，前言，第1—3页。谢振民编著：《中华民国立法史》，中国政法大学出版社2000年版，第802—803页；杨幼炯：《近代中国立法史》，上海书店出版社1989年版，第74页。

〔56〕 刘朗泉：《中国商事法》，商务印书馆2011年版，"参考法令一览表"。

〔57〕 杨幼炯：《近代中国立法史》，上海书店出版社1989年版，第372页。

〔58〕 其实这一立法理念在晚清时节也是被承认的。有关民国时期的各商事法典的内容及移植外国法的状况可参见前引《中华民国立法史》，第803—880页。

〔59〕 关于这两次民商事习惯调查的情况及其对立法的影响，可参见眭鸿明：《清末民初民商事习惯调查之研究》，法律出版社2005年第1版；胡旭晟：《20世纪前期中国之民商事习惯调查及其意义》，载《湘潭大学学报》（哲学社会科学版）1999年第2期。

期国家法与商业惯例分歧中的“核心”。[60] 而其实细究一番，杨氏所谓“与欧美法律观念有别”，也仅是指欧美法律大多仍以个人为本位、尚未能随同二十世纪出现的“社会本位”潮流而转变，但民国时期的立法，在他看来已吸取了这一社会本位的欧美最新立法观念，因此，归根结底，此时的立法仍是在学习西方而难言创新，更难言顾及了“社会环境”与“人民对于法律的需要”。[61] 而所谓“社会本位”，乃西方在自由主义个人本位思潮泛滥并走向极端后，作为反思物的共和主义的一种思潮，从仅强调个人权利转向对社会整体民权的顾念。俞江曾对这一社会本位的法学思潮及立法原则有颇为精彩的解析，他指出，“社会本位”与传统社会里“存公灭私”“有公无私”或“先公后私”的观念恰形成某种契合，因而被这个国度的人们极大地误读了，甚至发展出一种极端的后果：先是限制所有权和契约自由，最后干脆倾向于取消所有权，取消契约自由和私法自治，即从根本上取消了民法和民法学。[62] 作为民国训政时期立法“灵魂”并直接参与民法典议定与起草的胡汉民[63]，其法律思想的核心内容即是“国家社会本位”，该思想被他首先提出后，经过居正和孙科等司法、立法巨头的补充和具体化，最终成为了国民党立法的最高原则。[64] 原本应主要用来保障私人（商人）利益的民商事法律，摇身一变为脱离民众的国家主义法

〔60〕 参见王志华编校：《中国商事习惯与商事立法理由书》，中国政法大学出版社 2003 年版，前言，第 6 页；〔日〕土肥武雄：《合伙股东责任之研究》，李培皋、叶致中译，魏淑君点校，中国政法大学出版社 2004 年版，“点校者前言”第 6—7 页。

〔61〕 杨幼炯：《近代中国立法史》，上海书店出版社 1989 年版，第 372—373 页。另一位民国学者刘朗泉对此却有不同看法，他认为虽然各法典条文颇能容纳社会本位的思想，如权利行使之限制、契约自由之限制、无过失赔偿责任之确立，但总的来说，其立法的根本精神“仍如其他各国，而以个人权利之保护为其全部之出发点”。刘朗泉：《中国商事法》，商务印书馆 2011 年版，第 3—4 页。

〔62〕 由于民国 18 年（1929 年）开始采民商合一的立法原则，因此俞江对此时民法学说及民法的表述同样适用于商事问题。俞江：《近代民法学中的私权理论》，北京大学出版社 2003 年版，第 99—100、250—251 页。俞江对社会本位思潮的论述，笔者曾有评析，参见拙作：《言于史，志存今——评俞江〈近代民法学中的私权理论〉》，载《法律史评论》（2012 年卷），待出版。

〔63〕 胡汉民（1879—1936）是 1928 年 8 月国民党实行训政后的立法院院长，其直接参与民法典的议定与起草表现在：负责拟定各编的立法原则、提交中央政治会议审议，列席起草会议，召集立法院会议，主持审议各编草案的三读会。参见张生：《中国近代民法法典化研究：一九〇一至一九四九》，中国政法大学出版社 2004 年版，第 177 页。

〔64〕 曾作为国民党总理的孙中山的法律思想尤其社会义务本位原则，对这一“国家社会本位”的形成也有着重大而直接的影响。参见武树臣：《中国法律思想史》，法律出版社 2004 年版，第 357—363 页。

典。因此，无论清末或民国，其有关的商事法典各条文主要都是在国家“威权”之下造就。

然而，值得注意的是，尽管“威权”属于主要的趋势，类似哈贝马斯公共领域理论所推崇的“商谈”的某些因素，也曾在清末民国的有关商事立法活动中出现过。如前所述，清末时清政府曾陆续制订《钦定大清商律》和取而代之的《大清商律草案》，但当时各商会认为后者系直接采取日本法，与国情不甚相合，于是决定实际访查商场习惯，参照各国最新立法例，自行编纂商法草案。[65] 光绪三十三年（1907 年），上海预备立宪公会发起商法起草委员会，并于同年与上海商务总会、上海商学公会在上海愚园组织召开了第一次全国商法讨论大会，与会代表来自全国各地及海外华人商会——85 个商会的 143 名代表，会议上代表们对共同制定商法草案的热情极高，很快就许多重要并具体的问题达成一致意见。到 1909 年召开第二次大会时，完成了《商法总则》与《公司律草案》两编，经大会讨论通过后呈交农工商部，并附《公司律调查案理由书》与《商法总则调查案理由书》。农工商部接到草案后将其改定并定名为《大清商律》送宪政编查馆审核后呈资政院审议，但资政院未及通过，清政府即告灭亡，但这些文本并未也跟随灭亡，民国 3 年（1914 年）时任农商总长的实业家张謇将上述两编加以修订并定名为《商人通例》与《公司条例》，同年大总统令公布施行。[66] 有关利益方自发聚集起来，积极并充分商谈，达成一致意见并编订法律草案，最后使得政府——清廷及民国政府——采纳立法，这样的过程便极类似于——但不完全等同于[67]——哈贝马斯所倡导的公共领域的民主商谈的核心精神，既非国家利用威权强加立法，也非商人在商场自由博弈而“杀”出一套“丛林法则”。此外，前已提及的清末民初两次席卷全国的大规模民商事习惯调查，也不啻为一次有助于激活“市民社会”的举动——无论倡导者是有意或无意。

但是，非常遗憾，这些情况均可谓“昙花一现”，“威权”毕竟还是立法的主要原则。在上海第二次商法大会之后，由于商法草案编纂人员当选为地方咨议局议员，商法后续诸编的编纂遂行搁置，此后的民国时期虽时

〔65〕 参见谢振民：《中华民国立法史》，中国政法大学出版社 2000 年版，第 804 页。

〔66〕 以上参见王志华编校：《中国商事习惯与商事立法理由书》，中国政法大学出版社 2003 年版，前言，第 2—3 页。

〔67〕 比如前已提及的，哈氏的理论中把经济系统排除在了市民社会及公共领域以外。

有个别有关商法单行法草案的公布，但像上述商法大会这样的壮举再未有过。[68] 到了 1949 年以后，类似的情况更是难觅踪迹。

四、结论

哈贝马斯的公共领域理论在吸取西方社会理论及经验的基础上而阐发，但其生命力应不仅限于西方社会，而对于其他类型的社会均有着一定程度的借鉴参考价值。

本文以哈氏的这一公共领域理论为视角，对中国传统社会以迄近现代的有关商业秩序、商事立法理念等作了一概括性评析，以“威权”“博弈”“商谈”三者为论述的关键词，指出无论传统社会抑或近代以降，国家立法均以“威权”为主导，但在传统社会里，实践中常放任商人的自由“博弈”，而到了近代，“威权”曾试图放低姿态、尊重民意，商人群体中也曾昙花一现地出现过类似“公共领域”的立法商谈。遗憾的是，到了 1949 年以至当下，“威权”几乎成为了国家商事立法理念的全部，既难觅商人自由博弈创生的传统惯例，也不曾见堪与清末商法大会相比肩规模的平等、积极、充分立法商谈。因此笔者认为，当下包括商事法律在内的各项法律的立法，均应更多地吸取这些来自我们自己历史的经验教训，而非一味地简单模仿、照抄西方“最新立法理念及制度”。毕竟，法律的目的在于运用与遵循，而非作为束之高阁的废纸。

（文字编辑　曹涵彬）

---

〔68〕 王志华编校：《中国商事习惯与商事立法理由书》，中国政法大学出版社 2003 年版，“前言”第 5 页。

中西法律教育

法学、法学教育与澳门法律人的养成

唐晓晴*

一、略论法学

（一）法学与法学的对象

1．法学如何变成一门专门的学问[1]

在古代社会，从习惯演变而来的法律与其说是一种知识毋宁说是表现特定社会现状的一种符号。在社会等级开始出现以后[2]，法律更转化为权力的符号。尽管有人甚至认为法律是罗马人的“发明”，可是在罗马法的初始时期，既没有形成专门的法律职业，也没有形成作为一门专门学问的法学。早期的罗马法都是以案例的方式累积，而从事法律工作的人一般也只是因为其社会地位或学识获得认同而获得权威的。一直到前古典时期，法律工作者一般都没有受过专门的法律训练。有机会接受教育的贵族所学习的知识体系主要是继承自希腊的“自由七艺”（septem

---

* 作者系澳门大学法学院教授，法学院副院长。本文首次发表于台湾“中央”研究院法律学研究所举办的“2010年两岸四地法律发展——法学教育与法治教育研究会”，其后被收入汤德宗、钟骐主编：《2010年两岸四地法律发展——法学教育与法治教育》（上册），台湾“中央”研究院法律学研究所，2011年自版，第231—326页。本次发表对原文的一些错字作了修改，并重新整理了一些章节的内容，因此作为第2版。

〔1〕在一次学术沙龙上，年经的罗马法学者毕经纬教授对本文这一部份内容提出了宝贵的意见，笔者借此次在中国内地发表的机会对本节内容作了调整与补充。特此向毕经纬教授致谢。

〔2〕关于社会等级之根源的最经典论述，参见〔法〕卢梭：《论人类不平等的根源和基础》，李常山译，北京出版社1997年版，第85页以下。

artes liberals)[3]。后来，由于法律向平民公开，而且有一些知识渊博又了解法律运作的人将其知识向外传播以及撰写书本，才逐渐使法学成为一种可传授的知识（然而传播的方式并未形成规模），并在古典时期产生一批著名的法学家。

虽然古罗马法学教育的具体起点难以确定，但是肯定不是漫无头绪的。罗马法史研究表明，在公元前254年，一位平民出身的祭司长 Tiberio Coruncanio 开始向公众提供咨询意见。随后，世俗法学家 Publius Mucius 和 Quintus Mucius 父子系统地整理了市民法著作并配以案例分析[4]。“就这样，随着关于法的知识和解释公开，人们为世俗法学开辟了道路，使得一些人取得法的知识和权威，这种世俗法学在共和国最后两个世纪中统治着法的发展，而且代表着被罗马人称之为法学理论（jurisprudentia 或 prudentes）的东西”[5]。

自法律知识传播的大门在共和国后期打开以后，进入帝国时期，法学转趋昌盛。在奥古斯都时期便产生了学识渊博的法学家 Labeo 与 Capito，两人的法学立场南辕北辙，对法律问题常有不同的看法。后来，Labeo 的学生 Proculus 与 Labeo 的学生 Sabinus 将承自乃师的法律知识发展到一个新的高度，从而形成了著名的“萨宾学派”与“普罗库勒学派”[6]，其继承者中就有 Gaius 的名字。从哈德良皇帝到塞维鲁皇帝的一段时间里，出现了包括 Pomponius、Scævola、Gaius、Papinian、Ulpian、Paul、Marcian、Modestinus 等著名法学家，他们不仅仅提供法律意见与撰写法学教科书，更有互相评论对方著作者，形成非常活跃的气氛。只是在这个时期过后，古罗马便再出产不了这样著名的法学家了[7]。

西方罗马帝国的灭亡使法学发展在欧洲一度停滞，但是帝国及其法律传统却在东方得到传承。在公元429年，东方皇帝 Theodosianus II 将法律

[3] “自由七艺”是指七种学科，即文法（Grammar）、修辞（Rhetoric）、辩证（Dialectic）、算术（Arithmetic）、几何（Geometry）、天文（Astronony）及音乐（Music）。

[4] 参见黄风：《罗马私法导论》，中国政法大学出版社2003年版，第13页。

[5] 〔意〕朱塞佩·格罗索：《罗马法史》，黄风译，中国政法大学出版社1998年版，第47—48页。

[6] David Nasmith, Outline of Roman History from Romulus to Justinian with Special Reference to the Growth, *Development and Decay of Roman Jurisprudence* 85 (1890).

[7] *Id.* at 129.

的材料编成法典，自此，法律的渊源首次以稳定的方式表现，而东方帝国的法律教育的课程也由于学习材料的标准化而统一为四年制课程。只有完成四年学习，通过口试并从教师手中拿到毕业证明的人才可以从事法律职业。到优斯丁尼一世的时候，四年制的课程改为五年制，而口试也保留。[8]

一直到欧洲的中世纪后期，情况才有所改观。然而，作为学问传授的知识体系主要还是由逻辑学、伦理学等学科构成（也就是源于希腊的自由七艺或者其部分内容）。

法学成为一门有别于其他学科的学问而且规模化地传播，始于11世纪末创办而在12世纪兴盛的博洛尼亚大学。由于政治、宗教与经济方面的契机，优士丁尼罗马法的研究从12世纪开始变得越来越活跃。在这一背景下，本身为文学教师，精通文法学（grammatica）、修辞学（rhetorica）以及辩证法（dialectica）的Irnerius在博洛尼亚学校讲授罗马法。他以其卓越的基础知识对《民法大全》进行解释，从优士丁尼遗留下来的罗马法文献中，建立起富有时代精神的法律原则与学说[9]。可以说，法律之所以能够确立为一个独立的学术专业，全赖Irnerius将罗马法研究从古典修辞学中分离出来[10]。

博洛尼亚法律学校在开始的时候，只不过是以Irnerius的讲义为基础的一个小型教学中心。Irnerius培养了著名的法学四博士：Bulgarus、Martinus、Hugo以及Jacobus。经Irnerius及其门徒的传播后，学校的名声远远超出博洛尼亚这座小城，甚至跨越意大利，慕名而来的学者与学生数不胜数。逐渐地，博洛尼亚学校的规模越来越大，成为欧洲以及世界法学教育的发源地（其实也是大学的发源地[11]）。

在中世纪大学兴起的时期，法学毫无争议地作为大学内最显要的学

---

〔8〕 A. Brundage, *The Medieval Origins of the Legal Profession—Canonists, Civilians, and Courts*, The University of Chicago Press, 2008, p. 22.

〔9〕 参见戴东雄：《中世纪意大利法学与德国的继受罗马法》，中国政法大学出版社1999年版，第61页。

〔10〕〔美〕查尔斯·霍默·哈斯金斯：《大学的兴起》，梅义征译，上海人民出版社2007年版，第5页。颇为讽刺的是，到20世纪，在批判概念法学的过程中，法学本身又走到了一个危机的十字路口，而在这个时候，Perelman竟又重新将法学带回到修辞学的路径上。

〔11〕 参见〔葡〕Almeida Costa：《葡萄牙法律史》，唐晓晴译，澳门大学法学院2004年自版，第165页。

科。有的大学甚至只开设法学课程。可是，随着各部门的自然科学从19世纪开始独立发展并找到自己的进路，法学这门古老的学科反而越发迷失。它不知道自己究竟属不属于自然科学，甚至不知道自己是否还具有科学的品格以及存在的意义。

在这样的背景下，19世纪的法学家和法哲学家开始了为其学科在知识的殿堂上寻找安身立命之所的艰辛道路。按照自然科学的经验，一门学科的科学性一般体现于其研究对象和研究方法的科学性。因此，下文将以对象与方法作为索引，对“法学究竟是否可能”这个问题作扼要的综述，为稍后探讨法学教育以及澳门的法学教育创造条件。

2．法学研究对象的寻找

（1）法学对象的经验与超验循环—自然法论与实证论之辩

对开始学习一门学科的学生而言，弄清楚此学科的基础概念当然是非常重要的。关于法学的研究对象是什么这个问题的最直观回答应该是：“法”。因此在进入这门学科的学习后，第一个应该弄清的概念当然也就是“法”本身。

然而，对于“法是什么”或“法的定义是什么”这个问题，却从来不容易回答。自古以来（从希腊哲学开始），法学家和哲学家都不断尝试寻找法的定义。此一难题的起点应属希腊哲学家（如柏拉图、苏格拉底与亚里士多德等）关于自然法的论述与思考，其中亚里士多德关于“制定法上之不法”以及正义的各个面相的论述更经历数千年而不朽[12]。自此，法的概念思考便隐藏在“自然法”的名目下与哲学家对公平、正义、道德、伦理等论题的思考纠缠在一起。进入中世纪以后，教会哲学家将希腊哲学中的法哲学理论融入基督教理论中，从而发展出以上帝法、自然法与人法三分的体系以取代自然法与实证法二分的体系。到中世纪末期，当圣·托玛斯以意思为基础的自然法论巅峰过后，法哲学（在当时尚未与法学分家）

---

〔12〕 关于古代自然法的论述，详见〔德〕阿图尔·考夫曼：《法律哲学》，刘幸义译，法律出版社2001年版，第23页；〔德〕阿图尔·考夫曼、〔德〕温弗里德·哈斯默尔主编：《当代法哲学和法律理论导论》，郑永流译，法律出版社2002年版，第53页以下。

关于自然法的讨论更被导引向 Ockham 的“唯名论”所引出的共相之争[13]，因而“法”是什么这个问题更变得越来越难以理解。

进入近代，宗教对人的思想束缚逐渐松动。自 Hugo Grotius 以降一直到 Locke，Hobbes，Spinoza，Pufendorf，Bentham，Wolff 等近代自然法论者（或称“理性自然法”）纷纷在思想上抛弃对上帝的依赖，发展出以人的意思自由、社会契约、社会幸福以至伦理至善等观念为基础的自然法理论，并最终促成了多部以“自然法”为思想指导的法典。然而不同学者对“自然法”内涵的不同表述不仅无助于解答“法”是什么这个根本问题，反而使该问题更为复杂。

多个世纪以来，以法律为职业的专业工作者与哲学家对该问题的思考一般是交集的。可是一直以来，哲学家或法学家均没有对自然法或“法”是什么这一问题达成较为一致的看法。实际上，历史上的争论表明，这个问题难以解决的原因，是因为各人均从不同的角度对“法”进行观察[14]，而且均希望为“法”作出一个超出某一现存或过去的法律秩序因而普世皆准的定义。这一种希望超越国家立法，从人的本质、自然或更高的层面解释“法”的观点与另一种以“法”作为通过特定程序选出的权力机关所制定的法的观点截然相反。

这一状况一直持续到 18 世纪，直到 Kant 的出现方有所改观。他以超凡的哲学思辨能力将法哲学纳入其道德形而上学的范畴；又区分了“法学”与“法哲学”的提问方法，认为“法学”应该回答的是：在特定地方和特定的时间，法是什么？而法哲学应该关心的则是：法是什么？法应

---

〔13〕 哲学上的共相之争源自中世纪的经院哲学（Scholastica）。共相之争概括而言可分三派：唯实论（Realismus）、唯名论（Nominalismus）和相对唯实论（Realismus relativus）。唯实论受到柏拉图思想的影响，认为感官的世界是虚幻的，只有观念界的一切才是真实的。因此，存在于观念界的共相（具有普遍性的概念）是真实的，反而存在于现实生活中的殊相（个别）及差相并不是真实的。所以，就存在的先后秩序而言，共相先于事物（Universalia ante rem）。唯名论则认为我们脑海中的概念不过是名目（Nomen）。具体事物必然先于“名目”—也就是观念—存在。有了感官世界的个别事物之后，人的理知才可以利用他的抽象能力、归类能力，以名目来概括具体事物，从而得出概念或观念。所以，唯名论认为“共相后于事物”（Universalia post rem）。作为共相的概念并无具体的存在，它只是一个名词。相对唯实论（又称温和唯实论或缓性唯实论）则放弃以时间的先后来说明观念界与现实世界之间的关系，改而以空间的模式来说明，因而认为“共相在事物之中”（Universalia in re）。据此，事物本身每一个都有共相，而且都有被认识的可能性，无论理知是否认识它都无关重要，重要的是事物和共相是并存的，甚至以为事物本身就是共相。参见乌昆如：《哲学概论》，2002 年自版，第 116—118 页。

〔14〕 参见〔德〕H. 科殷：《法哲学》，林荣远译，华夏出版社 2002 年版，第 1 页。

该是什么[15]？

Kant 对法学的提问方式的建议，一方面引导法哲学与法学的分家，另一方面又开启了法学通向实证主义的大门。然而正是由于 Kant 的这一思路，法学研究对象的界定才逐渐找到方向。

沿着 Kant 的思路，19 世纪以后（包括现代）的学者似乎很容易就为法学的研究对象找到一个可操作的定义，例如，“法是现行规范的总和，即是由立法者颁布并（或）由适合法院适用的规范的总和”[16]。又或者，按照葡萄牙法哲学家的随解读：“法学”以法本身作为一个答案，并以之解决求之于法的问题。正因如此，我们可以见到一些传统的法学教师考试提问时会以下列拉丁语词组表述：Quid Iuris？法哲学则不一样，它把“法”本身视为一个未曾解决的问题，而其任务就是去探索与解释“法”是什么，所以假如是法哲学考题的话，则提问时最贴切的拉丁语词组是 Quid Ius？

从康德的哲学开始，再到“概念法学”实证主义道路，法学似乎找到了自己的身份，甚至伴随自然科学一起进入了坦途。

“学说汇编学派”（pandectistic school）的代表人物 Windscheid 曾经有一句名言：“伦理方面、政治方面与国民经济方面的斟酌不是法学家的事情。”[17] 同一时期，Puchta 所建立的概念金字塔或“概念的谱系”理论[18]更将法律概念的演绎方法发展到巅峰，认为法官所遇到的问题都可以通过将之放入既定体系，并通过演绎即可获得解决方案。概念法学的实证主义立场主要体现于：法律问题的解决的全部基础在于实证法（表现为国家立法的现行规范体系）[19]。

然而事实并非如此，法的方法本质是一种理解，是一种无法通过实验重复，而只能追问是否妥当的判断。由于政治必须实现伦理的、社会的和国民经济的平衡，否则就无法建立公平的现实关系。假若法学都不考虑这

---

〔15〕 参见〔德〕伊曼努尔·康德：《法的形而上学原理—权利的科学》，沈叔平译，商务印书馆 2002 年版，第 38—39 页。

〔16〕〔德〕伯恩·魏德士：《法理学》，吴越、丁晓春译，法律出版社 2005 年版，第 28 页。

〔17〕 转引自〔德〕H. H. 雅科布斯：《十九世纪德国民法科学与立法》，王娜译，法律出版社 2003 年版，第 6 页。

〔18〕〔德〕伯恩·魏德士，吴越、丁晓春译，前揭注 16 书，第 205 页。

〔19〕 关于 Puchta 与概念法学的介绍，见 Karl Larenz，*Metodologia da Ciência do Direito* 3.ª edição 23 (1997).

些平衡，则不大可能实现其自身的目的[20]。对于这一目的，有人理解为：把人类对自身的过去、现在的反思联系到对将来的期盼，而最重要的是，把这些思考变成一种自我制约。倘若真的可以就此完全割断“法学”与隐身于“自然法”背后的道德命题的关系的话，法学和法学对象的讨论早就没有意义了，也就是说，“法学”应该可以在实证论的前提下一帆风顺地发展。可能只有彻底的实证主义才会严格地将两者分割[21]，可事实并非如此。法与道德，与其他价值的纠结从来没有彻底地解开过。

从严格意义上说，“概念法学”体系自足性幻象只有到 R. V. Ihering 这一转折点才出现较为明显的裂缝。Ihering 以其敏锐观察力发现法律规范与现实生活严重的错位，从而开始了对“概念法学”的质疑，并点明规范内隐藏的“目的性”思考。按 Ihering 所开拓的新路，20 世纪伊始而诞生并以 Heck 为代表的“利益法学”[22] 以及以 Eugen Ehrlich, Hermann Kantorowicz, Hermann Isay 等为代表的“自由法学”几乎就摧毁了“概念法学”所建立的整座理论大厦，当中自然也牵连到作为概念法学基础的实证主义立场。

对于经历过 20 世纪纳粹统治灾难的法学家而言，以国家立法的先天正当性为基础的“实证主义”[23] 似乎再也不可能具有说服力。于是一度偃旗息鼓的自然法论与实证论的角力又重新成为预示法学与法哲学走向的风向标。随着第二次世界大战的发生所带来的灾难在法律上与“实证主义”捆绑在一起，曾经一度向实证主义倾斜的法学与法哲学似乎突然要宣告“自然法”的永久回归。

（2）一个属于实证论的世纪和一个超越实证论的人（学派）

19 世纪肇始，随着自然科学的发展及上升到认识论的高度，使包括法

---

〔20〕 关于 Puchta 与概念法学的介绍，见 Karl Larenz, *Metodologia da Ciência do Direito* 3.ª edição 23 (1997).

〔21〕 A. Castanheira Neves, Relatorio com a justificacao do sentido e objectivo pedagogico, o programa, os conteudos e os metodos de un curso de Introducao ao Estudo do Direito 8—11 (1976).

〔22〕 Philipp Heck, *The Jurisprudence of Interests: An Outline*, in the Jurisprudence of Interests, The Twentieth Century Legal Philosophy Series 29 (1948); Philipp Heck, *The Formation of Concepts and Jurisprudence of Interests* 99 (1948); Heinrich Stoll, *The Role of Concepts and Construction in The Theory of The Jurisprudence of Interests* 257 (1948); Hermann Isay, *The Method of the Jurisprudence of Interests: A Critical Study* 313 (1948); Castanheira Neves, Jurisprudencia dos interesses, in *Digesta*, Vol. II 215 (1995).

〔23〕 参见〔德〕阿图尔·考夫曼、〔德〕温弗里德·哈斯默尔主编，郑永流译，前揭注 12 书，第 108 页以下。

学家在内的知识分子相信，所有有价值的学问均应以对事物和经验的现实观察为基础。因而，法学也应从实证之物而非权威或抽象思辨出发。这一思想运动企图使法学一举摆脱过去从注释学派到理性自然法时期所形成的专断、崇尚权威、依附神学、依附哲学等倾向所造成的混乱和不确定性，使法学拥有其他科学所具备的坚定和普遍的特征〔24〕。

广义地理解，其实在法学发展的各个历史时期都可以发现实证主义的身影，然而其作为一个思想运动而大规模地在欧洲发生却与法典化运动（尤其是《法国民法典》的制定）有关。虽然《法国民法典》一般被视为理性自然法运动的产物，然而当紧随其后的一系列法典均被制定以后，法典化却被理解为理性在法律范畴的实证化。由于法典乃由法兰西国家代表机构主导的一个立法过程的成果，所以隐含了以立法形式落实普遍意志的意思。在这些法典面前，法的任何其他渊源都不可能有任何价值。“学说性的、理性的、超实证的法不再重要是因为它至少已随着这些法典被公众意志所接受而在法典中得以体现。传统法不再重要是因为大革命已经与过去决裂并建立起另一个政治和法律秩序。判例法不再重要是因为法官已无制定法的权力，而仅有执行法的权力。法律于是就获得了展示法究竟为何物的垄断权。”〔25〕

一般认为，从《法国民法典》制定以来的整个19世纪均属法学实证论主导的世纪。这一思想运动得到一大批法国学者的认同而且在学术活动上身体力行。从19世纪初的Delvincourt，Proudhon，Toullier，到中期的Duranton，Troplong，Aubry & Rau，Demolombe，Marcadé以至后期的Baudry-Lacantinerie，Guillourd等一大批如雷贯耳的名字〔26〕，他们当中的大部分人更是著名的“解经学派（L'école de l'exégèse）”的代表人物。这一时期的法国学者不仅仅将实证主义的思想与方法在法国发挥到极致，而且更将之推向全欧洲甚至世界其他大洲。

如果说，在整个欧洲范围内，19世纪是一个被视为属于法学实证论的世纪的话，则19世纪上半叶在德国横空出世的“历史学派”无疑是一条超越实证论的新道路。以F. V. Savigny为代言人的法学“历史学派”以

---

〔24〕 此段落的内容主要参考〔葡〕叶士朋：《欧洲法学史导论》，吕平义等译，中国政法大学1998年版，第184—185页。

〔25〕 同上注，第187—188页。

〔26〕 参见〔葡〕Almeida Costa，唐晓晴译，前揭注11书，第290—291页。

其独特的法源说与方法论，为法学走向一门独立的学科奠定了稳固的根基。Savigny 法源说的精粹是：法“首先产生于习俗和民众信仰，而后产生于法律科学之中”。后来，他又对此一论断进行补充，认为“习惯是民众信念的直接体现。立法和法学是民众信念的两大有机组成部分，在法的产生过程中代表民众”。对于以上论点，当代一位德国学者指出：“承认法源是法学的法，承认法学是民众信念的有机组成部分，承认法学家是民众信念的代表，是萨维尼法源说的实质。”[27] 表面上，立法议会与法学在作为民众代表的竞合情况似乎充满矛盾，然而 Savigny 对此却早有预案。在《论立法与法学的当代使命》一书中，他作出以下回答：“具体言之，所有民众活动在文明的上升分工越来越细，其他社会活动也一样成为具体的情形。法学家也处于这样一种独特的状况具体的情况之中。法如今是以语言予以表达，具有科学方向。从前法存在于整个民众意识中，而现在法存在于代表民众的法学家的意识中。”从这个时候开始，法“一方面作为生生不息的民众生活的一部分，另一方面作为法学家手中的特殊法学”；“一部份法立足于同日常民众生活的联系中，而另一部分则成为一种与世隔绝的法学生活”。前者被 Savigny 称为“政治因素”，后者则被称为“技术因素”。对于民众信念的形成，对于一切不属于法律技术范畴的问题，法学家必须沉默，他的声音不再代表任何其他人的声音[28]。

以 Savigny 为首的历史学派法源理论虽然在本质上寻求一种非国家和非立法的渊源（或者可将之视为一个理论上的假设），然而他心中的“法”绝对不是那种超越了时空界限、普世长存的自然法，而是源于不同民族的不同生活累积的习惯。当然，这一思路也是有时代背景的。在德意志民族迟迟未能形成统一国家的背景下，它代表了一种反对态度，而其反对的是这样的一种思想：将国家与其立法作为表述一个民族政治与法律认同感的唯一方式。相反，Savigny 更愿意以民族古老的传统或生活方式，甚至罗马法的《学说汇编》作为其起点。很明显，这样一种法源论与随着《法国民法典》而兴起的、以国家立法作为法之唯一展示的实证论之间的鸿沟甚至还大于它与自然法论之间的距离。正是基于这种认识，20 世纪的法学家才

---

〔27〕 本段落有关 Savigny 论述的援引以及论断全部来自〔德〕H. H. Jakobs，王娜译，前揭注 17 书，第 28、34 页。

〔28〕〔德〕H. H. Jakobs，王娜译，前揭注 17 书，第 39 页。

有可能指出，法作为人类共同生活的秩序是一种普遍的文化现象[29]。

(3) 现状与未来：实证论主导的世纪已经远去，但自然法论与实证论的博弈也结束了吗？

进入20世纪的法哲学思想发生改变（据 Larenz 的介绍，这一转变始于 Rudolf Stammler[30]），严格的实证主义似乎真的再难找到市场了。然而，一些论者提示或暗示法学的对象回归自然法论的观点却也不见得优越。“正当的法”、“利益法学”与“自由法学”等思想抛弃了实证论，可是按这些思想究竟如何才能找到正义的或符合“利益”的法（姑且笼统称为自然法）却成了问题。新的思想打破了概念法学的僵化，但却无法保障实证论带给法的稳定性与安全性。这一个问题如果没有得到回答，法学就会失去所谓的方法，而其作为一门学问而存在的品格也会随之丧失。

20世纪法学家与法哲学家所面对的首要问题正如上述，而在这个转折点上，他们并不是无所作为的。他们不仅仅从本体论上重新对法学进行思考，还不失时机地与其他学科进行对话，吸取新的养分。

在世纪之初，Radbruch 在追寻规范与事实接轨的问题上指向事物本质与类型的思想，此一进路后来由其继承者 Arthur Kaufmann 延续。不久，Karl Larenz 的法学方法论也问世。在整个20世纪中后期，除了一些极端[31]例子外，法学家基本接受以实证法为出发点，但不接受以之为唯一和终极渊源的立场（以 Larenz 的说法，即假定现行法秩序是大体合理的），因此严格实证论与自然法论的两极对立已经不再是法学讨论的主轴[32]。现

---

〔29〕〔德〕赫尔穆特·科殷，林荣远译，前揭注14书，第100页以下。

〔30〕参见 Larenz，前揭注19书，第113页。

〔31〕这里用“极端”一词绝对没有任何贬义，相反，20世纪坚守实证主义立场的法学家如 Kelsen 等更一直是笔者仰望的对象。

〔32〕魏德士对“自然法”的概念与功能所作的以下概括非常简洁，并值得参考：“对将自然假设为原初（Ursprünglichkeit）的人而言，自然法就是人类共同生活的原初秩序（Urordnung）。对将自然作为现实来体验的人而言，自然法就是符合事实性（‘事物的本质’）。对认为自然是动力（Vitalität）的人而言，自然法就是强者的法或者权力的法。但是该概念也可以建立在与理性或精神之上。这样，自然法就成了理性法或法律思想。作为‘超越法律的’自然法总具有两个可能的功能。它可以为既有政治秩序的现行法寻找依据。这样，它起到稳定制度的保守作用。但是另一方面，它也可以批判现有的秩序，并要求对它进行彻底修改。这样，它可以在极端情况下为反抗（也就是为反对现行的‘实证’法的革命暴动）提供依据。革命能在法律上得到辩护的唯一基础就是自然法。在这里应当重视：在极权主义的恶法国家中，任何人援引自然法可以为其革命性反抗寻找依据；反之，在自由民主制度中，任何人求助自然法等于说他试图将少数人的统治权凌驾于多数人的意志之上。”引自〔德〕伯恩·魏德士，吴越、丁晓春译，前揭注16书，第186页。

在关于自然法论与实证论的讨论变得更细致、更深入，例如在Dworkin，Joseph Raz，Alexy等当代学者关于规范论题与道德论题的讨论中，本来并不属于技术论题的议题却逐渐转变成一个技术论题的议题[33]。

（二）法学的方法

1. 法学方法的历史回顾与概述

对于一门学科或一门学问而言，研究对象和工作方法就是学问的具体构成。在对象的问题上，上文已经展示了法学的研究对象是法，而法又是一种文化现象。法学方法论就是以论述法律工作者的工作方式为目的的陈述。

对于侧重实践与经验的罗马人而言，狭义的、抽象的方法论总结是不存在的。然而，罗马法学家对于作为法律人主要工作方式的“解释”却留下不少相关论述，例如关于文义与法律意图的关系，D. 1，3，19[34]；关于法的整体性思考，D. 1，3，24[35]；关于类推，D. 1，3，12[36]；按解释主体的不同而对解释进行分类等等[37]。

中世纪的注释学派（glossators）虽然使法律自此成为一个专门的学科，可是由于对优斯丁尼法神圣起源的确信，其工作方法仅限于紧守罗马法解释的规则，谦卑地对语句及语句以外的含义进行分析及记录。另外，注释学派的工作似乎并不是实践性的，他们更关注的是展示优斯丁尼罗马法的合理性[38]。

自评注学派（commentators）开始，法学家的工作才有意识地借鉴了古典（亚里士多德—圣·托玛斯）哲学的思考方式，并将之应用于实践问题的解决，从而在历史上首次实现了法律的“经验——实践——逻辑”的结合。随着中世纪末期哲学思潮的发展以及社会环境的变迁，法学家也开

---

〔33〕 有关此一论题，参见王鹏翔：《法概念与分离命题—论 Alexy 与 Raz 关于法实证主义之争》，载台湾地区《“中研院”法学期刊》2009年第5期。

〔34〕 Celsus 33 dig. In ambigua voce legis ea potius accipienda est significatio, quae vitio caret, praesertim cum etiam voluntas legis ex hoc colligi possit.

〔35〕 Celsus 9 dig. Incivile est nisi tota lege perspecta una aliqua particula eius proposita iudicare vel respondere.

〔36〕 Iulianus 15 dig. Non possunt omnes singillatim aut legibus aut senatus consultis comprehendi: sed cum in aliqua causa sententia eorum manifesta est, is qui iurisdictioni praeest ad similia procedere atque ita ius dicere debet.

〔37〕 参见 A. Santos Justo, Direito Privado Romano—I—Partge Geral, 2a Ed53（2003）.

〔38〕 参见〔葡〕叶士朋，吕平义等译，前揭注24书，第91页。

始脱离威权的枷锁，单纯以理性（主要是逻辑思考）的方式解决法律问题。这种思考与工作方法由理性自然法学派整固，但一直到概念法学学派才到达顶峰。后一学派企图模仿自然科学的方式，以形式逻辑的方法对法律概念进行演绎，从而解决一切法问题。概念法学的方法主导了整个19世纪，然而法学在方法论上的觉醒却并非源自概念法学，而是源自历史学派的 Savigny。

到了20世纪，概念法学遭到猛烈批判，方法论的研究呈现出百花齐放的景象，但是方向却不明确。Karl Larenz 延续了 Savigny 的路线，使古典方法论的发展达到了高峰。

2. 古典法学方法论的奠基与没落

这里所说的古典并不是一个时间的概念。“古典法学方法论”的最高代表 Karl Larenz 至少与20世纪中后期开始发展而现时占主导地位的法学方法论的继承者（如法律修辞学与法律论证理论[39]）处于同一时代，而且有过直接的思想交锋。本文所理解的所谓“古典法学方法论”之所以被视为古典，乃是由于其与古典法学（尤其罗马法）较为亲近的关系。

（1）Savigny 的方法论

不论古典与否，法学方法论的起点都应该是 Savigny[40]。如果没有 Savigny 在早年即确立、并在其以后的著作（尤其《当代罗马法体系》）内得到充分展示的方法论思想，法学是否有可能在19世纪实证主义哲学的大潮下经受冲击，成为唯一的从欧洲中世纪大学直接传承到现代的学科也不是没有疑问的。

基于其法源理论，Savigny 提出以“历史性”和“体系性”的综合作为法学的方法论基础。即使到了21世纪的今天，Sagvigny 关于法的“历史观”与“体系观”仍然是以人文科学的角度理解法学的基本范式，或者说，仍然是现代法学的方法论基础[41]。

根据现代学者的研究，Savigny 关于法学方法论的论述始于19世纪初

---

〔39〕 参见〔德〕Ulfrid Neumann：《法律方法论与法律论证理论》，张青波译，载《法哲学与法社会学论丛》（第13期），北京大学出版社2008年版，第30页。

〔40〕 现代法学方法论奠基于 Savigny 这一论断已经是法学界的共识。参见〔德〕卡尔·恩吉施：《法律思维导论》，郑永流译，法律出版社2004年版，第7页；〔德〕赫尔穆特·科殷，林荣远译，前揭注14书，第32页；Larenz，前揭注19书，第6页；陈爱娥：《萨维尼：历史学派与近代法学方法论的创始者》，载《清华法学》（第3辑），清华大学出版社2003年版，第68页。

〔41〕 参见〔德〕赫尔穆特·科殷，林荣远译，前揭注14书，第32页。

的授课。这些授课内容由 Jacob Grimm 所整理 1802—1803 年授课笔记而得以传世。在这份笔记中，Savigny 奠定了其方法论思想的纲领：法学的“历史性”与“体系性”[42]。

关于 Savigny 方法论中的“历史性”内涵，必须以其法源学说（见上文）为背景：针对理性自然法对法的任意创造，Savigny 认为法是历史地、客观地形成的。在他的心目中，罗马法就是这样形成的，所以构成法源。对罗马法的历史文本进行注释本身就是一种历史研究，所以“法学是一门语文性的科学”，“法官唯一的工作就剩下对法律进行逻辑的解释”。另外，“在法学中很多东西如果不借助于相应的历史基础知识将会无法理解。”[43]“法是民族文化的一部分，因而也是‘人民精神’的表示。并不像启蒙所认为的那样，有一种适用于一切民族和一切时代的真理性的法。法的很多单一形式各自聚集为某些特定的制度，如婚姻、财产、继承等，对它们的规整建立在一些简单的、在人民当中活灵活现的基本观点之上。科学从这些理念出发来解释单一的形式。提出、界定这些制度，并按其内在的相互关系，把它们纳入一个体系，这就构成法学家在哲学方面的工作。然而，主宰着这些制度的各种基本观点是在历史上发展起来的。因此只有进行历史的观察才能开拓它们的指导思想。法律科学将会在它们的历史的发展中密切跟踪注视它们，同时借此认识它们的本质；因为这种对发展的观察，将会令人一目了然，到底在一种制度里是什么东西已经死亡，另一方面，什么东西还生机勃勃，并且还发挥作用。历史的观察为系统的观察提供了基础。”[44]

虽然 Savigny 在 1802—1803 年以及后来的讲学中均提到了体系性，但是却没有直接论述体系性指的是什么。关于 Savigny 方法论中的“体系性”内涵，可通过观察 Savigny 批判其他法学家方法的不恰当时所表达的观点而获得。概括而言，可总结为以下四个规则：第一，“体系化研究应当具备一定的抽象性与无矛盾性”；第二，“体系化研究应当以实在法为基础，避免任意性与空洞化”；第三，“应该对概念进行准确界定，但不是都需要把他们概括为学究式的定义”；第四，“体系化研究应当建立在法律规则真

〔42〕 参见杨代雄：《萨维尼早期法学方法论中的三条基本原则——以萨维尼的法学方法论讲义为考察对象》，载《中德私法研究》（第 5 卷），北京大学出版社 2009 年版，第 95 页以下。
〔43〕 同上注，第 98 页。自 Savigny 以后，这句话成了很多 20 世纪的民法教科书的名言。
〔44〕 转引自〔德〕赫尔穆特·科殷，林荣远译，前揭注 14 书，第 31—32 页。

正的内联基础上，其目的是发现体系而不是发明体系”。[45]

作为上述方法论的实践，Savigny 于 1804 年完成的《论占有》一书使其一鸣惊人。然而，Savigny 真正将其方法论思想展现得淋漓尽致的是其一套八卷的《当代罗马法体系》。在第一卷里，他详细地阐述了他的法源（或称法律渊源）理论，制定法解释理论，以及法律关系理论。在法律渊源部分（上文已经交代），他的论述脉络就充分地展示了何谓法律的历史观；在制定法解释的部分，他正式提出了法律解释行为的四要素说：文法要素、逻辑要素、历史要素与体系要素。[46] 从 Savigny 对该四要素的描述以及文献援引情况可清楚看出，这些要素主要是从优斯丁尼罗马法（尤其是学说汇编）中总结提炼而来的，充分展示了其驾驭罗马法历史材料的能力。他对法律解释以及在出现漏洞时进行类推的一系列工作进路作了详细而系统的描述，而最终概括出的四个要素则显示了作者出色的抽象思维。结果是，他的解释学说一经提出，即奠定了法律人工作方式的框架结构，历百年而不衰。即使到 20 世纪后期甚至 21 世纪，很多国内外教科书在论述法律解释的时候仍然以 Savigny 在《当代罗马法体系》所创立的框架为基础。[47]

然而，最能体现其体系思维而且对整个法律科学影响最为深远的还是其在该书第四部分中对法律关系理论的构建。只有在这个时候开始，通过法律关系以及其内部结构，法学传统所形成的各个法律制度，以至经无数法学家长时累积与沉淀的如主观权利、合同、侵权等概念才找到安身之所。更重要的是，这一安身之所并不是一个大而无当的杂物房，而是制度与制度之间、概念与概念之间、制度与概念之间都有一定的逻辑联系的有机整体。也只有在法律关系理论构建完成后，Savigny 所说的体系以及体系解释才有可能将法学的方法论推进到一个前所未有的高度。

必须补充的是，尽管 Savigny 对理性自然法不以为然，可是在其方法论上，除了他自己一直强调的对罗马法的继承外，其实也少不了理性自然法的贡献。尤其是当他在最早的《格林笔记》中将体系与哲学等量齐观的时候，以至他的解释理论所描述的逻辑要素等，无不显示出理性自然法的

---

〔45〕 引自杨代雄：《萨维尼方法论中的体系化方法》，载《法制与社会发展》2006 年第 6 期。

〔46〕 参看 M. F. C. Von Savigny, Sistema del Derecho Romano Actual, Tomo I—II 183 (2004).

〔47〕 例如葡萄牙学者在 20 世纪 80 年代出版的教科书，参见 J. Baptista Machado, Introdução ao Direito e ao Discurso Ligitimador 175—202 (1994) (7ª Reimpressão).

影响。

当然，以今天的角度看，也可以认为 Savingy 的方法论还稍嫌笼统，甚至有些模糊。[48] 他对于法的历史观与体系观的关系、对于解释活动中各个要素的分量与次序等都没有清晰的说明，所以他的方法论充其量只能算是为法学方法论构建了一个有待填充的框架。

（2）Karl Larenz 的方法论

在 Karl Larenz 的《法学方法论》面世以前，德国法学方法论发展的状况大概是这样的：主导了欧洲法学整整一个世纪的实证论以及依附于实证论但具有方法学特征的“概念法学”，因为 Stammler、Ilhering、Heck、Kantorowicz 等人（即一般所称的自由法学与利益法学）的批判[49] 而逐渐失去说服力，但是在反对带有实证色彩的“概念法学”方面有足够的破坏力的“利益法学”与“自由法学”[50] 在摧毁旧的理论大厦后却未能提供新的替代途径。由于这些理论无法为事实世界与规范世界架起沟通的桥梁（即事实如何转换成规范，规范又如何适用到事实），而法学又被迫抛弃实证主义所带来的客观性与稳定性，那么法律判断究竟如何证明自己正当以及如何做到客观（即实证法如何适用于案件上，而法官在实证法有漏洞时又如何才可以避免主观独断地解决案件）的问题又重新成为了问题。

到 20 世纪中期，Karl Larenz 正是带着类似的疑问去构建其方法论体系的。可以肯定的是，Larenz 法学方法论体系的建立不是从零开始的。从 19 世纪末到 20 世纪前半段，法学家对自身的工作方法问题虽然有一定的迷失，但是无论是法学的内部环境以及整个外部环境（即哲学、人文社会科学）都是非常活跃的。在构成法学外部环境的哲学与人文社会科学体系中（例如 Edmund Husserl 的现象学，Wittgenstein 开辟的语言分析学，Max Weber、Dilthey、Rickert 等的社会科学与人文科学方法论的构筑，Gadamer 的诠释学理论，Perelman 的修辞学理论等），Larenz 吸收了充足的养分而且获得了足够的工具对法学的方法论体系进行新的构架。在法学的内部环境

---

[48] 一位大陆学者就曾主张要严格区分“法学方法论”与“法学研究的方法”，参见林来梵、郑磊：《法律学方法论辩说》，载《法学》2004 年第 2 期。可是在 Savigny 的方法论讲义中，两者却是放在一起处理的，参见〔德〕Savigny & Jacob Grim：《萨维尼法学方法论讲义与格林笔记》，杨代雄译，法律出版社 2008 年版，第 35 页以下。

[49] 据学者的总结，利益法学与自由法学的批判主要建立于以下命题：（1）实在法存有漏洞；（2）在实在法规则无法对案件作出处理时，法官有权造法。引自张真理：〈法律判断如何正当化〉，载《法哲学与法社会学论丛》（第 8 期），北京大学出版社 2005 年版，第 89 页。

[50] Castanheira Neves, Escola do Direito Livre, in Digesta, Vol. II 193ss (1995).

里，Larenz 同样并不孤独。首先，Savigny 的方法论体系为 Larenz 提供了结构的模板；然后，Stammler、Ilhering、Heck 等人对概念法学的批评使 Larenz 得以自信地从 19 世纪实证主义中解放；Emilio Betti 在法学与诠释学互动的思考上为 Larenz 提供了参照；Radbruch 的“事物本质”思想对 Larenz 在法学上构建类型理论提供实验；Perelman 的新修辞学方法解开了法学自“学说汇编现代应用”以来在方法学上泥足深陷的迷思；而即使是受到批判的概念法学代表 Puchta 与纯粹法学的 Hans Kelsen 也为 Larenz 的法律解释理论与法条结构理论等技术内容提供了具操作性的框架。[51]

实际上，Larenz 从来都没有打算要推倒、重建属于法学的方法论。相反，他对法学方法论的贡献主要在于整合与优化（不仅仅是各种方法论理论的整合，而是法学与法哲学、哲学、人文科学、社会科学等不同学科的整合）。对于从其他学科以及同行成果中借鉴，Larenz 毫不讳言。

在其法学方法论的大框架上，Karl Larenz 毫无疑问是继承了 Savigny 的遗产。他在这个领域的代表作《法学方法论》一书本身就是 Savigny 方法论理念的实践，这一点从该书最顶端的结构的设计（“I— 历史—批判部分”与“II—体系部分”）即可见一斑，同时该著作的第一章整章均用来介绍 Savigny 的方法论。在这个框架背景下，Larenz 所面对的工作是如何适当突破以及填充细节。

在 19 世纪，Savigny 并没有足够的工具说明其方法论本身的理论基础，因此对他而言，其方法论本身是一个假设成立的命题。20 世纪则不一样，在 Dilthey、Rickert、Husserl、Wittgenstein、Gademer 以及 Perelman 等哲学家所构建的理论基础下，Larenz 有足够的自信表明法学方法论是“法学在诠释上的自我反省”。由于诠释学是研究狭义理解之可能性及其特殊方式的条件的理论，因此当法学方法论所探讨的是理解“法”之意义关联的特殊方式的话，则法学方法论的基础自然就是一般诠释学[52]。

根据一般诠释学的要求，其对象应为语言性质的东西[53]，主要是文字。法学主要在理解语言表达及其规范性意义。涉及语言表达的有法律（条文或其他法源）、法院的裁判、行政处分，契约等。由于法律文字是由

〔51〕 这些作者对 Larenz 法学方法论的影响清楚地体现在该著作中。参见 Larenz，前揭注 19 书，第 3 页。

〔52〕 见 Larenz，*surpa* note 19，at 399SS.

〔53〕 参见〔德〕汉斯—格奥尔格·加达默尔：《真理与方法——哲学诠释学的基本特征》（下卷），洪汉鼎译，上海译文出版社 2005 年版，第 503 页。

日常用语或日常用语发展出来的术语写成的，而“词语和句子的含义常常是多义的、不确定的和变化的，语言的这种特点从艺术的角度看是优点，但是从科学的角度看是缺点”[54]。依文字所处的意义脉络，同一用语会有不同的意指。于是，Larenz 引入了 Wittgenstein 的哲学思想，断定规范性陈述的语言可以被视为一种语言游戏，亦即“只有在使用中才能明确多义词的具体含义。所以，全部法律文字原则上都可以，而且都需要解释。在涉及如何进行解释时，Larenz 又再借助 Gadamer 的“诠释学的循环”（Hermeneutischer Zirkel）以及“先前理解”（Vorverst? ndnis）概念。[55]

当 Larenz 确定了法学为法的教义学（Rechtsdogmatik）是关于现行法的陈述以后[56]，其诠释的对象自然就是以文字方式表达的规范性陈述。在大陆法系，这一类规范性陈述首先表现为法条，所以理解及解释要面对的第一个对象就是法条。因此，Larenz 方法论的本体内容在说明法学方法论自身以后，第一个处理的就是法条理论。在这个部分，Larenz 大量吸收与其同代的法学家（包括 Hans Kelsen、Weinberger、Bydlinski、Bierling、Esser 等人）的成果，对法条的结构、连结方法以至其适用逻辑均作了详细论述。

尽管 Larenz 在其方法论中引入了诠释学的观念，然而按照他的理解，法律适用的过程仍然是以一个三段论的演绎为基础。Larenz 对法学三段论的表述大致如下[57]：

大前提：如果 T 在某一个案件事实被实现了，则法律效果 R 应适用于该案件事实

小前提：特定案件事实 S 实现 T，亦即系 T 的一个事例

结论：法律效果 R 应适用至 S

以符号表达，则会变成[58]：

T→R（对于每个 T 的事例，R 均有其适用）

S＝T（S＝T，S 是 T 的一个事例）

S→R（R 适用于 S）

---

〔54〕〔德〕伯恩·魏德士，吴越、丁晓春译，前揭注 16 书，第 77 页。

〔55〕本节内容大部分总结自 Larenz，*surpa* note 19，at 282—293 ss.

〔56〕*Id.* at 261，270.

〔57〕参见〔德〕卡尔·拉伦茨：《法学方法论》，陈爱娥译，商务印书馆 1996 年版，第 166 页。

〔58〕此一表达参考的是参见王鹏翔：《论涵摄的逻辑结构——兼评 Larenz 的类型理论》，载《成大法学》2005 年第 9 期。

在这一点上，Larenz 显然是继承了概念法学的方法。三段论的精粹在于大前提与小前提的确定以及将小前提涵摄入大前提。法条理论的一章可以被视为与寻找大前提有关，而按照逻辑思维，处理了大前提后就应该处理小前提，寻找法学三段论的小前提就必须识别出案件事实。所以接下来的一章，Larenz 集中讨论案件事实的形成及其法律判断。在这一章中，Larenz 同样借助了不少法律人的成果（尤其包括 Engisch、Hruschka、Leenen、Hart 等人）。

在完成大前提与小前提寻找方法的论述后，Larenz 再回到法学三段论的核心—动态环节：涵摄。这一工作是通过法律解释（与漏洞的补充）进行的。这时，Larenz 又拾起 Savigny 所提供的法律解释理论框架。

在完成法律解释与漏洞填补的论述后，Larenz 的最后焦点就集中于体系本身。正如前文所述，Savigny 的方法论已经将法律视为一个有机的整体体系，可是到底体系的结构如何？它的基本单位是什么？基本单位又通过什么来连结等问题，Savigny 的论述并不清晰。因此，Larenz 感到有必要对这一理论框架进行补充；而其补充的工作同样借助了法学、哲学与其他学科的成果（例如在法律概念的论述上参考了 Hegel 的哲学、在法教义学上参考了 Max Weber[59]、Koller、Leenen 等人的论著而建议引入类型式思考以及法律原则、社会现实以及制度功能等价值因素；在体系本身的结构上参考了 Heck、Esser、Canaris 等等）。

有学者认为，在 Larenz 的方法论体系内，各种法律应用问题都能够在此找到处理的办法[60]。此一观察基本上是对的，Larenz 为了使法律判断得到正当性的说明确实是创造性地提供了一个庞大的法学方法论体系，当中提到的一些具体标准和方法对于法律判断的证立确实有一定的启发。问题是，一个实务的法律工作者会很快发现，从 Larenz 的法学方法论中找到法律判断的应然程序和标准其实还是不容易的。例如，Larenz 继承了 Savigny 的法律解释体系，认为法律解释需要考虑若干要素，可是究竟有几个要素

〔59〕 虽然这不是直接针对概念法学的批评，但是他所批评的概念观是和继承历史法学派而来的概念法学相一致的，故可以看出韦伯对概念法学派概念在社会科学研究中的误用性的批评，在此亦无须比较二者的异同，正如韦伯对描述性概念不够清楚和明确一样，概念法学派的概念则过于精密和抽象了。转引自白中林：《韦伯法律社会学中的理想类型》，载《法哲学与法社会学论丛》（第 13 期），北京大学出版社 2008 年版，第 204 页。

〔60〕 参见张真理，前揭注 49 文，第 103 页。

以及考虑各要素的先后次序如何却没有人说得清楚。[61] 另外，他所强调的“概念”与“类型”对立的思想等等亦受到猛烈的批评，例如Bernd Rüther。

台湾地区学者王鹏翔最近详细地论证了[62] Larenz对法学涵摄过程的理解以及其类型理论均存在严重的瑕疵。首先，在法学三段论的推论过程上，Larenz关于小前提的表述有问题（在S与T之间不应使用等号）；其次，Larenz对类型与概念在适用方式上的区分不成立，他所指的“类型”其实等于将法律概念模糊化。于是在Larenz的设想中一度有希望走近理性、客观的法律适用（法律判断）问题又轻易地超越实证法；法学问题与法哲学问题又开始混在一起。上述瑕疵，可以被视为Larenz的法学方法论仍然在实证论与自然法论的博弈思想中延续而未能走出困境。

这是否意味着，法律判断最终也只能以主观独断的方式形成？这当然是法学家不能接受的答案。于是，在20世纪后期，就出现了“法律论证理论”。

3. 法律论证理论

耶稣基督降生后的第二个千年刚刚谢幕不久，即有人宣称古典法学方法论已经死亡[63]，而最可能继承其遗志的则是法律论证理论。姑勿论死亡之说是否沿自基督文明特有的千年情结，但不可否认的是法律论证理论从上世纪末开始已经逐渐强势，而且横跨大陆法系与英美法系而成为法学的一门显学。

法律论证理论的代表人物为Robert Alexy。在20世纪70年代，他在其博士论文内检视了当时的法学方法论以后，发现无法为法律判断提供一个客观的标准，因此逐步构建其所谓的“法律论证理论”。

像Larenz的《法学方法论》一样，Alexy的著作也是由回顾古典方法论开始，博览当时的法学文献，从中吸取营养。Alexy自己宣称，其构建的“‘法律论证理论’可以理解作对法律方法论文献中能够发觉的大量论述的一个拓展”[64]。

与Larenz相比，Alexy在创建其“法律论证理论”时，站在了一个更

〔61〕 参见〔德〕罗伯特·阿列克西：《法律论证理论—作为法律证立理论的理性论辨理论》，舒国滢译，中国法制出版社2003年版，第4页。

〔62〕 参见王鹏翔，前揭注58文，第6页以下。

〔63〕 关于此一意见，参见〔德〕Ulfrid Neumann，前揭注39文，第30页。

〔64〕〔德〕罗伯特·阿列克西，舒国滢译，前揭注61书，第4页。

高的起点上。在哲学背景方面，Larenz 主要的思想泉源乃是 Gademer；可是 Alexy 除了与 Larenz 一样得益于古典哲学与现代哲学的滋养外，还迎来了更为成熟的 Hare 的道德语言理论、Toulmin 的道德论证分析、Habermas 的真理共识论以及 Perelman 的新修辞学。[65]

在考察了一众哲学家和法哲学家的思想后，Alexy 首先总结了“普遍实践论辩”（即就规范性命题的正确性进行检验的行为整体）的规则和形式[66]，并指出其局限[67]，然后又将法律论辩作为普遍实践论辩的一个特殊情形[68]。在法律论辩中所谓的“正确性”并不是指该规范性命题的特殊情形（法律判断）绝对符合理性，而是要求它在有效法律秩序的框架内能够被理性地加以证立。[69] 更简单地说，“就是提出理由（前提）以证立某个法律命题（结论）的活动”[70]。

为此，Alexy 将法律判断的“证立”或“证成”分为“内部证成”与“外部证成”两个层面。在内部证成的层面，他重新整理了关于法律判断如何从被引述作为前提的规范中逻辑地推导出来（也就是过往一直被称为法律三段论的问题又或者被称为涵摄的更复杂形态）的规则。[71] 在外部证成的层面，也即前提是否具有正确性的方面，Alexy 引入了六组规则：(1) 解释的规则和形式；(2) 教义学论证的规则和形式；(3) 判例适用之规则和形式；(4) 普遍实践论证的规则和形式；(5) 经验论证的规则和形式；(6) 所谓特殊的法律论述形式[72]。

尽管法律论证理论或者作为其基础的普遍实践论辩近年来已越来越受到法学界的重视，可是也并不是没有批评的声音，例如有学者就认为论辩理论的理想辩论条件不过是乌托邦、不具有实践意义，而且“建立在不同世界观前提与价值确信基础上的法律评价差别不能通过理性论据来清除”[73]。

---

〔65〕〔德〕Chaim Perelman：《旧修辞学与新修辞学》，杨贝译，载《法哲学与法社会学论丛》（第8期），北京大学出版社2008年版，第34页以下。

〔66〕〔德〕罗伯特·阿列克西，舒国滢译，前揭注61书，第233页以下。

〔67〕同上注，第256页。

〔68〕同上注，第251页以下。

〔69〕同上注，第265页。

〔70〕引自王鹏翔，前揭注58文，第20页以下。

〔71〕对于内部证成的逻辑结构，上注所引之王鹏翔文章有非常详细的论述。

〔72〕〔德〕罗伯特·阿列克西，舒国滢译，前揭注61书，第286页。

〔73〕〔德〕伯恩·魏德士，吴越、丁晓春译，前揭注16书，第260—267页。

可是，论辩理论实际上并没有排除“世界观”“价值确信”或“道德评价”在法律评价中的作用。关键只是这些因素在评价过程中的那一个节点纳入而已。[74]

（三）法学的学科定位

1. 楔子——中医批判与法学的科学性

几年前，在阅读一些网络文章的时候，偶然注意到一场颇为热闹的争论，主题大概是中医是不是科学。当中，最有代表性的可能是科普作家方舟子以下的一段话：

> “科学讲究创新，绝不崇古。因此在科学中不存在人人必读、必信的经典。现代医学的学生除非是本人对医学史感兴趣，否则没有人会去研读希波克拉底、盖伦、维苏里、哈维等等历代医学大家的著作，不熟悉经典著作丝毫也不影响他们行医。现代医学的论文也没有人会把前贤语录当论据，靠引经据典来证明自己的正确性。中医则不然，《黄帝内经》《伤寒论》《金匮要略》等古代文献是中医学生必读、必背、必信的至高无上的经典，是他们诊断、处方的依据，中医的论文往往只是对这些经典的阐明、验证。所以，中医更像是一种人文学，而不是科学。
>
> 科学研究的是普适的自然规律，它没有国界，不具有民族、文化属性。虽然现代科学是在西方发展出来的，但是早已成为全人类的共同财富，也融入了东西方各国科学家的贡献。没有一门科学学科是只有某个民族才有而其他民族不予接受的，也没有一门科学学科是只有某个文化背景的人才能理解而其他文化背景的人无法掌握的……
>
> 科学是一个完整的知识体系，各个学科都相互联系、统一在一起，不存在一个与其他学科都无联系、甚至相互冲突的独立科学学科。现代医学建立在生物学基础之上，而生物学又建立在物理、化学的基础之上。但是中医不仅在整体上（而不仅仅是个别细节）与现代医学不兼容，也与生物学、化学、物理学不兼容，它对抗的不仅仅是现代医学，而是整个现代科学体系。这样的东西，可以是与科学无关的哲学、玄学或别的什么东西，但是不可能是科学。”[75]

---

〔74〕 相关论题请参见王鹏翔，前揭注33文，第229—289页；王鹏翔：《法律、融贯性与权威》，载《政治与社会哲学评论》2008年第24期。

〔75〕 方舟子：《为什么说中医不是科学?》，载《经济观察报》2006年10月28日。

其实，大约十年以前就有一个成绩很好的学生向我问起法学究竟算不算科学。而读了这些批判中医的文章以后，我一直在想，法学是不是也要面对同样的拷问？法学经不经得起这样的拷问？可惜几年过去，一直都没有时间去细心深究。然而在撰写本文的过程中，脑里却总是浮现出上面那段批判中医的话，所以就趁机将之作为楔子，引出本节要讨论的命题：法学是不是科学？如果是，又属于那一类科学？

2．排斥法学作为科学的观点

在19世纪，“概念法学”主导的年代，部分法学家曾经以为找到了使法学走向自然科学的道路—将法律体系看成一套等级分明的概念体系，并以逻辑演绎的方法推导出问题的解决方案—并发展成一套具有普遍证伪规则的科学。然而，这一尝试并没有获得法学家们期盼的效果。

事实上，质疑法学之科学性的声音早在17世纪Pascal的《沉思录》中已经出现。他认为实证法太不确定，“在庇里牛斯山那边是对的事，在山的这一边则是错的”。更为著名的质疑则见于19世纪的J. H. V Kirchmann。他在1848年柏林法学会上的报告中指出：“所有注释书、注解、专论、问题、论文与法律案件的内容是什么呢？……十分之八九以上都在处理漏洞，模糊不清，矛盾，处理实证法的不真实，过时与恣意的情形。……法律人借由实证法变成只寄生在朽木中的蛀虫；避开健康的，只依附巢居在生病的树木中。因此，法学以偶然性为研究客体，自己却成了偶然性；立法者修正三个字，整个图书馆都变成了废纸堆。”[76]

即使到了21世纪的今天，类似的观点还继续存在[77]。确实，正如当代著名法学家Richard A. Posner所说的一样：

---

〔76〕 *Julius von Kirchmann*, Die Wertlosigkeit der Jurisprudenz als Wissenshaft, 1990. 转引自〔德〕Arthur Kaufmann，刘幸义译，前揭注12书，第65页。

〔77〕 例如最近在澳门一本学术刊物中就有人表达以下看法：“法学与其他学科知识（诸如流体力学或分子生物学）有着本质的不同，不可混为一谈，因为它们在人们社会生活中的地位不同，与人们的社会生活关系不同。”“流体力学是物理学者的专利（即专属于他们的研究领域），分子生物学是生物学者的专利，但我们却不可以说法律知识是法学家和法律工作者的专利。同样的，在国内外（包括港澳地区）有着各种形式的。‘在全社会中大力普及法律知识’的活动（正所谓还法于民），却从未听说过在全社会中大力普及流体力学知识等活动。道理就是这样简单。”参见林巍：《法律能够还给法律？—答艾林芝》，载《澳门研究》2009年第50期。其实，任何知识都不是任何人的专利（要注意的是，专利作为一个法律用语是有特定意义的，不宜随便定义），肯下功夫的话谁要学都可以，但是能否学得好则取决于很多条件；另外，人文科学的普及活动也不一定比自然科学的普及活动多（现在很多地方都有科普馆、出版科普图书）。

"法律是所有专业中最有历史取向的学科，更坦率地说，是最向后看的、最依赖于往昔的学科。它尊崇传统、先例、谱系、仪式、习俗、古老的实践、古老的文本、古代的术语、成熟、智慧、资历、老人政治，以及被视为重新发现历史之方法的解释。它怀疑创新、断裂、范式转换以及青年的活力与性急。"[78]

对于法学是否具有科学性的问题，假如我们比较一下 Posner 的上述观察与上节所引的科普作家的论述，很容易就会得以下结果：

法学既依赖经典与古老的文本，又具有地域性与时间性，所以法学没有科学性的结论似乎是板上钉钉了。然而，按此理解，可能不仅仅是法学，而是除自然科学以外的很多学问（尤其是现在被称为人文科学与社会科学的东西）都将会被排除出科学的范畴。究其源头，这一观点滥觞于19世纪后半期的哲学实证主义，尤其是法国哲学家 Auguste Comte 与英国哲学家 John Stuart Mill 对"科学"这个概念的要求：科学只存在于实证条件上，即以逻辑与数学作为方法，对从经验中获得的感知进行加工（而且获取感知的过程应尽可能经过测量与验证）方有可能。归纳一下，可以将判别一门具体的学科是否具备"科学"品格的条件列举如下：（1）所研究之对象的客观性；（2）学科方法论的逻辑性；（3）学科研究结果的可重复性和可旁证性；（4）学科知识（理论）的可证伪性。

面对自然科学之成就所带来的挑战，19世纪的法学家有不同的反应：概念法学企图向自然科学靠拢，但最终未竟全功；自由法学与目的法学（以至到20世纪的利益法学）摧毁了概念法学，可是却没有为法学的"科学性"（从而建立法学的本体理论）提供更具说服力的说明。

然而，在 Kant 的哲学思想引领下，进入20世纪的法学（以及那些被排斥于自然科学之外的学科）终于开始摸索构建其理论模式的"科学"道路。

3. 法学作为文化科学或精神科学的定位

客观地说，法学的本体和方法的觉醒，很大程度上是依赖哲学家的贡

---

〔78〕〔美〕理查德·A. 波斯纳：《法律理论的前沿》，武欣、凌斌译，中国政法大学出版社2003年版，第149页；必须指出的是，本文引用波斯纳的以上论述仅仅是因为它很好地道出法学的特征，而并不表示波斯纳否定法学的科学性。

献。从20世纪伊始到现在这一百年有余的时间里，自 Dilthey 以心理生活为标准[79]区分“精神科学”（Geisteswissenschaften）与“自然科学”（Naturwissenschaften）开始，到 Rickert 以价值取代心理[80]、“肤浅地”[81]将 Dilthey 的区分降低为仅在方法论层面的“文化科学”（Kulturwissenschaften）与“自然科学”的区分，再到 Max Weber 从 Rickert 的价值概念发展出“价值关联（value-relevance）”与“价值判断（value-judgement）”[82]并建立起社会科学的方法论，然后又由于 Husserl 与 Heidegger 的横空出世而建立起恢宏的现象学体系，最后经 Gademer 的发展而使精神和社会科学共享的诠释学方法得到淋漓尽致的展示。也就是在这个过程中，法学终于与很多其他被排斥于自然科学范畴的学科一起，在一个更广义的“科学”的体系内找到自身的归宿（同时也是迈向理性的道路）。

尽管现代仍然有一些观点依据哲学实证主义以及经验主义否定法学的科学性，然而法学家本身则已经可以较有自信地响应这样的质疑。现代的法哲学家或法学家一般会把法学归入精神科学（又或者称为文化科学或人文科学）的范畴[83]。

---

〔79〕 参见〔德〕汉斯—格奥尔格·伽达默尔：《真理与方法——哲学诠释学的基本特征》（上卷），洪汉鼎译，上海译文出版社2004年版，第7页。

〔80〕 H. Rickert 的以下一段话最具有代表性：“在一切文化现象中都体现出某种为人所承认的价值，由于这个缘故，文化现象或者是被产生出来的，或者是即使早已形成但被故意地保存着；反之，一切自行生长出来或者成长起来的东西，却可以不从价值的观点加以考察，而如果这种东西的确不外是上述意义的自然，那就必须不从价值的观点加以考察。价值（wert）是文化对象所固有的，因此我们把文化对象称为财富（Guter），以便使文化对象作为富有价值的现实同那不具有任何现实性并且可以对现实性不加考虑的价值本身区别开来，自然现象不能成为财富，因它与价值没有联系。所以，如果把价值和文化对象分开，那么文化对象也就会因此而变成纯粹的自然了。通过与价值的这种联系（这种联系或者存在或者不存在），我们能够有把握地把两类对象区别开，而且我们只有通过这种方法才能做到这一点，因为撇开文化现象所固有的价值，每个文化现象都可以被看作是与自然有联系的，而且甚至必然被看作是自然。”引自〔德〕Heinrich Rickert：《李凯尔特的历史哲学》，涂纪亮译，北京大学出版社2007年版，第29—33页。

〔81〕 〔德〕马丁·海德格尔语。参看〔德〕马丁·海德格尔：《时间概念史导论》，欧东明译，商务印书馆2009年版，第19页。

〔82〕 白中林，前揭注59文，第195页。

〔83〕 虽然精神科学、文化科学与人文科学三个概念有各自的发展路径，但是结合德国学者罗伯特·霍恩 的与赫尔穆特·科英的观点，本文认为仅在学科分类这个层面上，以上三个概念基本重迭。参见〔德〕罗伯特·霍恩：《法律科学与法哲学导论》，罗莉译，法律出版社2005年版，第40页；〔德〕赫尔穆特·科殷，林荣远译，前揭注14书，第29页以下，尤其第32页的这一句话：“……也是今天从文化科学上理解法和一种被理解为人文科学的法律科学的基础。”

精神科学的概念[84]起源于19世纪后半期，首先由John Stuart Mill在其逻辑学的著作内提到。然而Mill并不认为精神科学有可能脱离自然科学的演绎与归纳方法。最早奠定精神科学的基础并提炼出精神科学的工作方式—诠释学—的是Wilhelm Dilthey[85]。在Kant的哲学思想指引下，他的研究使精神科学得以区别于自然科学而成为一个独特的科学体系。关于人文（精神）科学的特征，Helmut Coing曾这样描述："人文科学的存在是建立在人类生存的某一种基本事实上的，即建立在我们一方面面对着各种事物，另一方面面对着其他的一些人这一事实之上的。对于人文科学来说，其任务是理解人的行为和表现，理解艺术作品，哲学，宗教以及在政治和经济组织领域的各种人类创造，发扬它们的内涵。人文科学不能记录和测量被观察的事实；它必须理解生活的种种表现。"[86]

问题是，法律为什么需要诠释呢？而法律的诠释为何又可以区别于其他文字的诠释而独自成为一门学问呢？不是每个国家的法律都以本国语言写成的吗？那么为什么需要一套学问才能理解？

本文的答案是：法律虽然是一套构建于一般用语之上的语言系统，可是由于法律经过一系列的技术处理（包括定义、推定、引用、原则、体系等），法条所承载的意义已经难以凭一般人对同一语言符号的理解方式所能理解得了。我们必须指出的是，并不是因为一般（生活）用语的模糊而迫使我们必须构建出一套属于法学的独特诠释方式。理由很简单，一般用语从来就是模糊与多义的，但是它并没有在每一个领域都要求一套独特的诠释"技巧"。法律之所以需要一套独特的诠释技巧，是由多个因素所决定的。首先，法律语言所使用的符号全部来自一般用语；其次，为了意义的稳定性，法律语言的表达方式使其偏离一般用语的意义；最后，既然意义的稳定性是法律用语偏离一般用语的理由，则对于法律用语的解释就必须服从于这套语言使用者所大致接受的一系列成规。例如，法条形成的历史、特殊的整体与个别的关系、整个法律共同体所接受的法职业培训等。

当然，法学依附于诠释学而获得"科学性"这个命题成立与否取决于诠释学自身是否具有"科学性"，换言之，也就是如何定义科学与科学性

---

〔84〕 关于"精神科学"的概念起源，参见〔德〕汉斯—格奥尔格·伽达默尔：《真理与方法——哲学诠释学的基本特征》（上卷），洪汉鼎译，上海译文出版社2004年版，第3页。

〔85〕 同上注，第7页。

〔86〕 〔德〕赫尔穆特·科殷，林荣远译，前揭注14书，第83页2002年。

的问题。

在回答了法学是否具有科学性的问题后，我们还必须再进一步才能廓清法学的科学定位。对于这个问题，其实不容易作出清楚的解答。否定法学作为自然科学当然是毫无难度的，问题是不属于自然科学的法学究竟又属于哪个范畴呢？在 Dilthey，Rickert 以及研究相关议题的其他二十世纪学者的语境下，我们能发现的选项主要有三个：（1）精神科学；（2）人文（文化）科学；（3）社会科学。然而，在不同学者的论述中，精神科学、文化科学以及社会科学三者的范围还是比较模糊的〔87〕，既有重叠也有交叉。

所以很多学者最后都采取不区分或模糊地区分的态度，例如，有人认为："在人们通常所称的'社会科学'与'人文科学'之间不可能作出任何本质上的区分，因为显而易见，社会现象取决于人的一切特征，其中包括心理生理过程。反过来说，人文科学在这方面或那方面也都是社会性的。只有当人们能够在人的身上分辨出哪些是属于他生活的特定社会的东西，哪些是构成普遍人性的东西时，这种区分才有意义（这一假设正是这种区分的根源）。"〔88〕

在法学究竟应该如何归类的具体问题上，一位德国法学家的论述似乎颇有参考价值，他认为："虽然精神科学与社会科学共同分享'诠释'的方法，但是社会科学除此以外还运用类似于自然科学的经验方法（如统计、计量等）。以此为基础，20 世纪才逐步理清了自然科学、文化科学与社会科学三分体系的轮廓。……精神科学在方法论上以诠释学为基础，主要包括语言学、历史学、数学（数学的纯粹形态抽离一切对象）、法学等学科。社会科学也运用精神科学的方法，但它还吸纳了如统计数据等计量与经验的方法。社会科学主要包括经济学、社会学和政治学。法学之所以不宜纳入社会科学是因为法学的工作方式主要是归入诠释学范畴的解释以及在解释以后所作的决定。"〔89〕

笔者的体会是，精神科学的定位偏重于法学活动的解释特征，因而更有利于展示传统的法教义学的面貌；社会科学的定位更多地将"法"视为

〔87〕〔法〕Lévi-Strauss：《社会科学与人文科学中的科学标准》，张祖建译，载《结构人类学》2009 年第 2 期。

〔88〕〔瑞士〕皮亚杰：《人文科学认识论》，郑文彬译，中央编译出版社 2002 年版。

〔89〕参见〔德〕罗伯特·霍恩：《法律科学与法哲学导论》，罗莉译，法律出版社 2005 年版，第 40 页。

社会系统的一部分，接近于传统法律人所称的外部视角，这种宏观的定位更容易与“法制史”以及近代兴起的“法的经济分析”“法社会学”等学科兼容。

（四）小结

上文粗略地回顾了一下法学的研究对象以及法律人工作的方法，其目的当然不是挑战那一个法哲学或方法学的理论。笔者在这方面的知识还没有入门。可是，笔者在思考法学教育的问题上，感觉到如果不对法学的对象、方法甚至其科学性质进行必要的考察，则很难理性地辩论究竟某种法学教育模式或方法是否正确或正当。当然，假如我对上述问题的理解有误或太过流于表面的话，我的以下论述也势将会因为前提不正确而受到影响。这一点肯定是无可避免的。

二、相濡以沫的法学教育与法律职业

（一）法学教育与法律职业的起源

作为西方文明起源的古希腊既没有专门的法律职业也没有独立的法学教育。这并不是说古希腊没有人从事法律思考，只不过从事相关思考的人思想太过广阔，而法律只不过是他们庞大思想体系的一个小环节。在古希腊，有机会接受教育的人（大部分是贵族）所学习的才艺也就是后来被古罗马社会传承的“自由七艺”，一套文化与体育并重的教育体系。正如我们中国古代没落贵族将文化传到民间的过程一样，古希腊与古罗马社会当然也经历不少的权力更迭，贵族也可能会没落而漂泊民间，将自己的所学所知向大众传播以谋生计。当然，其中也不排除古代社会也会出现一些具有伟大人格的人，以知识的传播本身作为自己的追求，但这样的人不会很多。

在古希腊的知识体系中没有太高地位的法学知识在古罗马却迎来蓬勃的发展。

共和末期以后罗马的法律知识传播虽然昌盛，可是还没有形成集约化与规模化。正如本文一开始所指出，法律知识传播的规模化滥觞于有“欧洲大学之母”之称的博洛尼亚大学（创办于11世纪末而在12世纪兴盛），尤其是自法学家Irnerius开始。法学的大规模传播得益于大学，但大学的诞生却又同时与法学教育息息相关。博洛尼亚大学的兴起是曲折的。在大学被确立之前，博洛尼亚城市附近有很多私立法律学校，学生们多半为成年人，而且部分还享有很高的社会地位。这些学生长期与王权和教权斗争，最终使学校获得权威的承认并被赋特权（腓特烈一世在1155年把博洛尼亚的学生置于其保护之下，而教皇则于1219年决定由副主教向考试合格的学生颁发教学许可证，授予 ius ubique docendi）。在博洛尼亚经验的鼓舞下，13世纪欧洲大陆各地兴起了一股建立法律大学的热潮；不久以后（大约在1260年），又逐渐出现了很多的医学院。也只有从这个时期起，法学教育才逐渐形成规模与制度。在13世纪初，已经出现了维琴察大学（1204年）、帕伦西亚大学（1208年）、巴黎大学（13世纪初）、牛津大学（13世纪初）、蒙彼利埃大学（13世纪初）、剑桥大学（1209年）、萨拉曼卡大学（1218年）、帕多瓦大学（1222年）、那不勒斯大学（1224年）、图卢兹大学（1229年）、奥尔良大学（1235年）、锡耶拿大学（1246年）、科英布拉大学（1290年，原设于里斯本）等[90]。

法律职业的起源问题并不容易弄清。一直到20世纪中后期，欧美对于法律职业所涵盖的范围仍没有一致的看法。一些英美法学者（例如 Magali、Sarfatti、Larson）认为大陆法系国家不存在（法律的）职业结构[91]；而在一些人的心中，只有自由职业者律师才算得上职业法律人；相反，对 Savigny 而言，可能只有法学家与法官的职位才配被称为法律职业[92]。从一个广义或较宽泛的角度，本文认为（正如一些现代的法学著作所认识的一样）[93]，包括法官、检察官、律师、公证员、登记员、对公共或私营部门提供法律服务的法律工作者以及专门从事法律研究或法学教育的人均可以纳入法律职业这个范畴。

关于何者为西方最早出现的法律职业的问题，基于不同原因，一直有人坚持以雅典的演说家（Orators）作为最早的律师的雏形[94]。可是在雅典，助人辩护是不允许收费的，因而这些演说家们很少会将自己视为法律

---

〔90〕 参见〔比利时〕H. De Ridder-Symoens 主编：《欧洲大学史》（第1卷），张斌贤等译，河北大学出版社2008年版，第5、50、52页。

〔91〕 参见李学尧：《法律职业主义》，中国政法大学2007年版，第4页。

〔92〕 参见 M. F. C. Von Savigny：Sistema del Derecho Romano Actual，Tomo I—II，vertido al castellano por Jacinto Mesía Y Manuel Poley 168，183（2004）.

〔93〕 参见〔德〕罗伯特·霍恩：《法律科学与法哲学导论》，罗莉译，法律出版社2005年版，第43页。

〔94〕 参见 Robert J. Bonner，*Lawyers and Litigants in Ancient Athens*：*The Genesis of Legal Profession*，200（1927）.

的职业者。另外注重形而上学的希腊知识分子根本就没有对法律给予足够的重视，即使有知者助人诉讼也多为表现其演说、修辞技巧或好公义的美好人格，所以本文并不接受法律职业起源于希腊的看法。

最早的法律职业应该产生于罗马，然而在罗马法的初始时期（公元前8世纪至公元前3世纪），并不存在一个以法律为职业的专业阶层。罗马原始社会的结构相对简单，各种秩序并无明确的界分。于是掌管着公共与私人信仰的祭司（pontefici）同时也掌控法律的数据、仪式与解释。祭司对法律数据以及法律解释的垄断一直到《十二表法》（公元前451年）制定后，才因法律资料的公开而得以松动。后来，到公元前367年，也就是初始时期结束前后，贵族与平民的斗争迫使贵族再度让步，并制定了著名的《李其尼法》（Lex Licinia Sextia），使平民有机会成为“执政官（consul）”。作为让步的条件，贵族坚持保留法律知识与法律解释的权利，因此又新设了“裁判官（praetor）”这个只得由贵族担任的职位以辅助两位执政官并专门行使司法权。虽然“裁判官”是执政官的助手，其职责也如执政官一样广泛（包括指挥军队）[95]，但是大部分时间留在城内掌管司法权，所以称为“城市裁判官”，而后世的“法官”职业一般会追溯到裁判官。实际上，裁判官不一定都有丰富的法律知识，但他们也不会随随便便作出决定。很多时候，裁判官都会在咨询“法学家（jurisconsultos）”的意见后才作出解答的。开始的时候，只有祭司和贵族才掌握法律知识，所以法学家一般都来自这个阶层，但他们并不以此为职业。尽管 jurisconsultos 与现代的“法律顾问”职业有很多不同的地方，可是两者之间也有一定的相似性或渊源共性，例如 jurisconsultos 与法律顾问均仅仅提供法律意见而不会代理诉讼。

上文指出，在罗马共和时期，法律知识逐渐向平民扩散，一些掌握法律知识的人也开始频繁地参与诉讼，或代表当事人辩论、或提供法律意见。他们当中有收取报酬的，也有不收取报酬而将之视为公职的。历史研究一般认为“律师职业”正是在这里找到起源。然而在公元前204年颁布的一条为打击法官贪污的法律（Lex Cincia Muneralis）同时还禁止律师收

---

〔95〕 意大利学者 Giuseppe Grosso 指出“裁判官”一词本来指军队的首领，也就是“执政官”，因而《李其尼法》所增加的职位其实是第三位执政官，可是发展下来，“裁判官”一词却专门用来指这位处于第三位的执政官。参见〔意〕朱塞佩·格罗索：《罗马法史》，黄风译，中国政法大学出版社1998年版，第47—48页。

取费用，可是该法并没有得到切实的执行，律师行业依然发达。在公元前1世纪左右，罗马共和国的律师业还产生了包括演说家Hortensius、著名的政治家与演说家Marcus Tullius Cicero以及后来的成为罗马帝国的创造者以及最伟大征服者的C. Iulius Caesar。尤其Cicero以其旷世辩才以及诉讼技巧而博得名声并晋身仕途，后世喻之为“律师之父”[96]。到帝国时期，Augusto皇帝向一些法学家授予“经君主批准的解答权”（据说第一位获得此特权的法学家是萨宾），使法学理论的地位大大提高。到了公元2世纪Hadrian皇帝的时代，律师职业逐渐实现集约化；而进入拜占庭时代后，律师职业已经较有秩序并有严格的职业规定，当中包括要求进入职业的人提供其法律学习的证明（一般由其导师发出）[97]。到中世纪中后期，律师职业更建立起行会组织。

在中世纪后期，除律师以外最重要的法律职业应该数“公证员”。此一职业的出现与罗马古典时期法律活动逐渐从口头转向书面，并发展出严格的形式要求有关。从事交易的人因为要制作书面文件并且遵守法律的形式要求，所以需要一些具有书写能力而且对法律有一定认识的人为其服务。现代公证员的英语表述notary以及拉丁语系的表述notaire、notario等等均起源于拉丁语notarii。在罗马初始时期，贵族就会任用一些奴隶或自由人为其记录文书，因此notarii基本上是听取他人所讲的话，并制作记录的人。到罗马帝国后期，notarii首先用以指称皇帝的秘书，后来则成了一项官职，纳入了法院的体制。然而，罗马的notarii却并不是现代公证人的最直接起源。现代公证人的直接起源其实是“代书人（tabelliones）”（正如上文所指，罗马法的形式主义传统对法律文书与诉讼形式均有严格要求，因而平民也需要有人代其缮写法律文书，于是在共和末期就出现了代人草拟契约、讼诉文件、遗嘱等法律文书的代书人）。代书人所缮写的文书更享有被推定为真实（autenticidade）的特性。在罗马帝国后期，代书人已经形成一个职业阶层并受到国家的监管，后来更逐渐形成行会性质的职业团体。

（二）法学教育与法律职业的联姻

按照本文对法律职业的理解，最早与法学教育实现联姻的法律职业其

---

〔96〕 参见〔日〕盐野七生：《罗马人的故事Ⅳ—西泽时代（卢比孔之前）》，李曼榕、李璧年译，台湾三民书局1999年版，第52页。

〔97〕 Fritz Schulz, *History of Roman Legal Science*, Oxford University Press, 1946, p. 113.

实是“法学教师”。早在1219年，教会便向完成大学学习的人授予 ius ubique docendi，使其可以在天主教世界的任何地方教学。我们可以将它看成一种新的联姻，也可以将它视为一种垄断，但是历史所显示的是，正是因为这种联姻而使大学在中世纪如雨后春笋般发展，间接地也造就了人类的现代文明。

从上述情况看来，除了法学教师外，其他法律职业不是一开始就与法学教育捆绑在一起出现的。一方面，古代的一些人参加与法律有关的工作或以之作为终生的事业（“职业”或“职业”的前身）有时是因为参与人的权威；有时是因为公众的信仰；有时是因为讯息的垄断；有时是因为参与人的学识或个人魅力等等。另一方面，法学在逐渐成为一门独立的学科之始，其教授者与学习者也不一定以从事法律工作为目标，而是作为一种知识修养。

法学教育与法律职业的第一次联姻发生在中世纪末期。在12世纪末，法学教育的规模化导致大学的兴起，而大学的兴起所培养的大量学生又为法律职业的诞生创造了条件。可是，仅仅是学习法律的人口增加并不足以导致法律工作的职业化以及导致其后的法学教育与法律职业联姻（以正规的法学教育作为法律职业准入的条件）。

通过一系列的观察，本文认为，法律工作的专职化或职业化的最重要动因有以下几个：(1) 罗马法的传统使民众确信，无论是政府运作还是商业交往均应由法律作准绳；(2) 古代法律的形式主义传统使一般民众不容易了解法律的操作程序；(3) 古代社会公众的知识水平（甚至识字率）一般不高，即使是一般的文字表达也有困难，所以需要一些具有语文表达能力，而且还知悉法律操作程序的人的协助。简单地总结一下可以得知，法律工作的职业化最初是基于“需求”而产生的。

然而，作为解释法律工作职业化之充分理由的需求却不足以解释法律职业与法学教育的联姻，或者说，以正规的法学教育作为法律职业准入的条件。事实上，这一个问题比上一个问题复杂得多。同样是通过历史考察与逻辑思考，本文认为，必须对各个法律职业进行区别对待，然后才可以综合处理。

法律职业与法学教育的联姻是从“私”的领域开始的，也就是代理诉讼的律师以及起草法律文书的代书人。一开始，这些工作并没有准入要求，可是后来参加工作的人规模扩大，而且各人的素质均不一样，所以才引起国家的注意并介入监管，而当中又涉及王权与教权的消长。可是私的法律职业（尤其律师行业）毕竟是公权与个人之间的媒介，它有时候必须站在个人的立场与公权抗争，所以将法律职业完全置于公权之下不利于该职业实现其功能。于是，行会形式的自治性组织的出现就正好从理论上保证了从业人的素质，而且又与公权保持一定的距离。由于自治性组织的正当性基础是从业人素质的保证，因而它以从业人的专门知识作为准入条件就显得无可厚非了。在16世纪的奥尔良，法学学生毕业后很快就可以被律师行业认可。在普鲁士，从1723年起，自由职业者律师和医生被要求在王国一所大学中取得他们的学位。稍微不同的是英国。长期以来，英国均是由律师学院而不是大学教授法律的，其目的主要是为了坚持普通法传统（抵抗罗马法入侵）。[98]

自中世纪晚期起，法学博士就被认为是高贵的。它是一种完全属于个人的、不具传承性的高贵身份。在“公”的层面，在16世纪后的欧洲国家中，由于国家和教会的机构扩大，需要大量有知识的人员，而当时贵族们又要面对既富有又有文化的资产阶级对权力的竞争，于是便纷纷以进入大学学习作为其占据职位之正当性基础。实际上从大学兴起开始，法学就是其最重要的科目，除却神学外，几乎更是人文社会领域中唯一的一个学科，所以法律一度被认为是解决社会问题的全能手段。于是，自1498年起，法国强行规定大法官裁判所和司法总管辖区法院的司法长官必须具有民法硕士或博士学位；后来，1546年的《摩林斯敕令》又规定了对出任议会法庭的法官们进行资格考试的条件。只是在那个时代，法律学位不仅仅是法官的准入条件，而且还是很多公职的准入条件。[99]

综上所述，无论是在私还是在公的层面，法律职业与法学教育挂钩的过程都可以被视为一个权力理性化的过程。其理性的因素在于，过往绝对集中于统治者手上的权力现在却得以借知识为桥梁，引向原本非属统治阶层的人。当然，在这个过程的伊始，大学甚至被染上了贵族色彩（贵族也试图改变面貌，以知识的名义继续占据权力），可是这个缺口一开，就再也不由贵族一己之力所能控制的了。

大学教育为法律职业带来正当性的同时，法律职业诉诸学历的要求也

〔98〕 参见〔比利时〕H. De Ridder-Symoens 主编：《欧洲大学史》（第1卷），张斌贤等译，河北大学出版社2008年版，第390、276页。

〔99〕 〔比利时〕H. De Ridder-Symoens 主编：《欧洲大学史》（第1卷），张斌贤等译，河北大学出版社2008年版，第388页。

反过来使法学教育（主要是大学）获益。欧洲自从16世纪开始以著名大学的法学学位作为从事法律职业的条件后，法学就迅速地（17世纪）取代了神学与语言学作为大学内最显赫的科目。正是由于对学位的要求以及专业团体的认可，法律与医学才由原来的偶然性转为后来的确定性以及保障性职业。[100] 例外的情况是，虽然大学教育的浪潮也在中世纪末席卷不列颠，而且造就了牛津与剑桥这样屹立不倒的名校，可是英国的法律职业准入却不与大学教育挂钩。该国的法律职业培训一直到18世纪末19世纪初还延续着中世纪的学徒制，由从事实务的律师所办的律师学院给予培训，决定着律师与法官的准入。可是这一状况不仅没有减弱法学教育与法律职业的联系，反而使英国更早就实现了法律职业（尤其律师业）对法律服务的掌控[101]。到19世纪末期，传承英国法律文化的美国更将律师行业的组织化与职业化推向高峰。

进入现代，很多学者开始质疑法律的职业性，认为它是一种垄断行为。只是，不可忘记的是，法律职业存在已经很多个世纪，即使其行业具有垄断性，社会之所以会容忍这一种垄断，必然是因为某种价值权衡。同样的道理可能也适用于法律职业与法学教育的挂钩问题上。当尼采宣告“上帝已死”，当罗马法不再被视为世俗的圣经，当概念法学的真身原形毕露以后，法律职业之所以继续存在是因为它仍然在满足一些需求、实现一些社会功能；法学教育与法律职业的脐带关系之所以没有断裂，是因为人们还确信法学教育能提供法律职业所必需的知识。然而，我们也并不排除法律职业的存在以及其与法学教育的联姻只是基于习惯而苟延残喘的一种现象的可能。诚然，从中世纪到现代，自职业主义出现以后，职业化的趋势只有增加而没有减少（例如一开始只有律师和医生，后来又加进了工程师、会计师等；而如果将神职视为一种职业的话，它也没有消失）。只是，在各个大学学科中，法学是精神科学当中极为罕有的一个可以作为职业准入条件的学科。

过去究竟是（大学的）法学教育借了法律职业的东风还是法律职业靠向（大学）法学教育这棵大树遮荫乘凉实在难以说得清，但是可以肯定的是，要不是两者的联姻，则各自的面貌都会迥然不同。本文可以想见的

---

〔100〕［比利时］H. De Ridder-Symoens 主编：《欧洲大学史》（第1卷），张斌贤等译，河北大学出版社2008年版，第413—414页。

〔101〕参看李学尧，前揭注91书，第42—43页。

是：法学可能最终会与法哲学结合，而法律职业则会分流，一部分赤裸裸地展现为威权（我想在权力分立理论诞生后，没有人希望司法回头走向威权，但是司法官职业究竟是否以技术来说明其正当性却是另一个问题），另一部分则更务实地走向服务。

自法律职业形成以来，从来不缺少来自内部与外部的质疑声音，论者甚至认为是法律职业绑架了法学教育[102]；又或者反过来是法学教育的不足制约了法律职业[103]。只是从历史的角度可以看到，从很久以前开始，两者其实就已经是相濡以沫的了。

（三）法律职业的危机与法学教育有关吗？

自从20世纪70年代开始，美国律师业就开始受到社会猛烈的质疑。法律职业发生伦理危机、理念危机、地位危机等言论即甚嚣尘上。[104]

然而，必须指出的是，职业危机的发生一般在自由职业的层面。也就是作为自由职业的律师与有可能作为自由职业的公证员。综观各种关于法律职业危机的说法，其针对的对象其实主要是法律职业在准入上的限制。作为自由职业的律师职业必须明确的是，职业准入是以公共利益为基础的[105]，因此当社会认定某一职业的准入垄断不利于社会发展时，这个基础就会逐渐松动。另一方面，法律职业之所以能获得社会的一定程度的尊重，也是基于此一职业的追求符合大众的利益与道德观。因此也只有当职业道德与大众道德的差别只有在遵守职业道德能更有利于实现整体的大众道德时，才可以被接受[106]。

另外，从20世纪末到21世期初，拉丁公证员制度在欧盟一体化进程下受到强烈的挑战。[107] 第一个挑战先来自内部，由于公证员的职务专属性

---

〔102〕 关于中国的法学教育与法律职业的关系，参见霍宪丹：《试析法律职业共同体与法律人才培养共同体之间的互动》，第133页以下；上海司法局：《国家司法考试与法学教育》，第175页以下；牟道媛：《法学教育与法律职业》，第285页以下；以上文章全部载祝林森、何勤华主编：《法学教育与司法改革》，上海社会科学院出版社2003年版。

〔103〕 Deborah L. Rhode, *In the Interests of Justice: Reforming the Legal Profession*, 55 (2001); Andrew Abbott, *The System of Professions: An Essay on the Division of Expert Labor* (1988).

〔104〕 参见李学尧，前揭注91书，第15—16页。

〔105〕 郑成良、李学尧：《论法学教育与司法考试的衔接—法律职业准入控制的一种视角》，载《法制与社会发展》2010年第1期。

〔106〕 李学尧：《非道德性：现代法律职业伦理的困境》，载《中国法学》2010年第1期。

〔107〕 关于此一论题的争论，参看 Raul Radoi, O lugar do notario na Europa, in Revista do Notariado, no. 1, *Ordem dos Notarios*, 108ss (2009).

(也就是垄断性，而且它涉及重大的交易)，因此谁人可以成为公证员就成了一个关键问题。一些国家的公证员完全是政府官员性质，可是另外一些国家则允许公证员以自由业者的身份代行部分公权力。这个时候，有的法律秩序要求公证人必须先具有律师资格，而另一些秩序则不允许律师同时担任公证员。因此，公证员私人化与自由职业化的问题曾经在一些国家引起争论。其后，随着法律行为去形式化发展，公证的要式要求受到一定程度的质疑。当欧盟进程加快以后，一向不代表公权力并以自由职业方式运作的英国公证制度向欧洲大陆发展市场准入的诉求，并由此引发拉丁公证制度与英国公证制度以及公证职业的性质（究竟是否行使公权力）之争，此一论战引发了整个公证制度的危机。[108]

在这里卷进职业危机的议题并不是希望为它提供任何答案或出路。作为“对时代价值有敏锐触角的一个灵活与细心的传译者”的法律人自己必定会为自己找到出路。这里关心的是：关于上述的危机或至少是表面的危机，法学教育还有什么可以做吗？本文相信是有的。一方面，法学教育当然要提高教学的质量，使法律人真正具备与一般人不一样的诠释技术。另一方面，在一个大学教育普及的年代，假如法学教育也就是像一些学科一样，只为年轻人提供一些可有可无的常识，又或者只提供一个从未成年进入成年、从纯粹的学习到工作之间的过渡期，那么大学的法学教育也就与任何危机都没有关系。可是反过来，任何法律职业也不再与法学教育有任何关系了。

三、澳门法律人的养成

(一) 澳门法学教育开展前的法律人养成

澳门开埠四百多年，自明朝开始即出现华洋杂处的局面，后因清朝政府腐败而使澳门落入葡萄牙人之手，迄今亦百年有余。葡萄牙纵非西欧强国，但在法制发展方面，往昔自然传承罗马法的千年传统，近代亦紧贴欧洲的现代化进程。很难想象在葡萄牙治下的澳门在过去的悠长岁月里会没有法律建制或不需要法律人才。然而不争的事实是，一直到20世纪80年代末，澳门的法学教育才开始筹建。显然，在此以前如有法律工作者在澳门工作的话，他们也不是澳门培养的。事实确实如此。在20世纪80年代

---

[108] Carla Soares, Contra-Reforma do Notariado e dos Registos: Um erro conceptual 111 (2009).

以前，澳门法律工作者的来源主要有二：其一，直接来自葡萄牙的法律人；其二，生长于澳门但是在葡萄牙修读法律的土生葡人（即葡萄牙人与中国人或其他国籍人士的后裔）。

这一现象表明，在20世纪80年代以前，澳门法律工作者的法律文化背景与葡萄牙本土的法律人并无差别，均为该国几所主要大学培养出来的人才。当然，由于当时社会教育水平一般，而且在澳门土生土长而又能在葡萄牙取得法学学位的人不多，基本上属于社会的精英，所以毕业后都担当重要职位。其中最著名的应属曾多次连任澳门立法会主席，并参与《澳门基本法》起草工作的宋玉生（Carlos D' Assumpção）先生。

（二）澳门法律教育的起点与发展

澳门的法律教育始于1988年，其建立的契机是1987年签署的《中葡联合声明》。在该声明签署后，澳门随即进入狭义的过渡期。[109] 虽然中葡两国政府同意在过渡期内进行友好合作以确保该声明的有效实施并为澳门政权的顺利交接创造条件，但是由于当时澳门的行政管理仍由澳葡政府负责，因而过渡期工作的落实很大程度上仍取决于澳葡行政当局。《中葡联合声明》附件一承诺：澳门原有法律制度在澳门特别行政区成立后继续适用。[110] 然而，当时适用于澳门的法律，绝大部分仅仅以葡萄牙语制订，并无中文文本。绝大部分的法律工作者以及中高级公务员均为葡萄牙人。倘若此状况在澳门特别行政区成立以前不作改变，则政权的移交以及将来政府的运作，势必困难重重，从而危及《中葡联合声明》所承诺的“一国两制”方针。因此，澳葡政府将“公务员本地化”“法律本地化”以及“法律中译及中文化”列为过渡期的三大问题，并以之作为过渡期施政的一大焦点。

公务员和法律中文化、本地化的政策，决定了将来澳门特别行政区的公务员以及法律工作者，将无法求之于外。在这个背景下，本地公务员与法律工作者的培训，似乎是当时政府唯一可行的选择。问题是，澳门的高等教育开展比较晚。在进入过渡期以前，澳门只有唯一的一所大学（即私

---

[109] 参见《中葡联合声明中的过渡》，载《澳门人口与发展》，澳门基金会1994年自版，第364页以下。

[110] 该声明的《附件一》规定如下：“澳门特别行政区成立后，澳门原有的法律、法令、行政法规和其他规范性文件，除与《基本法》相抵触或澳门特别行政区立法机关作出修改者外，予以保留。”

立东亚大学)。该大学没有开设上述政策所需要的法律和公共行政管理课程，因此有关培训也只能从头做起。

倘若澳门历史仅仅从狭义的过渡期开始，那么当时澳葡政府的反应也可谓非常迅速。在《中葡联合声明》签署后不足一年的时间内，即于1988年1月18日由政府颁布第7/GM/88号批示，以项目组的方式成立“法律和公共行政课程办公室”[111] 负责推动、协调及关注在澳门设立法律与公共行政大学课程的一切活动。在该办公室的推动下，澳门第一个公共行政与法律的大学课程，就在同一年（即1988—1989学年）在私立的东亚大学内诞生了。

在1988年开办的第一届法律与公共行政课程的法学部分，原本由里斯本大学的Oliveira Ascensão教授负责，而教员基本来自里斯本大学。然而在一年之后，则转为由科英布拉大学的Orlando de Carvalho教授担任学术委员会主席，而且由科英布拉大学的几位教授作为学科带头人，具体的授课则由该校毕业的一些年轻讲师和助理教授负责。[112]

科英布拉大学有七百多年历史，而且其教员参与制定了包括1966年《民法典》与《刑法典》等重要法律。被派来澳门作为学科带头人的学者们曾直接参与过葡萄牙这些法律的制定，因而是较有说服力的。

问题是，科英布拉大学的教学侧重于理论的演绎，而且教材较为零散，不利于初学者。然而，这一批颇有职业素养的年轻教员除了教学以外其实还承担了另一个重大任务：为即将设立的澳门特别行政区制定几部重要法典。从相关法典的理由说明可以看到，澳门各法典的理论基础均源自领导澳门大学法学院的学科带头人，而具体执笔则为年轻的教员。[113]

澳门的大学法律教育始于1988年，当时的澳葡政府经过一段时间的酝酿后决定在澳门东亚大学开设一个法律课程，也就是以葡文教学的法学士

---

[111] 该办公室的存续期限仅为1年，在期满后便撤销了。

[112] 参看José Gonçalves Marques, Evolução Recente do Direito de Macau, in Repertório do Direito de Macau 41 (2007).

[113] 例如《澳门民法典》的草案由当时在澳门大学法学院讲授民法的Luís Miguel Urbano负责，而《澳门商法典》则由该校讲授商法的Prof. Augusto Garcia负责，两人均为科英布拉大学Orlando de Carvalho教授的学生，而且均奉该学者的学说为圭臬。可有趣的是，两部法典之中，前者保守，后者创新。关于《澳门民法典》的起草过程以及立法理由，参见Luís Miguel Urbano, Nota de Abertura do Código Civil de Macau, in Código Civil 1 (1999)；关于《澳门民法典》的起草过程以及立法理由，参见Augusto Teixeira Garcia, Nota de Abertura do Código Comercial de Macau, in Projecto do Código Comercial de Macau 1 (1998).

课程；1991 年，澳葡政府将东亚大学更名为澳门大学，法律课程也随之升格为澳门大学法学院。该课程教学的体制和课程设置基本是参照葡国大学的法学院模式，教员是葡国人，教材采用葡萄牙法学教科书，教学语言为葡语，学生则包括懂葡语的华人居民、在澳门生活或工作的葡国人及葡裔居民、少数来自非洲葡语国家或东帝汶的学生。[114] 这批学生中，特别是懂中葡双语的华人毕业生后来大多出任澳门各级法院和检察院司法官以及澳门公共行政机关的主管领导或法律顾问，或者成为知名的华人律师。也是因为这个原因，澳门三级法院的院长与其他国家或地区比较起来都非常年轻，不过在回归祖国十多年后的今天，这一批司法官也已经累积了相当丰富的审判经验。

随着社会的转变，澳门大学法学院于 1996 年开设中文法学士夜间课程，2000 年又开设中文法学士日间课程。这两个课程的开设使澳门法律知识得以在广大华人居民中传播，华人法律工作者的数目也不断增加。中文法学士课程的教学制度、课程设置和授课内容，基本上与葡文法学士课程相同，但在课程设置上根据华人居民的特点略作调整，譬如增设学年科目“中文写作”、加强中国内地法的学习、四年级开设选修课和提交毕业论文等。除了法学士课程，澳门大学法学院还开设了两年制学位后课程—澳门法律导论课程，招收在内地、台湾地区或其他地方获得法学士学位的居民，进行为期两年密集式的澳门法律之学习。中文法学士与导论班的创建“具有十分重大的意义”[115]，它们标志着澳门法学教育的中文化。

进入 21 世纪以后，澳门的法学教育发生的变化更大。澳门大学法学院除继续运作中、葡文的法学士课程外，还陆续开设葡、中、英文的法学硕士课程及中、英、葡文法学博士课程。澳门特别行政区成立后创建的第一所私立大学（澳门科技大学）在 2000 年成立之时即设法学院，同时开办法律本科课程、法学硕士和法学博士课程。因澳门对法律人才需求甚殷，前来学习者十分踊跃。[116]

---

〔114〕 参见刘高龙：《努力办好具有澳门特色的高等法学教育》，载《澳门研究》2007 年第 40 期。

〔115〕 同上注。

〔116〕 参见尹德明：《关于澳门法律教育若干问题的思考》，载《首届澳门人文社会科学大会论文集》，2006 年自版，第 99 页。

（三）澳门大学法学教育所继承的传统

1. 谁是被继承者

按上文所述，澳门大学法学院的设立，基本上是按照葡萄牙法学教育（尤其是科英布拉大学法学院）的模式组建的。因此，了解葡萄牙法学的传统将对我们评价澳门过去与现在的法学教育模式有极大的帮助。实际上，葡萄牙科英布拉大学是现时世界上历史最悠久的大学之一，尤其是法学教育，可以追溯到13世纪或更早。根据权威历史学家的研究，在近代大学史中，科英布拉大学曾经是与巴黎大学、萨拉曼卡大学、牛津大学、剑桥大学等并列为欧洲“最著名”且“无可争辩”的优秀大学。[117] 然而正如上文已经提到的一样，大学的兴起（尤其是法学）源于博洛尼亚，中世纪欧洲各处兴起的大学基本上都以“博洛尼亚大学”或巴黎大学为蓝本。

自Irnerius在博洛尼亚传授罗马法并形成注释学派后，罗马法复兴便逐渐发展成欧洲的一个普遍运动，而且在很多方面直接对葡萄牙产生影响。由于Irnerius与其学生们的名声，博洛尼亚学校以及意大利地区的其他学校，很快就吸引了一大批慕名而来的学生。他们学成后，一般会将罗马法知识、注释学派的教学方法以及一套新的法律制度带回祖国。有了这一基础，在12世纪末与13世纪初，欧洲各国都争相设立大学或大学馆。在这些大学中，教会法与优士丁尼罗马法是主要知识部门。必须注意的是，大学的发展与天主教有莫大的关系。在13世纪发展起来的这些大学，除了部分直接由慈幼会等教会机构所开办的学校发展壮大而形成外，其他的大学如果要在基督教世界获得认可，必须由教皇向其赋予一项被称为ius ubique docendi的特权。早在12世纪下半叶或13世纪初期，古时被称为希斯帕尼亚（Hispania）的地区（即现在的西班牙部分地区与葡萄牙）便有大量神职人员到意大利博洛尼亚大学学习法律，因而很快就涌现出不少葡萄牙籍的教会法学家，例如盛名远播的若昂·迪乌斯（João de Deus）[118]。兴办大学的风气，没有多久就传到伊比利亚半岛。西班牙地区在13世纪初，便出现了帕伦西亚大学（Universidade de Palência），以及一直存续到

〔117〕 参见〔比利时〕H. De Ridder-Symoens主编：《欧洲大学史》（第1卷），张斌贤等译，河北大学出版社2008年版，第53页。

〔118〕 关于João de Deus以及其他中世纪的葡萄牙法学家，参见〔葡〕Almeida Costa：《葡萄牙法律史》，唐晓晴译，澳门大学法学院2004年自版，第177页。

现代的萨色拉曼卡大学（Universidade de Salamanca）。教会法及罗马法是包括葡萄牙在内的伊比利亚半岛大学教育中具有最悠久传统的范畴之一，自大学在伊比利亚半岛出现开始，罗马法及教会法就一直是这些大学的主要科目[119]。

根据主教尼可劳四世（Papa Nicolau Ⅳ）在 1290 年 8 月 9 日发出的一份训谕，可见当时的葡萄牙已经有权授予教会法与民法学士的学位（学位持有人拥 ius ubique docendi）。因此，葡萄牙的大学教育产生于 D. 甸尼斯的时期（即介乎 1288 年至 1290 年之间）的论断基本上是正确的。葡萄牙的大学一开始设在里斯本，后来迁往科英布拉，但真正继承该国第一所大学的是“科英布拉大学（Universidade de Coimbra）”。像欧洲很多古老的大学一样，它所传播的正是源自博洛尼亚的法学教学传统。

2. 学制的传承与法学家的产生：从科英布拉大学到澳门大学

葡萄牙的大学一直到 16 世纪末，还遵循博洛尼亚的模式，维持双校长制，即每年由学生与教员共同从法学院和教会法学院的学生中选出两名校长。中世纪末的几位葡萄牙君主，均对大学教育抱有很大的期望。为改善教育水平，他们一方面邀请国外的知名学者到葡萄牙的大学担任教职，另一方面又资助学生到国外学习。在 15 世纪，葡萄牙君主 D. Manuel 批准了大学的章程，使大学制度得以巩固下来。

中世纪的大学学科不多，教学队伍的规模不大，而教材也不充足。学习达到一定程度的学生，还需要协助教授授课。在一些 15 世纪的文献中，已经出现了副学士（bacharel）、学士（licenciado）和博士（doutor）学位[120]。对于法学和教会法学而言，副学士学位是授予完成了文法与逻辑的预备课后，在法学院或教会法学院上课满三年的学生，然后为其“论文”公开答辩的学生。法学士或教会法学士是最难取得的学位。副学士必须再补充学习四年，方得参加学士学位的考试。我们今天具有最高学历意义的博士学位，在当时并没有那么重要。它其实是为使学士显得更有气派，从

---

〔119〕 关于中世纪时期伊比利亚半岛的大学教育，参看 Andrés Barcala Munoz, Las Universidades espaãolas durante la Edad Media, in Anuario de Estudios Medievales, Vol. 15, Barcelona 83ss (1985). 参见〔葡〕Almeida Costa：《葡萄牙法律史》，唐晓晴译，澳门大学法学院 2004 年自版，第 177 页。

〔120〕 上述 1431 年 7 月 16 日规章仅处理了考试与学位的制度。关于其内容参看 Mário Brandão/M. Lopes de Almeida，前揭 A Universidade de Coimbra，第Ⅰ部份，第 132—133 页。以拉丁语及葡语出版，载前揭 Os Primeiros Estatutos da Universidade de Coimbra，第 16—17 页。

而举行一个形式庄严行为的结果。虽然葡萄牙大学的教学材料与方法都深受意大利影响，然其法学教育却难以和意大利和法国地区的大学竞争。

到16世纪（1537年），葡萄牙君主D. JOÃO三世决定大力改革大学教育，使之与当时的欧洲先进国家看齐。为创造更好的学习环境，他将国立大学的校址永久设定在科英布拉。在改革的旗帜下，大部分教授均被安排提早下岗。能进入科英布拉大学的，就只有那些在科学上有卓越成就及威望的学者。[121] 他们之中，只有小部分属本国学者（例如极受同代人敬重的Gonçalo Vaz Pinto），大部分教授都是从国外引入的大师，当中包括来自萨拉曼卡大学的教会法学者Martín de Azpilcueta[122]，由著名的意大利人文主义法学家Andrea Alciato推荐的民法学者Ascânio Escoto等人，以及一些在国外成名的葡萄牙籍学者（如Bartolomeu Filipe）。

科英布拉大学的学制是由D. Manuel国王所制定的大学规章所确定的，虽然历经其继任者修改，但整体上一直生效至18世纪后期“彭巴尔改革”为止。根据这部规章，大学有两个法学院：教会法学院和法律学院，分别教授《教会法大全》(*Corpus Iuris Canonici*) 与《民法大全》(*Corpus Iuris Civilis*)。其学科结构类似博洛尼亚大学，教会法的学科主要围绕几部经典的教会法作品（包括*Decretais*、*Decreto*、*Sexto*以及*Clementinas*等材料）；而法学的学科则按照注释学派划分优士丁尼汇编的方式划分，内容为包括《学说汇编》《法学阶梯》《法典》等优斯丁尼法经典。由于当时已经进入经院哲学的时代，所以两个学院的教学方法均源于经院哲学：教授朗读《教会法大全》或《民法大全》的段落[123]，然后以一定的论据对文本进行评论，并对不同的意见进行批驳后，总结出结论。但是，实际上大部分学者均受到权威学者所形成的opinio commune影响。虽然人文主义法学曾经在15到16世纪期间对注释学派与评注学派的方法造成冲击，但是随着该国的大学教育在16世纪的衰落，经院哲学与巴托鲁斯的方法很快又夺回主导。在课堂上，必须使用拉丁语，而学生仅在取得副学士学历8年后才举行毕业典礼。而且也只有在毕业典礼举行后，方得从事专业的法律工作。

---

[121] 不应排除某些有教学能力的教员由于个人或家庭理由而留在里斯本。参看Armando de Jesus Marques, Um escolar de Direito em Coimbra e Salamanca-O Lic. Fernando Ãlvares 1548—66, at 9 (1982).

[122] *Id.* at 329。

[123] 传统上，将大学教授称为“阅读者”(lente，即阅读的人)。然而，“阅读”罗马法或教会法文本却被广义理解为包括对这些文本的解释。

作为16世纪海上霸权的葡萄牙，对大学教育以及法学的改革并不是没有成效的。在法学方面，人文主义与传统经院哲学与巴托鲁斯方法的博弈，造就了在法学史上声名卓著的“自然法西班牙学派”的诞生[124]。必须注意的是，虽然法学史称之为“自然法西班牙学派”，可是事实上这一学派的学者并非都是西班牙人。他们之中，也有不少是葡萄牙人或与葡萄牙有密切关系的人。例如，以自然法为基础、主张航路垄断的葡萄牙法学家就有：安多尼奥·达·迦玛（António da Game）、若热·卡贝度·德·瓦斯康塞洛斯（Jorge Cabedo de Vasconcelos）、本图·基尔（Bento Gil）、弗雷·塞拉菲因·德·弗雷特斯（Frei Serafim de Freitas），以及多明戈斯·安图内斯·波尔图迦尔（Domingos Antunes Portugal）。这些人的言论，后来都成为胡果·格劳修斯（Hugo Grócio）的经典著作《论海洋自由》以及《战争与和平法》的铺垫。尤其是Frei Serafim de Freitas，他以罗马法的评注为基础，与格劳修斯直接以书信对话，就海洋自由的论题展开了激烈论战[125]。另外两位声名显赫的人文主义法学家路易斯·德·摩林娜（Luís de Molina）以及弗朗西斯古·苏雅勒斯（Francisco Suárez），均与葡萄牙的大学有密切关系。前者曾经在埃武拉（Évora）当教授，完成了一部法律作品；后者更被视为“天主教方面的哲学、政治及法律哲学在16世纪末的最高代表人物”[126]，而他是埃武拉大学的神学博士，后来又任教于科英布拉大学。

到18世纪，葡萄牙的法学教育又因受国外的理性自然法论、学说汇编的现代应用、启蒙主义以及人道主义思想的影响，进行了大规模的改革。这场改革的主要推动者，则是奥拉托利会会员：弗尔尼（Luís António Verney），以及葡萄牙历史上颇具争议的人物彭巴尔侯爵（Marguês de Pombal）所领导的政府。这次改革的精粹，主要体现于两部规范性文件：其一，1769年8月18日制定的法律，该法一般被称为《良好理由的法律》；其二，1772年制定的大学《新规章》。

这些改革措施的本意，是在法学教育以及司法活动脱离注释与评注学派的羁绊，贯彻理性自然法的观念，然而实践却发现，改革后的法律适用

---

〔124〕 这个流派从自然法的立场出发，以神权观念为基础对国家与法进行了新的解读。

〔125〕 参看Paulo Merêa, Um aspecto da questão Hugo Grócio—Serafim de Freitas (Condição jurídica do mar no direito romano), in Bol. da Fac. de Dir., Vol. II 465 (1998).

〔126〕 参见〔葡〕Almeida Costa：《葡萄牙法律史》，唐晓晴译，2004年版，第259页。

标准非常空泛，法官无所适从。于是，立法者又修正了原来的立场，从新的学说中寻求帮助，以罗马法是否被理性自然法以及学说汇纂的现代应用各学派的名著所接受作为其是否可被适用的标准。在法学及教会法课程的教学内容上，基本还是以《民法大全》（主要是《学说汇纂》）和《教会法大全》所组成，但教学的方法则受到德国大学所启发的所谓“综合—展示—概括”（sintético-demonstrativo-compendiário）方法。构成该三字词组的字符组合，旨在表达一个清楚的思想方针：须按循序渐进的方式，透过定义及对教材作体系化的安排，向学生展示每一科目的外貌。仅在对先例（precedentes）作科学的辩证之后，方以演绎的方式作建议或结论。以上均辅以适当的及正式批核的教科书。因此，法学教科书的编写就成了一项迫切任务，而在本国教材问世之前，则大量使用德国及意大利的著作。

从19世纪末进入20世纪，葡萄牙的大学教育也进入现代化。大学学科的精细分工以及办学规模的扩大，使法学在大学教育中的主导地位有所下降。另外，葡萄牙法学主流也跟随欧洲的主要国家一起，进入法实证主义与法社会学的时代。在这一时期，葡萄牙受到法典化运动的牵引而在1867年制定了《塞亚布拉法典》，该法典于1966年重新修订（也就是现行的《葡萄牙民法典》[127]）。法学科目的设置以及思维方式，也随着法典背后所隐含的不同法学思想而有所改变。在1945年，该国两所最重要的大学（科英布拉大学与里斯本大学），共同确定了其法学教育的学制：（1）取消副学士学位；（2）学士学位设为5年制；（3）评分标准为20分制；（4）学士毕业而平均不低于14分者可参加1年的补充课程；（5）完成补充课程者可修读博士。[128]

当澳葡政府于1989年正式开设法学士课程时，科英布拉大学在1945年修订的学制基本上被移植到澳门。

3. 澳门（葡式）法学教育传统的若干特征摘要

（1）5年制与20分制

从上文介绍可见，从20世纪40年代开始，葡萄牙的法学士学位即改为5年制，而评分标准为20分制。5年制学士学位的主要原因，是高校法

---

〔127〕 该法典的中译本已由北京大学出版社于2009年出版，译者为唐晓晴、曹锦俊、邓志强、关冠雄与艾林芝。

〔128〕 参见〔葡〕Almeida Costa：《葡萄牙法律史》，唐晓晴译，澳门大学法学院2004年自版，第332页。

律课程乃晋身法律职业的必要条件与唯一途径。很明显，相比大部分大学科目所要求的 4 年制，其目的应是要向另外两个与职业准入有关的课程（医学与工程）靠拢。

从法学课程设立开始，5 年的学制就与澳门大学其他学院的课程极不一致，从而增加了大学的行政成本。所以一直以来，行政部门与其他学院对该学制均有一定的质疑声音。可是由于当时法学院的设立是政府为实现特定政策目标而直接主导，所以在很长的一段时间内均得以维持该学制。

然而自中文法学士课程设立后，学制就迅速改为 4 年制。葡文法学士的学制维持 5 年，原因是该课程与葡萄牙科英布拉大学有一个自动承认的协议，因而不宜修改。

20 分制的评分标准则主要因为 5 分制或等第制五个等级的划分太笼统，而百分制难上难有精确标准。

（2）课程内容

澳门大学法学院的法学士课程设计自 1989 年开办起即沿用至今，当中虽有修改，但主要内容变化不大。在 5 年的学习里，学生将学习到的是构成实证法主要内容的民法、商法、刑法、行政法、诉讼法、国际法等领域。除此以外，还辅以语言（葡语）、法制史、比较法、经济学、政治学等一般性科目。实际上，大部分的课时都被民法、民诉、刑法、刑诉、行政法、商法等法典化法律部门占据，当中尤以民法的分量最重。从一年级的《法学绪论》讲授民法典中一些关于法的一般规则（例如渊源、体系、解释等）开始，学生在余下的各年学习中都有至少一门民法课（二年级有《民法总论》、三年级有《债法》和《物权法》、四年级有《亲属法和继承法》，如为四年课程则四年级还讲授同处民法典内的《国际私法》）。

另外，较有特色的是，每一门具有实践性内容的学科都设理论课和实践课。实践课并非要到实务部门实地学习，而是训练学生分析案例或者解决一些由教员设计的演示题。

（3）笔试与口试

在考试制度方面，澳门大学法学院的原来考试制度比较复杂，1 年 2 次期考后取平均成绩，如学生不选择期考，则可以在学年结束时仅做一次总考。每一个法律科目都会设有笔试和口试，学生在笔试取得一定的成绩才能参加口试，如果笔试成绩优秀，则口试为自愿参加性质。在第一次总考结束后，学院还举行第二次总考，程序基本重复一遍。因此，学生有很大的空间计划自己的考试策略，而且还有很多次机会补考和提高成绩。

问题是，对于参加考试的学生而言，一般还都认为考试很难，因为在口试中，学生要直接面对2到3位考官的口头询问，而一旦学生紧张或对有关知识了解不透，很容易会在考试中哑口无言。每个科目的每一位学生口试大约在20分钟—1小时，因为口试是面对面的，考官还可以不断对一个议题深挖，使一些基础不稳固的学生无法招架。

最后，由于葡萄牙法学教育的传统认为作为人文科学的法学一般没有满分的答案，所以教员的成绩打得很低，最好的学生也只是拿到15/20或16/20，这往往令新生的自信心很受打击。

（4）学生的自我感觉以及社会对法律课程的重视

法学对于葡萄牙大学教育的意义与其他学科完全不同。很多个世纪以来，法学均在葡萄牙的大学内享有特别优越的地位，院内的教员与学生也同样具有很大的优越感。造成这一现象的原因很多：首先，法学是葡萄牙科英布拉大学（第一所大学）从中世纪开始就一直开设的科目。到了现代，也仅仅剩下法学院是真正从制度上建基于中世纪大学的学院。其次，数百年来，法学院的毕业生一直在社会上担当重要职务，是政务官与管理者的摇篮，因此中产阶级均喜欢将子女送进法学院。[129]

笔者记忆所及，在20世纪90年代，澳门大学法学院的学生一般都感受到与其他学院不太一样（当然不排除有一些优越感）。首先，澳门大学最早期的法学院学生是由政府资助的，无需缴纳学费之余，政府还对学法律的公务员提供很多工作上的便利；其次，在学生来源方面，法学院的学生大部分为成年学生，不少还是有官职在身的葡人或中国人，所以比较成熟；再次，法学院最初开设的葡语法学士课程由晚上五时授课到十时半，基本上不与其他学院的学生接触，除了使用图书馆的葡萄牙语法律馆藏外，校园生活很少；其四，法学院以葡语授课，一般学生没有葡语知识所以无法修读；最后，在本地化背景下，法学院学生从来不担心工作，基本上法学院的学生还没有毕业就已经找到很好的出路，如政府的高级行政官员、司法官、律师、公证员等。

回归前，整个社会对法学院毕业生的重视程度是非同一般的。每年毕业的时候，法学院的毕业生都会独自举办毕业晚会，在隆重的气氛下，澳门总督、多位政务司长以及司法界的一些重要人物均会出席。很多时，毕

---

〔129〕 Manuel Alberto Carvalho Prata, Academia de Coimbra-（1880-1926）—Contributo para a sua História 49—50（2002）.

业生还可以得到社会团体的赞助，整个班到国外进行毕业旅行，又或者出版纪念册。

（5）讲义

在科英布拉大学以及欧洲中世纪产生的其他大学，讲义（sebenta）的历史可能与大学本身的历史一样长。由于当时印刷术尚未在欧洲流行，学生很难获得手抄书本，所以大学知识的传授主要靠学生记录后整理成的讲义。后来，即使在印刷术出现很久以后，制作讲义的传统并没有消失。葡萄牙科英布拉大学法学院的很多课程都是以讲义作为主要教材的。[130] 即使到20世纪，该大学法学院的很多教授对课本的出版都非常谨慎，总觉得自己的作品还不够完美。作品到死后还尚未出版的教授也不在少数（例如葡萄牙现代民法学的奠基之作——Manuel Andrade 教授的《法律关系总论（Teoria Geral das Relações Jurídicas）》就是他辞世后才出版的遗作）。

科英布拉大学这种对于教科书与讲义的观念也传到澳门。在新的世纪到来以前，大部分从葡萄牙来的或本地的学者或教学人员都会为学生撰写详细的讲义，可是却没有很大的意愿出版教科书。[131]

（6）学士学位与博士学位的意义

虽然葡萄牙并不是法学知识的主要输出国，但是葡萄牙大学（尤其是科英布拉）对待法学的态度是非常认真的。基于传承自中世纪大学的传统，学士学位（licenciado）对于法律人而言就相当于其任教的准照，所以学院对本科生的要求非常严格。学士学位的学制为特别长的5年，在5年内，学生不仅仅要掌握所学法律部门的大概，而且还被要求掌握相关部门法的大部分学说争论以及应用其所学知识进行法律论辩。由于这些原因，直到20世纪结束以前，葡萄牙一切法律职业的准入（包括大学的法学教员）均仅仅以学士学位作为条件。在这个前提下，学生本科阶段的成绩就变成了区分优劣的最主要指标，整个法律共同体均十分关注学生在学士课程所

---

〔130〕 Manuel Alberto Carvalho Prata, Academia de Coimbra-（1880-1926）—Contributo para a sua História 223—27（2002）.

〔131〕 例如，在笔者还是学生的时候，就征得讲授物权法的 José Gonçalves Marques 教授同意，将其所著的《物权法》讲义翻成中文。在当时，整个中国大陆也只有北京大学钱明星教授的一本物权法教科书，学界对国外的物权法著作充满了好奇和出版热情，而当笔者将此情况告知作者后，他不为所动，并举出了包括上述的 Andrade 教授在内的例子，劝我不应急躁。时至今日，该教材已经培训了一代又一代的学生，可是依然没有出版。联想起市面一些急忙写就的材料（包括笔者本人的一些粗疏的作品），再看看该学者的治学态度，不由人不感慨。

取得的成绩，而只有平均成绩达到14分或以上的学生才会被视为优异生。

对于老一辈的葡萄牙法律人而言，法学博士有非常崇高的意义。除少数例外情况，大部分的学者均以博士学位作为其学术生涯的最高点而不是起点，所以很多法学教员仅仅会在教学很多年以后（甚至退休以前）才取得博士学位。博士论文由于负有展示作者在该领域的广博知识的意思，所以一般都写得很深入，千页以上的论文并不罕见（当然，这种体例也很容易使论文失去焦点，变成纯粹的文献整理与综述）。这种观念使葡萄牙法学者在对外交流的时候处于非常不利的状况。随着21世纪所展开的课程改革，葡萄牙法律人对博士学位的看法与做法也在逐渐改变之中。

（四）对葡萄牙法文化及其在澳门法学法展进程中的功能评价

虽然葡萄牙法律体系除适用于葡萄牙本土外，还适用于其一众殖民地[132]。可是这些殖民地的法律工作者要么直接从葡萄牙引进，要么由少数曾接受葡萄牙法学教育的当地人担任，所以殖民地一般并没有自己的法学教育机构，因而也不会形成具再生（或繁殖）能力的本地法律人团队。在回归以前，葡萄牙法律人一直主张并强调基本法保障“现行法”的延续性原则[133]，这个原则如何解释当然有很大的争论空间，但是葡萄牙法和法文化对澳门现行法的影响是不言而喻的。

笔者在一篇论述澳门法文化的文章中曾经断言，从19世纪后期到现在为止，澳门如果有任何法文化的话，它基本上还是葡萄牙法文化的延伸。[134] 然而，最近在一篇法学文章里看到的一段论述却使笔者颇为吃惊（但不妨碍笔者对其作者以及其言论的尊重，因为只有通过这样的不同意见表达，才有可能找到社会共识）。吃惊的原因不是该文作者对葡萄牙法

---

[132] 关于葡萄牙法的国际影响，参看 Paulo Henrique, *A Influencia Internacional do DireitoPportuguês*, *in* BOLETIM DA FACULDADE DE DIREITO DA UNIVERSIDADE DE MACAU, NO. 19 231SS (2005).

[133] Alberto Costa, Continuidade e Mudança no Desenvolvimento Jurídico de Macau á luz da Declaração Conjunta Luso-Chinesa, in REVISTA JURÍDICA DE MACAU, VOL. I 53 (1988); Francisco Gonçalves Pereira, Declaração Conjunta, Modelo de Transição e Reforma da Administração, in REVISTA ADMINISTRAÇÃO, NO. 11, VOL. IV 77SS (1991); Jorge Oliveira, A Lei Básica e o Princípio da Continuidade do Ordenamento Jurídico de Macau, in O ORDENAMENTO JURÍDICO DE MACAU NO CONTEXTO DA LEI BÁSICA 30SS (1991); Paulo Cardinal, O Regime da Advocacia no Contexto da Lei Básica, in O ORDENAMENTO JURÍDICO DE MACAU NO CONTEXTO DA LEI BÁSICA 69SS (1991).

[134] Tong Io Cheng, Legal Transplant and the On-going Formation of Macau Legal Culture, in *Isaidat Law Review*, *Vol.* 1, ISSUE 2, P. 642—644.

的批评，而是其对于澳门法学界的认知能力的误解。为方便讨论，兹把该段落转录如下："澳门可能有不少人士会有'葡萄牙迷思'—认为葡萄牙法是'先进的法律'，葡萄牙是'先进的国家'，因此认为澳门能具有葡萄牙法因素是澳门的'福气'〔135〕……"

该文没有指出究竟怀有这样的"葡萄牙迷思"的不少人是谁，所以很难判断是否真有其人。笔者的感觉是，在澳门法学界或法律实务界即使有这样的人也不会多，起码在公之于世的澳门法律文章或书籍里就很难找到这样的说法。另外，绝对可以肯定的是，葡萄牙法和葡萄牙法文化在澳门存在并扎根从来不是由于澳门的法律群体、民众或政治领袖出于对葡萄牙法的仰慕或所谓的"迷思"而主动继受的。葡萄牙法文化（本文也不介意称之为"澳门法的葡萄牙因素"）传到澳门是在特定的历史时期与特定的政治背景下发生的，活在现代的人没有能力改变已经发生的历史。既然历史的偶然造就了现在澳门法文化的"此在"，我们的法学就必须以之为起点，这其实是教义学意义上的法学之所以可能的一个前提。

换言之，对于"澳门法"而言，"葡萄牙法文化"既是它的过去，也是造成其现状的主要原因，更是它面向将来的起点。正如很多具洞察力的法学家都曾经指出，作为一种文化，法律永远处于这一种发展过程："现在与过去对话，为将来作准备。"〔136〕

（五）结语——澳门法学教育的未来展望

经过对澳门法律人养成制度作多方面的评价之后可以看出，该制度面临的挑战不少，可是资源却不多。法律文化和法学的发展一般会从借鉴中进步，而澳门最理想的借鉴对象当然是同文同种的中国内地、香港与台湾地区。然而，无论是上述哪一个地方的经验都不是澳门可以完全照搬的。

首先，中国内地法学发展的经验，是澳门不能比拟的。〔137〕笔者曾经将中国法律在改革开放以来的法学发展（主要指学术发展）与12世纪兴起

〔135〕谢耿亮：《澳门法困局与出路：葡萄牙化或本地化》，载《一国两制研究》2010年第4期。

〔136〕例如 A. Santos Justo, A CodificaçÃo do Direito Civil e as Questões do Nosso Tempo, texto apresentado na Segunda Conferência Internacional sobre "As Reforma Jurídicas de Macau no Contexto Global" No 10° Aniversário da Região Administrativa Especial de Macau, STDM Auditório, Biblioteca da Universidade de Macau, 10-12-2009.

〔137〕相关文献请参见朱苏力：《中国法学教育面临的问题》；王利明：《中国法学教育的现状与展望》；唐波：《中国高等法学教育的现状与展望》。以上文章均载《澳门大学法学院学报》2006年第22期。

的罗马法重新发现以及随后的罗马法继受运动相比。[138] 虽然中国法律现代化起步较晚，但是它的优势在于，高等教育的底蕴较深厚，所以一些知名院校在改革开放以后一旦专注于法学教育，很快就能产出一大批的人才与研究成果。在学习西方经验方面，恶劣的竞争环境磨炼出法律人只争朝夕的意志（当然还必须察觉到一部分人因而变得浮躁），中国大陆凭借巨大的人口优势所造就的人才库，在很短的时间内（大概从20世纪90年代开始，而在21世纪初大爆发）就涌现出一大批精通外国语言、直接师从外国知名法学家的青年才俊。他们不仅把一批批的外国名作译成中文，而且还以不同的理论模型以中国的社会现状进行测试，并与国外学术机构建立网络。可以期待的是，再经一段时间的酝酿，中国法学也会形成突破，甚至从输入转为输出。不过在现阶段，尽管法学研究不断进步，但更主要的问题是在于司法体制。体制方面的制约并不是技术可以填平的。

其次，就是台湾地区的经验。在这里必须指出的是，我国台湾地区对德国法的继受属于主动继受，而澳门对葡萄牙法的继受是非自愿继受。笔者认为，这一本质的差别很可能也是导致澳门法学经常徘徊于分叉路口而踟蹰不前的原因。主动继受德国法的我国台湾地区不仅官方与民间的求知求学意愿非常高涨，而且，虽然德文除了在法学界以外基本别无他用，可是我国台湾地区法律学人却硬是以学会德语继而负笈德国为己任。相反，在被动继受葡萄牙法的澳门，不但一般民众对葡萄牙文和葡萄牙法热情不高，更经常有一些意见站在 De lege ferenda（“为将来建立更好的制度”）的立法论立场谈论法律解释与适用的问题，模糊了此两个立场之间同中有异的科学要求，殊为可惜。

我国台湾地区因为传承了民国时期制定的法制，而且是唯一以中文完整地表达大陆法体系的地方，所以澳门法律中文化的初期，一些术语的翻译基本是参考我国台湾地区的，也幸好当时有一些在我国台湾地区学习的学子学成归来，与本地、葡萄牙和内地的学者联袂合作，澳门法律的中文化才得以迅速实现。甚至可以说，在过去很长一段时间里，我国台湾地区是唯一生产以汉语工作的法学家的地方，而且部分法学家直到现在还在华语法学圈中独占鳌头。然而，我国台湾地区的经验与模式也是澳门无法直接参照的。从民国开始，法律人就留日、留德、留美，因而造就了大量的法律人才。正是由于这些学通中外的前辈法学家的努力，我国台湾地区产出的中文法学文献非常丰富。在人才与文献均达到一定质和量的背景下，

---

〔138〕 参看唐晓晴：《法学教育研讨会评议稿》，载《澳门大学法学院学报》2006年第22期。

我国台湾地区的法学教育也有了一个较为稳健的基础，因而当地学子即使外语不强也不缺乏学习材料，而且能在充分认识本地实证法的前提下，大胆从不同法系里吸取养分。即使如此，我国台湾地区法学界留德、留美、留日的学者还是今天学界的主力军。

最后，可作为参照的是香港地区的经验。一方面，由于19世纪的英国与20世纪的美国在经济、军事、政治方面的强势表现，英语亦随之成为国际语言。另一方面，虽然香港与澳门同样是被迫继受西方法文化，但是由于港英政府在实行英语教育方面取得一定的成绩，所以有条件形成一个较有规模且习惯于英式思维的知识阶层。他们一直捍卫着港英治下的生活方式。再者由于香港的经济很早就发达，而在国际经贸上又以英语以及受英美法影响的规则体系运作，所以香港民众和商界一般不仅不会对英国法律文化反感，反而会有一定的自豪感。更为重要的是，英美法为判例法体系，法制的发展以及法律技术的改良很多时都由法院推动，所以只要有一个运作正常而且有一定质量的司法系统，该法律秩序就有了最基本的再生能力。不同的是，大陆法系的法律发展一般由法学者阶层推动。

对澳门法学教育而言，内地在法学研究方面的进步当然是一个积极因素，因为过往在一些法律的基础问题上，澳门法律人很难找到足供参考的数据。随着内地法学的发达，一些对整个大陆法系均具有重要性的文献和教义命题大量地被翻译与研究，而有关的成果毫无疑问也会使澳门的法律人受益。台湾地区法学的经验与成果对澳门的借鉴作用当然也是非常大的，假如澳门政府与学者能多花时间研究一下台湾地区法学发展的经验（这不等于向台湾地区的法律体系靠拢），我相信一定会有收获。然而，法律文化是不断发展的，大陆法系的不同国家和地区虽然存在交叉继受的情况，但是一般都有属于自己的法文化与文化背景，所以大环境的改善只能提供一定的助力，而法学却必须关注细节。在这个环节上，澳门法律还是必须走自己的路，培养出自己的研究队伍。

当澳门政府的政策只顾及填满司法系统的职位，而不着重于形成一个有规模以及有科研能力的法学者阶层，而法典化移植后的立法与社会发展又进一步疏离原来的被继承者的时候，其法律秩序也就很难有再生能力了。

澳门法学和澳门法制如何走自己的路至今仍然是一个值得深思的问题。

（文字编辑　曹涵彬）

12至13世纪意大利的法学教育

王思杰*

一、波伦那法学教育的勃兴与发展

（一）波伦那大学的形成

12—13世纪的社会和文化条件，使得意大利率先出现了近代法学教育的萌芽。众所周知，这种萌芽诞生于波伦那。波伦那地区地处亚平宁半岛北部，是伦巴底（Lambardy）、维罗纳的马奇（March de Verona）、罗曼蒂奥拉（Romandiola）和托斯卡纳（Tuscany）四个省区的交叉点，处于连接意大利北部入口和中心交通线的中央。[1] 意大利商人带着拜占庭的货物来到这里，使得波伦那从很早开始就成为一个社会和经济交流的国际型地区。[2] 而这种险要的交通要冲地位，使得波伦那从11世纪开始成为罗马教廷与神圣罗马帝国皇帝相互交锋之处。拥有35000至40000人口的波伦那在帝国与教廷之间勉强维持着其独立城邦（independent city-state）的地位[3]，由被称为"Credenza"的600人委员会进行治理。[4] 同时波伦那也

---

* 作者系华东政法大学2013级法学博士研究生，研究方向为外国法律史。

〔1〕 Alan B. Cobban, *Universities in the Middle Age*, Liverpool University Press. 1990, p. 8.

〔2〕 Alan B. Cobban, *The Medieval Universities: Their Development and Organization*, Methuen Publishing, 1975, p. 49.

〔3〕 David S. Clark, The Medieval Origins of Modern Legal Education: Between Church and State, *The American Journal of Comparative Law*, Vol. 35, (Autumn, 1987), p. 682.

〔4〕 THL Isabelle de Foix, A Tale of Two Medieval Universities: Bologna and Paris, (January 1996), http://scholar76.tripod.com/universities2.htm, Mar. 15, 2013.

是教廷和帝国双方都竭力拉拢的对象。这种环境使得波伦那地区的文化相对自由，尤其是1116—1120年，皇帝在这一地区势力的衰落，使得波伦那城市迅速成长起来，较早地获得了城市自治权。同时由于地处交通要冲，波伦那的经济在12世纪西欧的“商业革命”中迅速成长起来，成为意大利北部著名的中心城市之一。波伦那法学教育就是在这一环境中成长起来的。

据说，波伦那在罗马时代就曾经出现过不少讲授文法、修辞和法律的学校。[5] 但在中世纪，波伦那并不是意大利最早的法律学校。罗马、帕维亚和拉文纳的法律学校都早于波伦那[6]，但只有波伦那最后发展成为以法学研究为中心的大学。[7] 可以肯定的是，从11世纪中后期开始，一些法学教师开始来到波伦那地区传授法学知识[8]，同时，一些重要的罗马法文献，特别是《学说汇纂》的文本在波伦那被重新发现[9]，更吸引了学者们来到波伦那研习和教授法律。在这一过程中，留下名字的较早的一位法学教师是佩伯（Pepo），他大约在1075年左后在波伦那地区教授法学。据记载，佩伯因为“特别高超的法律技能与尤其渊博的法学知识，被一个封建王庭封为‘行政顾问’，并被授予‘立法博士’的荣誉称号”。[10] 逐渐地，波伦那成为提供法律专业训练的“首选之地”。[11] 至1119年，出现了

〔5〕 据说，在罗马帝国时期，波伦那就有一座市立学校（Municipal School）。城中，还有一所进行艺术教育的主教学校（Diocesan School）和一所专门教授教会法的僧侣学校（Monastic School）。可参见 Willis Rudy, *The Universities of Europe*, 1100—1914: *A History*, Fairleigh Dickinson University Press, 1984, p. 17.

〔6〕 The Rev. J. E. Healey, S. J., M. A., The Medieval University, CCHA Report, Vol. 17, (1950), p. 70.

〔7〕 贺国庆等：《欧洲中世纪大学》，人民教育出版社2009年版，第16页。

〔8〕 据13世纪的波伦那法学家奥多弗雷德的观点，意大利法学研究的中心先是在罗马，因为战争转移到拉文纳，后又来到波伦那的。奥多弗雷德提供的关于12—13世纪意大利法学教育的信息和法学家生平细节的描述被认为具有极高的可信度，具有权威性。参见〔英〕保罗·维诺格拉多夫：《中世纪欧洲的罗马法》，钟云龙译，中国政法大学出版社2010年版，第38页。

〔9〕 1076年托斯卡纳的一份判决引用了《学说汇纂》，但当时的人们并没有认识到这就是《学说汇纂》。1084年，拉文纳也有《学说汇纂》的引用。但实际上，如上引用可能来自《查士丁尼法典》的某种汇编。真正正本的《学说汇纂》被认为发现于波伦那。可参见 O. F. Robinson, T. D. Fergus and W. M. Gordon, *European Legal History*: *Sources and Institutions*, Oxford University Press, 2005, pp. 42—43.

〔10〕 〔英〕海斯汀·拉斯达尔：《中世纪的欧洲大学——大学的起源》（第1卷），崔延强、邓磊译，重庆大学出版社2011年版，第80页。

〔11〕 Nathan Schachner, *The Medieval Universities*, T. and A. Constable Ltd, University Press, 1938, p. 151.

“有教养的波伦那人”（Bononia docta）这样的俗语和“法学之城冠以波伦那”这样的诗句。[12] 而伊纳留斯（Irnerius）的出现使得波伦那的法学教育更加声名鹊起。开始时，和早期波伦那教师的情况一样，伊纳留斯可能仅仅只是以个人名义进行教学的教师，但很快地，他的名声“吸引了全欧洲的学子”。经过伊纳留斯和其早期承继者的努力，波伦那组织化的学校开始出现，并成为欧洲研习罗马法的中心。[13] 此后，波伦那地区法律名家汇集，众星闪耀。不仅伊纳留斯及其高足们在罗马法方面声名显赫，更有格拉提安等研究和教授教会法的大师硕学大放异彩。这些巨人们为波伦那的法学教育赢得了极大的声誉。

历史上，伊纳留斯及其承继者被称为“注释法学派”（School of Glossators）。伊纳留斯有四位弟子非常出名，他们就是著名的波伦那“四博士”（Quattuor Doctores）。他们是布尔加利斯（B. de Bulgarus）、马丁努斯·高塞（Martinus Gosia）、雅各布斯（Jacobus）和胡果·德·拉维纳特（Hugo de Ravennate）。这四位博士都出现在12世纪有关的法律著作和文献记载中，他们还曾担任皇帝腓特烈一世的法律顾问，一时间声名显赫。按照当时流行的隐喻法，他们被称为“法学的百合花”（lilia iuris）。据说伊纳留斯在临终前说：“布尔加利斯拥有滔滔的雄辩之才，马丁努斯拥有丰富的法律知识，胡果拥有对法律的深刻洞察力，而雅各布斯，他就是我”。[14]

因此，有一种说法是，雅各布斯最终继承了老师的事业。但其他三人也都取得了了不起的法学成就。在此之后，波伦那又出现了更伟大的注释法学家：阿佐（Azo）和阿库修斯（Accursius）。他们在13世纪早期开始著述。阿佐关于《查士丁尼法学阶梯》的注释汇编《法典汇要》（Summa Codicis）及指导书在意大利和全欧洲都有极大的影响力，法律实务部门更将其奉为圭臬[15]；阿佐的学生阿库修斯对老师的成就进一步发展，其对整

---

〔12〕〔美〕查尔斯·霍默·哈斯金斯：《大学的兴起》，梅义征译，上海三联书店2007年版，第5页；〔英〕海斯汀·拉斯达尔：《中世纪的欧洲大学——大学的起源》（第1卷），崔延强、邓磊译，重庆大学出版社2011年版，第85页。

〔13〕Henry Mather, The Medieval Revival of Roman Law: Implications for Contemporary Legal Education, *Catholic Lawyer*, Vol. 41, (Spring, 2002), pp. 330—331.

〔14〕Charles Homer Haskins, *The Renaissance of the Twelfth Century*, Harvard University Press, 1927, pp. 200—201.

〔15〕David S. Clark, The Medieval Origins of Modern Legal Education: Between Church and State, *The American Journal of Comparative Law*, Vol. 35, (Autumn, 1987), p. 687.

部《国法大全》进行了标准性注释并写成了《规范注释》（Glossa Ordinaria），那是一个包含了近万个注释（共 97000 个条目）的巨大注释汇编。[16]

在 12 世纪中期，波伦那已成为欧洲罗马法和教会法的重要中心，吸引着数以万计的学生。但需要注意的是，这一时期的波伦那与其说是大学，不如说是"法学校的共同体"，由一个个独立的法学校组成。这些法学校基本上都是由每位教师以自己所乐意的方式开设的私立学校。慕名而来的学生与教师订立协议，向教师支付学费，教师负责教学。各法学校虽然共享一定的资源和条件，也被统称为"波伦那人"，但他们彼此之间还是相当独立的，并未在组织形式上真正联合成"波伦那大学"。1180—1190 年间，情况发生了巨大的变化。各个法学校开始走向联合，波伦那大学真正开始形成。[17] 而波伦那师生做的第一步，就是争取获得与波伦那居民平等的地位和权利。

（二）波伦那大学的发展与壮大

1158 年，在隆卡利亚（Roncaglia）帝国会议上[18]，四位波伦那的法学家帮助神圣罗马帝国皇帝——著名的红胡子腓特烈一世（Friedrich I Barbarossa），起草颁布了一部宪章，这部宪章现在被认为是波伦那师生平等权和波伦那大学地位得以确立的法律依据。[19]《1158 年宪章》规定了意义重大的"居住权"（Habita）问题。这种"安全居住权"使得所有游学的学生被置于皇帝的庇护下，将学生置于教师或主教的唯一司法权下。[20] 申

---

〔16〕〔美〕詹姆斯·戈德雷：《现代合同理论的哲学起源》，张家勇译，法律出版社 2006 年版，第 41 页。

〔17〕关于波伦那法学教育早期情形的讨论以及 1180 年后系列变化的论述，可以参见 John W. Baldwin and Richard A. Goldthwaite, *Universities in Politics: Case Studies from the Late Middle Ages and Early Modern Period*, Johns Hopkins Press, 1972, pp. 17—46.

〔18〕隆卡利亚会议建立了神圣罗马帝国皇帝与波伦那法学家之间的联合。奥地利学者沃尔特·乌尔曼（Walter Ullmann）对此的评价是"施陶芬（Staufen）王朝的皇帝与波伦那的罗马法教师在意识形态上形成了坚不可破的联盟"。这种联合更多地可能出于政治考量，但皇帝给予波伦那师生以庇护，的确为波伦那法学教育的早期发展提供了良好的保障。See Walter Ullmann, *A Short History of the Papacy in the Middle Ages*, Methuen, 1974, p. 191.

〔19〕〔法〕雅克·韦尔热：《中世纪大学》，王晓辉译，上海人民出版社 2007 年版，第 29—30 页；〔英〕海斯汀·拉斯达尔：《中世纪的欧洲大学——大学的起源》（第 1 卷），崔延强、邓磊译，重庆大学出版社 2011 年版，第 104 页。

〔20〕〔法〕雅克·韦尔热：《中世纪大学》，王晓辉译，上海人民出版社 2007 年版，第 30 页。

言之，《1158年宪章》使学生在出入大学的途中得到皇帝在法律上的庇护，来自各地的学生被视为与当地市民享有平等的权利，包括行动自由、居住、消费等自由。[21] 此后，学生逐渐获得各项特权，包括组织公会、免交市政税的权利，乃至在波伦那建造房屋，获得其使用权的权利。[22] 这使得波伦那大学的形成成为可能。

波伦那的学生来自欧洲各地，远离故乡的学子往往无依无靠。显然，"一个外国人在中世纪的城市里生活并不容易。无论其出身多么显赫，在这里他也会受到严苛的区别对待"。[23] 因此，为求安全和保障，学生们纷纷按照母语、种族、出生地、文化圈、地理出身联合起来，组成同乡会（Nations），确保同乡的互助和支持。经过不断地融合，进入12世纪后半叶，逐渐形成了四个比较大的同乡会，分别是伦巴底（Lombardy）同乡会、托斯卡纳（Tuscan）同乡会、罗马同乡会和阿尔卑斯山外同乡会，后又形成"山南人"（Citramontanorum，即阿尔卑斯山以南非波伦那的意大利人）和"山北人"（Ultramontanorum，即非意大利人）两大学生公会（Universitas），以及教皇权利主义公会等。公会的内部还分成若干"民族团"（Nations，即同乡会）或"合议团"（Consiliariae），拥有选举权。[24] 同乡会或学生公会都拥有自己的章程（Statutes），以管理本会学生的学习与内部关系。现存的一份波伦那大学德意志人同乡会的章程是这样规定的："本会的宗旨是建立兄弟一般的友爱之情，相互和睦，扶助贫病，办理丧仪以及消弭彼此仇恨怨言，陪伴和护送行将取得博士职位者出入考场，并使本会成员在精神上得以慰藉"。[25]

事实上，拉丁文Universitas正是今天英文University、德文Universität、

---

〔21〕 关于《1158年宪章》的详细内容，可以参见张斌贤等：《中世纪欧洲大学的特权》，载《北京师范大学学报》（社会科学版）2004年第4期。

〔22〕 贺国庆等：《欧洲中世纪大学》，人民教育出版社2009年版，第19页。

〔23〕 Willis Rudy, *The Universities of Europe, 1100—1914: A History*, Fairleigh Dickinson University Press, 1984, p. 18.

〔24〕 1256年，"山南人"公会下设有14个同乡会，分别是法兰西、西班牙、普罗旺斯、英格兰、皮卡第（Picardian）、勃艮第、普瓦特万（Poitevin）、图雷纳（Tourainian）、诺曼（Norman）、加泰罗尼亚（Catalonian）、匈牙利、波兰、德意志和加斯科（Gascon）。See Pearl Kibre, *The Nations in the Mediaeval Universities*, Mediaeval Academy of America (Cambridge), 1948, p. 9.

〔25〕 Frederick Eby and Charles Flinn Arrowood, *The History and Philosophy of Education Ancient and Medieval*, Prentice-Hall, Inc., 1946, p. 765.

法文 Université（大学）一词的共同来源。[26] 此外，学生之外的教授们也开始组织自己的公会，至 1215 年，“教师公会”（Collegium）一词出现在文献的记载中。进入该公会必须具备某些资格条件，并要通过考试来评定。[27] 1219 年，波伦那开始建立起完整的学位制度。[28] 至此，波伦那大学初具雏形。大约在 1252 年，罗马教廷认可了波伦那学生公会的权利和地位，这使得波伦那学生自治型大学模式最终确立。13 世纪初，波伦那大学学生达到五千多人，而据 13 世纪中期奥多弗雷德（Odofredus）[29] 在其著作中的记载，至 12 世纪末，波伦那的学生人数达到了 10000 名。[30]

13 世纪中期以后，新的注释法学派，即后期注释法学派又在波伦那兴起，不过他们往往被称为“评论法学派”（School of Commentators）。“评论法学派”的学者关注于法律最实用的方面，包括刑法、商法与私法性规范，而“注释法学派”往往更注重公法。[31] “评论法学派”在 13 世纪后期的代表人物有姆凯劳（D. Mugello）、阿尔伯图斯（Albertus Gandinus）、萨拉梯埃（Salathiele）、帕赛盖里（R. Passageri）、乌恩佐拉（P. de Unzola）、奇诺（Cinus de Pistoia）等。[32] 而该学派在 14 世纪产生了两位更加著名的法学家，即巴尔多鲁（Bartolus of Sassoferrato）和其学生巴尔杜斯（Baldus de Ubaldis）。[33]

---

[26] Universitas 一词在罗马法中就有出现，其本意是“社团”。在中世纪，该词最早泛指具有互助性的同业公会，学生起初组成的同乡会或公会也套用此词，后来逐渐演变为“学者组成的学术行会”，再后来，才转变为今天意义上“大学”的含义。这种转变，要到 13 世纪以后才发生。*See* Nathan Schachner, *The Medieval Universities*, T. and A. Constable Ltd., University Press, 1938, p. 42.

[27] 〔美〕查尔斯·霍默·哈斯金斯：《大学的兴起》，梅义征译，上海三联书店 2007 年版，第 7 页。

[28] 〔英〕海斯汀·拉斯达尔：《中世纪的欧洲大学——大学的起源》（第 1 卷），崔延强、邓磊译，重庆大学出版社 2011 年版，第 106 页。

[29] 奥多弗雷德是一位非常典型的 13 世纪意大利法学家和波伦那法学教授，也正是他最早对伊纳留斯的事迹进行了介绍。关于奥多弗雷德的详细介绍，可参见 http://en.wikipedia.org/wiki/Odofredus，2013 年 5 月 15 日访问。

[30] 〔英〕海斯汀·拉斯达尔：《中世纪的欧洲大学——博雅教育的兴起》（第 3 卷），崔延强、邓磊译，重庆大学出版社 2011 年版，第 192 页。

[31] 〔法〕雅克·韦尔热：《中世纪大学》，王晓辉译，上海人民出版社 2007 年版，第 81 页。

[32] 何勤华：《西方法学史》，中国政法大学出版社 1996 年版，第 73 页。

[33] 关于注释法学派与评论法学派的不同，荷兰的 Randall Lesaffer 教授有个很好的总结：注释法学家关注的是：《国法大全》说了什么；评论法学家关注的是：什么是理想的法律。可参见 Randall Lesaffer, *European Legal History: A Cultural and Political Perspective: The Civil Law Tradition in Context*, Cambridge University Press, 2009, p. 259.

波伦那与同时期其他原型大学不同的是，它从创立时期起只教授罗马法，稍后是教会法（约1140年）。这使得波伦那更像是一所专门的法律大学。[34] 进入13世纪后情况有了变化，波伦那增设了艺科院（Arts Faculty），并于1316年增设医学，1360年增设神学，[35] 从而形成一个综合大学，成为中世纪后期西欧培养社会精英人才的摇篮。

表-1　波伦那大学形成示意图[36]

12世纪中前期：波伦那各法学校兴盛，伊纳留斯讲学波伦那，波伦那地区出现学生组织的若干同乡会（Nations）。

↓

《1158年宪章》给予学生法律保护，来自各地的波伦那学生被视为与当地市民享有平等的权利。

↓

12世纪后半期至13世纪初：同乡会合并成四个较大的同乡会——伦巴底、托斯卡纳、罗马和阿尔卑斯山外同乡会。

↓

1219年，波伦那建立起比较完整的学位制度。

↓

13世纪初（约1230年）：形成“山南人”和“山北人”两大学生公会（Universitas），波伦那大学初步形成。

↓

波伦那于1316年增设医学专业，1360年增设神学专业，开始形成为综合性大学。

---

〔34〕 Kimberly Georgedes, Religion, Education and the Role of Government in Medieval Universities: Lessons Learned or Lost? *Forum on Public Policy*, (2006), p. 81.

〔35〕 贺国庆等：《欧洲中世纪大学》，人民教育出版社2009年12月版，第19页。

〔36〕 本表制作参考 Willis Rudy, *The Universities of Europe*, *1100—1914*: *A History*, Fairleigh Dickinson University Press, 1984, pp. 18—19; Nathan Schachner, *The Medieval Universities*, T. and A. Constable Ltd, University Press, 1938, p. 162—163.

(三) 波伦那法学学位制度

在 12 至 13 世纪的波伦那，不仅学生们建立起学生公会，负责组织日常教学，而且还出现了较为完整的学位制度。这种学位制度一直影响到今天。但与波伦那大多数制度不同，学位制度是由教师发起建立的，而学位最初始的含义是“具备某种教学资格”。在 12 世纪前后，硕士（Master，拉丁语词源是 Magister）、博士（Doctor，拉丁语词源是 Doctus[37]）和教授（Professori）三个头衔是完全的同义词[38]，都是指具备教学资格的教师，只是在不同的大学叫法不同而已。12 世纪后半叶，教师的称谓成为一种名誉头衔，获得教师身份，即获得教学资格成为一件荣誉的事，授予教师资格的活动也开始成为隆重的仪式。这种仪式是由被称为“博士协会”(Collegia Doctorum）的教师团体进行的。

博士协会至迟在 13 世纪中期已经比较成熟，它主要负责考试的管理和教学资格证书（此后演变为学位证书）的授予。[39] 在波伦那，“博士协会”有两个：一个是罗马法的，一个是教会法的，但有些成员同时参加两个协会。有一组数据显示，罗马法（民法）博士协会有 16 名成员，教会法博士协会有 12 名成员。另外还有 3 名临时成员。杰出人士被允许以特别成员或者额外成员的身份加入协会。[40]

一位学者取得学位，即教师资格，须经由博士协会的考核。如果协会认为其具备了教师资格，经过认证，他就被认为是一名“法学博士”。当然，博士协会考核的程序是比较严格的。考核当日，候选人在参加了早晨的圣灵弥撒后，须出席博士协会的会议，由一位博士展示罗马法和教会法各一篇文章（Puncta）作为案例，候选人需要在引荐他的博士的帮助下研

---

〔37〕“博士”（Doctor）一词的拉丁语词源是 doctus，doctus 是 doceo 的过去分词，在拉丁语中作动词“教学”的意思。See James Bowen, *A History of Western Education: Civilization of Europe: Sixth to Sixteenth Century*, Methuen Publishing, 1975, p. 119.

〔38〕Hastings Rashdall, *The Universities of Europe in the Middle Ages*, volume I, Oxford University Press, 1936, p. 19.

〔39〕David S. Clark, The Medieval Origins of Modern Legal Education: Between Church and State, *The American Journal of Comparative Law*, Vol. 35, (Autumn, 1987), p. 685.

〔40〕〔比利时〕希尔德·德·里德—西蒙斯主编：《欧洲大学史》（第 1 卷），张贤斌、程玉红、和震等译，河北大学出版社 2008 年版，第 442 页。

习这两篇文章;[41] 或者候选人依据两个指定的主题进行一次讲座。[42] 波伦那副主教将主持考核仪式。届时，博士协会会任命两位博士进行具体的考核工作，他们将向候选人进行提问，候选人须对问题进行回答和评论。协会章程规定，考核必须严厉，考核者须像对待自己的儿子一样对待候选人。最后，由博士投票决定是否授予候选人博士学位，决定由波伦那副主教宣布。[43] 博士在12—13世纪是极其珍贵的，无论是有志于进取意大利的帝国皇帝还是有志于建立“教会国家”的教皇，都极力拉拢这些知识界的精英。在中世纪的很多著作中博士们被比喻为“百合花”（Lilia）。

13世纪初期，法学博士的产生还没有制度化[44]，直至13世纪中期才确定下来。授予博士资格的最终决定权掌握在教会手中：1219年6月28日教皇洪诺留三世（Honorius Ⅲ）的教谕规定，如果得不到波伦那副主教的许可证，任何人都不能在波伦那从事教学。[45] 然而，洪诺留三世的教谕在另一方面却具有极为重要的意义，它承认了获得教学资格者的法律地位，这种法律地位就是博士学位在学术上的权威地位。1292年，教皇尼古拉斯四世（Nicholas IV）的教谕进一步规定，波伦那授予教师资格者，在整个基督教世界都有教学资格，这极大地巩固和提升了法学博士的地位，使法学博士真正具有了公共权威。该教谕还规定，博士学位是个人的永久性头衔，即使在他不进行教学时仍然有效。[46] 从此以后，波伦那逐渐建立起了近代意义上的博士学位制度。在授予博士学位的过程中，博士协会发挥着基本的考核职能。经过博士协会的考核和认定，再有副主教承认，一位新的博士学位获得者就告诞生了。当然，学位制度是不断演进和发展的，12—13世纪的法学博士授予制度和博士协会制度只是近代法学学位制度的萌发阶段。在此之后，法学学位与博士协会又经过了数百年的发展，至15世纪后半叶才最终发展成熟。值得一提的是，虽然副主教拥有最终的

[41] Robert S. Rait, *Life in the Medieval University*, Cambridge University Press, 2012, p. 31.

[42] David S. Clark, The Medieval Origins of Modern Legal Education: Between Church and State, *The American Journal of Comparative Law*, Vol. 35, (Autumn, 1987), p. 700.

[43] Helene Wieruszowski, *The Medieval University: Masters, Students, Learning*, Van Nostrand, 1966, p. 172.

[44] Alan B. Cobban, *The Medieval Universities: Their Development and Organization*, Methuen Publishing, 1975, p. 58.

[45] Id. 59.

[46] Hastings Rashdall, *The Universities of Europe in the Middle Ages, volume I*, Oxford University Press, 1936, p. 223.

学位授予决定权，但绝大多数情况下，副主教或其他非专业人士并不实质性干涉学位的授予。事实上，授予学位的仪式是大学专有的活动。大学通过这一活动来宣告大学的独立和自由，大学有权招揽其所青睐的任何人。[47] 这种独立和自由是大学立命的基石。

总之，罗马法复兴为波伦那大学的崛起提供了宝贵契机[48]，而罗马法和教会法的两相兴盛使得波伦那的地位最终得以确立。波伦那法学教育对整个欧洲的法学教育影响极其深远。经过数代波伦那法学家的努力，波伦那奠定了欧洲法学教育模式的样板。波伦那法学的教学方法、课程设置、教学文本、学制组织、考核形制以及学位制度等对波伦那以后的欧洲所有大学的法学教育都有直接的影响，不仅意大利本土，意大利之外依然。例如，1230 年萨拉曼卡大学和奥尔良大学、1348 年布拉格大学、1365 年维也纳大学、1388 年海德堡大学等，都效法了波伦那的法学教育方法。波伦那大学的法学教育无愧于欧洲“法学教育之母”的称号！

表-2 波伦那重要法学教师基本情况简介

姓名	生活年代	主要事迹
布尔加利斯（B. de Bulgarus）	12 世纪，1166 年去世	生于波伦那，伊纳留斯的学生，“四博士”之一。主张罗马皇帝的权威，曾参加 1158 年隆卡利亚帝国会议。其学派观点与马丁努斯·高塞相左。其学派后来出现了阿佐和阿库修斯等著名法学家，对波伦那法学产生了极深刻的影响。
马丁努斯·高塞（Martinus Gosia）	12 世纪	伊纳留斯的学生，“四博士”之一。其学派与布尔加利斯学派对立，这种对立被认为是波伦那的“普罗克鲁斯学派（Proculians）与萨宾学派（Sabinians）之争”。但最终，布尔加利斯学派取得了主导地位。

〔47〕 Alan E. Bernstein, Magisterium and License: Corporate Autonomy against Papal Authority in the Medieval University of Paris, *Viator*, Vol. 9, (1978), p. 307.

〔48〕 Kimberly Georgedes, Religion, Education and the Role of Government in Medieval Universities: Lessons Learned or Lost? *Forum on Public Policy*, (2006), p. 75.

（续表）

姓名	生活年代	主要事迹
约翰尼斯·巴希亚努斯（Johannes Bassianus）	12 世纪	波伦那法学教授，布尔加利斯的学生，阿佐的老师。以创制“法律树”（Law-Tree, Arbor Arborum）的注释方法而闻名。著有《真义概览》（Summary on the Authentica），被萨维尼誉为“注释法学家最宝贵的作品之一”。
阿佐（Azo）	fl. 1150—1230	1150 年左右生于波伦那，是波伦那重要的法学家，注释法学派重要成员。针对《查士丁尼法学阶梯》著有注释汇编《法典汇要》（Summa Codicis），对欧洲法学影响极大。
阿库修斯（Accursius）	c. 1182—1263	生于佛罗伦萨附近的因普鲁内塔（Impruneta），阿佐的学生，注释法学派重要成员，对整部《国法大全》进行了标准性注释，著有《规范注释》（Glossa Ordinaria），影响极为深远。
普雷森提努斯（Placentinus）	12 世纪，1192 年去世	在波伦那学习和教授法律，注释法学派重要成员，也是著名法官。1160 年建立了蒙彼利埃大学法学院。
弗朗西斯库斯·阿库修斯（Franciscus Accursius）	1225—1293	即“小阿库修斯”，阿库修斯之子。生于波伦那，亦是注释法学家。受英王爱德华一世（Edward I of England）的邀请前往英格兰，1275 年或 1276 年，在牛津大学首开法学讲座。1282 年返回波伦那。
奥多弗雷德（Odofredus）	13 世纪，1265 年去世	12 世纪末出生在罗马的奥斯提亚（Ostia），后来前往波伦那学习法律，师从雅各布斯·巴尔杜伊努斯（Jacobus Balduinus）和阿库修斯。1228 年成为波伦那法学教授，主要教授罗马法。
苏萨的亨利（Henricus de Segusia）	1200—1271	在波伦那学习罗马法与教会法，并成为教会法教授。曾被英王亨利三世（Henry III of England）任命为派驻罗马教廷的大使，1262 年成为红衣主教。

二、意大利其他地区的法学教育

12 至 13 世纪意大利的法学教育不仅在波伦那发展起来，在意大利北部其他地方也有发展，尤其值得关注的是伦巴底地区（Lambardy）的诸座城市。罗马法在这里一直得到良好的传习，并且因为地缘的关系，这一地区的法学发展对阿尔卑斯以北地区，尤其是德意志南部地区影响巨大。此外，波伦那的移民城市也逐渐发展起法学教育，其与波伦那法学是一脉相承的。

（一）帕维亚与拉文纳

帕维亚（Pavia）位于意大利北部，它早在波伦那兴起之前，就已经是一个重要的法学教育中心。[49] 因为地处伦巴底地区，因此帕维亚法学院偏向研究伦巴底法律。同时，这里的学者对于罗马法怀有充分的尊重，因此他们也孜孜以求地学习罗马法。帕多亚法学家认为罗马法如《圣经》一般神圣，且它同样具有普世性，即罗马法可以有益于任何性质的法律的构建，对于国家和城市的法律，罗马法具有不可缺少的补遗和解释作用。在 11 世纪时，帕维亚法学院有着数量可观的外国留学生，这些学生在这里潜心修习罗马法。事实上，在波伦那崛起之前，帕维亚是意大利法学教育的主要阵地。此外，拉文纳也是意大利法学教育的重镇之一。罗马法和神圣罗马帝国的法律在这里得到很好的研习。职业的法学应用与经院的法学研究在这里都比较发达。[50]

（二）波伦那的移民城市

13 世纪初，由于分裂和移民活动，波伦那人在意大利建立了一些殖民城市。如 1204 年建立的维琴察（Vicenza），1228 年由早期波伦那殖民城市的移民兴建的韦切利（Vachelli）等。这些城市都建立了自己的法学教育，并且在它们身上忠实地再现了母型大学波伦那的所有风范。[51] 1222 年，一次大规模的分裂使得大量波伦那学生来到帕多瓦（Padua），帕多瓦也建

〔49〕〔英〕海斯汀·拉斯达尔：《中世纪的欧洲大学——大学的起源》（第 1 卷），崔延强、邓磊译，重庆大学出版社 2011 年版，第 76 页。

〔50〕同上注，第 77 页。

〔51〕同上注，第 111 页。

立了波伦那式的法学教育[52]，影响很大。在模仿波伦那大学建立的意大利法学院中，最出色的就是帕多瓦，其次是佩鲁贾（Perugia）、锡耶纳（Siena）等。一般而言，这些法学院都模仿了波伦那的模式，但亦会根据当地具体情况加以适当改造。[53] 例如，锡耶纳的法学院也设有“山南人”和“山北人”两大学生公会，每个公会下还设同乡会，这与波伦那如出一辙[54]；而帕多瓦大学与波伦那母校的情况最为相似，帕多瓦同样也是一个学生主导的大学。只是在帕多瓦，校方受到学生公会的监管更加严格[55]，并且在教学内容上，较之波伦那更加重视对伦巴底习惯法和意大利城市当地法规的学习。这些地区的法学院也培养出很多优秀的法学者，比如13世纪末著名的法学者奥德拉杜斯·达·彭特（Oldradus da Ponte）就是帕维亚的法学教授，他精通民法和教会法，并在阿维农（Avignon）为教皇服务[56]；而著名的巴尔多鲁（Bartolus of Sassoferrato）和巴尔杜斯（Baldus de Ubaldis）则在佩鲁贾接受法学教育。[57]

英国历史学家 J. H. 伯恩斯主编的《剑桥中世纪政治思想史——350—1450年》下册专设一个附录，记载了中世纪中期至1450年近百名西欧著名著作家的小传。笔者经过统计，将具有法学背景的著作家用表格的形式进行了汇总。表如下[58]：

表-3 中世纪中期至1450年部分西欧著名著作家小传一览

姓名	生活年代	主要经历
Franciscus Accursius	约1191—1263	在波伦那教授罗马法，《国法大全》注释者。
Alanus Anglicus	约1190—1215	在波伦那教授教会法。

〔52〕 Walter Otto Weyrauch, Medieval Universities, Germany and the United States: On Comparative Legal Education, *Brigham Young University Law Review*, (1987), p. 618.

〔53〕 〔比利时〕希尔德·德·里德—西蒙斯主编：《欧洲大学史》（第1卷），张贤斌、程玉红、和震等译，河北大学出版社2008年版，第430页。

〔54〕 同上注，第122页。

〔55〕 Alan B. Cobban, *The Medieval Universities: Their Development and Organization*, Methuen Publishing, 1975, pp. 174—175.

〔56〕 J. H. Burns, *The Cambridge History of Medival Political Thought c. 350—c. 1450*, Cambridge University Press, 1988, p. 682.

〔57〕 Id. 659.

〔58〕 Id. 653—690.

（续表）

姓名	生活年代	主要经历
Alvarus Pelagius	约 1275—1349	在波伦那学习教会法与罗马法，1333 年出任塞尔维斯主教。
Andeas de Isernia	约 1316—?	那不勒斯大学法学教授，通晓教会法与罗马法。
Azo	约 1198—1230	在波伦那教授罗马法，通教会法。
Baldus de Ubaldis	约 1327—1400	师从巴尔多鲁，学习罗马法。
Bartolus of Sassoferrato	1313（或 1314）—1357	在波伦那学习法律，西欧最重要法学家。
Johnnes Bassianus	约 1175—1197	在波伦那教授罗马法，通教会法。
St. Thomas Becket	约 1118—1170	在波伦那学习法律，坎特伯雷大主教，追封圣徒。
Bernard of Parma	12 世纪后期至 13 世纪前期	在波伦那学习法律，《格里高利九世教令集》注释者。
Boniface VIII	约 1235—1303	波伦那教会法学毕业，教皇，立法者。
Jacobus Butrigarius	约 1274—1348	波伦那著名法学教师。
Demetrios Chomatianos	活动于 13 世纪上半叶	教会法学家、民法学家、神学家。
Cynus de Pistoia	1270—1336/7	在波伦那学习法律，注释法学家。
Eike von Repgau	约 1180—1233	《萨克森明镜》作者，受教会法学影响。
Gratian of Bologna	不详	修士，《教会法汇要》作者。
Guido de Suzaria	? —约 1290	波伦那法学教授。
Guilelmus de Cuneo	? —1335	图卢兹法学院教授。
Hostiensis	? —1271	在巴黎和波伦那教授教会法，奥斯提亚大主教。
Huguccio	约 1180—1210	在波伦那教授教会法，费拉拉主教。
Innocent III	约 1160—1216	在波伦那学习法律，1198 年当选教皇。
Innocent IV	约 1200—1254	在波伦那教授法律，著名法学家，教皇。
Irnerius	? —1130	波伦那罗马法复兴研究的倡导者。
Jean de Terre Rouge	14 至 15 世纪间活动	法学教授。
Johnnes Andreae	约 1270—1348	著名法学家，在波伦那既教授教会法，又教授民法。

（续表）

姓名	生活年代	主要经历
Johnnes Teutonicus	约 1210—1245	在波伦那教授教会法。
Laurentius Hispanus	约 1200—1248	在波伦那教授教会法，奥伦塞主教。
Jean Lemoine	约 1250—1313	教会法学家、教廷法官。
Lucas de Penna	？—约 1390	那不勒斯法学博士，法学家。
Lupold of Bebenburg	约 1297—1363	在波伦那学习八年，法学家。
Obertus de Orto	约 1133—1158	米兰法学家，帝国法官。
Oldradus da Ponte	？—1335	帕多瓦法学教授，教会法学者与民法学者。
Panormitanus	1386—1445	著名教会法学家，在波伦那学习，主教。
Pillius	？—1297 后	在波伦那学习和教授民法。
Placentinus	？—1192	在波伦那学习和教授法律，注释法学派重要成员，也是著名法官。1160 年建立了蒙彼利埃大学法学院。
Jacobus de Ravannis	？—1296	奥尔良法学院毕业，在图卢兹教授法学，将经院方法引入法学。
St. Raymond of Penyafort	约 1180—1275	在波伦那学习法律，加泰罗尼亚法学家，追封圣徒。
Rufinus	约 1150—1191	在波伦那教授教会法，索伦托大主教。
Tancred	约 1185—1235	在波伦那教授教会法，副主教。

从此表中，我们不难发现，在 12—13 世纪有法学背景的著作家绝大多数在意大利接受过教育，他们往往是拥有良好教会法与民法知识的法学家，作为社会精英中的精英，具有非常好的就业前景，他们广泛担任世俗官职，教会职务，乃至教皇。事实上在 12—13 世纪，罗马教廷受到当时日益兴隆的意大利法学教育的极大影响，英诺森三世和卜尼法斯八世正是波伦那法学院极为著名的毕业生。

三、12 至 13 世纪意大利法学教育的特点

12—13 世纪，意大利法学教育以波伦那为中心迅猛发展，并且深刻影响到了西欧其他地区。12—13 世纪意大利的法学教育有着自己鲜明的特征，这种特征既是那个时代的反映，同时也对后世产生深远的影响。

（一）世俗性加之以教会的基础性影响

很多著作家都已指出，以波伦那为代表的意大利法律学校，相较于西北欧的诸多早期大学，如巴黎大学和牛津大学的法学教育，具有更强的世俗性。这一论点是具有充分证据佐证的。在12—13世纪，阿尔卑斯山以北的地区，教育与信仰生活紧密关联，学生几乎都是僧侣和神职人员。〔59〕在那里，大学是教会主办和控制的，这以巴黎大学最为典型。与巴黎或牛津那种纯粹僧侣的阶级式学术团体不同，波伦那是真正意义上的学生大学，是更加自由的，更加开明的（Enlightened）〔60〕，更像是由学者组成的合作团体（Universitas Scolarium）〔61〕；相对于僧侣，波伦那的师生更像是市民。这种鲜明的世俗性使得12—13世纪的意大利法学教育在全欧范围内具有了与众不同的特质。

然而，在那个时代，所谓的“世俗性”绝非后世所想象的那样，与教会完全分开甚至对立。在12—13世纪，所谓的世俗性仅仅是指“并非完全由教会和僧侣掌控”。

教会在波伦那以及意大利所有的大学都具有基础性的影响，是毋庸置疑的。教会在整个中世纪，对社会文化都有主导性的权威和影响力〔62〕，这种影响力经由“教皇革命”在13世纪达到了历史的高峰，作为教皇权力的大本营，意大利更是如此。教师方面，12—13世纪的意大利法学教师很多都是僧侣，学位的授予需要教会做最终的承认。学生方面，当时的法学生毕业时所穿的礼服与神父的服装极其类似，“一个无袖的红色斗篷并缀以白毛皮边，还带有质地相同的披肩和后垂布”。〔63〕这种13世纪的学位服似乎时刻提醒着大家“每一个学生都被认为是神父”。〔64〕

虽然从11世纪末开始，教会对于文化领域的绝对控制被逐渐打破，但

---

〔59〕 THL Isabelle de Foix, *A Tale of Two Medieval Universities: Bologna and Paris*, (January 1996), http://scholar76. tripod. com/universities2. htm, Mar. 15, 2013.

〔60〕 The Rev. J. E. Healey, S. J., M. A., The Medieval University, *CCHA Report*, Vol. 17, (1950), p. 71.

〔61〕 〔德〕弗朗茨·维亚克尔：《近代私法史——以德意志的发展为考察重点》，陈爱娥、黄建辉译，上海三联书店2006年版，第38页。

〔62〕 David S. Clark, The Medieval Origins of Modern Legal Education: Between Church and State, *The American Journal of Comparative Law*, Vol. 35, (Autumn, 1987), p. 669.

〔63〕 Hastings Rashdall, *The Universities of Europe in the Middle Ages* (2), *volume 3*, Oxford University Press, 1936, p. 392.

〔64〕 Id. 386.

毫无疑问的是，直至人文主义运动兴起之前，“教育界的人始终是在教会的牢牢控制中”。[65] 在那个时代，知识分子们并没有一个独立自主化的文化背景，也没有一个独立自主化的宗教、经济或法律背景。基督教和教会机构在社会上占据着统治地位，使得教授拉丁文和用拉丁文写作的人很有可能都成了教会中的人。[66] 由此，在当时的背景下，没有一种学术研究能够脱离基督教和教会的影响而独立发展。教会法的研究自不必说，即使是罗马法，虽然其研究对象是世俗的，但其研究的主体、研究的路径以及研究的学术依托都必然与神学和教会法有着千丝万缕的联系。因此，12—13世纪的法学教育，教会的影响力是基础性的，是无处不在的。

（二）罗马法教育与教会法教育的并立

12—13 世纪意大利法学教育的另一个重要特点是教会法教育与罗马法教育的并驾齐驱。这要追溯到伊纳留斯与格拉提安各自开创了波伦那的罗马法教学与教会法教学。因为这两位大师的杰出贡献，波伦那的罗马法与教会法都非常强大，成为波伦那法学不朽声誉的两块基石。

波伦那的教会法与罗马法关系相当紧密。并立的民法学院与教会法学院共享同一种类型的教学机制和教学方法。法学生被要求同时学习罗马法和教会法两个学科的经典著作，既有教会法作品，又有罗马法作品，在波伦那大学，罗马法教学主要使用《学说汇纂》《法学阶梯》等；教会法教学则使用《教会法汇要》《格里高利九世教令集》以及《第六书》等。[67] 在当时，每一个学习法律的学生都应该熟练掌握如上经典。因此，在波伦那，法学学生需要经历教会法与罗马法两个方面的基础训练，只有同时精通罗马法与教会法，才可能被称为是合格的法学毕业生和法学者。如果学生成绩理想，一切顺利的话，他们可能获得 Doctor utriusque juris（民法及教会法博士）学位，或 J. U. D（民法及教会法博士）或 LL. D（法学博士）。[68]

这样的体制，导致了一个结果，即罗马法学生必然也熟悉教会法内

---

〔65〕〔法〕让—皮埃尔·里乌、让—弗朗索瓦·西里内利编：《法国文化史 I·中世纪》，杨剑译，华东师范大学出版社 2006 年版，第 105 页。

〔66〕同上注，第 109 页。

〔67〕张磊：《欧洲中世纪大学》，商务印书馆 2010 年版，第 203 页。

〔68〕〔美〕查尔斯·霍默·哈斯金斯：《大学的兴起》，梅义征译，上海三联书店 2007 年版，第 24 页。

容，教会法学生也熟稔罗马法原理，因此当时人们才会说，对教会法毫无了解的罗马法学家是不可想象的；没有啃透《国法大全》的教会法学者是不称职的。“在中世纪，难以想象一个精通教会法的人不懂民法，反之亦然”。[69] 在12—13 世纪的波伦那，同时掌握教会法与罗马法的学者比比皆是，这一方面促进了波伦那法学的发展，同时也为他们仕途的进步开辟了路径。

（三）积极采用新的学习研究方法

在12—13 世纪的法学课堂中，经院的方法论（Scholastic Method）被广泛地应用。这也被视为12—13 世纪意大利法学教育一个重要的特点。经院方法起源于对神学问题的研究，经教会的传播，逐渐扩展到法学领域。经院方法论将理性思维引入学科研究，创制了一系列的研究方法和研究理念。其中，一个很重要的方法是全新意义上的辩证法思想，即所谓“亚里士多德式的辨证论理学说”。它先假定文本的绝对权威性，在对此进行论证和补证。在此过程中，多种逻辑操作手段被运用起来，区分和归纳成为其中引人注目的研究手段。

同时，“注释”（glossae）的教研方法也被广泛使用。注释的方法一言以蔽之，就是注重完整的典籍文本，进行全面的注解。注释法学家们在所注解的文本页边空白处一句句地解释文本的每句话，在适当时也会记录下一些简短的评论。注释的方法被广泛用于罗马法和教会法研究中，无论是罗马法学家还是教会法学家，他们散布全书的注释被称为“集注”（apparatus glossarum）。这些集注集中体现了作者的法学观点和理论倾向，同时也是这些法学家们授课时的讲义。此外，讲座和辩论的教学方法也极大促进了法学的发展，法学讲座与专业辩论成为波伦那法学教育的鲜明特色，为其赢得了巨大的声誉。

（文字编辑　李泠）

---

〔69〕〔比利时〕卡内冈：《欧洲法：过去与未来——两千年来的统一性与多样性》，史大晓译，清华大学出版社2005年版，第96页；〔比利时〕希尔德·德·里德—西蒙斯主编：《欧洲大学史》（第1卷），张贤斌、程玉红、和震等译，河北大学出版社2008年版，第444页。

注释法学派时期波伦那大学的法学教育
——以罗马法为中心

史志磊*

大约在11世纪，欧洲的法学研究发生了令人瞩目的变化，罗马法开始复兴，《学说汇纂》被重新发现，法学者将他们的研究重心放在《国法大全》特别是《学说汇纂》的注释上，这一学术倾向一直持续了一百多年，直至13世纪中期。基于共同的学术特征，这一时期的法学者被统称为"注释法学派"（Glossators）。法学的复兴促成了法学教育的兴起。此后波伦那大学的法学教育不再领先于意大利或者欧洲的其他大学，甚至被超越。因此本文的研究对象只限于波伦那大学法学教育最辉煌的时期。耶林说过，罗马凭借它的军队、教会和法律三次征服世界，从11世纪末期至13世纪中期罗马凭借法律征服世界的根据地就是波伦那大学。

一、波伦那大学兴起的背景

波伦那大学是最古老的大学之一，关于它的开创者和确切的建校日期，历史文献中记载极少，甚至留下了许多不解之谜，可以肯定的是波伦那大学起源的历史与重新兴起的研习罗马法的状况是密切联系在一起的。一般认为波伦那大学的传统建校时间为1088年，因为据说在这一年著名法学家伊尔内留斯（Irnerius）开办了第一个法学讲座，这是一个独立于波伦那教会学校的自由的法律教学组织。这标志着波伦那大学法学院的诞生，

* 作者系厦门大学法学院博士研究生。

也标志着波伦那大学的诞生。为此1988年举行了一系列隆重的纪念活动庆祝建校900周年。直到1316年医学、哲学、数学、天文学、逻辑学、修辞学和语法学才成立了各自的学院，神学研究者在1364年也成立了自己的学院。[1] 因此，在本文关注的时间跨度内，波伦那大学兴起的背景与法学教育兴起的背景基本是同一概念，与法学研究复兴的背景密切联系在一起。

公元5—6世纪，亚欧大陆的西部出现了大规模的蛮族大迁徙活动，结果是大量蛮族人或以和平或以战争的方式涌入罗马帝国境内，特别是帝国的西部。蛮族人的涌入在法律上的体现之一就是罗马法开始呈现为一种退化的规范形式。[2] 即法直接和自发地趋向于简单化和通俗化，在立法上表现为在西罗马帝国的土地上建立的蛮族国家为其治下的罗马人以一些著作的摘要为基础经过加工整理而颁布的罗马法作品[3]，它们抛弃了那些过于学术化的讨论，古代的告示也被排除在外。早期法学家的学术著作都被抛弃了，因为对那个时代而言过于学术化，过于复杂。这意味着罗马法的衰落。然而罗马法的学识并没有消失而是被微弱且支离破碎地保存下来，而且还无可救药地与中世纪早期抢救古代通识的努力搅和在一起。[4] 就法学教育而言，并无明确证据证明存在有组织的法学院，在意大利，11世纪之前的学校长期由教会垄断，教会学校分为三种，分别是修道院学校、大教堂学校和教区学校，教学内容除了天主教教义外，还学习“七艺”，即语法、修辞、逻辑、算术、几何、天文和音乐。法学教育与语法、修辞和逻辑训练结合在一起，成为学习后三者的材料，处于附属地位。除了在学校学习法律外，博学之士还以摘要（epitome）和注释（gloss）两条途径自主学习罗马法，将其空闲时间用于从罗马时期卷帙浩繁的作品中作摘录，煞费苦心地进行注释，试图发现这些语句的字面原义。[5] 需要说明的是这一时期的注释与本文涉及的前注释法学派的注释工作虽然在形式上有相同之处，但在注释对象、内容和方法上都存在较为明显的区别，但似乎不能否

---

〔1〕 参见罗红波编著：《博洛尼亚大学》，湖南教育出版社1993年版，第45—47页。

〔2〕 参见〔英〕保罗·维诺格拉多夫：《中世纪欧洲的罗马法》，钟云龙译，中国政法大学出版社2010年版，第6—7页。

〔3〕 三部主要的蛮族罗马法作品是《狄奥多里克（Teodorico）的告示》《西哥特罗马法》（lex romana Visigpthorum）或《阿拉里克罗马法辑要》（breviary of Alaric）和《勃艮第罗马法》（lex romana Burgundionum）。

〔4〕 参见〔英〕保罗·维诺格拉多夫：《中世纪欧洲的罗马法》，钟云龙译，中国政法大学出版社2010年版，第22—23页。

〔5〕 同上注，第25页。

认二者之间的历史联系。可以说，自5世纪至10世纪，存在一股罗马法的涓涓细流流过中世纪前期最黑暗的几百年。

注释法学家注释《民法大全》的注释技术与基础三艺之学的传统紧密联结，即注释法学家的工作采用语法、逻辑和修辞这三种基本的方法，阐明原典的字义、所指涉事物的意义，其一致与分歧之处。三艺之学由希腊所创，经由罗马，如上所述在中世纪的教会学校内依然传授。注释法学派的开山祖师伊尔内留斯就是教授修辞学和逻辑学的老师，后来因其对法律研究兴趣甚浓，才开始研究罗马法。需要注意的是逻辑学，特别是其中的辩证法在11世纪之前并没有在人们的头脑中引起反应，但在此之后人们突然意识到记载辩证法的波埃修斯的著作和亚里士多德的著作残篇的话语和论证的力量，辩证法从一种马马虎虎的记忆术上升到教育的首要位置。[6]这构成了注释法学家从事注释工作的方法论基础。

波伦那是一座历史悠久的文明古城，地处意大利北部的雷诺河畔。由于自然条件优越、交通便利，它在罗马人统治时期就成为欧、亚、非的商业贸易中心和交通要道。特别是作为前往罗马朝圣者的必经之地，很早就成为社会经济发展的中心，同时也是文化交流和知识传播的便利之地。罗马帝国崩溃后历经拜占庭帝国、伦巴第人和法兰克人的统治，11世纪成为自由城市。自9世纪下半叶开始，波伦那的经济社会得到迅速发展，雷诺河畔成了大市场，波伦那城里和城郊还出现了许多小市场，新的贸易和商业发展要求用一种更灵活、更适于城市生活需要的法律，来取代伦巴第人使用的古老的本质上属于乡村的习惯法。国际贸易的发展和政治的整合，要求根据更具普遍效率的法律原则来制定某种适用于更广阔地域的“普通法”，以代替纯粹的地方习惯。原始而又落后的习惯法难以协调复杂的社会关系和解决矛盾冲突，已经不能适应经济和社会环境变化的要求，迫切需要新的知识。但不能因此就认为，仅是借由活泼的商业、进步的手工业与高昂的货币经济，就足以创造一种——能产生一般法学的——文明程序，经济生活并不必然需要罗马法，当时同样繁荣的弗兰德（Flandern）诸城就是这样。然而城市的兴起的确创造了一个进步的社会，它有力地促

〔6〕 参见〔英〕大卫·瑙尔斯：《中世纪思想的演化》，杨选译，商务印书馆2012年版，第139页。

进了政治的自信及俗世知识分子的养成，这鼓舞了对罗马法的诉求。[7] 11世纪末12世纪初，在西欧教皇和世俗皇帝之间爆发了授予僧侣主教职位、修道院职位或教会职位的权力冲突，即授职权之争，甚至爆发了“授职权之战”。在教皇和世俗皇帝的争斗中，波伦那的两股势力都拿起了法律的武器围绕授职权展开了激烈论战，各自寻求理论上的支持。于是，在波伦那的政治社会中出现了对丰硕知识的需求。人们通过重新恢复研究长期被忽略但从未被遗忘的罗马法学的史学材料，使这种需求得到满足，当然效忠于教皇的人士需要从教会法中获得满足。[8] 这促使人们对罗马法特别是优士丁尼罗马法和教会法的深入研究，就前者而言，伊尔内留斯通过注释《民法大全》开启了注释法学派；就后者而言，一位名叫格拉提安的年轻修道士为了证明教会具有神圣的授职权，花费了10年的时间撰写就了第一部系统评论教会法规的巨著——《格拉提安教令集》，该书不仅收集了许多主教会议制定的规定和历代教皇谕旨的原始资料，而且以辩证的方法协调统一了这些规定和谕旨彼此之间的歧义和矛盾，赋予教会法规以独立性，并尽量使教会法与市民法融通起来。法学研究的深入是波伦那大学法学教育兴起与繁荣的智识前提。

西欧进入11世纪以来，从社会宏观的角度看，依然是一个封建等级制度所支配的社会，但从社会内部微观考察，整个西欧已呈现出明显的、由众多相互冲突、相互妥协的社会因素而形成的多元社会结构形态。在这种特有的多元权力土壤中，诞生了一种全新的社会形态——城市。这一时期城市的最大特点是它们不同程度的自治。城市自治的标志就是城市特许状，体现为一定程度上接受封建领主的控制，又在很大程度上独立于领主。“各类城市的市议会，都是主权实体；每个城市都是一个自治的市民社会，各自制定法律、自行征税、自管司法、自行铸币，甚至根据各自需要结成政治联盟、自行宣战或媾和”。[9] 在自治城市里，有权处理自己事务的各阶层市民取得了与日俱增的独立地位，建立起了可以用集体力量维护自己利益的组织——行会，行会制度最早于10世纪就出现于意大利，至12世纪已经遍及法、英、德等西欧国家。大学最初就是对城市自治运动模

---

〔7〕 参见〔德〕弗朗茨·维亚克尔：《近代私法史——以德意志的发展为观察重点》（上册），陈爱娥、黄建辉译，上海三联书店2006年版，第33—34页。

〔8〕 参见宋文红：《欧洲中世纪大学的演进》，商务印书馆2010年版，第64页。

〔9〕 参见〔美〕汤普逊：《中世纪晚期欧洲经济社会史》，许家玲等译，商务印书馆1992年版，第174页。

仿或者说是当时行会制度影响的结果。[10] 因为这一时期的大学也是一种行业公会，是由追求知识和真理的学者（师生）所结成的学术性行会组织。[11] 大学的行会特性暗含着大学既是一个组织集体，也是一个精神实体，它能够以法人名义参与民事行为，自行订立组织章程并强迫内部成员服从。

此外，11 世纪末期《学说汇纂》的再发现就成为法学教育兴起与繁荣的前提条件，因为注释法学派是以《民法大全》特别是其中的《学说汇纂》为主要的注释对象和教学材料。

二、师资传承

大学产生与发展的决定因素是优秀的教师。在波伦那法学院兴起之前，意大利已经有三所知名的法学院，分别是罗马、帕维亚和拉文纳，然而这三所学校并没有生长出现代的大学，而是走向了消亡。个中缘由车载斗量，然而与伊尔内留斯生活并且在波伦那从事教学活动不无关联。需要注意的是在伊尔内留斯之前，波伦那就出现过一些法学家，如被誉为“波伦那之光”的佩波（Pepo），他大约在 1065 年就已为人们所知，而且肯定出现在 1076 年《学说汇纂》首次出现于托斯卡纳法庭的那场诉讼中。[12] 但他熟悉的是优士丁尼《法学阶梯》和《法典》，对《学说汇纂》还不了解。[13] 佩波的影响远不如伊尔内留斯，原因是后者的研究方法和教学活动[14]，他采纳了一种在教会法学者圈子中已很熟悉的，对一种特定的意见提出一系列赞成或反对的经文的方法（《是与否》方法的前辈），以及一种偶尔的、对一个含混可疑之点提出坚定决断的 quaestio（诘问）方法。在这个过程中，伊尔内留斯使对法律的研究、至少是对优士丁尼法的研究比以前科学了一些，专业化了一些，并使之稳固地和最终地确立为高等教育的一门学科，而不仅是“三艺”的一部分或附属物。这在实践上产生了两个成果：它为在整个欧洲大陆研究、普及和传播一部法典提供了既科学又

---

〔10〕 参见宋文红：《欧洲中世纪大学的演进》，商务印书馆 2010 年版，第 42 页。

〔11〕 参见张磊：《欧洲中世纪大学》，商务印书馆 2010 年版，第 45 页。

〔12〕 参见〔美〕查尔斯·霍默·哈斯金斯：《十二世纪文艺复兴》，张澜、刘疆译，上海三联书店 2008 年版，第 140 页。

〔13〕 参见〔英〕理查德·詹金斯编：《罗马的遗产》，晏绍祥、吴舒屏译，上海人民出版社 2002 年版，第 481 页。

〔14〕 参见〔德〕格尔德·克莱因海尔、扬·施罗德主编：《九百年来德意志及欧洲法学家》，许兰译，法律出版社 2005 年版，第 219 页。

易于管理的基础；它大大增加了法律作为一种职业的前景，因而也增加了学习法律的学生数量。[15] 他的学术成果包括对《民法大全》的正文，特别是对《学说汇纂》正文所作的大量注释，在《民法大全》的早期抄本中，伊尔内留斯的注释以首字母 I 或 Y 作为标识。

12 世纪中叶，接过伊尔内留斯衣钵的是著名的“四博士”（quattuor doctores），即布尔加鲁斯（Bulgarus，1085？—1166）、马提努斯·戈西亚（Martinus Gosia，1100？—1166？）、雅各布斯（Jacobus，？—1178）和胡果（Hugo de Porta Ravennate，？—1168？），然而他们是否可以被视为伊尔内留斯的弟子是有争议的。他们都担任神圣罗马帝国皇帝腓特烈一世巴巴罗萨（Frederick I Barbarossa，1122—1190）皇帝的法律顾问，并且参加了该皇帝于 1158 年在意大利皮亚琴察附近召开的隆卡利亚帝国会议（Roncaglia Diet），发表了值得大书特书的宣言支持巴巴罗萨皇帝对伦巴第各城征税的权力。[16] 不过在解释罗马法上，“四博士”的意见并非完全一致，甚至相反，他们的观点和方法有时是对立的。例如，布尔加鲁斯奉行“严格法”，强调法律的字面规定，主张“狭义解释”；而马提努斯奉行“衡平”的法律原则，允许对罗马法进行广义解释。由此在波伦那和欧洲其他地区形成两派：一派称为“布尔加鲁斯派”（the Bulgari），他们把布尔加鲁斯称为“我们的博士”（nostri doctores）；另一派称为“戈西亚派”（the Gosiani），他们的活动及影响主要在法国的南部。在波伦那，“布尔加鲁斯派”占主导地位，故而被称为波伦那的注释传统。[17] 毫无疑问，“四博士”代表了注释法学派最辉煌的时期[18]，对波伦那大学来说这一时期具有里程碑式的意义，法学研究的繁荣带动了法学教育的兴盛，据现代统计这一时期波伦那大学法律学生的数量达到了 1000 到 10000 之间。[19] 面对由众多学生组成的影响力日益强大的团体，教皇和世俗皇帝都想加以利用，波伦那大学也从教皇和世俗皇帝的对立关系中获得了许多好处。腓特烈一世巴巴罗萨

---

〔15〕 参见〔英〕大卫·瑙尔斯：《中世纪思想的演化》，杨选译，商务印书馆 2012 年版，第 216 页。

〔16〕 参见〔英〕保罗·维诺格拉多夫：《中世纪欧洲的罗马法》，钟云龙译，中国政法大学出版社 2010 年版，第 44 页。

〔17〕 参见舒国滢：《波伦那注释法学派：方法和风格》，载《法律科学》2013 年第 3 期。

〔18〕 参见〔英〕梅特兰等：《欧陆法律史概览：事件，渊源，人物及运动》，屈文生等译，上海人民出版社 2008 年版，第 111 页。

〔19〕 See Harold Joseph Berman, *Law and Revolution*: *The Formation of the Western Legal Tradition*, Harvard University Press, 1983, p. 124.

为了回报“四博士”在隆卡利亚帝国会议上的支持，于是年颁布了《安全居住法》（“Habita”，后来叫做 Authentica habita），保护所有为了学习而出入意大利的人。[20] 这意味着波伦那大学获得了世俗皇帝的认可。

“四博士”之后接过波伦那法学院教鞭的是布尔加鲁斯的三位学生，即约翰尼斯·巴西亚努斯（Joannes Bassianus）、罗杰流斯（Rogerius）和阿尔贝里库斯（Albelicus di Porta Ravennate）。[21] 约翰尼斯·巴西亚努斯生卒不详，传统上认为他乃12世纪意大利法学家，以论述“法律之树”（law-tree，他称之为 Arbor Actionum，即“诉讼之树”）而闻名。根据这种理论，在法律树枝上，各种诉讼按照结果的方式来安排，比如，市民法诉讼或“严格法诉讼”在数量上有48个，它们被安排在一边，衡平法诉讼或裁判官诉讼在数量上有121个，被安排在另一边。[22] 他进一步将所有的诉讼形式分为12组，通过巧妙的标记方法，学生可以立即将某一特定的诉讼归之于相应的组别。关于罗杰流斯和阿尔贝里库斯的生平和学术信息，我们现在所知甚少。

约翰尼斯·巴西亚努斯、罗杰流斯和阿尔贝里库斯之后波伦那法学院著名的法学家是阿佐（Azzo，1190—1220前）和胡果里努斯（Hugolinus），他俩都是约翰尼斯·巴西亚努斯和罗杰流斯的学生。[23] 阿佐以其于1208年到1210年间对《优士丁尼法典》和《法学阶梯》的注释集成（Summen）而闻名于世，几个世纪以来始终具有无可争议的影响。这种影响体现在“不读阿佐的书，就不能登宝殿（法庭）（Chi non ha Azzo non vada a Palazzo）”这句话中。[24] 阿佐注释集成在后世一直被当作罗马法的教科书和手册，此外，阿佐的注释集成还影响了英国法学家布拉克吞，后者利用阿佐注释集成中的大量资料来创作他的著名作品《论英格兰的法律和习惯》（De Legibus et Consuetudinibus Angliae）。在注释方法上，阿佐创造了

---

〔20〕 参见〔比利时〕希尔德·德·里德—西蒙斯主编：《欧洲大学史》（第1卷），张斌贤等译，河北大学出版社2008年版，第86—87页。

〔21〕 参见〔德〕格尔德·克莱因海尔、扬·施罗德主编：《九百年来德意志及欧洲法学家》，许兰译，法律出版社2005年版，第482页。

〔22〕 See Friedrich Carl von Savigny, Geschichte des Römischen Rechts in Mittelalter, Vierter Band, Erste Ausgabe, J. C. B. Mohr, Heidelerg, 1826, SS. 256—260. 转引自舒国滢：《波伦那注释法学派：方法和风格》，载《法律科学》2013年第3期。

〔23〕 参见〔英〕梅特兰等：《欧陆法律史概览：事件，渊源，人物及运动》，屈文生等译，上海人民出版社2008年版，第111页。

〔24〕 参见〔德〕格尔德·克莱因海尔、扬·施罗德主编：《九百年来德意志及欧洲法学家》，许兰译，法律出版社2005年版，第40页。

一种被称作“大释义文献”（Apparatus Maiores）的文献样式。在这之前的“小释义文献”（Apparatus Minores）都是简短的评注，被按照各自的注释类型严格划分，这些评注无法插入被注释的原始句子结构和思路中，而阿佐在“大释义文献”中大量加入了早期以及同时代有关的文献资料，并吸收了论证与反论证、对渊源不明之处的判断和解答，以平衡各种不同的注释类型，用一种统一的注释样式“推理”（diskursiver）作为替代。〔25〕作为法学者和教师，阿佐享有极高的声望，拜他为师的人络绎不绝，在他的弟子中最出名的当属注释法学派的下一代传人阿库修斯（Accursius）。胡果里努斯也很著名，他曾在政府机构任职（曾任大使），人们认为他是《新律》第十卷〔26〕的作者。

注释法学派时期波伦那法学院的最后一位大师是阿库修斯。他先在阿佐的门下学习民法，后又师从雅各布斯·巴杜尼（Jacobus Balduini），他获得法学博士学位的时间最早不超过1213年，在1220年前的几年中他接受了波伦那法学院的教职。阿库修斯对《民法大全》所作的注释，始终被公认为是中世纪时期的标准注释版本，涵盖《民法大全》的各个领域。〔27〕阿库修斯的作品是注释法学派在学术上的最高成就，但也使该学派走向了衰亡。在阿库修斯之后以前的各种注释书不再受到重视，也没有人再能写出新的、具有原创性的法律注释作品，“注释”（Glosse）的定义统一于阿库修斯所做的注释形式。

以上是对注释法学派时期波伦那法学院师资传承择其代表性学者进行的简单勾勒，实际从事教学活动的教师远不止这些。下文将要提到的奥多弗雷德斯（Odofredus）就是与阿库修斯同时代的法学家和法学教师。

三、师生关系

前一部分研究的是波伦那法学院的师资传承，这一部分将讨论波伦那法学院（也即波伦那大学）的学生构成及组织形式，教师的组织形式，以及两者之间的关系。对于中世纪的大学来说，教师个体与其学生的关系是

---

〔25〕参见〔德〕格尔德·克莱因海尔、扬·施罗德主编：《九百年来德意志及欧洲法学家》，许兰译，法律出版社2005年版，第39页。

〔26〕当时的人们仿照优士丁尼九卷本的《新律》，将《新律》之后的新法律编入另外两卷，胡果里努斯编纂了第十卷，此后的巴托鲁斯又编纂了第十一卷。

〔27〕参见〔德〕格尔德·克莱因海尔、扬·施罗德主编：《九百年来德意志及欧洲法学家》，许兰译，法律出版社2005年版，第15页。

非常重要的，因为一个人只有当他仰慕某位特定的教师时，才会成为其学生。对大学来说，教与学的矛盾是主要矛盾，因此考察波伦那大学在这方面为后世留下的历史遗产就具有重要的现实意义，其实这也是波伦那大学值得后世不断研究和称道的地方，因为它开创了学生治校的大学治理模式。

波伦那大学从一开始便是一所研究生院意义上的大学，也就是说，大多数学生在入学之前已获得了文科教育，这通常是在修道院学校或大教堂学校内完成的。[28] 所谓的文科教育也就是“七艺”，特别是其中“三艺”（即语法、修辞和逻辑学）训练是理解注释法学派时期波伦那大学法学教师授课内容的知识准备。此外拉丁语的掌握也是必要的，因为它是学校的教学语言。自 1088 年波伦那法学院建立到 1180 年前后，波伦那的法学教育是在由每一位教师开办并以他乐意的方式加以管理的私立学校里进行的，在这些学校中，汇聚而来的学生与教师达成协议，向教师支付费用以作为教师教学的回报。[29] 因此这一时期的师生关系主要体现为“交费上学”。

1180—1190 年间，发生了关键性的变化，学生的数量开始快速增长，并且这些学生经常来自一些非常遥远的地方，譬如德国、法国、英国等。在“供不应求”的形势下，“教授们”纷纷提高“学费”以谋取财富，因为学生的学费是“教授们”的主要收入来源。对这种牟取暴利的行为，单个学生显然无力应对。在一个各种行会正在形成的时代，波伦那的学生们很自然地就会走到一起，形成同乡会。但他们的首要目标是与市政当局斗争以赢得权益，但这不是本文关注的对象。12 世纪中叶前后，学生基于他们的种族、地理出身结合成 20 个左右的同乡会，其中有法兰克人、皮卡第人（Picards）、普罗旺斯人（Provencals）、阿勒曼尼人（日耳曼人）、央格鲁人、西班牙人等等。[30] 12 世纪后半期至 13 世纪初，最初出现的 20 个左右的同乡会合并为四个较大规模的同乡会，1200 年前后，又开始合并为两个大规模的学生“大学”（universitas），大约在 1230—1240 年间四个同乡

〔28〕 参见〔美〕哈罗德·J. 伯尔曼：《法律与革命——西方法律传统的形成》（第 1 卷），贺卫方等译，法律出版社 2008 年版，第 122 页。

〔29〕 参见〔比利时〕希尔德·德·里德—西蒙斯主编：《欧洲大学史》（第 1 卷），张斌贤等译，河北大学出版社 2008 年版，第 51 页。

〔30〕 参见〔美〕哈罗德·J. 伯尔曼：《法律与革命——西方法律传统的形成》（第 1 卷），贺卫方等译，法律出版社 2008 年版，第 119 页。

会最终退出历史舞台，学生组织定型为以意大利人为主的“山南大学”（universitas citramontanorum）和以非意大利人为主的“山北大学”（universitas ultramontanorum）。[31] 后来这两大 universitas 合并形成了 universitas scholarium（学生大学[32]）。学生大学具有独特的入学方式，大学的成员资格是以开始学习一门课程为开端的。值得注意的是，在波伦那还有一类学生本身就是波伦那的市民，他们因为拥有市民权，不需要依赖同乡会提供的特殊帮助，所以他们也不包括在上述学生组织之内。然而这类学生所占的分量少之又少，故不作为考察重点。这些学生组织根据前述的《安全居住法》获得了世俗皇帝的认可。学生大学的管理机构是一个总理事会，每一个“同乡会”都选举两名成员参加该理事会。总理事会选举校长（rector)，每一个“同乡会”都有权指定一位这个职位的候选人。校长须年满24周岁，并且在校时间超过5年。学士学位（baccalaureus）由校长授予。校长还要任命一个称为“教授的告发者”（Denouncers of Professors）的学生委员会，职责是告发教授的不当行为。总理事会的活动由多数票决定。大部分事务由全体学生大会审议。出席大会是强制性的，每一个学生都有发言权和表决权。总理事会有权颁布大学条例。这些条例调整学院的经济事务，包括费用和薪金、租用书籍以及租赁房屋的花销和贷款条件；它们也对学生和教授的纪律以及全部课程的许多方面作出规定。但是由全体学生大会通过的条例在颁布之后20年内不得更改，除非获得学生和教授两方面的一致同意。[33] 在两大 universitas 共存时期，每个 universitas 选出自己的校长，两位校长还联合起来共同处理一些与双方都有关系的事项，当某位校长不在时，就授权另一位校长代行职权，比如签字盖章以及处理各种日常事务。

学生与教师开展斗争的方式是罢课，也就是采取切断教师生活收入的方式。这种方式自然也很见效。教授们不得不接受约束，按照一整套明细的规则行事，以保障每一个学生所支付的学费都有所得。在一些最早的条例中，我们都可以发现这样的规定：

> 教授没有请假不得擅自离开，即使是一天也不行；假如他想离开

---

〔31〕 参见张磊：《欧洲中世纪大学》，商务印书馆2010年版，第47—48页。

〔32〕 在中世纪，学生被称为“scholar”。

〔33〕 See Harold Joseph Berman, *Law and Revolution: The Formation of the Western Legal Tradition*, Harvard University Press, 1983 , p. 125.

> 的话，他必须交付押金，以作为回来的保证；假如在一个常规的讲座中，听讲的学生少于5人，他会像不上课那样被开除——确实，听讲者达不到5个人的讲座绝对是很差的讲座！上课铃响后他就必须开始，在下一次铃响后的一分钟内他就必须离开；他在阐释课文时不能遗漏任何一个章节，也不能将任何一个难点延迟到课时结束时才讲。他还有义务在一个学年的每个特定学期有系统地讲述一个课题。[34]

13世纪初教师们也建立了自己的行会（Collegium doctorum），功能在于制定一系列的规定和教师行业准入条款，包括申请入会者必须获得有教师行会认可的教师资格。教师行会所进行的教师资格认证活动就是组织考试，还要收取考试费，通过考试并获得了教师资格的人就被称为Doctor，即获得了博士学位，也就是说与学士学位的授予权不同，博士学位的授予权在教师行会手中。教授们享有的确定他们自己行会成员的权力，几乎就是他们的全部权力了。然而教授们的权力被教会垂涎，1219年教皇洪诺留三世（Honorius III）发布命令规定未经波伦那副主教考试并颁发许可证，任何人都不得被任命为教师。事实上，副主教并不提出问题，而只是主持一下考试。不过1219年的教皇命令剥夺了博士们在学位授予上的独立权，教会的licentia docendi（教学许可证）成为必须。[35] 随着各地对大学的重视，为了与波伦那大学竞争，一些城市动用公共财政资源追逐优质教师资源，这促使了教师薪俸制度的诞生，也就说教师的收入不再取决于学生的学费，转向依赖大学所在城市的财政。波伦那大学为留住优秀教师也不甘落后。这对波伦那大学的师生关系带来了一定的冲击，但并没有达到伤筋动骨的程度。首先，教师担任何种课程的任命权仍然掌握在校长手中；其次，在最初阶段，学生大学掌握着享受薪俸的教师的提名权。但随着薪俸教师地位的提高和薪俸数额的增加，在薪俸教师的任命问题上，市政当局的发言权也逐渐增加。[36]

总之，波伦那大学不仅在中世纪法学教育上贡献卓著，而且还是学生主导型大学的典范，与稍后成立的教师主导型大学——巴黎大学形成有趣

---

〔34〕 参见〔美〕查尔斯·霍默·哈斯金斯：《大学的兴起》，梅义征译，上海三联书店2007年版，第6—7页。

〔35〕 参见〔美〕哈罗德·J. 伯尔曼：《法律与革命——西方法律传统的形成》（第1卷），贺卫方等译，法律出版社2008年版，第121页。

〔36〕 参见张磊：《欧洲中世纪大学》，商务印书馆2010年版，第58页。

的比照，成为高等教育史研究中的一个重要的篇章。

四、教学方法、课程设置和学位制度

自古以来，学校都是培养人才的地方，而人才的培养一直是通过教学实施的，大学教育的目的又在于将青年人培养成为某个学问领域的高水平专门人才，因此其教学活动的实施更为复杂。波伦那大学的课程设置、教学方法等内容都由大学条例予以规定。注释法学派时期波伦那法学院的教学方法有讲读（lectio）和辩论（disputatio）两种。

讲读的对象是整部《民法大全》，但在讲读次序和内容分类上则与古典或现代时期大相径庭。可能是由于《学说汇纂》较早就逐步为人们接受，因此，中世纪的法律学习不以《法学阶梯》这本初级法律教科书为起点，而以《学说汇纂》为开端。该书分为三卷：《旧法编》（old digest，包括《学说汇纂》的第1卷至第24卷第2题）、《基本法》（digestum infortiatum，包括《学说汇纂》的第24卷第3题至第38卷）和《新法编》（new digest，包括《学说汇纂》的第39卷至第50卷）。《法典》的前九卷被归整为第四卷，而《法典》的后面三卷即记载罗马帝国后期公法的部分，内容相对次要，因此同《新律》和《法学阶梯》合成第五卷，称作《小卷》（volumen parvum）。课程讲述依循如下顺序：《学说汇纂》和《法典》被安排在“常规”（ordinary）课程或晨课上讲读，其余内容则被安排到下午的“辅修”（extraordinary）课上讲读。[37]“常规”课程的上课时间从圣彼得教堂的早钟开始，第三次敲钟时（上午9点左右）结束，上课时间大概是2个小时或稍长一点。下午的“辅修”课有两次，在夏季是从1点半至3点和从3点半至5点，在冬季是从2点至4点和从4点至5点半。从第三次敲钟至下午1点半或2点这段时间用来吃午餐和午休，但“辅修”课也有可能在这段时间举行。[38] 讲读课的首要环节是阅读《民法大全》的原文。教师朗读并校改手写原文的字句，学生们手持他们的（通常是借来的）原文抄本跟着老师阅读，并作必要的校改。在读完原文后，教师将逐词地和逐行地对它加以注释。由教师口授的注释由学生记录在正文的行

〔37〕 参见〔美〕查尔斯·霍默·哈斯金斯：《十二世纪文艺复兴》，张澜、刘疆译，上海三联书店2008年版，第142—143页。

〔38〕 See Hastings Rashdall, *The University of Europe in the Middle Ages*, Vol. 1. Oxford: Clarendon Press, 1895, p. 218.

间，如果注释过长，它们便从行间溢到页边的空白处。[39] 注释的方式或者是校勘文字或者是从文献中抽象出简短的一般原则（notabilia）或者是区分有关的法律概念（distinctiones）或者是通过将一种概括性的学说适用于具体问题之中而对其加以验证（quaestiones）。

奥多弗雷德斯在1250年留下的讲课的文献资料为我们提供了这方面的例证。

> 就教学方法而言，无论是古代还是现在的教师，特别是我的导师（雨果利努斯），也包括我自己在内，一般都遵循以下教学步骤：首先，在讲读正文前，我会对文中标题一一概述；其次，我将尽可能清晰、明确地阐述（标题中包含的）每一个法律条文的涵义；接着，带着纠正文中错误的观念阅读文献；然后，简要重复相关的法律内容；最后，我将利用神明赐予的力量尽一切可能解决文献中存在的明显矛盾，并补充介绍（从文中提炼出的）通常被称为“简短法规”的一般性法律原则，同时指出法律条文间存在的区别，或是提出由这些法律所产生的一些疑难但有益的问题及其解决方式。对于那些著名的或难以理解的法律条文，如果我认为有必要给予重复讲读，那么会留在晚上的复习课（Repetitions）再次进行讲读。[40]

一学年的教学时间安排，奥多弗雷德斯同样留下了珍贵的文献资料。

> 我总是先讲读《学说汇纂》，授课时间大约从米迦勒节（Michaelmas）后的第八天（10月6日）开始，凭借上帝的保佑，到次年8月中旬全部完成该课程的教学，包括所有常规课程和辅修课程。《法典》的讲读大约从米迦勒节后的第三周开始，凭借上帝的保佑，大约次年8月1日可完成该著作的全部教学，包括所有常规课程和辅修课程。[41]

---

〔39〕 参见〔美〕哈罗德·J. 伯尔曼：《法律与革命——西方法律传统的形成》（第1卷），贺卫方等译，法律出版社2008年版，第125页。

〔40〕 See Hastings Rashdall, *The University of Europe in the Middle Ages*, Vol. 1. Oxford: Clarendon Press, 1895, pp. 219—220. 中译文参见〔美〕查尔斯·霍默·哈斯金斯：《十二世纪文艺复兴》，张澜、刘疆译，上海三联书店2008年版，第143页，以及〔美〕哈罗德·J. 伯尔曼：《法律与革命——西方法律传统的形成》（第1卷），贺卫方等译，法律出版社2008年版，第125—126页。

〔41〕 参见〔美〕查尔斯·霍默·哈斯金斯：《十二世纪文艺复兴》，张澜、刘疆译，上海三联书店2008年版，第143页。

辩论是指两名学生在一名教授的引导下，以辩论的形式对于某个法律问题的讨论，还包括在教授们和学生之间所进行的辩论。[42] 辩论分为问题辩论和自由辩论。问题辩论在课堂上进行，由教师提出一个论点，由两名学生或两组学生进行对辩，由教师主持，裁定胜负。有时，由一名学生就某一问题的两面自己提出论据，自己辩驳，称为独辩。[43] 这类讨论可以使教学变得有趣，增加教师与学生的互动，然而不同的教师有不同的教学风格，也就是说有的教师不喜欢在课堂上组织学生辩论。奥多弗雷德斯留下的讲课的文献资料提到，他每年至少安排两次讨论课程，一次是在圣诞节前，一次是在复活节前。[44] 辩论课程甚至可以在假期进行。[45] 自由辩论则是在公开场所进行，每一学年举办两次左右，自由辩论的规模很大，并不限于学术问题，任何问题都可以提交讨论，参加的人包括学生、教师以及其他学者。辩论的题目最后整理、汇集为“辩论集”（Quaestiones）。后来每逢这种自由辩论，任何人都可以去听，既不受国籍的限制，也不受其他条件的约束。[46] 这表明，口头表达的训练在法学教育活动中占有非常重要的地位，无论哪种形式的辩论，都可以使法律学生的心智更为敏锐，培养学生说理论辩的思维习惯，这对法学素养的形成或者毕业后从事实务活动都具有重要的意义。

透过奥多弗雷德斯留下的讲课的文献资料，我们发现在他从事教学活动的年代，波伦那大学的暑假是从 8 月中旬开始至 10 月初结束，大概有 2 个月的时间。在教学时间内假期也是经常出现的，每周除了周六和周日休息外，如果学校没有特别的安排，每周四也是休息时间，但复习课和讨论课可以在周四举行。此外，万圣节放假 1 天，圣诞节放假 10 天，复活节放假两周，狂欢节先是放假 3 天，后来延长为 3 周，圣灵降临节放假 2 天。[47] 也就说波伦那的学生每学年的实际学习时间大概 150 天左右，略低

[42] 参见〔美〕哈罗德·J. 伯尔曼：《法律与革命——西方法律传统的形成》（第 1 卷），贺卫方等译，法律出版社 2008 年版，第 126 页。

[43] 参见宋文红：《欧洲中世纪大学的演进》，商务印书馆 2010 年版，第 278 页。

[44] 参见〔美〕查尔斯·霍默·哈斯金斯：《十二世纪文艺复兴》，张澜、刘疆译，上海三联书店 2008 年版，第 143 页。

[45] See Hastings Rashdall, *The University of Europe in the Middle Ages*, *Vol.* 1, Oxford: Clarendon Press, 1895, p. 220.

[46] 参见宋文红：《欧洲中世纪大学的演进》，商务印书馆 2010 年版，第 279 页。

[47] See Hastings Rashdall, *The University of Europe in the Middle Ages*, Vol. 1, Oxford: Clarendon Press, 1895, p. 221.

于厦门大学每学年200天左右的学习时间。[48]

需要指出的是，注释法学派时期波伦那大学的法学教育的目的在于培养法学教师，这对于理解这一时期的学位制度尤为关键。一位学生学习市民法5年后校长允许其对市民法的某个专题进行讲读，或者学习6年后对整部书进行讲读，获得校长讲读许可或者仅仅完成一次讲读，就被授予学士学位（Bachelor），而不需要进行考试或正式的测试。获得学士学位意味着可以作为复习课的老师。获得学士学位后，学生必须主讲一次讲读课程，至少主讲一次复习课程，并且学习市民法8年（至少7年）之后，才有资格参加教师行会组织的授予博士学位的考试。[49] 如前所述，在1219年之前授予博士学位的考试完全由教师行会控制，但是这一时期的考试方式和过程并没有留下相应的记载，1219年之后，教会参与到考试的过程中，在任一时期，组织授予博士学位的考试都需要校长的协助。在后一时期的考试分为两部分非公开考试（private examination）和公开考试（public examination，又称conventus），前者是真正的个人能力的测试，后者仅仅是一个形式。在非公开考试前，申请者由其所在的同乡会的负责人（consiliarius）引见给校长，申请者向校长保证自己符合大学章程所规定的条件，并且已经向校长、教师或其同学缴纳了学校章程规定的费用，并服从校长的安排。考前的8天内，申请者由其自己的老师或其他一位或两位老师引见给波伦那副主教（Archdeacon），引见的老师需要对其申请者参加非公开考试的资格负责。考试当天的早上，申请者首先参加圣灵弥撒，然后来到修道院考试集合点，一位教师交给他两段作为试题的市民法的片段。他然后回其住处进行准备，并可以得到引见老师的帮助。同一天的晚些时候，主持考试但在考试中并不扮演积极角色的副主教召集老师去大教堂或其他公共建筑物中参加申请者的答辩，引见老师或所谓的发起人（promotor）向副主教和答辩老师介绍申请者，修道院的院长宣读申请者允诺遵守的誓言，并庄严声明放弃所有从教师那里攫取的不属于自己的权力。然后申请者讲读或者展开论述他准备的两个片段，并回答修道院任命的两位答辩老师就其准备的两个片段的提问。其他老师（需要保证事先未与申请者串通）提问与片段间接相关的法律问题，也可以对申请者的回答进行反驳。

---

〔48〕 根据厦门大学2012—2013学年校历算出。

〔49〕 See Hastings Rashdall, *The University of Europe in the Middle Ages*, *Vol.* 1, Oxford: Clarendon Press, 1895, p. 222.

大学章程要求答辩老师在此“严格和重大的考试”中要考虑到“未来同事”的感受，应该像对待“自己的孩子”一样对待申请者。最后，出席的老师以无记名投票的方式进行表决，实行多数决，由副主教宣布结果。申请者通过非公开考试后，才可以参加公开考试以获得教师资格，通常两次考试间隔很短的时间，但参加公开考试的高额费用迫使一些学生推延公开考试的时间，甚至一些学生去考试费用较低的大学参加公开考试，尽管这被大学章程所禁止。公开考试的前几天申请者邀请公共官员或其私人朋友参加公开考试的仪式及其后的宴会，考试当天申请者在引见老师、朋友或在一起居住同学的陪同下来到大教堂，向底下的听众发表讲演，他还要做一个关于法学问题的报告，随后他必须对那些提出的反对意见进行回应，为自己辩护。这样，他就第一次在大学的辩论中充当了教师的角色。最后，副主教致赞美词表示祝贺，以“圣三一”（Holy Trinity）的名义代表教皇庄重授予申请者授课许可证，就算毕业获得了博士学位。〔50〕博士学位不是轻而易举就可以获得的，必须进行认真准备且具备相当的财力才有可能。

五、简短的结论

11—12 世纪欧洲智识的复兴、社会经济的复苏和特殊的地理位置造就了波伦那大学的诞生，优秀师资的特殊机缘使波伦那大学能够从许多大学中脱颖而出成为时代的佼佼者，特殊的生存环境使其成为一所学生管理型大学的鼻祖。值得注意的是法学教育促成了波伦那大学的形成，接续了古罗马大学教育主要是法学教育的传统〔51〕，学院制度的出现使其向综合性大学迈进，也就是说中世纪晚期的大学教育“出于”罗马而“胜于”罗马。就法学研究和法学教育而言，波伦那大学无疑是成功的，其工作代表了中世纪欧洲知识领域中最杰出的成就。波伦那大学法学院“讲读”与“辩论”相结合的教学方法对后世的法学教育具有借鉴意义，“辩论”的教学方法类似于现代的模拟法庭，围绕一个法律问题展开讨论，从某种意义上说，我国当下的法学教育也是在波伦那大学法学院开创的轨道上运行的。

（文字编辑　舒砚）

---

〔50〕 See Hastings Rashdall, *The University of Europe in the Middle Ages*, *Vol.* 1, Oxford: Clarendon Press, 1895, pp. 226—229.

〔51〕 徐国栋：《修辞学校在罗马的兴起与罗马的法学教育》（未刊稿）。

中世纪教会法教育探析

赵博阳*

中世纪的西欧产生了现代意义上的大学，而伴随着大学的诞生则是法学的复兴，其中尤以博洛尼亚大学的法学教育与研究为典型。中世纪大学的法学教育分为罗马法与教会法两种。国内的学者已经对罗马法的教育情况有所研究，而教会法的情况如何？教会法办学的形式如何？其教师与学生关系如何的？使用的教材与教学方法又如何？考试与学位的授予又是如何进行的？它对当时产生了什么样的影响？本文将对这些问题逐一进行研究

一、办学的形式

中世纪教会法办学的历史和大学的历史一样悠久，甚至可能更早。虽然我们无法精确到其起源于何时，但可以确信的是，在格拉蒂安《矛盾教会法之协调》[1]（Concordia Discordantium Canonum）出现以前，博洛尼亚就有一些私塾以一定的方式开展教会法的教育了。而在《矛盾教会法之协调》问世之初的10年内，巴黎的教师就开始讲授这部汇编。12世纪末，牛津也出现了私授形式的教会法教育。这三地的教会法私塾纳入大学之中则要到13世纪初才悉数完成。这一时期创建的剑桥大学已经紧随潮流设立了教会法的专业。至13世纪中叶欧洲大学的构建已日趋成熟之时，正式的

---

* 作者系华东政法大学博士研究生。

〔1〕 这部教会法汇编另有一个更为人所熟知的简称，即《格氏律》（Decretum Gratiani）。

教会法院系也已然存在。[2]

官方大学的教会法教育，其首要目的是培养掌握专业知识并可在实践中熟练运用的实用性人才，如教会律师或法官。同时在大学中接受教会法教育，也有助于在教会中谋得一份不错的差事，诸如主教代理、总执事等。优秀的学生甚至成为了主教、枢机乃至教皇。[3]

不过具备教会法教育背景并非为取得上述职位所必要。那些无法接受或完成教会法专业学习的人，一旦接受要职，总需要具备一定的教会法律知识。因此，私授的情形依然存在。如12世纪晚期英格兰圣埃德蒙兹修院院长萨姆森（Abbot Samson of Bury）于1182年被委任为宗座法官代表，他对这一职位毫无头绪，因为他曾经所学的"七艺"与神学知识远不能满足职位的需求。他随即召来两位教会法饱学之士协助他处理教会的日常事务，并向他们学习教会法的知识。[4] 这是一个典型的例子。事实上，私授的情况并不少见，如13世纪布雷肯的总执事威尔士的杰拉德（Gerald of Wales）称自己在私塾而非大学内成功地学习了教会法。13世纪英国本笃会的总会议允许修士在团体内的私塾学习教会法。同样，熙笃会禁止其修士在大学内学习教会法，并以驱逐出会相威胁，却允许修士在熙笃会内部学习教会法。[5]

二、学生和教师

接受教会法教育的学生往往要经历相当漫长的学习生涯。以博洛尼亚大学为例，获得教律博士学位一般需要六年。第一年的新生，被称为"旁听生"（rudis auditor），只需要学习课程中的一些基本知识。二年级和三年级的学生被称为"进阶生"（provecti），需要参加较为高级的课程。四年级的学生可以通过参加私人考试，取得"教律学师"的执照（licentiate in canon law），他们可以在固定时间内就《矛盾教会法之协调》或《格里高

[2] See Wilfried Harmann & Kenneth Pennington ed., *The History of Medieval Canon Law in the Classical Period, 1140—1234: From Gratian to the Decretals of Pope Gregory IX*, Catholic University of America Press, 2008, p. 99.

[3] See S. Stelling-Michaud, *L'Université de Bologne et la pénétration des droits romain et canonique en Suisse aux XIIIe et XIVe siècles*, Genève, E. Droz, 1955, pp. 162—163.

[4] See Jocelin of Brakelond, *Cronica*, ed. and trans. H. E. Butler, New York, 1949, pp. 33—34.

[5] See Wilfried Harmann & Kenneth Pennington ed., *The History of Medieval Canon Law in the Classical Period, 1140—1234: From Gratian to the Decretals of Pope Gregory IX*, Catholic University of America Press, 2008, p. 114.

利九世汇编》中的节选进行讲课。五年级的学生方可就全本汇编进行讲课。六年级学生可以参加最终的公开考试，获取教律博士（Doctor in Canon law）的学位。[6]

大学内的教会法教育，除了常驻教师外，大部分的授课是由学位候选人与代课者完成的。在某些大学，这些高年级学生甚至是教会法院系教学的生力军。教会法教师们除了担任教职外，也常常兼任他职，如法律顾问、诉讼辩护人，而那些暂时代理授课的学生，将来则往往担任教会公职、法官或私人执业者。[7]

教会法专业的学习时间之长决定了完成学业需要一笔很大的开销，这绝非一般人依靠自力所能解决，因此经济上的资助不可避免。享有俸禄的神职人员可以在不丧失收入的情况下，离职五年进入大学学习教会法。[8] 条顿人约翰（Johannes Teutonicus）主张所有大学内学习教会法的学生都应享有俸禄以完成学业，教皇英诺森三世（Innocent III）于1207年批准了这项请求。而1219年教皇霍诺留三世（Honorius III）更是扩大了学生享有俸禄的权利。大学内的教会法院系也为学生提供奖助学金。有些幸运的学生可以寻求公共或私人的赞助以完成学业。当然，也有学生依靠其家族的实力获得经济上的资助，与此同时，家境不富裕者则依靠担任教职或抄写员获取经济来源。此外，还有学生通过贷款的方式完成学业，借贷的对象有学校，有时甚至是教师。除了学费以外，学生接受学位的典礼仪式费用也需自掏腰包。[9]

这些繁重的费用无疑是许多学生未能在大学内完成学业的原因之一。因此教皇克莱芒五世（Clement V）要求减少学费，将学费限制在3000个

---

〔6〕 参见〔英〕海斯汀·拉斯戴尔：《中世纪的欧洲大学——大学的起源》，崔延强、邓磊译，重庆大学出版社2011年版，第153页。Also see Wilfried Harmann & Kenneth Pennington ed., *The History of Medieval Canon Law in the Classical Period, 1140—1234: From Gratian to the Decretals of Pope Gregory IX*, Catholic University of America Press, 2008, pp. 105—106.

〔7〕 See Wilfried Harmann & Kenneth Pennington ed., *The History of Medieval Canon Law in the Classical Period, 1140—1234: From Gratian to the Decretals of Pope Gregory IX*, Catholic University of America Press, 2008, p. 118.

〔8〕 See. L. E. Boyle, The Constitution "Cum ex eo" of Boniface VIII: Education of Parochial Clergy, *Medieval Studies* 24, 1962, pp. 263—302.

〔9〕 See Wilfried Harmann & Kenneth Pennington ed., *The History of Medieval Canon Law in the Classical Period, 1140—1234: From Gratian to the Decretals of Pope Gregory IX*, Catholic University of America Press, 2008, pp. 111—112.

里弗尔（livre），但这笔数目依然使很多人望而却步。[10]

教师们则主要通过两种途径获得报酬——学生缴纳的学费和公共基金支付的工资。也有教师领取教会内的俸禄，但这些人一般不能再领取其他收入。然而这一要求实际执行中并不严格。[11]

在中世纪的大学里，学生拖欠学费司空见惯，而教师们有时则羞于向学生直接索取。13 世纪博洛尼亚法学家奥多弗雷德（Odofredus）记载到，他和当时的其他教师一样，常常委派两名学生向其余学生收取学费，但即使动用这种形式，也无法足额收取。“他们想去学习，但他们却不愿付出报酬。所有人都想从他们的老师那里汲取宝贵的知识，但却没有一个人愿意付出报酬。”[12] 甚至教皇也一度插足，责令博洛尼亚大学内的学生根据他们和师长达成的协议缴纳学费。[13]

巴黎、牛津和剑桥的教会法教师则不从公共基金内领取工资，他们主要依靠学生的学费。这和意大利、西班牙和法国其他地区大学的做法不同。在他们的观点中，领取工资的教师不应再向学生收取学费。然而在实践中，依然存在教师向学生收取费用的情况。[14] 在意大利雷焦（Reggio），从 1188 年起教师从市政府处领取薪酬，至 13 世纪这种情况在欧洲已非常普遍。不过也有例外，如图卢兹大学的教师由图卢兹伯爵处领取报酬；那不勒斯大学的教师则从神圣罗马帝国皇帝处领取报酬；萨拉门卡（Salamenca）的教师从卡斯蒂利亚国王处领取报酬；而葡萄牙教师的工资则来自于科英布拉（Coimbra）和里斯本的教会。为了吸引卓著的法学教师，工资往往被定得相当高。及至 16 世纪，各城市为了争夺师资，出台了许多疯狂的政策，博洛尼亚的法学教师的工资和其他院系教师相比，其比例为 50∶1。50 岁以上的教师未经允许擅自离开博洛尼亚前往他处教学，将会被处

---

〔10〕 See Wilfried Harmann & Kenneth Pennington ed., *The History of Medieval Canon Law in the Classical Period, 1140—1234: From Gratian to the Decretals of Pope Gregory IX*, Catholic University of America Press, *2008*, p. *113*. 使用里弗尔为货币计算单位是由于教廷此时已经迁至阿维尼翁。

〔11〕 See Gaines Post, Masters Salaries and Student-fees in the Medieval Universities, *Speculum* 7, 1932, pp. 181—198.

〔12〕 参见〔英〕海斯汀·拉斯戴尔：《中世纪的欧洲大学——大学的起源》，崔延强、邓磊译，重庆大学出版社 2011 年版，第 146 页。

〔13〕 See Wilfried Harmann & Kenneth Pennington ed., *The History of Medieval Canon Law in the Classical Period, 1140—1234: From Gratian to the Decretals of Pope Gregory IX*, Catholic University of America Press, 2008, p. 116.

〔14〕 See Gaines Post, Masters Salaries and Student-fees in the Medieval Universities, *Speculum* 7, 1932, *p.* 198.

以死刑。[15]

三、教材和教学方法

虽然11—12世纪各类教会法汇编和著作如雨后春笋般涌现，但由于记录的缺失，很难断定教会法学诞生之初所使用的教材到底有哪些。但博洛尼亚的教会法学家格拉蒂安的《矛盾教会法之协调》应该是最主要的教材，因为那一时期教会法教学的内容和方法，都可以在这部汇编的注释中找到。而《矛盾教会法之协调》本身的形式显然也是为教会法教育所设计。

《矛盾教会法之协调》的结构全面而谨慎，第一部分分为101个类别(distinctio)，前20个类别涉及法律性质、法律渊源以及不同法律之间的效力等法的基本问题，后81个类别涉及教会管理、圣职人员的选举、主教的任职资格、教会财产、教会与国家的关系等主题。第二部分，格拉蒂安假设了36个案例（causa)，每个案例包含数个问题（quaestio)。第三部分又回到了第一部分划分类别的方式。在每一个类别或问题下，格拉蒂安都排列了若干赞成或反对的权威性意见，在段落之间，他插入自己的评注，对各类意见进行分析，调和互相矛盾者，并加以阐发。这其中尤以第二部分引人注目，36个案例以问题为中心展开，恰恰犹如课堂上教师与学生的问答。

《矛盾教会法之协调》是12世纪后期教会法课程的最主要教材，而随着越来越多的教会法汇编出现，教材的种类也逐步增加，诸如针对《矛盾教会法之协调》后出现的教皇谕旨进行整理的《古代五编》（Quinque Compilationes Antiquae）等。随后于1234年由教皇格里高利九世（Gregory IX）颁布的《格里高利九世汇编》（Liber Extra）则迅速取代了先前的教会法汇编，一跃成为当时最主要的教材。此后还有英诺森四世颁布的《新汇编》（Novellae)，以及其他《格里高利九世汇编》外的补充本，这些都是对《格里高利九世汇编》颁布后出现的新教规的搜集整理，直至被教皇博尼法斯八世（Boniface VIII）在《格里高利九世汇编》基础上组织编订并颁布的《第六书》（Liber Sextus）所取代。之后，教皇克莱芒五世颁布的

---

〔15〕 See Wilfried Harmann & Kenneth Pennington ed., *The History of Medieval Canon Law in the Classical Period, 1140—1234: From Gratian to the Decretals of Pope Gregory IX*, Catholic University of America Press, 2008, p. 117.

《克莱芒汇编》(Clementinae),也是教会法学的主要教材。[16]

除此以外,对这些的汇编进行注释所成之书,也作为教会法教育的教材之一。注释法学派并非罗马法所独有,教会法学科内亦有一群学者对各类汇编进行各种注释。这些学者可分为两类,一类学者针对格拉蒂安《矛盾教会法之协调》进行研究,被称为 decretist;另一类学者针对所有的教皇谕旨进行研究,称为 decretal。他们逐条分析教规内容,解释其含义,阐明其与其他法律条文的关系,并指明应该在何种情况下适用法律。博洛尼亚大学的教师们倾向由自己在条文下加注,而在巴黎、牛津和奥尔良,情况则有所不同,在那里是由学生记录下教师在课堂上的口述,并据此进行注释。至 13 世纪初,法学教师们开始搜集整理各种注释本,并修订成普遍使用的版本——标准注释本(Glossa Ordinaria),这些注释本成为权威的课堂教材。教会法课堂上所使用的标准注释本有:条顿人约翰根据《矛盾教会法之协调》所修订之标准注释本、帕尔玛的伯尔纳德(Bernard of Parma)就《格里高利九世汇编》所修订之标准注释本、约翰·安德烈(Johannes Andreae)为《第六书》和《克莱芒汇编》所修订之标准注释本。[17]

教会法的教学方法主要有两种——讲课(lecture)和辩论(disputation)。讲课有"常规讲课"(ordinary)和"非常规讲课"(extraordinary)。常规讲课一般由资深的教律博士于上午举行,讲授教材。非常规讲课则由资历较浅的教师于下午举行,瞻礼日禁止进行常规讲课时,亦可进行非常规讲课。[18]

在博洛尼亚大学,每年由两位教师针对《矛盾教会法之协调》举行讲课,一位在上午讲课,另一位则在下午。13 世纪晚期的一份条例规定了教师讲课必须遵守的规则以及时刻表。上午的讲课从《矛盾教会法之协调》的第一部分讲起,10 月底前必须完成前 23 个类别的讲课,至 11 月底完成前 51 个类别的讲课。到次年 2 月,必须完成所有 101 个类别,3 月份时则

〔16〕 See E. Fournier, *L'enseignement des Décrétales à l'université de Paris au Moyen Âge*, Revue d'histoire de l'église de France 26, 1940, pp. 58—62.

〔17〕 See James A. Brundage, *The Medieval Origins of the Legal Profession: Canonists, Civilians, and Courts*, University of Chicago Press, 2008, pp. 118—119.

〔18〕 See Wilfried Harmann & Kenneth Pennington ed., *The History of Medieval Canon Law in the Classical Period, 1140—1234: From Gratian to the Decretals of Pope Gregory IX*, Catholic University of America Press, 2008, p. 110.

要开始讲授第二部分。而下午的讲课则围绕第二部分和第三部分进行。教师从10月起进行授课，月底前要完成至第二部分案例二第四问。在次年8月学期结束前，必须完成第三部分的讲课。除此以外，每天上午下午，另有两位教师讲授《格里高利九世汇编》。上午的讲师讲授汇编前两卷，而下午的讲师讲授余下三卷。为了完成教学进度，教材被划分为一个个点（puncta）。每个点既可以是一个专有名词，也可以是一条教规。一些“常规点”在常规讲课时讲授，而“非常规点”则在非常规讲课时讲授。[19]

从奥多弗雷德的一段记录中，我们可以大致一窥博洛尼亚的教学方法：

> “首先，在开始涉及我们将要学习的具体内容之前，我会向你们（学生）讲述每个论题的概要；其次，我会尽可能详细、尽可能透彻地向大家介绍每种法律的主题要旨；第三，我将向大家朗诵一些法律条文，目的是让大家对其进行修改；第四，我将简要地向大家重述所学法律的主题内容；第五，我将在上帝的眷顾之下尽我所能地为大家明晰法律普遍原理中所存在的明显矛盾，同时指出具体法条在不同的情景下的具体应用、使用差别以及诸种细节的微妙之处。如果有些法律因为其显赫的声明或艰深的特性需要我们在讲解当天再次重新讲解的话，我将在傍晚与你们一起进行重读。”[20]

教会法的另一种教学方法是“辩论”。这种方法从阿贝拉尔（Pierre Abelard）时代便已由经学哲学家们所采用。教会法的辩论往往是围绕一个案例中的法律焦点开展。首先由教师描述具体情节，既可以是虚构的案例，亦可以是现实中真实的案例，并就案例中的法律问题向学生进行提问。[21] 辩论弥补了讲课的不足。在讲课中，教师剖析法条，讲述其含义。而在辩论中，参与者学习如何在争辩中使用这些条文，并反驳对手的主张。

---

〔19〕 See Wilfried Harmann & Kenneth Pennington ed., *The History of Medieval Canon Law in the Classical Period, 1140—1234: From Gratian to the Decretals of Pope Gregory IX*, Catholic University of America Press, 2008, pp. 106—107.

〔20〕〔英〕海斯汀·拉斯戴尔：《中世纪的欧洲大学——大学的起源》，崔延强、邓磊译，重庆大学出版社2011年版，第151—152页。

〔21〕 See James A. Brundage, *The Medieval Origins of the Legal Profession: Canonists, Civilians, and Courts*, University of Chicago Press, 2008, p. 120.

教会法的教学与罗马法也有着紧密的联系。从《矛盾教会法之协调》早年被加入的罗马法条文以及诸多该汇编研究者所频繁参考的罗马法来看，教会法的学习者需要大量的罗马法背景知识，熟悉罗马法的术语和概念。一些大学的教会法院系，如牛津大学，要求学生在开始学习教会法前，完成罗马法的学习。也有教会法教师反对学生从罗马法起手。15世纪的枢机主教扎布莱拉（Cardinal Zabarella）就撰文主张，教会法学者应该首先接受教会法的教育，待系统掌握后再转而进入罗马法的学习。[22]

1219年教皇霍诺留三世禁止在巴黎讲授罗马法。教皇的这一举动旨在削弱学习法学的热潮，希望人们将注意力转回到神学上，这种呼声从12世纪末以来就未停止过。霍诺留三世将这主张付诸现实。但他的谕旨未能有效抑制这股趋势，学习罗马法和教会法的学生依然在增长，其中相当一部分学生是神职人员。学生们转向奥尔良大学学习罗马法。在巴黎以外，也有神职人员认为在领受圣职前学习罗马法的知识很有必要。[23]

四、考试和学位授予

教会法专业的学位设置大约至13世纪初才逐渐成熟，模仿的是罗马法的学位设置方式。罗马法学者从12世纪后半叶起便使用博士（doctor）这一称呼，起先这只是一个授予每一位学习法律人士的荣誉头衔，至13世纪才发展成为学位头衔。早期完成教会法课程者被称为“教律教师”（magister decretorum），至1220年左右，才开始使用“教律博士”这一称呼，到13世纪中叶，已经成为正式的学位头衔。[24]

博洛尼亚的学科授予方式前文已有所述及。而牛津的学位设置则有特别之处，其要求学生首先学习罗马法作为预科。获得教律学士（B. C. L.，在欧洲大陆则被称作教律学师）者必须先学习3年罗马法，再花两年时间学习格拉蒂安的《矛盾教会法之协调》。而已经获得罗马法博士（D. C. L.）只需再学习一年格拉蒂安的《矛盾教会法之协调》。至此，所有

---

〔22〕 See T. E. Morrissey, The Art of Teaching and Learning Law: A Late Medieval Tract, *History of Universities* 8, 1989, 59.

〔23〕 See Wilfried Harmann & Kenneth Pennington ed., *The History of Medieval Canon Law in the Classical Period, 1140—1234: From Gratian to the Decretals of Pope Gregory IX*, Catholic University of America Press, 2008, pp. 101—102.

〔24〕 Ibid., p. 105.

的教律学士候选人还必须参加为期3年的讲课，内容涉及《格里高利九世汇编》《第六书》和《克莱芒汇编》。而想要获得教律博士，必须再学习一年罗马法（罗马法博士可以豁免），2年圣经，1年《矛盾教会法之协调》，以及2年其他教会法汇编。[25]

各地的教律学师与博士候选人，必须参加规定的讲课与辩论。要获得教律学师学位，学生必须通过一项个人的口头考试，并作为候选人在每日下午进行非常规讲课。博士学位候选人则在此基础之上，还要通过公开的考试，并作为代理者讲授教会法两年。在博洛尼亚大学，最初考试是由总执事主持；13世纪奥多弗雷德记载到，当时的考试是由一些老博士们主持；至14世纪发展为由七位教律博士主持。13世纪的律师古美的圭多（Guido de Guinis）记录了他参加博洛尼亚大学的考试时的情形，考官中包括阿库修斯（Accursius）。圭多鲁莽地指责阿库修斯给《学说汇纂》所作注释中有所错误，虽然免不了一顿批评，但他最终通过了考试。另一位叫雅各布斯·巴尔杜努斯（Jacobus Balduinus）的学生也遇到了阿库修斯，但他就没那么幸运了。[26]

五、中世纪教会法教育对当时的影响

中世纪教会法教育对当时的影响可以分为积极和消极两个方面。

就积极影响而言，教会法教育的发展和逐步完善，对于中世纪大学教育制度的发展有重要的意义，它和罗马法教育共同促进了法学的复兴和发达。伊纳留斯对罗马法的研习在法学教育史上开创了一个崭新的时代。无独有偶的是，以格拉蒂安为代表的教会法学者们也用几乎相同的方式将教会法从神学的范畴中剥离出来，成为一门独立的学科。在此以前，对于教会人士而言，罗马法的研究就他们的本职而言，是另一个截然不同的概念。但在格拉蒂安之后，这种情形便彻底发生了改变。对于《矛盾教会法之协调》的研习，既接纳了罗马法的具体条文内容，又吸收了罗马法注释法学者们的研究方法，事实上催生了一个既不同于神学研究，又有别于罗马法研究的独特领域。但就整体气质而言，教会法学者还是更接近于罗马

---

〔25〕 See L. E. Boyle, *The Curriculum of the Faculty of Canon Law at Oxford in the First Half of the Fourteenth Century*, Oxford 1964, pp. 135—162.

〔26〕 See Wilfried Harmann & Kenneth Pennington ed., *The History of Medieval Canon Law in the Classical Period, 1140—1234: From Gratian to the Decretals of Pope Gregory IX*, Catholic University of America Press, 2008, pp. 108—109.

法学者一些。霍诺留三世颁布禁令这一事例已经证明，神学研究在欧洲大学逐步没落，大量教会人士纷纷涌入法学院就读，引得教授神学和传统七艺的教师感觉受到威胁而大为不满。宽西的高提耶（Gautier de Coinci）就抱怨说："神长们宁可给诉讼辩护人报酬，也不愿意给布道者一份称心如意的职位，因此聪明的神职人员都跑去博洛尼亚学习法律了。"[27]以后中世纪的每一代都有类似的抱怨回响，但丁（Dante）在《神曲·天堂篇》第九首中写到："福音书和伟大的长老都被抛弃，只有教令才被仔细钻研，可以从写满字迹的页边看出。"[28] 教会法从格拉蒂安的时代以后便与神学渐行渐远，而与罗马法日益亲近。

然而，教会法教育的发展对当时也产生了消极的影响。一直以来教会法的教育依赖教规条文，因此使用教会法汇编便不可或缺。这对于书商、纸张供应商、抄写员而言是很大的市场。由于学者们对于最新教规的需求，许多人开始伪造教规以从中获利。12 世纪的教会法学者图尔奈的斯蒂芬（Stephen of Tournai）就曾在写给教皇的信件中生动地描写了书籍交易的繁荣以及所导致的问题："如果有件需要您的法官代理或其他法官依照教会法解决的案件出现，书贩们就会拿出一大堆教皇谕旨，声称来自先教皇亚历山大三世，而那些更为古老的教规就被丢在一边，无人问津。当这样的问题摆在我们面前，神圣教父们在会议上的教导就无法解决案件，而会议的规定也无法得到遵循，因为这些书贩子的店铺内所贩卖的以罗马教皇名义作出的谕旨占据了上风。"[29]

此外，教会法教育的繁荣吸引了大批学生前来就学，也招致了一些社会问题。如 12 世纪法国的文学家布鲁瓦的彼得（Peter of Blois）就曾抱怨那些道德滑坡的法律执业者，只为金钱利益而工作，为贪婪所充斥。明谷的圣伯尔纳德（St. Bernard of Clarivaux）则怒吼："这些人满嘴谎言，违背正义，他们误入歧途。"为此，他建议教皇尤金三世（Eugene III）"割

---

〔27〕 See Wilfried Harmann & Kenneth Pennington ed., *The History of Medieval Canon Law in the Classical Period, 1140—1234: From Gratian to the Decretals of Pope Gregory IX*, Catholic University of America Press, 2008, p. 119.

〔28〕〔意〕但丁：《神曲：天堂篇》，朱维基译，上海译文书版社 1984 年版，第 75 页。

〔29〕 L. Thorndike, University Records and Life in the Middle Ages, *Sources and Studies* 38, 1944, pp. 23—24.

下说谎的舌头，闭上满是谎言的嘴”[30]。一直到中世纪晚期，仍然不断有针对执业者恶劣行径的批判[31]，因此出现那种将法律执业者描述为道德沦丧分子的文学作品也就不足为怪了。

（文字编辑　王理力）

---

[30] See James A. Brundage, *St. Bernard and the Jurists*, *The Second Crusade and the Cistercians*, New York 1992, pp. 25—33.

[31] James A. Brundage, Vultures, Whores and Hypocrites: Images of Lawyers in Medieval Literature, *Roman Legal Tradition I*, 2002, pp. 56—103.

起步与探索

——略论清末民国民事诉讼法学的法律教育（1861—1932）

宫　雪*

20世纪初，清政府迫于内忧外患的种种危机与压力，不得不变法修律，在固守本土与汲取外来文化之间谨慎参酌，艰难探索。自清末开始的法制改革，不仅仅是移植新法、开启民智、汇通中西的漫长过程，更是带有传统文化烙印的中华法律文明与世界接轨并获得新生的历程。在中国近代法律变革的宏观背景下，传统民事诉讼法制在西方法律理念、制度的冲击下卷入变革浪潮，也开始了艰难的转变历程。中国近代民事诉讼法学，萌芽于西法东渐的19世纪下半叶，诞生于20世纪初叶的清末修律、大规模地引入西方法学运动，而成长于20世纪30年代中华民国南京政府时期民事诉讼立法的基本完成。[1] 作为清末变法修律的重要内容，民事诉讼法法典化进程改变了诉讼法附庸于实体法以及民事诉讼附庸于刑事诉讼的传统，而民事诉讼法学研究人才的培养对清末及民国司法制度的变革、近现代民事诉讼原则的展开都发挥了不可或缺的作用。

中国法律制度的近代化离不开变革主体自身法律价值观念及行为方式的转变，“海禁”大开以后，传统的法律人才培养方式无法提供适应时代需要的法律人才，于是近代法律教育应运而生。随着民事诉讼法研究活动

---

* 作者系华东政法大学2012级法律史专业博士生，研究方向：比较法律史。本文受上海地方高校大文科学术新人培育计划资助。

〔1〕 何勤华：《中国法学史》，法律出版社2006年版，第475页。

的展开，著作和论文的不断问世，民事诉讼法科目的教学活动也被纳入了各大学和法科专门学校的课程体系之中。民事诉讼法学作为清末民国法律教育不可或缺的教学课程之一，经历了从无到有、从纷乱混杂到条理清晰的发展脉络，有其自身的发展特点和内容。学界针对清末及民国的法律教育已有资料以资参引[2]，但对于民事诉讼法学的法律教育却少有专门关注，并无系统的资料和论述可供参照。本文针对清末民国民事诉讼法学法律教育进行梳理和探究，目的之一是希望尽可能全面呈现当时民事诉讼法教学及人才培养的情形、还原历史以真实；目的之二是希望通过对当时民事诉讼法教育的实际情况进行客观分析，提出结论性意见，以便做出价值判断。

一、民事诉讼法学是清末民国法科的必修课程

（一）法律教育立法中对民事诉讼法学课程设置的明确

新式的法律教育依托于新式的教育体制，而新式的教育体制是通过清末大量的教育立法活动确立的。1903 年 7 月，清政府命张百熙、荣庆、张之洞以日本学制为蓝本，重新拟订学堂章程，在《钦定学堂章程》基础上拟定《奏定学堂章程》于 1904 年 1 月公布，颁行全国，一体遵行，又称“癸卯学制”。[3]

《奏定大学堂章程》将大学本科分为 8 科，其中有“政法科大学”，置政治、法律二门。其课程科目设置完备，可谓备详中西法制，并涉猎古

---

〔2〕 近年学界关于中国近代法律教育研究的代表性成果，列举如下，王健：《中国近代的法律教育》，中国政法大学出版社 2001 年版；程燎原：《清末法政人的世界》，法律出版社 2003 年版；汤能松等：《探索的轨迹—— 中国法学教育发展史略》，法律出版社 1995 年版；张耕：《中国政法教育的历史发展》，吉林人民出版社 1995 年版等。其他著述和文章限于篇幅不作列举。

〔3〕 1902 年张百熙所订的《钦定学堂章程》颁布后不久即于次年废止，实际上并未实行，而癸卯学制自 1904 年开始逐步实行，至 1911 年辛亥革命以后废止。《奏定大学堂章程》，包括《初等小学堂章程》《高等小学堂章程》《中学堂章程》《高等学堂章程》《大学堂章程》（附《通儒院章程》）、《蒙养院及家庭教育法》、《初级师范学堂章程》《优级师范学堂章程》《初等农工商实业学堂章程》（附《实业补习普通学堂章程》及《艺徒学堂章程》）《中等农工商实业学堂章程》《高等农工商实业学堂章程》《实业教员讲习所章程》《译学馆章程》《进士馆章程》，还有《学务纲要》《各学堂管理通则》《各学堂奖励章程》和《各学堂考试章程》等。参见朱有瓛：《中国近代学制史料》（第 2 辑）（上册），华东师范大学出版社 1987 年版。

令，其中将“各国民法及民事诉讼法”作为法律学门的主课之一，并规定“宜择译外国善本讲习”，也就是说讲授外国民法、外国民事诉讼法的内容。可以看出，《奏定大学堂章程》并未将民事诉讼法学与民法学课程分开设置，在教学上依然将程序法依附于实体法，这与我国古代一向采取实体法和程序法合一的形式、未制定专门的诉讼法规有关。

民国成立后，教育部接管全国教育事务，连续发布一系列法令以稳定和延续清末兴起的办学局面。对于综合性大学，北洋政府教育部于1912年10月公布的《大学令》以及1913年1月公布的《大学规程》，为法科法律学门设置“民事诉讼法”课目，内容仍以外国法或比较法为主，至此，法科民事诉讼法等课程的名称已基本定型。另外，对于专门学校，1912年10月，教育部公布《专门学校令》，将清末的学堂改为学校，规定法政专门学校属高等学校层次。1912年11月2日教育部又公布《法政专门学校规程》，对法政专门学校的学科与科目设置进行了具体规定，力图统一全国各法政专门学校的办学标准。其中第5条规定，“法政专门学校专业分科为法律、政治、经济三科。政治、经济二科不分者，得设政治经济科。……法律科之科目设宪法、行政法、罗马法、刑法、民法、商法、破产法、刑事诉讼法、民事诉讼法、国际公法、国际私法、外国语。”〔4〕同时，民国时期的法律教育较清末明显加强了法律实践的课程，并作为制度被固定下来，民事诉讼法作为实践性极强的学科，加强实务训练更有助于民事诉讼法理论的学习与运用。

至南京国民政府时期，随着法学院数目的增加，法律学生的数量也不断增长，1930年颁布的《司法院监督国立大学法科规程》规定，国立大学法律科的必修课目包括民事诉讼法等14门，是对各国立大学法学院统一设置法律课程的最低标准，而实际上当时法律系开设的课目比规定的内容更为丰富。

（二）清末民国法律学院中民事诉讼法学法律教育的发展

下面将以法律学院为线索，考察民事诉讼法及相关课程的产生和发展过程，此处的“法律学院”泛指各种从事法律教育的学校和机构。

---

〔4〕 潘懋元、刘海峰编：《中国近代教育史资料汇编》（高等教育卷），上海教育出版社1993年版，第474页。

1. 京师同文馆

我国近代意义上的法律教育肇始于清末，1861 年设立的京师同文馆是近代引进西方教育制度在中国的最早尝试，而 1867 年美国传教士丁韪良（W. A. P. Martin）在同文馆讲授美国学者惠顿（Henry Wheaton）的《万国公法》则是近代意义的法律在中国第一次系统传播。值得注意的是，同文馆化学兼天文教习法国科学家比利干（Billequin）将当时法国六大法典进行翻译，定名为《法国律例》，该书于光绪六年（1880 年）由同文馆聚珍版刊行用作教材，其中《民律执掌》是对法国民事诉讼法的翻译。他将"Code de procedure civile"一词译为"民律执掌"，这是大陆法系的民事诉讼法律首次传入中国。[5] 比利干在这部书的序言里解释说："所谓民律执掌，系制定各项范围，以便人人行其所执之权也，一遇因事到官，考其所执之权是否切实，如无异议，则其所执之权为牢不可破之权，应令照权遵行。"[6]

2. 清末综合性学堂

19 世纪末 20 世纪初，综合性学堂的法政教育潮头涌动，以天津北洋大学堂（1895 年设立）、上海南洋公学（1897 年设立）、京师大学堂（1898 年设立）、山西大学堂（1902 年设立）的法政科为代表。[7]

北洋大学堂是中国近代创办的第一所大学，其前身是天津中西学堂，由天津洋务派官员盛宣怀呈请设立，作为专门学之一的律例学门四年所开设的 12 个法律课目中（律例学门共开设教学科目 20 个），设置了"民间诉讼律"课程。[8] 北洋学堂"律例学门"实际上是现代法律系的雏形，已与同文馆中的"万国公法"一课不可同日而语。光绪三十三年（1907 年）北洋大学堂的课程表显示，法律科学生须学习"诉讼法则"等课目[9]，另外，一位北洋法科毕业生回忆当时上课时的情景时，提到"民刑

[5] 参见王健：《中国近代的法律教育》，中国政法大学出版社 2001 年版，第 144、145 页。

[6] ［法］毕利干口译：《法国律例》，石雨华笔述，同文馆聚珍版 1880 年，转引自李政：《中国近代民事诉讼法探源》，载《法律科学》2000 年第 6 期。

[7] 参见程燎原：《清末法政人的世界》，法律出版社 2003 年版，第 65—73 页。

[8] 天津中西学堂律例学门开设的 12 个法律科目分别是：通商约章、律法总论、罗马律例、英国合同律、英国罪犯律、万国公法、商务律例、民间诉讼律、英国宪章、田产易主律例、船政律例、听讼法则。参见刘光宇：《清末法律教育课程设置研究》，首都师范大学 2008 年硕士学位论文，第 15 页。

[9] 《京外学务报告》，载《学部官报》（第 21 期），第 143 页。

诉讼法”是被编为法律正班所必修的课程。[10]

1902年，管学大臣张百熙主持京师大学堂校政，并于同年8月拟定《京师大学堂章程》，建立大学分科（大学本科）体制，设政治科，含政治学、法律学二目，其中法律学门科目，就包括“各国民事诉讼法和刑事诉讼法”。[11] 同年，京师大学堂设立仕学馆，目的是为科甲出身的已仕人员补充新知识肄习法政，张百熙等订立的《速成仕学馆考选入学章程》以及学堂章程中提出仕学馆人员除普通课程之外，还要学习掌故学、交涉学以及法律学（包括民事诉讼法在内的9项课程）。[12] 1905年，仕学馆师生联手编辑各科讲义，其中就包括民事诉讼法，是清末较早编辑的法政讲义。至1910年初，京师大学堂正式开办分科大学设立法政科，将《奏定学堂章程》中早先规定的法政科下的法律、政治两门全部落实设立，并设置“各国民法及民事诉讼法”作为主课之一，讲授外国民法、民事诉讼法的内容。到了1912年，南京临时政府改京师大学堂为北京大学，在蔡元培的努力之下北京大学成为文、理、法三科并存的大学，并在1919年将法科原来的政治、法律、经济三门一律改成为系，废止学长制，改设系主任。根据1917年北京大学各科的课程表，民事诉讼法及参考法（民事诉讼法）被安排在第二学年，每周授课时间分别为4学时和3学时，证据法也被单列为专门课程。[13] 从这一设置可以看出，北京大学当时的法律教学以私法为主，仅民法课程就贯穿四年，民事诉讼法等的公法地位并不突出。

3．清末法政专门学堂

中国新式法律学堂的法政教育从理想走到现实，得益于晚清修律大臣

---

〔10〕 薛允中：《我所经历的清末直隶省几所学校》，载《中华文史资料文库》（第17卷）（文化教育卷），中国文史出版社1996年版，第94、95页。

〔11〕 参见《钦定京师大学堂章程》（1902年），载舒新城编：《近代中国教育史资料》（中册），人民教育出版社1961年版，第551、585—588页。

〔12〕 法律学包括刑法总论分论、刑事诉讼法、民事诉讼法、法制史、罗马法、日本法、英吉利法、法兰西法、德意志法。参见朱有瓛：《中国近代学制史料》（第2辑）（上册），华东师范大学出版社1987年版，第759、760页。

〔13〕 1917年北京大学各科的课程表如下（科目及周课时）。第一学年：罗马法（4）、宪法（4）、民法（总则）（4）、参考法（民法）（4）、刑法（4）。第二学年：民法（债权、物权）（8）、参考法（民法）（3）、民事诉讼法（4）、参考法（民事诉讼法）（3）、刑法（各论）（4）、参考法（刑法）（3）、平时国际公法（2）。第三学年：民法（4）、商法（4）、参考法（商法）（3）、刑事诉讼法（2）、参考法（刑事诉讼法）（2）、证据法（3）、破产法（3）、行政法（3）、本国法制史（4）、战时国际法（2）。第四学年：民法（3）、商法（2）、行政法（2）、本国法制史（2）、国际私法（3）。参见王健：《中国近代的法律教育》，中国政法大学出版社2001年版，第179页。

沈家本、伍廷芳对新式法律教育的倡导和推动，中国近代第一所中央官办法政学堂——京师法律学堂于1906年10月正式开学，学制定为3年，课程比照大学堂章程内法律学门所列科目酌量损益，并多加授课钟点。民事诉讼法学仍然是法科学生的必修课程，并被安排在第二学年的课程中，由日本法学专家松冈义正讲授。[14] 松冈义正教授是法学博士，来华之前任东京上诉院推事，以他为代表的于清末法政学堂任教的日本法学家，在华期间配合了清末法典的起草以及法律学堂的教学任务，他们的课堂讲义教材也陆续刊印成册，自1911年起很快传播开来。其中，汪庚年所编的《法学汇编——汪辑京师法律学堂笔记》共有22册，成为中国近代最早和最为系统的一套法学教材，第14册名为《民事诉讼法、破产法》[15]，即为松冈义正讲授的日本民事诉讼法学的相关内容，也是中国通过日本第一次完整地输入了近代西方（主要是大陆法系）民事诉讼法学的知识。

京师法律学堂设立之后，学部于光绪三十二年（1907年）奏设京师法政学堂，以进士馆房舍改建，学部公布的章程中规定了该学堂的学科与学制，学科分为预科2年、本科3年和别科，其中本科分为法律和政治两门，学制为3年，并在《京师法政学堂章程》中规定民事诉讼法为必修课程之一。由于立宪和修律形势的不断发展，1910年学部奏请《改定法政学堂章程》，同时清政府决定扩充各省法政学堂，并准予私立学堂专习法政，通过颁发统一教材控制私立法政学堂，各省的学堂陆续扩大规模。

1905年，由旧设课吏馆改设的直隶法政学堂正式开学，按照《直隶法政学堂章程》第4章第13条规定，直隶法政学堂的课程设置中，“民事诉讼法”被安排在第三学期开设，并且每周授课5课时，是开设课时最多的科目。[16] 另外，奉天法政学堂的课程设置模仿直隶法政学堂，民事诉讼法是其专科课程中的必修课。民国时期，奉天法政学堂将教育部《法政专门学校规程》作为其课程设置的标准，教授民事诉讼法课程。另外，奉天法政学堂的法律补习别科毕业考试中涉及新刑律总论试题两道、民事诉讼法试题两道，可见民事诉讼法是奉天法政学堂教授和结业所必修的法律内

〔14〕 松冈义正（1870—1939），日本著名民法学家，1906年11月受清政府聘请来华任清政府修订法律馆顾问，负责起草民律，并在京师法律学堂讲授民法、民事诉讼法和破产法。参见熊元瀚等编：《京师法律学堂笔记》（共22册），北京安徽法学社1911年印行。

〔15〕 参见王健：《中国近代的法律教育》，中国政法大学出版社2001年版，第197页。

〔16〕 《直隶法政学堂章程》，载《东方杂志》（第9期），转引自朱有瓛编：《中国近代学制史料》（第2辑）（下册），华东师范大学出版社1987年版，第477—479页。

容。其他各省的法政学堂各自参照学部章程、《宪政编查馆章程》《奏定大学堂章程》《京师法政学堂章程》《北洋法政学堂章程》以及《直隶法政学堂章程》设置学制和课程。

表-1 清末法政学堂中的民事诉讼法课程[17]

<table>
<tr><th></th><th>课程名称</th><th>学期</th><th>周课时</th></tr>
<tr><td>《奏定大学堂章程》</td><td>各国民法及民事诉讼法</td><td>第一、二、三、四学年</td><td>2</td></tr>
<tr><td rowspan="5">《京师法律学堂章程》</td><td rowspan="2">民事诉讼法</td><td>第二、三学年第一学期</td><td>4</td></tr>
<tr><td>第二、三学年第二学期</td><td>6</td></tr>
<tr><td>裁判所编制法</td><td>第二学年第一学期</td><td>2</td></tr>
<tr><td rowspan="2">诉讼实习</td><td>第二学年</td><td>4</td></tr>
<tr><td>第三学年</td><td>6</td></tr>
<tr><td rowspan="2">《直隶法政学堂章程》</td><td>民事诉讼法</td><td>第三学期</td><td>5</td></tr>
<tr><td>演习裁判</td><td>第二、三学期</td><td>3</td></tr>
</table>

4. 民国的私立大学与教会大学

近代法律史上最值一提的私立法科大学，是汪有龄、江庸等人集资于1912年在北京创办的朝阳大学（1930年更名朝阳学院），其按照大陆法系的教学模式，注重对法典的学习。与此相适应，朝阳大学的课程体系和教学方法采用大陆法系的法学训练方法，本科的课程体系以法典体系为基础，包括民事诉讼法、民事诉讼实务、华法院组织法等。曾任京师地方审判厅推事的邵勋，后担任朝阳大学法学教授，教授民事诉讼法，著有《论民事条例之疵点》（1925年）、《民事诉讼法与民事实体法》（1928年）、《中国民事诉讼法论》（1929年）等论著。

近代教会大学创办的法学院主要有两所，且均为美国基督教会所办，即燕京大学法学院和东吴大学法学院。燕京大学以司法院确定的大学法律科课程为依据设置授课课目，在第三学年开设民事诉讼法学、证据法学的课程。毕业于日本中央大学法科的李怀亮[18]，是当时司法界的骨干，于燕

---

〔17〕 本表制作参考朱有瓛编：《中国近代学制史料》（第2辑）（下册），华东师范大学出版社1987年版，第779页；刘光宇：《清末法律教育课程设置研究》，首都师范大学2008年硕士学位论文，第22、26页。

〔18〕 李怀亮，字特成，湖南湘乡人。日本中央大学法科毕业，历任河南法政学堂教员、大清银行清理处编纂兼证券科主任、国立北京法政专门学校教务主任、大理院推事、司法讲习所及司法储才馆教授、国民政府最高法院庭长，以及国立北平大学法学院讲师、国立北京大学法律系讲师。参见樊荫南编纂：《当代中国名人录》，上海良友图书印刷公司1931年版，第111页。

京大学主讲法院组织法和民事诉讼法，也在朝阳大学讲授民事诉讼法课程。东吴法学院1915年创办于上海（最初称东吴大学法科，1927年更名为东吴法学院，英文名称为“The Comparative Law School of China”），是美国教会在中国设立的唯一一所独立的法学院。东吴法学院重视比较法研究在其课程设置中的地位，自1926年开始规定学生至少要修习中国的诉讼法、刑法、民商法、家庭法这类基本课目。[19]

表-2 民国国立、私立大学民事诉讼法及相关课程[20]

学校名称	课程名称	学期	周课时	学分数	学程年限
国立北京大学法科大学法律专业	民事诉讼法	第二学年	4	—	—
	参考法（民事诉讼法）	第二学年	3	—	—
	证据法	第三学年	3	—	—
国立中央大学法学院法律系	民事诉讼法	第三学年	4	8	1
	比较司法制度	第三学年	2	4	1
	强制执行法（司法组必修）	第四学年	3	3	半
	审判实务（司法组选修）	第四学年	3	3	半
私立东吴法学院	中国民事诉讼法（必修）	第三学年	3	6	1
		第四学年	3	3	半
	证据法学	第四学年	2	4	1
	中国强制执行法	第四学年	1	1	半
	各国诉讼法比较（选修）	第四学年	2	2	半

除了国立及私立大学之外，1927年1月，北洋政府司法部成立司法储才馆，对法科毕业生进行针对性的实务专门教育，以促进其结合所学进入法律实务界工作。司法储才馆由梁启超担任馆长、余绍宋担任学长[21]，同

〔19〕 据记载于1918—1927年毕业生档案内的成绩单，上海档案馆，Q245—273，转引自〔美〕康雅信：《培养中国的近代法律家：东吴大学法学院》，王健译，载贺卫方编：《中国法律教育之路》，中国政法大学出版社1997年版，第258页。

〔20〕 本表制作参考朱有瓛编：《中国近代学制史料》（第3辑）（下册），华东师范大学出版社1992年版，第105、106页；孙晓楼：《法律教育》，中国政法大学出版社1997年版，第124—132页。

〔21〕 参见俞江：《近代中国的法律与学术》，北京大学出版社2008年版，第283页。

时由北京各法律学校聘请老师进行授课，其中由石志泉教授“民事诉讼法规及判例”课程，主要是对民国颁布的民事诉讼法规范进行讲授，这一课程被安排在第三学期，前两个学期主要是对民事、刑事等实体法律及判例的学习。总体来看，储才馆的课程多是判例和审判、监狱实务，突出了实务训练的目的。

二、清末民国民事诉讼法学教师及教学

清末民国的法律教育家是近代法学教育的奠基者，担负着培养职业化、高素质法律人才的重任。从清末民国民事诉讼法学课程的设置可以看出，民事诉讼法学的法律教育经历了从无到有、从依附于实体法到逐渐完备的发展路径。而在这一过程中，民事诉讼法学教师群体在培养新式法律人才方面功不可没，在这一时期动荡的历史背景下，该群体的法律思想呈现出开放、多元、复杂的特征，对后世民事诉讼法教育产生了重要的历史影响。

（一）清末民国民事诉讼法学教师群体分析

清末民国，任职于国内高校教授民事诉讼法的教师群体不但兴办学校、培养法律人才，还以自己的民事诉讼法学知识背景，或曾投身现实、矢志司法实践，或著书立说、成一家之言，他们具有以下特点：

第一，他们是近代民事诉讼法律知识的传播者。从学业经历来看，他们或毕业于国内名校，或留学于大陆法系、英美法系国家的著名大学，这些归国法科留学生成为民事诉讼法教育的中坚力量。他们既翻译西方民事诉讼法的书籍和法典，同时出版自己的专著及撰写论文，例如，1905—1907 年间，欧阳保真、毕厚、王时润等编译的几本《民事诉讼法》同名著作，以及 1910 年陈兴年翻译的由高本丰三所著的《民事诉讼法论纲》。

第二，他们是近代民事诉讼法律的制定者。民事诉讼法教师不仅学术理论功底深厚，并且大都曾在地方法院任职，在民事诉讼立法时会更多地考虑到中国本土的实际情况。例如，曾任北京大学、北京政法专门学校教授的罗鼎以及曾任国立武昌中山大学法律教授的刘克儁，曾共同参与《民事诉讼法草案》《民事诉讼法施行法》《新民事诉讼法施行法草案》《人事诉讼法》《民事调解条例草案》以及《法院组织法草案》的起草或审查。

第三，他们是近代民事诉讼法律制度的解释者。随着中国民事诉讼法典化进程的推进，清政府颁布《大清民事诉讼律》（1911 年）、北京政府

颁布《民事诉讼法条例》（1922 年）、南京国民政府颁布《民事诉讼法》（1932 年），深受西方近代民事诉讼法知识熏陶的法律家们，对那些于一般民众来说尚属陌生的民事诉讼法律制度进行知识解读和学理说明，例如，邵义于 1917 年所著《民事诉讼律释义》、石志泉于 1925 年所著《民事诉讼条例释义》（三卷本）。

第四，他们是近代民事诉讼法学学科体系的构建者。民事诉讼法学的近代化肇始于清末修律，到民国时，学者们已经走出清末那种盲目崇拜西方法律思想和制度的误区，开始西方的概念体系和学说名词与中国固有的材料相互参证，试图把西方规范化的学术研究方法嫁接到中国传统法制丰富的资源之上进行相关的学术研究。同时，他们对清末、民国时期的民事诉讼制度、司法制度加以批判，例如，石志泉曾经以“诉讼谈”为题进行讲演，并于 1928 年 1 月发表在第 235 期的《法律评论》上，内容涉及诉讼制度的发展演变、民事诉讼和刑事诉讼的不同性质和程序相异之处，以及对当时法院在案件审判中存在的弊病加以批判。[22]

第五，他们是近代法律人才的培养者。从任职来看，他们大多都有担任过地方法院推事的经历，例如，曾于燕京大学主讲法院组织法和民事诉讼法课程的李怀亮。因此，他们能更多地考虑中国本土实际情况，培养了众多的新式法律人才，有著作等身的大法学家，或是名动一时的大法官，总之为法学理论体系的建构及司法机制的运转做出了不懈的努力。[23]

（二）清末民国民事诉讼法教师著述与教学情况

清末对民事诉讼法的教学与其他法学科目一样，始于外国人从事的教学活动，后来则以留学生和法院的法官为主体，其教学和研究带有编译或实务的特点。从民事诉讼法学教师的作品和授课讲义中可以看出，清末民国民事诉讼法学的法律教育既与司法实务密切联系，又继受了外国民事诉讼的法学成果。

正如上文所述，清末法政教育开创之初，不少日本法学专家或教师受聘担任各法政学堂的教员，而于京师法律学堂讲授民事诉讼法课程的松冈义正教授通过授课，第一次将近代大陆法系民事诉讼法学的知识完整地输

---

〔22〕 参见何勤华、李秀清主编：《民国法学论文精粹》（诉讼法律篇），法律出版社 2004 年版，第 39—47 页。

〔23〕 韩秀桃：《民国时期法律家群体的历史影响》，载《榆林学院学报》2004 年第 2 期。

入中国。松冈完全根据日本现行民诉法并参引别国法进行讲授，其讲课内容经汪有龄口译，由熊元襄在课堂笔记的基础上，参照他的其他著作加以编辑而成《民事诉讼法》一书，是中国近代较早面世的民事诉讼法著作之一。此书对民事诉讼、民事诉讼法、诉讼关系、诉讼程序、执行关系均有系统论述，由于“讲者官东京控诉院部长十五年，阅历宏富，故言之独详……讲者义不媚法，抑扬恰如其分，是非取舍，灿若烛照，东来师法，此为纯正”[24]，并且作者担任民诉法草案的起草人之一，因此此书成为研究新法的重要材料，具有较高权威。

曾在朝阳大学等学校教授民事诉讼法，以及在司法储才馆教授“民事诉讼法规及判例”课程的石志泉[25]，著有《民事诉讼法释义》《民事诉讼实务》《非讼事件法》《民事诉讼法实用问题与战后日本司法制度之改革》等，其中《民事诉讼条例释义》于1922年由国立北平大学法学院出版课出版发行，主要是对1921年北洋政府颁布的《民事诉讼条例》的研究释明，这一条例为南京政府民事诉讼法的立法提供了蓝本，而石志泉所著此书以上、中、下的巨大篇幅，以深厚的民事诉讼法理论，详尽的条文解释以及丰富的资料，可谓中国近代民事诉讼法学诞生过程中的奠基之作。

曾任储才馆讲师，后担任朝阳法学院教授的邵勋[26]，著有《中国民事诉讼法论》一书，于1929年由北平朝阳学院出版，并发表有《论民诉条例之疵点》（1925年）、《民事诉讼法与民事实体法》（1928年）、《何谓诉讼行为》（1929年）、《非讼事件程序法》（1931年）等论著。[27]《中国民事诉讼法论》由总论、民事诉讼之主体、诉讼客体、诉讼当事人之负担及诉讼上之救助、诉讼行为、诉讼程序、第一审诉讼程序、上诉程序、抗告程序、再审程序、特别诉讼程序等十一编组成。此外，该书附有许多日本判例，并在学理上主要参照了细野长良等15位日本学者的著作，反映出当时民事诉讼法学理论研究基本上来自日本学者的学说，但同时对中国近代

〔24〕〔日〕松冈义正：《民事诉讼法》，张家慧、张维新点校，载陈刚主编：《中国民事诉讼法制百年进程》（清末时期第1卷），中国法制出版社2004年版，第198页。

〔25〕石志泉（1885—1960），字友渔，号友儒，湖北孝感人。毕业于日本东京帝国大学，获法学学士学位。1914年回国后一直任职法界，曾于1922年任北京政府司法部次长，1924年以后专门从事讲学，历任朝阳大学法学院院长，国立法政大学北平大学教授、系主任、教务长、院长及北京大学讲师。

〔26〕邵勋，字禹敷，浙江东阳人。民国初任京师地方审判厅推事、江西高等审判厅庭长，后任大理院推事，曾任储才馆讲师，后担任朝阳法学院教授。

〔27〕参见何勤华：《中国法学史》，法律出版社2006年版，第489页。

民事诉讼法的基本问题已有梳理。

另外，通过司法储才馆“民事诉讼法及判例”的期考试题也可看出民事诉讼法教学及考试的情况和难易程度：

1. 甲购置乙之不动产，据约请求其转移所有权，并履行登记之程序，此项诉讼是否专属不动产所在地之法院管辖。

2. 对于主债务人及该债务之保证人提起共同诉讼是否为法所许。[28]

以上试题主要针对民事诉讼管辖中专属管辖、民事诉讼主体中共同诉讼制度进行的考察，这些都是民事诉讼审判过程中非常重要的程序问题，突出了民事诉讼法的实务性特征。

三、对清末民国民事诉讼法学法律教育的评价

（一）清末民国民事诉讼法学法律教育发展的特点

清末民国的民事诉讼法学法律教育有着自己鲜明的特征，这种特征既是所处时代的反映，同时也对后世产生深远的影响。

第一，在课程的设置方面，民事诉讼法学与实体法、刑事诉讼法相剥离而形成独立学科。“重实体，轻程序”是中国传统法制的重要特点，程序法依附于实体法并且内容较为简单，而民事诉讼与刑事诉讼也一直缺乏明确的概念划分，民事诉讼在大多数情况下依附于刑事诉讼，无法与地位显赫的刑事诉讼分庭抗礼。清末在这种诉讼法制观念的影响下，《奏定学堂章程》中设置了“各国民法及民事诉讼法”课程，北洋大学堂设置了“诉讼法则”“民刑诉讼法”课程。而随着西法东渐，国人对诉讼法与实体法以及各诉讼法之间关系的认识不断加深，“诸法合体，一统于刑”的传统局面被打破，民事诉讼法学作为独立学科进行授课。民国民事诉讼法律家在授课时也强调民事诉讼的重要性，如李怀亮在朝阳大学讲授民事诉讼法时强调：“实体法不善，良民不至受害，程序法不善，则必害及良民。若程序法不善，……就民事言，应享有权利者而不能享有权利，不应担负义务而负担义务，则良民受害也。”[29] 自此，民事诉讼法学法律教育与实

---

〔28〕 载《法律评论》第4卷第208期。

〔29〕 李怀亮：《朝阳大学法律科讲义·民事诉讼法》，朝阳大学校，1922年版，第1页。

体法、刑事诉讼法学法律教育相分离，逐渐独立发展，一直成为各综合性大学中的法律院系以及各个专门法政学校的基础课程之一。[30]

第二，在教学内容方面，清末民国民事诉讼法学的法律教育是一种由外至内输入式的、派生的法律教育。清末民国的民事诉讼法学授课教师以外国人、法科留学生为主体，并且以日本教师、留日学生为主，因此其授课内容也以学习日本民事诉讼法学为基础。这一特点体现有三：其一，中国清末最早面世的民事诉讼法学作品是对日本民事诉讼法学著作的翻译和编译；其二，由于清末民国的民事诉讼法学以法典解释学为特征，1911 年的《大清民事诉讼律草案》又以 1890 年《日本民事诉讼法》为蓝本制定，因此，这一时期民事诉讼法课程的教学以日本的民事诉讼法学为基础；其三，这一时期，民事诉讼理论研究的论著并不多见，即使有系统论述也大多参照日本学者的学说。总之，清末民国的民事诉讼法的教学与研究对民事诉讼领域的基本问题都已有梳理，为现代民事诉讼法学的发展奠定了基础。

第三，在教育方式方面，清末民国民事诉讼法学的法律教育以大陆法系的教育模式为主，初步加强了学生的实务训练。清末法政学堂以及民国的公立、私立大学大部分采用大陆法系的教育模式，东吴大学则是崇尚英美法系模式的代表。民事诉讼法是与司法实务有着密切联系的学科，清末民国法律学堂法科的课程设置以及教学内容对诉讼法实务有所重视，如设置“演习裁判”“审判实务”等课程。同时，从上文表-1、表-2 中可以清晰看出，民事诉讼法学的授课一般安排在法学理论、实体法学习之后。并且，从事民事诉讼法教学的老师大多有从事司法实务的经历，其在教学上不可避免地受到司法实践的影响，其在民事诉讼法学的教学和研究上带有实务的特点。

（二）对近代中国民事诉讼法学的影响

评价清末民国的民事诉讼法学的法律教育，必须对其与近代中国民事诉讼法学的关系加以阐释，二者密切相关。

一方面，清末民国民事诉讼法学法律教育对中国近代民事诉讼法学的诞生和成长产生了直接影响。我国民事诉讼法基本的概念、术语、原则、制度与理论框架主要渊源于西方的法典类型，而推动西方民事诉讼法律制

---

〔30〕 何勤华：《中国法学史》，法律出版社 2006 年版，第 480、481 页。

度在我国移植的重要途径就是民事诉讼法学教师对西方民事诉讼法典、民事诉讼法学书籍的讲授和译释以及民事诉讼法学教材的编写，并由此为中国民事诉讼法近代传统的形成奠定了基础。更重要的是，清末民国民事诉讼法学法律教育作为法学教育的重要组成部分，培养和造就了大批新式法律人才，并推动着近代民事诉讼法学学科体系的建立和不断完善。

另一方面，清末民国民事诉讼法学法律教育发展的特点，是近代民事诉讼法学成长过程的体现。民事诉讼法学课程，先后与实体法、刑事诉讼法课程相分离形成独立学科，通过介绍西方民事诉讼法相关理论，促进了清末民国法学人才程序理念的不断加深。主持修律的沈家本也认识到程序法的作用，在联名奏呈《大清民事诉讼律草案》的奏折中，写道："独至民事诉讼，因无整齐划一之规，易百弊丛生之俯。若不速定专律，曲防事制，政平讼理，未必可期，司法前途，不无阻碍。"[31] 在他的主持下，破天荒地分别起草了民事诉讼律与刑事诉讼律草案，成为中国历史上第一部独立的民事诉讼法典，从此开启了我国民事诉讼法典化进程。另外，由于清末民国民事诉讼法学的法律教育是一种由外至内输入式的、派生的法律教育，授课教师以外国人、法科留学生为主，其授课内容以学习日本民事诉讼法学为基础，促使我国走上了效仿大陆法系民事诉讼法制的道路。

四、结语

西谚有云："枪炮作响法无声。"清末民国是中国社会急剧变化的时期，法律的有无、增删、变动随着政权的更迭交替发生着变化，在这一背景之下新式法律教育开始了探索。虽然新式法律教育的幼稚和急功近利一定程度地使近代法学因缺乏适当的学术积淀而不免质低量微，但清末新式法学教育直接催生了近代法学，培养和造就了大批新式法律人才。

就民事诉讼法而言，清末民国民事诉讼法学的法律教育是一种由外至内输入式的法律教育。随着民事诉讼法学课程的独立设置、民事诉讼法学家著书立说、展开教学活动，不断推动近代民事诉讼法学的研究向深度与广度拓展，逐步促进了民事诉讼法学学科体系的建立与完善。然而，由于中国近代社会动荡、法律教育与研究的环境多变，从事民事诉讼法学研究的人才并不多，民事诉讼法学法律教育还处在起步和较为幼

---

〔31〕《大清民事诉讼律草案》，陈刚、何志辉点校，载陈刚主编：《中国民事诉讼法制百年进程》（清末时期第 2 卷），中国法制出版社 2004 年版，第 4 页。

稚的阶段，这一点也恰恰应该是我们应该加以反思的，从而以更加理性和自觉的态度来促进中国现代民事诉讼法学的法律教育和中国现代民事诉讼法学的发展。

（文字编辑　舒砚）

中西法政人物

明清之际“正统”思想之法政意涵述微

——以黄宗羲为中心的考察

时　亮*

自汉武帝“独尊儒术”以至清朝末年，两千多年的中华传统思想学术，大要皆以“经”与“史”为其基本架构。与此相生伴随，乃有历代“经史”的制作编修；而两千年“经史”之制作编修，又须臾不能脱离对“正统”问题的思考。饶宗颐先生曾云，“中国史学观念，表现于史学史之上，以‘正统’之论点，历代讨论，最为热烈”[1]。先生之说，固为不刊之论。

以具体资料而言，传统中国思想家对“正统论”的言说，往往以讨论史书编纂之体例义法的形式展开。但是，在中国思想文化的悠久传统之内部，所谓“正统论”，则以衡论某王朝统治“正统”之有无及其何时起始与何时终结为论辩中心；至于其间所关注的基本问题，乃是该王朝获得政治权力并进行统治之正当性与合法性问题。南宋末年的郑思肖曾说，“中国之事，系乎正统；正统之治，出于圣人。中国正统之史，乃后世中国正统帝王之取法者，亦教后世天下之人所以为臣子也”[2]，堪称最为发明此义。事实上，传统史学与史家所谓的“正统论”，乃是在儒家学说判定“政统”与“道统”在孔子以后处于分离状态的情势下，儒者从“道统”

---

* 作者系中国海洋大学法政学院讲师，中国海洋大学法学博士后流动站研究人员。主要研究领域为：西方宪政史，中西法政思想史，中西法文化比较研究，环境法基础理论研究。

〔1〕 参见饶宗颐：《中国史学上之正统论》，上海远东出版社 1996 年版，第 1 页。

〔2〕 同上注，第 121—1124 页附录资料。

的立场上评判"政统"是否得到了延续以及其时的统治是否正当合理或是否可取的一种思想论说。故而，我国历史上延绵不断之"正统论"言说的具体内容，实与两千年间儒家之法政学说及其实践紧密相关。所以，对于传统"经史之学"范围中之"正统论"的研究，并不能简单地将它纳入19世纪以来所谓"历史学"的研究范围之内，进而以实证主义的方法予以全面批判和彻底否定[3]；而是应当将对"正统论"的研究，纳入到法政哲学的论题范围之内，并从对传统中国法政思想史的研讨出发，以诠释学的方法理解和阐释[4]。

本文即尝试遵循这一思路，将黄宗羲对"正统"问题的相关言述，从"历史学"范围提出，转而纳入到传统中国法政哲学的思想结构中来理解，并进行立足于"经史学"的仔细分疏析辨，将其置于明清之际数家正统言说的思想结构中，展现"正统论"言说之法政批判意义。

一、明清之际"正统论"言说述要

明清易代之际，儒者对"正统"的言说十分活跃。其中比较著名的人物，除黄宗羲外，顾炎武、王夫之、魏禧、甘京等，也都对"正统"问题有过或详或略的讨论。他们虽然都是由明入清的儒学人物，但彼此立场却

---

〔3〕 梁启超在1902年的《新史学》中对传统"正统论"发出了激烈批判，称："中国史家之谬，未有过于言正统者也。言正统者，以为天下不可一日无君也，于是乎有统。又以为天无二日、民无二王也，于是乎有正统。统之云者，殆谓天所立而民所宗也。正之云者，殆谓一为真而余为伪也。千余年来，陋儒断断于此事，攘臂张目，笔斗舌战，支离蔓衍，不可穷诘。""故夫统之云者，始于霸者之私天下，而又惧民之不吾认也，乃为是说以籍制之曰：此天之所以与我者，吾生而有特别之权利，非他人所能几也。因文其说曰：'亶聪明，作父母。'曰：'辨上下，定民志。'统之既立，然后任其作威作福，恣睢蛮野，而不得谓之不义，而人民之稍强立不挠者，乃得坐之以不忠不敬大逆无道诸恶名，以锄之摧之。此统之名所由立也。……借曰君而有统也，则不过一家之谱碟，一人之传记，而非可以冒全史之名，而安劳史家之哓哓争论也。然则以国之统而属诸君，则固已举全国之人民，视同无物，而国民之资格所以永坠九渊而不克自拔，皆此一义之为误也。故不扫君统之谬见，而欲以作史，史虽充栋，徒为生民毒耳。"观其行文，其主要的思路就在于从19世纪以来实证性史学的立场对传统正统论予以激烈的否定，而在其建设性的一面，则从文化意义的民族立场出发，以文化民族的统续代替王朝统续，重新建构中华民族的史学"正统"。百余年中国史学发展，鲜有越出梁氏此一思路者。引文参见梁启超：《梁启超全集》，北京出版社1999年版，第746—747页。

〔4〕 中国历史上之"正统论"主要关注的，是在朝代与朝代之间统治的正当合理性的统续问题，并由此而论定此一朝代统治地位的正当与否；在一个次要的层面上，也有学者偶尔在"正统"一题下论到一个朝代之内"一姓本宗传位之正统"的问题。参见饶宗颐：《中国史学上之正统论》，上海远东出版社1996年版，第7页。本文以黄宗羲讨论所涉及的范围为限，仅关注前一种情形。

有很大的差异。故在仔细论述黄宗羲的“正统论”讲述之前，略述其时斯题讲论之大概，以资为梨洲之论说进行较为准确的时代定位，亦可凸显其思想的个性特质。

后世以顾、黄、王称“明清之际三大思想家”，然而对于“正统”问题，顾炎武和王夫之的立场都十分消极，与梨洲的积极伸张大不相同。顾炎武一生对明代王学末流空谈误国之弊激愤难平，并覃思发愤以图起弊纠正，故而其全部思想学术皆主张脚踏实地，言之有物，不作空疏无聊之议论。以至于当他论及“正统”问题的时候[5]，其立说也以为以往的各种议论不足为训，而主张实事求是直书其事而已。

对于《春秋》书“元年”和“王正月”，历代“正统论”讲述都或明或隐地以之为立论与解释的根据，并以此“谨始以正端”为基础解释“居正”与“一统”的含义，而顾炎武给出的解释，却否定其中有所谓“微言大义”，从而最为接近现代“历史学”的实证主义立场。顾炎武在引证了春秋时期几种记载都有以“王”纪年的情形以后说，“当时诸侯皆以尊王正为法，不独鲁也。……今人往往有得秦权者，亦有王正月字。以是观之，《春秋》‘王正月’，必鲁史本文也。言王者，所以别于夏、殷，并无他义。刘原父[6]以王之一字为圣人新意，非也”[7]。又说，“天子常以今年冬班明年正朔于诸侯，诸侯受之，每月奉月朔甲子以告于庙，所谓禀正朔也，故曰：‘王正月’”[8]。又说，“未为天子，则虽建子而不敢谓之正……已为天子，则谓之正，而复加王以别于夏、殷，《春秋》‘王正月’是也”[9]。不独如此，甚至对孔子在《春秋》中以“天王”称周室，并被后世讲论“正统”的学者百般引用并详尽解释的“书法”，顾炎武也给出了极为实证主义（甚至是实用主义）的“历史学”解释：“《尚书》之文但称‘王’，《春秋》则曰‘天王’，以当时楚、吴、徐、越皆僭称‘王’，故加‘天’以别之也。”[10]

---

〔5〕 顾炎武（1613—1682）论及正统的文字集中见于《日知录》第4卷“王正月”“天王”，第20卷“年号当从实书”等数条，以下引文皆据安徽大学出版社2007年出版的陈垣校注本《日知录校注》，引文注释标示页码，不再具体指明卷数与各条标题。

〔6〕 刘原父即刘敞（1019—1068），有《春秋权衡》等著作，与弟刘攽（1023—1089）同为北宋著名的经学家和史学家，二者皆与司马光同修《资治通鉴》。

〔7〕 见前及《日知录校注》，第167页。

〔8〕 同上注。

〔9〕 同上注，第168页。

〔10〕 同上注，第174页。

进而，顾炎武认为所谓的“正统”问题，不过是编年体史书在编纂时由于列国纪年不一、不便整齐的缘故而引发的一个技术性的枝节问题罢了，历代争论纷纷，实为不必。论及史书，对历代争论不已的三国纪年，顾炎武主张“三国志则汉人传中自用汉年号，魏人传中自用魏年号，吴人传中自用吴年号”，并说“推之南北朝、五代、辽、金并各自用其年号，此之谓从实”。而对于由此产生的年代混乱问题，顾炎武只提出技术性的“若病其难知”一条，并给了同为技术性处理的“只须别作年表一卷”的答案[11]。至于顾炎武对《元史》的如下评论，若置之于方孝孺以来二百年间论及“正统”的文字中，则非“惊世骇俗”四字不能形容：“《元史·顺帝纪》，至正二十八年，乃明洪武元年也，直书‘二十八年’。自是以下，书曰‘后一年’，曰‘又一年，四月丙戌，帝殂于应昌’。是时明太祖即位三年，而犹书元主曰‘帝’，且不以明朝之年号加之，深得史法。疑此出于圣裁，不独宋、王二公之能守古法也。”[12]

由以上所述可见，顾炎武对于历代学者争论不已的“正统”问题，实大不以为然，而其基本的立足点，大要在于鉴明学之弊而崇尚务实，反对蹈虚；及至于他根据“实书”的原则对《元史》所发之评论，居然一反方孝孺以来根据华夏“正统”立说，进而对之予以批判和否定的“经史之学”大传统，甚至称赞它“深得史法”，则不免有矫枉过正之嫌[13]。

王夫之对所谓“正统”的看法[14]，如顾炎武一样是批判性而彻底否

---

〔11〕 见前及《日知录校注》，第1115页。

〔12〕 见前及《日知录校注》，第1117—1118页。亭林此说亦有所据。在宋濂为朱元璋起草讨元檄文时，朱元璋已经以斯民父祖生养于元为理由责备其措辞过于激烈，后来修《元史》而与之正统的理由，其大端似乎也正在于此。这一点在方孝孺《后正统论》如下一段文字中已论述分明：“百年之间，四海之内，声音器用，皆化而同之。斯民长子育孙于其土地，习熟已久，以为当尔。昔既为其民矣，而斥之以为夷狄，岂不骇俗而惊世哉？”至于方孝孺不提及朱元璋与宋濂之名的缘故，或出于“忌”与“讳”二字之隐衷。

〔13〕 就顾炎武现存《日知录》（中华书局1959年版）与《诗文集》（中华书局1983年版）而言，他不但对于所谓“正统”深不以为然，对于“华夷”问题也少见议论，《日知录》中凡涉及夷狄的内容，都是就事论事的考证史事，并没有任何引申之言。这种情形是亭林之原本即是如此，还是文本流传过程中遭受删改所致，如今已经不可确考。至于学界举为名言的“亡国”与“亡天下”之辨，历来以为亭林据满清入关之事以“华夷之辨”为宗旨而发，实则未必。考顾炎武“亡国”与“亡天下”之辨，出于《日知录》第13卷“正始”条中，其论乃就魏晋玄学破坏纲常名教而发（见前及《日知录校注》第721—723页），通篇文字间无丝毫涉及或通过暗示而指向“华夷之辨”的意思。

〔14〕 王夫之（1619—1692）论及“正统”的文字，集中见于《读通鉴论》第16卷“武帝 七”和“卷末”之“叙论 一”，分别参见《读通鉴论》，中华书局1975年版，第539—540、1106—1108页。引文据此，不各为细注。

定的。其论以批判“五德终始论”为始终，其主体论述则以“天人”“离合”“治乱”为基本概念框架展开。其言曰：“正统之论，始于五德。五德者，邹衍之邪说，以惑天下，而诬古帝王以征之，秦、汉因而袭之，大抵皆方士之言，非君子之所齿也。”而其批判性立论的根据，则在于以“天人”之别以言“离合”“治乱”：“治乱合离者，天也；合而治之者，人也”，“一合而一离，一治而一乱，于此可以知天道焉，于此可以知人治焉”，“天下之势，一离一合，一治一乱而已。……明于治乱合离之各有时，则奚有于五德之相禅而取必于一统之相承哉！”

由此出发继续“离合”的思路而论及于史，王夫之论述了中国历史数千年间治乱的基本情势：“三代”时“天下虽合而固未合也，王者以义正名而合之”，天下尊共主而治。秦灭六国以后，“天下并无共主之号”，此后也就无所谓“统”了，从而开始了一合一离、治乱循环的历史。由汉以至于五代，当其合，则天下为治；当其离，则“各为帝制以自崇，土其土，民其民，或迹示臣属而终不相维系也”，但是“统之为言，合而并之之谓也，因而续之之谓也”，则此时已经是各不相属而无以为“统”了。从宋代至于清初的情形，“当其治也，则中国有共主；当其乱也，中国并无一隅分据之主。盖所谓统者绝而不续”（这里虽然说的是宋明为治而蒙元为乱的史事，隐含的指向却为清初的现实无疑）。事实如此，而“夫统者，合而不离、续而不绝之谓也。离矣，而恶乎统之？绝矣，而固不相承以为统”，则此种情形下，“当其治，无不正者以相干，而何有于正？当其乱，既不正矣，而又孰为正？有离，有绝，固无统也，而又何正不正邪？”那么，此时是不是就真的不存在“正”与“不正”的判别了？王夫之的答案是否定的，因为“正不正存乎其人而已矣，正不正，人也；一治一乱，天也”，而王夫之所谓的“人”之正与不正，却又在于华夏与夷狄的分别。故而，此时此地，在并不存在所谓之“统”的情形下，所可以期望于“人”而能够行礼义文明、积道德以膺天命“合”天下以为“治”的，端在一途：“崛起以一中夏者。”由此则可知，王夫之否定传统所谓“正统”论的一个理由，即是期望以华夏中国的重新建立以为“治”，来取代满清入关所导致的“乱”，而“统”所强调的“连续性”，却直接成为了取代满清统治并重建华夏中国的理论障碍。

与顾、王二老同为易代隐居之人的魏禧，对传统“正统论”却持一种积极伸张的立场[15]。其对“正统”问题的论述，以回应欧阳修、苏轼和郑思肖等“正统论”言述的形式展开，认为三者各有其得，又各有其偏见，故而欲辨三子之非而申明“正统”之所是[16]。在魏禧看来，欧阳修论正统“有时而绝”为其得，而论“正统”有时而绝却不见“统”之未绝为其失；苏轼以名实之辩论“正统”为其得，而以“有天下”且生长于其间立论界说“正统”为其失；郑思肖以得国之正与不正判别“正统”与否为其得，而为了尊宋而至于黜唐而不知唐宋在实质上的类似为其失。魏禧本人则并立“正统”“偏统”与“窃统”三个名目，来解决传统史学和法政哲学层面的“正统”问题：第一，所谓“正统”，指的是“以圣人得天下”，或者“德不及圣人，而得之不至于甚不正”，并且“功加天下者”的情形。在魏禧看来，以实至名归而符合这一标准的，首先是上古三代的唐、虞、夏、商和周，三代以下则为西汉、东汉、蜀汉、东晋、唐和南宋。第二，所谓“偏统”，指的是“正统绝，而其子孙无足以系天下之望，而后归之偏统”，魏氏以后唐和后汉作为这种例子。第三，所谓“窃统”，指的是既非“正统”亦非“偏统”，以贼乱篡弑发迹，即使已经达到了已经“正乎其为天子而有天下”的情形，也“不得不归之窃统”。在魏禧看来必须归入这种“窃统”的，有嬴秦、曹魏、司马晋、南朝的宋齐梁陈、杨隋、五代的后梁后晋和后周以及赵氏北宋——这些朝代虽然地理幅员之大小各异，享国运祚之短长不同，但共同的本质都是“取之以诈力”，而这一点正是魏氏“窃统”的充要条件。

总的来说，魏禧的“正统论”言说近于折中，也比较温和可取，但是却明显存在一个严重的问题：最初是最受史法贬斥而居于“窃统”的西晋和北宋，经过数百年的传衍到了东晋和南宋时，却成为了实至名归的“正统”。虽然魏禧已经意识到此问题，并以答设问的形式作了血脉延续的历史性解释[17]，但却始终无法抹去这种情形对其以“得国之正”来义正词严地界定“正统”之根本立场的伤害。事实上，其中问题在于逻辑标准的

〔15〕 魏禧（1624—1681）论正统的文字，集中见于其《正统论》上中下三篇，参见《魏叔子文集》，中华书局2003年版，第35—42页。引文皆据此本，不各为细注。

〔16〕 三子之说，前文已及，此不转述。

〔17〕 魏氏原文说：“晋、宋之君天下，天下奉为共主久矣。虽其始不正，前后相承，而元帝高宗，当灭亡之余，有特起之势，又以子孙复其祖业，义不得不进之于正统。”（见前及《魏叔子文集》，第39页）此处魏氏所论，明显是一种以时间和血脉的延续性立说的历史性解释。

不一贯，即：在魏禧以“得国之正”界定“正统”时，不但以取得政权之方式的合道德性标准立义，还同时强调了子孙继承祖先基业时血脉传衍的要素，以及享国延续久远的时间性要素，以致这些基本的构成性要素在其理论内部发生了冲突和矛盾。为了解决魏禧“正统论”言说中的内在矛盾，乃有甘京、邵廷采等人的“正统论”言说为之修正。以邵廷采为入清以后出生之人，本文对其说存而不论；独对甘京的“正统论”言说略述大要，以见其时士人“正统论”辩说中更为激烈的一面，并且作为梨洲“正统论”言述在同一时代的最后一个参照。

甘京论“正统”[18]，即从批评魏叔子以西晋北宋为窃统，而又以东晋南宋为正统之不当入手，“为严绝之”而发论辨析，以“使天下后世，知正统之不可以一日而或奸，篡统之名，垂于万万世而不能改也”。其具体论述以“正统”“篡统”“攘统”三名目立说，对于“正统”，甘京说，“禅者，正统也。诛君吊民者，正统也。正统之子孙，世守其天下者，正统也。正统之子孙，灭篡统而中兴者，正统也。正统之子孙不能守其天下，偏安于一方，以系正统之脉者，正统也……外此皆非正统矣”。对于“篡统”，甘京则又分别“为人臣废弑其君而自立者”的“异姓之篡”，和“以不同父之兄，而废同父之子以自立者”的“同姓之篡”两种情形。对于“攘统”，甘氏的界定是“其势废矣，因而废之，其人废矣，因而自立。物自来而取之曰攘，上以别于正统，下以别于篡统，曰攘统”。甘京这三统的界定，主要是对魏禧三统论的严密和细化，至其修正魏禧的地方，则主要在于其以血脉延续论“继统”的思路：“继正者得谓之正，所以隆正统也。继篡者概谓之继，继攘者概谓之继，所以重罪篡与攘也。”如此一来，似乎消弭了此前“正统论”中由极端强调得国之正的“道德性”而来的矛盾，但事实上却又种下了另一个严重问题：若以血脉延续而继承“正统”者永为“正统”，并以君臣一纲永为维护，则这种“正统”与汤武之臣面对桀纣之君而吊民伐罪所得“正统”的合理性之间，必然又会发生理论上难以通融的扞格。

---

〔18〕 甘京（1622—1667），生平不详，《清史稿·列传第二百六十七》“儒林一”仅有简略记述如下：“京，字健斋，南丰人。负气慷慨，期有济於世。慕陈同甫之为人，讲求有用之学。与同邑封濬、曾曰都、危龙光、汤其仁、黄熙师事文洊，粹然有儒者气象，时号‘程山六君子’。著《轴园稿》十卷。”其专论“正统”问题的《正统论》一文，据前及饶宗颐《中国史学上之正统论》第205—207页附录之文本，不各为细注。

二、《留书》“史”篇中的正统论言说

黄宗羲的“正统论”讲述，集中见于《留书》中《史》之一篇，而在黄氏其他文章著述中，亦多有星光闪耀之辞可资引证，而且黄宗羲对“正统”的看法也并非一成不变。就现有的资料而论，可以说黄宗羲早年在《留书》中所表达的“正统论”思想，是严格地从“华夷之辨”出发的，而且极力强调“华”与“夷”在地理居处上之差异的重要性。但是，综合《明夷待访录》等文章著述中关涉王朝正统的文字，则可以论定黄宗羲后期的“正统论”思想，已经因受到以“天下为主”和“保民而王”等思想的微妙影响而有了更进一步的深化和发展。

在《留书》之《史》篇一开头，黄宗羲就以批判的立场提出了“使乱臣贼子得志于天下者，其后之作史者乎”的激烈观点。而他之所以要归咎于“后之作史者”，乃是因为他们不明《春秋》义法，以至于混乱“正统”，不但收不到“孔子成《春秋》，而乱臣贼子惧”那样劝善戒恶的效果，反而在纲常名教的破坏方面助长了夷狄之志。具体而言，梨洲所论乃以其对《晋书》《新五代史》《宋史》和《元史》为例所提出的批评中逐步展开。

对于《晋书》，黄宗羲认为，传统史书中的“纪”，是为了记载华夏“正统”的传衍而设，其具体记述则以帝王为经纬[19]。但是《晋书》却改变了《史记》以来的传统，将原本意义一致的“本纪”或“纪”改为“帝纪”，与此同时又于“四夷传”之外，特别增设“载纪”一类，用以记述“夷狄”首领中曾经入主中原而称帝一时的人物[20]。黄宗羲认为这种体例完全不足为训，因为这不啻于是在助长后世夷狄祸乱华夏的动机：“同一四夷也，守其疆土者则传之，入乱中国者则纪之。后之夷狄，其谁

---

〔19〕黄宗羲论“正统”而以“纪”立说，正与胡翰论“正统”而以《正纪》为名一致；而梨洲论华夷之辨，而以地理性的分别为一大关节，正与胡翰《正纪》篇中论“地纪”的内容吻合；加上梨洲在《明夷待访录》的“题辞”中明确承认受到胡翰“运说”的影响，则梨洲“正统论”之内容具体的思想渊源，应当以胡翰最为重要，而非孙宝山所认为的方孝孺。孙氏说参见孙宝山：《以“民族性”重构正统论：黄宗羲对方孝孺正统论的继承与发展》，载《中国哲学史》2005 年第 3 期。

〔20〕《史记》以“本纪”述帝王，至于太史公以“本纪”传述项羽行迹，则似乎是以其曾以“西楚霸王”而为“天下共主”的缘故。《汉书》《三国志》、《后汉书》皆成于《晋书》之前，均以“纪”专述帝王行事。

不欲入乱中国乎？”[21] 对于《新五代史》，黄宗羲以“世家”与“帝”的分别批判立论。“帝”为帝王简称；以“世家”纪史，创兴于司马迁之《史记》，主要用来传记王侯列国。而太史公又以孔子入于“世家”之中，则可知所谓“世家”并不仅仅是高门王侯世代传衍而已。晚唐而至五代，战乱频仍，其间很多君主都被臣下篡弑而终。而《新五代史》对于多有篡弑的后梁、后唐、后晋、后汉和后周的君主，都以“某帝”称呼，并以“本纪”记述，而对于偏安一方也少有犯上作乱的吴楚等所谓十国，则以“世家”传记。对此，黄宗羲不乏激愤地论道：“守其疆土者则世家之，与于篡弑者则帝之，后之盗贼，其谁不欲与于篡弑乎？”[22] 由以上两条已经可知，对于夷狄之入据中原和篡弑而得天下的情形，黄宗羲认为他们无论如何都不能被承认“正统”的合法地位。这个论点在黄宗羲对《宋史》和《元史》的评论和引申中，得到了进一步发展。

元朝灭南宋不久，即曾立意修纂《宋史》，但由于在朝的学者对于宋、辽、金何为“正统”的问题争持不下而搁浅。元末再次修史，最终以宋、辽、金各有其“正统”、进而各为一史的形式完成了“三史”修纂[23]。《宋史》成于元朝至正三到五年，虽然此时距元朝灭亡仅仅剩下二十余年，但距离元朝灭南宋而“全有天下”，却已经过去了近七十个春秋。参与修纂《宋史》的学者，已经全部是生于元长于元的人物，书中认元朝为“我元”而与之“正统”，几乎已经是理所当然的事。以至于虽然宋恭帝曾经以“德佑”的年号称帝2年（在其被元兵北俘以后受封为瀛国公，后专事藏传佛教的修习研译，却又在多年以后被莫名赐死），但是《宋史》中虽然将宋恭帝列于“本纪”，但称呼却只是“瀛国公”，而对于宋端宗赵昰和宋代最后一位皇帝怀宗赵昺，则不列本纪，不作专述，但称“二王”而附记在“瀛国公”之下。这些都表明当时的修史者，已经完全接受了元朝对宋恭帝的封号，而这则意味着承认并接纳了元朝的“正统”地位。以至于黄宗羲批评说：“德佑君中国二年，降，书‘瀛国公’；端宗、帝昺不列本纪，其崩也，皆书曰‘殂’。虏兵入寇，则曰大元……此岂有宋一代之辱

---

〔21〕 见《黄宗羲全集》（第11册），第11页。

〔22〕 同上。

〔23〕 如元代名儒吴澄，即认同郑特立“兴国无所承，亡国无所授，各为系”而论宋、辽、金、元各为一系的观点。见前及饶宗颐《中国史学上之正统论》第145—146页所附录的吴澄《皇极经世续书序》一文。

乎？而天下恬然不知为怪也！”[24] 梨洲的谴责可谓十分激烈，然而在其激烈谴责的背后，却有着立足于华夏文明的理性根由；至其立言发论，则以对许衡和吴澄的评论见其主意：“许衡、吴澄无能改虏收母篾丧之俗，靴笠而立于其朝，岂曰能、贤？”[25] 梨洲此说乃就许衡和吴澄为元代名儒、而元朝后期的儒者（大家如杨维桢）多以许衡继承朱熹以来的“道统”发言，不与之意，十分明显；而其理性根由，乃在于以文明立说，以二人不能改变蒙元蛮夷风俗并使之接纳华夏政教文明为据，批评他们为不“能”、不“贤”。对于许衡曾经以“万世国俗，累朝勋旧，一旦驱之下从臣仆之谋，改就亡国之俗，其势有所甚难”[26] 作为辩解，黄宗羲则以华夏政教文明所内蕴的永恒价值为准据予以批判：“夫三纲五常，中国之道，传自尧舜，非亡宋之私也。乃以为亡国之俗，虽曰异语，衡独不畏得罪于尧舜乎？”[27] 对于古往今来的任何一个儒家人物而言，“传自尧舜”的“中国之道”，都是永恒不变的秩序理想与判别是非的最高标准[28]；而对于汉代以后的儒家人物而言，“三纲五常”也一直都是其建构生活秩序、理解生命意义的基本架构。梨洲据此对许衡提出严厉批评，不啻于彻底的否定，而其中关键，则在于儒者所应有的对华夏政教文明之绝对性地高于、优于蛮夷风俗的坚定信仰。“正统”而外，梨洲论吴澄之语，还与宋代以下儒者极为关切的“道统”问题相连。梨洲引述吴澄的话说：“近古之统，周子其元，程、张其亨也，朱子其利也，孰为今日之贞乎？”其中“近古之统”的“统”，即是宋代以后儒家所极力伸张的“道统”；而吴澄言述所及的“今日之贞”，若非吴澄的宏伟自期或高调自况，则其所指当为许衡

---

〔24〕 见《黄宗羲全集》（第11册），第11页。

〔25〕 同上。

〔26〕 同上。

〔27〕 同上，第11页。思想史家萧公权对此的评论略有不同：“许衡一代儒宗，存用夏变夷之妄想，不惜屈膝于夷狄之君，而于事无补。”但是，对于元朝入主中原后儒者屈从蒙古习俗的思想文化史后果，萧氏的评论则与梨洲一致：“《春秋》内外之义既亡，汉人且甘心蒙古化。”参见萧公权：《中国政治思想史》，辽宁教育出版社1998年版，第864页。

〔28〕 这一点对于当代新儒家而言，也一样成立，其中的关键即在于对“传自尧舜”的“中国之道”，以西方哲学，尤其是康德哲学，为外部资源作一种合乎现代世界价值标准的解释罢了。

无疑[29]。此说对于元儒，或许不足深责怪罪，而身处明清易代之际的梨洲，却一语而将其置于死地："澄尝举进士于中国，变而为夷，贞者固如是乎？"[30]——梨洲此语的根据在于春秋学中"进于中国则中国之，退于夷狄则夷狄之"的基本原则。对于在宋代取得进士功名，而又入仕于元朝的许衡和吴澄而言，梨洲此语可为诛心之论。接下来，黄宗羲论许衡和吴澄可能成为后世出而"事虏"之人为自己辩解的借口以至于毁裂华夏政教纲常的担心[31]，则更是体现了明清易代之际，一心紧系华夏中国的儒者对"蛮夷猾夏"的深深忧虑。由此而论及明初纂修《元史》以元朝为"正统"的做法，黄梨洲又一次激愤不已："当时之臣，使有识者而在，自宜改撰《宋史》，置辽、金、元于四夷列传，以正中国之统，顾乃帝之宗之以为一代乎！"[32]此时距离《元史》修纂时间，已经是两百余年之后，而梨洲论锋所及，依然字字血泪，究其原因，似乎正在于满清入关而华夏中国再次遭受践踏蹂躏的历史境遇。

三、黄宗羲正统论思想的主要内涵

虽然黄宗羲对于"正统"问题的论说，处处以"华夷之辨"为准据，但是他所强调的却并不仅仅是"政教灿烂""礼义文明"之"华"，与"画革旁行""科头露紒""鸟居兽处"甚至"收母篾丧"之"夷"的分别[33]。当黄宗羲以"中国之与夷狄，内外之辨也"立论的时候，他更加强调的，毋宁是"内诸夏而外夷狄"中"内""外"二字以地理立说的本义。虽然黄宗羲以"人不可杂之于兽，兽不可杂之于人"来比喻性地解释"以中国治中国，以夷狄治夷狄"时，不免还是掺杂着"礼义文明"的考量因素，但是，观梨洲激烈的"即以中国之盗贼治中国，尚为不失中国之人也"的说法，并以"徐寿辉改元'治平'，韩林儿改元'龙凤'，吾以

[29] 元儒论道统而以许衡继朱子。即使大家如杨维桢，也明确接受这种观点。杨氏原文曰："尧以是传之舜，舜以是传之禹汤，禹汤以是传之文武周公孔子。孔子没，几不得其传百有余年，而孟子传焉。孟子没，又几不得其传千有余年，而濂洛周程诸子传焉。及乎中立杨氏而吾道南矣。既而宋亦南渡矣，杨氏之传，为豫章罗氏，延平李氏，及于新安朱子，朱子没，而其传及我朝许文正公，此历代道统之源委也"。引文见前及饶宗颐《中国史学上之正统论》第138—141页所附录之杨维桢《正统辨》。

[30] 参见《黄宗羲全集》(第11册)，第11页。

[31] 梨洲原文为："后世之出而事虏者曰：'为人得如许衡、吴澄，足矣。'二子者尚然，则是竟不知其不可矣。"参见《黄宗羲全集》(第11册)，第12页。

[32] 参见《黄宗羲全集》(第11册)，第12页。

[33] 同上注，第3页。

为《春秋》之义将必与之”作为论证[34]，可知其强调的重点在于“华夏”与“夷狄”在地理上的分别自处，而其基本的秩序理想，则在于华夏中国以其政教文明为治，夷狄以其自身风俗为治，尊卑既定，优劣判分，彼此安和，互不侵犯。在此一基本原则或理想准据下，夷狄而据有中国“正统”的正当性问题，就一劳永逸地被彻底否定了。

虽然如此，对于元朝合法地位的情形，黄宗羲依然提出了在明朝初年曾经作为基本事实而困扰过如宋濂、朱元璋等人的两个问题作为设问：第一，如果否定了元朝的“正统”地位，则明朝的“正统”是否也将因为上无所承而不复存在？如前所及，明初学界和官方对此问题的意见都是肯定的，而此说立论的根据，无疑在于明代以前的“正统论”都十分强调的两条原则：“全有天下”的“普遍性”原则和从“天下不可一日无君”出发所推论出的、必须确定朝代之间统续承递无所间断的“连续性”原则。无论是以此前居于主流地位的“全有天下”或以“居中国之正”作为标准，元朝都符合了“正统”的要求；再从“正统”必须授受相沿连绵不断的层面着眼，则明初必须给予元朝以“正统”地位，以至于胡翰以“地纪”论“正统”并隐含了排斥元朝“正统”地位之指向的学说，不能被朝野接纳就成为了自然之事[35]。此后，虽然胡翰的思路并未完全断绝，如丘濬的正统论言说就继承了这种对地理性的强调[36]，但是终明之世，《元史》和宋、辽、金“三史”都没有得到重修的事实，却实质性表明了学界和官方对明初主流正统观的接纳或承受。至黄宗羲，则断然否定了这一设问的肯定答案，认为否定元朝的“正统”地位，不但不会危及明朝的“正统”地位，反而能够更加突出和彰显明朝的“正统”地位。而其立说论证的内容，则有三层：首先是承认“尧舜相传之统”并非毫无间断地存在于各个朝代，而是可断可续的（此说承欧阳修而来），当元朝入主中原、荡涤江南之后，这种“正统”就随着南宋的灭亡而断绝了；接下来，黄宗羲又以“衣裳之旧”所代表的“礼义文明”来为这种“正统”确立其所应具有的规范性要求，并称明太祖朱元璋以其“驱毡裘之属，还衣裳之旧”的功业

---

〔34〕 参见《黄宗羲全集》（第11册），第12页。

〔35〕 胡翰（1307—1381）论正统的文字，为《正纪》一篇，为饶宗颐《中国史学上之正统论》第150—151页附录收录。胡氏此文又见于《宋元学案》第82卷《北山四先生学案》中，名曰《正纪论》。参见《黄宗羲全集》（第6册），第269—271页。

〔36〕 丘濬（1418—1495）论正统的文字，集中见于《世史正纲序》一文，见饶宗颐《中国史学上之正统论》第163—165页附录资料。

而为“百王之嫡嗣”。虽然黄宗羲在这里对华夏“正统”的界说，乃是立足于“礼义文明”等规范性内容之上，但观其行文所使用的“驱”与“还”等字，则可知对“华夷之辨”中地理性的强调，才真正是大明王朝获得华夏“正统”最为直接的关键所在。即，黄宗羲以地理性的“华夷之辨”为核心标准、辅之以“礼义文明”等规范性要求，对元朝的“正统”地位进行了彻底否定。最后，黄宗羲又从血脉传衍的角度，通过比喻论证的方式，对子孙可以在隔代之后恢复并继承先祖统续的论点，进行了补充说明[37]。在黄宗羲等儒者看来，相对于蒙元而论，明太祖就是一个恢复并隔代继承了中国正统的华夏子孙。

黄宗羲所提出的第二个设问是：“元之享国也久，其祖父皆尝为之民矣，胡得不帝之乎?”这个问题所包含的，同样是明初诸人切身可及的历史事实。“元之享国也久”所具有的理论指向，在于强调一个王朝统治时间的长短，在其是否能够构成“正统”时所具有的地位；而“其祖父皆尝为之民”一句，则不仅仅只是援引了朱元璋对宋濂指责元朝过于激烈时的批评之辞[38]，而且还更多地从“为尊者讳”的角度，引出了一种出于“不得已”的情感论证。对于这个问题，方孝孺在《后正统论》中已经触及，但方氏却没有做出正面的回答，只不过大而化之地将其看作是“一时之私”的“顾嫌”，而不是圣贤立法的“百世不易之道”，最终模糊了事[39]。黄宗羲对此问题的处理，颇为高明，因为他同样给出了另一个明初诸人也同样切身可及的历史事实，作为论辩的理据：引用元朝法律的相关歧视性规定，而直接从“华夷之辨”的角度对这两者都给予了否定的回答：“元之法律曰：‘蒙古人殴汉人，汉人勿得还报，蒙古人殴死汉人者，断罚出征。’彼方以禽兽加之人类之上，何尝以中国之民为民乎?”这里可

〔37〕 黄宗羲论此要点的原文为：“尧、舜相传之统，至元而绝，高皇帝驱毡裘之属，还衣裳之旧，是百王之嫡嗣也。犹祖传之父，父传之子，若孙不幸而有春申、不韦之事，祖父之不享久矣，子若孙复而嗣之，乃责其不从异姓以接夫本支乎?”参见《黄宗羲全集》（第11册），第12页。

〔38〕 参见孙宝山：《以“民族性”重构正统论：黄宗羲对方孝孺正统论的继承与发展》，载《中国哲学史》2005年第3期。

〔39〕 方孝孺论及此点的原文为：“俗之相成，岁熏月染，使人化而不知。在宋之时，见胡服，闻胡语者，犹以为怪。主其帝而虏之，或羞称其事。至于元，百年之间，四海之内，声音器用，皆化而同之。斯民长子育孙于其土地，习熟已久，以为当尔。昔既为其民矣，而斥之以为夷狄，岂不骇俗而惊世哉？然顾嫌者，乃一时之私，非百世不易之道也。贤者之虑事，当先于众人，而预忧于后世，使其可继。”参见方孝孺：《逊志斋集》，宁波出版社2000年版，第58页。

以看出，黄宗羲以“禽兽”例“蒙古人”、以“人类”例“中国之民”，从“华夷之辨”出发对元代正统地位的否定，虽然依然包含着“礼义文明”的重要因素，但其文字间对以地理性为基础之民族性的强调，则无疑仍居于绝对的主导地位。至于黄宗羲接下来设喻以“虎”比喻作为元朝统治者的蒙古人、以“僧道男女”比喻愚蒙不明而主张元朝正统的“中国人”、以“猎者”比喻那些主张元为夷狄而不可以具有中国“正统”的人，则可谓对上述论点进行了极为形象化的说明[40]。

如上所及，黄宗羲在《留书》之《史》篇中所表达的“正统论”思想，完全以“华夷之辨”立说，来论述一个中国王朝若要取得其统治的正当性而应该满足的基本条件：首先是地理性和民族性的以“中国之人治中国之地”，其次则是对华夏中国“礼义文明”之规范性内容的强调。至晚于《留书》10年的《明夷待访录》，黄宗羲对这种立基于地理性和民族性的“华夷之辨”的“正统论”，又做出了新的发展和深化。

就黄宗羲在《明夷待访录》中所论，可以大略看出其“正统论”的基本轮廓有“天命”与“人事”两层，而所谓“天命”亦必由人事见其真假，其中的关键则在于“天下之治乱，不在一姓之兴亡，而在万民之忧乐”；而其思想理论的历史渊源，则可以看作是梨洲对传统中国文化中自西周初年以来“保民而王”思想的时代诠解。据此，梨洲的下述议论，可以说是吸纳了传统思想资源而实现的对传统之“正统论”的一个极大突破：“故桀、纣之亡，乃所以为治也；秦政、蒙古之兴，乃所以为乱也；晋、宋、齐、梁之兴亡，无与于治乱者也。”在这里，黄宗羲的评论已经远远超越了“五德终始说”以及“文质相救说”的层面，而纯以理性的、历史可触的“万民忧乐”，作为判定王朝统治之正当性的具备与否。通观《明夷待访录》诸篇，《原君》篇论三代之君“以天下为主”，并述其“保民而王”之事，其积极的一面，端在于为“正统”之王朝和君主树立一个堪为“理想型”的取法标准；至于其消极的一面，则在于据此理想标准批判后世王朝和君主“以天下为客”，不但不能行“保民而王”之事，反而“屠毒天下之肝脑”，“敲剥天下之骨髓”，“离散天下之子女”，以至于成

〔40〕 黄宗羲这一比喻的原文为：“吾闻猎者张机道旁，虎触机矢，贯心死。有僧道男女举群至，号哭曰：‘杀我将军’！猎者叱之曰：‘尔伥无知，生为虎食，死为虎役，今幸虎死，又哀哭之，何故哉？’于是诸伥奔散，不知将军者虎也。则夫史臣之帝元者，何以异于是？”参见《黄宗羲全集》（第11册），第12—13页。

为“天下之大害”。其《原臣》篇所论，端在于阐明正当性统治（即所谓“正统”）所必备的君臣同质异职、有限合作、为天下万民之忧乐而共同施治的基本关系。其《原法》篇论“三代以上之法”与“后世之法”，其论述格局与《原君》篇大略一致，而其目的则在于阐明，在一个具有正当性的王朝统治下，其法政体制所必须满足的“良法”标准。至于其余《置相》《学校》《取士》《田制》等诸篇，其所论理，无不集中于建立和维持一种合理正当的华夏统治（即所谓“正统”）所应具有的权力结构与各种制度设施，而其全部的精神旨归，一言以蔽之，尽在“天下为主”“保民而王”八字之中。

但是，从《留书》中以严格的“华夷之辨”立论来论述王朝统治的“正统”标准，到《明夷待访录》以“天下为主”“保民而王”论王朝统治是否“正统”的基本标准，并非如某些研究者认为的那样，是黄宗羲对前者的否定或扬弃。事实上，后者乃是以前者为基本前提而做出的理论上的发展和深化。有学者认为《明夷待访录》所待访的对象是清王朝或康熙帝；也有部分学者以《明夷待访录》中黄宗羲以“天下为主”的基本立场，来推论他对康熙大帝统治的并不排斥——甚至是心悦诚服的接纳。此种论说，由于乖违“知人论世”之基本法则，殊不足引以为训。此处就其与“正统论”有关者，略作引述：根据笔者相关考论，可以判定黄宗羲著《明夷待访录》所“待访”的具体对象，乃是郑成功及其后嗣所领导的“延平海国”，而黄宗羲对“延平海国”的历史感受和政治想象，又代表着满足地理性和“礼义文明”双重标准的“华夏中国”。由此可知，《明夷待访录》展开其思想论说的起点，实以“华夷之辨”的问题已经得到解决为其基本预设；而其中诸篇论说的具体内容，则仅仅指向为“华夏中国”的“正统”王朝设法创制并设置防范。故而黄宗羲在《明夷待访录》中所主张之“天下为主”“保民而王”的“正统论”思想，完全是在《留书》所确立的“华夷之辨”的基本前提下得到展开的，而绝不是否定了“华夷之辨”之后而提出的新说。

四、黄宗羲之“正统”论说的思想特色

黄宗羲不仅是一位通晓孔门经义的大儒，还是一位涵养极深、识见极高的“经史”巨匠，由此而延及其“正统论”思想，无论是论题本身，还是具体内容的某些方面，都有其儒学根基以及思想史的前后承续。同时，又由于身处一个“天崩地解”的大时代中，黄宗羲的整个生命既深受沧桑

情势的渗透，其反思性极强的理论也因而显示出与以往"正统论"颇为不同的思想特色。其"正统"学说之大要，乃在于继承胡翰的思路重提地理性的"华夷之辨"，并将其提升到"正统论"核心构成的地位，又辅之以宋代以来以"礼义文明"立说的"华夷之辨"，进而以奠基于地理居处和文化特质的"民族性"为基准、以"天下为主""保民而王"为"正统"王朝的理想类型，对以往以"全有天下"的"普遍性"、"居中国"的"地理性"、"正统不可一日而绝"的"连续性"和"享国日久"的"持续性"等来界说"正统"的做法，进行了或明确或潜在的批判。最终在明清之际再次出现的"蛮夷猾夏"的历史危局中，黄宗羲在"正统论"这一"经史学"基本论题下，重新论述了中国王朝的统治在正当性和合理性方面所应具备的基本条件，并以此出发，满怀信心地勾画了一种可欲的儒家式自由法政秩序的宏伟蓝图。

传统中国文化中的"正统论"言说，其历史与思想的渊源，乃在《尚书》所记载的汤武革命及其革命之后的合法化行为，其核心命意为"敬天保民"。而当其在秦汉之际开始正式形成的时候，最初乃以"五德终始论"为其最重要的理论依托；而董仲舒以下的"正统论"言说所最为强调的"正统"构成，又是"居天下之正"，即实际性地据有中国地土。这种观念，至唐犹然。自北宋欧阳修之《正统论》出，才对"五德终始论"提出了严肃的批判，转而集中从历史和人文的角度重构"正统论"，并在继承"居天下之正"的基础上，提出了以"全有天下"为"正统"的观点。欧公在历史人文的背景下、以统治地域的"普遍性"立说的思路影响深远，后世学者虽多有批评与修正，但完全拒绝它的，却极为鲜见。元末明初的胡翰，惩于蒙元以蛮夷而入主中原并"全有天下"的事实，回溯先秦之基本华夏法理，明确提出了从地理居处的角度分判"华夷之辨"的思路，以拒斥元朝的"正统"地位，但他以"地纪"衡论"正统"的学说却并未被有效接纳。然而，胡翰所开启的基本思路，却并未随着元朝之"正统"地位被明初朝野承认而全然断绝。方孝孺《释统》之作，即继续了胡翰的思路进行论说，并第一次明确将元朝列入"夷狄"之列，而彻底否了定其取得中国"正统"的可能。但是，如前所述，方孝孺的"华夷之辨"却对胡翰学术做出了实质性修正，从居处位置之自然地理性的分别，更多地转而重视"礼义文明"的关键作用。考之以史，方孝孺所面对的基本问题，乃是排斥元朝的"正统"地位，而其所展开的论说也根据元代的基本情实而达到了这一目的。然而，在方孝孺的基本思路下，只需略作推衍便可得出如下结论：当原来的“夷狄”以某种制度性的方式，如北魏孝文帝的改革，明确接纳了华夏中国的“礼义文明”之后，其朝代也就具备了取得华夏中国之“正统”王朝的基本条件。至黄宗羲所面对的基本问题，则是必须彻底否定已经入主中原、近于“全有天下”且已经试图开馆修纂“明史”的满清建夷获得中国“正统”的任何可能性。以“天崩地解”为历史大背景，直接刺激于“薙发易服”的蛮夷化政策，黄宗羲乃高调重提胡翰以地理居处分判“华夷之辨”的思路，强调身处方外的夷狄即使已经“全有天下”，也绝对不可以得称华夏中国之“正统”。就其历史情势而言，黄宗羲所论专在排斥满清；但其激烈批判的理论成果，则是从民族性的“华夷之辨”的角度立说，对以“普遍性”立说的正统观做出了彻底的否定。对于“全有天下”的情形，梨洲的批判尚且如此，至于仅仅“据有中国”的情形，就更不必说了；而对于以“持续性”立说的“正统论”言说，黄宗羲展开批判的思路也与此完全一致：其批判的表面言辞虽然指向元朝的“享国日久”，但其历史指向则明确地在于满清——即使满清可以享国日久，也不能获得华夏中国的“正统”。如果用法政思想的语言来表述黄宗羲的这种思想，就是说，只有华夏中国之人，在华夏中国的土地上，以华夏中国的礼义文明建立的统治，才可能是正当合理的。这是黄宗羲以“正统论”论统治之正当性与合理性的第一要义。

承这种以地理性为主、辅以礼义文明的“华夷之辨”，黄宗羲进一步得出了其“正统论”言说的第二个重要结论，而这一结论又与此前的“正统论”言说极为不同。这主要体现在黄宗羲对以“连续性”立说论“正统”之观点的批判上面。虽然远在晋代的时候，习凿齿曾经以排斥曹魏的立场，认为晋应该直接承继汉代的“正统”，从而已经触及了“正统”可以中断，并可以隔代承续的问题[41]，但这种思路仅仅是昙花一现而已，而且在理论上并未得到展开。直至北宋初年，“正统论”言说的基本观点，都主张“正统”在各个朝代之间的传承必须是连绵不断的，以至于即使在天下分裂时期，也必须清理出“正统”传衍的谱系[42]。自欧阳修论“正统有时而绝”以后，传统的“正统论”言说才开始真正注意到“正统”

---

〔41〕 参见前及饶宗颐《中国史学上之正统论》，第27页。

〔42〕 在这种“连续性”的思路下，对于三国鼎立时期的正统，必归于承汉而来的曹魏，并由之下传于西晋；而南北朝时期的正统，或归之于北魏，经两魏齐周而传之于隋，或归之于南迁之东晋，后经宋齐梁陈而传入于隋；五代十国时期的正统，则以朱氏后梁继承唐之正统，辗转而至于后周，最终下传于赵宋。

的“断续”问题，并在正统的“断”与“续”之间，深入发掘其中所蕴藏的法政哲学意义。这种发掘主要有两个方向：第一，欧阳修自身及其追随者的方向，强调以“全有天下”的“普遍性”立说一面，而当天下处于分裂状态时，则“正统”断绝；第二，承朱熹的相关论说而来[43]，以郑思肖和徐奋鹏最为代表，在在强调以“得天下之正”的“道德性”立说论定“正统”，以至于得出结论认为，除了汉高祖、汉文帝、光武帝和明太祖等时期，“正统”都处于“绝”的状态。黄宗羲对这两种思路都很重视，但其取舍却又不同：对于第一种思路，黄宗羲在严格的“华夷之辨”立场上全然予以否定，一如上及；对于第二种思路，黄宗羲虽然没有明确地予以否定和批判，但并非全然承取，而是从此前学者对“得天下之正”的“道德性”的强调，转而强调“华夷之辨”在“正统”之“断”与“续”中间的关键地位。由其以“尧、舜相传之统，至元而绝”立论，则可以推知他认为在元代之前，无论天下是统一还是分裂，华夏正统都没有真正断绝。而之所以能够做出这一推论，乃是根据黄宗羲“以中国之人治中国之地”的基本主张，来衡量元代以前中国史事的结果：即使在南北朝并立相持——甚至是五代十国篡弑横行、割据纷仍的情形下，以中国之人、守华夏之礼义文明而治理中国地土的情形，也并没有完全绝迹于神州华土。但是到了元代，夷狄不仅入主中原，而且真正占据了全部的神州华夏，并将夷狄落后野蛮的风俗强加到了中国之礼义文明之上（即黄宗羲所说的“以禽兽加之人类之上”），以至于以中国之人、行华夏礼义文明而治理中国之地土的情形，已经不复存在。黄宗羲以此“华夷之辨”立论申明其“正统”“有时而绝”的主张，虽然已经构成对以“连续性”论“正统”的学说的深刻批判，但还仅仅是第一步。接下来，黄宗羲更是就此立场，借其史论而提出了一项革命性主张：“高皇帝驱毡裘之属，还衣裳之旧，是百王之嫡嗣也。”就其字面而言，以此论说元明之际的史事，自然毫无疑问。然而，如果考虑到黄宗羲所置身其间的历史危局，则可以说他已经提出了在当时情境下继承华夏“正统”的基本条件：那能够“驱毡裘之属”而将满清建夷逐出山海关以外，而“还衣裳之旧”，以华夏礼义文明治理中国地土的“中国之人”，即是承续“尧舜之统”的“百王之嫡嗣”。而这一要点，也就正是黄宗羲虽身处“明夷”之中却仍然积极期待着的生命理

---

〔43〕 朱熹自身观点却仍旧以“全有天下”的“普遍性”为第一义，以礼义文明的“华夷之辨”和“得天下之正”的道德性为第二层意义。

想，至于如何更进一步，具体阐明怎样以华夏礼义文明来治理中国地土，则是其巨著《明夷待访录》的基本命意所在。以上所述，可算是黄宗羲之“正统论”言说的第二层要义。

至于黄宗羲“正统论”思想的第三层与众不同的要义，则主要体现在《明夷待访录》及其他文章的散见论说中；其基本内容，则如前所述，可以总结为“天下为主”“保民而王”八个字。在黄宗羲之前的法政论说和秩序批判中，承孟子遗绪而明确论及“保民而王”的儒家士人，并不鲜见。但是，另外提炼出“天下为主”的观点，与周初以来的“保民而王”思想互见发用，并明确以这种观点来衡量历史上各个朝代之兴亡起落、而且进一步将其具体可行地应用于儒家式自由法政秩序之建构的，黄宗羲似乎应属首例。正是在《明夷待访录》中，黄宗羲在收摄容纳了这三重要义之“正统论”思想的主导下，积极阐述了他对一种可欲而且可行的华夏自由法政秩序的构想。

（文字编辑　曹涵彬）

司法为民

——王用宾法律思想初探

杨树林[*]

在民国38年的历史中，国家司法中枢人事变动频繁。其间，共有35位司法部长。在任内，推进司法制度改革成绩卓著者，首推王用宾。王用宾关注底层民众生活，主张司法要为民服务，切实保障人民权利。其在两年多的时间里，为改善当时的司法现状，厉行司法改革，统一全国司法审级，设立新式法院和监所，成效显著。数民国历任司法部长，无出其右者。[1] 但学界关于王用宾法律思想的研究目前尚属空白。本文仅就王用宾的法律思想，特别是司法思想作一初步探讨，以期抛砖引玉。

一、王用宾其人

王用宾（1881—1944），字利臣，号太蕤，山西猗氏县（今临猗县）人。幼家贫，佣工之余勤奋读书。1901年，考入太原府学堂，1902年考入入山西大学堂学习。1904年以官费送日本留学，先入日本盐仓铁道专科学校，后转入日本法政大学大学部法律科。1905年，参加孙中山创立的同盟

* 作者系中原工学院政法学院讲师，法学博士。

〔1〕 如仅以新式法院的设立为例，王用宾任职期间，自1935年至1936年，全国增设高等分院57所，地方法院200所，而1934年全国仅有高等分院34所，地方法院101所，增长近两倍。1937年初，王用宾统一了全国司法审级，一改民国初期以来各省司法混乱的局面。为渐进废除县长兼理司法制度，王用宾倡议推行的县司法处制度，自1936年7月始，至1937年初全国已改设900余处，全国仅余三分之一的县未进行改设，可见其行事效率之高。参见王用宾：《两年来努力推进司法之概况》，载《法学杂志》1937—1939年第1—6期。

会，成为首批会员之一，并被推举为同盟会山西支部长。先后创办《晋话报》《晋乘》《晋阳公报》等报纸，担任主笔，宣传革命。辛亥革命期间，联络阎锡山和吴禄贞，组织燕赵联军，谋攻北京。吴禄贞被刺身死，不果。1912年，任山西省议会副议长，同刘绵训在太原创办法政专门学校，并由王、刘先后任校长。其间，与邵修文合译《中国历代法制史》一书，作为教材之一。1913年，被选为第一届国会参议员及宪法起草委员。1917年后，参加孙中山领导的护法运动，先后任大元帅府参议、大本营参议、国民党本部参议员、总统府咨议等职。1924年被孙中山委任为北方特派员兼军事委员，策动冯玉祥、孙岳等人建立国民军。1928年，任国民党北平政治分会秘书长。1928年11月，当选为南京国民政府第一届立法委员，次年又连任第二届立法委员兼法制、财政委员会委员长。其间，亲自主持拟订过许多法规，其中包括《考选委员会组织法》《典试委员会组织条例草案》等。1931年，与焦易堂合作在南京创办首都女子法政讲习所，培养了许多女子法政人才。1931年，被调任考选委员会副委员长，翌年任委员长。1934年12月至1937年8月任国民政府司法行政部长。1937年8月至1944年4月，任中央公务员惩戒委员会委员长。1944年4月27日，病逝于重庆北碚高台邱寓所。

王用宾工诗词，有千余首诗词传世。遗著有《中国历代法制史》（与邵修文合译）、《辛亥革命前后山西起义纪实》《半隐园侨蜀诗草》《半隐园词草》等。[2] 作为一名职业革命家、司法活动家，王用宾专门的法学著作很少，其司法思想多见于其演讲、司法公文之中。

二、司法为民：王用宾法律思想的核心

中国传统社会认为法律是治民之具，普通民众是法律的义务主体，而非权利主体。[3] 王用宾作为孙中山的忠实追随者，服膺三民主义，以挽救国家民族危亡，谋求民众幸福为己任。同时，王氏接受过系统的现代法律教育，法学功底扎实，权利意识浓厚。

---

〔2〕 山西省史志研究院编：《山西通志·人物志》，中华书局2001年版，第216—218页。
〔3〕 张晋藩：《中国法律的传统与近代转型》，法律出版社2005年版，第50页。

(一) 司法要为民服务

基于民权的观念，王用宾认为人民是司法的主体而非客体，法院[4]是为民服务的机关，曰："人与人之间不能无争，争端之起，唯有法律可以解决，法院为解决人民争端之机关，实为人民而设。乃过去各处法院对于人民讼案，任意延宕，置人民损失于不顾，似人民为法院而设，岂非颠倒之至?"[5] 因而，要求推事检察官办理案件，不能死守条文，一意孤行，不考虑人民的感受，毅然判决或检举，而是要替人民了事，要征得人民的信任。司法活动中，推事检察官要把人民的利益放在心中，只有做到"时时事事在人民方面着想，使人民相安，并要使人民对法院有坚确的信任，对新法律不取怀疑的态度，这才算是尽职"[6]。1935 年 7 月 27 日，王用宾在视察山东高等法院第一分院时再次指出，近年以来，人民对于司法之信仰力日减，实因法官不负责任，对于民刑案件，任意延搁所致。要求各法官办理案件，勿以依法办理，即为已尽法律之责任，务须本革命精神，以扫除诉讼拖累，减轻人民痛苦为己责，始能成为一个好法官。[7] 因此，法官"一定要负起责任来办案，不是敷衍可以了事"，只有做到"处处要为诉讼当事人便利着想，才可以得到人民的拥护"[8]。

对于办案拖延，致民讼累之法官，王用宾尤为痛恨，称之为"民贼"，指出法院案件之所以积压，法定手续太繁不是主要因素，最大的原因"还是因为法官不勤，把应做的事，无故稽延，一人如是，全国如是，以致积压案件，日益增多，人民痛苦，越发加重"[9]。因此，司法官"应以革命的精神来做法官，务要随时减少诉讼人民的痛苦"，"办案务须随到随办，并要切实结案，推事非将事推卸了事之谓，必须将事办妥，始能勿负天

---

〔4〕 南京国民政府时期，检察官配置于法院，为法院之一部分，但独立行使检察职权。法院审判官称为推事，与检察官统称为"法官"或"司法官"。未设法院之县，由县长兼理司法，审理第一审民刑事案件，亦为司法机关。

〔5〕 王用宾：《革命司法人民司法生产司法与地方司法》，载《安徽政务月刊》1936 年第 25 期。

〔6〕 王用宾：《在司法行政部总理纪念周上的讲演》（1935 年 1 月 7 日），载《现代司法》1935 年第 3 期。

〔7〕 司法行政部：《本部王部长视察鲁冀察绥晋陕豫七省司法情形》，载《现代司法》1935 年第 1 期。

〔8〕 司法行政部：《王部长视察江北各县法院监所概况》，载《现代司法》1937 年第 8 期。

〔9〕 王用宾：《在司法行政部总理纪念周上的讲演》（1935 年 1 月 28 日），载《现代司法》1937 年第 8 期。

职”[10]。切实做到“力求减轻人民讼累，结案要速，羁押要慎，执行要力”[11]。

（二）司法要保障人权

王用宾具有很强的权利观念，指出“羁押人犯当本人道主义”，针对羁押率过高的限制，主张要降低羁押率，指出“实施羁押，对于人民身体自由所关甚巨，非具备法定条件确有必要情形，自不得滥行羁押”，若“率将被告予以羁押，将来侦查结果不予起诉，或审判确定无罪开释，被告所受之身体及精神上痛苦，已无可挽回，殊非尊重人权之道”[12]。针对当时司法“拖累不堪，羁押太滥”两大弊病，王用宾曾言：“若果不能为人民解除此二大痛苦，对不起人民，兼对不起党国继念滥押痛苦，长押尤甚，若使结案迅速，则痛苦解除不少。”[13] 要求司法官员对于刑事被告“法文规定得羁押并非一定要羁押，全在法官妥为斟酌……不得已而羁押者，亦应以责付保释方法，早日省释”[14]。

（三）全国司法均衡发展

王用宾出身寒门，深知民生维艰，对底层民众有深切的同情心。故非常注重基层司法机关的建设。对于中国偏重于通商大邑之地的法院建设，而忽略基层司法机关完善的做法，王用宾指出：“中国高级法院之人才，比之各国，实不相上下，惟各地方法院向不重视，致下级人才缺乏，几如一人上部有脑充血之病，下部等于空虚，何能生存？”又说，“地方法院法官的权限，可说比行政院长的权限还要大，譬如行政院下一命令，由省政府转到县政府布告出，人民往往漠不关心，而地方法院法官，与人民是直接发生利害关系的，人民一切纠纷，全赖法官公平解决，故法官应有最高尚的人格，正心诚意的修养功夫”，以“养成人民信仰的心理”。[15] 司法

---

〔10〕 司法行政部：《王部长视察江北各县法院监所概况》，载《现代司法》1937 年第 8 期。

〔11〕 司法行政部：《王部长视察鄂湘粤赣皖五省司法概况》，载《现代司法》1936 年第 3 期。

〔12〕 司法行政部：《本部王部长视察鲁冀察绥晋陕豫七省司法情形》，载《现代司法》1936 年第 3 期。

〔13〕 王用宾：《两年来努力推进司法之概况》，载《法学杂志》1937 - 1939 年第 1—6 期。

〔14〕 司法行政部：《王部长视察鄂湘粤赣皖五省司法概况》，载《法学杂志》1937—1939 年第 1—6 期。

〔15〕 司法行政部：《王部长视察江北各县法院监所概况》，载《法学杂志》1937—1939 年第 1—6 期。

机关“案多积留办易违误民有怨讟者，无他，第一审之简陋疏失为之”，“故在初级判决之案，即上诉于上级法院，以初审之含糊，终至人事变迁，证据消失，更难得公平之判决，然人民倾家荡产，已无可告诉，此即为向来不注重小地方司法之弊”。王氏之言，可谓切中司法时弊。因此，“整顿司法，当先自改革第一审机关之难题入手”[16]。“现拟厉行改革，使向之司法人才群趋于高级法院者令向下级法院服务，其待遇亦力求平均。”[17]

其时，全国有90%以上之县司法事务有县知事兼理，终北京政府存续16年间，除少数地方设地方法院外，第一审制度“全无如何改进”。究其原因，王用宾分析指出，不仅因为“袁氏作俑”，以及“为县长者又喜此制可以司法作威福之具，讵肯轻易脱手，必将造种种谰言，以慫恿省政府之阻挠”。更是因为“历来司法行政当局，均不能负相当之责”，望而却步，以致为法院第一审之机关“任其污辱于地方官吏淫威之下者二十余年”[18]。所以，非改革县长兼理司法制度，所有司法为民等理想，“皆不能完成”。[19]

三、司法为民的途径

王用宾不但是一个思想者，更是一个行动家。他鄙视那些尸位素餐的官僚，认为在其位就应谋其事，矢志“鼓勇直前，又何敢以苟且敷衍，盖先有实行之宏愿且抱有力行之决心”[20]，努力把自己的司法理念贯彻于司法改革之中，提高司法效率，完善基层司法建设，谋求司法独立，保障当事人合法权利。

（一）提高司法效率

作为一个国民党官员，王用宾和居正等人一样，也主张司法党化，但王用宾认为，司法党化“并非是党员做法官或法官必须入党”，而是把“革命的精神送到司法界来”，把“革命与司法合而为一”，以革命精神推

---

〔16〕 王用宾：《二十五年来之司法行政》，载《现代司法》1936年第1期。
〔17〕 王用宾：《革命司法人民司法生产司法与地方司法》，载《现代司法》1936年第1期。
〔18〕 王用宾：《二十五年来审检制度之变革》，载《中华法学杂志》1936年第2期。
〔19〕 王用宾：《革命司法人民司法生产司法与地方司法》，载《中华法学杂志》1936年第2期。
〔20〕 王用宾：《司法会议后本部之责任》，载《现代司法》1936年第2期。

进司法改革。[21] 上任伊始，他要求各级推事及检察官充分理解三民主义为现行一切法律的最高原则，要有革命党精神改革旧司法界的习故蹈常的积习，勇往迈进，迅速结案、审慎羁押。勉励法官“要本总理的革命精神，改革以前司法界习故蹈常的积习，勇往迈进，这才够得上现代的法官”[22]。

就王用宾本人来讲，亦奉行其所谓的“革命精神”推进司法的改进。南京国民政府初期，全国司法审级混乱，各省有沿用四级三审者，亦有改用二级二审者。1932 年 10 月颁布的《法院编制法》改四级三审制为三级三审制，但因新式法院较少，迟迟不敢推行。王用宾就任司法行政部长后，力主统一全国审级，面临诸多困难，自言：“但能否行得通，正看吾人催陷困难戮力如何。”在王用宾的坚持下，全国司法机关于 1935 年 7 月始分期实行三级三审制，至 1937 年 1 月，全国实现司法审级统一。全国司法审级的统一，既有利于国家法制的统一，也方便了人民参与诉讼，维护自己的合法权利。

而针对当时“拖累不堪，羁押太滥”两大弊病，司法行政部“一面厉令禁止滥押，盖法律上规定于必要时始得羁押也，一面限期各省高院，督责清理积案”，严令在一年半之内，某省不能如期清结，该省高等法院院长即请免职，全国不能如期清结，司法行政部部长即劾去职。严令之下，“竟有不待期满而清结者，其成绩劣者，限满已清十分之九以上”[23]，全国共计清理积案 5934 起[24]。就司法机关滥捕滥押情况严重，监所人满为患的状况，司法行政部饬令各级法院厉行不起诉、缓刑、假释、保安处分等，至 1936 年初，全国假释人犯一万五千余名[25]，缓解了监所拥挤的状况。同时，王用宾指出，司法行政部饬令清理积案，疏通监狱，“并不是以滥放为好”，法官办理案件“尤要负起责任详慎研究”，对于人犯既“不滥押亦不滥放”。[26] 也就是说注重司法效率的同时，更要考虑办案的质量。

---

〔21〕 王用宾：《在司法行政部总理纪念周上的讲演》（1935 年 1 月 7 日），载《现代司法》1936 年第 2 期。

〔22〕 司法行政部：《王部长视察鄂湘粤赣皖五省司法概况》，载《现代司法》1936 年第 2 期。

〔23〕 王用宾：《两年来努力推进司法之概况》，载《现代司法》1936 年第 2 期。

〔24〕 司法行政部：《司法行政部最近六个月工作报告》（1935 年 11 月—1936 年 6 月），载《现代司法》1936 年第 11 期。

〔25〕 司法行政部：《本部中心工作计划草案之一部》（一），载《现代司法》1936 年第 1 期。

〔26〕 司法行政部：《王部长视察江北各县法院监所概况》，载《现代司法》1936 年第 1 期。

（二）注重基层司法建设

1914 年袁世凯政府实行司法改革，撤废初级审检厅，未设新式法院之县恢复了县知事兼理司法制度，流弊甚远。至王用宾接任司法行政部长时，全国各省第一审案件，“差不多完全在县知事兼理之下，一千七百余县中有承审制度者占一千四百余县，差不多为全数六分之五”[27]。而南京国民政府因财政和司法人才两缺，在全国各县均设立法院，短期内难以实行。但“明知此问题极普通又极困难，然怕困难，则困难仍在，何若硬干一下，干到几分是几分”[28]。王用宾指出应对县知事兼理司法采取逐步改造的政策，拟定过渡办法，在县知事兼理司法的制度上逐渐加以改进，改换承审员的名称，提高其待遇，使其审判权完全独立，县长对于承审员如各院院长之对于推事，只有监督之权，而无干涉之权，使县司法渐渐做到完全独立的地位，“使日进于独任推事之地院”。[29]

为此，南京国民政府司法行政部拟出初步改革草案，在县长兼理司法各县筹设司法处。1935 年 4 月 9 日，《县司法处组织暂行条例》以及《县司法处办理诉讼补充条例》《县司法处刑事案件覆判条例》颁布。[30] 司法行政部计划于 1936 年 7 月 1 日之 1937 年底，将所有兼理司法各县分期改设县司法处；1938 年 1 月至 1939 年 6 月底，将所有县司法处分期改设正式法院。[31] 在司法行政部的督责之下，至 1937 年初，全国未设法院之县已改设三分之二。对此，王用宾说：“县司法处固非正式法院，然其行政事务审判程序，与法院无异，可谓之小规模法院。”对于旧监所，则限期改良，至 1937 年初，“有 607 县改良监所，未整理者 553 县，严令继续办理”。[32] 县级司法的改良在一定程度上有利于普通民众诉讼权利的保障。

（三）强调司法独立

清末司法改制以来，司法独立被视为自新自强、挽救国家民族危亡之

---

〔27〕 王用宾：《在司法行政部总理纪念周上的讲演》（1935 年 4 月 15 日），载《现代司法》1936 年第 1 期。

〔28〕 王用宾：《两年来努力推进司法之概况》，载《现代司法》1936 年第 1 期。

〔29〕 王用宾：《在司法行政部总理纪念周上的讲演》（1935 年 1 月 28 日），载《现代司法》1936 年第 1 期。

〔30〕 王用宾：《二十五年来之司法行政》，载《现代司法》1936 年第 1 期。

〔31〕 司法行政部：《本部中心工作计划草案之一部》（一），载《现代司法》1936 年第 1 期。

〔32〕 王用宾：《两年来努力推进司法之概况》，载《现代司法》1936 年第 1 期。

利器，为国人所青睐。司法独立成为判断司法制度是否合理的一个准据。[33] 南京国民政府亦不例外。“暨国民政府定都南京，司法独立，揭为党纲，舆情蕲望，更见殷切。”[34] 王用宾高度重视司法独立，但认为司法独立不应当排除外部的监督制约。

就司法独立，王用宾指出“乃指审判独立而言，非孤立之谓”[35]，所以应接受各个方面的监督。对于法官片面强调司法独立，妄图使司法脱离监督的论调，王用宾批评“即因以前司法界利用司法独立的美名，致陷于无人监督的状态，法官仅以不违法不失职为了事，而不图积极的尽法官保障人民权利，维持法纪的责任”。[36] 因此，要求司法行政部“对于各级法院不必客气，必须尽我们监督的责任”[37]。确保全国司法官勤于公事，勇于任职。此外，王用宾强调法官要有大局观念，司法工作要服从服务于国家的整个大局。他强调“现在外患内忧，交相逼来”，法院的基本工作“就在人民守法，社会安定，同时逐渐建设起来，或可少纾国难，这样的基本工作，司法界是负有极大任务，本部监督各级法院，尤为当前的唯一重大使命”。[38]

其次，为实现地方司法的独立，王用宾主导之下的司法行政部积极推行县级司法的改革，谋求先在未设新式法院各县，筹设县司法处，作为过渡，使“县司法渐渐做到完全独立的地位”。[39] 王用宾指出“改设县司法处之目的，在求审判独立”[40]，另外，谋求全国司法经费的统一。民国成立初期以至南京国民政府前期，各省司法经费均由本省负担，至司法独立精神“为经费仰给地方政府所损毁者不少”，王用宾认为司法经费应该有国库负担，须逐步推行。为此，1935 年召开的司法会议提出司法经费要逐

---

〔33〕 韩秀桃：《司法独立与近代中国》，清华大学出版社 2003 年版，第 429 页。

〔34〕 王用宾：《司法行政部二十四年份工作报告》，载《现代司法》1936 年第 1 期。

〔35〕 司法行政部：《王部长视察鄂湘粤赣皖五省司法概况》，载《现代司法》1936 年第 4 期。

〔36〕 司法行政部：《本部王部长视察鲁冀察绥晋陕豫七省司法情形》，载《现代司法》1936 年第 4 期。

〔37〕 王用宾：《在司法行政部总理纪念周上的讲演》（1935 年 1 月 28 日），载《现代司法》1936 年第 4 期。

〔38〕 王用宾：《在司法行政部总理纪念周上的讲演》（1935 年 1 月 7 日），载《现代司法》1936 年第 4 期。

〔39〕 王用宾：《在司法行政部总理纪念周上的讲演》（1935 年 4 月 15 日），载《现代司法》1936 年第 4 期。

〔40〕 司法行政部：《司法行政部二十五年八月份施政工作概况》，载《现代司法》1936 年第 4 期。

步由中央财政负担。王用宾表态“下最大之苦干决心，渡此死里求生之难关”，谋全国司法经费的统一。[41]

（四）奉行感化主义刑事政策

清末司法改制，沈家本引入了西方的感化主义刑事政策，一改传统的威吓主义、报复主义的刑事政策，注重对犯人的改造教育，使之复归于社会。其后，这一理念为中国司法界所推崇。

感化主义的司法理念主要体现在监所改造的环节，但王氏对“感化主义司法”的理念作了进一步的阐释，认为“在刑罚政策上以扩大感化主义”[42]，感化主义司法也应该涵盖到起诉和审判环节，即在侦查起诉环节，检察官对轻微刑事案件“应以不起诉为妥”，“否则如所有案件概行起诉，则检察制度等于虚设”。[43] 推事在审判环节，“应详审案情，不可随便滥押、起诉、判罪，轻微罪犯，最好使其当庭自认错误，诚意悔改，不待判罪执行，已收感化之效”。这就对法官素质提出了要求，法官“不但学识要好，且须有修养功夫，平时以高尚人格，得人信仰，然后始能讯出实情而施以感化，人民对于法官也就油然起敬，而法院的威信亦因之可以树立”。[44] 此一番言论片面强调犯人的感化教育，忽略了被害人及其亲属的利益和感受，不免流于理想化，也显失司法公正。

相较之下，王用宾更看重监狱的教化功能，认为“新监好像是一个特别的医院，要将犯人的病看好，是一个特别的学校，要将他们教好，是一个特别的工厂，要养成他们生活的技能，并不是将他们关在里面就算了事”。[45] 监狱应该加强内部的设施建设，加强对犯人的身体的锻炼、精神上教诲和技能方面的培训。对于犯人来说，“空洞的感化主义，不若工场感化主义的切合实际”，监犯“在工场中各执一艺，秩然有序，昼作夜息，无附耳交首之余暇，尚何恶化可虑，久之养成勤苦耐劳安分守己之好习

---

〔41〕 王用宾：《司法会议后本部之责任》，载《现代司法》1936年第2期。
〔42〕 王用宾：《两年来努力推进司法之概况》，载《法学杂志》1937—1939年第1—6期。
〔43〕 司法行政部：《本部王部长视察鲁冀察绥晋陕豫七省司法情形》，载《法学杂志》1937—1939年第1—6期。
〔44〕 司法行政部：《王部长视察江北各县法院监所概况》，载《法学杂志》1937—1939年第1—6期。
〔45〕 司法行政部：《王部长视察鄂湘粤赣皖五省司法概况》，载《法学杂志》1937—1939年第1—6期。

惯，所谓感化，即变化其恶习之谓，能变化犯人之恶习者，再莫如工场”。[46] 因此，司法行政部制订计划，计划于南京、上海、西安、北平、汉口、广州等地设置模范监狱6所，按照“国联”（指国际联盟）规定之人犯待遇最低标准办理，采用现代监狱新制配备各种专门人才，研究罪犯犯罪的原因，分别施以感化。其后，各省设一直辖之模范监狱，亦采新制。[47]

针对少年犯，王用宾主张设立少年法庭和少年监房或监狱，分别施以感化。至于少年法庭，“必须选择性情和平或对于社会学教育学很有经验的法官，来办理少年犯的案件”，建议法官在办理少年犯时，“不必要穿上制服，高坐堂皇来问案子，尽可如同他在家里谈话一样的询问他”。“未成年人如果犯了罪，放在成年人监里，则不特难收感化之效，且有因此养成恶习之虞”，所以要设立少年监狱，要“仿学校的样子来教化他们”。[48] 少年监狱则每省须设置一所。监狱之内，增设图书馆、音乐室、工场、农场等，对监狱犯人进行感化改造。[49]

四、结语

王用宾经历过辛亥革命、护法运动，做过北京政府参议院议员，后又加入蒋介石政府，经历和身份复杂。他既是一个孙中山的追随者、职业革命家，又是国民党的官僚。在其司法思想中，司法为民的观念何以如此强烈，并且身体力行，努力付诸实践。究其原因，这些观念是和他的出身及其爱国主义精神分不开的。王用宾出身农门，早年又游学日本，专攻法律，不但备知稼穑艰辛，而且具有较深的法学功底。同时，他作为革命者，笃信三民主义，富有爱国主义精神，以“为众人谋幸福”为己任。[50] 王用宾曾有以诗言志：“不见范文正，谁先天下忧？”[51] 可见其忧国忧民之心。这些在其司法活动之中集中体现为司法为民的思想，并表现出以下特点：

---

[46] 王用宾：《两年来努力推进司法之概况》，载《法学杂志》1937—1939年第1—6期。

[47] 司法行政部：《本部中心工作计划草案之一部》（二），载《现代司法》1936年1期。

[48] 司法行政部：《王部长视察鄂湘粤赣皖五省司法概况》，载《现代司法》1936年1期。

[49] 司法行政部：《本部中心工作计划草案之一部》（二），载《现代司法》1936年1期。

[50] 《孙中山选集》（上卷），人民出版社1956年版，第72页。

[51] 王用宾：《夜过岳州》，载《山西文史资料全编》（第6辑），山西文史资料编辑部1999年版，第1062页。

其一，其司法思想建立在三民主义理论基础之上。王用宾作为孙中山的追随者，三民主义为其毕生信仰，自谓“为主义而奋发，争民族之生存”。[52] 故其司法思想中常可见三民主义之自觉运用。孙中山认为，“革命是以造就一个真正的中华民国为目的，就是人民都享幸福，国家政治的主权在人民，政府要听人民的话，这才叫中华民国”[53]。国民党“一大”宣言称，民权“则是一般平民所共有，非少数人所得而私”，“民权主义，系指一般平民皆得享有，在五权分立之原则下，革命之国民可享有直接的、普遍的民权”。[54] 对于三民主义，孙中山强调：“这三项主义的意思，是要把全国的主权，都放在本族人民手内；一国的政令，都由人民所出；所得的国家利益，由人民同享。”[55] 纵观王用宾司法思想中的司法独立、注重基层司法、感化主义司法等理念，其最终的落脚点无不是为了保护人民的自由和财产权利，皆体现了对人民的司法关怀。

其二，革命之思维贯穿于其司法思想之中。作为一个职业革命家，“是以革命精神图主义之实现者”[56]。王用宾认为“革命是一种普遍的运动，凡政治学术习惯，一切坏的都要改革”。[57] “革命”成功不单单是国民党夺取全国政权，更重要的是在“国家的建设方面，都臻完善，才能算是成功”。[58] 其司法思想之中无不充满革命的精神和浪漫的理想主义。如对于训练司法官，认为旧有司法官“已有法官之相当经验与基本智能者，再进而使之受严肃训练之洗礼，则收获或更倍徙于造就新法官也”。如此奉行，则“一年以后，举国法官，非出身考试，即曾受训练，而近代之新精神，必洋溢于法曹，司法革命，庶几可期也”[59]。对于司法改革，王用宾虽深知“一种制度之能行与否，有藉于历史上之惯性力者甚大，吾人固不敢空谈法理，藐视史迹”，但同时又自信“然史迹毕竟与时代变迁，惯

---

〔52〕 王用宾：《二十五年来之司法行政》，载《现代司法》1936年第1期。
〔53〕 陈旭麓：《孙中山集外集》，上海人民出版社1990年版，第284页。
〔54〕 《中国国民党第一次全国代表大会宣言》，载荣孟源等主编：《中国国民党历次代表大会及中央全会资料》，光明日报出版社1985年版，第17页。
〔55〕 《孙中山全集》（第5卷），中华书局1985年版，第392页。
〔56〕 《孙中山全集》（第8卷），中华书局1986年版，第435页。
〔57〕 司法行政部：《王部长视察鄂湘粤赣皖五省司法概况》，载《现代司法》1936年第3期。
〔58〕 王用宾：《在司法行政部总理纪念周上的讲演》（1935年1月7日），载《现代司法》1936年第3期。
〔59〕 王用宾：《二十五年来之司法行政》，载《现代司法》1936年第1期。

性力未必不可以创造力胜之”[60]。

其三，奉行现代司法理念，力与西方法律思想及制度相吻合。王用宾曾留学日本法政大学，受过系统的法律教育，并长期从事法律事务，对西方法律制度有深切之认识，主张以其为蓝本，对中国的司法制度进行改造。如其对犯罪人实行感化主义、主张司法独立，无不和当时西方国家的法学理论相契合。如 1936 年 11 月司法行政部在函请南京市政府代觅建筑首都监狱地址时说：“查现代执行罪行之制度与理论，日新月异，常依旧法办理，难期感化实效……不足以发挥新时代待遇罪犯之精神。”[61] 其紧跟时代步伐，倾心现代西方司法理念之意跃然纸上。

综上，可以看出，王用宾有强烈的事业心和责任感，既是思想者，更是实干家，不同于一般的国民党官僚。他不但提出了司法为民的口号，而且身体力行，付诸司法实践，努力使人民真正享有现代司法之惠。而我国目前也正在进行司法改革，他山之石，可以攻玉。从这个意义上来说，王用宾的司法思想无疑具有很强的现实意义。

（文字编辑　舒砚）

〔60〕 王用宾：《在司法行政部总理纪念周上的讲演》（1935 年 4 月 15 日），载《现代司法》1935 年第 3 期。

〔61〕 司法行政部：《司法行政部二十五年十一月份施政工作概况》，载《现代司法》1937 年第 2 期。

梅因的历史法学

陈　颐*

梅因通常被认为是英国历史法学的主要代表，然而英国历史法学是一个颇难谈论的话题。

首先，如我们所知，英国法的发展以其历史延续性著称[1]，英国法学也以其对历史的持续关注著称[2]，由于英国革命的早发与其革命形式的特殊性，英国法律职业阶层的自我复制以及英国法律家阶层与一般学术思潮的相对疏离，使得自然法的观念未能在英国法律史上获得统治地位，因而，某种程度上，历史法学在英国缺乏一个自然法的敌人。[3] 在通常认为的英国历史法学兴起的19世纪60年代，历史、社会与法律之间似乎并不

---

* 作者系华东政法大学外国法与比较法研究院副教授，法学博士。

[1] 高鸿钧：《英国法的主要特征——与大陆法相比较》（下），载《比较法研究》2012年第5期。

[2] 霍兹沃斯也称，英国的判例法体系以及英国法发展的连续性，已经在英国法律家中建立了一个历史传统。See Sir William Holdsworth, *Some Makers of English Law*, Cambridge: University Press, 1938, p. 265. 另外，伯尔曼教授则更进一步，将历史法学的起源归诸于柯克、塞尔登与黑尔，将柏克与布莱克斯通纳入了历史法学的传统，在伯尔曼教授看来，历史法学是英美法遵循先例原则的基础。See Harold J. Berman, The Origins of Historical Jurisprudence: Coke, Selden, Hale, *Yale Law Journal*, 103 (1994), pp. 1651—1738.

[3] 可以说，促成德国历史法学的兴起背景在英国几乎都不存在。关于德国历史法学兴起的背景，参见谢鸿飞：《法律与历史：体系化法史学与法律历史社会学》，北京大学出版社2012年版，第13—28页。

存在那么严重的断裂，需要人们去重新发现和建立法律与历史、社会的联系。[4] 我们似乎可以说，当时的英国法律家并不缺乏历史意识。[5] 因此，英国历史法学的兴起不太容易谈论。

其次，当我们在说英国历史法学的时候，我们很难说得清楚，哪些人、哪些著述可以归入英国历史法学的范畴，它的存续又是如何的？国内学者谢鸿飞梳理英美历史法学的理论谱系时，首先强调了“普通法心智”[6]，即普通法的历史维度，而后讨论了梅因与梅特兰，在美国“历史法学派”，则提及了霍姆斯、赫斯特与霍维茨。[7] 程琥一方面将英国历史法学追溯到了英国保守主义思想家埃德蒙·柏克（Edmund Burke），另一方面又认为英国历史法学的奠基人是梅因和梅特兰，另外，他也将维诺格拉多夫、波洛克、霍兹沃斯归入英国历史法学。[8] 显然，柏克不是一个法律家，他的著述的主要影响领域也不在法学领域，将柏克列入英国历史法学未免牵强。梅因之前的英国法律家们只是遵循了普通法传统，很难说他们有意识地要建立一种新的法学研究的范式；梅因之后的诸位学者，如梅特兰，则是英国法律史学最重要的奠基人，我们可以说他是伟大的法律史学家，但法律史与历史法学并不是一回事；维诺格拉多夫主要以历史学家身份出现，在其晚年巨著《历史法学》中，他所主张的历史法学研究更多的是提出了一种法律史研究的方法——历史类型的研究，并限定于欧洲文明范围内法律观念的演进[9]，波洛克虽因其与梅特兰合著的《爱德华一世之前的英国法律史》享有盛誉，但波洛克的主要贡献却是对普通法历史素

---

〔4〕 19世纪中叶，英国的法律改革与司法改革已经开始并且在持续推进，社会演化的观念（斯宾塞）与物种进化的思想（达尔文）也盛行一时。See Cornish, Anderson, Cocks, Lobban, Polden, and Smith, *The Oxford History of the Laws of England, Vol. XI, 1820—1914, English Legal System*, Oxford: Oxford University Press, 2010, pp. 22—40; pp. 102—106.

〔5〕 即便是分析法学最重要的代表奥斯丁也曾受历史法学的薰陶。奥斯丁在1826年接受伦敦大学教职后即前往德国游学，在德国期间与德国历史学家也是历史法学的主要人物尼布尔等人交往密切；做一个像胡果或者萨维尼那样的杰出而令人尊敬的教师对奥斯丁来说是世界上最值得羡慕的事情。而胡果和萨维尼则是德国历史法学的开创者和灵魂。参见〔英〕约翰·奥斯丁：《法学讲演录》（一），支振锋译，萨拉·奥斯丁所写的“前言”，中国社会科学出版社2008年版，第27、45、47页。

〔6〕 参见谢鸿飞：《法律与历史：体系化法史学与法律历史社会学》，北京大学出版社2012年版，第49—57页。谢鸿飞先生的标题写作“从布莱克斯通到黑尔”，较难理解，或有笔误。

〔7〕 同上注，第57—61页。

〔8〕 参见程琥：《历史法学》，法律出版社2005年，第72—73页。

〔9〕 〔英〕维诺格拉多夫：《历史法学导论》，徐震宇译，中国政法大学出版社2012年版，第174—179页。

材的体系化整理。因此，所谓英国历史法学，很大程度上是梅因的历史法学，甚至是《古代法》的历史法学。1861 年《古代法》的出版通常被视为英国历史法学诞生的标志[10]，在 1861 年《古代法》之后，所谓英国历史法学著述中似乎也难以提出第二本标志性的著述，而在梅因还在世的时候，英国历史法学即已衰落。[11]

另外值得一提的是，尽管通说认为，在 19 世纪下半叶，英国法学曾经存在过一个英国历史法学占统治地位的时期，或者英国历史法学曾经是与英国分析实证主义法学分庭抗礼的法学流派，美国著名史家汤普森甚至还写道：梅因的“历史的和比较的方法结束了奥斯丁实证主义法律学派的统治”[12]。不过实在来说，英国分析实证主义法学开始盛行恰恰是在这一所谓的“历史法学占统治地位”的时期。在梅因《古代法》出版的同一年（1861 年），奥斯丁的遗稿《法学讲演录或实证法哲学》得以出版，其中 1832 年出版的《法理学的范围》作为第一卷首次再版。在其有生之年，奥斯丁的分析实证主义并未获得广泛的影响[13]，但从 19 世纪 60 年代初开始，奥斯丁的思想在英国法学界逐渐生根，并获得了支配性的地位，此后百年，几乎所有的英国法学家都以这样或那样的方式受到奥斯丁的影响。[14] 因此，19 世纪的英国法律思想史，并不是一个英国历史法学取代分析实证主义法学的故事，而是一个法律家们的分析实证主义不断生根发展以及一本优秀的畅销书——《古代法》逐渐被淡忘的故事。[15]

---

〔10〕 在为梅因《古代法》一书所作的导言中，英国学者亚伦写道：“就英国而论，如果说现代历史法律学是随着这本书的出现而出生的，也不能谓言之过甚。”〔英〕梅因：《古代法》，沈景一译，亚伦撰写的“导言”，商务印书馆 1959 年版，第 5 页。而梅因在《古代法》之后的著述，更像是法律史的研究。

〔11〕 See Alan Diamond (ed.), *The Victorian Achievement of Sir Henry Maine: A Centennial Reappraisal*, Cambridge: Cambridge University Press, 1991, pp. 1—8.

〔12〕 〔美〕汤普森：《历史著作史》（下卷）（第 4 分册），孙秉莹、谢德风译，李活校，商务印书馆 1992 年版，第 529 页。

〔13〕 奥斯丁的遗孀萨拉·奥斯丁证实，奥斯丁的教授生涯并不成功，他的研究很难吸引众多的公众，他的教授职位“几乎成了一个空头衔”。在《法理学的范围》于 1832 年出版后，公众给予他著作的认可并不是很令人乐观的。参见载〔英〕约翰·奥斯丁：《法学讲演录》（一），萨拉·奥斯丁所写的“前言”，第 35—41 页。

〔14〕 See Neil Duxbury, English Jurisprudence between Austin and Hart, *Virginia Law Review*, 91 (2005), pp. 15—22.

〔15〕 See Roscoe Pound, Fifty Years of Jurisprudence, *Harvard Law Review*, 50 (1937), 564—582; Neil Duxbury, English Jurisprudence between Austin and Hart, pp. 22—29.

一、梅因的生平及其著述

亨利·梅因（Henry James Sumner Maine）生于1822年8月，少年时代在基督慈惠院就学时即被认为在文学上将有所成就。1840年，梅因获得剑桥彭布鲁克学院的奖学金并给人以很有天赋的年轻的古典学者的印象。在剑桥，他获得了许多奖学金并成为该年级最优秀的古典学者。1844年，他成为剑桥大学三一堂学院的导师并开始了对古代法的持续研究。由于梅因的杰出声誉，在1847年，时年25岁时，他被任命为剑桥大学钦定民法讲座教授（1847—1854年）。1852年，律师学院效仿牛津和剑桥大学的改革，任命了罗马法与法理学、不动产法、衡平法、普通法、宪法5位讲师。他作为伦敦的律师学院（Inns of Court）的讲师为未来的出庭律师们讲授课程。1862年，在《古代法》出版后，梅因去往印度，成为英国印度总督顾问委员会的法律专员，主要负责编纂英属印度的法律。60年代末他回到英国，成为牛津大学首任法理学圣体讲座教授（1869—1883年）。他在此开设了一些引人注目的课程，这些课程内容出版后为梅因带来了国际声誉，梅因不再仅仅被视为杰出的罗马法学家，同时也是杰出的法律人类学家与当代法专家。1878年，他成为剑桥大学三一堂学院院长，1887年被任命为剑桥大学休厄尔（Whewell）国际法讲座教授。1887年，他的健康状况急剧恶化并在1888年逝世，享年66岁。

与19世纪英国绝大多数法律家不同，梅因既非法律世家出身[16]，早年也未曾接受系统的法律教育。[17] 就其职业生涯来说，梅因只是在诺福克巡回法庭（Norfolk Circuit）非常短暂地从事过出庭律师的工作。尽管通常

---

〔16〕 同时代的英国法律家大多出身法律世家，而梅因的父亲是位医生。See R. C. J. Cocks, *Sir Henry Maine: A Study in Victorian Jurisprudence*, Cambridge: Cambridge University Press, 1988, p. 9.

〔17〕 梅因获得法律职业资格的具体经过并不清楚。科克斯教授（R. C. J. Cocks）推断，由于那时尚无职业准入的考试，任何有一定社会地位的人很容易就可以成为出庭律师，梅因应该也是经过申请加入律师学院并根据传统与其他未来的出庭律师们一块吃几顿饭而成为出庭律师的。R. C. J. Cocks, *Sir Henry Maine: A Study in Victorian Jurisprudence*, p. 40.

认为是健康原因使得梅因没有继续自己的法律职业生涯[18]，但也有论者认为19世纪中叶英国的司法与法律职业环境使得梅因对继续执业失去了热情和兴趣。据说，梅因短暂的法律职业生涯使得他“没有任何理由去钟爱英国法”。[19]

除了前述短暂的出庭律师经历外，梅因的一生大致可以概括为享有盛誉的公职人员、著名的报刊作家以及杰出的教师。

梅因的公职生涯始终与印度联系在一起。1862年，梅因去往印度，成为英国印度总督顾问委员会的法律专员（legal member of the Governor-General's Council)，直至19世纪60年代末才回到英国。梅因任职印度期间，英国治下的印度通过了209项法案，其中包括《统一习惯法案》《商船海员法案》《建立英属缅甸季审法庭法案》《公司法案》《合伙法案》《森林法案》《帕西人（parsi）婚姻法》《帕西人（parsi）无遗嘱继承法》《汇票法》《高等法院刑事程序法》《不动产转让登记法》《离婚法》等，梅因在这些法案的草拟以及获得通过过程中发挥了主导性的作用。[20] 1871年，梅因由于他对英属印度的统治所做出的杰出贡献受封为爵士，并于同年进入内阁印度事务大臣领导的印度事务部（India office，这一工作至少持续到了1878年他被选举为剑桥大学三一堂学院院长)，承担繁重的行政工作，他的建议深受重视，对英国的印度统治政策影响巨大。

梅因一生热衷于为报章撰文，从19世纪50年代初到伦敦开始一直持续到1886年。他长期为《纪事晨报》（Morning Chronicle）与《星期六评论》（从其1855年开始出版以来）写作，其主题涵盖广泛，除印度事务外，包括了政治、国际关系、教育改革、文学评论、社会政策等。[21]

---

〔18〕 Sir M. E. Grant Duff, *Sir Henry Maine: A Brief Memoir of His Life—With Some of his Indian Speeches and Minutes* (Selected and edited by Whitley Stokes), New York: Henry Holt, 1892, p. 14. R. C. J. Cocks 提供了更详细的材料，但缺乏明确的时间界定。科克斯教授认为，梅因在19世纪40年代经申请获得了出庭律师资格；在1852年去伦敦之前，梅因作为出庭律师在诺福克巡回法庭执业；到伦敦后，梅因选择作为衡平法律师执业。但因自身的健康原因以及大法官法院及衡平法律师在19世纪50年正陷于困境中而迅速放弃。R. C. J. Cocks, *Sir Henry Maine: A Study in Victorian Jurisprudence*, pp. 40—44.

〔19〕 R. C. J. Cocks, *Sir Henry Maine: A Study in Victorian Jurisprudence*, p. 44.

〔20〕 Sir M. E. Grant Duff, *Sir Henry Maine: A Brief Memoir of His Life—With Some of his Indian Speeches and Minutes*, pp. 24—25. 梅因为上述法案草拟与通过写作的一些重要的演讲以及备忘录参见同书。

〔21〕 梅因发表在报章的文章目录，See Alan Diamond (ed.), *The Victorian Achievement of Sir Henry Maine: A Centennial Reappraisal*, pp. 405—412.

与同时代的英国法科教授相比，梅因是一位成功的法科教授。据1853年听他上课的学生所说，梅因授课声音洪亮有力，字字珠玑，句句圆融。[22] 被视为最具文学感染力的法学著作《古代法》就是梅因在这一时期的讲稿基础上整理出版的。梅因在牛津大学法理学圣体讲座教授任期内同样声名显赫，劳森教授称“梅因教授讲到的一些主题，不仅深深地吸引了每一位前来听课的学生，更是牛津法学专业本科生最重视的内容”[23]。梅因的主要著作除《民众政府》外，均来自于他的授课讲稿。

从梅因生涯的这些不同侧面，我们可以发现梅因不同于同时代或稍晚时代的英国法学教授的一些特征以及这些特征与其著作之间的某些关联。总体上说，梅因所代表的知识人的形象更像是传统的“文士”向现代的学者过渡的形象。传统的“文士”大体上接受过良好的古典训练，通过报章文字发表公共意见，接受政府职位从事公务，公余从事撰述。古典训练、行政历练、报章文字使得梅因的写作延续了传统文士的撰述风格，文笔简洁优雅，充分考虑非专业受众的阅读体验。[24] 而英国大学教育改革的缓慢也有助于梅因维持这一传统的文风。在梅因的时代，英国的大学教育包括大学法律教育仍然立足于培养绅士以及公共生活中的精英阶层而非职业人才。1850年，法律与现代史专业方才成为牛津大学的三个专业之一，该专业虽然设置了若干法律课程，但因为包含了政治学、经济学等现代学科在内，整个学科所具有的现代哲学色彩，远远超过了法学色彩，学生中的绝大多数人成为了历史学者。[25] 不得不说，梅因著述风格及其著述的流行与上述因素直接相关。当然，梅因作为学者的声誉在19世纪80年代以后的

---

〔22〕 Sir M. E. Grant Duff, *Sir Henry Maine: A Brief Memoir of His Life——With Some of his Indian Speeches and Minutes*, p. 13.

〔23〕〔英〕F. H. 劳森：《圣殿：1850年至1965年的牛津法学教育》，黎敏译，法律出版社2010年版，第51页。

〔24〕 See Cornish, Anderson, Cocks, Lobban, Polden, and Smith, *The Oxford History of the Laws of England*, *Vol. XI*, 1820—1914, *English Legal System*, pp. 106—107. 美国著名史家汤普森在谈到《古代法》时称“这本书读起来像文学作品”。〔美〕汤普森：《历史著作史》（下卷）（第4分册），孙秉莹、谢德风译，李活校，商务印书馆1992年版，第529页。

〔25〕〔英〕F. H. 劳森：《圣殿：1850年至1965年的牛津法学教育》，黎敏译，法律出版社2010年版，第22—31页。直到1876年，牛津大学的法律专业才与现代史专业分离。历史学家斯塔布斯在1876年所作的关于法律与现代史两个专业的分离的演说中提及，牛津当时的法学教授，如梅因、布赖斯、霍兰的讲授都偏重于历史性，很难达到独立设置法律专业的教学要求；而梅因在1877年向牛津大学管理委员会表示过“对拆分两专业之举深感遗憾”。参见同书，第36—37页。

迅速衰落也与此相关。以梅特兰为代表的专业的学院式的法律史学代替了梅因的历史法学。伍达德教授（Calvin Woodard）也因此说，梅因更适合也更应该作为人类学家而非法律家被人们重新记起和讨论。[26]

通常被提及的梅因的主要著作有5种，分别为1861年首版的《古代法》、1871年出版的《东西方的村落共同体》、1875年出版的《早期制度史讲义》、1883年出版的《论早期法律与习惯》、1885年出版的《民众政府》。在上述著作中，《古代法》占有异常重要的地位，按照英国法学家亚伦的说法，这本书“应该被认为好像是梅因毕生工作中的一个宣言书”，在该书中，梅因就已经阐明了他的理论体系的一般原理（尽管是最粗糙的），而他所有的后期作品中，“除了二本比较不重要的之外，只是用了更详细的和更明确具体的例证，以深入阐明他在开始其专业时所提出的各项原理”[27]。梅因本人也承认《古代法》的特殊地位，承认除《民众政府》外的后续著作延续了《古代法》的方法和主题。[28] 在上述著作中，自首版迄梅因逝后百年（1988年），《古代法》（1861年首版）在英美两国再版重印了61次，其中，在梅因生前印了25版，在20世纪的诸版本中，仅“人人文库”本与牛津大学出版社的“世界经典”本就重印了12次，可谓长盛不衰。相比之下，《东西方的村落共同体》再版重印了12次，1913年以后仅在1973年重印了一次；《早期制度史讲义》再版重印了12次，1914年以后仅在1966年由不同出版社各重印了一次；《论早期法律与习惯》再版重印了6次，1901年后分别于1975年和1986年在纽约和新德里重印；《民众政府》再版重印了8次，1918年后仅于1976年重印了一

---

〔26〕 Calvin Woodard, A Wake (or Awakening?) for Historical Jurisprudence, in Alan Diamond, ed., *The Victorian Achievement of Sir Henry Maine: A Centennial Reappraisal*, p. 228. 梅因最忠诚的追随者维诺格拉多夫教授在晚年也将梅因的主要贡献归入法律人类学领域，他认为梅因是英国乃至全欧洲法律人类学界的翘楚。参见〔英〕维诺格拉多夫：《历史法学导论》，徐震宇译，中国政法大学出版社2012年版，第155页。

〔27〕 〔英〕梅因：《古代法》，亚伦撰写的“导言”，第11—12页。

〔28〕 See Sir Henry Sumner Maine, *Popular Government: Four Essays*, new edition, London: John Murray, 1890, “Preface”；〔英〕亨利·萨姆纳·梅因：《早期制度史讲义》，冯克利、吴其亮译，复旦大学出版社2012年版，“第一版前言”；Henry Sumner Maine, *Dissertations on Early Law and Custom*, New York: Henry Holt & Co., 1883, “Preface”.

次。[29] 显然，在梅因的主要著作中，无论如何强调《古代法》的重要性都不为过。[30] 下文的叙述也将主要围绕《古代法》展开。

二、进化论的历史法学及其研究方法

在梅因的著述与思想中，进步时代的乐观精神主宰了一切。依据这一进步时代的乐观精神，梅因建立了其历史法学的基本理论预设：即世界的演化是一个单线的过程；就其起源而言，并不存在根本性的差异，有的只是各个社会的发展与静止的问题[31]；而“稳定的社会是明显地向着一种稳健的坚实的方向前进的”[32]；梅因还认为，所有现代社会及其思想都可以从人类最早的社会及其观念中找到其起源。

在《古代法》一书中，我们几乎可以随处找到类似的表达。在序言中，梅因就明确指出，《古代法》一书的主要目的，“在扼要地说明反映于‘古代法’中的人类最早的某些观念，并指出这些观念同现代思想的关系”[33]。如果把这句话倒过来，梅因所传达的他的理论预设就非常明显了，即在梅因看来，现代思想都有着其远古时代的渊源，并且远古时代的这些观念是可以查明的，对于远古时代的知识有助于深刻地理解现代思想。梅因主张，“若想搞清楚进步社会的原始状况，最好的办法是从非进步社会可以观察到的状况入手”[34]。甚至，现代思想也许不过是远古时代的某些观念的放大而已。在正文的论述中，梅因的表述更为直白和露骨。他

---

〔29〕 根据 Alan Diamond 书附录整理，上述数据截至 1988 年。See Alan Diamond (ed.), *The Victorian Achievement of Sir Henry Maine: A Centennial Reappraisal*, pp. 402—405. 另外，梅因的遗稿《国际法》(*International Law: A Series of Lectures Delivered Before the University of Cambridge*) 于 1888 年由波洛克与哈里森整理出版，该书仅于 1894 年再版过一次。

〔30〕 科克斯教授在其论述梅因的专著中直接将讨论梅因后四本著作的章名命名为“法学家的衰退”(Decline of a Jurist)。See R. C. J. Cocks, *Sir Henry Maine: A Study in Victorian Jurisprudence*, pp. 101—140.

〔31〕 需要指出的是，这一进化论的历史观并非梅因所独有或为梅因所首创，而是维多利亚时代的普遍观念。19 世纪 50 年代，随着法国社会学家孔德的思想在英国的传播，进化论的观念在英国人文社会科学领域已经非常流行，其中巴克尔 (H. T. Buckle) 与斯宾塞转向以演化理论解释人类社会的发展影响最大。See Cornish, Anderson, Cocks, Lobban, Polden, and Smith, *The Oxford History of the Laws of England, Vol. XI, 1820—1914, English Legal System*, pp. 102—106; Calvin Woodard, A Wake (or Awakening?) for historical Jurisprudence, pp. 221—222.

〔32〕 〔英〕梅因：《古代法》，亚伦撰写的“导言”，第 11 页。

〔33〕 同上注，第 4 页。

〔34〕 〔英〕亨利·萨姆纳·梅因：《早期制度史讲义》，第 111 页。

写道：

> 似乎在先就可以看到，我们应该从最简单的社会形式开始，并且越接近其原始条件的一个状态越好。换言之，如果我们要采用这类研究中所通常遵循的道路，我们就应该尽可能地深入到原始社会的历史中。……因为现在控制着我们行动以及塑造着我们行为的道德规范的每一种形式，必然可以从这些胚种当中展示出来。[35]

几乎完全类似的表述也出现在梅因另一段谈论衡平法的文字中。在这段文字中，梅因写道：

> 英国法学家很容易看出，“英国衡平法”是建筑在道德规则上的一种制度；但是却忘记了这些规则是过去几世纪的——而不是现在的——道德，忘记了这些规则已经几乎尽它们所能的受到了多方面的应用，并且忘记了它们虽然同我们今天的伦理信条当然并没有很大的区别，但它们并不一定同我们今天的伦理信条处在同一个水平上。[36]

这样的理论预设同样也出现在人们熟知的梅因“从身份到契约”公式的论述中。对于这一公式，梅因用了一个限定词组：“所有进步社会的运动在有一点上是一致的。”尽管这一限定在梅因的支持者看来，可以证明梅因并非卡尔·波普尔意义上的“历史主义者”，但在我们看来，这一限定并不具有实质的证明力。因为在梅因那里所谓的“进步的社会”与“静止的社会”之间的区别并不是质上的，而是量上的，它们之间的区别仅仅在于从同一个起点走向同一个终点的速度快慢有别。这一说法也同样适用于亚伦为梅因所作的辩护。亚伦说：“在《古代法律与习惯》中，梅因不但不主张人类种族的各个支系应该有一个单一的、一成不变的发展图式，他并且毫无隐瞒地对这种想法表示着怀疑。”[37] 在此，梅因所怀疑的并非人类种族的各个支系的历史起点与终点的不同，甚至也不是从起点到终点所经过的阶段的不同，而是怀疑在行进的过程中，人类种族的各个支系的发展速度有所不同而已。而且其过程也是不可逆的。梅因承认，“我确实不否认，东西方之间在新观念产生速度上的差别，仅仅是一种程度上的差

---

〔35〕〔英〕梅因：《古代法》，第68—69页。着重号系笔者所加。

〔36〕同上注，第40页。着重号系笔者所加。

〔37〕同上注，亚伦撰写的“导言”，第14页。

别”[38]。而且这一过程也是不可逆的。梅因在谈到“从身份到契约”的运动时，强调在运动的发展过程中，“前进是以不同的速度完成的，有些社会在表面上是停止不前，但实际上并不是绝对停止不前……变化是绝少受到反击或者倒退的”[39]。

在《古代法》一书中，我们经常可以发现诸如“社会进步的某一阶段”“根据公认的社会规律”之类的表达。在《古代法》中，梅因写下了许多类似的规律总结，例如，“在一个英雄国王历史时代的后面跟着来了一个贵族政治的历史时代，这样一个命题是可以被认为正确的，纵使并不对于全人类都是如此，但无论如何，对于印度—欧罗巴系各国是一概可以适用的”；“因为大多数古代社会似乎迟早都会有法典的，并且如果不是由于封建制度造成了法律学史上重要的中断，则所有的现代法律很可能都将明显地追溯到这些渊源中的一个或一个以上上去”；“这（法典的出现）所谓同一个时期，我的意思当然并不是指在时间上的同一个时期，而是说在每一个社会相对地进步到类似的情况下出现的”[40]；“大体而论，所有已知的古代法的搜集都有一个共同的特点使它们和成熟的法律学制度显然不同。最显著的差别在于刑法和民法所占的比重。……我以为可以这样说，法典愈古老，它的刑事立法就愈详细、愈完备”；“文明社会所施行的法律的民事部分，有十分之九是由‘人法’、‘财产和继承法’以及‘契约法’组成的。但是很显然，当我们越接近社会的萌芽时代，这一切法律学领域就愈缩小到更狭小的范围之内”[41]；等等。

尽管梅因在总结历史规律时的态度不乏审慎，但就梅因对“历史规律始终是存在的并且可以通过对历史的研究获得对历史规律的认知”这一理论预设的认可，应当是没有疑问的。对此，梅因还是表现出了充分的客观与信心。他说：“以我们今日有限知识所可能达到的，也许只是比较地接近真理，但我们没有理由以为这是非常遥远的，或以为（实在是同样的东西）它须要在将来作很大的修正，因此是完全无用的和不足为训的。”[42]由此，梅因认为，所有对于现时代的正确的知识只能从对历史的研究中获得。他为此曾经写道：“研究一切制度的法律家都不辞劳苦，力求以某种

〔38〕〔英〕亨利·萨姆纳·梅因：《早期制度史讲义》，第112页。

〔39〕〔英〕梅因：《古代法》，第96页。

〔40〕同上注，第7、9页。

〔41〕同上注，第207页。

〔42〕同上注，第66—67页。

易解的原则来说明这些分类；但在法律哲学中去寻求划分的理由，结果必然是徒劳无功；它们不属于法律哲学而属法律历史。"[43]

梅因对自然法理论的批判更是从反面证明了这一点。[44] 在梅因看来，自然法学"仍旧是'历史方法'的劲敌；并且（除了宗教上的反对以外）凡是拒绝或责难这种研究方式的人，一般都是由于有意或无意地受到了信赖社会或个人的非历史的即自然的状态的一种偏见或武断的影响的结果"[45]。因此，梅因对自然法学的批判不遗余力。梅因写道：现代的"自然法"假说不复是罗马法中指导实际的一种理论，而是"纯理论信仰的一种信条"。[46] 这种信条"产生了或强烈地刺激了当时几乎普遍存在的智力上的恶习，如对现实法的蔑视，对经验的不耐烦，以及先天的优先于一切其他理性等。这种哲学紧紧地掌握住了那些比较思想得少、同时又不善于观察的人，它的发展趋势也就比例地成为明显的无政府状态"[47]。在谈论英国两位最具代表性的自然法学家洛克与霍布斯时，梅因直接指出了自然法学的基本特征就是"以人类的、非历史的、无法证实的状态作为他们的基本假设"，都"认为在原始状态中的人和在社会产生后的人两者之间，存在着一个巨大的鸿沟把他们分离开来"，并对之大加嘲讽，他说："如果法律现象确像这些理论家所认为的那样——即认为是一个庞大、复杂的整体——那么，也就难怪人心往往要规避它所担任的工作，否则它有时候就会失望地放弃系统化的工作；而人心所采取的规避的办法，是退而求助于某种似乎可以调和一切事物的智巧的推测。"[48] 梅因批判自然法学的几乎所有火力都集中在自然法学的非历史性，或者亚伦所说的"先天主义"上。

梅因对以边沁和奥斯丁为代表的英国分析法学的批判同样也是集中在分析法学的"非历史性"上。在梅因看来，分析法学"既然从法律学的领域中排斥了历史的考虑，就使它陷入了一种根本的谬误，即把一切法律制

---

〔43〕〔英〕梅因：《古代法》，第155页。

〔44〕尤请参见梅因《古代法》一书的第四章"自然法的现代史"。〔英〕梅因：《古代法》，第42页以下。

〔45〕〔英〕梅因：《古代法》，第52页。亚伦也在导言中提到，梅因"对那些不科学的缺乏批判的，被野蛮地但简略地称为'先天主义'的那种很盛行的思想习惯，从不放松加以反对"。参见同书，亚伦撰写的"导言"，第9页。

〔46〕同上注，第49页。

〔47〕同上注，第52页。

〔48〕同上注，第66页。

度都认为是以西欧的君主国家作为典型的"[49]。

上述梅因对自然法学与分析法学的批判，从反面表达了梅因历史法学的基本立场。就这一基本立场，英国著名法律史学家波洛克非常清晰地指出：

> 梅因之所为，盖不下于创造法律之自然史（He did nothing less than create the natural history of law）。梅因一面示明法律观念及制度，有实在之演进途辙，有同生物之属与类（species）；且在每期之演进中，有其循常之性质；一面又示明此种历程，应有真切之研究，不能视此为其所在之社会普通史内偶然之事云。[50]

即，在其进化论的理论预设下，梅因主张，法律之研究必须以历史的研究为前提，而这一历史的研究必须以真切的材料作为基础，并且，这一历史的研究应当阐明法律制度的来源及其发展，揭示法律发展的规律，进而发现"可以促使法律改进的有力因素"。[51]

因此，在具体的研究方式上，梅因首先强调了历史材料对于这一研究方式的特殊重要性。在其《古代法制史》中，梅因强调："英国法律人通常接受的历史理论，不但对法学研究，而且也对历史研究造成了很大伤害，因此，在评估新材料和重估旧材料的基础上解释我们法律制度的起源和发展，或许是为英国人的知识做出贡献之最为迫切的需要"[52]。在《古代法》中，梅因也由此创造性地将荷马文学（《荷马史诗》）纳入了基本史料的范畴，为古史的研究提供了新的材料。就此，梅因指出：

> 我们没有理由相信，他（荷马）的想象力曾受到道德或形而上学的概念的影响，因为，这些概念当时还没有作为有意识观察的对象。就这一点而论，荷马文学实远比后期的文件更为真实可靠，因为，这些文件虽然也是为了要说明同样的较早时期的情况，但是它们的编纂是在哲学的或神学的影响之下进行的。如果我们能通过任何方法，断

---

〔49〕〔英〕梅因：《古代法》，亚伦撰写的"导言"，第8页。梅因对分析法学的态度相对复杂，下文另行说明。

〔50〕〔英〕梅因：《古代法》（第1册），方孝岳、钟建闳译，波洛克撰写的"导言"，商务印书馆1930年版，第3—4页。

〔51〕参见〔英〕梅因：《古代法》，亚伦撰写的"导言"，第10页。

〔52〕〔英〕亨利·萨姆纳·梅因：《早期制度史讲义》，第168页。另见〔英〕梅因：《古代法》，亚伦撰写的"导言"，第9页。

定法律概念的早期形式，这将对我们有无限的价值。这些基本观念对于法学家，真像原始地壳对于地质学家一样的可贵。这些观念中，可能含有法律在后来表现其自己的一切形式。我们的法律科学所有处于这样不能令人满意的状态，主要由于对于这些观念除了最最肤浅的研究之外，采取了一概加以拒绝的草率态度或偏见。在采用观察的方法以代替假设法之前，法学家进行调查研究的方法真和物理学与生物学中所用的调查方法十分近似。[53]

这一段表述无疑对此后法律史研究、法律人类学研究中的材料的收集与利用提供了无数的启发。梅因同时也提供了处理这些早期材料的方式。他写道：

如果我们能集中注意力于那些古代制度的断片，这些断片还不能合理地被假定为曾经受到过改动，我们就有可能对于原来所属社会的某种主要特征获得一个明确的概念。在这个基础上再向前跨进一步，我们可以把我们已有的知识适用于像《摩奴法典》那种大体上其真实性还可疑的一些法律制度；凭了这个已经获得的关键，我们就可以把那些真正是古代传下来的部分从那些曾经受到过编纂者的偏见、兴趣或无知的影响的部分，区分开来。至少应该承认，如果有足够的材料来从事于这样的研究过程，如果反复的比较是被正确地执行着，则我们所遵循的方法，必将像在比较语言学中使能达到惊人结果的那些方法一样很少有可以反对的余地。[54]

其次，由于起源问题在梅因历史法学研究中的特殊重要性，为澄清早期法律史的基本问题，梅因在其单线的进化论的理论预设下，发展出了比较法律史的研究方法。在梅因看来，尽管早期社会所提供给我们的各种现象并不是一看就容易理解的，但“这种困难的产生；是由于它们的奇怪和异样，而不是由于它们的数量和复杂性”，在这一点上，早期法律是无法

〔53〕 参见〔英〕梅因：《古代法》，第1—2页。梅因还借此攻击了自然法学派的伪历史的不良后果。“凡是似乎可信的和内容丰富的、但却绝对未经证实的各种理论，像‘自然法’或‘社会契约’之类，往往为一般人所爱好，很少有踏实地探究社会和法律的原始历史的；这些理论不但使注意力离开了可以发现真理的唯一出处，并且当它们一度被接受和相信了以后，就有可能使法律学以后各个阶段都受到其最真实和最大的影响，因而也就模糊了真理。”同书，第2页。

〔54〕 〔英〕梅因：《古代法》，第70页。

与现代社会组织错综复杂情况相提并论的。他认为："当人们用一种现代的观点来观察这些现象时必然会引起不易很快克服的惊奇；但当惊奇被克服时，它们就将很少也很简单的了。"[55] 但由于材料的限制，对于早期社会与法律的研究必须要借助于比较法律史的方法才有可能。在1871年的《东西方的村社共同体》中，梅因写道，要想在英国使历史的和哲学的法学昌盛，有两种知识是不可或缺的：关于印度的知识和关于罗马法的知识。前者之所以需要是因为"它是古代习惯和法律思想那些可以证明的种种现象的巨大博物馆；罗马法之所以需要是因为……它把这些古代习惯和古代法律思想和我们今天的法律思想联系起来"[56]；而《古代法》本身，就是一份雅利安民族各个不同支系，尤其是罗马人、英国人、爱尔兰人、斯拉夫人以及印度人的古代法律制度的一个杰出的比较研究。[57] 也正是在这一意义上，波洛克认为，梅因的工作"无异于创造了法律博物学"。[58]

最后，法律的发展与社会的发展密不可分，历史法学的研究必定是"外在的"法律史研究。[59] 在《古代法》一书中，梅因对法律史的梳理绝大部分是通过对社会文明、社会观念等等外在于法律的素材的研究实现的，他也试图通过这种研究发现法律与社会之间的关联。这一"外在"法律史的研究开启了后世法律社会学、法律人类学、制度史学的基本研究方式。在《古代法》一书中，从第六章开始直到结束部分对具体的法律制度，如遗嘱、继承、财产、契约、侵权和犯罪的早期史的研究，非常充分地体现了梅因的这一研究方式。

三、"从身份到契约"及其他

梅因的进化论的历史法学必须落在具体的分析框架中，这一框架得说

---

〔55〕〔英〕梅因：《古代法》，第68—69页。

〔56〕Sir Henry Maine, *Village-Communities in the East and West*, London: Spottiswoode and Co., 1872, p. 22. 另参见〔美〕汤普森：《历史著作史》（下卷）（第4分册），第528页。

〔57〕〔英〕梅因：《古代法》，亚伦撰写的"导言"，第12页。

〔58〕〔美〕汤普森：《历史著作史》（下卷）（第4分册），第527页。

〔59〕这里所谓的"外在的"法律史研究的提法借用自林端先生对萨维尼历史法学的分析。在萨维尼那里，法律史的研究对象限定在"内在的"法律史。在林端先生那里，"外在的"法律史指的是被德国历史法学所批判的过去时代的法学家们对法源、法院及法学文献的研究。但在此处，我们所强调的是梅因的历史法学中对法律发展与社会变迁（包括物质生活层面的，也包括精神观念层面的）之间的关系的重视。参见林端：《德国历史法学派——简论其与法律解释学、法律史和法律社会学的关系》，载许章润主编：《萨维尼与历史法学派》，广西师范大学出版社2004年版，第104页。

明单线的进化论的理论预设与现实世界中东西方明显的差异，为此，梅因推出了他关于“进步的社会”与“静止的社会”这一关键的区分。遗憾的是，梅因并未清晰地说明，何为“进步的社会”，何为“静止的社会”。在《古代法》中，梅因承认，“静止的和进步的社会之间的差别，是还须继续加以探究的大秘密之一”，但他强调，“在人类民族中，静止状态是常规，而进步恰恰是例外”〔60〕。他也由此明确地把他的研究“局限于进步社会中所发生的情况”〔61〕。找到进步社会的起点，也就界定了静止社会。而静止社会（非进步社会）是“人类心智漫长的幼年期，而不是我们所最熟悉的不同的成熟状态”〔62〕。

在《古代法》中，梅因所提供的进步社会的起点的判断标准既有形式的，也有实质的。从形式上来说，这个标准是法典的出现。梅因提示说，“如果我们注意到，在法典时代开始以后，静止的社会和进步的社会之间的区分已开始暴露出来”，而法典则是“每一个社会相对地进步到类似的情况下出现的”。〔63〕从实质上来说，这个标准则是契约的盛行。梅因强调，“所有进步社会”的“新的社会秩序”中，所有关系都是“因‘个人’的自由合意而产生的”。〔64〕“关于我们所处的时代，能一见而立即同意接受的一般命题是这样一个说法，即我们今日的社会和以前历代社会之间所存在的主要不同之点，乃在于契约在社会中所占范围的大小”；“由于一个人对另外一个人的话加以信赖而产生积极义务，是进步文明最迟缓的胜利品之一”。〔65〕在《早期制度史讲义》中，梅因增加了两个实质标准，一是“一切制度均应当用于产生最大多数人的最大幸福”，二是“妇女人身自由和财产权资格在某一特定国家或共同体中得到承认的程度”。〔66〕不过，梅因并未就进步社会提供一个整体性的界定或判断标准，从上述这些所谓标准来看，毋宁说，梅因的标准只有一个，即只有现代西方文明才是进步社

〔60〕〔英〕梅因：《古代法》，第14页。
〔61〕同上注，第15页。
〔62〕〔英〕亨利·萨姆纳·梅因：《早期制度史讲义》，第111—112页。
〔63〕〔英〕梅因：《古代法》，第13页、第9页。
〔64〕同上注，第96页。
〔65〕同上注，第172页、第176页。
〔66〕〔英〕亨利·萨姆纳·梅因：《早期制度史讲义》，第112、167页；另见〔英〕梅因：《古代法》，第10—11页，亚伦撰写的“导言”。就妇女解放，梅因也视之为“从身份到契约”的运动的一部分，他写道，“所谓的妇女解放，仅仅是同样影响到其他很多类人的过程、即人类个体取代人类的紧密家族而成为社会单元的过程中的一个阶段”。参见〔英〕亨利·萨姆纳·梅因：《早期制度史讲义》，第161页。

会。梅因说，进步的社会“显然是极端少数的……在整个世界史中，（西欧的文明）实在是一个罕有的例外”[67]。因而，梅因所认同的西方文明的特征就是进步社会的标准。[68]

在上述标准中，最著名的莫过于身份社会与契约社会的区分，或者按梅因总结的著名“规律”称为“从身份到契约”。梅因这一论断的原文如下：

> 所有进步社会的运动在有一点上是一致的。在运动发展的过程中，其特点是家族依附的逐步消灭以及代之而起的个人义务的增长。“个人”不断地代替了“家族”，成为民事法律所考虑的单位。……用以逐步代替源自“家族”各种权利义务上那种相互关系形式的……就是“契约”。在以前，“人”的一切关系都是被概括在“家族”关系中的，……从这一个起点开始，我们似乎是在不断地向着一种新的社会秩序状态移动，在这种新的社会秩序中，所有这些关系都是因“个人”的自由合意而产生的。……这个规律是可以足够地确定的……所有进步社会的运动，到此处为止，是一个“从身份到契约”的运动。[69]

梅因在此所谓“身份”，并非意指社会地位或社会等级的高低，“身份”一词在梅因那里仅仅指个体被作为群体的一员对待，仅仅指作为群体的一员并拥有特定的身份的个体在群体中依其特定的身份行事。个体的行为与他的身份相符意味着个体的行为合乎特定身份的规范以及群体的自觉。而群体，在梅因那里，则指原初的血缘和地缘群体。[70] 梅因明确表示：“在‘人法’中所提到的一切形式的‘身份’都起源于古代属于‘家族’所有的权力和特权”。[71] 梅因强调，在原始社会组织中，必须首先了解的一点是，“个人并不为其自己设定任何权利，也不为其自己设定任何

---

〔67〕〔英〕梅因：《古代法》，第13—14页。

〔68〕这也正是梅因的声誉在19世纪末期迅速衰落以及后世学者诟病梅因的主要原因之一。

〔69〕〔英〕梅因：《古代法》，第96—97页。

〔70〕See Edward Shils, Henry Sumner Maine in the Tradition of the Analysis of Society, in Alan Diamond, ed., *The Victorian Achievement of Sir Henry Maine: A Centennial Reappraisal*, p. 144.

〔71〕〔英〕梅因：《古代法》，第97页。除了指向原始血缘关系组成的共同体外，梅因也认可地缘共同体为此处所谓“群体”，梅因称，血缘共同体“通过接纳陌生人，将很多人为关系引入社团。这时土地就会成为群体的真正基础”，“共同的乡土是他们唯一真实的纽带”。参见〔英〕亨利·萨姆纳·梅因：《早期制度史讲义》，第40—41页。

义务”。他所应遵守的规则，“首先来自他所出生的场所，其次来自他作为其中成员的户主所给他的强行命令”[72]。

而在契约中，契约当事人完全无视对方的任何其他属性（properties），只考虑对方履行契约条款的能力。每一方契约当事人原则上仅就契约本身考量对方当事人，而将对方当事人作为群体成员或群体自觉的一员相关的属性、特征完全排除。契约当事人是自足的、自我界定的，他通过契约追逐的目标是为了他自身的利益所设想和预期的。[73] 如梅因自己所说，“旧的法律是在人出生时就不可改变地确定了一个人的社会地位，现代法律则允许他用协议的方法来为其自己创设社会地位”。他还强调，“承认过去和现在之间存在这种差别”是“最著名的现代思想的实质”[74]。

在梅因的两个社会中，一个是群体主导个人隐而不显的，另一个则是个人主导群体隐没的。在梅因看来，尽管每一社会是由自然分离的个体组成，但在群体社会中，每一个体自我认同的也是他人所认定的属性，与他作为群体的一员的身份所拥有的或给定的属性相关，他的独一无二的属性和行为则是无关紧要的。他们的身份是他们在群体中的身份，在作为群体成员的身份之外，他们不被认为拥有个人化的独特的品质或独特的个性。[75]

在著名社会学家爱德华·希尔斯看来，梅因的身份社会是诸如核心家庭、家族或家族定居的村落这样的社会。这些社会人口稀少，地域狭小，巫术与宗教盛行，法律与道德规则通常是具体而微的，传统主宰一切，经济则完全是农牧业，经济单位倾向于自给自足，交换则是偶尔有之。这些社会实行等级制，长老们掌握着权威，文字书写要么不存在要么非常有限。政府倾向于与家族权威保持一致。这些社会通常实行帝制或君主制，但它仍然在相当可观的尺度内维持着家族自治。而契约关系占主导地位的社会，成员资格由其在公共主权权威统治下的固定疆域内定居这一事实来决定。理性与功利计算逐渐取代了传统，世俗化广泛传播，文字书写相应也日益普遍，法律规范制定为明晰的、体系化或理性化的成文法，经济活动日益细分，职业日益分化并得以专业化，产品以及他们需要雇佣的劳动

[72] 〔英〕梅因：《古代法》，第 176 页。
[73] See Edward Shils, Henry Sumner Maine in the Tradition of the Analysis of Society, p. 144.
[74] 〔英〕梅因：《古代法》，第 172 页。
[75] See Edward Shils, Henry Sumner Maine in the Tradition of the Analysis of Society, p. 145.

力均在市场中买卖，等等。这样的社会中，个体为实现其自身的决定的行动完全自由而合乎理性。在做出回应他人的决定时，个体被认为具有确实的意义，而他在家庭或家族群体中的身份则相应地变得无关紧要了。[76]

梅因的两个社会的区分——静止（身份）社会与进步（契约）社会的区分——虽富有启发意义，看似简明扼要地说明了现代西方社会独有的特征，但是仅仅适合于对社会类型做非常宽泛的区分，它无法为一个封闭的解释体系或精确简明的制度史叙述提供支持。梅因的这一理论适合用于构建理想类型，而非解释历史因果。[77] 比如，梅因的身份社会只考虑了原始的家庭、家族或村落的身份，而完全无视了诸如社会阶级、宗教机构与教会团体、专业协会或职业团体这些根本不原始的群体以及民族、民族国家或族群这些半原始的群体。所有这些群体都赋予其成员各类身份。这些群体中，除了民族领土国家或主权领土国家，其他的他都未予考虑。即便民族领土国家或主权领土国家，梅因也视之为与身份主导的社会全然有别的社会。[78] 然而，契约社会同样也是民族性的社会。梅因本人也在《早期制度史讲义》中意识到，如果注意到构成现代民族国家的民族性的那些东西，就可以发现现代社会本质并非仅仅是契约控制性质的或政府管制性质的社会。[79] 但梅因并未能将这些观察与其“从身份到契约”的理论联系起来，事实上，适合于原初群体的“身份”生存的群体的团结，在有所削弱的情形下，也存在于现代民族国家。[80]

虽则梅因的“从身份到契约”在理论上遭受了后世不少批评，但在当时，梅因的这一理论获得了极大的社会认同。这一理论完全契合了19世纪盛行的自由竞争的个人主义的意识形态，为这一意识形态提供了反对政府所有干预或限制契约权利的原创性的论证——梅因的结论既非以法律理论为基础，亦非以道德或宗教观念为基础，而是建立在对进步社会的长时段的历史趋势的考察之上。他的这一理论表达了这样的观念，即不仅仅是某

---

〔76〕 See Edward Shils, Henry Sumner Maine in the Tradition of the Analysis of Society, pp. 146—147.

〔77〕 Id., pp. 148—151.

〔78〕 Id., pp. 148—146.

〔79〕 梅因尽管不主张由血缘形成了民族统一体这样的理论，但他也明确表示，“不论在何处，只要有关‘民族性’的政治理论得到清楚的表述，它便等于宣布，同种族的人应当纳入同一个整体，但不是纳入同一个部落，而是纳入同一片领土主权”。〔英〕亨利·萨姆纳·梅因：《早期制度史讲义》，第37页；See Edward Shils, Henry Sumner Maine in the Tradition of the Analysis of Society, p. 177.

〔80〕 See Edward Shils, Henry Sumner Maine in the Tradition of the Analysis of Society, p. 178.

个人、某个家庭，甚至某个阶级的利益由于对契约自由的干预而处于危难中，历史进程本身也处于危急关头。对契约自由的干预，不仅将使“进步”停滞，社会也将退回到专制时代，身份将再次取代契约并且将像古代法律一样界定人类可能的界限。简言之，进步的现代国家将退回到晦暗、停滞的“静止状态”，如同世界其他此类黑暗地区一样。梅因也因此以新的面目重申了非难激进改革的传统，特别是反对通过社会立法进行改革。通过他的著作，尤其是晚期的论文，法官、立法者、政府官员以及社会公众得以熟知政府干预契约的可怕后果。梅因也因此被上层社会的许多圈子视为政治预言家。[81]

在梅因的“进步社会”理论中，还有一个非常重要的问题需要讨论，即，在梅因那里，进步是如何实现的。在梅因看来，进步的实现与法律发展直接相关。在《古代法》中，梅因写道：“除了世界上极小部分外，从没有发生过一个法律制度的逐渐改良。世界有物质文明，但不是文明发展法律，而是法律限制着文明。”[82] 换言之，当法律限制着文明发展时，社会陷于停滞，而当法律逐渐适应社会发展时，则社会日益进步。梅因曾写道，由于“原始法律的僵硬性”，“曾阻碍了或停住了更大一部分人类的进步”，使得“社会在幼年时代”要“招惹到危险”。[83] 对进步社会来说，梅因则认为，在进步社会中，“法律是稳定的”，而“社会的需要和社会的意见常常是或多或少走在‘法律’的前面”，“我们可能非常接近地达到它们之间缺口的接合处，但永远存在的趋向是要把这缺口重新打开来”，社会的进步，“人民幸福的或大或小，完全决定于缺口缩小的快慢程度”。[84] 梅因以罗马为例说明了这一观点。梅因认为，进步的社会之所以从罗马人那里才得以从静止社会中区分开来，原因在于罗马法“从它的开始到它的结束”，“是逐步地改变得更好，或向着修改者所认为更好的方向发展，而且改进是在各个时期中不断地进行着的”，而与之形成对照的是，在这些时期中，“所有其余的人类的思想和行动，在实质上都已经放慢了脚步，

〔81〕 而随着福利国家时代的到来，梅因理论的公众声誉急剧下降，1914年后，梅因不再被视为学术典范或政治预言家，他的法学理论也常常被无视或直接忽略。See Calvin Woodard, A Wake (or Awakening?) for Historical Jurisprudence, pp. 226—228.

〔82〕 〔英〕梅因：《古代法》，第14页。

〔83〕 同上注，第44页。

〔84〕 同上注，第15页。

并且不止一次地陷于完全停滞不前的状态”[85]。

在梅因看来，使法律和社会相协调的手段有三，即“法律拟制”“衡平”与“立法”。[86] 所谓拟制，梅因解释为“是要用以表示掩盖、或目的在掩盖一条法律规定已经发生变化这事实的任何假定，其时法律的文字并没有被改变，但其运用则已经发生了变化”。在梅因看来，英国的“判例法”和罗马的“法律解答”都是以拟制为其基础的。所谓衡平，“是指同原有民法同时存在的某一些规定”，这些规定“建筑在个别原则的基础上”，这些原则由于其“固有的无上神圣性”可以公开地、明白地干涉法律。梅因指出，衡平不同于立法之处即在于这些原则的权力基础并不来自于任何外界的人或团体的特权甚至宣布它的官吏的特权，而是来自于认为有一套原则比普通法律具有更高的神圣性并且可以不经任何外界团体的同意而主张单独适应的观念。而立法则是“由一个立法机关制定的法规”，梅因同意，“没有谁能够限制”立法机关“任意制定法律”。[87]

梅因认为，在上述三种手段中，有些法律制度没有受到三者中的这一个或另一个的影响，在历史顺序上，有时其中两个在同时进行，但它们的历史顺序则一定从法律拟制到衡平再到立法。[88] 在梅因看来，法律经过拟制后，表面上仍保持原样，原封不动，但“它已只成为一个躯壳”，早已破坏了，藏在其外衣里面的则是新的规定，我们因此将很难断定，实际上可以适用的规定究竟应该归类于其真正的还是归类于其表面的地位，梅因因此视法律拟制为“均称分类的最大障碍”，并明言法律拟制的时代早已过去。[89] 衡平同样也会面临困难，梅因认为，当“原来采用的道德原则已经发挥出了所有的合法的结果”后，建筑在这些道德原则上面的制度，就会像“最严峻的法律法典那样地生硬、那样地没有伸缩、那样地不得不落后于道德的进步”。梅因同时认为，衡平还有一个特点是“原来用以辩护衡平主张比法律规定优越的这个假定，是虚伪的”，梅因承认，衡平法自有它的地位和它的时期，但“当衡平法的活力消耗完了时，立法已经准备

---

〔85〕〔英〕梅因：《古代法》，第 14—15 页。

〔86〕同上注，第 15 页。另外，梅因认为，早期社会都会经历一个习惯法与古代法典的编纂时代，而进步社会与静止社会的区分则始自古代法典编纂完成后，因此，古代法典不能作为开始研究法律史的最早起点。参见同书，第 1—13 页。

〔87〕同上注，第 16—17 页。

〔88〕同上注，第 15 页。

〔89〕同上注，第 16 页。

好来继承它了"[90]。

不过，在《古代法》中，梅因似乎尚未完全准备好去讨论立法这一主题。[91] 直到《早期制度史讲义》中，梅因花了两讲的篇幅讨论了边沁和奥斯丁的学说，部分展开了立法这一主题。梅因认为，尽管分析法学派未能看到只有借助于历史才能解释的事情，但他们却看到了许多即使今天那些所谓随历史脉搏而动的人也没有完全明白的事情，"被视为事实的主权和法律，是逐步呈现出与霍布斯、边沁和奥斯汀（奥斯丁）的概念相符的样子"，"这种相符在他们的时代确实已经存在，而且不断趋向于更加彻底"。[92] 事实上，梅因只是批评了分析法学的非历史，但却全盘历史地接受了功利主义与分析法学，仅仅指出分析法学的理论是对现代西方社会的解说，并不适用于那些非西方的社会、前现代的社会，或者总称为静止的社会。

梅因认为，在现代国家的机制中，最重要的事实就是"立法机关的能量"；在所有西方社会，制定法，即主权国家直接发布的命令，日益成为法律的唯一来源。[93] 梅因还以罗马为例，说明立法的巨大效用。在他看来，罗马帝国与其他早期帝国、东方帝国一个非常重要的区别在于，罗马帝国是一个立法帝国，"它摧毁当地的习俗，代之以自己的制度。它仅靠立法就在一大部分人类的历史上造成了巨大的断裂"。在梅因看来，罗马帝国"直接或最终导致了高度集权化、立法活跃的国家的形成"，梅因将之称为"第一个不但征税而且立法的伟大统治"。[94] 梅因也提供了现代世界从事创制的立法机构得以发展的条件，这些条件是："使社会得以形成的原始群体在某种程度上被完全打破；建立了一个集权政府，它可以无距离地对个人采取强制性的和不可抗拒的行动。"[95] 在梅因所述的这两个条件中，前一个条件是由"从身份到契约"的历史进化完成的；后一个条件，则完全承认了奥斯丁学说中的暴力或者说强制性的因素。梅因认为，

---

〔90〕〔英〕梅因：《古代法》，第 39—41 页。

〔91〕在《古代法》中，梅因只是在谈到罗马共和晚期的独裁官西拉（哥尼流·西拉，L. Cornelius Sylla）在公元前 81 年左右制定的一系列被称为《科尔内利亚法》（《哥尼流律》，Leges Corneliae）时，认为直接立法的方法可以达到迅速改进法律的作用。参见〔英〕梅因：《古代法》，第 24 页。

〔92〕〔英〕亨利·萨姆纳·梅因：《早期制度史讲义》，第 193 页。

〔93〕同上注，第 194 页、第 24 页。

〔94〕同上注，第 163 页、第 190 页。

〔95〕同上注，第 15 页。

奥斯丁学说中的这一观点是不证自明的，“法律在这里被视为制度化的武力，仅仅是因为武力是可以成为其他一切概念所依附的初始概念的唯一要素”[96]。

就立法所应遵循的原则本身，梅因完全接纳了边沁的功利主义立场。梅因认为，对一个人口众多、具有相当同质性的共同体来说，能够“大规模指导立法活动的唯一可能和可以想象的原则，就是最大多数人的最大幸福”。梅因认为，功利理论“最令人感兴趣的是它预设了平等理论”；他指出，边沁一而再、再而三地强调“最大多数是作为计算单位的人的最大多数”，其中，“一个人只能算作一个人”。他承认，边沁完全意识到人类天生平等的主张是“无政府主义的诡辩”，因此，在梅因看来，功利主义信条“仅仅是立法的一条工作规则而已”[97]。梅因还为边沁的功利主义立法原则补充了一个重要的事实论证，他指出，“现代政治社会中的最高权力是远距离地施行于臣民，由此必然忽略社会的构成单位之间的差异，甚至是实质性差异”[98]。对边沁功利主义立法理论的意义，梅因给予了高度评价。在《古代法》中，梅因即已指出，“边沁提出社会幸福，把它作为优先于其他一切的首要目的，这样，就使一个长期以来正在寻找出路的洪流，得到了发泄”，从而使得英国避免了因为法律的僵硬性陷于停滞的危险。[99]

最后需要注意的是，在梅因那里，立法由于其理性、开放以及作为法律变革的公开方式，与支撑现代的、资本主义的、契约型的社会的理性契合无间。但在其饱受诟病的晚期著作《民众政府》中，梅因对立法权落入民众的多数（popular majority）手中表达了忧虑。在梅因看来，立法权落入多数民众手中，将使管制立法由于多数的激情得以制定通过，这些管制立法将限制契约自由，而且，这些立法对权利义务的配置并非以人与人之间的自由协议为基础，这样一来，进步将走向终结，社会将退回到身份时代。《民众政府》从而将梅因的前述两个历史图景（“从身份到契约”与“习惯法—早期法典—法律拟制—衡平—立法的法律演化”）的冲突揭示了出来，即民众主导的立法将与契约秩序的维持相抵触。因此，在《民众政

---

〔96〕〔英〕亨利·萨姆纳·梅因：《早期制度史讲义》，第178页。

〔97〕同上注，第194—195页。

〔98〕同上注，第195页。

〔99〕同上注，第44—45页。

府》中，原先单向进化的“从身份到契约”的法则，被纳入了对生命周期(life-cycle)的想象之中，即进步有其终点。[100] 在《古代法》中，梅因在论述“从身份到契约”时，将“到此处为止”的社会描述为进步法则(law of progress)的开端，而在《民众政府》中，则明确预言了道德的衰败与死亡。尽管梅因从来不是一个为小规模的、自组织的社会辩护的有怀旧情结或嗜古癖的人，但梅因对诸如智识贵族这样的特权阶层的消失以及民众政府的出现所导致的德行与智识的日趋平庸饱含忧虑，他因此认为，古老的统治模式（民主制）与现代集权国家之间脆弱的联结势必导致巨大的灾难以及深切的失望。[101] 在梅因那里，进步社会的法律是由少数人为多数人保存的一种属于专门领域的技能。梅因预言道，“我们被不可抗拒力量沿着确定的道路推向避无可避的终点——走向民主，同时走向死亡”[102]。

四、历史法学、分析法学与梅因

总体上来说，作为19世纪法学最重要的两个流派之一，历史法学与分析法学迥然有别，但如深入细究，就可以发现，二者有着共同的出发点和目的地。他们的区别不过是各自所选择的道路不同而已。分析法学家通过比较分析发达法律体系及其准则和成熟的制度来探寻普遍的法律原则、普遍的法律观念和一种普遍且系统的法律框架。历史法学家则主张对法律、法律体系以及特定的法律准则和法律制度的起源和沿革进行比较研究，并且力图从这种研究中推演出一种普遍的法律理论、普遍的法律观念和普遍的原则。[103] 作为“后自然法”时代的法律理论，分析法学与历史法学都不可避免地以对17、18世纪古典自然法学的拒斥、反动与清算的面目出现。其中，分析实证主义法学派采用了拒斥的立场，将古典自然法学视为政治社会理论对法律理论的僭越，并进而将法律规则的社会价值层面清除出了法律研究的范围，彻底逃离了对法律本身正当性的解释，他们事先假定了一个特定法律体系所接受的整个法律律令体乃是根据它们严格符合的一项逻辑方案一举制定而成，所以他们便试图通过分析去发现这一项逻辑

〔100〕 See Alan Diamond, ed., *The Victorian Achievement of Sir Henry Maine: A Centennial Reappraisal*, pp. 22—23.

〔101〕 See Karuna Mantena, *Alibis of Empire: Henry Maine and the Ends of Liberal Imperialism*, Princeton: Princeton University Press, 2010, pp. 117—118.

〔102〕 Sir Henry Sumner Maine, *Popular Government: Four Essays*, p. 170.

〔103〕 〔美〕庞德：《法理学》（第1卷），邓正来译，中国政法大学出版社2004年版，第81页。

方案。[104] 他们也由此将规则本身的正当性从法律研究的领域中放逐了，甚至放弃了对规则内容本身的研究梳理。而历史法学派则是对自然法学的反动与清算，它以历史的理性代替了纯粹的理性。它将实在法视为一个自人类社会出现以来连续的历史发展的结果，认为历史本身即赋予了实在法规则的合法性，而法律学的研究应当立足于在历史情境中发现实在法内在的体系逻辑及其历史规律。因此，无论是历史法学还是分析法学，都可以将之视为更大范围内的19世纪法律实证主义潮流的一种表达；也可以在某种程度上，将之视为19世纪法学为法律理论塑造自身独立的品格和面目的影响深远的努力和尝试。[105] 也正是在这一意义上，梅因在强调“解释法律制度的起源和发展”是为英国人的知识做出贡献之“最为迫切的需要”的同时，也主张除了新的法学史之外，“我们最需要的是一种新的法哲学”。而英国诞生新的法哲学的优势之一是英国的分析法学派，尤其是边沁和奥斯丁的研究，梅因认为，这是英国的垄断优势。[106]

然而，无论是分析法学还是历史法学，它们的努力和尝试都是以放弃对法的超验品格的介入和追求为代价的。

分析法学直截了当地将法学的范围界定在了实然法的范围之内。奥斯丁在其《法学讲演录》开篇的“预备性说明”中直接宣布：“一般法学或实在法哲学只涉及必然是如何的法律（实然法），而不涉及应当如何的法律（应然法）；只涉及那些必然存在的法律，无论它们是好是坏，而不是涉及那些必然存在的法律——如果它们是良善的法律的话。”[107] 而“每一个实在法或实在法的规则都是根据主权者的意愿而存在的”，它由“最高统治者直接制定，或由从属于主权者的某个政治优位者来制定”，它“来源于这样或那样的权力渊源”。[108]

历史法学所界定的法同样不具有超验性质，仅仅是历史所给定的实在

〔104〕〔美〕庞德：《法理学》（第1卷），邓正来译，中国政法大学出版社2004年版，第74页。

〔105〕作为一个有趣的现象，17、18世纪的法学理论史，无疑是哲学家们（更确切的应该说是宽泛意义上的思想家们）所书写的。在17、18世纪的法学理论史中，法学理论更多的是作为一个宏大的政治社会理论的附属物的面目出现的，如果不恰当地套用马克思的话来说，这一时期的法学理论也是“没有自己的历史”的。而19世纪的法学理论史的主角们，更多的则是那些纯粹的职业法学家。在某种意义上，19世纪的法律实证主义潮流是否可以视为职业法学家们夺回对法学理论的控制权的一种策略呢？

〔106〕〔英〕亨利·萨姆纳·梅因：《早期制度史讲义》，第168页。

〔107〕〔英〕约翰·奥斯丁：《法学讲演录》（第1册），第97—99页。

〔108〕同上注，第109页。

法。这种实在法同样谈不上是好是坏。德国当代著名法学家阿图尔·考夫曼就曾质疑："历史法学没有提出，由于时空条件的内容是不是偶然的产物，或者是否不存在合法律性这种法哲学疑问，更谈不上回答。人们也可以这样来表述那个疑问：当一种法秩序非总是和处处有约束力，但至少在此时此地有效时，它可能是这个时代，这个文化圈的应然之秩序吗？"[109]虽则考夫曼教授的评论更多的是针对德国历史法学发出的，但大体上也适用于批评梅因的历史法学观。

回到梅因自身，晚年的梅因虽然荣誉等身，深受敬重，但他应当已经感觉到他的时代已经开始迅速地隐入历史。按科克斯教授（R. C. J. Cocks）的描述，在光鲜的公众形象之下，晚年的梅因是落寞的，甚至已经没有什么事情能够点燃他的激情。[110] 而我们似乎也不太容易总结在百余年后重新讨论梅因的意义究竟何在。科克斯教授勉强总结了梅因历史法学对现代法学的四点意义。其一，梅因仍然可作为纠正任何声称可用于分析任何时代任何地域的各种法律安排的特定概念的资源。在读了梅因之后，很难有人能够全然接受法律乃是一个与社会事实毫无关联的领域，很难有人相信法律推理可以先于社会观察。其二，梅因著作有力地提醒人们，法学远不仅仅是涉及或根本不涉及社会事实的法律哲学。在梅因那里，社会事实是关于法律如何创制以及它们在社会中的功用如何的整体分析中不可或缺一部分。其三，梅因也提醒我们法学可以富有成效地用于解决专业法律问题。他不断强调，法学研究如果无法探究法律家们的职业生涯及其确信，法学研究也就无法回应那些对理解法律变迁而言最为基本的信息。其四，梅因在发展他关于卷入法律变革者的责任的观念的过程中对运用历史的坚持，在多方面影响了现代法学的发展。梅因坚持要求法学家对其所提出的历史问题要有一个完整的理论论证，尽管梅因本人也没有做到这一点，但梅因的著述的存在，使得法学家始终无法绕开这一问题。[111] 不过，很大程度上，科克斯教授总结的这四点在梅因逝后百余年已日益成为人们的常识，这些教益也许无须回到梅因便能获得。

无论如何，在19世纪的下半叶，正是在梅因那里，历史法学曾经获得

---

〔109〕 参见〔德〕阿图尔·考夫曼：《法哲学的问题史》，载〔德〕阿图尔·考夫曼、温弗里德·哈斯默尔主编：《当代法哲学和法律理论导论》，郑永流译，法律出版社2002年版，第98页。

〔110〕 R. C. J. Cocks, *Sir Henry Maine: A Study in Victorian Jurisprudence*, pp. 11—12.

〔111〕 See R. C. J. Cocks, *Sir Henry Maine: A Study in Victorian Jurisprudence*, pp. 210—212.

了充沛的生命力。在这个意义上，接替梅因成为牛津大学法理学圣体讲座教授的英国著名法学家波洛克爵士，在悼念梅因逝世时发表的演说，依然未曾过时。波洛克饱含深情地说：

> 梅因……不会因为近代学者努力钻研、机智新颖而变成陈腐，正如孟德斯鸠不会由于拿破仑的立法而过时一样。某些事实将被纠正，某些思想的顺序和比重将有所变化，新的困难将要求新的解决办法。有用的知识将尽到其应尽的职责，时机一过，即被遗忘；但在一切真正的天才中也许有一种艺术的色调；梅因的天才并不是仅仅有些艺术色调，而是杰出的艺术的天才；而艺术则是不朽的。[112]

（文字编辑　曹涵彬）

---

[112] Sir Frederick Pollock, *Oxford Lectures and Other Discourses*, London: MacMillan and Co., 1890, p. 154. 该段译文见〔美〕汤普森：《历史著作史》（下卷）（第4分册），第529页。

读书与评论

学习瞿同祖　超越瞿同祖

——从学术中国化的角度评《中国法律与中国社会》

宁全红[*]

瞿同祖的《中国法律与中国社会》问世并翻译成英文后，多位国外学者为之撰写书评，成为西方学界了解中国古代法律和社会的主要论著。在国内，《中国法律与中国社会》也一再出版，在七八十年后仍然是历史学界和法学界学习传统社会中法律的必读经典。仅就这几项指标而言，现在很少有学人能够取得这样的成就。瞿同祖的家世显赫，这使得他一方面得以继承乃祖的学术天赋，一方面又让他能够从小就打下良好的国学根基。而且，他又恰逢其会地出生在中国学术界可以与世界学术界正常对话乃至分庭抗礼的时代，学术界大家辈出，故而能够接受良好的学术教育。这些对于学术研究而言十分重要的条件当今中国学者都很难同时具备。从这个角度而言，现代中国学者绝大部分难以望其项背。也许在他们看来，超越瞿同祖不过是梦呓之语。

不过，每一位学者都是时代的产物，也必须完成时代赋予他们的使命。瞿同祖是他所属时代的佼佼者，他很好地完成了使用西方社会科学方法研究中国古代社会的法律的任务。进入新的世纪以来，时代已翻开新的一页。中国学人日益意识到，中国古代社会和法律与同一时期的西方社会及其法律相比存在非常显著的差异，利用西方近现代以来的法律概念、理

---

* 作者系四川省社会科学院副研究员，法学博士，四川大学历史文化学院博士后，主要研究方向：中国法律史。本文在清华大学历史系张国刚教授《历史学的理论与实践》课堂上宣读，得到张国刚教授和清华大学历史系部分研究生的批评指正，特在此致谢！

论来诠释中国古代法律存在严重的削足适履问题。随着国力的不断增强和民族自尊心、自信心的不断增长，中国学人也日益意识到，大多数乃至绝大多数诞生于“西方中心主义”时代的理论未必如西方声称的那样属于普适性的真理，西方社会科学的研究方法也未必如梁启超所说的那样的确比中国传统学术所使用的方法先进或者精密。哲学、社会学、人类学、法学以及历史学等学科均已经有站在时代前列的学者撰文呼吁摒弃西方理论框架、方法加中国材料的研究模式，从中国实际和资料出发，构建对中国理论和实践均具有强大解释力和说服力的中国理论，实现“中国人文社会科学的再出发”（余英时语）。

换句话说，我们这一代学人的使命是实现学术的中国化。这样的目标，非瞿同祖所处时代所能提出，也非那一时代的学人所能产生的理论自觉，对于瞿同祖时代的学术而言，当然是一种超越。需要注意的是，包括瞿同祖在内的20世纪的中国学者对于中国传统的理解和把握程度恐怕是现代中国学者需要付出极大的努力才能达到的。他们在研究中未必没有意识到使用西方社会科学观念和方法来诠释中国古代社会及法律存在这样那样的问题。他们是怎样处理类似的问题的？这样的问题恐怕值得现代学人重视和学习。否则，我们的研究既可能由于“先天不足，后天失调”而做无用功，也可能仅仅停留于空喊。也就是说，学习瞿同祖并非是一句套话，而是对身负重要使命的中国学人有着现实的方法论层面的意义。本文就试图以瞿同祖的《中国法律与中国社会》为依托，分析瞿同祖所使用的研究方法，在注意到他处理中西古今差异所取得的成绩的同时，也试图挖掘他在这样做时存在的问题或缺陷，进而提出可能的努力方向，使“学习瞿同祖、超越瞿同祖”不仅仅停留于空想和口号的层面，而是对实现学术中国化的目标产生有益的作用或影响。

一、《中国法律与中国社会》的研究方法

迄今为止，关于瞿同祖的研究方法的研究极为匮乏。大多数论著停留于对瞿同祖的著作进行简单介绍以及评论，有的则研究瞿同祖所谓的法律思想、法学研究方法，有的不过略微提到瞿同祖的研究方法而已。在反思既有研究得失之后，这一部分试图简单阐述《中国法律与中国社会》的研究方法，为后面的论述提供方便。

为数不多的研究瞿同祖《中国法律与中国社会》研究方法的论文分成两个壁垒分明的阵营。姜金顺认为，在向功能派人类学学习的过程中，

"吴文藻学派"经历了逐渐将历史扔进"垃圾箱"的过程，并由此影响了他们的写作。因此，仅以功能主义的标准来衡量、评价他们的学术成就可能并不妥当。瞿同祖最著名的作品《中国法律与中国社会》就是在此过程中被"生产"出来的。寻求历史学与人类学的结合，也是此书最大的贡献。形成反差的是，当学界视他为历史学家的时候，他却变成了完全的功能主义拥护者。[1] 宁红玲的硕士论文《瞿同祖法律史社会学方法述评》在介绍瞿同祖个人经历和方法论理论渊源后，分析了瞿同祖法律史研究的主要方法。在她看来，除了结合法律史和社会史，将中国古代法律和社会作为一个整体进行研究外，瞿同祖大量使用判例、个案等材料进行实证研究，努力还原中国古代法律实施的本来面貌。她还重点分析瞿同祖使用的结构—功能主义研究方法，即从社会结构——家族和阶级的分析入手，探索法律、婚姻、巫术和宗教以及儒法思想等各自的功能和相互关系。[2]

苏力则认为，瞿同祖对中国传统社会的法律制度作了除经济关系之外的全面的、整体的分析，展示了非常显著的整体主义进路。正是因为如此，苏力将瞿同祖《中国法律与中国社会》视为韦伯的"理想型研究"。在此过程中，他放逐了时间，放弃了细节变化这样对历史学研究来说非常重要的因素。苏力进而指出，瞿如此建构其研究对象的理由在于他的功能主义的法律观和社会观：法律回应了整体社会之需求。[3] 换句话说，瞿同祖的功能主义法律观和社会观仅仅是作为观点使用，在其整体研究框架中不过是一个环节，而不是框架和方法本身。王冀在其硕士论文《"法律"与"社会"的共谋》中指出，瞿同祖和韦伯一样，学术研究跨越社会科学的各个领域，并且同样具有强烈的人文关怀。不仅如此，瞿同祖使用了阶级以及普遍意义和特殊意义等韦伯曾经使用的概念。虽然她也承认瞿同祖在《中国法律与中国社会》序言中谈到梅因及其古代法对自己的影响，整个文本对韦伯表示了沉默。但是，她认为，瞿同祖的《中国法律与中国社会》在很大程度上发展、修正了韦伯《中国的宗教》中的很多观点，对韦伯在该书中的很多理论和假设进行了验证。正是基于两个文本均使用社会学的方法和视角审视中国古代社会，两者讨论的对象基本相同这样的理

---

〔1〕 姜金顺：《在人类学与历史学之间——以瞿同祖为中心的阅读史个案：1934—1965》，载《清华大学学报》2012年第4期。

〔2〕 宁红玲：《瞿同祖法律史社会学方法述评》，湘潭大学2007年硕士学位论文。

〔3〕 苏力：《在学术史中重读瞿同祖先生》，载《法学》2008年第12期。

由，王冀认为可以利用韦伯研究传统社会的思路和视角来解读《中国法律和中国社会》。[4]

也就是说，与姜金顺和宁红玲明确指出瞿同祖使用功能主义研究方法不同的是，苏力和王冀并未明言瞿同祖使用韦伯的研究方法，不过，他们似乎认为，这一研究的若干基本特征，与韦伯的相关界定相符。也就是说，瞿同祖的研究方法可以归入韦伯一类。这就向我们提出一个问题，瞿同祖在《中国法律与中国社会》中究竟使用了什么研究方法？为回答这一问题，我们首先应该回顾瞿同祖的学术经历。道理非常简单，如果瞿同祖没有深入学习韦伯的作品以至于能够熟练运用其方法，他就不可能用韦伯的方法写出《中国法律与中国社会》。据瞿同祖自己介绍，“我在燕京大学主修社会学，选读了以下课程：林东海先生的《社会学概论》，雷洁琼先生的《社会学原理》，许仕廉先生的《人口学》，杨开道先生的《农村社会学》和《统计学》，吴文藻先生的《人类学》《家族社会学》及《西洋社会思想史》，张鸿钧先生的《社会工作》。美国芝加哥大学社会学系著名教授派克（R. E. Park）应邀来燕大讲学半年，开《社会学》一课，我也随同我系老师及同学听课”。随后，他对历史产生兴趣，旁听一些历史学课程。“在吴先生的鼓励和指导下，我决心以社会学和社会人类学的观点和方法来研究中国社会史。”[5] 据此，尽管我们不能排除瞿同祖在《社会学概论》《社会学原理》以及《西洋社会思想史》等课程中了解和学习韦伯的观点和方法的可能，然而，在概论性质的课程中至多获得一点知识。包括笔者在内的试图利用社会科学方法研究历史的人都知道，学习一点知识与熟练利用学者所使用的方法存在较大差距。后者非得对其进行深入学习和研究，将其经历和著作烂熟于胸，进而将其研究框架和方法内化为一种能力方可。然而，瞿同祖没有像这样学习韦伯的经历。

这当然是一种推测，更具有说服力的当是作者自己的阐述。在与访谈者谈到《中国法律与中国社会》的时候，瞿同祖说：“……我采用社会学、社会人类学的研究方法，从家族、阶级这一社会的基本层面入手进行研究。这一方面是由于在大学中接受的社会学正规训练，一方面是受到马林诺夫斯基等社会人类学家的影响。社会人类学家，也非常重视法律，因为法律是人类社会的一部分。在读了马林诺夫斯基等社会人类学家的著作

---

〔4〕 王冀：《“法律”与“社会”的共谋》，西南政法大学2007年硕士学位论文。

〔5〕 瞿同祖、赵利栋：《为学贵在勤奋与一丝不苟》，载《近代史研究》2007年第4期。

后，我深受启发：虽然他们描写的大多是初民社会或原始部落的法律，但我从方法论上得到了有益的借鉴。”[6] 很显然，瞿同祖研究《中国法律与中国社会》的方法，虽然与其在大学中接受的社会学训练有关，主要还是受到马林诺夫斯基等社会人类学家的影响和启发。关于马林诺夫斯基，众所周知，他与布朗一同创立功能主义人类学。他所使用的方法，自然是功能主义的方法。因此，正如台湾大学社会学系林端教授所指出的，瞿同祖的“法律社会史”研究，其方法论基础其实就是社会学与人类学里的功能学派的观点，瞿先生曾师从吴文藻先生学人类学，又阅读英国功能学派马林诺夫斯基的法律人类学著作，其著作当然也展现相当的“法律的社会功能分析”的特色。[7]

当然，更为重要的是对于《中国法律与中国社会》文本的分析。瞿同祖认为，中国社会的基础是家族和阶级。[8] 家是指同室居住、共同生活的亲属团体。在中国古代，家务的处理由家长自行负责。家族是家的结合体，像祭祀以及族田、族祠、族学的管理以及家族秩序的维持之类事务，由家族中辈分高年纪大德行足以服众者担任族长并负责处理。历代王朝治理的基本单位固然是家，然而，由于家族构成的特殊性，朝廷如果能够取得家族的支持和配合，自然能够事半功倍。在家族之间以及不同家族的成员之间，也需要建立一种秩序。至少从西周开始，国家将其划分为若干阶级，规定不同的阶级享有不同的权力、社会地位、生活方式以及利益等等。这样的任务在历朝历代都由礼来完成。具体地说，就家和家族而言，礼确定家和家族成员的身份和地位。就整个王朝而言，礼确定各类阶级成员的身份、权力、社会地位、生活方式以及利益。如果家族中的每一成员和整个王朝统治下的成员均能安于礼所确定的名分，社会秩序就能够维持。

因此，瞿同祖的分析从中国古代的家族开始。他分析了家族的范围也就是家族的构成人员，比如，家族的亲属关系从父亲方面来计算，通常只包括两个或三个世代的人口。[9] 随后，他分析了像这样的基本政治和社会单位内部的秩序安排问题，用瞿同祖自己的话说就是“亲属团体中的统帅

---

〔6〕 瞿同祖、赵利栋：《为学贵在勤奋与一丝不苟》，载《近代史研究》2007 年第 4 期。

〔7〕 林端：《瞿同祖与戴炎辉的法史学：知识社会学的考察》，http：//www. swupl. edu. cn/fzl/web/content. asp？did = &cid = 857732641&id = 860922146，2013 年 4 月 22 日访问。

〔8〕 瞿同祖：《瞿同祖法学论著集》，中国政法大学出版社 1998 年版，导言第 4 页。

〔9〕 同上注，第 1—5 页。

问题”。他非常正确地指出，“中国的家族式父权家长制的”，这样的权力因为家族祭司的身份而神圣化。与家族联系非常密切的是婚姻，在我国古代，“婚姻的目的只在于宗族的延续及祖先的祭祀。完全是以家族为中心的，不是个人的，也不是社会的。家族的延续与祖先的祭祀，二者的关系自异常密切，有时是不可分的。但就重要性而论，二者之中后者的目的似更重于前者”〔10〕。正因为如此，习俗和法律在婚姻的缔结和解除，婚姻的禁忌以及夫妻的地位等方面通常作明确的规定，历代少有变化。

关于整个王朝的社会秩序问题，瞿同祖认为，士大夫（君子）与庶人（小人）之间的分野从周代以迄清末一直存在。他们有不同的社会地位和生活方式，士大夫在法律上、政治上、经济上享有种种特权。欲望的满足与社会地位成正比，生活方式也互不相同。在瞿同祖看来，无论从主观方面还是从客观方面，中国古代社会已经具备构成阶级的条件。〔11〕随后，瞿同祖从包括饮食、衣饰、房舍、舆马在内的生活方式以及婚姻、丧葬和祭祀等方面对此进行了详细的阐述。他指出，由于在这些方面存在的明显的差别，人们往往能够根据这些外在的特征而一眼看出他们属于哪一阶级。对此，不仅礼从正面进行规定，而且，若违反行为及其结果达到一定程度，法律必然对于违反者进行惩罚。这也就是如瞿同祖指出的，“习俗和法律一直承认他们之间优越与卑劣关系之对立”〔12〕。

在以上分析中，我们已经提到家族和阶级秩序的安排主要由礼来完成。礼大约在西周时期逐渐形成和完善，后来（主要指汉以后）历代社会根据实际需要对先秦礼书和生活实践中长期沿袭之礼仪进行损益，礼因而不断发生变化。同时，有些礼演变成为后世所称的习俗，成为人们不证自明的生活经验。需要指出的是，人们如果按照仪式的礼而为，就能满足社会对他们的最低期望。不仅如此，仪式化的礼的背后蕴含着特定的观念。当他们习以为常的时候，仪式化的礼的背后所蕴含的观念就成为不言自明的真理。如有违反，通常会受到社会几乎一致的谴责。即便如此，也不能保证有些人由于利欲熏心而故意违反，严重破坏社会秩序。既然长期形成的社会机制和自觉自律不足以保证少数人在正常轨道上运行，法律的出台理所当然。换句话说，像中国古代社会那样的社会结构对于法律有着必然

---

〔10〕 瞿同祖：《瞿同祖法学论著集》，中国政法大学出版社 1998 年版，第 98 页。

〔11〕 同上注，第 152—154 页。

〔12〕 同上注，第 152 页。

的需要。也就是说，中国古代法律必须满足这样的需要或者履行相应的功能。正如瞿同祖在导言中指出："法律是社会产物……它与风俗习惯有密切的关系，它维护既存的制度和道德、伦理等价值观念，它反映某一时期、某一社会的社会结构，法律与社会的关系极为密切。"[13] 因此，瞿同祖分别在家族和阶级部分对于维护家族和阶级秩序的法律进行了阐述。比如，在讨论家族内父权的时候，瞿同祖论述了父扑责子孙的问题。起初，父对子孙有生杀权。即便后来父无权杀子，杀死子孙也通常能受到法律宽待，特别是在子孙违反教令的情况下。反观子孙，法律往往规定对于父惩罚子孙的愿望往往予以支持而不论是非以及是否有证据。对于亲属之间的相犯，尊长侵犯卑幼往往从轻处罚，而卑幼侵犯尊长则往往从重处罚。在讨论阶级的时候，瞿同祖指出，起初，贵族若有不能为贵族全体所容忍的行为以及超过舆论的谴责程度，常为贵族放逐或杀戮，然而，即便如此也要保留其尊严。后代则仍然保留赐死的旧习。不仅如此，中国古代的法律始终承认一些人在法律上的特权，在法律上加以特殊的规定，比如"八议"和"官当"等等。又如，如果平民殴辱乃至伤害皇家亲属以及官吏，历代法律都采加重主义。不仅如此，贵族和官吏在司法上也享有若干优待。比如，不受拘系刑讯，不能依照普通的司法程序断决等等。由此可见中国古代社会的法律对于家族内父权和阶级中特权阶层处心积虑的关怀，与社会或者社会秩序的需要完全一致。

在《中国法律与中国社会》1998 年版的自序中，瞿同祖进一步指出，《古代法》《早期的法律和习俗》以及《历史法学大纲》引起他对于法律史浓厚的兴趣，令他深受启发、获益匪浅的则是包括马林诺夫斯基的《蛮族社会之犯罪与习俗》和拉德克利夫—布朗的《原始法律》等在内的人类学家关于法律的名著。[14] 他们都是功能主义人类学的创始人。故而，我们可以分析这两本书使用的研究方法，如果我们发现它们与瞿同祖在《中国法律与中国社会》中使用的研究方法相同或相似，我们就能够就《中国法律与中国社会》的研究方法问题得出比较可靠的结论。马林诺夫斯基在《蛮族社会之犯罪与习俗》中指出，对于所谓原始人的更为全面的了解揭示出："野蛮人的雕虫小技"（Ye heastly devices of Ye heathen）作为牢固的

---

〔13〕 瞿同祖：《瞿同祖法学论著集》，中国政法大学出版社 1998 年版，导言第 4 页。
〔14〕 同上注，自序，第 2 页。

法律和严格的传统的产物，应归功于人性的生理、精神和社会的需要。[15]马氏通过细致的田野调查发现“一个明确的分工制度和严格的双向义务制度”[16]，这类社会制度通过社会强制力和特殊的心理机制来保障实施。[17]这种双向义务又称为互惠性义务，包括哀悼行为，丈夫与妻子的家庭特别是她的兄弟之间的交易行为乃至首领各种行为等都是互惠锁链中的环节。与所谓文明社会中的成员一样，土著居民也会设法逃避责任，甚至于违反戒律。这就意味着他要接受处罚，超越民法与刑法二分法界限的“法律”和“法律现象”就会出现或者发挥作用。因此，“法律在他们的部落生活中扮演了一个角色，成为了他们社会结构的一个方面”[18]。特罗布里安德群岛的社会关系由母权原则控制，与之相适应产生系列制度。比如，禁止族外通婚以及氏族乱伦。一旦有人违反并且丑闻暴露，其中之一就会遭到侮辱和排斥，另一个或许被逼自杀。[19]又如，一个男人的外甥是他荣誉和职务的合法继承人，他亲生的儿子却被排除在外。作为首领的父亲固然可以设法令其子孙与外甥的地位平起平坐。然而，一旦遭到公开的反对和抵制，他的儿子就不得不被放逐。[20]总之，正如马氏所言，“法律的各种形式都在捍卫这些事物和制度”[21]。换句话说，社会在特定情况下产生某种需要，而法律正是满足这种需要的产物。包括法律在内的社会制度实际上是历史的产物，在历史发展过程中有些法律制度因为适应社会需要而留存，有些则因无法满足社会需要而被淘汰。也就是说，牢固的法律和严格的传统一样，也应归于社会的需要。根据我们在前面的论述，在瞿同祖的笔下，中国古代社会与马氏所观察和描述的社会当然有所不同，然而，中国古代法律和特罗布里安德群岛的法律分别与其所在的社会相适应，或者说各自适应所在社会和社会制度的需求。两者之间在这一点上有惊人的共同之处。

在功能问题上，布朗与马林诺夫斯基的看法基本一致。与马氏不同的是，布朗非常注意结构分析。布朗认为，社会结构既包括社会中人与人之

---

〔15〕〔英〕马林诺夫斯基：《原始社会的犯罪与习俗》，原江译，法律出版社2007年版，第2页。
〔16〕同上注，第10页。
〔17〕同上注，第16—17页。
〔18〕同上注，第38—39页。
〔19〕同上注，第52—55页。
〔20〕同上注，第68—74页。
〔21〕同上注，第56页。

间的关系，又包括因社会分工不同而产生的个体差异和阶级差异。[22] 在维持社会中人与人之间关系的秩序的制度与社会结构之间存在双重关系：第一，制度首先与采用它的群体或者阶级相关联；第二，在社会结构体系内部各群体或阶级都有相应的制度来为其确定行为规范。[23] 至此，我们就非常容易理解瞿同祖在《中国法律与中国社会》中的安排和论述。在家族这个微观社会内部，他首先界定其组成人员和大致稳定的结构。其中最为重要的是父母与子女之间、夫妻之间由礼（习俗）确定的社会关系。然后，他论述法律（社会制度的重要组成部分）如何进一步维护他们之间的相互关系。对于整个中国古代社会而言，瞿同祖首先对阶级进行界定，论述各阶级依礼能够享受的生活方式和社会地位。然后，如前所述，瞿同祖论述了贵贱之间、良贱之间、主奴之间以及种族之间在法律上的不同的地位，进而论述法律在实践中如何维护这种不平等的现象。瞿同祖的论述，非常符合布朗关于制度和社会结构之间关系的框架，令我们难以否认他在撰写《中国法律与中国社会》的过程中进行了借鉴。

总而言之，无论从需要——满足需要这个功能的角度还是从社会结构的角度来看，《中国法律与中国社会》都显然借鉴了功能主义人类学的基本观点和框架。由于笔者所能搜集的资料的限制，我们无法论述瞿同祖对于罗布森、哈特兰等人研究方法的吸收和借鉴，然而，他主要借鉴功能主义方法似无可置疑。需要注意的是，马林诺夫斯基基本上没有使用结构分析的方法，他论述的仅仅是社会制度及其对于法律的需要。瞿同祖在这种大的框架下，非常巧妙地勾勒出中国古代礼这种社会制度所型塑的社会结构，进而将中国古代社会结构与法律之间的关系做出布朗式的观察或者分析。像这样的研究既不完全是马林诺夫斯基式的，也不完全是布朗式，而是瞿同祖结合中国古代社会与法律实际，有机融合马林诺夫斯基和布朗的框架和视界，形成的一种崭新的研究方法和框架。在他的整个分析中，完全没有提及韦伯及其理想型，前述两类观点孰是孰非一目了然，无须在此赘述。

二、学习瞿同祖

自20世纪中叶以来，中西方文化开始交流与融合。西方文化携船坚炮

---

〔22〕〔英〕布朗：《原始社会的结构与功能》，丁国勇译，中国社会科学出版社2009年版，第199页。

〔23〕同上注，第12—13页。

利之助大规模进入中国，对中国传统文化构成极为严重的挑战。面对几千年以来未遇之变局，在“四部之学”为“七科之学”所替代成为大势所趋的情势下，中国士大夫或者出于民族情感而强调西方之物“中国古已有之”，或者因为视西籍为神圣而主张“全盘西化”，二者结果均是以中国古代比附西方或者削中国古代史料之足以适西方理论之履。在中国法律史领域，除少数学者外，绝大多数学者以西方近现代法律理论和制度为框架或者范式来研究中国古代法律制度，事实上造成“西方法在中国的历史”长期占据主导地位。尽管学者们日益意识到其间存在的不可调和的矛盾和难以解决的问题，这一局面甚至到今天也没有改变。就此而论，瞿同祖显然是例外。中外法律史学人均给予其高度评价这样的事实表明，瞿同祖的研究方法及其成果有其独到之处，值得中国法律史学界学习和借鉴。现在的问题在于，我们应该学习和借鉴什么？

这还得从瞿同祖接受的人类学训练和借鉴的人类学方法谈起。首先需要重视的是他对于研究对象的自觉。研究对象在很多人看来或许并不是一个问题，他们都可以毫不犹豫地说，我们研究的是中国古代的法律制度。然而，经历过人类学训练的学者与没有这样的经历的学者关于研究对象的认识却大有不同。布朗曾经说过，“人类学的研究对象是所谓的原始民族或落后民族，在研究中通常采用的个案研究的特定模式是民族志，它清楚地记录了所研究的民族及其社会生活。与历史学家不同的是，民族志学者是通过直接观察和亲身体验的方式获得他们对于研究对象的全部或大部分知识，而历史学家是从文献记录中获得相关知识。”〔24〕其中，所谓的原始民族和落后民族是建立在西方中心主义基础之上的认识，是西方人在一种盲目的自我优越感的前提下对于其他民族的界定。这样的认识和界定表明，在他们的内心深处，所谓原始民族或落后民族与他们自己存在较为明显的差异。事实上也的确如此，在马林诺夫斯基的民族志中，美拉尼西亚的经济和特罗布里安德群岛社会就与西方社会截然不同。法律通常因适应社会需要而产生，因而具有与之相适应的功能。因此，特罗布里安德群岛的法律与西方法律也应该截然不同，马氏的调查结果也表明确实是如此。后来的人类学家吉尔兹更为明确地指出，“法学和民族志，一如航行术、园艺、政治和诗歌，都是具有地方性意义的技艺。因为它们的运作凭靠的乃是地

〔24〕〔英〕布朗：《原始社会的结构与功能》，丁国勇译，中国社会科学出版社2009年版，第2—3页。

方性知识（local knowledge）。"[25] 既然如此，西方近现代以来的法学理论和法律制度就不是放之四海而皆准的理论、普适性的制度。在这个意义上，未经受人类学训练的学者关于中国古代法律制度这个研究对象的回答并没有错，问题在于，他们未能像人类学家或者经受过人类学训练的学者一样在头脑中意识到与西方近现代以来法律制度存在巨大差异的中国古代法律制度。

瞿同祖一再声称，受到梅因《古代法》的影响是不争的事实，故而我们可以在某些相近似的问题上比较瞿同祖关于中国古代法律制度的论述和梅因的论述，借以了解瞿同祖对于中西法律差异的自觉。例如，梅因在《古代法》中指出，在罗马法中，“父”或其他祖先对于卑亲属的人身和财产有终生的权力。梅因称之为“家父权”。[26] 根据瞿同祖的论述，中国古代家族的父权与罗马的“家父权”有类似之处。例如，春秋时期父对于子的生杀权就与罗马法的父权一致，后代呈送发遣的权利也与罗马法中将家庭犯罪移归民事高级官吏审判的权利类似，子孙不得别籍异财与罗马法禁止“在父权下之子”和父亲分开而持有财产异曲同工，父母对于子女婚姻的决定权也与罗马法中父对于子女的婚姻决定权基本相同。值得注意的是，在罗马法中，“家父权”不触及“公法”，但在“私法”所创造的一切关系中，儿子就必须生活在父亲的专制之下。由“家父权”结合起来的“家族”是全部“人法”从其中孕育而产生出来的卵巢，“人法”最重要的部分有关妇女身份。在古罗马法中，“妇女终生监护”制度将其终生留在“家族”之内，即使妇女因其父死亡而从父权中解脱出来，仍应终生从属于最近的男性亲属。[27] 据此，罗马法可以分为“公法”和“私法”，而“私法”的重要组成部分是“人法”。瞿同祖虽然论及中国古代法律与罗马法存在如此之多的相同或相似之处，然而，我们却绝对不可能在其论著之中看到“公法”和“私法”、“人法”和“物法”这样的分类乃至字眼。因为在中国古代，律令通常是朝廷公布的关于危害行为及其结果（刑罚）的规定，与规定平等主体之间的人身关系和财产关系以及以民事制裁为违法后果的民法自然不能相提并论。瞿同祖在导言中指出：“研究任何制度

---

〔25〕〔美〕吉尔兹：《地方性知识：事实与法律的比较透视》，邓正来译，载梁治平编：《法律的文化解释》，生活·读书·新知三联书店 1998 年版，第 73 页。

〔26〕〔英〕梅因：《古代法》，沈景一译，商务印书馆 1959 年版，第 77—78 页。

〔27〕同上注，第 79—87 页。

或任何法律，都不可忽略其结构背后的概念，否则是无法了解那制度或法律的，至多只知其然而不知其所以然。从这些概念中，我们才能明白法律的精神，体会为什么有这样的法律。”[28] 中国古代法律制度与古罗马法律制度在精神方面存在巨大差异，瞿同祖是否正是因为洞察中西法律精神方面的差异，进而不愿意将表面内容类似的法律制度作同样的分类呢？恐怕很有此可能。毕竟，在瞿同祖看来，对中国古代法律影响最深的是儒家思想，而非支配古罗马法的观念。

其次，要注意瞿同祖对于概念的自觉。在包括法律制度和法律理论在内的西方文化在世界各地成为强势文化的情况下，我们如何使用基于语言而形成的概念对中国古代的法律制度进行描述和诠释？近现代以来，这一问题为中国学者特别是法律史学者无法回避。自杨鸿烈以来，大多数乃至绝大多数中国法律史学者在其论著中大量使用近现代西方法律概念来对中国古代的法律制度和法律现象进行界定和解释。需要注意的是，与世界多元化相伴随的是各民族语言的多样性。世界各民族为了适应各地的自然环境，维持生产和生活，自然而然地形成各具特色的社会关系和社会组织，并且逐渐演化出各式各样与其生产和生活相适应的社会政治法律制度。语言在此过程中慢慢演化形成，往往是各民族适应生产生活实践需要而约定俗成。即便在民族交流成为可能的情况下，各民族也往往在借鉴的基础上创造属于自己民族的语言以适应不能“生活在别处”的需要。也就是说，各民族的语言与其周围的自然和社会环境、社会关系、社会组织以及社会制度等一切人类生活相关的事物之间形成对应关系。这样的对应关系是长期以来约定俗成的。由于各民族各具特色，约定俗成的偶然性，各民族的语言也各具特色。很难设想两个民族语言及其所指一致或者基本一致。[29] 中西方法律制度及与之相应的法律概念就属于这种情形。瞿同祖作为一个接受过系统的人类学和社会学训练的学者，非常注意两者之间的重大差别，在研究中往往从中国古代制度及其实践中提炼相应的概念（或者说尽

---

〔28〕 瞿同祖：《瞿同祖法学论著集》，中国政法大学出版社 1998 年版，导言，第 4 页。

〔29〕 费孝通认为，语言是用声音来表达的象征体系，象征则是附着意义的事物和动作，并不是事物或动作本身具有的性质。象征是社会的产物，包含多数人共认的意义，这样才能用于交流。而要做到这一点，多数人在相似的环境中接触和使用同样的象征，在象征上附着同样的意义。因此在每个特殊的生活团体中，必有他们特殊的语言，有许多别种语言所无法翻译的字句。参见费孝通：《乡土中国 生育制度 乡土重建》，商务印书馆 2011 年版，第 11 页。

可能在中国固有概念的本来意义上使用)，在不得已引进西方概念的过程中也非常注意使之适应中国古代法律的独特情况，具有高度的概念自觉性。

现分别举例说明之。例如，关于礼，在中国古人那里，人们争论的焦点往往集中于礼的具体规定是否适应社会需要以及以礼还是以法为主的问题。在中西文化发生交流之后，它在近现代学者中成为众说纷纭的话题。严复在翻译孟德斯鸠《法意》时指出，“西文‘法’字，于中文有理、礼、法、制四者之异译”；“西人所谓法者，实兼中国之礼典”[30]，自此，关于中国古代的礼，中国学者们在以下四个方面来讨论：（1）礼就是法（法律），因为它们都是规范。自梁启超首创此说后，中国法律史学界少有人怀疑。(2) 西方社会为法治社会，与法治相对立的为人治。自梁氏提出所谓人治、法治、礼治、德治等概念后，中国学者将礼与法的讨论延伸为礼治与法治的讨论。(3) 礼是道德。中国古代本无所谓道德与法律之分野，而只有礼与法、德与刑之对立，然而西说进入之后，人们遂将其比附为道德。(4) 礼是自然法。在瞿同祖看来，礼的功能主要是确定人们在社会中的身份和地位差异。这是因为，礼的内容有多寡丰陋繁简以及仪式上的种种差异，礼就是通过这样的不同以显示尊卑、贵贱、亲疏、长幼之分别。[31] 不仅如此，礼还节制人欲，维持完成伦常纲纪。[32] 基于礼和法都是规范而得出礼就是法的结论就像因为男人和女人都是人而得出男人就是女人的结论一样荒谬。而且，从违礼的后果来看，往往不会受到国家刑罚惩罚。从瞿同祖描述的礼的功能来看，它不过是通过系列仪式来表明人们之间的差异，尽管它与道德的实施机制主要为社会舆论制裁方面有相似性，然而它毕竟不是或者限于抽象的社会规范。瞿同祖特别指出：“所谓礼治，断不是说仅凭一些抽象的伦理上道德上原理原则来治世之谓。”[33] 这是因为，它对于治世的二重功能如上所述，与抽象的伦理上、道德上原理原则存在较大差别，也可以从一个侧面说明礼不是道德。从中国古代礼制发展史的角度来看，礼是人们后天制定的，而不是原始社会就有的，或者具有理性的人生而就产生或认同的原则和规范，因此，它也不是自然法。上述

---

〔30〕 严复：《严复集》（四），中华书局 1986 年版，第 936 页。

〔31〕 瞿同祖：《瞿同祖法学论著集》，中国政法大学出版社 1998 年版，第 288—304 页。

〔32〕 同上注，第 304—308 页。

〔33〕 同上注，第 309 页。

论述尽管比较粗疏，然而，它们已然能够让读者明白礼与来自西方的概念之间的显著差别。在大多数学者自觉不自觉陷入比附的泥潭的时候，唯有瞿同祖因为具有高度的概念自觉而能够从史料出发，从礼的本来面目来描述礼。

不容否认的是，瞿同祖在《中国法律与中国社会》中使用了一些西方概念，“阶级”概念就是其中之一。在一本专门对阶级进行解释的小册子中，英国社会学家理查德·斯凯思指出，社会学家通常借助社会阶级这一概念来描述个人身份、人际关系和社会制度。对于一位马克思主义者来说，对阶级的任何理解都必须放置于对经济生产和产品分配、消费及剥削过程的分析之中。阶级的产生与生产关系紧密联系，区分的主要标准在于物质和文化上的区别。[34]这是西方最为流行的关于阶级的界定。作为一名非常重视法律与社会之关系的社会学家，瞿同祖注意到中国古代社会与其他社会的诸多区别。他指出，在许多社会中，阶级的划分非常显著，往往是经济剥削以后的结果。不同社会地位的人可以有相同的生活方式，而社会地位较高的人因为经济能力不很充裕，或是有节俭的习惯，他的物质享受可能反而不如社会较低的人。与此同时，他的地位也绝对不会因为其生活简陋而降低。1911年以前的中国古代社会与之截然不同，生活方式以及物质享受与社会地位成正比，贵贱之间的生活方式差异必须严格维持，不容破坏，否则予以刑事制裁。[35]在从主观和客观两方面均认为中国具备阶级构成的条件以后，瞿同祖以贵贱、良贱以及种族等为标准将中国社会划分成为各种阶级，并在此基础上分析与之相适应的法律制度。由此观之，瞿同祖虽然借鉴源自西方的阶级概念，然而，基于对中西方社会及其差异的深刻认识，他从中国社会实际出发，对这个概念作了符合中国实际的改造，使之成为能够用以分析中国古代社会和法律的基本工具。这就非常明显的反映了他对于中国社会深刻洞察的基础上对于借以分析的概念具有高度的自觉性。

最为重要的也许是，瞿同祖有着面向中国的问题意识，走向世界的雄心壮志以及对于源自西方的功能主义人类学方法的借鉴创新。瞿同祖曾经说，“我写作《中国法律与中国社会》这本书，主要想说清楚两个问题：一个是，中国古代法律的存在形态是什么样的？另一个是，什么是中国古

---

〔34〕〔英〕理查德. 斯凯思：《阶级》，雷玉琼译，吉林人民出版社2005年版，第1—6页。
〔35〕瞿同祖：《瞿同祖法学论著集》，中国政法大学出版社1998年版，第152—154页。

代法律的本质，即法律的精神是什么？”[36]特别是对于中国法律史学界的学人而言，没有或者不愿意对瞿同祖个人经历以及学术追求进行深入了解，对这句话难以认真领悟和准确把握。在习惯于用西方近现代以来的法学理论和法律制度诠释中国古代法律制度的时候，他们可以信誓旦旦地说，我们不也是在研究中国古代法律制度及其思想吗？瞿同祖所谓法律的精神不也就是儒家思想吗？瞿同祖认为法律往往适应社会的需要而产生，与其他社会制度相一致。他出身于清末军机大臣的家庭，幼年就开始阅读《论语》和《尚书》。由于他阅读《尚书》不过是从他认为最难的部分入手而已，他阅读的古书应远远不限于此。耳濡目染的生活环境和学习经历令其对于中国古代社会的理解远非现代中国法律史学者所能比拟。后来，他阅读梅因的《古代法》，对于中国古代社会与西方特别是古罗马时代的社会之间差异非常清楚。在《中国法律与中国社会》中，我们也能够看到一些中西比较以及关于两者差异的论述。不仅如此，据瞿同祖介绍，“后来我对历史发生兴趣，遂副修历史。选修了洪业先生的‘史学方法’，邓之诚先生的‘中国通史’和‘秦汉史’，张星烺先生的‘宋辽金元史’及张尔田先生的‘史微’。”[37] 历史学这个学科重视从历史史料出发，尽可能还原历史的本来面目。而瞿同祖非常重视中国古代法律史料问题，除了一旦可能就予以补充的《宋刑统》外，“本书除了利用古人的有关记事外，并引用个案和判例作为讨论法律实效问题的根据”[38]。根据以上理由，我们大可以将瞿同祖的中国古代法律研究视为面向中国古代法律的研究，努力还原中国古代法律及其实效的本来面目的研究。对现代中国法律史学人而言，瞿同祖所说的“中国古代”四个字应该加上着重号，成为他们阅读这段话的重点和落脚点。这样才可以实现对于瞿同祖本意的理解。需要略加补充说明的是，与现代中国法律史学人基于西方法学理论和法律制度而对中国古代法律制度进行诠释不同的是，瞿同祖的诠释是一种力图恢复中国古代社会及其法律制度本来面目的诠释。对于我们认识中国古代社会及其法律制度而言，后者更容易接近目标。就增进人类的智识这一角度而言，瞿同祖的研究，让西方学者看到完全不一样的中国古代法律制度，看到西方法学理论和方法的局限性，从而有利于中西学者进一步探索新的可能的

---

〔36〕 瞿同祖：《瞿同祖法学论著集》，中国政法大学出版社 1998 年版，第 152—153 页。

〔37〕 瞿同祖、赵利栋：《为学贵在勤奋与一丝不苟》，载《近代史研究》2007 年第 4 期。

〔38〕 瞿同祖：《瞿同祖法学论著集》，中国政法大学出版社 1998 年版，导言，第 5 页。

方法和理论。而现代中国法律史学人的所作所为，不过是利用有限的中国法律史料为西方法学理论作注而已，谈不上任何贡献。

关于瞿同祖的学术追求，在《中国法律与中国社会》1947年版的序言中，他明确指出："若因拙作而抛砖引玉，海内贤达起而正之，并为新作，他日中国法律之研究，得与西哲东西媲美，则区区介绍此新观点与方法之目的，亦幸而达矣。"[39] 据此我们可以认为，瞿同祖有关中国法律史之研究能够与西方学者的相关研究同日而语、并驾齐驱之期望非常明显。至于如何达此目标，在瞿同祖看来，《中国法律与中国社会》这本书所介绍的方法和观点，是一种可能的途径。具体地说，"我们不能像分析学派那样将法律看成一种孤立的存在，而忽略其与社会的关系。任何社会的法律都是为了维护并巩固其社会制度和社会秩序而制定的，只有充分了解产生某一种法律的社会背景，才能了解这些法律的意义和作用"。[40] 这一点得到西方学术界的广泛认同。正如D. C. Twitchett所指出的，直至第二次世界大战为止，中国学者关于古代法律的研究要么限于文本研究，要么限于具有继承性的历代律令之细节的干瘪含义。瞿同祖教授基于西方社会学相关研究向读者提供了一个革命性的新视角，本来可以和19世纪30—40年代取得显著成就的中国社会学一样成为中国学术界取得丰富成果的开端。[41] 在现代学术环境中，我们要想取得西方学术界的认同，就要让他们看到我们在研究与西方大不相同的中国而产生新颖的观点和理论建构的同时，也要和他们在相同或者相近的平台上进行对话，换句话说，采用与他们能够理解和接受的研究方法。瞿同祖不仅借鉴了马林诺夫斯基的满足社会需要说，而且借鉴了布朗的结构分析方法。在此过程中，瞿同祖结合中国古代社会和法律实际对研究方法和研究框架作了改进。这正是西方理论创新的主要方式，瞿同祖恰如其分地适应了这样的学术潮流。

总而言之，为了更有效地解释中国古代社会和法律，瞿同祖在中西比较以突出中国古代法律制度独特性的基础上，巧妙地将包括功能主义人类学在内的人类学和社会学方法有机融合而形成新的框架，使之更加适应于揭示中国古代社会和中国法律本来面目的需要。在此过程中，他对于源自

---

〔39〕 瞿同祖：《中国法律与中国社会》1947年版序，载瞿同祖：《瞿同祖法学论著集》，中国政法大学出版社1998年版，序言，第1页。

〔40〕 瞿同祖：《瞿同祖法学论著集》，中国政法大学出版社1998年版，序言，第4页。

〔41〕 D. C. Twitchett, T'UNG-TSU CHU, Law and society in traditional China, *Bulletin of the School of Oriental and African Studies*, University of London, Vol. 25, No. 1/3 (1962), p. 394.

西方的概念做出新的界定，使中国古代社会与法律的史料和他建构的崭新框架实现有机的结合。正因为如此，他获得了空前的成功。至少在他努力的方向上，值得后来者认真总结和学习。

三、超越瞿同祖

从理论上而言，除了以确凿的史料为依据还原历史事实这种历史解释方式之外，任何需要发挥历史研究者主观能动性的历史解释方式都有进行重新解释的可能性。这是因为，历史研究者所处的时代往往向他们提出不同的任务和要求，导致他们的问题意识不同。由于他们的人生经历和教育背景不同，他们解决问题的程序、框架以及方法也往往不同。在历史研究者重新解释历史的过程中，往往需要对以往的研究者及其成果提出质疑和批判，这样才能确立重新解释历史的正当性。瞿同祖和他的《中国法律与中国社会》也难以逃脱这种宿命。迄今为止，已经有学者对瞿同祖的《中国法律与中国社会》进行了一些质疑。[42] 从学术中国化的角度而言，瞿同祖的《中国法律与中国社会》存在一些难以克服的缺陷。所谓学术中国化，是指那些从中国历史出发而能对中国历史进行符合其本来面目的合理解释的学术追求和倾向。用这样的标准来衡量，瞿同祖的《中国法律与中国社会》至少存在如下问题，从而为超越提供了可能。

首先，《中国法律与中国社会》也使用少数源自西方的学术概念，这样一些概念本来与中国古代社会及其法律格格不入。虽然瞿同祖在使用的过程中尽量从中国固有的史料出发，而不是像目前有的中国法律史学人通常做的那样根据其内涵和外延而阉割史料，因而不致引起重大误解。然而，这样一些概念的使用，不是从中国古代社会以及法律史料中提炼出来的。比如，在家族部分，瞿同祖使用诸如“财产权”“行政法”这样一些概念。在罗马法中，财产权是根据自然法或者市民法而取得和保障。查士丁尼在一本入门性法律教材中指出，“物成为个人所有可有各种不同方式；我们对有些物按照自然法——称万民法，已如上述——有些物按照市民法而取得物的所有权”。其所谓自然法是在人类的原始时代由自然规定，而市民法是在国家建立并公布法律时出现。[43] 而在中国古代，无所谓自然法

〔42〕 参见苏力：《在学术史中重读瞿同祖先生》，载《法学》2008 年第 12 期；孙国东：《功能主义法律史解释及其限度》，载《河北法学》2008 年第 11 期。

〔43〕 〔古罗马〕查士丁尼：《法学总论》，张企泰译，商务印书馆 2009 年版，第 53 页。

和市民法，也没有关于人们如何取得财产的法律规定，瞿同祖没有也不可能论述到财产权的取得这样的内容。在古罗马法中，财产权还包括用益权，即对他人的物的使用和收益的权利。[44]以土地为例，中国古代的土地制度及其相关内容与在罗马法中关于土地所有权和使用权的法律也存在很大差异，学者即便根据渊源于罗马法的西方法律也只能发明永佃权这样西方没有的概念。如果将其与罗马法关于长期占有的规定相比也存在诸多差异。中国古代可以称为法律的诸如律令格式之类规范只是规定人们在何种情况下经过审理而受到刑罚处罚。中国法律史学人也许会争辩，正如瞿同祖指出的，历代法律对于同居卑幼不得家长的许可而私自擅用家财，皆有刑事处分。[45]这样的法律不正像罗马法一样规定和保障人们的财产权吗？然而，他们并不是不知道，在罗马法和现代西方法中，“关于一切侵害，被害人可提起刑事诉讼，也可提起民事诉讼。在民事诉讼中，应根据以上所述估计一个数额，对行为人处以罚金；在刑事诉讼中审判员应依职权对行为人另外判处刑罚”[46]。可见，在保障方式上，中西法律也存在很大差别。一个侧重于刑事制裁，而另一个以民事为主，刑事万不得已而用之。在另外一处，瞿同祖使用“行政法”的概念。[47]行政法是西方资产阶级革命的产物，其基本原则是行政机关必须依法办事，超越了权限就失去法律效力，甚至产生损害赔偿问题。[48]其核心是通过法律约束行政机关的行为以保障公民的合法权益。瞿同祖在相关部分讨论的实际上是法律在犯讳、侍养以及迎养等问题上对于官吏的处罚性规定。这固然是对于官吏任职的限制，然而，非常明显，从根本上而言它与行政法大异其趣。总之，在法律概念的使用上，我们不能认为令其符合中国古代社会和历史实际即可，因为与法律概念相应的是一整套法律制度和观念。瞿同祖由于缺乏法律训练，尽管他具有高度的中国自觉和概念自觉，也没有意识到这样的问题，因而在概念自觉方面具有不彻底性。

其次，瞿同祖在研究中国古代社会和法律的时候借鉴并使用功能主义人类学框架，存在难以克服的缺陷或者障碍。功能主义最为显著的特征是从生物有机体来类推社会，将社会视为有机体。例如，生物有机体由各种

---

〔44〕〔古罗马〕查士丁尼：《法学总论》，张企泰译，商务印书馆2009年版，第64—65页。

〔45〕瞿同祖：《瞿同祖法学论著集》，中国政法大学出版社1998年版，第16页。

〔46〕〔古罗马〕查士丁尼：《法学总论》，张企泰译，商务印书馆2009年版，第210页。

〔47〕同上注，第95页。

〔48〕龚祥瑞：《比较宪法与行政法》，法律出版社2003年版，第305—313页。

各样的器官组成，社会有机体也由不同的部分组成社会结构；组成生物有机体的各个部分均承担相应的功能，社会结构的组成部分也是如此，它们相互分工，密切配合，共同维持社会有机体的运转。生物有机体的大脑往往有神经中枢，在它的控制和协调下，生物有机体有条不紊地进行新陈代谢。社会有机体也应有相应的部分承担这样的任务，人类学家们将之归于观念。就瞿同祖的《中国法律与中国社会》来说，在家族内部，以家长为中心，礼和服制区别其他成员在家族之内的地位以及与家长之间的相互关系。在整个王朝天下，礼区别了尊卑贵贱，规定了他们的社会地位以及相应利益。从家族和整个社会而言，它们的组成部分当然要各安其分，各自发挥与其身份相应的作用。如生物体在特定的观念决定下行为一样，家族和整个社会也需要特定的思想观念来进行指导和制约。正如我们所看到的那样，瞿同祖将之归于儒家思想。

问题在于，生物界有机体是有生命的存在，然而，我们如何相信并承认社会有机体也像生物有机体一样有生命，更为重要的是，什么部分如同大脑一样指挥协调整个社会及其运作？在社会发展史上产生的思想和观念真的能够如头脑中的观念一样发挥指导作用吗？这样的追问其实已经相当的中国化，是一种中国式的问题。在西方人类学家心目中，他们可能从来没有意识到这是一个问题。美国人类学家威廉·亚当斯经过长期的研究发现，“几乎没有什么人类学理念是所谓的新鲜事物，事实上社会科学里的所有伟大理论都只不过是旧有哲学的重新命名而已。正如有些人开玩笑时所说的那样，‘古代人把我们所有的伟大想法都偷走了’。考虑到思想家们已经花了几千年的时间探索人类状况，实际情况也的确如此”〔49〕。也就是说，人类学家在这样看待社会的时候，他们实际上是以几千年来思想家们关于世界以及社会的理解的哲学或者思想为前提的。也许我们有必要在此分析一下相关思想。西方思想以希腊思想为源头，其中最为主要的又是柏拉图和亚里士多德的思想。柏拉图认为，世间万事万物（以类为单位）均有其理念或模式。理念或模式是实体，是实在或实质的模式。万事万物是其理念或模式的不完善的复制体或反映。无数的理念或原型构成有条理、有理性的宇宙，其理想秩序形成一个彼此有关系、有联系的有机的整体，统一于善的理念。万事万物（物质）构成现象世界的基础，它们只有当理

---

〔49〕〔美〕威廉·亚当斯：《人类学的哲学之根》，黄剑波等译，广西师范大学出版社2006年版，前言，第1页。

念参与其中才能存在。[50]换句话说，万事万物都受理念的影响和制约。既然如此，由物质构成的现象世界与由理念构成的宇宙一样也应是有机的整体。亚里士多德认为，为了说明变化的世界，必须肯定有形式和物质。形式是永恒的，存在于物质之内。形式使物质运动，一个目的或目标则由物质来实现。在这种过程中，形式是形式因，物质是物质因，运动的原因是效力因或动力因，目标或目的是终极因。其中，形式同目的或目标是一致的，有机体的目标就是它形式的实现。形式也是动力因。世界万物就在这四因的作用下形成。具体地说，物质在存在于其中的形式的推动或者作用下去实现它的目标，成为一种新的物质。这种新的物质又在蕴含其中的新的形式的推动或作用下去实现它的目的……因为形式和物质相结合就会产生运动或者变化，而且必然持续下去。需要注意的是，运动必然开始于某处，而为不运动着的某种东西所引起。对此，亚里士多德认为，有一个永恒的不动的第一推动者，纯粹形式。这样，整个世界就成为一个“存在巨链”或有机的整体。[51]自基督教兴起并成为各国和地区普遍信仰的宗教之后，思想家们除了利用哲学证明上帝存在之外，将上帝纳入柏拉图和亚里士多德开创的思想传统中。简单地说，上帝成为或者取代善的理念或者第一推动者。整个世界是在上帝统治或主宰下的有机的世界。即便在个人主义兴起之后，持整个世界是一个有机整体观点的哲学也应时而起。比如，莱布尼兹认为，宇宙有无限多的单子所组成。没有任何两个单子是一样的，它们从最低级到最高级形成一逐渐前进的系列，上帝是最高而最完善的单子。一切单子都像一有机体的各部分那样共同行动，其中每一个单子都执行它自己的任务。一切事物都相互关联，那不过是上帝预先决定的各部分的和谐的行动。换句话说，上帝已经这样安排了宇宙，让它们独自运行而不加以干预。然而，由于上帝的预先决定，它们的活动又相互一致，故而整个宇宙保持和谐。就这样，莱布尼兹解决了个人独立自主与整个社会协调一致之间可能的矛盾。[52]后来，人类学家试图通过观察他者的方法来更好地认识自己，尽管他们在田野调查的基础上获得经验事实，然后利用自然科学的方法建构起理论，但是，与脱胎于哲学的自然科学一样，他们都在西方占统治地位的自然观或世界观下观察和理解局部世界。换句话

---

〔50〕〔美〕梯利：《西方哲学史》，葛力译，商务印书馆 1995 年版，第 67—68 页。

〔51〕同上注，第 86—89 页。

〔52〕同上注，第 406—411 页。

说，像有些只能归于信仰而无法证实的整个世界是一个有机整体之类的看法在他们的心目中不言自明。问题在于，中国人也和他们一样看待和认识世界吗？中国没有认识和理解世界的思想传统，像“道生一、一生二、二生三、三生万物”之类与有机整体的世界观之间存在很大差距，而且，在瞿同祖的理论中，并没有为道家留下地盘。如果中国人不能如西方人那样相信整个世界是有机整体，那么，以此为前提的人类学理论架构如何让中国人相信。他们会问，整个社会像人体一样有生命，在经典和史料中能够找到根据吗？

由于瞿同祖借鉴了功能主义人类学的框架，在他的理论中必然要讨论与有机体的神经中枢一样的所谓法律精神问题。只有包括这一部分，中国古代社会各个部分才能如有机体一样活起来，或者在它的指导或影响下运转起来。因此，瞿同祖最后讨论了儒家思想和法家思想。他认为，中国古代社会经历以礼入法的过程，儒家的礼才是中国古代法律的精神。由于这一部分比较详细地讨论汉以前的思想，而《中国法律与中国社会》所使用的史料主要是唐以后的情况，二者之间存在一定的脱节。不仅如此，对于儒家思想如何对法律产生影响这一问题，瞿同祖在《中国法律与中国社会》中的论述也非常简略，很难让人觉得他已经进行比较透彻的论述。故而，在完成本书以后，瞿同祖紧接着完成《中国法律之儒家化》这篇论文，目的恐怕就是为解决这样的问题。这个过程说明，瞿同祖的相关研究已经脱离了历史学研究的基本模式，而是让中国古代的史料服从和服务于源自西方的功能主义理论。当然，瞿同祖恐难以认同这样的说法，他会坚持认为相关论述从中国古代社会实际出发。在他之前，陈寅恪在探讨唐律渊源的时候指出，“古代礼律关系密切，而司马氏以东汉末年之儒学大族创建晋室，统制中国，其所制定之刑律尤为儒家化，既为南朝历代所因袭，北魏改律，复采用之，辗转嬗蜕，经由（北）齐隋，以至于唐，实为中华刑律不祧之正宗”〔53〕。在《中国法律与中国社会》中，瞿同祖将此观点进行进一步阐述，不过，他认为法律儒家化的迹象在汉代已经开始。至此，我们可以进行合理的推测，由于陈寅恪在当时学界具有重要地位和影响，在他的观点与其理论需求不谋而合的情况下，瞿同祖没有对其进行深入考察就采纳并进一步阐释了其观点。无论如何，瞿同祖也不能否认，对于跨度达几千年的儒家思想与法律之间的历史，瞿同祖用现代32号纸不足

〔53〕 陈寅恪：《隋唐制度渊源略论稿》，生活·读书·新知三联书店2002年版，第111页。

50页的篇幅进行论述，其观点绝不可能是在使用充足史料的基础上得出的。

正因为如此，瞿同祖所谓“法律儒家化”的观点受到越来越多的学者的质疑。例如，Geoffrey MacCormack（汉译为“马若斐”）指出，“法律儒家化”这一命题的成立需要至少三个前提条件：（1）礼必须纯粹出自儒家学说，包含此类学说的儒家经典经常被人们引用以对法律的制定和实施发生影响；（2）对于儒家学说权威性的尊重是其逐渐纳入刑律的原因；（3）“法律儒家化”进程始于汉武帝时期，此后历代都有重要实例。[54]对此，马若斐指出，至少在秦汉时代，以及随后佛道盛行的六朝时期，纯粹的儒家学说未必存在。[55]的确如此，汉以后历史思想家实际上不过是根据时代需要而注六经，阐发他们自己的思想主张。在此过程中，百家思想都有可能掺杂进入。例如，诸如“三纲五常”之类思想与先秦儒家关于伦常的思想存在很大差别，它们还是纯粹的儒家学说吗？不仅如此，马若斐还指出，汉武帝基于“五经”所进行的一系列改革，既不是因为它们代表儒家思想，也不是为了推行儒家思想，而是为了加强中央集权，以及维持社会秩序。[56]中国古代法律的制定亦往往如此，“法律儒家化”之说无疑过于夸大儒家的影响和作用。例如，据《旧唐书·刑法》，唐初因开皇律令而损益之，颁布新律诏书在回顾以往刑律实施之教训后，指出新律根据“救弊斯在”以及“取合时宜”等原则制定，在其中根本难以发现儒家思想以及礼的影响。张文昌对《唐律疏议》引用“三礼”的情况进行细致深入的分析，他得出“就整部《唐律》而言，律文中直接说明以礼为法源的文字，所占的分量尚少，还不足以说整部《唐律》是以礼为法源而立法”[57]。不仅如此，苏亦工发现，唐律所据以为准之“礼”是唐礼，亦即秦汉以来繁衍变异了的礼。这种“礼”与孔子所倡导的礼已经有了实质性的差别。[58]如果愿意的话，我们可以对其他朝代立法进行研究，情形恐也大致与此相类。

---

〔54〕 马若斐：《重估由汉至唐的“法律儒家化”》，蔡京玉译，载柳立言主编：《中国史新论 法律史分册》，台湾联经图书出版公司2008年版，第107页。

〔55〕 同上注，第108页。

〔56〕 同上注，第109—110页。

〔57〕 张文昌：《〈唐律疏议〉与“三礼”》，载高明士主编：《唐律与国家社会研究》，台湾五南图书出版公司1999年版，第69页。

〔58〕 苏亦工：《唐律“一准乎礼”辨正》，载《政法论坛》2006年第3期。

对于所谓（法家）“法律儒家化”这一命题，我们还可以从儒家和法家的根本区别的角度予以重新审视。包括法家在内的诸子百家，并不是不重视礼，将礼仅仅归属于儒家不尽合乎历史事实。例如，商鞅指出，“法者，所以爱民也；礼者，所以便事也”。他反对的是“法古无过，循礼无邪”之类的看法，主张“礼法以时而定，制令各顺其益”[59]。王伯琦将法的规范分为准则法和技术法，认为：“吾国数千年来所维持社会秩序，成为一般人确信为不可不遵守执规范者，惟礼。”就准则法而言，“儒法所见，并无以异”。二者的区别在于实现准则法的方法不同，儒家主张先礼后刑，德主刑辅；法家重在制定并实施以刑罚为基本手段的法，主张“不淫意于法之外，不为惠于法之内，动无非法者，所以禁过而外私也”[60]。从这个角度而言，所谓“以礼入法”反映和体现“法律儒家化”的说法就难以成立。

从法律的层面而言，杨振红将出土秦汉律与传世文献进行比较发现，秦汉法律的基本框架、原则和内容在商鞅变法时就已经确立。它们是等级性的法律，包含社会等级法律和家庭伦理秩序两方面的内容。因此，秦汉法律所蕴含的家族主义和等级观念从产生伊始就已经存在，而不是所谓“法律儒家化”的结果。[61] 进而言之，商鞅携以相秦的《法经》是李悝“撰次诸国法”的产物，而诸国法应该是诸侯国在总结西周以降刑事实践经验基础上制定出来的，我们很难设想作为其开端和萌芽的“刑书”“刑鼎”是国君和执政们脱离刑罚实践、主观想象的产物。如果这样的推测可以成立的话，诸国法就是周代家族社会和等级秩序的产物或者是与其相适应的，渊源于它们的秦汉法律自然就会具备等级性和伦理性，而不是所谓“儒家化”的结果。此外，即便我们将礼仅仅归属于儒家，它在中国古代社会中的实际作用也远没有通常所认为的那样大。瞿同祖发现，朝廷希望州县官通过举行乡饮酒礼等方式促进道德教化，然而，乡饮酒礼没有多少州县官真的实行。1843年，清政府甚至决定终止对于乡饮酒礼的资助。[62] 也就是说，就礼而言，朝廷希望的是一回事，实际上运行的又是一回事。

---

〔59〕 蒋礼鸿：《商君书锥指》，中华书局1986年版，第1—4页。

〔60〕 王伯琦：《儒法二家争辩问题的本质》，载氏著：《近代法律思潮与中国固有文化》，清华大学出版社2005年版。

〔61〕 杨振红：《从出土秦汉律看中国古代的“礼”、“法”观念及其法律体现》，载《中国史研究》2010年第4期。

〔62〕 瞿同祖：《清代地方政府》，法律出版社2003年版，第274—276页。

据此，我们就很难根据功能主义的观点认为朝廷有根据社会的需要制定相应的法律的可能性。换句话说，所谓“法律儒家化”不过是不太符合古代中国历史的理论建构。

总的说来，在中西文化交汇的时代，即便像瞿同祖那样在名师指导下系统接受人类学训练，对其方法烂熟于心甚而能够熟练运用，即便如他那样从下打下坚实的国学基础，故而对中西文化的差别的理解非常透彻，在他试图在研究中国古代法律与社会的过程中对西学予以借鉴的时候，一不小心就跌入中西文化和学术之间巨大差异而造成的陷阱，产生诸如概念的不彻底性、西方理论框架在中国的水土不服性以及曲中国史料而就既有西学理论框架之类问题。在他的研究为我们后来者留下宝贵遗产的同时，像这些方面存在的局限性又为我们实现超越提供了可能。

四、学术中国化的基本方法：代结束语

关于学术的中国化，需要指出的是，它并不是指中国学术如同过去一样沿着其固有轨道发展的情形，而是指在中华文化受到西方文化巨大冲击和影响，传统中国学术几乎被完全西化的情况下，即便是根据西方关于学术研究的目标、基本原则以及研究方法等，中国学术也应该实现的从中国实际出发，不断发展和完善各种能够对中国历史和现实进行合理解释的理论体系。在这个过程中，从问题的提出到理论的形成和完善，都已经深深打上西方学术的烙印。这是中西文化交流和融合背景下中国学术发展的必然之路，也是中西学术进一步对话和交流的前提和基础。在此方面，瞿同祖基于对中西差异的清醒认识，从面向中国历史的问题出发，尽可能使用能够反映中国古代历史实际的概念，在此基础上，他借鉴西方功能主义人类学的研究框架和方法对中国古代社会和法律进行卓有成效的研究。当然，毋庸讳言，瞿同祖也有其不足。基于前面相关分析，为进一步实现包括中国法律史在内的中国历史研究的中国化，我们可以从以下方面继续努力：

第一，我们首先应该像瞿同祖那样对中西包括法律史在内的各方面历史的差异有清醒的认识。生活在中西方的人们为应对不同的地理环境和自然条件，在长期的历史发展进程中，逐渐创造与之相适应的生产方式、社会组织、语言、风俗习惯以及政治法律制度等等。各种历史文化比较研究和人类学研究已经不断证明世界各地的多元化发展道路。因此，我们不能像以往那样继续盲目信从西方学者根据西方历史总结出来的所谓普适性的理论和规律，而是像瞿同祖在对中西文化的深刻理解和比较中不断认识到包括中国古代法律制度在内的历史发展的独特性。只有这样，我们才具有实现学术中国化的前提条件。否则，我们会继续将西方理论和规律视为放之四海的真理，继续将中国古代历史处理成为其注脚。

第二，问题是学术研究的先导，只有存在需要解决的学术问题，我们才有可能充分利用各种史料，让它们充分释放蕴含的历史信息，发现规律性认识，提炼出理论，而不是像现在经常做的那样不过是将相关史料集中到一起。基于对包括法律制度在内的中国历史的独特性的认识，我们可以因为现实需要而激活，或者从历史研究的内在需要等出发，提出面向中国历史的问题。在这个过程中，我们或许可以借鉴西方学者的视角和方法。不过，在此过程中，需要注意问题必须为中国所固有，而不是从西方的经验和角度来看应该产生。瞿同祖的《中国法律与中国社会》是为了解决中国法律的精神是什么这样一个问题，我们应该像他那样提出面向中国的问题，发掘出中国历史上的真问题，才有可能在解决中国问题的基础上在理论方面做出中国学者的贡献。

第三，在中国历史中寻找并提炼出与中国历史事实相一致的概念。瞿同祖没有像严复等人那样将礼、法等传统概念与西方法律、道德等概念相对应，而是在研究的过程中在它们的本来意义上使用它们。在此过程中，他也努力在改造使之符合中国历史实际的基础上使用西方概念。然而，在长期历史演变环境中形成的并与特定历史事实相对应的概念，有些时候难以保证像这样运用而不至于出现误解。从目前的条件来看，最好的办法是从中国丰富的史料中提炼这样的概念，只有它们才能比较准确地反映历史事实。例如，杜正胜曾经使用源自西方的“自耕农”这一概念。他很快发现这个在外延上上有地主下有佃农的现代概念与他论述的战国以来的社会基础成员不尽一致。他因而认为，使用异时异地的概念固然存在眼前的方便，不过容易“削足适履”。他从史料中提炼出“编户齐民”这个概念，不仅史料较为丰富，也容易建立起架构和网络，进而可以提炼出新的历史观念和历史解释。[63] 杜正胜的经验也许值得我们高度重视。

第四，瞿同祖撰写《中国法律与中国社会》的教训告诉我们，不能轻易借鉴现成的西方理论。尽管功能主义人类学理论是从人类学调查所获得的材料出发，与我们研究历史的方式基本相同。然而，西方的理论毕竟是

---

〔63〕 杜正胜：《编户齐民》，台湾联经图书出版公司 1990 年版，序言，第 1—2 页。

西方学者构建出来的，很有可能具有西方思想乃至信仰上的前提和背景，在应用于中国时就会产生难以解决的问题。在学术中国化的过程中，也许我们应该学习西方学者如何从历史材料中提炼出概念，如何对历史事实进行分类，如何在归纳的基础上发现两类历史事实之间的联系和规律，如何将这样的规律构建成为逻辑上自洽的理论体系。也就是说，我们学习的应该是他们构建理论的方法，而不是借鉴现成的理论。只有用这样的方法来研究解决中国问题，才能建构与中国历史相适应的理论，在法律史学方面完成学术的中国化。

（文字编辑　舒砚）

《中西法律传统》第十卷征稿启事

《中西法律传统》系中南财经政法大学法律文化研究院主办的学术集刊，由陈景良教授和郑祝君教授共同主编，李栋副教授担任执行主编。自2001年创刊以来，至今已总共出版八卷，其中第1—5卷由中国政法大学出版社出版，第6—9卷改由北京大学出版社出版。本刊是中国法律史学会主办的《法律史论集》之后又一本作为法律史专业学术阵地的连续系列出版物，在内地法律史学界享有良好的学术声誉，所刊载的文章中有多篇被《中国社会科学文摘》《高等学校文科学术文摘》所摘要转载，其影响力已逐渐扩展至台港澳地区及国外学界。

本刊的宗旨是：整理中华法律传统，解释中华法律传统，发现中华法律传统与世界各大主要法律传统之间的不谋而合之处，阐述中华法律文明中的共通性、永恒性价值，沟通传统与现代。同时，重新认识西方法律传统，认识中西法律传统之间的真正相异相通之处。争取在中国法律的现代化与西方化这一纠纷不清的关系问题上获得更清晰的认识。

本刊欢迎符合上述宗旨的学术论文、译文、书评和珍贵文献。对于学术论文、译文，不定文章字数上限，仅定6000字之下限，鼓励符合本刊宗旨的高质量长文。

第十卷的主题为“法律史研究中的材料、理论与方法”，截稿时间为2014年10月1日，预计于2014年底由北京大学出版社出版。恳请海内外学人惠赐鸿文，来稿请以电子文档附件（word格式）发送至本刊编辑部邮箱 zxflct@ 163. com。注释体例请参见本刊已出的各卷。本刊将在收到稿件三周内通知作者录用与否。

中南财经政法大学法律文化研究院

《中西法律传统》编辑委员会

2014年1月1日